Jörg Magenau, geboren 1961 in Ludwigsburg, studierte Philosophie und Germanistik. Er arbeitete als Kulturredakteur und Literaturkritiker u. a. für die «Frankfurter Allgemeine Zeitung», die «tageszeitung» und den «Freitag». 1995 wurde er mit dem Alfred-Kerr-Preis für Literaturkritik ausgezeichnet. 2002 erschien seine vielbeachtete Christa-Wolf-Biographie, zuletzt veröffentlichte er «Die taz – Eine Zeitung als Lebensform». Jörg Magenau lebt als freier Autor in Berlin.

«Jörg Magenau präsentiert Walser als sensiblen Seismographen, der auf sich wandelnde Verhältnisse schon reagierte, wenn andere noch nichts bemerkten. Ein höchst subjektives Walser-Porträt, das zum Widerspruch reizt und, was nicht das Schlechteste ist, zum Wiederlesen. Eine stimmige Biographie.» (tageszeitung)

«Jörg Magenaus detailreiche Darstellung ist von wohltuender Objektivität.» (Die Welt)

«Jörg Magenaus großartige Biographie ist ein Denkmal, für das Walser sich nicht schämen muß.» (Hannoversche Allgemeine Zeitung)

Jörg Magenau

MARTIN WALSER

Eine Biographie

Rowohlt Taschenbuch Verlag

Aktualisierte und erweiterte Neuausgabe, Oktober 2008

Veröffentlicht im Rowohlt Taschenbuch Verlag,
Reinbek bei Hamburg, Oktober 2008
Copyright © 2005 by Rowohlt Verlag GmbH,
Reinbek bei Hamburg
Umschlaggestaltung any.way, Barbara Hanke/Cordula Schmidt
(Foto: © Jerry Bauer, Martin Walser, Herbst 1998)
Satz ITC Galliard PostScript (InDesign) bei
hanseatenSatz-bremen, Bremen
Druck und Bindung CPI – Clausen & Bosse, Leck
Printed in Germany
ISBN 978 3 499 24772 9

Für Barbara

INHALT

Der Teppich im Wohnzimmer.
Ein Vorwort. 13

I Heimat. 1927–1945

Von Wasserburg an. Es gibt keine Nebensachen. 21

Glauben und Gläubiger. Am Anfang ist der Mangel. 26

Die Partei. Das «Dritte Reich». Tod des Vaters. 32

Oberschule in Lindau. Besäufnisse. Schreibversuche. 36

Krieg und Gefangenschaft. Erste Liebe hält am längsten.
Der Wein des Lebens. 41

II Lehrjahre. 1946–1953

Regensburg. Theologie und Theater.
Von vielen Fahrten Fremdes. 47

Tübingen. Unzugehörigkeit. Seminaristendasein.
Erste Veröffentlichungen. 53

Stuttgart. Vaterfigur Fritz Eberhard.
Reporter beim Rundfunk. 60

Heirat und Promotion. Vaterfigur Friedrich Beißner.
Franz Kafka. 66

III Das kann ich besser. 1951–1955

Hörspiele. Benns Gamaschen. «Zeichen der Zeit». 75

Ein Besuch von Arno Schmidt.
Junge Herren mit Seidenschal und Pfeife. 82

Bei der Gruppe 47. «Das Gerät».
Infanterist des Wirtschaftswunders. 87

Drinnen und Draußen. Zeitschriften.
Pionier des Fernsehens. Richtig reisen. 98

IV Erste Erfolge. 1954–1958

Selbstzweifel. Molloy und Godot. Preis der Gruppe 47.
Generationswechsel. 107

Das erste Buch. Triumph der Erscheinungsform.
In der Kurmaschine. 112

Rollenspiele. Umzug nach Friedrichshafen.
In Gomulkas Polen. Ein Dolchstoß. 117

Gallensteine und Gesellschaftskritik.
Wo steht der Schreibtisch des Autors? 125

Gelenkpfännchen und Realismus.
«Ehen in Philippsburg». Ost-Politik. 130

V Halbzeit. 1957–1960

In Prousts Welt. Das Parfüm des Unglücks.
Wildwuchs der Gedanken. 139

Amerika. Was es heißt, deutsch zu sein.
Stammgast im Casino. 143

Auftritt Uwe Johnsons. Das Suhrkamp-Kartell.
Orgelton mit Utopiekurve. 152

Aufstehen. Anselm Kristleins Abenteuer.
Autofahren. 159

VI Theater und Politik. 1960–1964

Resolutionen. Schriftstellerkongreß in Ost-Berlin.
Wahlkampf für Willy Brandt. 167

Mauerbau. Leben nach dem Tode.
Berichte an Bertolt Brecht. Steine abtragen. 174

Training auf der Kurzstrecke. Bühnenerfahrungen.
«Eiche und Angora». 179

Wasserburger Treffen. Taschenbücher.
Zeitschriftenpläne. *Spiegel*-Affäre. 184

Feuerwehrklingeln im Kopf:
Richtungssuche, Entfremdungen, Mißerfolge. 190

Max Frisch, das zartere Monstrum.
Gantenbein und Lügengeschichten. 195

VII Von Auschwitz bis Vietnam. 1963–1966

Alleinstehender Dichter. Zwischen Gewerkschaft und
Gruppe 47. 201

Die Macht der Vergangenheit: Auschwitz.
Der deutsche Hamlet. 209

Die Provokation der Gegenwart:
Vietnam. *Kursbuch* und *kürbiskern*. 219

Kollaps am Schreibtisch. Umzugspläne:
Berlin, Bodensee. Brief an Ulbricht. 226

VIII Proteste. 1966–1968

Wo bleibt die Liebe? Das Einhorn als Wappentier.
Streit mit Johnson. 235

Vietnam-Büro. Engagement und Bewegung.
Das Ende der Gruppe 47. 242

Trachten abtragen. Dichten und handeln.
Villa Zimmerschlacht. Seeuferbesitzer. 250

Vagabundierender Weltgeist:
Ost-Berlin, Prag, Frankfurt. Lektorenaufstand. 259

Theaterlektor. Vom Zuchthaus in die Klettenbergstraße.
Bottroper Versuche. 266

IX Kommunisten. 1969–1972

ADF und DKP. Geldverdienen. Zertrümmerte Fiktionen. 271

Krankheitsbild Hölderlin. Paranoider Alkoholiker.
Noch einmal: Sozialisierung. 276

Die Organisationsfrage. Antipode Grass.
IG Kultur. Bachmann, Johnson, Weiss. 282

Ein Kinderspiel. Ein Versteckspiel. Der Dra-Drache.
DKP-Forum. 289

Moskaureise. USA-Nachrichten.
Lechts und rinks. Krankheitsbild Gallistl. 294

X Lösungen. 1971–1975

Kein Grund zur Freude. Kein Wahlkampf für die DKP.
Handkes Gewichte. 305

Hinaus in die Welt. Canettis Spinnenbuch. «Der Sturz». 315

Amerika. Aufenthalt im Paradies. Das Messer der
Enttäuschung. 323

Solschenizyn mit Gessler-Hut. Brandts Rücktritt.
Immer wieder Grass. 327

Im Rückwärtsgang. Bauernkriege. Gespielte Blindheit. 333

XI Einsilber. 1976–1981

Wege zum See. Literarischer Neubeginn.
Ultimativer Verriß. Über Päpste. 339

Produktiver Sommer. Deutscher Herbst. Endlich
ein Bestseller? 349

Höchste Weihe. «Ein fliehendes Pferd».
Watschen und Gesang. 353

Heimatlob und Harfenfinger.
Drei Marien. «Seelenarbeit» und «Schwanenhaus». 358

Ein Abend in London. Deutsche Gespenster.
Über Auschwitz. Nach Leipzig. 365

XII Klassiker. 1980–1985

Selbstbewußtsein und Ironie. Mode und Verzweiflung.
Dafür sein! 377

Das Gute, Schöne, Wahre.
Der Jude Heine. Goethe und Eckermann. 384

Ehrendoktor und Ehrenbürger.
«Liebeserklärungen». Johnsons Tod. 391

Meßmers Empfinden. Reich-Ranicki im Garten.
Bootsfahrt und «Brandung». 397

XIII Der Horizont der Nation. 1986–1990

Gegenmacht und Geschichtsgefühl.
Deutsche Fragen. Dachzimmer. 401

Spione der Einheit. Dialog mit der RAF.
Über Deutschland reden. Gast der CSU. 409

Jenninger-Rede. Am Pranger der Fernsehgesellschaft.
«Jagd». 418

Verteidigung der Einheit. Nach Dresden.
Deutscher Frühling im Herbst. 424

XIV Im Bann der Geschichte. 1990–1996

«Die Verteidigung der Kindheit».
Öffentlichkeit und Gewissen. Reise ins Innere. 429

Meinungsüberdruß, Monotheismus, Terror.
Mediensatire I: «Ohne einander». 438

Ein Reisetag. Herzrhythmusstörungen.
Deutschlandgespräch mit Trauerweide. 448

Tugendterror, Gerechtigkeitsfuror, Kränkungen.
«Finks Krieg». 455

XV Hinschauen. Wegschauen. 1997–1998

Geburtstagsfeier. Freundschaften. Die Vereinbarung.
Abstieg vom Zauberberg. 463

«Ein springender Brunnen». Gedächtnis und Erinnerung.
Geborgene Kindheit. 473

Fußballfeldgroßer Alptraum. Friedenspreisrede.
Gewissen und Öffentlichkeit. 480

«Geistiger Brandstifter». Walser und Bubis.
Tausend Briefe. Miteinander. 490

XVI Liebeserklärungen. 1999–2002

Reiterstandbild. Indizien, Verdächte, Mißverständnisse.
Nichts als Sprache. 501

Düsseldorf. Nichts als Liebe. Nachlaß mit Notizbüchern. 510

Lesereise mit Polizeischutz. 8. Mai und Versailles.
Gespräch mit dem Kanzler. 517

Mediensatire II: «Tod eines Kritikers».
Das Antisemitismusurteil. 524

Ein angekündigter Skandal. Der Wunsch, Verbrecher zu sein.
Unselds Tod. 533

XVII Metaphysik der Sprache. 2002–2008

99 Flaschen Wein. Tendenz Asche. Die Verwaltung
des Nichts. 545

Hygienische Gewohnheiten. Angenehme Ortlosigkeit.
Popstar. Verlagswechsel. 553

Dialektik der Liebe. Materialismus der Moral.
La Mettrie und die Träume. 560

79 plus, 55 minus. Angstblüte. Altersvorsorge.
Kunst und Leben. In Goethes Hand. 569

Das Ende der Genesungsphase. Poetische Existenz. Leben und
Schreiben. Zustimmung und Geistesgegenwart. 582

Biographie und Leben.

Zehn Sätze als Nachwort. 597

Dank 601

Literaturverzeichnis 602

Anmerkungen 610

Register 646

Bildquellennachweis 655

DER TEPPICH IM WOHNZIMMER.
Ein Vorwort.

Zum ersten Mal begegnete ich Martin Walser 1992. Damals war ich Redakteur der Wochenzeitung *Freitag*. Zusammen mit einem Kollegen reiste ich nach Kornwestheim, wo wir in einem Hotel verabredet waren. In einem Konferenzzimmer, das aussah wie ein evangelisches Gemeindezentrum, sprachen wir über das neue Deutschland und die grassierende Gewalt gegen Ausländer. Walser wehrte sich heftig dagegen, den alltäglichen Rassismus aus historischen Gründen gefährlich finden zu müssen oder darin etwas typisch Deutsches zu sehen. Unsere Fragen, die auf die Gegenwart der deutschen Geschichte und die besondere deutsche Verantwortung zielten, regten ihn sichtlich auf. Plötzlich griff er sich an die Brust, warf sich in seinen Stuhl zurück, erstarrte und verstummte. Uns schien: minutenlang. Wir fürchteten das Schlimmste und fragten so hilflos wie dümmlich, ob ihm nicht gut sei. Doch, doch, preßte er zwischen zusammengebissenen Zähnen heraus, es geht gleich wieder.

Die zweite, weniger dramatische Begegnung fand rund zehn Jahre später in Halle an der Saale statt, wieder in einem Hotel. Das ist der natürliche Treffpunkt mit einem, der ständig unterwegs ist. Ich hatte ihm geschrieben, daß ich eine Biographie über ihn verfassen möchte. Ihm erschien das zumindest nicht ganz und gar undenkbar. «Ich fände es auch sinnvoll zu überprüfen, ob meine Kurven nicht doch eine schwankende Gerade waren. Es müßte eine gelüftete Intimität sein», hatte er geantwortet. Nun begrüßte er mich wie einen guten, alten Freund mit herzlichem Händeschütteln und dem Satz: «Ich brauche erst mal ein großes Bier.»

Es war ein sonniger, warmer Spätsommernachmittag, Anfang September 2002. Auf einer geranienbestückten Veranda oberhalb der Saale fanden wir einen freien Tisch. Eine riesige Jacht fuhr vorbei und erregte seine Verwunderung: So ein großes Schiff auf so einem kleinen Fluß? Wo wollen die Leute denn hin? Am anderen Ufer blickten wir auf ein verfallenes Fabrikgelände mit hohem Schornstein. Ein paar Jugendliche lungerten um ein Auto herum, aus dem «Reih dich ein in die Arbeitereinheitsfront» in einer Punk-Version herüberdröhnte. Zu meinem Biographiebegehren sagte er nur: «Was Sie da vorhaben, habe ich auch schon dreimal gemacht. Nur habe ich es immer ‹Roman› genannt.» Weiter schien er sich nicht dafür zu interessieren – es war wohl meine Sache. Ich nahm das als eine Art Einwilligungserklärung und als Beweis souveräner Professionalität. Dieser Mann wußte, daß das Resultat biographischen Schreibens etwas Fiktives sein würde, die Konstruktion eines Lebens, mein Walser-Bild. Auf dieser Basis müßte sich doch arbeiten lassen.

Er begann dann auch gleich zu erzählen. Weil ich ihn nach seiner Freundschaft mit Uwe Johnson gefragt hatte, erklärte er mir, warum er über Uwe Johnson nicht sprechen könne, und sprach aus diesem Grund lange über Johnson. In den folgenden Stunden, in denen wir einige Biere tranken und er es sich nicht nehmen ließ, erst Salat, dann Steaks zu ordern, kam ich nur selten zu Wort. Während er sprach, streichelte er immer wieder über meinen Handrücken, faßte mir zärtlich ans Kinn, teilte freundschaftliche Tätschel-Watschen aus und fuchtelte mit seinen Händen unmittelbar vor meinem Gesicht herum. Es war ein buchstäbliches Betasten und Befühlen, eine aufwendige Näheproduktion, wie sie unabdingbar ist, wenn es um so Umfassendes gehen soll wie Leben und Werk und die Tätigkeit, die beides verbindet: das Schreiben. Um 20.15 Uhr verabschiedete er sich ins Hotelzimmer. Er mußte unbedingt das Kanzler-Kandidaten-Duell zwischen Gerhard Schröder und Edmund Stoiber verfolgen – vorausgesetzt, es gelänge ihm, das Fernsehgerät mit dieser blöden Plastikkarte in Gang zu setzen, die man in Hotels neuerdings dazu benötigt.

Eine Biographie ist eine Anmaßung. Sie geht von der Fiktion aus, man könne ein Leben in 17 Kapiteln übersichtlich ordnen und ihm eine Logik verpassen. Ein Menschenleben wird sortiert nach Maßstäben, die Weltanschauung, Geschichte oder auch bloß die gegenwärtige Zeitstimmung vorgeben. Würde man dasselbe Leben zehn Jahre früher oder später erzählen, käme etwas anderes dabei heraus. Auf pathetische Begriffe wie «Wahrheit» oder auch nur «Wirklichkeit» sollte man also von vornherein verzichten, wenn man dieses Puzzle aus unzähligen Einzelteilen zusammensetzt. Trotzdem ist eine Biographie eben kein Roman. Jedes Faktum muß stimmen, damit die Fiktion entsteht: So war es. Nichts läßt sich erfinden, alles muß gefunden werden. Seltsamerweise wachsen mit den gefundenen Teilen aber auch die Lücken. Der Porträtierte verbirgt sich im Material. Man muß in die richtige Distanz gehen, um das entstehende Bild zu erfassen. Eine Biographie will feststellen und festhalten, was doch immer im Fluß und in Bewegung ist, weil es lebt. Walser drückt das so aus: «Das Leben will nicht gerinnen in Momente, die man dann exemplarisch nennen könnte. Man muß es hineinzwingen in diese Momente. Das ist die Kühnheit der Sprache an sich. Sie hält etwas fest, was eigentlich weiter will.»[1]

Walser ist unentwegt damit beschäftigt, Leben in Sprache zu verwandeln. Was ihm zustößt, beantwortet er mit Literatur. Nur so, in dem er der Wirklichkeit eine andere, bessere Version entgegensetzt oder sie wenigstens in seinen Worten erzählt und formt, ist sie überhaupt auszuhalten. Seine Romane sind eine fortgesetzte Autobiographie als Chronik seines Empfindens. Das Werk ist also die wichtigste und die intimste Quelle dieser Biographie. Literaturwissenschaftlich betrachtet ist es streng verboten, von Romanen auf den sich darin ausdrückenden Lebensstoff zu schließen. Aber welche Auskünfte über die inneren Zustände eines Menschen könnte es geben, die genauer wären als die bewußtseinsseismographische Literatur Martin Walsers? Wann ist ein Schriftsteller mehr er selbst, als wenn er schreibt? Leben und Literatur hängen so unmittelbar zusammen, daß auch er selbst gelegentlich beides miteinander verwechselt. Als ich ihn einmal in Nußdorf besuchte, zeigte er voller Stolz auf einen Teppich im Wohnzimmer, einen Keshan mit dunkelblauem Grund, mit Ranken- und Blumenmuster, und sagte: «Das ist der Teppich, den Gottlieb Zürn für 8000 Mark in Stuttgart gekauft hat.» Doch wie kommt der Teppich der Romanfigur ins Wohnzimmer des Autors?

Sein Schreiben ist ein «Entblößungs-Verbergungs-Spiel»[2]. «Ich kann nur verbergen», sagt er. «Es muß raus, aber als Verborgenes. Verbergen heißt ja nicht verschweigen.»[3] Exhibitionismus und Scham, Mitteilungsdrang und Verschwiegenheit sind in einem feinen Spiel der Kräfte ausbalanciert. Im Roman «Brandung» aus dem Jahr 1985 schrieb er über seinen Helden Helmut Halm, als der einen Konversationskurs in Kalifornien leitet: «Vor Konversation habe er Angst, das habe er gestanden, aber Konversation über Konversation ziehe ihn an. Er schlage vor, jeder sage jetzt, ob er immer das sage, was er denke, und wenn nicht, was sage er dann statt dessen, und hängt das, was man statt dessen sagt, mit dem, was man denkt, aber nicht sagt, zusammen, und wie? Will man also mit dem, was man sagt, auf das, was man denkt, hinweisen und es doch verheimlichen ...»[4] Im jüngsten Essayband über die «Verwaltung des Nichts» findet sich als erster Hauptsatz der «menschlichen Wärmelehre» und als Quintessenz von Walsers Denken der Grundsatz: «Man kann Menschen besser beurteilen nach dem, was sie verschweigen, als nach dem, was sie sagen.» Für einen doch eher auskunftsfreudigen Schriftsteller ist das ein merkwürdiges Bekenntnis. Es wäre falsch zitiert ohne die Ergänzung: «Dieser Satz macht es nötig zu behaupten, es sei leicht, in dem, was ein Mensch sagt, das festzustellen, was er verschweigt. Und wenn man sich angewöhnt hat, den Text eines Menschen Wort für Wort als Mitteilung eines verschwiegenen Textes zu verstehen, dann werden auch die fadesten oder banalsten Sätze dramatisch interessant.»[5]

Wer in Walser bloß einen dröhnenden Meinungsbekunder und Politprovokateur sieht, sollte bereit sein, sich durch solche Einsichten irritieren zu lassen. Eine Biographie ist nun eine Entbergung, die gerade das Verborgene im Werk zu lesen versucht. Sie erzählt etwas davon, was im Erzählen verschwiegen wird. Der Biograph ist damit der natürliche Feind des Autors. Er verdeutlicht, was doch verheimlicht werden sollte. Martin Walser weiß das und hat mich dennoch in dieser Arbeit freundlich unterstützt. So gespannt sein Verhältnis mit «den Medien» auch ist, so sehr bedarf er der Öffentlichkeit, in der zu agieren und taktieren versteht wie kaum ein anderer Autor hierzulande. Es fällt ihm schwer, das Öffentliche und das Persönliche auseinanderzuhalten. Was er öffentlich vorträgt, sagt er nicht als Meinungsproduzent, sondern als einer, der erklären will, wie ihm zumute ist. Sein Empfinden ist der Maßstab, von dem aus er die Welt und sich selbst beurteilt. Das macht ihn angreifbar. Vielleicht zieht er deshalb so viele Emotionen auf sich, weil er selbst so emotional agiert. Im 4. Hauptsatz der «menschlichen Wärmelehre» schreibt er: «Jeder Mensch wird zum Dichter dadurch, daß er nicht sagen darf, was er sagen möchte.»[6] Als Dichter sagt er es aber doch. Entblößung, wenn auch als Verborgenes. Der Ärger mit einer überwachenden und strafenden Öffentlichkeit ist damit vorprogrammiert.

Es geht mir weniger darum, Entsprechungen zwischen Literatur und Wirklichkeit aufzuspüren – das wäre ja banal –, als darum, literarische und politische Entwicklungslinien aufzufinden. Das hat bei Walser immer auch mit Gefühl und Leidenschaft zu tun. Sein Wort von der «gelüfteten Intimität» gibt den Maßstab vor. Wie kein zweiter Schriftsteller eignet er sich dazu, die Geschichte der Bundesrepublik und die Entwicklung der westdeutschen Öffentlichkeit nachzuzeichnen, die Herausbildung einer literarischen Elite zu beschreiben und die wechselnden Erregungszustände der Intellektuellen verständlich zu machen. Der Handlungsverlauf führt von einer Kindheit im Nationalsozialismus über Adenauers Wirtschaftswunderland in die politisch unruhigen sechziger Jahre, in denen es zwei geographische Regionen sind, die seine Aktivitäten und seine politische Moral bestimmen: Auschwitz und Vietnam. Von hier aus läßt sich eine gerade Linie zum Deutschlandthema ziehen, das er seit Mitte der siebziger Jahre politisch artikuliert, und weiter zur Paulskirchenrede von 1998 und zum Skandal um den Roman «Tod eines Kritikers». Ob «Gesellschaftskritiker», «Kommunist» oder «Nationalist» – in jeder Phase der Bundesrepublik klebte ihm das jeweils schädlichste Etikett an. Für einen, der sich selbst als «harmoniesüchtig» bezeichnet, ist das nicht unbedingt ein Vergnügen.

Freunde und Bekannte, denen ich von meiner Arbeit erzählte, betrachteten mich häufig mit einem strengen Stirnrunzeln. Wenn ich ihnen die Freundlichkeit, die Offenheit, die Gastfreundschaft, die Bereicherungspotenz Walsers beschrieb, schüttelten sie ungläubig den Kopf. Zu Walser hatten immer alle eine Meinung, und jeder glaubte, ihn zu kennen. Diese wuchernden Augenbrauen! Diese alemannische Starrköpfigkeit! Dieser Schmerzensreiche, Wehleidige, Dauerbeleidigte! Dieser Geschichtsempfinder und Deutschlanderleider. Selten dauerte es lange, bis die Paulskirchenrede erwähnt wurde, von der im Publikum ein vages Schlußstrichgefühl zurückgeblieben ist. Seit «Tod eines Kritikers» hängt ihm auch noch ein giftiger Antisemitismusverdacht an. Und über so einen ein ganzes Buch?

Diejenigen, die Walsers Romane kennen, haben eine andere Meinung von ihm. Doch die Skandale sind wie Bahnschranken vor seinem Werk niedergegangen, das dahinter zu verschwinden droht. Oder war es umgekehrt? Mußte sein Werk erst in Vergessenheit geraten, bevor man ihn für einen Antisemiten halten konnte? Frank Schirrmacher schrieb 1998, in der Aufregung um die Paulskirchenrede: «Vielleicht erleben wir hier, daß Biographien nichts mehr bedeuten. Vielleicht werden wir gerade die leicht gelangweilten Zeugen des Zerfalls von so pathetischen Vorstellungen des neunzehnten Jahrhunderts wie Lebenswerk und Werkbiographie.»[7] Werk und Leben Martin Walsers sprechen für sich. Man muß nur darauf hören. Und vielleicht muß man sie tatsächlich schon jetzt wiederentdecken. Das rechtfertigt ein so altmodisches Unterfangen wie das Schreiben einer Biographie, die Werk und Leben in untrennbarem Zusammenhang begreift. Unbeeindruckt von strukturalistischen und anderen Theorien hält sie an der «Person» als einer Orientierungsgröße fest, die wie ein Schiff im Ozean der Geschichte ihren Kurs einschlägt – auch wenn im Falle Martin Walsers eher der heimatliche Bodensee die Richtung vorgibt, und nur ausnahmsweise einmal die Nordsee bei Sylt oder der Pazifik vor der kalifornischen Küste.

Dem Bodensee wurde er immer ähnlicher, je länger er an seinen Ufern saß. Über ihn spricht er mit inniger Zärtlichkeit wie über einen Geliebten, und er benutzt ihn als Spiegel, in dem das eigene Bild erscheint. So könnte auch ein Selbstporträt beginnen: «Auch wenn er sich von allen eingeführten Windstärken hin- und herjagen und aufregen läßt und wild tut wie ein Laienschauspieler, der einen Wildling spielt, auch wenn er dann darauf besteht, daß in ihm auch ertrunken werden kann; seine eigentliche Stärke ist, daß er alles mitmachen kann, was der Himmel gerade will. Und im Aufnehmen, Widerspiegeln und Vermehren von allen Angeboten der Zeit und der Welt ist er groß. Das ist überhaupt seine Größe. Alles aufzunehmen und sich zu eigen zu machen und dann so darzustellen, daß, wer nicht wirklich vertraut ist mit ihm, glaubt, die jeweilige Produktion, das sei nun wirklich er selber, der See. Temperaturen, Farben, Strömen und Ruhen, Wildheit und Schwere – er hat alles irgendwoher, kann aber daraus einen unerschöpflichen Reichtum an Zuständen und Stimmungen machen. Und damit wird widerrufen, daß er ein Laienschauspieler sei. Er ist eine unendliche Naturbegabung, denn alles, was er spielt, wirkt, als sei er das, was er jeweils spielt, ganz und gar. Wer ihn spielend ruhen sieht, hält es nicht für möglich, daß er eine halbe Stunde später wütet, als habe er einen Zorn auszuleben. Die Energien bezieht er von überall her. Korsika, Spanien, Burgund, Island ... alles sein Einzugsgebiet. Aber Katastrophen macht er nicht mit. Die sollen sich bitte anderswo austoben.»[8]

Im Gespräch benutzt Walser häufig das kleine Wort «also». Es bezeichnet bei ihm keine kausale Verknüpfung. Auch Wenn-dann-Sätze benutzt er nur selten. In seinem groß geschriebenen «Also» gehen die Sätze und die Dinge fließend auseinander hervor. Das «Also» steht für sich und faßt das Gesagte noch einmal abschließend zusammen, rund und offen für Neues. Es bedeutet etwa: Ich hab's doch gleich gesagt. Es kann vorwurfsvoll klingen. Es ist aber auch Ermunterung und Aufforderung: Jetzt, wo alles geklärt ist, sollte mit dem Handeln begonnen werden. Es ist ein freiheitsliebendes Wort. Eine Biographie wollen Sie schreiben? Also.

Ich muß ihm übrigens schon ein allererstes Mal begegnet sein, vor etwa 25 Jahren. In meinem Bücherregal steht ein signiertes Exemplar des Romans «Das Schwanenhaus». Ich kann mich nicht daran erinnern, ihm jemals ein Buch zum Signieren vorgelegt zu haben, aber es muß 1980 oder 1981 gewesen sein, vielleicht in Marbach. Ich war damals Gymnasiast und las Walsers Romane mit systematischer Begeisterung in chronologischer Folge. Alle als suhrkamp taschenbücher. Ich las nichts anderes. suhrkamp taschenbücher bestimmten meine literarische Welt. In ihrer klaren Farbgebung und mit einem kleinen Autorenfoto auf der Vorderseite besaßen sie eine auratische Kulturhaltigkeit, die mich beeindruckte. Von Walsers Lesung aber, die doch womöglich ein wichtiges Ereignis für mich war, fand ich keine Spur in meinem Gedächtnis. Du willst also eine Biographie schreiben, sagte ich da zu mir, und vergißt alles, was dir zustößt. Du bist ja der richtige Lebenskundler! Ich tröstete mich mit dem fünften Hauptsatz der «menschlichen Wärmelehre»: «Das Vergessen, die ideale Form der Geheimhaltung.»[9] Also.

I HEIMAT. 1927–1945

Von Wasserburg an. Es gibt keine Nebensachen.

Einer, der auf den Fortschritt setzt, ist immer zu früh geboren. Später wäre ihm lieber, weil er glaubt, daß die Dinge, historisch betrachtet, sich zuverlässig zum Besseren wenden. Mit Zukunftsgläubigkeit hat dieses Grundgefühl wenig zu tun. Sein Bedürfnis, wissen zu wollen, wie die Geschichte weitergeht, erwächst aus dem intimen Umgang mit der Vergangenheit. Darüber schreibt er dann. Das bedeutet, das jeweils bestmögliche Ende aus einer Geschichte herauszuwirtschaften – und sei es die deutsche Katastrophengeschichte des 20. Jahrhunderts. Martin Walser ist so früh geboren, daß er Auschwitz und die Auseinandersetzung mit der deutschen Schuld, die deutsche Teilung und die unüberschreitbare Zugehörigkeit zur deutschen Geschichte zu seinem Lebensthema machen mußte. Und er ist spät genug geboren, um dem Schicksal des zwei Jahre älteren Bruders Josef zu entgehen, der 1944 einen sinnlosen Soldatentod in Ungarn starb. – Also liegt der 24. März 1927 wohl doch nicht so schlecht in der Zeit. In Genf war gerade die Abrüstungskonferenz des Völkerbundes zusammengetreten. In Berlin übernahm Alfred Hugenberg für 15 Millionen Reichsmark die Ufa. In den USA wurden die Anarchisten Nicola Sacco und Bartolomeo Vanzetti zum Tod auf dem elektrischen Stuhl verurteilt. In China besetzten die Truppen Chiang Kai-sheks Nanking und Shanghai. In München erschien der Roman «Amerika» von Franz Kafka, und die bayrische Landesregierung beschloß, das Redeverbot für Adolf Hitler aufzuheben.

In Wasserburg am Bodensee, dem einzig denkbaren Geburtsort, merkte man von all dem nichts. Wasserburg ist sich selbst genug. Es ist dem, der hier geboren wird, die beste aller möglichen

Welten, besser als das benachbarte Nonnenhorn, besser als Kümmertsweiler, von wo die Mutter stammt, und als Hengnau, der Geburtsort des Vaters. Viel weiter kommt man als Kind sowieso nicht herum. Kümmertsweiler und Hengnau liegen nur ein paar Kilometer entfernt hangaufwärts, und doch waren die Eltern in Wasserburg fast schon Fremde, die sich hineinarbeiten mußten in die Dorftradition. Die Mutter spricht reines Alemannisch, von ihr ist ein Leben lang kein einziger hochdeutscher Satz zu vernehmen. Der Vater pflegt ein besseres Realschul-Bayrisch. An der Differenz zwischen Vater-, Mutter- und Hochsprache entwickelt der Junge sein Sprachgefühl und lernt, der Herkunft der Worte nachzuhorchen. Ein paar Kilometer Distanz machen in einer Welt, in der jedes Dorf ein eigener Kosmos ist, einen großen Unterschied aus.

Nicht in Wasserburg geboren zu sein bedeutet für die Eltern, nichts von selbst zu wissen. Sie sind auf Erzählungen angewiesen. Dafür allerdings ist die Gastwirtschaft, die sie gleich gegenüber vom Bahnhof betreiben, ein günstiger Ort. Hier ist ein Treffpunkt des Dorfes, eine Börse für Neuigkeiten und Gerüchte, Bühne für Auftritte und Abgänge. Hier kommt jeder Einwohner des 700-Seelen-Dorfes vorbei, und einige trinken hier regelmäßig ihr Bier. Martin lernt in dieser Kinderstube, daß es darauf ankommt, reden zu können. Von klein auf agiert er in Gesellschaft. Der Stammtisch ist ihm nicht fremd, und er weiß, daß auch dort nicht nur Parolen gebrüllt werden. Das Gespräch ist ein Wettbewerb: Wer die besten Geschichten erzählt, siegt. Brillanz setzt sich durch. Manchmal aber auch bloß der Lauteste.

Der Großvater, Autodidakt im Architektur- und Gastronomiegewerbe, hat das stolze Gebäude mit der überdachten Terrasse selbst entworfen. Er war ein Mann, der das Selbstbewußtsein der Kaiserzeit ausstrahlte und einen der weit ausschwingenden Schnauzbärte der Epoche trug. In den letzten Jahren des 19. Jahrhunderts, als die Bodenseegürtelbahn entstand, hatte er die Idee, Bahnhofswirtschaften zu errichten. Direkt da, wo die

Menschenmengen der Zukunft ankämen, würden sie auch einkehren: ein sicheres Geschäft. Er verkaufte den winzigen Hof in Hengnau, baute in Nonnenhorn, verkaufte mit Gewinn, baute in Wasserburg, als dort 1899 der Bahnhof entstand – und wurde Gastwirt. 1901 eröffnete er seine Restauration. Doch die Feriengäste logierten lieber drunten auf der Halbinsel und mit Blick auf den See. Josef Walser umwarb sie mit kleinen Reklamezetteln, auf die er schrieb: «Bahn=Restauration in schöner, ruhiger Lage, empfiehlt ihre sehr schön eingerichteten Fremdenzimmer, gute, bürgerliche Küche, reelle Weine, gutes Bier vom Faß zu jeder Tageszeit. Elektrische Beleuchtung, mäßige Preise. J. Walser, Besitzer».

1924, seit sieben Jahren Witwer, übertrug Josef Walser den Betrieb an seinen 34 Jahre alten Sohn Martin. Der, ein sensibler Mann mit einem vergleichsweise geringen Schnauzbart und großen, erschrockenen Augen, war kränkelnd aus dem Ersten Weltkrieg heimgekehrt. Er litt an Diabetes. Gerne wäre er Lehrer geworden; nun war er Gastwirt wider Willen und mußte, weil die Restauration nicht genug abwarf, nebenher noch einen Holz- und Kohlehandel betreiben. Das heißt: eigentlich betrieb er ihn gar nicht, sondern zog sich, so gut es ging, zurück und schmiedete Pläne für den großen Durchbruch. Mal hoffte er, mit der Zucht von Angora-Kaninchen reich zu werden, mal versuchte er sich in der Schuhwichse-Fabrikation, mal glaubte er an den Handel mit Schweizer Uhren. Doch zum Verkäufer taugte er mit seiner schüchternen, zurückhaltenden Art nicht. Wenn er jemandem die Hand gab, dann war das eine zögerliche, abwartende Geste. Sein Gegenüber mußte auf ihn zukommen und zupacken. Die Arbeit und die Verantwortung fürs Geschäftliche überließ er lieber seiner Frau. Auch die Söhne Josef und Martin Johannes mußten mithelfen. 1935 wurde als dritter der Bruder Anselm Karl geboren, der als Kind Anselm, später Karl gerufen wurde. Dadurch wurde der Name Anselm frei für Walsers berühmtesten Romanhelden: Anselm Kristlein.

I HEIMAT. 1927–1945 23

Von Martin wurde verlangt, auf dem Heimweg von der Schule am Strandcafé, an der Krone und bei der Linde vorbeizuschauen, um die Gäste zu zählen. Die Mutter wollte wissen, wie viele dort säßen, um so die eigene Konkurrenzfähigkeit abzuschätzen. Natürlich saßen jedesmal mehr Gäste bei den anderen als in der eigenen Wirtschaft. Dabei war der Gasthof der Walsers demonstrativ dem Geschehen zugewandt. Die guten Zimmer lagen auf der Nordseite mit Blick auf den Bahnhof und alles, was von dort her kommen möge. Davor der kleine Bahnhofsvorplatz mit den zwei Kastanienbäumen. Hier nahmen die örtlichen Marschkolonnen Aufstellung: Kriegerverein, Gesangsverein, Marine-SA. Martin konnte vom Fenster seines Zimmers auf diesen Tummelplatz der Geschichte und auf die wechselnden Uniformen herunterschauen. An der Terrassenecke, am höchsten Fahnenmast des Dorfes, wehten die zugehörigen Flaggen. Bis zur Ablösung durch Schwarzweißrot und Hakenkreuz dominierte das bayrische Blauweiß als Herrschaftszeichen einer fremden Macht im Alemannischen.[1]

Die Rückfront des Gebäudes, die nach Süden, zum Dorf, zum See hin zeigte, konnte mit der Bahnhofsseite nicht mithalten. Hier waren die Aborts untergebracht; der Blick ging auf eine Wiese und Obstbäume, zwischen denen der Zirkus logierte, wenn er in Wasserburg Station machte. Die entschlossene Bahnhofzugewandtheit signalisierten schon die roten Ziegelsteine, die Farbe und Material der Station wiederholten. Wer in diesem Haus geboren wurde, bekam mit der Heimatverbundenheit auch die Sehnsucht eingepflanzt, aufzubrechen und hinauszufahren in die Welt. Vom Großvater, der ihn an der Hand herumführte, hörte Martin immer wieder den eingefleischten Satz: «Oh wenn i bloß ge Amerika wär.»[2] Der Stoßseufzer, sich aus der Mühsal des Alltags heraus anderswo ein besseres Leben zu wünschen, ist eine Art Vermächtnis des Sehnsuchtsbaumeisters. Martin Walser ließ später kaum eine Gelegenheit aus, nach Amerika zu reisen, und wäre, wenn nicht der Bodensee seine Sogkraft behauptet hätte, vielleicht sogar dort geblieben. Als «verhinderten Einwanderer» bezeichnete er sich nach der wiederholten Rückkehr in den siebziger und achtziger Jahren.[3] Er wurde zu einem fahrenden Schriftsteller, der in manchen Jahren mehr unterwegs war als zu Hause. Ausgedehnte Lesereisen waren ihm ökonomischer Zwang, Lust und lästige Pflicht: Schöner als das Aufbrechenkönnen ist nur das Heimkehrendürfen. Freiheit und Ungebundenheit auf der einen Seite, Verwurzelung und Sicherheit auf der anderen: Zwischen diesen beiden Polen spielt sich das Leben ab. Die Reise wird für Walser zur adäquaten Bewegungsform, weil sie Heimatbindung mit Weltläufigkeit vereint. Eine Kindheit am Bahnhof muß sich wohl so auswirken. Doch so weit er auch herumkommt in der Welt: Seine Bahnstrecke wird er ein Leben lang nicht verlassen. Westwärts, am Bodensee entlang, ist er in ihrer Reichweite geblieben. In Friedrichshafen wohnte er hundert Meter nördlich der Gleise, in Nußdorf, wo er 1968 seinen endgültigen Wohnsitz fand, fünfzig Meter südlich davon. Er kann jeden Tag die Züge hören, die am Haus vorbei nach Wasserburg fahren.

Das Dorf ist die Welt, die Welt ist ein Dorf. Die Menschen in Wasserburg heißen Zürn, Meßmer oder Dorn, Gierer oder Hotz. Ein Blick ins Telephonbuch oder ein Gang über den zum See hin mauerbewehrten Friedhof neben der Zwiebelturmkirche genügt, um das Personal der Romane Martin Walsers aufzuspüren. In Wasserburg schöpft er seinen Vorrat an Namen und Menschen und Geschichten. Wasserburg, so schrieb 1961 der Freund und Schriftsteller-Kollege Hans Magnus Enzensberger, «ist sein Dublin, sein Triest, sein Illiers, der Nabel seiner Welt. (...) Günter Grass aus Danzig, Uwe Johnson aus Cammin in Pommern, Martin Walser aus Wasserburg – wie tief stecken sie allesamt in ihren Herkünften! Alles, was sie wissen, fängt dort an. Bundestagswahlen, Antibiotika, Mondsonden, Eheprobleme, der Stein der Weisen, Schuld und Sühne, der Untergang des Abendlandes, der Schnee am Kilimandscharo – das alles fängt für Walser in Wasserburg an, kann nur an Wasserburg gemessen und beurteilt, verstanden und erzählt werden. (…) Was es aber dort nicht gibt, was auf Wasserburg bezogen keinen Sinn hat – das lohnt sich nicht; denn dieser Mikrokosmos ist so unendlich reich und verwickelt, so unbeschrieben und phantastisch, daß ein Schriftsteller sein Leben lang genug Arbeit daran hat, sich einen Vers darauf zu machen; denn es gibt in Wasserburg keine Nebensachen»[4].

Glauben und Gläubiger. Am Anfang ist der Mangel.

Die Kirche St. Georg, stolz an der Spitze der Wasserburger Halbinsel gelegen, bestimmt das Panorama der Gegend. Von hier aus bekommt alles sein Maß: das Dorf, das ihr entgegenstrebt wie einer Königin, der See, der ihr zu Füßen liegt, der Säntis und die anderen Gipfel der Alpen, die aus der Ferne herübergrüßen, und die Menschen, die sich demütig zum Gottesdienst versammeln. Auf dem Kirchturm ist der heilige Georg abgebildet, der mit seiner Lanze den Drachen tötet: führender Dorfheiliger in einer an Heiligen reichen Gegend. Der sonntägliche Kirchgang ist Pflicht für alle Katholiken. Männer, Frauen und Kinder treten durch eigene Pforten ein und sitzen getrennt. Martin, der die Gelegenheit nutzt, zu den Mädchenbänken hinüberzuschielen, nimmt den Eindruck mit, Gläubigkeit sei vor allem eine Sache der Frauen. Auf ihrer Seite ist eine intensiv strahlende Frömmigkeit zu spüren, eine aufwärts gereckte Gnadenerwartung. Die Männer dagegen knien so geduckt in den harten Bänken, als wollten sie nicht gesehen werden. Betende Männer kommen ihm vor wie weinende Männer. Frömmigkeit paßt nicht zu ihnen.[5]

Ein Gläubigkeitsunterschied ist auch an den eigenen Eltern zu beobachten. Der Vater beschäftigt sich mit indischer Weisheitslehre, theosophischen Gebetbüchern oder dem Mystiker Thomas von Kempen. Er ist ein leidenschaftlicher Leser und virtuoser Klavierspieler, vielleicht ein verhinderter Künstler. Auch die Söhne spielen Klavier, Josef mit mehr Talent und dem größeren Ehrgeiz als Martin. Der ist ein begeisterter Sänger. Gesang zieht er jedem Instrument vor. Er ist überzeugt, seine helle Stimme könne sich hören lassen, und hofft auf eine glänzende Sängerkarriere.[6] Auch im Singen ist der Vater ein Ansporn. Er ist Mitglied im Gesangsverein, der sich in der Restauration trifft. Im ersten Stock sind die Lieder gut zu hören. Und wenn die Blaskapelle in der Gaststube probt, dröhnt die Blechmusik in Martins Schlafzimmer hinauf.

Die Mutter, durch und durch katholisch, ist der dominierende, prägendere Elternteil. Augusta war das zweitälteste von dreizehn Kindern des Bauern Thaddäus Schmid und seiner Frau Anna, geborene Meßmer, einer Viehhändlerstochter aus Hemigkofen, die bei ihrem Einzug im kümmerlichen Kümmertsweiler ein Pferd mitbrachte – das erste Pferd, das es dort je gab. Ein Bruder der Mutter besuchte die Klosterschule, zwei Schwestern gingen ins Kloster. Die eine starb nach kurzer Zeit an Tuberkulose, da sie sich bei der Pflege von Lungenkranken angesteckt hatte. Die andere, 1933 eingetreten, nannte sich Schwester Thaddäa. Jeden Sommer holte sie in Kümmertsweiler zentnerweise Kirschen für die Klosterküche ab. Die Familie kam gelegentlich mit dem Pritschenwagen der väterlichen Kohlenhandlung zu Besuch. Dann stellten sie Bänke auf die Ladefläche und saßen da oben in Reih und Glied: eine ganze Ladung Familie. Bis es einmal durch den Boden rauchte, weil die Achse heißgelaufen war.

Die Mutter brachte aus Kümmertsweiler einen zupackenden bäuerlichen Pragmatismus mit, zugleich aber auch eine bodenlose Angst, die ihr ganzes Leben durchwirkte. Gott im Herzen und Geldverdienen im Sinn: Die Angst vor dem wirtschaftlichen Bankrott war ihr irdischer Antrieb, die Angst ums Seelenheil ihr Glaubensproblem. Wenn sie sich nicht so verhielte, wie es die Kirche verlangte, mußte sie eine Ewigkeit ohne Erlösung und Wiederbegegnung fürchten. Als «reine Angst-Erscheinung» erin-

I HEIMAT. 1927–1945 27

nert Martin Walser seine Mutter. Die Religion habe ihr keine Sekunde lang irgendeine Ruhe gelassen.[7] Fotos zeigen eine kräftige, schöne Frau im gemusterten Kleid, das seitlich gescheitelte Haar im Nacken verknotet, wie es fromm und praktisch ist, der sorgenvolle Blick geradeaus. Von den drei Söhnen ist es Martin, der ihr am ähnlichsten sieht. Sie erzog die Brüder streng und ohne Sentimentalität. Zärtlichkeiten gab es nicht. Sich gegenseitig anzufassen war verpönt – und wenn, dann nur rasch, zufällig und an unverdächtigen Stellen. Walsers Romanheld Gottlieb Zürn erzählt, er habe das Gesicht seiner Mutter zum ersten Mal berührt, als sie tot im Sarg lag. So geht es zu in einem katholischen Dorf am Bodensee.

Erlaubt ist allenfalls ein züchtiges oder züchtigendes Berühren. Vom Vater bekam Martin ein einziges Mal eine Ohrfeige. Die Mutter war weniger zurückhaltend und verhaute ihre Buben auch schon mal im Keller mit dem Kochlöffel. Und wenn sich Nachbarn, Hausgäste oder Kunden der Kohlenhandlung über sie beklagten, schalt sie die Söhne in Anwesenheit der Beschwerdeführer aus, weil sie fürchtete, Nachsicht könnte negativ gewertet werden. Martin lernte, die Dorfbewohner freundlich und laut zu grüßen, damit keine Kunden verlorengingen. «Mein Gott, man kann doch nicht gegen die Leute leben, wenn man von ihnen leben muß», lautete ein Satz der Mutter, den Walser in seinem Kindheitsroman «Ein springender Brunnen» zitiert.[8] Es ist eine Lehre fürs Leben. Ohne die Leute geht es nicht. Also muß man freundlich sein, um sie für sich zu gewinnen. Das Poltern seines polemischen Temperaments kommt dieser Einsicht allerdings gelegentlich in die Quere. Unerschrockene Streitbereitschaft ist die Kehrseite der mütterlichen Freundlichkeitslehre.

Geld und Gewissen, Glauben und Gläubiger: Das gehörte zusammen. Martin wurde Zeuge von Gesprächen mit dem Gerichtsvollzieher, als er noch zu klein war, um zu wissen, was ein Gerichtsvollzieher ist. Die fürchterlichste aller Bedrohungen bestand darin, eines Tages «vergantet» zu werden – so das alemannische Wort für «versteigern». Bei einer anderen Familie im Dorf erlebte er einmal den traumatischen Ausverkauf der Heimat. «Huomet» bedeutet im Dialekt nichts anderes als «Haus». Man kann die Heimat also verlieren. Schlimmeres als dieses Wer-bietet-mehr für alles, was man hat, konnte es nicht geben. Die Restauration lavierte hart am Konkurs. Dem Gesicht der Mutter war immer anzusehen, wenn sie rechnete, Schulden und Außenstände miteinander verglich. Und währenddessen ertönte aus dem Nebenzimmer das Klavierspiel des Vaters. Den hielt die prekäre wirtschaftliche Lage nicht davon ab, großmütig Bürgschaften zu unterschreiben. Er träumte davon, ein Herr zu sein, war aber im Dorf ein belächelter Mensch: keiner der ortsüblichen Macher und Malocher, sondern eher ein Phantast.

Die Mutter schämte sich seiner Schwäche und der wirtschaftlichen Bedrohung und versuchte, die Not vor ihren Angehörigen droben in Kümmertsweiler zu verbergen. In ihrer Familie herrschte eine radikale Empfindlichkeit gegen Abhängigkeit und Beleidigungen aller Art. Martin Walser hat diese Empfindlichkeit geerbt. Die Familie als erster Erfahrungsraum der gesellschaftlichen Zustände paukte ihm sein späteres literarisches Lebensthema ein: Abhängigkeit und Konkurrenz. Und wie bei den Eltern sind auch in seinen Romanen die bescheidenen Ehefrauen meist stärker als die lamentierenden Männer in der Hauptrolle. So hat er es erlebt: Die Frauen müssen retten, was die Männer verbockt haben.

Auch sein politisches Engagement, die Sensibilisierung für Machtausübung und soziale Mißverhältnisse hat einen Grund in den Erfahrungen der Kindheit. Die bleibende Angst vor dem Bankrott läßt ihn zu einem Intellektuellen werden, der immer auch als Unternehmer am Markt operiert und die Zwänge des Geldverdienens offensiv thematisiert. «Solange man Geld verdienen muß, muß man sich beleidigen lassen. Das muß jeder», heißt es noch 2003 in «Meßmers Reisen»[9], als Walser längst ein wohlhabender Mann geworden ist. Als «Kleinbürger» bezeichnet er sich, gemäß seiner Definition, ein Kleinbürger sei der, der sich selbst ausbeutet. So einer ist auf Sicherheit angewiesen. Über seine Figur Helmut Halm schreibt er in «Brandung»: «Er war in allem auf Vorrat bedacht. Er konnte nichts verbrauchen, für das nicht schon Ersatz vorhanden war. Er würde mit dem letzten Stück Brot in der Hand verhungern.»[10] Das ist durchaus schwäbisch gedacht. Oder vielmehr: alemannisch. Genauer: wasserburgerisch.

Die Angst um das eigene Seelenheil wird man nicht mehr los, wenn sie die Kindheit bestimmte. Im Kinderglauben ist es möglich, Gott durch Wohlverhalten Sicherheit abzuhandeln: «Eigentlich will in jedem Augenblick das Schlimmste passieren, und das muß man, so gut es geht, durch Glauben und Beten verhindern, und bitten und betteln, daß immer nur das Zweit- oder gar bloß das Dritt- oder Viertschlimmste passiert.»[11] Religion ist eine Kosten-Nutzen-Rechnung. Martin erlebte sie als ein spezielles Trainingssystem, das dem, der die Sünde erfolgreich bekämpft, gebührende Belohnung verspricht. Im nachhinein kam es ihm so vor, als habe er die Kindheit komplett im finsteren Beichtstuhl verbracht, ja, als habe er mehr Zeit für das Beichten als für das Sündigen benötigt[12] – ein ökonomisch unhaltbarer Zustand. Verzweifelt bemühte er sich um vollkommene Reue und fürchtete, im endlosen Kreislauf von Schuld und Abbitte und neuer Verfehlung unterzugehen. Ministrant war er nie, weil er sich nicht würdig fühlte und sein Gewissen keine Ruhe gab.[13] «Ich bezeichne mich in meinem eigenen Selbstverständnis als katholischen Krüppel», sagte er rückblickend. «Ich glaube, daß ich verkrümmt bleiben werde in meiner Erlebnisweise. Davon kann ich mich nicht mehr erholen.»[14]

Trotz dieser Erfahrungen – oder vielmehr: eben deshalb – blieb er zeitlebens Mitglied der Kirche. Aus ihr auszutreten ist ihm undenkbar, auch wenn sich sein religiöses Empfinden von kirchlicher Bindung entfernt hat. Vielleicht ist Gott nur ein Wort für all das, was den Menschen fehlt[15], für die eigene Mangelhaftigkeit und den Wunsch, die Welt und sich selbst zu verbessern. Auch der Antrieb zum Schreiben kommt aus dem Mangel, den Walser als seine «Muse» bezeichnet. Weil nie alles erlaubt ist und so viele Möglichkeiten unerfüllt bleiben, drängt es ihn zur Schriftstellerei. Schreiben und Glauben haben eine Wurzel und folgen einem Bedürfnis: die Realität erträglicher zu machen. Der Erzähler hat die Freiheit dazu. Er entäußert sich wie in der Beichte und bleibt doch verborgen im Schutz der Fiktion. Schon in der Beichte hätte er lieber in der dritten Person über sich gesprochen. Es wäre ihm erträglicher vorgekommen, von seinen Sünden zu berichten, als spreche er von einem anderen. Doch erst im Schreiben läßt sich die seelenhygienische Unzulänglichkeit des Beichtstuhls überwinden.

Die katholische Kirche mit ihren Heiligenlegenden und den Geschichten aus dem Alten und Neuen Testament bereitete aber schon lange – vor allen späteren Säkularisierungsprozessen – den Weg zum Lesen und zur Literatur. David, der gegen Goliath kämpft und zum König wird, war einer der frühen Helden der Kindheit. Martin las die Bibelgeschichten für Kinder und andere katholische Erweckungsprosa des Augsburger Domkapitulars Christoph von Schmid. Außerdem Volkstümliches von katholischen Autoren wie Peter Rosegger und Peter Dörfler. Samstag für Samstag holte er sich beim Benefiziat Krumbacher in Nonnenhorn einen neuen Karl May ab und brachte den über die Woche ausgelesenen Band zurück. So fraß er sich durch alle 72 Bände, die dort standen. Er liest Karl May mit glühenden Ohren. So wie Winnetou will er sein. In diesen Geschichten begegnet er sich selbst. Sie handeln andauernd von Gefahr und Rettung, und das, sagt Walser, ist das Hauptmotiv der Kindheit.[16] Und dann: Robinson Crusoe. Den bekam er vom Vater in einer gekürzten Jugendausgabe.

Auch für seinen ersten Berufswunsch stand ein Geistlicher Pate: Franziskanerpater Chrysostomos kam mit zwei Brüdern der Mission nach Wasserburg. Chrysostomos war der größte und eindrucksvollste von ihnen. Dem Jungen schien es, als käme er in seiner Kutte auf eine Flügelspannweite von 2,50 Metern. Er besaß eine Redegewandtheit, die einheimische Priester nicht vorzuweisen hatten. Martin ging eine Woche lang zu jeder Abendpredigt. Er wollte Pater Chrysostomos sein, weil er so reden können wollte wie der. Erst Priester also, ein wenig später dann Tenor: Die frühen, kindlichen Berufswünsche waren auf Mündlichkeit und bühnenhaftes Erscheinen ausgerichtet. Singen oder Reden. Nichts anderes.

Die Partei. Das «Dritte Reich». Tod des Vaters.

Am 27. Februar 1933 brannte der Reichstag. Einen Tag später unterzeichnete Reichspräsident Hindenburg die Notverordnung, mit der die Presse- und Versammlungsfreiheit eingeschränkt wurde. Am 23. März, einen Tag vor Martins sechstem Geburtstag, stimmten im Berliner Reichstag alle Parteien außer den Sozialdemokraten Hitlers «Ermächtigungsgesetz» und damit der Abdankung des Parlaments zu. Augusta Walser war schon im Jahr 1932 in die NSDAP eingetreten. Sie tat das aus geschäftlichen Gründen, weil sie hoffte, die Parteiversammlungen damit in die Restauration zu locken. Ihr Mann war dagegen. Er wußte, daß Hitler Krieg bedeuten würde. Aber er konnte es nicht verhindern, weil es allein Augusta war, die gegen drohenden Bankrott und Zwangsversteigerung ankämpfte. Die Mutter hat die Familie durchgebracht. Der Parteieintritt, aus Nützlichkeitserwägungen vollzogen, trug dazu bei.

Martin ahnte davon nichts. Von der Parteimitgliedschaft der Mutter hat er erst nach 1945 erfahren, und auch dann sprach man in der Familie darüber nicht. Die Mitteilung sickerte irgendwie durch, ohne daß ihr allzu große Bedeutung zugemessen worden wäre.[17] Die Mutter war viel zu katholisch, als daß sie zur überzeugten Nationalsozialistin hätte mutieren können.

Sie hatte sich überzeugen lassen, daß Hitler die Vorsehung und den Herrgott ernst nimmt. Die Hoffnung darauf, weltliche Erfordernisse und geistliche Verwurzelung ließen sich vereinbaren, genügte ihr. «Wenn es mir gelänge zu erzählen, warum meine Mutter in die Partei eingetreten ist, dann hätte ich die Illusion, ich hätte erzählt, warum Deutschland in die Partei eingetreten ist», sagte Walser 1986 in einem Interview.[18] Die Familie und das Dorf sind sein Modell für Deutschland. Aus dem Mikrokosmos Wasserburgs begreift er Geschichte, und er verteidigt die Dorfwelt gegen alle später hineingetragenen Anklagen und Rechtfertigungsbemühungen. Darum geht es in dem 1998 erschienenen Kindheitsroman «Ein springender Brunnen», der zunächst unter dem Arbeitstitel «Der Eintritt der Mutter in die Partei» entstand. Walser versuchte, deutsche Vergangenheit darin so zu rekonstruieren, wie er sie einst erlebte. Das heißt: außerhalb des bundesrepublikanischen Koordinatensystems von Schuld und Sühne. Dafür stand ihm nur der Ausschnitt der Dorfwelt mit den dort möglichen Erfahrungen zur Verfügung. Wie verlief eine Kindheit im Faschismus, die weder faschistisch noch antifaschistisch ist? Wie ging es zu, wenn man vor 1945 von Auschwitz nichts bemerkte? Was hätte er bemerken können? Müssen?

Walser versichert, erst nach 1945 erfahren zu haben, wer im Dorf Jude oder Jüdin war: «Wir hatten ja unseren Kohlenhandel, und eine unserer Kundinnen war Frau Hensel, eine Pianistin aus München. Daß sie Jüdin war, hat mir mein Vater nicht gesagt und meine Mutter auch nicht. Ich glaube, sie haben es auch nicht gewußt. Und die Frau Hensel war 1945 genauso da wie vorher.»[19] Hätte ein Achtjähriger zum Beispiel etwas davon merken können, daß den Juden im August 1935 der Zutritt zu den Seebädern in Lindau untersagt wurde? Und was hätte er dann für Konsequenzen gezogen? Wasserburg war ja die Welt – war eine andere denkbar?

Der Ortsgruppenleiter in seiner gelbbraunen Uniform kam Martin so grotesk vor, daß er meint, es müsse den Mann Mut gekostet haben, damit auf die Straße hinauszutreten.[20] Auch der Volksschullehrer war ein überzeugter Nazi. Das Klassenzimmer, in dem mehrere Jahrgänge zusammen unterrichtet wurden, war mit Hakenkreuzfahnen und Naziemblemen geradezu tapeziert. Die Schulbibliothek bestand nur aus ein paar räudigen Bestsellern der Zeit wie «Der Befehl des Gewissens» von Hans Zöberlein, Werner Beumelburgs «Sperrfeuer um Deutschland» oder «Die Armee hinter Stacheldraht» von Edwin Erich Dwinger: finstere, langweilige Bücher, fand Martin.[21] Dann schon lieber die Verse des Dorfdichters Georg Schmid, der, wenn er nicht gerade betrunken war, deutschtümelnde Heimatlyrik reimte.[22] Das ließ sich wenigstens singen.

Zum Übergang auf die Oberschule in Lindau schrieb der Lehrer eine militärisch anmutende Beurteilung: «Martin ist groß gewachsen, gut ernährt, nicht ganz sauber, von großer Belesenheit.»[23] Das «nicht ganz sauber» bezog sich wohl auf die Haarlänge, fragte der Lehrer doch pro Woche mehrmals: «Walser, wann gehst du zum Friseur?» Der war stolz darauf, die Haare etwas länger zu tragen und die zeitübliche Schädelrasur zu vermeiden. Friseurbesuche waren ihm eine Qual, ein Akt der Gewalt, eine Zurichtung. Im «Springenden Brunnen» beschreibt er immer wieder das Wohlgefühl, das ihm frisch geölte Haare verschafften. Dann trug er seine Frisur wie eine Krone und spürte die bewundernden Blicke der Mädchen. Kein Zweifel: Er war ein Geck. Und er war ein «Mädchenschmecker». So nannte man die, die hinter den Mädchen herrannten und versuchten, sie an erlaubten und unerlaubten Stellen zu berühren. Das war Sünde und mußte gebeichtet werden. Aber es war aufregend. Ein Spiel. Und mehr als ein Spiel.

Im Februar 1935 starb der Großvater. Die Dorfchronik des Oberpostinspektors a. D. Ludwig Zürn verzeichnet für den Tag der Beerdigung strömenden Regen, ganz so, wie es sich für eine «Wirtsleiche» gehöre. Knapp drei Jahre später, am 3. Januar 1938, stirbt der Vater nach monatelanger Bettlägerigkeit. Da ist die Mutter 37, Josef zwölf, Martin zehn und Karl noch keine drei Jahre alt. Die Mutter weckt ihre beiden Ältesten in der Nacht, so daß sie sich rechtzeitig ums Bett des Sterbenden versammeln. Diese entsetzliche Pünktlichkeit, klagt Walser später, habe sein Leben bestimmt.[24] Ludwig Zürn, der neuen, nationalstolzen Zeit recht aufgeschlossen, schrieb in seine Chronik: «Gestern nacht halb 11 starb nach langem Leiden, erst 47 Jahre alt, Herr Martin Walser (...) Die Grundursachen zu seinem Leiden sind in den Entbehrungen und Strapazen des Weltkrieges und der schweren Pflichten in feindlicher Gefangenschaft zu suchen.» Für die Beerdigung am Dreikönigstag um 14 Uhr protokollierte Zürn «Schneewetter». In den drei Tagen zwischen Tod und Beerdigung hatte es mehr als einen halben Meter Neuschnee hingeworfen, und so stapften die schwarzgekleideten Trauernden durch eine weiße Landschaft zum Kirchhof.

Im Roman «Schwanenhaus» schreibt Walser über den Vater Gottlieb Zürns wie über den eigenen: «Man muß verschwinden können. Wie sein Vater. Dessen Leben und Sterben war für ihn der Inbegriff des Dichterischen. In der Figur seines Vaters richtete er sich ein Beispiel her von einem, fähig, mit hoffnungslosem Verschwinden einverstanden zu sein.»[25] Walsers Vater hinterließ eine Kiste mit theosophischen Büchern, die Martin auf dem Dachboden entdeckte. Er las in ihnen, weil sie Anstreichungen von Vaters Hand enthielten, aber ihm sagte das alles nichts. Er übernahm den Schreibtisch und das Schreibwerkzeug des Vaters. Regelmäßig besuchte er das Grab, um es mit Weihwasser zu besprengen, vor allem aber, um den Dorfbewohnern zu demonstrieren, daß da jemand steht und trauert. Denn die Mutter kam während der Arbeit nur selten zum Friedhof. Zusammen mit Josef betrieb er nun den Kohlenhandel neben der Schule her. Schon der Elfjährige mußte harte körperliche Arbeit leisten. Im Krieg dann, nachdem der Bruder eingezogen worden war, kümmerte er sich auch noch um die Büroarbeit, schrieb Rechnungen und Zuteilungsscheine aus und übernahm die Buchführung. Zusammen mit einem Kriegsgefangenen lud er in einem Jahr 36 Waggons Kohle aus, schippte sie in Säcke, die er in die Keller der Kundschaft schleppte. Weil er deshalb allzu häufig die Schule versäumte, bestellte der Direktor ihn zu sich und ließ der Mutter ausrichten, sie müsse sich schon entscheiden, ob sie einen Oberschüler oder einen Kohlenarbeiter haben wolle.[26]

Oberschule in Lindau. Besäufnisse. Schreibversuche.

Das Schulgeld für den Besuch der Katholisch-Bayerischen Realschule in Lindau, die er ab 1938 besuchte, betrug monatlich zehn Mark. Das fiel angesichts der finanziellen Nöte schon nicht mehr ins Gewicht. Lindau war eine andere Welt und eine Differenzerfahrung. Sprache und soziale Zugehörigkeit wurden problematisch, beides hatte miteinander zu tun. Lindau liegt jenseits der dialektalen Sprachgrenze. Martin staunte darüber, war doch Bayern in Wasserburg eine Art Kolonialmacht und München unendlich weit weg. Nun lernte er, daß Bayrisch die Bürgersprache war. Je niedriger der Stand einer Familie, um so stärker klang das Alemannische durch. Der Dialekt wurde plötzlich zu einem Statusmerkmal.

Die Lehrer gaben sich alle Mühe, ein leidliches Münchner Salonbayrisch zu imitieren, um ihre Zugehörigkeit zur Bürgerschicht zu beweisen. Dem Gastwirtssohn aus Wasserburg, der es gewohnt war, den ganzen Sommer über barfuß zu laufen, machten sie deutlich, daß er in der Stadt eigentlich nichts zu suchen habe. Für Martin war die Schule angstbesetzt. Kleidung, Benehmen, Wortwahl, Geschmack signalisierten ihm die eigene Unterlegenheit.[27] Doch nur der Musik- und ein Lateinlehrer waren bekennende Nationalsozialisten. Ein Lehrer aus dem Württembergischen haßte ihn besonders und bezeichnete ihn als «aufgschwollena Mausbolla, den i et braucha ka auf meiner Schul». Der alte Trenkle behauptete, daß Steineklopfen ein ech-

36 I HEIMAT. 1927–1945

tes Vergnügen sei im Vergleich zu der Pflicht, diese Klasse zu unterrichten. Ein Lehrer hatte einen Holzfuß, ein anderer führte immer einen Spucknapf mit sich. So ist es immer und überall: Die Lehrer, Quälgeister und Charakterdarsteller, bleiben mit ihren Marotten ein Leben lang in Erinnerung, denn sie stehen wie Türhüter am Eingang zum Erwachsenenleben.[28]

Auch gegenüber den Schulfreunden Hans-Peter Schabert und Hartmut Apfelstedt erlebte Martin Walser eine Art Klassenunterschied. Der Vater des einen ist Volksbankdirektor, der des anderen ein pensionierter Oberst. Hartmut gilt unter ihnen als das Genie. Er hat mit sechzehn schon alle Klassiker gelesen, schreibt in der Schule nichts als Einser, sogar in Sport hat er eine Eins. Niemand weiß, wie er das schafft. Die Freunde fahren gerne nach Wasserburg hinaus, in die Restauration der Walsers. Da schütten sie den Alkohol mit sportivem Ehrgeiz in sich hinein, bis sie in den frühen Morgenstunden reglos auf der Straße vor dem Haus liegen bleiben. Die Obstschnäpse der Region tun ihren Dienst. In einer Nacht aber säuft Hartmut Apfelstedt sich regelrecht ins Koma und gibt keinerlei Lebenszeichen mehr von sich. Martin und Hans-Peter suchen Hilfe bei einem Bauern, der ihnen sagt, in so einem Fall müsse man den Betrunkenen in Mist einbetten. Also füllen sie eine Handkarre mit Stroh und Kuhdung, lagern den Freund darin und fahren ihn nach Hause. Hartmut Apfelstedt erholte sich wieder – es muß am Mist gelegen haben. Doch Hans-Peter erhielt von seinen Eltern nach dieser Eskapade ein generelles Wasserburgverbot, das lange Zeit Bestand hatte. Erst mit seiner Dissertation im Jahr 1951 eroberte Martin Walser das verlorengegangene Vertrauen der Eltern Schabert zurück.

Zur schulischen Ausbildung gehört stets auch die Kunst, Aufsätze über uninteressante Themen zu schreiben. Martin lernte dabei, wie man Meinungen herstellt, die mit einem selbst wenig zu tun haben. Aufsätze dienten der artistischen Lehrererwartungserfüllung. Man mußte Zweifel und Unsicherheiten für sich behalten und nur das Zurechtgemachte herauslassen.[29] Das Meinen als etwas Äußerliches, das öffentliche Sprechen als Korrektheitspflicht: Auch das ist ein Lebensthema Martin Walsers. Rückblickend schrieb er im Jahr 1970: «Die Möglichkeit, über etwas keine Meinung zu haben, wurde mir nicht eröffnet. Jeder Schüler sucht in einer solchen Lage Zuflucht im großen, rechthaberischen Ton. Hätten sich die Bedingungen nach der Schulzeit geändert, hätte ich diesen Ton wieder verlernt. Da sie sich immer noch verschärften, habe ich immer neue Töne des Rechthabens dazugelernt.»[30] Vielleicht schreibt er deshalb Romane. Romane sind das Gegenteil von Aufsätzen. Eine Meinung zu haben nützt da nichts. Wenn man vorher schon weiß, wohin der Roman führen und was damit gemeint sein soll, dann müßte man ihn ja gar nicht mehr schreiben.

Aber es gab auch Deutschlehrer, für die das Fach nicht nur aus Kommaregeln, Drill und Charakterschulung bestand. Bei ihnen durfte er Aufsätze so schreiben, wie es ihm gefiel. Es wurde sogar akzeptiert, wenn er das geforderte winterliche Stimmungsbild nach zwei Stunden in Versform ablieferte.[31] Und der Lateinunterricht mit Texten über heidnische Lebensfreude brachte erste Milderung und Entspannung an der katholischen Gewissensfront.[32] Den Freunden fiel an Martin auf, daß er permanent Gedichte schrieb. Das liege daran, daß er kein leeres Blatt sehen könne, meinte Hans-Peter. Mit Hartmut sprach Martin über das Gelesene: über Dostojewskis «Brüder Karamasow» und über Nietzsches «Zarathustra». Die Texte der Klassiker, die in der Schule eigentlich nur dazu dienten, marmorne Vorbildhaftigkeit herauszumeißeln, wurden in diesen Gesprächen brauchbar. Goethes Prometheus störte nachhaltig die Beichtbereitschaft.[33]

Martin begriff: Klassiker muß man benutzen und für die Gegenwart ausbeuten, nicht idealisieren und verewigen. Im Sommer 1939, zu Gast beim Großonkel Anselm im Allgäu, entdeckte er im Bücherschrank Gedichte von Schiller. Deren rauschende Trochäenwucht lehrte den katholischen Einzelkämpfer an der

38 I HEIMAT. 1927–1945

Tugendfront, wie sich die Wahl zwischen «Sinnenglück» und «Seelenfrieden» heroisch ausfechten ließe. Das war Seelenkampf als Training für die Moralmuskulatur.[34] Der Großonkel hieß in der Familie nur «der Vetter». Er war schon einmal nach Amerika ausgewandert, aber aus Heimweh oder Erfolglosigkeit bald wieder zurückgekommen. Dann gründete und betrieb er eine Käserei im Allgäu. Martin zog sich mit seinem Schillerband zurück und hörte, wie im Wohnzimmer aus dem Radioapparat heraus der Krieg erklärt wurde. Als er im nächsten Sommer wiederkam, war der Onkel weg: Er war als Homosexueller verhaftet worden.

1942, als der Krieg noch weit entfernt schien, fand Martin auf dem Dachboden der Restauration in einer Bücherkiste ein zerfleddertes Heft mit Gedichten. Die Verse kamen ihm so vor, als seien sie für ihn geschrieben, ja als sei darin der Blick aus dem Fenster in die Bergkette der Alpen und in den Himmel darüber geschildert. Das Titelblatt fehlte, und so wußte er nicht, daß es sich um Hölderlin handelte. Hölderlins Hochsprache klang in ihm nach. Diese Sprache mußte bei einem, der mit Texten der Religion Umgang pflegt, auf fruchtbaren Boden fallen.[35] Klopstocks Oden beeindruckten ihn so, daß er mit Versen in Klopstock-Rhythmen freigebliebene Spalten in den Geschäftsbüchern der Kohlenhandlung füllte. Auch Schillers Gedichte regten in ihrer Lebhaftigkeit zur Nachahmung an. Kaum zu verkraften für den jugendlichen Leser, wie jung Schiller war, als er «Die Räuber» schrieb. Und selbst hat man noch immer nichts Brauchbares verfertigt![36] Es folgte Stefan George, und wieder sagt Walser: «So wollte ich schreiben, diesen Verbalmarmor wollte ich auch.»[37] Georges «Das Jahr der Seele» mit goldenen Lettern auf tiefblauem Einband verdankte er einem Marineoffizier, der sich im Vorfrühling 1944 im Dorf von seinen Kriegsverletzungen erholte.[38] Jedes Umblättern in diesem Buch war eine liturgische Handlung. George bezeichnet in Walsers Leserbiographie den Übergang vom Meßbuch zur Literatur. Walser füllte in dieser Zeit sechs, sieben Bändchen mit Gedichten, die in jugendlich-melancholischem Überschwang von der Liebe handelten, von Sehnsucht und Einsamkeit. Er hat diese Hefte alle aufgehoben und ein paar der frühen Verse im «Springenden Brunnen» seinem kindlichen Alter ego Johann zur Verfügung gestellt. Sie klingen so:

Das sind keine Erdengluten
Die mir durch die Adern fluten
Was Körper jetzt an Körper reißt
Verbannet den gepries'nen Geist.[39]

Und das Kapitel, das der Liebe zum Zirkusmädchen Anita gewidmet ist, gipfelt in der Zeile, mit der alles Dichten beginnt:

O daß ich einsam ward
so früh am Tage schon.[40]

Im Kindheitsroman erzählt Walser davon, wie Johann einmal einen Dramenpreis im Gebietswettbewerb Literatur gewann.[41] Sich in der Sparte Lyrik zu bewerben, was ihm viel wichtiger gewesen wäre, traute er sich nicht. Die Gedichte waren ihm zu intim. Um so größer die Bewunderung für den Sieger, der in Knickerbockern wie ein Graf auftrat. So wäre er auch gerne gewesen. So würde er nie sein. Die Liebe zum Gedicht behielt er zeitlebens – und auch die Zögerlichkeit, Verse in die Öffentlichkeit zu entlassen. «Ich weiß, ich bin kein Lyriker», sagt er. «Aber ich bin ein Nicht-Lyriker, der gelegentlich gerne Gedichte schreibt.»[42]

Über große Beeindruckungsgewalt verfügte auch der Film. Wie ein Süchtiger besuchte Martin die Kinos in Lindau, ließ sich von der Bilderflut umspülen, blickte auf zu unerreichbaren Leinwandschönheiten. Mit der Eisenbahn fuhr er im Abteil dritter Klasse zurück, ließ den Kopf an die Wagenwand sinken und sich durchrütteln wie ein Betrunkener. Die ersten Filme hatte er schon früher in der neuen Festhalle in Wasserburg gesehen, wo

die Gaufilmstelle Vorführungen organisierte, um auch die Land-
bevölkerung zu erreichen. Da liefen Filme wie «Der Berg ruft»,
«Der Rebell» und «Die Geierwally». Da ratterte der Vorführap-
parat als Traummaschine. Die Menschen hatten verweinte Augen, wenn das Licht anging. Martin huschte hinaus und nach
Hause: bloß niemand sehen! Die Filme rissen ihn mit Gewalt
aus der eigenen Existenz. Wie dürftig und armselig war das Dorf-
leben im Vergleich mit Figuren wie Luis Trenker und Heidemarie Hatheyer. Das Zimmer, das Bett, die Familie: Das alles kam
doch gar nicht mehr in Frage. Der Film machte ihn klein und
demütig. Das war der Unterschied zur Literatur. Auch in den
Büchern gab es überlebensgroße Helden. Aber ihnen gegenüber
konnte man bestehen. Deren Welt war betretbar. Die Bücher ließen genug Platz für ihn.[43]

Tragisch endete ein Ausflug im Jahr 1944, als Martin mit
dem zwölfjährigen Freund Gerhard, dem Sohn des Wasserburger Schlossermeisters, übers Wochenende zum Skifahren in die
Berge aufbrach. Auf der Rückfahrt mit der Eisenbahn geriet der
letzte Waggon, in dem sie saßen, in den Gleisen ins Schlingern.
Er schleuderte heftig hin und her, neigte sich immer mehr und
kippte schließlich um. Als der Zug endlich zum Stehen kam, war
der Waggon seitlich aufgerissen. Gerhard war tot. Martin Walser
fand sich im Gang des Wagens liegend wieder. Er kam mit einer
kleinen Stirnwunde und dem Schrecken davon. Von der nächsten Station aus rief er in Wasserburg bei Gerhards Eltern an, um
ihnen die schreckliche Nachricht mitzuteilen.

**Krieg und Gefangenschaft. Erste Liebe hält am längsten.
Der Wein des Lebens.**

Warum gingen einige junge Männer aus Wasserburg zur SS und
andere nicht? Warum kam die SS für Martin und seinen Bruder
nicht in Frage? Walser erinnert sich, daß manche Väter, ärmere

Bauern der Gegend, die Söhne aus purer Not aufforderten, sich zur SS zu melden, weil ihnen dann ein Hof in der Ukraine versprochen wurde. Der Satz «Dann geh doch zur SS» habe gewissermaßen den unschuldigen Wunsch des 19. Jahrhunderts, nach Amerika auszuwandern, abgelöst.[44] Er blieb vielleicht auch deshalb geschützt, weil ihm die Zehn Gebote der Kirche genug an Pflichterfüllung abverlangten, um daneben noch für andere Parolen aufgeschlossen zu sein.[45] Nicht geschützt aber war er gegen Wettbewerb, gegen Ehrgeiz und soziale Rangordnungsrangeleien. In der Hitlerjugend hatte er keine besondere Stellung. In der Marine-HJ brachte er es immerhin zum Reichsmeister im Signalwinken. In der sechsten Oberschulklasse kam er zur Heimatflak, mit siebzehn dann zum Arbeitsdienst. Das war eine Genugtuung für ihn, weil er, an schwere körperliche Arbeit gewöhnt, dort den Bürgersöhnen überlegen war.[46]

Als am 20. Juli 1944 die Meldung vom gescheiterten Attentat auf Hitler aus dem Radioapparat in der Gaststube dröhnt, schleicht Martin, siebzehn Jahre alt und im Juli immer noch barfuß, in sein Zimmer und heult. Er fühlt sich ausgeliefert, verunsichert, bedroht.[47] Daß er sich freiwillig meldet, ist selbstverständlich. Leute, die sich drücken, verachtet er. Im Dorf werden schon diejenigen schief angeschaut, die nur zur Flak wollen.[48] Er geht zu den Gebirgsjägern, weil er Offizier werden will. Der Soldatentod des Bruders am 19. Oktober kann ihn nicht abschrecken. Vielmehr ist ihm der Krieg eine Verpflichtung, mit seiner Bereitschaft die Schuld des Überlebens abzutragen. Denn ab jetzt ist er einer, der überlebt hat, und der, katholisch, wie er empfindet, das Überleben als Pflicht versteht. Ergreifend ist im «Springenden Brunnen» der Augenblick, in dem der Ortsgruppenleiter die Todesnachricht überbringt. Stundenlang sitzt die Mutter mit den beiden verbliebenen Söhnen im dunklen Zimmer, erst schreiend, dann wimmernd, dann stumm. Hand in Hand sitzen sie da.[49]

«Ich weiß nicht, was ich von diesem Geschehen halten soll», schrieb der Siebzehnjährige am nächsten Tag an eine Wasserburger Freundin. «Mit Worten hat man immer seine nationale Gesinnung dargetan und nun da einen das unerbittliche Schicksal zum ersten Mal vor eine wirkliche Probe stellt, ist man gewillt alles für einen irrsinnigen Schwindel zu erklären. (...) Beantworte mir nur die eine Frage warum man den Krieg die Auslese der Völker nennt. Meiner Ansicht erreicht diese Auslese genau das Gegenteil. Sie ist einfach unsinnig. Die Idealisten und Hochgesinnten, in deren Herzen noch edle Begeisterung lebt, die melden sich immer wieder freiwillig und wollen nicht daheim sein und sterben zum größten Teil den Heldentod. Die Schwächlinge und Feigen wenden all ihre niedere Schlauheit und Gerissenheit dazu auf, sich zu drücken und ihr erbärmliches Leben zu fristen. Sag' mir nur wo da Gerechtigkeit und sinnvolle Ordnung durch eine höhere Macht aufrecht erhalten sein soll.»

Als Reserveoffiziersbewerber kam Walser nach Garmisch-Partenkirchen. Der Aufnahmeprüfungsaufsatz über Friedrich den Großen war ihm gelungen. Trotzdem wurde er abgelehnt. Der Kompaniechef sagte ihm nach der Grundausbildung: Wer nicht gehorchen kann, kann auch nicht befehlen. Der eigenbrötlerische junge Mann taugte nicht zum Militär, obwohl er ein hervorragender Schütze war. Nicht Offizier werden zu dürfen war ein schwerer Schlag für ihn. Die soziale Degradierung ersparte ihm aber, daß es ihm ging wie den Kameraden, die in der letzten Kriegsphase an der Westfront verheizt wurden.[50] Walser wurde als einfacher Rekrut im Inntal stationiert. Im Gepäck hatte er Nietzsches «Zarathustra» und Stefan George. Mit diesen heiligen Tonlagen wappnete er sich gegen die Kommandosprache der Militärs. Kurz vor Kriegsende setzte er sich mit vier Kameraden von Kufstein aus über die Berge in Richtung Bodensee ab. Doch schon in den Wäldern über Garmisch wurden sie von einer amerikanischen Patrouille gefangengenommen. Die Gefühlsverwirrung bei Kriegsende beschrieb Walser im Rückblick so: «Daß der Krieg aus war, das war Befreiung. Daß ich dann als Achtzehnjähriger ins Gefangenenlager kam, das war Niederlage.

Damit bin ich damals nicht fertig geworden; obwohl ich gewußt habe, daß mir das Leben gerettet worden war.»[51] Doch wie hätte er es anders empfinden können? Für ihn lag kein Reich in Trümmern. Wasserburg war unbeschadet. Er hatte keine Schlachten geschlagen. Er war nicht an ferne Fronten geraten, bloß in die Berge, die er von zu Hause aus sehen konnte.

Das Gefangenenlager war im Eisstadion in Garmisch, und auch hier scheint Walser nichts anderes getan zu haben, als zu lesen. Er zog sich in die Literatur zurück wie in einen Kokon, um die «Furchtbarkeitsenthüllungen»[52] rundherum nicht wahrnehmen zu müssen. Er hatte Glück. Im Keller des Eisstadions war die ausgelagerte Bibliothek des Reichssenders München untergebracht worden, er bediente sich und entdeckte so Adalbert Stifter. Wenn die Gefangenen zu einer Arbeit befohlen wurden, zog er sich zurück in seine «Stifterstille». Lesen schützte, und so kam es ihm vor, als sei er der einzige in der drangvollen Enge des Lagers, der nicht von Läusen heimgesucht wurde. Der Lesende beeindruckte einen amerikanischen Offizier so sehr, daß er ihn samt einem Rucksack voller Bücher an einem Sonntag im Juni mit dem Jeep nach Wasserburg brachte.[53] Mit dem Schutzwall der Gedichte kam Walser durch den Krieg, bis in den Sommer 1945. Da entdeckte er Heinrich Heine. Von dem kannte er aus dem Realschullesebuch des Vaters ein einziges Gedicht. Jetzt einen Sommer lang nichts als Heine. Dessen Witz, Ironie, Respektlosigkeit. Das waren neue, faszinierende Töne.

Zu Hause hatte sich einiges verändert. Die Mutter hatte die Restauration an eine Gastwirtsfamilie aus Friedrichshafen verpachtet, die ausgebombt worden war. Die Walsers wohnten zusammengedrängt im ersten Stock. Die Zimmer waren unterteilt, um Platz zu schaffen für die neuen Nachbarn. Deren Tochter war dunkelhaarig, geheimnisvoll und schön. Sie hieß Käthe, eigentlich Katharina Neuner-Jehle. Martin Walser verliebte sich in das zierliche, graziöse Mädchen und sie sich in ihn. Fünf Jahre später heirateten die beiden, um ein Leben lang zusammenzubleiben. Vielleicht war ihre Verbindung deshalb so haltbar, weil sie sich direkt im Elternhaus kennenlernten. Käthe war ein Teil der Familie, noch bevor Martin Walser ihr begegnete.

Im Herbst 1945 galt es, die frische Liebe, den Kohlenhandel und die Rückkehr an die Schule zu bewältigen und nebenbei noch der aufkommenden Kollektivschulddiskussion zuzuhören. Merkwürdig altherrenhaft sahen die jungen Männer der Lindauer Oberrealschule schon vor ihrer Einberufung im Herbst 1943 aus, als sie im Anzug und in konzentrierter Würde vor dem Fotografen posierten. Martin, im hellen Zweireiher, saß in der Mitte und beugte sich ein wenig nach vorn, so daß er sich an der Spitze der Gruppe zu befinden schien. Zwei Jahre später, den Krieg im Rücken und alle Sicherheiten zerstört, war es nicht einfach, sich erneut aufs Lernen und die profanen Anforderungen der Abschlußprüfung einzulassen. Den Abituraufsatz schrieb Walser über einen Satz von Jean Paul: «Die Kunst ist nicht das Brot, wohl aber der Wein des Lebens.» Das war eine leichte Übung für ihn, und mehr mit Schiller als mit Jean Paul legte er los: «Nach dem grauen, stauberfüllten Alltag, der mit seinen hundert Widerwärtigkeiten das Leben müde hetzen will, tut sich in uns ein Sehnen auf, ein Durst nach etwas Höherem, nach einem Quell, daraus wir die Wahrheit im Kleide der Schönheit trinken können, und dieser Quell, aus dem uns der Wein des Lebens sickert, fließt und sprudelt, ist die Kunst.» Der geschätzte Professor Wentzlaff-Eggebert fand den Abschnitt über die «Stellung der Kunst», die Walser als «Erkenntnis des Lebens», als «Ideal der Menschlichkeit» rühmte, zwar «recht knapp», aber «in den Grundlinien klar». Er urteilte: «Nach Aufbau, Selbständigkeit der Gedanken, besonders nach dem bewiesenen Darstellungsvermögen die beste Leistung der Klasse. Sehr gut». Friedrich Wilhelm Wentzlaff-Eggebert war, bevor er wieder an der Universität lehrte, vorübergehend Deutschlehrer in Lindau.

In der Matura-Zeitschrift sind Gedichte und ein Dramolett unter dem leicht entschlüsselbaren Pseudonym Walmar Sertin abgedruckt. Die Abiturfeier endete mit einem Eklat. Martin Walser trug ein 120 Strophen langes Gedicht im Stil Heinrich Heines vor, in dem er die versammelte Lehrerschaft verspottete. Es phantasierte den Ablauf einer Lehrerkonferenz, bei der recht beliebig schlechte Noten vergeben werden. Es begann so:

Im Saal der hohen Konferenzen
Da gähnen an der Tafelrunde
die allerhöchsten Professoren
Sie gähnen schon seit vielen Stunden.

Die Lehrer schlafen der Reihe nach ein und erleben in ihren Träumen all den Schrecken, den sie in der Schule verbreiten. Der Mathematiklehrer beispielsweise ringt mit einer Hyperbelschlinge, die sich ihm um den Hals legt. Er heißt «Radius» und tut sich im Verteilen schlechter Zensuren lustvoll hervor. Das Gedicht endet mit einer Art Glaubensbekenntnis für eine geläuterte Lehrerschaft:

Ich will die Schüler ganz bestimmt
von nun an menschlicher behandeln
und ohne alle Tyrannei
sie durch mein Vorbild wandeln.

Der erzürnte Mathematiklehrer Philipp Weiß, der auch der Schuldirektor war, verließ das Fest noch während Walsers Vortrag und berief für den nächsten Tag eine Lehrerkonferenz ein: Er wollte diesem renitenten Schüler das Abitur wieder aberkennen. Das gelang nicht, weil Professor Wentzlaff-Eggebert ihn schützte. Aber der Erzürnte intrigierte hartnäckig und versuchte, Walsers Aufnahme an der Universität zu hintertreiben. In Lindau ereignete sich im Jahr 1946 also der erste Literaturskandal einer an Skandalen nicht gerade armen Schriftstellerlaufbahn.

II LEHRJAHRE. 1946–1953

**Regensburg. Theologie und Theater.
Von vielen Fahrten Fremdes.**

Welche Perspektiven gab es für den Abiturienten aus Wasserburg
im Jahr 1946? Seit dem Tod des Bruders Josef war er der älteste
Mann im Haus und damit gewissermaßen in der Verantwortung.
Doch in die Rolle des Ernährers wollte er sich mit seinen neunzehn Jahren nicht drängen lassen. Die Restauration zu betreiben
war nicht seine Bestimmung. Die übernahm später der Bruder
Karl, bei Kriegsende erst zehn Jahre alt. Karl wurde Gastronom
und führte die familiäre Tradition weiter, auch wenn er in den
sechziger Jahren das Haus am Bahnhof verließ und mehr in die
Seenähe zog, wo er seither das sehr viel geräumigere Hotel-Re-
staurant «Walserhof» betreibt.

Martin Walsers Pläne führten weg von Gastwirtschaft, Kohlenhandel und familiärer Enge. Er wollte lernen, lesen, studieren.
Der Aufstiegshoffnung des Kleinbürgers, die beim Vater so groteske Formen angenommen hatte, gab er eine entschiedene Richtung, ohne daß sich sagen ließe, was einen Neunzehnjährigen
dazu bringt, sich der Literatur, dem Lesen und dem Schreiben
anzuvertrauen. Ein kleines Stipendium des Landkreises Lindau
in Höhe von 1500 Mark für das ganze Studium[1] – rückzahlbar,
wenn er selbst einmal etwas verdienen würde – half bei der Entscheidung. So bestand die Hoffnung, der Mutter nicht allzusehr
auf der Tasche liegen zu müssen. Doch es war nicht leicht, einen
der raren Studienplätze zu ergattern. Walser war nur kurz Soldat
und in Gefangenschaft gewesen, weder verwundet noch verfolgt
oder drangsaliert worden, hatte also keinerlei Voraussetzungen,
die ihm in der französischen Besatzungszone weitergeholfen
hätten. In Freiburg galt sechswöchige Aufbauarbeit mit Steine-

klopfen in den Trümmerhalden der Stadt als Bedingung für eine Zulassung. Das wollte er nicht. Er hatte lange genug Kohlen geschleppt und nun die «Nase voll vom Körpertum»[2]. So entschied er sich für die theologisch-philosophische Hochschule in Regensburg, eine der Neugründungen nach dem Krieg. Im Wintersemester 1946 begann er, dort zu studieren.

Regensburg war eng, katholisch und klosterhaft, kam ihm also recht vertraut vor. Das oberschwäbische Kloster, das er von Besuchen bei seiner Tante, Schwester Thaddäa, kannte, war allerdings vergleichsweise licht und freundlich gegenüber diesen frühmittelalterlichen Mauern. Ein breites Lehrangebot gab es noch nicht. Die meisten Dozenten waren katholische Geistliche. Ein paar Professoren waren aus Prag herübergekommen, bei anderen schien es dem jungen Studenten so, als stünden sie schon seit dem 13. Jahrhundert hinter dem Katheder, um Scholastik nach Thomas von Aquin zu lehren.[3] Laut Studienbuch besuchte Walser Seminare über die Geschichte Bayerns im 19. Jahrhundert, über die Geschichte der Oberpfalz und über Ortsnamenforschung – ein Pflichtprogramm von eher regionaler Bedeutung. Sein Interesse galt anderem. In der Bibliothek entdeckte er eine indogermanische Grammatik. Da las er sich fest und schrieb das Buch ab, von vorne bis hinten, 600 Seiten. Diese sprachliche Quellenkunde, mit der sich die Geschichte von Worten und ihr Weg durch einzelne Sprachen nachvollziehen ließ, kam ihm vor wie eine Naturgeschichte. Auch wenn es sich bei Sprachen um kulturelle Hervorbringungen handelt, so hat sie doch niemand geschaffen. Sie entstehen wie Flüsse, die sich ihren Weg suchen, und Seen, die versumpfen und verlanden. An diesen Läufen zurückzugehen hieß, der eigenen Herkunft nachzuforschen. Damit begann die handwerkliche Grundausbildung eines Spracharbeiters, dem der aktuelle Gebrauch der Worte nicht genügt.[4]

Literarisch war Walser zwar immer noch nicht in der Gegenwart, aber wenigstens im 20. Jahrhundert angekommen. Zu Hermann Hesse, der im Herbst 1946 mit dem Literaturnobelpreis ausgezeichnet wurde, fand er keinen tieferen Bezug. Auch die Literatur der Kriegsheimkehrer, die sich um die Zeitschrift *Der Ruf* von Alfred Andersch und Hans Werner Richter versammelten und wenig später die Gruppe 47 bildeten, war in ihrer nüchternen Adjektivlosigkeit nicht seine Sache. Eigentlich gab es für ihn 1946 nur einen Autor, der ihn jahrelang für alle andere Lektüre verdarb: Franz Kafka.[5] Neben Kafka konnte nur Dostojewski bestehen. Kafka war noch ein Geheimtip, der in Deutschland wie so viele von den Nazis verfemte Autoren erst entdeckt werden mußte. So einer kam in den Regensburger Seminaren nicht vor.

Unwahrscheinlich auch, daß dort über Ereignisse wie die Nürnberger Prozesse diskutiert worden wäre oder daß man sich mit Eugen Kogons gerade erschienenem Buch «Der SS-Staat» befaßt hätte. In den Hörsälen saßen Veteranen, die für Erstsemester viel zu alt waren, neben jungen, unbedarften Burschen. Auch ein paar Mädchen studierten in Regensburg, darunter die erst fünfzehn Jahre alte Jüdin Ruth Klüger. Sie hatte die Deportation nach Theresienstadt und ins KZ Auschwitz überlebt, in München ein Notabitur abgelegt und damit die Zulassung fürs Sommersemester 1947 erhalten. Nun fand sie sich im katholischen Klosterambiente wieder, wo sie sich allenfalls geduldet vorkam, wie eine, die sich zu Unrecht eingeschlichen hat.[6] Als der Geschichtsprofessor erwähnte, Kopernikus werde in Polen als Pole betrachtet, scharrte das Auditorium mit den Füßen, um sich für Kopernikus' Deutschtum stark zu machen. Eine größere Entfernung als die zwischen der Jüdin Ruth Klüger, die aus Auschwitz zurückkam, und dem zwanzigjährigen Studenten aus Wasserburg, der seine indogermanische Grammatik studierte und erst begreifen lernen mußte, was Auschwitz bedeutete, läßt sich kaum denken. Und doch schlossen die beiden sich zusammen. In ihrer Autobiographie «weiter leben» hat Ruth Klüger diese Freundschaft beschrieben, die über alle Brüche und Meinungsverschiedenheiten hinweg bis ins Jahr 2002 hielt, als Klüger mit einem offenen Brief und offenem Entsetzen auf Walsers Roman «Tod eines Kritikers» reagierte.

Im Hörsaal war sie ihm aufgefallen, weil sie die Angewohnheit hatte, ihre Papiere aus Nervosität in winzige Stücke zu zerreißen. Als ihr der Bleistift zerbrach, schob er hilfsbereit den eignen Stift hinüber. Er weckte ihr Interesse, weil er im Unterschied zu allen anderen Jackett und Krawatte trug und so hochmütig, so selbstsicher wirkte. Verliebt habe sie sich nicht in ihn, den sie in ihrem Buch «Christoph» nennt. Doch das Gespräch riß nicht mehr ab. Sie verabredeten sich zu Spaziergängen und Theaterbesuchen. Daß sie sich siezten, entsprach den Gepflogenheiten der Zeit, auch wenn es in ihrem Alter etwas lächerlich wirkte. Das «Sie» drückte für Ruth Klüger die erfahrungsbedingte Distanz angemessen aus. Erst viel später, in den sechziger Jahren, gingen sie zum «Du» über. Martin Walser erschien ihr als «Inbegriff des Deutschen». Er besaß im Übermaß, was ihr selbst abhanden gekommen war: Identität, Heimat und Verwurzelung in der Landschaft der Kindheit. «Der wußte, wo und wer er war», schreibt sie über den Freund und fragt: «Großzügig, liebenswürdig zieht er aus, die Fremde zu erobern, und dabei will er nicht mehr von ihr lernen, als ohne Gefährdung der Eigenständigkeit zu machen ist. Aber ist Lernen ohne eine solche Gefährdung richtiges Lernen?»[7]

Ein anderes Bild ergibt sich, wenn man die Briefe Walsers an seine damalige Brieffreundin Traudel liest. Da erlebt man einen Begeisterten, Hingerissenen, einen Verliebten, der durchaus im Stande war, die Verehrte und ihre Wirkung auf sich zu charakterisieren. «Was mich, als ein bisher nie erfahrenes Erlebnis, in diesen Tagen besonders neu und schön anmutete, war eine nicht näher zu umschreibende Befreiung, die mir die bloße Unterhaltung mit ihr vermittelt», heißt es da. «Ihre Konversationsgabe ist von einer solchen Schärfe, daß mich jede Unterhaltung alle meine Zungen und Geisteskräfte kostet, um bestehen zu können. (…) Daß sie glänzende, wirkliche Gedichte schreibt ist auch nicht ihre hervorragendste Eigenschaft. Das Große und Schöne

50 II LEHRJAHRE. 1946–1953

ist, wie sie sich zu geben weiß. (...) So stelle ich mir die Rahel in Berlin oder die Karoline Schlegel-Schelling vor. (...) Sie ist z. B. fast fanatische Jungzionistin.»

Das Bild, das Ruth Klüger in ihrer Autobiographie von «Christoph» entwirft, enthält nicht viel von diesem Liebenden, der damit zu tun hatte, seine Gefühle zu verstehen. «Früher hätte ich das, was ich jetzt fühle, bestimmt nicht Liebe genannt, ja ich hätte es vielleicht als allzu vernünftig von mir gewiesen», schrieb Walser. «Ich glaube, daß ich eine neue Art entdeckt habe, wie man einen Menschen erleben, genießen und für sich besitzen kann (...). Daneben aber lebt in mir immer noch mit ungetrübter Frische, wie eine Michelangelofreske, Käthe! Es ist nicht zuletzt das Erlebnis, daß mir Ruth erst die Eigenart und die in ihrer Art unzerreißbare Bindung meiner Stellung zur Käthe zum Bewußtsein brachte, was mich mit so ganz anderen Kräften zu ihr hinzieht!»[8]

Walser borgte Ruth Klüger Bücher, die ihm wichtig waren. Stefan George stieß bei ihr auf wenig Gegenliebe. Den fand sie zu germanisch, was ihn erstaunte. Kafkas Erzählungen aber ließen sie nicht mehr los. Über Kafka sprachen sie ausdauernd. In einem der Bücher fand sie ein Gedicht, das ihr Freund für sie geschrieben hatte. Es begann so:

Sie kam wie die Sonne ihres Landes
Und schenkte meinem Dämmer einen Tag
Ich sah nicht nach dem Saum ihres Gewandes
Auf dem von vielen Fahrten Fremdes lag.[9]

Ein Liebesgedicht war das nicht. Ruth Klüger spürte darin die Distanz und die Vorsicht, Genaueres über ihre «vielen Fahrten» zu erfahren. Sie hätte ihm gerne davon erzählt, schreibt sie, habe aber nicht die richtige Gelegenheit gefunden. Und er fragte nicht nach. So blieb es dabei, daß Walser später sagen konnte: «Daß sie gerade Auschwitz überlebt hatte, ist mir kaum klar geworden.»[10]

Einen Gegenpol zu dieser komplizierten Freundschaft bilde-
te die unproblematische Kameraderie der Studentenbühne, der
Walser sich anschloß. Die Amerikaner hatten dem Theater einen
Saal zur Verfügung gestellt. Dort gab es bis zu drei Aufführungen pro Woche: ein ständiges Kabarett-Programm und manchmal zwei verschiedene Stücke. Alf Reigel, später Intendant am
Tübinger Landestheater, trat in dieser Truppe als jugendlicher
Liebhaber auf und war so eine Art Star. Der Theaterprinzipal
Helmut Pigge, ein beinamputierter Berliner, trällerte in den Pau-
sen mit einer so wundervollen Stimme, daß Walser darüber verzweifelte und die eigenen Gesangshoffnungen, die er noch aus
der Kindheit herübergerettet hatte, endgültig begrub.[11] Ein paarmal trat er noch als Sänger auf, doch hauptsächlich betätigte er
sich als Texter für kabarettistische Nummern. Büchners «Leonce
und Lena» bearbeitete er, indem er eine Rolle für sich selbst hin-
einschrieb als einen Heutigen, der das Stück mitspielt, während
die anderen Schauspieler es historisch spielen.[12] Auch das Stück
eines Kommilitonen wurde aufgeführt. Es hieß «Thomas», war
in einem Wartesaal in der Nachkriegszeit angesiedelt und bein-
druckte Walser sehr. Der Autor, Heinz Schoeppe, übernahm
selbst eine Rolle. Er war zwei Jahre älter als Walser und wirkte
schon wie ein richtiger Intellektueller. Als Schoeppe wenig später nach Tübingen wechselte, weil er dort mehr Möglichkeiten
für sich sah, kam Walser sich im Stich gelassen vor. Ruth Klüger
war schon ein halbes Jahr zuvor mit ihrer Mutter in die USA ausgewandert. Schoeppe versprach, ihn nach Tübingen zu holen.

Das Regensburger Dekanat unterstützte Walsers Wechselbe-
gehren mit einem Empfehlungsschreiben, in dem darauf hingewiesen wird, daß ein Student aus der französischen Besatzungszone in Regensburg bei den Amerikanern eigentlich gar nicht
studieren dürfe. Tübingen war Regierungssitz des französisch
verwalteten Bezirks Württemberg-Hohenzollern, eines Gebil-
des, das an die einstige Kleinstaaterei erinnerte. Die Franzosen
hatten dort den Staatsrechtler und führenden Sozialdemokraten

Carlo Schmid zum Justizminister und den Politologen Theodor Eschenburg zum Flüchtlingskommissar gemacht. Schoeppe fädelte es ein, daß Walser von dem Hölderlin-Experten Friedrich Beißner zum Vorstellungsgespräch eingeladen wurde. Ausgestattet mit einem Passierschein der französischen Besatzungsmacht, reiste er mit dem Zug an, nicht ohne einen Abstecher nach Wasserburg einzuplanen. Unterwegs las er Fontanes «Effi Briest», kam bis auf Seite 150 und war dadurch in der glücklichen Lage, auf Professor Beißners Fragen zu Fontane reagieren zu können. Auch seine Kafka-Kenntnisse wirkten sich positiv aus. Beißner nahm ihn in den Kreis seiner Seminaristen auf.[13] Zum Sommersemester 1948 schrieb Walser sich an der Universität Tübingen in den Fächern Literatur, Geschichte und Philosophie ein.

Tübingen. Unzugehörigkeit. Seminaristendasein. Erste Veröffentlichungen.

Jetzt erst beginnt die eigentliche Studienzeit, dichtgedrängt und vollgepackt mit Seminaren. Walser fürchtete ganz zu Recht, daß ihm nicht viel Zeit bleiben würde. Mit der Währungsreform im Juni 1948 veränderten sich die materiellen Voraussetzungen grundlegend. Das Stipendiengeld würde bald aufgebraucht sein. Harte D-Mark von der Mutter zu nehmen, die sich mit der Gastwirtschaft abmühte, kam nicht mehr in Frage, zumal er das Zuhause als ständige Kontrollinstanz empfand und der Mutter vorgaukeln mußte, eine zielbewußte, bürgerliche Karriere eingeschlagen zu haben. Was also tun?

Tübingen war eine andere Welt als das beschauliche Regensburg. Die Universität war ein Angstgelände, die Bibliothek in ihrer Unüberschaubarkeit nicht benutzbar, die Aula so imponierend wie ein Gebäude der Französischen Revolution. Ähnlich hatte er sich Paris oder Rom vorgestellt. Es mußte sich um einen Irrtum handeln, wenn man einen wie ihn in dieser geballten

Altehrwürdigkeit aufnahm.[14] Ein paarmal traf er sich noch mit Heinz Schoeppe. Dann fuhr der Freund nach Regensburg, um seine Eltern zu besuchen, und kehrte nie mehr zurück. Der bewunderte Schoeppe starb innerhalb kürzester Zeit an Kinderlähmung. Walser war schockiert. Er war auf sich gestellt und finanziell unter Druck. Um Käthe, die Liebste, in Friedrichshafen zu besuchen, reichte das Geld nicht aus. Eine Zugfahrt hätte das halbe Wochenbudget aufgebraucht; Wochenendbesuche waren also gar nicht denkbar. In seinen Briefen sehnte er sich zu ihr hin, weg von Tübingen, wo die Gefühle um so weniger ankern konnten. Von der Selbstsicherheit, die Ruth Klüger in Regensburg an ihm bemerkt hatte, war nichts zu spüren.[15]

Walser nahm Quartier bei einer Familie in der Weizsäckerstraße, die ihre gute Wohnstube weniger vermietete denn als Schlafstätte zur Verfügung stellte. Der Raum und die Möbel mußten geschont werden, so daß er ihn nur auf Zehenspitzen zu betreten wagte. Er kam abends spät und ging morgens früh aus dem Haus. Die Stunden dazwischen verbrachte er so regungslos wie möglich auf dem Sofa und wagte kaum zu atmen. Für ein lockeres Studentenleben mit ausschweifenden Liebschaften und Saufgelagen war dies nicht der Ort. Und überhaupt: Wen kannte er schon? So stürzte er sich auch ein wenig aus Verzweiflung ins Universitätsgetriebe. Betäubung durch Arbeit: In Beißners Seminar beschäftigte er sich mit dem «Faust». Der berühmte Eduard Spranger führte in die Pädagogik und in deren philosophische Grundlagen ein. Walser wunderte sich über die Schlichtheit der Tafelbilder, mit denen Spranger Seele und Geist säuberlich zu trennen wußte: eine Enttäuschung. Auch zum stark ins Geistliche tendierenden Romano Guardini, der in seiner Vorlesung eine «Deutung des Daseins in Rilkes Duineser Elegien» versuchte, fand er keinen Zugang. Nebenbei noch ein Seminar über Psychodiagnostik und eine Vorlesung zur Geschichte der englischen Literatur im 19. Jahrhundert – das war kaum zu bewältigen für einen, der noch nicht einmal das Geheimnis der Bibliotheksausleihe ergründet hatte und in den Seminaren oft so ratlos in die Texte starrte wie in vorbeirauschende Gebirgsflüsse.[16]

Im Bismarck-Seminar bei Professor Rudolf Stadelmann, einem Historiker und Heidegger-Zögling, der 1938 nach Tübingen gekommen war und 1949 ganz plötzlich und viel zu jung starb, versammelten sich Abkömmlinge des preußischen Adels, die zur Verdeutlichung des Unterrichtsstoffes Memoiren und Briefe ihrer Petersburger Vorfahren mitbrachten: für Walser eine beeindruckende, fremde Gesellschaft. Weiter dann im Wintersemester mit Hölderlin bei dem verehrten Beißner. Da wenigstens fühlte er sich zugehörig, kannte sich aus und schrieb eine Seminararbeit über Hölderlins theoretische Schriften. Außerdem englische Konversation und deutsche Literaturgeschichte des 18. Jahrhunderts bei Paul Kluckhohn. Und schließlich: die Vorsokratiker bei Wilhelm Weischedel. Gierig auf Wissen, besuchte er Vorlesungen zu Psychiatrie, Religionsgeschichte, Logik, als müsse er in rasendem Tempo nachholen, was er bisher versäumt hatte. Als Reaktion auf die lebensferne Scholastik in Regensburg war er nun scharf auf Organisches, wollte Informationen, Fakten, Brauchbares. Er entdeckte den Philosophen und Naturwissenschaftler Hans Driesch, von dem er sich über die Entwicklung vom Einzeller zum Menschen belehren ließ. Die wissenschaftliche Sprache schickte sich an, das Erbe des religiösen Vokabulars anzutreten. Naturphilosophie erlöste von der Stofflosigkeit der christlichen Seele und bot Substanz, Körper, Fleisch.[17]

Wenn der Philosoph Wilhelm Weischedel sich nach der Vorlesung die Hände wusch und trocknete, schwenkte er sie dann nicht genauso durch die Luft wie der Wasserburger Pfarrer im Gottesdienst nach der Wandlung? An der Grenze zum Religiösen, wenn eine Wissenschaft ihm Glaubensleistungen abfordern wollte, begann Walser sich nun jedoch zu wehren. Er wollte nicht einen Glauben durch einen anderen ersetzen. Die Psychoanalyse war die massivste Erfahrung in dieser Richtung, weil sie – ähnlich wie die Religion – mit ihrem Vokabular die Probleme, die sie verhandelte, überhaupt erst erschuf. Es gelang Walser nicht, die eigenen sexuellen Erfahrungen in diesem sprachlichen Baukastenprinzip unterzubringen. Mit Hormonlehre und Biochemie konnte er mehr anfangen als mit Freuds Schematismus.[18]

Trotz dieses Pensums nahm er sich Zeit zum Schreiben. Es entstanden Skizzen, kleine Prosatexte und große Versuche, mehrere Manuskripte gleichzeitig. Eine dieser Großübungen hieß: «Schüchterne Beschreibungen», eine andere «Aus einem ernsten Buch». Es handelte sich dabei eher um Gedankenbewegungen als um Handlungsentwürfe, eher um Abstraktionen als um Figuren aus Fleisch und Blut. Zum Beispiel: Ein Mann geht über eine Straße, die aus menschlichen Gesichtern gepflastert ist. Er muß auf sie treten, um vorwärts zu kommen, und versinkt allmählich in ihnen.[19] Das ist eine surrealistische Variation des Grundthemas, das Walser umtreibt: die Gegenüberstellung des isolierten Einzelnen und einer feindlichen Gesellschaft. Man spürt: Da will einer dazugehören und verachtet doch diese Welt. Also wehrt er sich gegen Vereinnahmungsversuche, kultiviert sein Außenseitertum und möchte dafür als Held gefeiert werden. Seine literarischen Versuchsanordnungen dienten dazu, die eigene Erfahrung auszusperren. Undenkbar, auf ein Erlebnis wie den Tod Heinz Schoeppes literarisch zu reagieren. Das wäre ihm geradezu unanständig vorgekommen.

In einem der Seminare lernte er den Studenten Peter Adler kennen, dessen Frau Katharina in der Tübinger Presseagentur Herzog arbeitete. Sie bewohnten ein Gartenhaus am Rand der Stadt, ohne Strom und Wasser, aber dafür mit viel Romantik. Da saßen sie vor dem Haus, und Martin erzählte den neuen Freunden, wie es dort war, wo er herkam. Er sprach über die Eltern und die Brüder, den toten und den lebenden. Über seine Freundin Käthe. Auch die Tanten Anna und Sophie vergaß er nicht. Katharina Adler hatte nie zuvor jemanden so über seine Herkunft reden hören, über Dorf und Familie. Lobgesänge waren das, obwohl da nichts beschönigt wurde. Der Kostbarkeitstonfall kam durch nichts als Genauigkeit zustande.[20] Es war der Beginn einer lebenslangen Freundschaft mit den beiden. Katharina Adler übernahm einen Stapel seiner Manuskripte, sorgte für den Ankauf in der Agentur und versprach, sich um die Veröffentlichung in Zeitungen oder Zeitschriften zu bemühen. Für die 20 Mark Honorar, die er dafür erhielt, kaufte Walser sich weiße, lederne Tennisschuhe, als müsse er sich für die Laufbahn als Literat erst einmal sportlich aufrüsten. Doch es dauerte noch einige Zeit, bis die erste Publikation gelang: Am 29. September 1949 druckte die *Frankfurter Rundschau* die als Groteske bezeichnete Miniatur «Kleine Verwirrung» – erneut ein Beitrag zum Thema Unzugehörigkeit und Fremdheit als Spiegelbild seines Lebensgefühls.

Der Held dieser allerersten literarischen Veröffentlichung heißt Urleus. Er ist neu in einer größeren Stadt und macht den Fehler, dort alles auf sich zu beziehen: die Winke des Polizisten auf der Straßenkreuzung, das Lächeln der Passanten, die Freundlichkeit der Frau im Tanzlokal. Urleus tanzt und tanzt und fühlt sich großartig. Er merkt nicht, daß seine Partnerin sich abwendet, daß die Musik längst aufgehört hat, daß man über ihn lacht. Er tanzt immer weiter, um auf sich aufmerksam zu machen, und so nimmt das Unglück seinen Lauf: «Er sah nicht, daß nur noch die auf ihn schauten, die ihn weghaben wollten, und die Kellner bemerkte er nicht, die sich berieten und dann den Geschäftsführer holten. Urleus war gerade dabei, das Letzte aus sich herauszuholen. Die Leere und Feindseligkeit, die ihn umgab, drang nicht bis in seinen Kreis.» Als er schließlich auf der Polizeiwache landet und dort die Nacht verbringen muß, interpretiert er auch das noch als freundliche Aufmerksamkeit.

Auch «Der Rennfahrer», erschienen am 22. Oktober 1949 in der *Mainzer Allgemeinen*, handelt von einem Außenseiter und seinem Bemühen, in die Gesellschaft hineinzufinden. «Warum er eigentlich Rennfahrer geworden war, das konnte sich niemand erklären», beginnt diese Geschichte, deren Held unverdrossen Rennen fährt, obwohl er immer verliert und regelmäßig überrundet wird. Man könnte ihn als einen Scheiternden ansehen, wenn er nicht selbst mit seinem Schicksal so zufrieden wäre und schließlich, nach seiner endgültigen Disqualifizierung, als Streckenposten sein Glück findet. Weil er dabei immer noch seinen alten Sturzhelm trägt, erlangt er sogar einige Berühmtheit. Und der Erzähler schließt mit den Worten: «Ich gönne ihm diesen Ruhm, wenn ich auch nie ähnliches erreichen werde. Obwohl viele ihn lächerlich finden, ich achte ihn auch jetzt noch. Ja, ich liebe ihn mehr, als je zuvor!»[21] Diese Figur ist ein prototypischer Held der Literatur Martin Walsers, der immer wieder nachgesagt wird, es gehe darin um Versager und Zukurzgekommene. Walser aber sagt: Es gibt kein Scheitern. Daß einer gescheitert sei, behaupten immer nur die anderen.

In der Geschichte «Und als die Maschine fertig war ...» – von der *Frankfurter Rundschau* als «Eine Parabel des 20. Jahrhunderts» angekündigt – ist der Einfluß Kafkas spürbar, aber auch schon ein deutliches politisches Unwohlsein an der auf wirtschaftlichen Erfolg fixierten Wiederaufbaugesellschaft: Arbeiter und Ingenieure sind in einer unüberschaubaren Fabriklandschaft damit beschäftigt, eine Maschine zusammenzubauen. Wozu sie dienen wird, entzieht sich ihrer Kenntnis. Um so eifriger fiebern sie der Vollendung entgegen. Endlich in Gang gesetzt, mäht die Maschine in einer einzigen Bewegung sämtliche Arbeiterköpfe ab. Am Ende dieser Miniatur heißt es mit unterkühltem Pathos: «Aus den Hälsen aber, der toten Arbeiter, stieß und zuckte das Blut, als lachten die hingestreckten Körper verzückt zu ihrem Werk hinauf. Dann verlöschten die Lampen.»

Das Schreiben auf der einen Seite, die Universitätsseminare auf der anderen: Beides hatte mit Literatur zu tun und doch nichts miteinander. Für Walser war die Literatur ein Mittel, sich auszudrücken. Sie war Lebensäußerung, vitaler Wille. Die Zurichtung auf handhabbare Lehrinhalte an der Uni konnte ihn nicht befriedigen. Er versuchte sich an Thomas Mann mit «Lotte in Weimar» und gab beim «Doktor Faustus» wieder auf, weil er die-

58 II LEHRJAHRE. 1946–1953

se Prosa «nicht ertragen konnte»[22]. An aktuellen Filmen erreichten ihn «Die Kinder des Olymp» und Helmut Käutners «Der Apfel ist ab».[23] Am Werk der Franzosen Marcel Carné und Jean Renoir erkannte er, daß Film etwas anderes sein kann als die raffinierte Beeindruckungsgewalt der Bilder, die ihn in der Kindheit überrumpelt hatte.

Wie zuvor in Regensburg wurde das Studententheater zum Wirkungsfeld. Heinz Schoeppe hatte ihn an Hans Gottschalk, den Leiter der Tübinger Studentenbühne, mit den Worten empfohlen, Walser sei zwar ein schlechter Schauspieler, aber ein intelligenter Mensch, der gute Kabarett-Texte schreibe.[24] So mag es auch an der Schauspielkunst Walsers gelegen haben, daß «Das Apostelspiel» des Österreichers Max Mell nicht zur Aufführungsreife gelangte. Walser in der Rolle des Johannes und Gottschalk als Petrus vergnügten sich aber in den Proben sehr an diesem Stoff und freundeten sich an. Für das Goethe-Jahr 1949 arbeiteten sie an einem Kabarett-Programm über den Dichterfürsten. Helmut Jedele, ein Freund Gottschalks, der bei Radio Stuttgart arbeitete, sorgte dafür, daß über die Uraufführung berichtet wurde. Was aber viel wichtiger war: Er hatte den Auftrag, in Tübingen geeigneten Nachwuchs zu rekrutieren, und machte Gottschalk und Walser das Angebot, beim Rundfunk einzusteigen. Walser, verführt von der Chance, endlich Geld zu verdienen, sagte für die Semesterferien zu. Zusammen mit Gottschalk fing er im Sommer 1949 in Stuttgart an. Und als im Herbst das neue Semester begann, machte er einfach weiter, aus Angst, diese wunderbare Geldquelle könnte versiegen, wenn er sich zurückzöge und ein anderer seinen Platz einnähme. Ohne Verdienst wäre mit dem Studium sowieso bald Schluß gewesen. Nun war damit Schluß, weil er verdiente. Trotzdem blieb er immatrikuliert, schon wegen seiner Mutter, die einen Studienabbruch als Scheitern betrachtet hätte und einen wie ihn als verkrachten Studenten. Also ließ er die Dinge erst einmal laufen. Irgendwie würde sich das Problem lösen.[25]

Stuttgart. Vaterfigur Fritz Eberhard.
Reporter beim Rundfunk.

Was für eine Gelegenheit. Was für ein historisches Glück, einer Generation anzugehören, die sich ihre Plätze in der Gesellschaft nicht erobern mußte. Die Gründungsphase des Staates und der Start der eigenen Berufstätigkeit fielen zusammen. Gerade mal 22 Jahre alt, betrat Martin Walser die Szene des öffentlich-rechtlichen Rundfunks pünktlich zu dessen Entstehung. Am 22. Juli, zwei Monate nach Unterzeichnung der Gründungsurkunde der Bundesrepublik, hatten die Amerikaner sich aus dem bis dahin unter ihrer Kontrolle stehenden Radio Stuttgart zurückgezogen und den Sender als «Süddeutschen Rundfunk» in deutsche Hände übergeben. Die letzten amerikanischen Kontrolloffiziere verließen gerade ihre Büros. Da entstand viel leerer Raum und Bedarf an frischen Kräften. Nach den Anfängen in der Weimarer Republik, nach der Gleichschaltung der Sender im «Dritten Reich» und nach dem Besatzungsstatut galt es nun, eine demokratische Medienöffentlichkeit in Deutschland überhaupt erst zu etablieren.

Garant dafür war in Stuttgart Intendant Fritz Eberhard, der am 1. September 1949 seinen Dienst antrat. Der gebürtige Dresdener hieß ursprünglich Hellmuth Freiherr von Rauschenplat. Er war 1922 der SPD beigetreten, schloß sich in der Weimarer Zeit dem «Internationalen Sozialistischen Kampfbund» (ISK) an und ging 1933, nach der Machtübernahme der Nationalsozialisten, in die Illegalität. Hier benutzte er den Decknamen «Fritz Eberhard» und verschaffte sich damit eine neue, bürgerliche Identität. 1937 gelang ihm die Flucht nach London, wo er für das Exilradio «Sender der Europäischen Revolution» arbeitete. Walser bewunderte ihn als kämpferischen, liberalen Sozialdemokraten, der vor Konflikten nicht zurückschreckte. Die CDU versuchte, ihn im Lauf seiner bis 1958 dauernden Amtszeit immer wieder loszuwerden, ganz und gar unverständlich für Walser, der diesen sprunghaft lebendigen, geistreichen, von Einfällen angetriebenen Mann mit dem «treuen Seehundblick» verehrte «wie ein Kind». Eberhard war für ihn eine beeindruckende demokratische Erscheinung, ein väterlicher Vorgesetzter voller Großmut, der seine unerschöpflichen Ideen in Form kleiner Zettel auf die Untergebenen regnen ließ. Als Walser einmal den jungen Hans Werner Henze ins Büro des Intendanten führte und der einladend auf die Sitzgruppe deutete, legte Henze sich der Länge nach aufs Sofa. Das war möglich. Liegend plauderte Henze über den Einfluß neapolitanischer Gitarrenmusik auf seine Kompositionen.[26] Die Umgangsformen waren so genialisch unorthodox, daß Walser, den Intendanten und seine Frau auf einer Wallfahrt nach Rom begleitend, seinen Kopf in den Schoß der Intendantengattin legen konnte, um einzuschlafen. So zart, so keusch war dieses Verhältnis.

Als «Genietruppe» wurden die jungen Leute bezeichnet, die unter Eberhards besonderem Schutz alle Freiheit genossen. Neben Jedele, den Tübingern Walser, Gottschalk und Adler gehörten dazu der bald als Hörspielautor erfolgreiche Heinz Huber und der spätere Filmregisseur Franz Peter Wirth. 1955 kam der Romancier Alfred Andersch zum Südfunk und brachte den jungen Hans Magnus Enzensberger mit. Auch der experimentelle Lyriker Helmut Heißenbüttel wurde dann Redakteur bei diesem Sender, der damals, als es noch so altmodisch-schöne Dinge wie «Nachtstudio» und «Kulturelles Wort» gab, seine Blütezeit erlebte. Noch dominierte der Ton das Bild, spielte das Fernsehen keine Rolle. Noch waren die Gremien nicht durch Parteienproporz blockiert. Es gab keinen Quotendruck und keine marktwirtschaftlichen Zwänge. Nirgendwo sonst konnten die Worte so pathetisch schwingen wie hier. Und nirgendwo sonst waren so üppige Honorare zu erzielen. Der öffentlich-rechtliche Rundfunk etablierte sich als inoffizielles Subventionssystem der Literatur. Walser war sich seiner Verantwortung an dieser Schaltstelle wohl bewußt.

Er bewegte sich durch verwunschene, verlassene Flure und

stille Büros, hatte mit privatgelehrtenhaften Redakteuren und weißgekleideten Cutterinnen zu tun, die auf ihn wie Ministrantinnen in sakralen Studios wirkten. Man arbeitete in einem geschützten Refugium, das Tummelplatz der merkwürdigsten Gestalten war, die nur hier, in den «Skurrilitätsgrotten» abseits des Leistungsprinzips, gedeihen konnten.[27] Aber auch das gehörte dazu: Von jedem Kollegen wußte man, ob er es beim Militär zum Unteroffizier, Oberleutnant oder zum Major gebracht hatte. Nach dieser inoffiziellen Rangordnung stand Walser ganz weit unten.

Zunächst begann er in der Unterhaltungsabteilung, weil man glaubte, einer, der vom Kabarett kommt, sei dort am besten aufgehoben. Sein Freund Hans Gottschalk, beim dem er in der ersten Zeit wohnte, landete direkt in der Hörspiel-Dramaturgie und erweckte damit Neid und Bewunderung. Doch Walser fühlte sich nicht unwohl in der Unterhaltung. Die Kollegen waren gut gelaunt und freundlich, man hatte Spaß bei der Arbeit und in Franz Ulrich Gass einen angenehmen Chef. Für die Sendereihe «Klingende Wochenpost» schrieb Walser kleine Couplets. Regelmäßig belieferte er die «Nörgelecke der Hausfrau» mit Dialogen. Zwei erfundene Figuren, Frau Mühleisen und Frau Zehringer, stritten sich da um allerlei Themen der Zeit, um die Frage etwa, ob man sich denn nun ein Telephon anschaffen solle oder nicht. Harmlos ging es da zu, volkstümlich und lustig.[28]

Ganz andere Aufgaben hatte er zu übernehmen, als er nach etwa zwei Monaten in die Redaktion Politik und Zeitgeschehen versetzt wurde. Nun war er als Reporter mit einem dunkelblauen Mercedes 170 V im Land unterwegs, berichtete live von der Einweihung des Bundesverfassungsgerichts in Karlsruhe und war dabei, als der Leonberger Autobahntunnel wieder in Betrieb genommen wurde. Seinen dicken, zweireihigen Mantel trug er wie eine Rüstung, den Gürtel so fest geschlossen wie einen Sicherheitsgurt, den Schal locker um den Hals, wie einer, der den Anschein erwecken will, ein alter Hase zu sein. Einweihungen wie-

62 II LEHRJAHRE. 1946–1953

deraufgebauter Brücken, wie sie allerorten stattfanden, konnte er bald auswendig und hätte den obligaten Text von Architekten und Bürgermeistern auch selbst sprechen können.[29] Er besuchte den Erfinder einer Kinderwagenbremse in Memmingen oder den Erfinder einer sprechenden Uhr in Esslingen, deren automatische Zeitansage er für seine Hörer auf Band aufzeichnete.[30] Zwischen Forchtenberg und Ohrnberg ließ er sich über die Notwendigkeit einer Bahnstrecke belehren, und der Bahnhofsvorsteher staunte über das kleine Aufnahmegerät, das wie ein Damenköfferchen auf den Schienen stand. Kein Übertragungswagen mehr nötig? Nein, keiner mehr, sagte Reporter Walser voller Stolz.[31]

Wo immer es möglich war, beschäftigte er sich mit kulturellen Themen. Er interviewte den großen Theaterregisseur Fritz Kortner und den mit Macht aufwärtsstrebenden Dirigenten Herbert von Karajan, wenn sie in Stuttgart waren, oder er sprach mit der Schauspielerin Grethe Weiser über ihren neuen Film. Er erlebte freundliche und unflätige Interviewpartner und nahm sich damals schon vor: «Wenn du je auf die andere Seite kommst, dann benimm dich bitte nicht scheußlich.»[32] An diesen Imperativ hat er sich stets gehalten. Walser kann gar nicht anders, als gesprächsbereit zu sein. Aber er setzt darauf, daß das «Gerede» sich schnell versendet und verflüchtigt.

Über die Begegnungen mit Gästen im Funkhaus machte er sich Notizen, als habe er da schon Personal und Szenen für seine Romane gesammelt. Den Unterhaltungsschriftsteller und Verleger Ernst Heimeran schilderte er beispielsweise als «großartigen Plauderer, der weiß, daß er auf seine 1,5 Millionen Bücher stolz sein darf, es aber auf so nette Art und Weise ist, daß es eben nicht arrogant wirkt!». Günter Rutenborn, der Berliner Pfarrer und Dramatiker, «erzählte privat sehr nett von seiner Methode mit Sowjet-Offizieren: er trinkt sie unter den Tisch – man spürte gar nicht den religiösen Dramatiker oder den pommerschen Landpastor». Der mit seinen Erinnerungen an Rußland und die

II LEHRJAHRE. 1946–1953   63

Gefangenschaft in Sibirien berühmt gewordene Theodor Kröger kam mit seinem Verleger («ostpreußischer Förstertyp»). Walser beobachtete: «Macht zum Techniker Grimassen und erzählt von seinen Büchern. Freut sich kindlich, als ihm nachher die Technikerin einen ‹Husten› herausschneidet! Der Verleger meint, sein Autor habe schon besser gehustet.» An der Schauspielerin Anna Exl fiel ihm die Tiroler Bergbauernmädchenverlegenheit und ein «reizendes» Lachen auf. So verwandelte er Menschen in Figuren, in erzählerisches Material.[33]

Noch in einer anderen Hinsicht war die Zeit als Reporter eine Lehre für den späteren Schriftsteller: Er, der sich bisher für nichts als Literatur interessiert hatte, erhielt nun Einblicke in unterschiedlichste Gesellschaftsbereiche und berichtete über drängende soziale Probleme, über Wohnungsnot und Flüchtlingselend. Für seine erste eigene Sendereihe «Schicksale unserer Zeit», ab November 1949, ließ er Jugendliche zu Wort kommen, die aus der sogenannten Ostzone geflüchtet und nun, mangels Papieren und Arbeit, im Jugendgefängnis gelandet waren. Er stellte den «ältesten Kriegsheimkehrer» vor oder einen Kriegsversehrten, der keine Rente erhielt. Er ging in den Bahnhofswartesaal, wo, wie es in einer Zeitungskritik der Sendung hieß, «redliche Arbeiter ohne Zuzug und Wohnung wohnen und nach Feierabend in der ‹Pennerecke› schlafen, bis ein ratloser Polizist sie vertreibt. Diese Ratlosigkeit des Polizisten, der schlechten Gewissens die Männer auf die Straße schickt, weil er es tun muß, war im Grunde erschütternder als das Bitten und Klagen der Heimatlosen»[34]. Oder er besuchte ein Flüchtlingslager bei Unterjettingen, wo er verzweifelte Polen, Kroaten, Slowenen zu Wort kommen ließ, Heimatvertriebene, die nun von Land zu Land und von Lager zu Lager geschickt wurden.

Als in Stuttgart ein Bunker geräumt werden sollte, in dem wohnungslose Arbeiter und ganze Familien Unterschlupf in feuchten, finsteren Parzellen gefunden hatten, stand Walser mit dem Mikrophon mitten im Tumult. Die Stadtverwaltung wollte die Bewohner in einen anderen Bunker umsiedeln, doch die wehrten sich, weil dort noch schlechtere Lebensbedingungen herrschten. Im Radio war die Stimme eines Polizisten zu hören, der amtlich verfügte: «Ihr werdet jetzt umquartiert.» Ein Beamter vom Wohnungsamt sagte auf die Frage nach den rechtlichen Grundlagen der Aktion: «Das geht euch gar nichts an.» Ein Mann schrie: «Fassen Sie mich nicht an.»

Die Sendung, am 17. April 1950 um 21.50 Uhr ausgestrahlt, sorgte für Aufregung und eine Flut von Hörerpost. «Wenn man so mit anständigen und nur armen Bürgern verfahren darf, kann uns dasselbe ja morgen auch passieren», hieß es in einem Brief. Ein Pfarrer lobte die Radioleute dafür, «ein Stück sozialer Verantwortung wahrgenommen und in einer Weise die nüchterne, furchtbare Wirklichkeit sprechen gelassen zu haben, die ich nur als vorbildlich bezeichnen kann». Entsetzen wurde geäußert und Sorge über den Zustand der Demokratie. Andere sorgten sich eher um Christentum und Nächstenliebe. Und ein Ostvertriebener empörte sich, daß diese Sendung «nur den Kommunisten des Reiches einen Gewinn bringen» könne, die sich «diebisch darüber freuten», wenn «jetzt schon Auseinandersetzungen mit heimatlosen Menschen und Polizei durch Rundfunk bekannt gegeben werden». So viel Öffentlichkeit waren die Deutschen noch nicht gewohnt. Wie wichtig die Einübung ins Demokratische war, läßt sich auch daran ermessen, daß Intendant Eberhard sich die Zeit nahm, Hörerpost persönlich zu beantworten: «Seien Sie überzeugt, wir lassen auch in dieser Sache nicht locker. Mit Befragung zuständiger Leute haben wir bereits begonnen.»[35]

Vor den Radiogeräten bildete sich die neue Gesellschaft heraus. Der Rundfunk war Sozialstelle und Kummerkasten und Hilfe in der Not. Reporter Walser führte ein Ehepaar vor, das in einer verschimmelten Souterrainwohnung goldene Hochzeit feierte – was dazu führte, daß Hörer diesem alten Paar ihre eigene Wohnung für vierzehn Tage anboten. Im Dezember 1950 berichtete er über eine Familie mit zehn Kindern, deren Vater erkrankt war, und setzte damit eine weihnachtliche Spendenwelle in Gang. Fast schon wie ein durchgearbeitetes Hörspiel wirkte dagegen eine Sendung über Gehirnverletzte, der er den Titel gab: «Die Welt hat einen Sprung». Darin beschrieb er neurologisch fundiert die Folgen von kriegsbedingten Schädelverletzungen, ließ einen Arzt und einen Patienten zu Wort kommen, arbeitete effektvoll mit Sprecherstimmen, die emotionslos medizinische Diagnosen verlasen. Dieser Sendung war anzuhören, daß der Autor über die Reportage hinauswollte, daß es ihn drängte, den Stoff künstlerisch zu gestalten und die Wirkung genauer zu kalkulieren.

Heirat und Promotion. Vaterfigur Friedrich Beißner. Franz Kafka.

Es gibt mehrere Gründe, die ihn veranlaßten, sein Studium doch noch mit einer Promotion abzuschließen. Variante eins: Er tat es der Mutter zuliebe, damit die ihn nicht länger als verkrachten Studenten betrachtete.[36] Variante zwei: Nach der Hochzeit mit Katharina Neuner-Jehle im Jahr 1950 stellte sich die Zukunftsfrage mit größerer Dringlichkeit. Das Heiraten gehörte selbstverständlich zum üblichen Lebenslauf. Unverheiratet zu bleiben entsprach nicht den Möglichkeiten einer Wasserburger Biographie. Was lag näher, als die erste große Liebe zu wählen, die im Elternhaus, in unübertrefflicher Heimatnähe begonnen hatte? Die Mutter bestand darauf, daß er am standesamtlichen Aushang als «Rundfunkangestellter» bezeichnet wurde. «Freier Mitarbeiter» oder «Reporter», was den Tatsachen entsprochen hätte, wäre ihr nicht wohlklingend genug gewesen. Walser aber hatte stets eine Aversion gegen Festanstellungen, weil er in kein Abhängigkeitsverhältnis geraten wollte. Könnte das mit Ehefrau und – wer weiß – bald mit Kindern so weitergehen? Die Ehe ist eine bürgerliche Institution, die verpflichtet.

Variante drei ist eine Geschichte, die Walser gerne erzählt. Wieder einmal sei er für den Funk in Tübingen gewesen, um den Rektor der Universität zu interviewen. Auf einem der Flure, begleitet vom Tontechniker, begegnete ihm sein Lehrer Friedrich Beißner. Walser grüßte verschämt und schuldbewußt, weil er schon lange nicht mehr im Seminar erschienen war. Beißner grüßte zurück und sagte leise, doch ohne jeden Vorwurf: «So, Sie haben es also auch aufgegeben.» Dieser zarte Satz war der «reine Peitschenhieb»[37]. Schon auf der Rückfahrt nach Stuttgart begann er zu überlegen und zu widersprechen: Keinesfalls wollte er zugeben, das Studium geschmissen zu haben. Er begann wieder mit intensiver Kafka-Lektüre und besprach den Fall mit seinem Chefredakteur. Sie einigten sich auf ein festes Anstellungsverhältnis, befristet auf fünf Monate. Die Versetzung in den Innendienst sollte es ihm ermöglichen, nebenher an der Dissertation zu arbeiten. So kam es zur ersten und zur letzten Festanstellung seines Lebens, vom Herbst 1950 bis zum Frühjahr 1951. Das Gehalt betrug monatlich 500 Mark.[38]

Mit Bedeutungszuwachs, als Rundfunkredakteur aus Stuttgart, kehrte Walser in Beißners Oberseminar zurück und spielte dort seine Gastrolle aus. Da saßen auch Walter Jens, Siegfried Unseld und der Lyriker Johannes Poethen, der schon Sonette in der *Neuen Rundschau* veröffentlicht hatte – auch das eine Leistung mit Beeindruckungspotential. Unvergeßlich ist Walser der Tag, an dem Beißner vor dem versammelten Seminar ein Poethen-Gedicht vorlas, er, der große Lehrer, der doch ansonsten nur Hölderlin und Rilke rezitierte. Da kamen ihm die eigenen literarischen Versuche gleich noch erbärmlicher und unbrauchbarer vor. Aber darüber konnte er mit niemandem reden.[39]

An Gemeinsamkeiten mit Unseld kann Walser sich für die Tübinger Zeit nicht erinnern.[40] Er bewunderte den vier Jahre älteren Walter Jens, weil der – unter Pseudonym – einen angeblich in vier Wochen geschriebenen Roman veröffentlicht hatte. Jens bot sich auch als Helfer an und reichte Walsers «Schüch-

terne Beschreibungen» beim Rowohlt Verlag ein. Lektor Wolfgang Weyrauch schickte das Manuskript an Jens zurück, weil er
«den jungen Mann» ja nicht kenne und nicht wisse, «ob er meine Grobheiten verträgt». Das Manuskript war für ihn ein vergeblicher Versuch, «Elemente der surrealistischen Malerei in die
Sprache zu übertragen». Jedoch: Er konnte beim besten Willen
nicht angeben, was der Inhalt dieses merkwürdigen Buches sei,
in dem eine weißhäutige Frau vom Himmel falle und wo der Verfasser sich mit einem Feuersalamander, mit Riesen und Zwergen
unterhalte. Handelte es sich vielleicht um einen Trauminhalt?
Aber ein Traum auf 106 Seiten ausgebreitet? Ein paar faszinierende Stellen habe er gefunden, schrieb Weyrauch, «bei denen
man glaubt, daß der Verfasser sehr begabt war, bevor er dieses
Manuskript zu schreiben anfing. Dann aber hat er sich vollkommen verlaufen. Man müßte ihn zurückholen oder in die helle
Sonne stellen; man müßte ihn bitten, eine handfeste Geschichte
zu schreiben». Er schloß seinen Brief mit der Bemerkung, den
jungen Mann vor dem Schritt bewahren zu wollen, «der aus der
dichterischen Verrücktheit in die medizinische Verrücktheit hinüberführt».[41] Jens gab die doch ziemlich heftige Abfuhr Walser
zu lesen. Der verstand sie als Aufforderung, sich in psychologische Betreuung zu begeben. Sein Selbstbewußtsein war fragil
genug, daß ihm das zu schaffen machte.

Friedrich Beißner war schon deshalb ein idealer Lehrer, weil
er nicht verlangte, Literatur interpretatorisch zu «übersetzen»[42].
1933 promoviert, hatte er sich Verdienste als Herausgeber der
1941 begonnenen Stuttgarter Hölderlin-Ausgabe erworben. Mit
seiner werkimmanenten, ahistorischen Literaturbetrachtung,
die sich mehr für Textur und Struktur der Dichtung als für gesellschaftliche Hintergründe interessierte, war er durchs «Dritte Reich» gekommen und erfüllte nun das Bedürfnis der Nach-
kriegsgesellschaft nach einer losgelösten Kunst, einer Vorliebe,
die auch Walser teilte. Beißner war zudem der einzige Germanist
weit und breit, der sich mit einem modernen Autor wie Kafka be-

faßte. 1952 entwickelte er in seinem Essay «Der Erzähler Franz
Kafka» die Theorie der «Einsinnigkeit», mit der er die strenge
perspektivische Bindung in Kafkas Erzählen definierte: Kafkas
Prosa sei stets aus der Sicht des Helden erzählt, es gebe keine
Wahrnehmungen und Erkenntnisse, die dessen Horizont über-
schritten. Mit diesem Thema beschäftigte sich auch Walser in seiner Dissertation. Daß Romane grundsätzlich an eine feste Perspektive gebunden sein müssen, lernte er bei Beißner, exerzierte
es am Beispiel Kafka durch, hätte es aber wohl kaum ein Leben
lang in seinen Romanen beherzigt, wenn es nicht auch dem eigenen Schreibimpuls entsprochen hätte.[43]

Walser näherte sich Kafka rein sprachlich und erzähltheore-
tisch. Er wehrte damit alle grassierenden Interpretationsversuche
ab, weigerte sich, Symbole zu deuten und Vergleiche mit der
Wirklichkeit anzustellen – vielleicht ja tatsächlich deshalb, weil es
ihm unmöglich gewesen wäre, eine Bedeutung anzugeben. «Vielleicht hing das alles mit meiner Isolierung zusammen», vermutete er rückblickend.[44] Doch die Skepsis gegenüber der hermeneu-
tischen Pflicht, eine im Text verankerte Bedeutung hervorlocken
zu müssen, ist sicher keine ganz schlechte, in jedem Fall aber
eine haltbare Position. Walser beschränkte sich auf das Handwerkliche, schaute Kafka genau auf die Finger, um von ihm etwas zu lernen. Die Dissertation erhielt den Titel «Beschreibung
einer Form». Walser hat sie später als bloße Erbsenzählerei abge-
wertet, als Arbeit eines Bausachverständigen, der den Sitz von
Türen und Fenstern in einem Gebäude überprüft. Man kann diesen Text aber auch als poetologische Grundlegung lesen. Dann
ist es verblüffend, wie exakt Walsers Aussagen über Kafka auch
sein eigenes literarisches Schaffen definieren.

Wie ein Grundgesetz steht da der Satz: «Auch wenn man in
der dritten Person erzählt, muß der Erzähler ganz sicher in seinem Helden ruhen, um nicht aus der ‹Rolle› zu fallen.»[45] Ebenso unhintergehbar der Satz über die Funktionalität der Figuren:
«Auch hier wird wieder ganz deutlich, daß es in dieser organisier-

ten Welt auf die Rolle, die man spielt, ankommt; nicht auf das Innere, sondern auf das, was einem anhaftet, auf die Funktion.»[46] Auch die Diagnose, «Kafka kann keinen Erzähler konstituieren, mit dem er nicht kongruierte», läßt sich unverändert auf Walser und seine Romane anwenden: All seine Helden sind ihm so nah, daß sie Möglichkeiten, Entwürfe seiner selbst sein könnten. Und wie Kafka in seinen Erzählungen wird er Mitte der siebziger Jahre von Romanen in der Ich-Form zum Erzählen in der dritten Person überwechseln, ohne aber eine auktoriale, allwissende Perspektive einzuführen. Am Beispiel Kafka bemerkte er dazu 1951: «Will man nun mutmaßen, warum Kafka später vom ‹Ich› zum ‹Er› fortgeschritten ist, so darf man vielleicht sagen, daß ihm das ‹Ich› zu wenig Distanz gewährte. Hier war die Kongruenz in Gefahr, in eine Identität umzuschlagen. Wenn er später durch die K.s erzählt, so bietet dieses ‹Er› eine ganz sichere, und nicht zu übersehende Grenze (...)»[47]

Trotz solcher Entdeckungen können die eher technischen Studien nicht erklären, worin die anhaltende Wirkung Kafkas bestand. Auch 1961, als die Dissertation in Walter Höllerers 1958 gegründeter Reihe «Literatur als Kunst» in Buchform erschien, konnte Walser dieses Rätsel im Nachwort nur konstatieren. Und es dauerte noch einmal zehn Jahre, bis er Kafka vor dem Hintergrund der eigenen Erfahrungen zu deuten wagte: «Eben die Bestimmtheit der Personen bei Kafka, das Unfreiwillige aller Vorgänge, das Zwanghafte aller Vorgänge, das hat mich hineingezogen, weil das ganz meinen eigenen, noch nicht bewußten Erfahrungen entsprach. (...) Bei Kafka habe ich gesehen, daß ein Einzelner nichts machen kann. Ich selber war doch aus diesem Dorf zuerst in die Schule geschickt worden und dann von der Schule zu dieser Heimatflak und dann zum Arbeitsdienst und dann zum Militär, und ich habe mich natürlich auch immer nach den lautesten Zurufen und Kommandos und Empfehlungen weiterbewegt.»[48] Diese Äußerung stammt aus der Lebensphase, in der Walser sich der DKP annäherte. Ganz anders dann wiederum zwanzig Jahre später, als er (vergeblich) bemüht war, sich aus den Meinungsschlachten des Feuilletons herauszuhalten. Auch da bot ihm Kafka Anhaltspunkte, und er fand gerade die Offenheit Kafkas, seine auf keinen Standpunkt zu reduzierende «Infinitesimalisierungswucht» bemerkenswert: «Wer bei Kafka etwas lernen kann, der läßt sich keine Position mehr zur endgültigen machen. Wer Aussagen über den Zustand der Welt braucht – negative oder positive – der muß sich, glaube ich, Besserwissende suchen. Solche mit Urteilen über alles und jedes.»[49]

Im November 1951 legte er das Rigorosum ab. Ein Beisitzer war nur unter der Bedingung zu finden, daß er diesen Kafka nicht auch noch lesen müsse. Im Nebenfach Geschichte meldete Walser sich per Postkarte zur Prüfung bei Professor Hans Rothfels, einst Professor in Königsberg, der wegen seiner jüdischen Herkunft Deutschland hatte verlassen müssen und erst kurz zuvor aus dem Exil in Chicago zurückgekehrt war. Walser hatte ihn vor dem Prüfungstag nie gesehen. Die historische Fakultät ließ ihn wissen, er habe sich am Freitag um 10 Uhr in Professor Rothfels' Wohnung einzufinden. Diese äußeren Bedingungen waren auch für die damalige Zeit ungewöhnlich. Walser vermutete, der Emigrant habe die Bedeutung von Formalitäten anders einzuschätzen gelernt als ein gut behüteter Amtsinhaber.[50]

Die Prüfung muß zur beiderseitigen Zufriedenheit verlaufen sein, denn kurz darauf schrieb Walser eine Kritik über Hans Rothfels' Buch «Die deutsche Opposition gegen Hitler» für den Süddeutschen Rundfunk. Es war seine erste Buchbesprechung überhaupt, und sie führt direkt hinein in sein Lebensthema: das Erbe des Nationalsozialismus und der Umgang mit der deutschen Geschichte. Walser feierte Rothfels' Werk dafür, die «Kontinuität der Menschlichkeit von 1933 bis 1945 in Deutschland bewiesen» zu haben. Im Mittelpunkt des Beweises standen die Verschwörer des 20. Juli, die Rothfels gegen die in den USA und Großbritannien verbreitete Meinung verteidigte, es handle sich bloß um enttäuschte Militärs, die versucht hätten, sich im letzten Moment auf die Gewinnerseite zu mogeln. Rothfels, der die moralischen Prinzipien der Opposition untersuchte, kam zu anderen Resultaten. Er war für Walser deshalb ein glaubwürdiger Zeuge, weil er als Exilant den Vorgängen in Deutschland aus «äußerer Ferne», aber «mit innerer Nähe» verbunden gewesen sei. Wie der Dichter Rudolf Borchardt sei er denen zuzurechnen, «die als Deutsche dachten, die zutiefst mit bester deutscher Kulturtradition verbunden waren», die aber «ausgestoßen» wurden, weil sie Juden waren. Rothfels gleicht darin einer anderen Figur, die Walser mehr als vier Jahrzehnte später als deutschen Juden entdecken würde: Victor Klemperer. Immer wieder wurde er von solchen Persönlichkeiten angezogen, die Deutsches und Jüdisches gleichermaßen repräsentierten – als lasse sich der Schrecken der deutschen Geschichte durch deren Existenz mildern.

Auch die Thesen seiner Kafka-Promotion setzte er journalistisch um. In der von Hans Werner Richter herausgegebenen Zeitschrift *Die Literatur* erschien im April 1952 sein Aufsatz «Kafka und kein Ende», in dem er gegen existentialistische, psychoanalytische und andere inflationäre Interpretationsdauerläufe polemisierte. Wie sein Doktorvater Beißner kämpfte er explizit gegen Max Brods religiös-theologische Deutung von Kafkas «Glauben und Lehre» und verteidigte die Kunst gegen den Zugriff von Weltanschauung aller Art.[51] «Was können wir an die Stelle der abgegriffenen weltanschaulichen Münzen setzen?» fragte er und rief die Antwort mit Ausrufezeichen hinterher: «Den *Dichter* Kafka!»

Auch biographische Deutungen interessierten ihn nicht. Kafkas Größe bestand doch gerade darin, daß die Dichtung an keiner Stelle auf den Dichter verwies. Mit dieser Feststellung begann seine Dissertation. Weiter hieß es da: «Franz Kafka ist ein Dichter, der seine Erfahrung so vollkommen bewältigt hat, daß der Rückgriff auf das Biographische überflüssig ist. Er hat die Verwandlung der Wirklichkeit schon vor dem Werk vollzogen, indem er seine bürgerlich-biographische Persönlichkeit reduziert, ja zerstört, um einer Ausbildung willen, die die Persönlichkeit als Dichter zum Ziel hat (...)»[52] Ähnlich äußerte er sich 1953 in einer Rezension der «Briefe an Milena», die er als «Monologe» verstand. Jeder, der sie mit biographischer Neugier lese, müsse enttäuscht werden, weil bei Kafka «Leben und Werk, Dichter und Mensch völlig eins geworden» seien. Eine «private Äußerung» könne es für ihn deshalb gar nicht geben.[53]

Die Mißachtung des Biographischen und das Verständnis Kafkas als Monologisierer, der anderer Menschen gar nicht bedurfte, hatte Folgen. Sie führte dazu, daß Walser einen Besuch bei Dora Diamant, der letzten Geliebten Kafkas, vollkommen verpatzte. Im Februar 1952 fuhr er für den Rundfunk nach Plymouth, um dort ein «Hörbild» über die kriegszerstörte Stadt zu machen, das zusammen mit dem Bericht eines BBC-Reporters über den Wiederaufbau im zerstörten Stuttgart gesendet werden sollte. Durch Beziehungen Fritz Eberhards erhielt er Gelegenheit zum Besuch bei Dora Diamant, die in einem alten Mietshaus in Chelsea wohnte. Er wußte von ihr nicht viel mehr als das, was er in Max Brods Kafka-Biographie gelesen hatte: Kafka habe sie bei seinem Aufenthalt in einem Ferienheim in Graal-Müritz an der Ostsee kennengelernt, wo sie in der Küche arbeitete und Fische abschuppte. Kafka habe bei diesem Anblick gesagt: «Solch zarte Hände und solch eine blutige Arbeit.» Dieser Satz begeisterte Walser, aber er machte ihn nicht sonderlich neugierig auf die Frau, der er galt.

Sie empfing ihn nun, fast dreißig Jahre später, kränkelnd und bettlägerig. Von Kissen gestützt, lagerte sie halb sitzend im Bett. Ein kleines Nachttischlämpchen sorgte für schummriges Licht. Dora Diamant zog unter den Kissen in ihrem Rücken eine Art Schulheft hervor, in dem sie ihre Erinnerungen an Kafka festhielt, und begann, daraus vorzulesen. Das war ein anderer Kafka als der des formalistischen Literaturwissenschaftlers, der am Bettrand saß und sich recht erhaben fühlte. Dora Diamant hatte ihren

Geliebten zum Heiligen veredelt, zum Religionsstifter, zu ihrem Messias. Herr Dr. Walser fand das nicht interessant. Er dachte darüber nach, in welchen Pub er gleich gehen würde – oder vielleicht doch lieber ins Theater am Piccadilly Circus? –, und ergriff die Flucht. «Es war der dunkelste Spätnachmittag meines Lebens», bedauerte er später diese verpaßte Gelegenheit.[54] Als Dora Diamant ein halbes Jahr später starb, muß er das Ausmaß seines Versäumnisses bereits geahnt haben. Im April 1953 lud er Marthe Robert aus Paris ins Stuttgarter Rundfunkstudio ein, die französische Kafka-Übersetzerin und Freundin Dora Diamants. Sie verwahrte nun deren Schulhefte mit den Erinnerungen an Kafka. In der Programmankündigung hieß es: «Die Niederschriften Dora Diamants, die in einem Gespräch zwischen Marthe Robert und Dr. Martin Walser noch erläutert werden, sind so außerordentlich wichtige Dokumente für jeden, der Kafka kennt und kennenlernen will, daß sie früher oder später gedruckt werden müssen. Eine erste Bekanntschaft mit ihnen will der Süddeutsche Rundfunk durch diese Sendung ermöglichen.»[55] So begann Walser, sein Dora-Diamant-Versäumnis abzuarbeiten.

III DAS KANN ICH BESSER. 1951–1955

Hörspiele. Benns Gamaschen. «Zeichen der Zeit».

Der Staat verteilt Gerechtigkeit
Gerechtigkeit ist schön
wenn alle Bürger mit der Zeit
von der Gerechtigkeit was sehn.

Auf der Welt gibt's große Zimmer
es gibt aber auch kleinere
auf der Welt gibt's arme Leute
es gibt aber auch feinere.[1]

Der Refrain des musicalartigen Hörspiels «Die Dummen» war
eher grob gestrickt. Einen «Sing-Sang über Leute, die es nicht
mehr geben sollte – (die es aber noch gibt)» nannte Walser dieses Stück, das am Abend seines Geburtstages, am 24. März 1952,
über den Sender ging. Und was noch viel erfreulicher war: Am
Tag zuvor hatte seine Frau die Tochter Franziska zur Welt gebracht. So feierte er seinen Fünfundzwanzigsten als stolzer Vater
und debütierender Hörspielautor.

In der Vertonung des Stuttgarter Komponisten Otto-Erich
Schilling ließen «Die Dummen» die Vorbilder Bert Brecht und
Kurt Weill deutlich erkennen. Statt einer Handlung gibt es eine
Szenenfolge mit Moritaten und Bänkelliedern. An die Stelle von
Personen treten Chöre und Solisten. Die Dummen, das sind die
Armen, die auf Rettung durch den Finanzminister hoffen, die Ar-
beitslosen, die den Pförtner umschleichen, die Wohnungslosen,
die geduldig im Wohnungsamt anstehen, die Flüchtlinge, die
in ihren Baracken immer noch enger zusammenrücken. Dumm

sind sie, weil sie nicht begriffen haben, daß zugreifen, stehlen und betrügen muß, wer aus dem Elend herauswill. Das ist Walsers schlichte, ironische Botschaft. Damit persifliert er die unter den Etablierten der Gesellschaft verbreitete Ansicht, daß diejenigen, die vielleicht nur Pech gehabt haben, für ihr Unglück selbst verantwortlich sind. Die Zustände der Nachkriegszeit mit massenhaften Flüchtlingen und verbreiteter Wohnungsnot machten den Zynismus dieser Haltung offensichtlich. Doch der Spott traf auch die «Dummen» selbst, die alles mit sich machen ließen.

Martin Johannes Walser, wie er mit vollem Namen als Autor firmierte, baute auf die Stoffe seiner Sozialreportagen, auf seine Erfahrungen als Kabarett-Texter und auf seine Liebe zum Gesang, um daraus eine eher holzschnitthafte Gesellschaftskritik zu schnitzen. Die Freude am Klang, an Sprache und Rhythmus war stärker als das Bedürfnis, Analysen der gesellschaftlichen Misere zu liefern. Er fand es attraktiv, sich akustisch auszudrücken. Zwischen 1950 und 1953 schrieb er rund zehn Hörspiele, ganz genau weiß er es selbst nicht, und einige Manuskripte verschwanden gleich wieder in der Schublade.[2] Diese Arbeit ging ihm leicht von der Hand, manchmal genügte ein Wochenende dafür. Aber nur drei dieser frühen Arbeiten wurden auch gesendet – drei weitere dann in den Jahren 1955 und 1956. Für einen zunächst noch völlig unbekannten jungen Autor ist das allerdings keine schlechte Bilanz. Jährlich wurden zwar rund 150 Hörspiele in den Rundfunkanstalten der Bundesrepublik produziert, doch er mußte sich gegen Namen wie Alfred Andersch, Heinrich Böll, Friedrich Dürrenmatt, Günter Eich oder Wolfgang Weyrauch behaupten. Fast alle bekannten Autoren schrieben Hörspiele – nicht nur, weil das finanziell lohnte, sondern auch, weil das Genre reizvoll war und bis zum Siegeszug des Fernsehens ein Massenpublikum besaß.

Im April 1952 lud der Süddeutsche Rundfunk zu einer Autorenkonferenz über das Hörspiel, an der unter anderen Max Bense, Heinrich Böll, Wolfdietrich Schnurre und Wolfgang Weyrauch teilnahmen. Prominentester Gast war Gottfried Benn, der, wie Walser mutmaßte, von einer Traubenkur in Meran kam und auf der Rückfahrt nach Berlin einen Zwischenstopp einlegte. In der Stuttgarter Hörspielabteilung war eine Benn-Bearbeitung entstanden, die ihm nun vorgeführt wurde. Am Beispiel von Walsers «Die Dummen» diskutierte man über neue Möglichkeiten «funkgerechten» Ausdrucks. Außerdem ging es um die Gestaltung literarischer Sendungen und um die von Helmut Jedele und Hans Gottschalk vorgetragene Theorie der «akustischen Räume», die für die Hörer erkennbar sein müßten.[3] Jedele hatte mit einer Arbeit über die «Produktivität des Mikrophons» dissertiert und suchte nach Möglichkeiten, das Radio nicht nur als akustisches Transportmittel, sondern als ästhetisches Instrument zu gebrauchen.

Benn hörte zu und nickte, beteiligte sich sogar an der Debatte und sprach ein freundliches Schlußwort: «Wir sind dem Rundfunk großen Dank schuldig. Er ist die einzige Institution, die sich für die Literaten interessiert. Er ist die einzige Einrichtung, die uns Verdienstmöglichkeiten gibt. Insofern bitte ich die jüngeren Kollegen, sich die Anregungen anzueignen, die wir erhalten haben. Ich glaube, es wird sich lohnen, und ich glaube, daß das Hörspiel der Zukunft im Kommen ist.»[4]

Sein würdevolles Auftreten machte Eindruck: ein Herr aus einer vergangenen Epoche, der Gamaschen über den Schuhen trug, die an der Seite mit Druckknöpfen versehen waren. So behielt Walser ihn in Erinnerung.[5] Als er zwei Jahre später ein paar dienstliche Zeilen an Benn schrieb, um eine Anfrage von Inge Aicher-Scholl von der Ulmer Hochschule für Gestaltung weiterzuleiten, machte er sich ganz klein vor Ehrerbietung: Er könne nicht annehmen, daß Benn sich seiner erinnere, und wage auch nicht, Empfehlungen auszusprechen, die doch nur die Empfehlung eines «Iksbeliebigen» sein könnten. Aber ob er nicht vielleicht doch in Ulm lesen wolle?[6]

Die Freunde Hans Gottschalk, Peter Adler und Martin Walser diskutierten weiter über Jedeles Thesen.[7] Die vier bereiteten eine Sendung vor, die erstmals am 28. April 1952 ausgestrahlt werden sollte: «Zeichen der Zeit». Jedele, der später Direktor der Bavaria Filmgesellschaft in München wurde, war Redakteur und Chef. Die anderen arbeiteten zu und lieferten ihre Beiträge, Peter Adler profilierte sich als Autor von Features. Schon am 20. Februar hatten Jedele und Walser an den Suhrkamp Verlag geschrieben und zur Vorbereitung einer «kulturkritischen Sendereihe» um Informationen über das Verlagsprogramm gebeten. Mit diesem amtlichen Brief des Rundfunkmitarbeiters beginnt beiläufig die Verlagskorrespondenz Walsers, die sich über mehr als fünfzig Jahre erstrecken wird.

Hingerissen war die Männerrunde im Rundfunk, als eines Tages Ilse Aichinger erschien, um für die zweite Folge der «Zeichen der Zeit» eines ihrer Gedichte einzusprechen. Da entbrannte ein Wettbewerb, wer diese schöne Dichterin heiraten dürfe. Walser, dem weiblichen Geschlecht zugetan, war ja nun schon verehelicht, kam also fürs Heiraten nicht mehr direkt in Frage, so daß man sich auf den Programmdirektor einigte. Doch Ilse Aichinger verschwand, wie sie gekommen war; die Männer blieben ungeheiratet zurück. «Wir haben sie kurz genießen dürfen», sagt Martin Walser.[8]

«Zeichen der Zeit» brachte Kulturkritik in avancierter Formenvielfalt. Kabaretthaftes, Satiren, Reportagen, O-Ton-Collagen, Polemiken und bissige Kommentare wurden eingesetzt, um in nur einer Stunde pro Monat vorzuführen, «was für unsere Zeit bezeichnend ist, was sie ‹im Innersten zusammenhält›», wie es im Ankündigungstext der ersten Sendung hieß.[9] Im Vorspann sagte jedesmal eine Radiostimme: «Die Drehtür dreht sich, die Erde auch, wir drehen uns mit.»[10] Der Kulturbegriff war weit gespannt und reichte vom Ringkampf über die Modenschau bis zur Werbeästhetik: Überall ging es darum, Zeichen als die «tatsächlichen Ausdrucksformen des Wesens» der Epoche lesen zu lernen. Enttäuschung über die satte Wirtschaftswunderzufriedenheit mischte sich mit Sorge über wiedererwachende nazistische Umtriebe und die Verdrängung der noch kaum vergangenen Vergangenheit. Doch das Interesse an der Gegenwart war entschieden größer als das Bedürfnis, Erfahrungen aus dem «Dritten Reich» aufzuarbeiten. Peter Adler beschrieb das im Rückblick so: «Für unsere Generation war 1945 die braune Ära beendet, wir hofften auf etwas Neues. ‹Zeichen der Zeit› war ein Protest, weil wir mehr erwartet hatten von diesem Neuen, sehr viel mehr.»[11]

Diese Generation – und Martin Walser wurde zu einem ihrer exponierten Vertreter – mißtraute nach den Erfahrungen mit der Nazidiktatur allen Ideologien. Der Kommunismus war für sie keine Alternative. Der Koreakrieg zeigte, daß die Blockkonfrontation, die in Europa als «kalter» Krieg festgefroren war, eher machtpolitischen und geostrategischen Interessen geschuldet war und die ideologischen Differenzen dabei bloß als Vorwand dienten. So wie Walser in seiner Kafka-Dissertation die Kunst gegen die Weltanschauung verteidigt hatte, ging es auch politisch darum, die Freiheit des einzelnen gegen die Zugriffe der Politik, der Wirtschaft und der Medien zu verteidigen. Das war die historische Lehre, die in «Zeichen der Zeit» als Basis scharfer Gesellschaftskritik diente.

Etwas öffentlich zu machen reichte manchmal schon aus, um heftige Entrüstung auszulösen. So zum Beispiel, als die ins Groteske gehenden, militärisch anmutenden «Organisationsanweisungen» des Heimkehrerverbandes zur Kriegsgefangenengedenkwoche im November 1952 dokumentiert wurden. Der Heimkehrerverband lief Sturm gegen diese Sendung, die mit den Klängen von Marschkolonnen, Trommelwirbel und Sirengengeheul unterlegt war. In seiner Zeitung *Der Heimkehrer* warf der Verband dem Süddeutschen Rundfunk vor, Millionen Deutsche kollektiv beleidigt zu haben, und sprach den jugendlichen Autoren der Sendung, die «den akademischen Flaum ihrer Ausbildung mit dem Kinnriemen ihrer Sturm- und Drangperiode verdeckten», das Recht auf Kritik ab: «Wer sich eine politische Kritik anmaßt, der sollte wenigstens einen Hauch politischer Erfahrung haben. Der verantwortliche Redakteur, Dr. Martin Walser, hat diese Erfahrung zweifellos nicht. Das hat er mit dieser Sendung genauso bewiesen, wie vor zwei Jahren, als er die Empörung von 800 Rußlandheimkehrern gegen den Verfasser des ‹Tagebuchs der Versuchung›, Graf v. Einsiedel, als bestellte Arbeit bezeichnete.»[12] Intendant Eberhard mußte vor der nächsten Sendung eine Erklärung verlesen, um die Wogen zu glätten. Er zögerte nicht, sich vor seine Mitarbeiter zu stellen, und nahm es in Kauf, wenn ihm rechtslastige Zeitungen «die salonbolschewistischen Extratouren» seiner «persönlichen Schützlinge»[13] ankreideten. Vierzehn Folgen überdauerte die Sendung, bis sie im Juni 1953 abgesetzt wurde.

Zensur fand nicht statt. Fritz Eberhard verbürgte sich für die Freiheit des Wortes. Doch diskutieren wollte er schon mit seinen Mitarbeitern, etwa über die Wiederbewaffnung, die bald zu einem medialen Dauerthema wurde. Peter Adler erinnert sich, wie Walser die suggestive Frage, man müsse sich doch verteidigen, falls die Russen angreifen würden, mit einem trockenen «Wozu?» beantwortete. Der Intendant insistierte wie in einer Gewissensprüfung für Kriegsdienstverweigerer: Was er denn machen würde, wenn ein Einbrecher in seiner Wohnung ihn und seine Frau und seine Tochter bedrohe? Darauf angeblich Walser, leise und bestimmt: «Herr Doktor Eberhard, ich werde mich nicht verteidigen.»[14] Er hatte seine Lektion im Krieg gelernt. Die pazifistische Grundhaltung behielt er konsequent und in allen Lebensphasen bei.

Die Autoren der «Zeichen der Zeit» verstanden sich keineswegs als Linke. Sie hatten damit zu kämpfen, daß die Mehrheit der Deutschen keine Übung darin hatte, mit polemischer Kulturkritik umzugehen. Sie warnten bereits vor der Macht des Marktes und der Medien, als sich die Menschen nach Wohlstand sehnten und das Fernsehen noch gar nicht etabliert war. Sie sprachen von «weltumspannenden Präzisionsmaschinen», die zur «Gehirnerweichung» und «Massenlenkung» eingesetzt würden. Die «Nachrichten-Gewitter» brächen so unerbittlich auf «uns» herab, daß das Unbewußte gleichgeschaltet werde und ein eigenes Urteil nicht mehr möglich sei. «So macht man Filmstars, Diktaturen, Volksentscheide, Industrie-Schlager und eventuell auch

Krieg», hieß es in einem Beitrag mit dem Titel «Totale Information» im September 1952.[15]

Die Intellektuellen – als solche wurden die Macher der «Zeichen der Zeit» wahrgenommen – übten sich früh in einer Gesellschaftskritik, die mit zunehmender Entwicklung der kapitalistischen Wirtschaft immer nötiger und zutreffender werden würde, die sich aber in gleichem Maße verbrauchte. Wer schon beim öffentlich-rechtlichen Radio der frühen fünfziger Jahre von «Massenlenkung» sprach – was sollte der zum Privatfernsehen der neunziger sagen? Damals aber war das Bedürfnis nach Kritik gerade in der jüngeren Generation ausgeprägt. «Wir wären verloren ohne Kritik!» schrieb eine Stuttgarter Studentenzeitung begeistert über die zweite Folge der «Zeichen der Zeit», in der eine Geräuschcollage gesendet wurde: Straßenkrach, moderne Musik, Diskussionen um Filme und bei Literaten, Werbegeschrei: die Welt als Lärmsammlung.

Bemerkenswert auch, daß in dieser Sendung Medienmacher Medienkritik leisteten, ein Phänomen, das in der Bundesrepublik bald Seltenheitswert haben würde. Für Walser ist diese Ambivalenz prägend: Er ist ein Mann der Medien, der es gelernt hat, sich in diesem Metier zu bewegen, und bleibt doch ein Skeptiker, der in späteren Jahren die «Meinungssoldaten» einer im Grabenkrieg der Political Correctness erstarrten Öffentlichkeit anprangern wird. Gelernt hat er in den Fünfzigern. Die damaligen, stark von Personen und Freundschaftsbeziehungen abhängigen Erfahrungen prägten seine Erlebnisweise. Er begriff Öffentlichkeit als erweiterten Privatraum, gewissermaßen als Wohnzimmer. Tatsächlich aber okkupierten die Medien spätestens mit der Einführung des sogenannten Privatfernsehens allmählich das Private und verwandelten die Wohnzimmer in öffentliche Orte. Walser mischte in der Öffentlichkeit immer fleißig mit und verteidigte zugleich die Unantastbarkeit des Ästhetischen. Er reklamierte für sich das Recht auf Einmischung in die öffentliche Debatte und den Rückzug in die Poesie. Beides gleichzeitig zu wollen

III DAS KANN ICH BESSER. 1951–1955 81

wurde jedoch immer schwieriger. Was in späteren Jahren immer wieder kollidierte, war zunächst auf verschiedene Funktionen verteilt: hier der öffentlich agierende Rundfunkredakteur Dr. Martin Walser und dort der schüchterne Literat, der noch nicht ans Licht der Öffentlichkeit getreten war.

Mehr und mehr integrierte er die Auseinandersetzung mit Literatur in seine journalistische Arbeit. Er schrieb Kritiken – etwa über «Lieblose Legenden» von Wolfgang Hildesheimer, dem er vorwarf, zuviel zu erklären, anstatt die Pointen auf die Spitze der Absurdität zu treiben.[16] Oder über Heinrich Bölls «Und sagte kein einziges Wort»: Böll war einer der wenigen aus der Riege der Kriegsheimkehrer und realistischen Erzähler, den er gelten ließ. Als Regisseur betreute er Hörspiele von Autoren wie Heinz Huber oder Wolfgang Weyrauch und entwickelte sich, wie Jedele resümierte, «zu einem außerordentlich fähigen Hörspielregisseur», ja zu einem der besten Funkregisseure überhaupt.[17]

Ein Besuch von Arno Schmidt.
Junge Herren mit Seidenschal und Pfeife.

Die Kritik der Literaturkritik, die Walser in der ersten Folge der «Zeichen der Zeit» am Beispiel Arno Schmidts leistete, paßte genau in das Konzept der Sendung. Mit Arno Schmidt stellte er einen noch fast unbekannten Schriftsteller vor, den einzigen Autor der Gegenwart, den er verehrte und der nach Kafka bestehen konnte. Die Kritik aber war an Schmidts ersten Büchern gescheitert: Sie habe, so Walsers Empfinden, jede mögliche Wertung geübt, so daß man nicht wisse, ob Schmidt ein Genie oder ein Scharlatan sei. Also trug Walser nun die emphatische Empfehlung nach.

Schmidts Erzählung «Gadir oder Erkenne dich selbst» hatte er zuvor schon als Hörspiel bearbeitet und das zum Anlaß genommen, Schmidt zur Hörspielkonferenz einzuladen. Er wollte ihn als Autor für den Süddeutschen Rundfunk und die «Zeichen der Zeit» gewinnen. In seinem Brief an Schmidt vom 26. März 1952 gab er sich als einen Verehrer zu erkennen. Doch es falle ihm schwer, jemandem zu schreiben, der «das gewohnte und verwohnte ‹Kulturbewußtsein› zersägt» habe. Nun suchte er nach guten Gründen, die Schmidt nach Stuttgart locken könnten: die Konferenz? Die Hörspielbearbeitung? Die Bandaufnahme einer Diskussion über Arno Schmidt? Die Spesen? Oder die Bekanntschaft mit dem Philosophen Max Bense? («Er hält Ihre Bücher mit ausgestreckten Händen weit überm Kopf und sieht zuweilen – er der ganz Freie und Spröde – andächtig hinauf.») Sich selbst stellte Walser kokett bescheiden vor: «Ich mag Ihre Bücher, bin allerdings 25 Jahre alt (unterhalte mich aber oft mit ‹Leuten›): genügt diese Vorstellung? Nein; sie ist nicht gelungen. Sie muß aber stehenbleiben und sich unter Ihren Augen winden.»[18]

Schmidt, notorisch unter Geldmangel leidend, lockten vor allem die Spesen. Er mußte die Reise jedoch wegen einer Erkrankung seiner Frau absagen. Walser bedauerte sehr, schickte ihm das Manuskript der ersten Sendung «Zeichen der Zeit» und versprach, auch bald die Hörspielbearbeitung nachzureichen – als Anregung für Schmidt, vielleicht selbst ein Hörspiel zu schreiben: «Uns hier ist es eine ernste Sorge, daß sich nur die Routiniers um diese Ausdrucksmöglichkeit bemühen und daß die wirklichen Kräfte den Weg zu dieser Form noch nicht gefunden haben. Vielleicht läßt sich das noch ändern.»[19]

Für die Sendereihe «Das literarische Porträt» stellte er den Debütanten Arno Schmidt als «jungen Autor» vor – das Lebensalter spiele «in der Zeit der verschütteten und durcheinandergeworfenen Generationen» keine wichtige Rolle mehr. Walser wollte nachholen, was die Kritik bisher versäumt hatte: eine Analyse der eigenartigen Sprache Arno Schmidts. Wort für Wort klopfte er die Sätze ab, wiederholte sie mehrmals, befragte die Zeichensetzung und Schmidts Gewohnheit, kurze, zerklüftete Absätze zu bilden. So eine Sendung wäre in späteren Jahren unter Quotendruck und Tempoverschärfung sicher nicht mehr möglich.

III DAS KANN ICH BESSER. 1951–1955   83

Was die Kahlschlagsliteraten der Gruppe 47 für sich beanspruchten – die Sprache zu erneuern –, das billigte Walser in viel stärkerem Maße Arno Schmidt zu: «Er erweitert und bereichert die Ausdrucksmöglichkeiten der Sprache. (…) Wenn es diese Dichter nicht mehr gibt, dann erstarrt die Sprache im abgenützten Vokabular und erstirbt in einer gebräuchlichen Sammlung von leichtfertigen Münzen. Darum ist Arno Schmidt für uns bedeutend.»[20] Schmidt dankte für das Porträt und lobte zurück: «Sie sind der Erste (Einzige), der überhaupt erkannt und durch Beispiel bewiesen hat, was und wieviel ich vermag! Eine Quelle in der Wüste! Wir sprechen noch mündlich darüber!»[21]

Am 18. August 1952 traf Arno Schmidt endlich mit seiner Frau Alice in Stuttgart ein; für den 19. waren Gespräch und Lesung im Funk geplant. Walser stand auf dem Bahnsteig, um sie abzuholen. Alice Schmidt hielt die Eindrücke dieser Reise in ihrem Tagebuch fest. Ob der Dr. Walser ein Menjoubärtchen tragen würde, scherzten die Schmidts vor der Ankunft, und dann sahen sie ihn lachend da stehen: «ein Mann, dessen außerordentliche Kleidung ich zuerst betrachtete: über hellgrauen Sommerhosen eine Art weiter hellblauer Pullover, aber aus Stoff und darunter ein lose geschlungener buntkarierter Seidenshawl. Also ganz auffällig auf Künstler gekleidet. Ansonsten war er ein mittelgroßer junger Mann mit nicht häßlichem, ja fast hübschem vollen Gesicht, schwarzem glatten Haar und schwarz geranderter Hornbrille. Außer der Kleidung hätte er sonst gar nichts Auffälliges an sich gehabt.»[22] Auch Walsers Sekretärin war mitgekommen, Fräulein Renner, «eine kleine Schwarze Dürre, etwas ältlich, ein verdorrtes Mädchen».

Am Abend waren die Schmidts bei Walsers in der Reitzensteinstr. 22 eingeladen, einer beengten Eineinhalb-Zimmer-Wohnung, die Walser rückblickend als «Armutsquartier» bezeichnet. Käthe Walser öffnete den Gästen: «ein schwarzes Püppchen in etwa meiner Größe. Ein gelbliches weit ausgeschnittenes Seidenkleid sah sehr hübsch aus. Hübsche Figur, schwarzer Bubikopf,

Lippen und Mund etwas negermäßig, jedenfalls etwas seltsam aber eher hübsch, auch hübsches Figürchen: ‹meine Frau›». Die Gäste wurden durch ein dunkles Zimmer geführt, wo das kleine Töchterchen in einem Korb lag. Arno Schmidt marschierte vorneweg. Fürchtend, seine Frau bleibe bewundernd vor dem Säugling stehen, rief er über die Schulter den Gastgebern zu: «Wir haben Katzen!» Diesen Satz verschweigt Alice Schmidt in ihrem Bericht, aber Walser erinnert sich genau. In der «mittelgroßen Stube» dann die obligaten Polstermöbel, Schreibtisch, zwei Bücherregale, einige surrealistische Bilder. Das «Frauchen (Anfang 20 wird sie wohl erst sein)» bereitete Abendbrot, Schnitzel, Ei, Bratensoße, Erbsen, Kartoffeln, und schon erschienen weitere Gäste: Peter und Katharina Adler. Erneut staunte Alice Schmidt: «Der sah nun wie ein 19jähriger Junge aus. Auch eine etwas seltsam weite lange braune Jacke: aber als i-Tüpfle eine Pfeife mit etwa gut 50 cm langem Pfeifenrohr.»

Die beiden Rundfunkleute versuchten im Lauf des Abends, Schmidt das Schreiben von Hörspielen schmackhaft zu machen. Für 45 Minuten könne er bis zu 3000 Mark bekommen. Als Arno Schmidt daraufhin versprach, sofort auf Hörspiel umzuschulen, war es aber auch nicht recht: Nein, er solle seine Bücher schreiben und nur zwischendurch, um Geld zu verdienen, gelegentlich ein Hörspiel. Zu fortgeschrittener Stunde wagte Walser, einige Stellen in Schmidts Büchern zu kritisieren. Schmidt war etwas gekränkt und schrieb in Walsers Exemplar von «Brands Haide» die Widmung: «Das sind die rechten Mohren, die sich über die schwarzen Flecken in der Sonne freuen.» Das sei Walser gar nicht recht gewesen, meinte Alice Schmidt, die den Abend – Käthe Walser ließ ihre Bewirtungskünste spielen – sehr gelungen fand.

Ähnliche Eindrücke sollten im Lauf der Jahre ungezählte Gäste der Walsers mit nach Hause nehmen: überwältigt von einer überschwenglichen Gastfreundschaft, die das Ablehnen einer Speise kaum duldet, beeindruckt von Charme und funkelnder Elo-

III DAS KANN ICH BESSER. 1951–1955 85

quenz des Hausherrn und erstaunt über die aufmerksame Zurückhaltung der Ehefrau, die stets im Hintergrund wirkt und mit leiser Stimme spricht. Das sieht so aus, als werde hier die Umkehrung des Dominanzverhältnisses erprobt, das Walser bei seinen Eltern erlebt hatte. Doch er betont immer wieder, daß die Frau die stärkere Natur sei, und stellt sich in ihre Abhängigkeit. Käthe Walser ist die Herrin des Alltags. Und sie sorgt in der Familie für die Musik. Der Steinway im Wohnzimmer ist ihr Instrument. Franziska verriet in einem Interview, die Mutter wäre, hätte sie der Vater nicht davon weggeheiratet, gerne Pianistin geworden. «Meine Frau weiß auch viel besser, was erträglich und was unerträglich für uns ist», sagt Walser. «Ich hab' da kein Erlebnisvermögen, was da richtig wäre und was nicht, allem Natürlichen gegenüber. Das geht vom Garten bis in jeden Magen hinein.»[23] Er ist es jedoch, der im Restaurant den Wein aussucht. «Was moinsch, Käthe», fragt er dann. Erst wenn sie die Wahl gebilligt hat, kann der Wein schmecken.

Walser arrangierte die Termine im Rundfunk so, daß Arno Schmidt ein möglichst hohes Honorar erzielte, wußte er doch um dessen Geldnot. Er fühlte sich als eine Art Statthalter Schmidts in Stuttgart. Neben Gespräch und Lesung bat er um einen vierminütigen Beitrag für die «Zeichen der Zeit» und übermittelte das Angebot von Max Bense, Schmidt möge an der Technischen Hochschule eine Vorlesung halten. Walser begleitete seinen Gast direkt zur Zahlstelle, so daß der mit 400 Mark in der Tasche das Funkhaus verließ. Das Gespräch, das am 19. August aufgezeichnet wurde (Sendetermin war erst im April 1953), dokumentiert die Einigkeit, die zwischen ihnen herrschte. Schmidt begann grundsätzlich: Wenn der Schriftsteller überhaupt zu etwas verpflichtet sei, dann dazu, ein Bild seiner Zeit und ein Porträt der Denkprozesse der Menschen zu geben. Walser erwiderte, dabei komme es aber auf die sprachliche Form an, und die sei bei Schmidt ja nun ganz und gar ungewöhnlich. Schmidt verteidigte sein elitäres Kunstverständnis: Das Volk habe sich «gefälligst zur Kunst hinzubemühen» und nicht umgekehrt. Seufzend gab er zu, nur wenige Bücher zu verkaufen, aber eben tun zu müssen, wozu er sich als Künstler gedrängt fühle. «Einfache, billige Unterhaltungsromane schreiben, das wäre falsch.» Walser, an Kafka und von Beißner geschult, sah es ähnlich. Kunst war ein hermetisches Exerzitium, das sich mit demokratischen Allgemeinheitsbedürfnissen nicht vertrug. Es war ein weiter Weg von diesen Anfängen bis zur Unterstützung der Dokumentarliteratur Ende der sechziger Jahre und von dort aus zurück zur schlichten Schönheit der Sprache, die für die Schmerzen der Welt zu entschädigen hat.

Die Tage in Stuttgart, die Arno und Alice Schmidt euphorisierten, hinterließen Walser in merkwürdig disparater Stimmung. Im Dezember schrieb er, «schwach vor Unsicherheit», vom Bodensee aus auf Briefpapier des schwiegerväterlichen Hotels «Goldenes Rad» in Friedrichshafen an Schmidt. In einem «schrankenlosen Andrang» von Bewunderung habe er sich beim Stuttgarter Treffen dazu verführen lassen, viel zuviel zu reden und dem Dichter damit «die Temperatur zu versauen, die Sphäre zu stören». Die «Sinnlosigkeiten», die er in einem «intellektuellen Erste-Hilfe-Verfahren» hervorgebracht habe, um sich «trotz der unerbittlichen Gegenwart des Gastes redefähig zu halten», seien anschließend in «Katzenjammer» umgeschlagen. In großer Freundschaft versuchte er nun, sich Schmidt auf die einzig mögliche Art und Weise dialektisch anzunähern: «Ich bemühe mich sehr, Sie in großer Entfernung zu sehen.»[24]

Bei der Gruppe 47. «Das Gerät». Infanterist des Wirtschaftswunders.

Schwer zu sagen, ab wann dem Schreibenden der Beruf des Schriftstellers eine Perspektive ist. Läßt sich der Moment bestimmen, an dem Walser sich dafür entschied? Als Student war er zum

Rundfunk gekommen, um Geld zu verdienen. Eine Karriere im Apparat interessierte ihn nie. Trotz aller Möglichkeiten, die er als Autor von Hörspielen und Features hatte: Das war nicht das, was er sich vorstellte. Er wollte Schriftsteller sein. Woher diese Entschlossenheit? Seine literarischen Übungen empfand er nach wie vor als haltlose Versuche. Das Schreiben war eine Lebenseinstellung, ein Daseinsbewältigungsprogramm. Aber ließ sich darauf eine Existenz gründen? Die Veröffentlichungsbemühungen wurden ab 1952 intensiver und konstanter. Doch er wußte, daß es vor allem darauf ankäme, sich im literarischen Betrieb zu verankern. Um Schriftsteller zu sein, reicht es nicht aus zu schreiben. Man muß dazugehören. Schriftsteller ist man dann, wenn man von anderen dafür gehalten wird. Also arbeitete er sich an die Vereinigung heran, die bereits als wichtige Instanz der Nachkriegsliteratur galt: die Gruppe 47.

Eine erste Annäherung hatte er schon im Oktober 1951 unternommen. Da war er als Berichterstatter des Süddeutschen Rundfunks mit dem Übertragungswagen zur Tagung in der Laufenmühle im Welzheimer Wald gefahren, um ein paar Lesungen mitzuschneiden. Hans Werner Richter, Mentor und Organisator der Gruppe, kolportierte gerne die Geschichte von Walsers erstem Auftreten, die zu einer Legende aus der Frühzeit wurde. Demnach saß Walser im Ü-Wagen vor dem Haus und hörte von dort aus mit. Als Richter zu ihm herunterkam, um zu fragen, ob alles in Ordnung sei, erwiderte er: «Technisch ist das einwandfrei. Aber die Lesungen sind sehr schlecht, das taugt alles nichts, das kann ich viel besser.» Richter fand so viel jugendliche Arroganz erstaunlich: Glaubte dieser Techniker tatsächlich, besser zu schreiben als Ilse Aichinger, Heinrich Böll, Wolfdietrich Schnurre oder Walter Jens? Seinen Ärger versuchte er dadurch wegzuwischen, daß er den vorlauten Schnösel einlud: «Dann kommen Sie doch mal und lesen uns etwas vor, wenn Sie alles viel besser können.»[25]

Das ist eine hübsche Anekdote, leider aber auch nicht mehr. So lautsprecherisch aufzutreten hätte kaum der schüchternen, am eigenen Schreiben zweifelnden Haltung entsprochen, die aus Walsers Briefen dieser Zeit spricht. Vielleicht hat Richter die Ironie nicht verstanden, mit der der junge Mann über seine Unsicherheit hinwegtäuschen wollte. Walsers Version der Geschichte klingt völlig anders. Er habe Richter gefragt, ob er nach oben in den Saal dürfe. Das sei ihm gestattet worden, und so habe er sich in die letzte Reihe gesetzt. Da las gerade Franz Joseph Schneider, ein Vertreter des kargen Realismus hemingwayscher Prägung, wie er damals in Mode war. Ihm folgte der noch völlig unbekannte Stuttgarter Hermann Lenz mit einer reichgeschmückten Kriegsszene, die nicht gut ankam. Dem Kafka-Gefolgsmann Walser mißfielen beide Texte. Er meldete sich zu Wort, doch vergeblich: «Ich wollte etwas Kritisches zu der Rezeption sagen, und Hans Werner Richter hat mich sofort unterbrochen, weil er gesehen hat, daß ich etwas Kritisches einwenden wollte. Er hat gesagt, wenn Gäste da sind, an der Diskussion können sie sich nicht beteiligen oder so etwas Ähnliches. Auf jeden Fall bin ich nicht fertig geworden mit meinem Satz.»[26]

So unterschiedlich die beiden Episoden sind, sie schließen sich nicht unbedingt aus und können im Zweifelsfall nacheinander gelesen werden. Sie verdeutlichen die von Anfang an schwierige Beziehung zwischen Richter und Walser und bewahren das Bild, das sie sich spontan voneinander machten. Walser hielt Richter für einen etwas biederen Schulmeister und zögerlichen Sozialdemokraten. Richter sah in Walser einen streitsüchtigen Querulanten mit alemannischem Dickschädel und bald auch einen Agitator, der beharrlich daran arbeitete, die Gruppe zu politisieren. Walser dagegen behauptet rückblickend, er sei vollkommen unpolitisch gewesen: «Hans Werner Richter, Alfred Andersch und andere beklagten damals immer, was sie die Restauration unter Adenauer nannten. Ich wiederum verstand nicht, daß sie sich so für Politik interessierten.»[27] Staunend habe er zugehört, wenn Böll, Andersch und Walter Maria Guggenheimer, Lektor und Redakteur der *Frankfurter Hefte*, miteinander diskutierten und etwas bespra-

III DAS KANN ICH BESSER. 1951–1955 89

chen, was er nur vom Hörensagen kannte: Antifaschismus.[28] Als im Oktober 1954 zur Tagung auf Burg Rothenfels der Lyriker und *Sinn und Form*-Chefredakteur Peter Huchel aus der DDR zu Besuch kam und mit Günter Eich in Streit um die NS-Zeit geriet, staunte Walser erneut. Er erinnert sich, daß es um eine Angelegenheit von 1933/34 ging, als die beiden sich im Reichssender Berlin begegnet waren. Intellektuelle, die sich über ihr Verhalten im «Dritten Reich» streiten, kannte er bis dahin nicht.[29]

Den Tatsachen entspricht die Selbsteinschätzung als «Unpolitischer» nicht. Sie trifft allenfalls für die Anfangsjahre zu und auch dann nur für die literarischen Arbeiten. Im Jahr 1953 äußerte Walser sich in einem Aufsatz mit dem Titel «Vor dem Schreiben»[30] ganz anders. Der Text, gewissermaßen das Einlaßbegehren eines jungen Autors, erschien in der von Hans Bender edierten Zeitschrift *Konturen* und begann mit einem Bekenntnis: «Für uns ist das Schreiben zu einem fragwürdigen Geschäft geworden. Daß einer lediglich sich selbst äußert, nur um der Äußerung willen, kann nicht der sprachlichen Bemühung einer ganzen Generation zu Grunde liegen. Natürlich ist jede Niederschrift ein Zeugnis, das der Schreibende von sich selbst ausstellt. Aber dieses Zeugnis muß nach den Bezügen befragt werden, die es zur Welt hat.» Walser zeigte sich als Skeptiker, der den sprachlichen Hohlformen mißtraute, die «zur Zeit eines anderen Welt-Bildes geprägt wurden». Damit lag er durchaus auf der Linie der Gruppe 47. Doch anstatt Kriegserlebnisse zu erzählen, wie es dort in den Anfangsjahren üblich war, trat er dafür ein, sich entschieden der Gegenwart zuzuwenden, denn die war an der Frontlinie zwischen den atombewaffneten Supermächten beängstigend genug: «Unsere in Europa aufgebahrte Endlichkeit ist unabänderlich. Das ist mehr als eine politische ‹Lage›. (...) Diese aus Drohung gemästeten Horizonte sind unsere Welt: sie sind unser Welt-Bild! Das sollten wir zum Ausdruck bringen.» Arno Schmidt, dem Walser die *Konturen* zukommen ließ, meinte dazu: «Ihr Artikel darin bestätigt, daß Sie ein wesentlich ‹naiveres› (im Sinne der schillerschen Definition) Verhältnis zur Formfrage haben, als ich, auch so kann man natürlich gute Dinge schreiben, aber es bleibt dann immer mehr oder weniger Sache der Gnade.»[31] Ihm war Walsers Positionsbestimmung zu inhaltlich, zu politisch. So sprach einer, der aus dem Bezugsfeld der Gruppe 47 ganz und gar herausfiel.

Der Abstand Walsers zur Gruppe 47 war dagegen nicht allzu groß. Auch wenn ihm die Rückwärtsgewandtheit der Kriegsheimkehrer und derer, die im «inneren Reich» überwintert hatten, auf die Nerven ging, wollte er zu dieser Gruppe gehören, deren Mitglieder behaupteten, daß es weder eine Gruppe noch Mitgliedschaft gebe. Richter lud einmal oder zweimal im Jahr ein, das war alles. Mehr organisatorische Zusammengehörigkeit wäre denen nicht erträglich gewesen, die im «Dritten Reich» Kollektive als Zwangsgemeinschaften erlebt hatten. Eine gemeinsame Ästhetik gab es nur in den Anfangsjahren, politische Stellungnahmen allenfalls gegen den Widerstand Hans Werner Richters.

Walser schrieb für den Rundfunk eine wohlwollende Kritik der ersten Nummer der Zeitschrift *Die Literatur*, die Richter zusammen mit dem Lektor Hans Georg Brenner herausgab. Sie diente – wie die Gruppe 47 – als Sammelplatz der «neuen Generation», die sich zum Ziel setzte, «gegen alle Widerstände der Restauration der Sprache ein neues Leben einzuhauchen». Drei zentrale Aufgaben nannte Richter im Leitartikel: «Im Gesellschaftlichen die Bildung einer neuen literarischen Öffentlichkeit und eines neuen Publikums, im Politischen der Kampf um die Verjüngung der deutschen Demokratie, im Literarischen die Aufhebung der Zersplitterung der deutschen Literatur.»[32] Walser stimmte diesen Zielen ausdrücklich zu. In der zweiten Ausgabe war er mit dem Aufsatz «Kafka und kein Ende» vertreten; in Nummer vier erschien seine Erzählung «Die Niederlage»[33], ein Prosastück im gewohnten Tonfall existentieller Leere, Ohnmacht und Isolation, das bereits eine gewisse Routine in der Fabrikation parabelhafter, surrealistischer Szenerien erkennen läßt.

III DAS KANN ICH BESSER. 1951–1955

Die Literatur mußte ihr Erscheinen schon nach acht Monaten, im November 1952, aus wirtschaftlichen Gründen einstellen. Ein Porträt der Gruppe 47, das Walser im November 1952 für Radio Bern schrieb, war auch ein Nachruf auf die Zeitschrift. Vor allem aber diente diese mehrstimmige, fast schon als Hörspiel inszenierte Sendung als Bewerbungsschreiben an Hans Werner Richter. Walser verbreitete die offizielle Version der «Gruppe, die keine Gruppe ist», erzählte die heroische Gründungslegende vom ersten Treffen junger Autoren ohne Geld, Publikum und Verlag auf einem Hof im Allgäu, betonte die Priorität des Sprachlichen vor aller Ideologie und hob Richters Roman «Die Geschlagenen» besonders hervor. Er scheute sich nicht, ihm zu schmeicheln. Richter vermutete zu Recht, Walser habe von ihm als Autor in Wirklichkeit nicht viel gehalten.[34]

Aufschlußreicher als das freundliche Porträt ist Walsers weniger öffentliche Einschätzung der Gruppe 47, wie er sie in einem Brief an Arno Schmidt formulierte. Schmidt hatte Anderschs Einladung zur Gruppentagung im Mai 1953 in Mainz abgelehnt. Grundsätzlich mißtraute er Schriftstellerzusammenkünften und im besonderen der spröden Kahlschlagsliteratur der Gruppe 47. Walser versuchte dennoch, ihn umzustimmen; einen wie Schmidt hätte er gerne dabeigehabt: «Ich würde es aber den 47ern gönnen, daß sie einmal eine Faust unter sich spürten. Manch leichtfertiges Geschreibe könnte durch eine Lesung von Ihnen zur Entlarvung gebracht werden». Und weiter: «Es wird viel Gerede geben, viel belangloses Hin und Her, aber es sind ein paar Menschen da, mit denen man nicht ohne Gewinn spricht. Ich denke vor allem an Heinrich Böll und Ilse Aichinger, auch an Dürrenmatt.»[35] Schmidt antwortete einen Monat später so, wie es zu erwarten war: «Zur Gruppe 47 laden Sie mich auf einmal ein?!: Waren Sie nicht derjenige, der mich durch eine detaillierte Schilderung vor der Abgeschmacktheit der Brüder warnte? Und jetzt auch Du, Brutus? – Lassen Sie man: ich eigne mich schlecht als literarisches Mannequin.»[36]

Mag sein, daß Walser sich vor Schmidt als unbeeindruckbar und souverän stilisierte, um ein wenig älter und erfahrener zu wirken. Seine Bewertung des Gruppenlebens hätte Richter in seinem Urteil über den arroganten jungen Mann durchaus bestätigt. Doch gegenüber dem neunzehn Jahre älteren Richter äußerte Walser sich anders. Geradezu schüchtern fragte er an, ob er in Mainz etwas vorlesen dürfe, er «probiere seit Jahren in der Prosa herum», auch wenn er «noch nicht allzu weit damit gekommen» sei.[37] Der Auftritt war ihm wichtig, weil es ihm in Stuttgart an kritischer Resonanz fehlte. Als rühmliche Ausnahme nannte er Max Bense, für den er eine Einladung erbat. Es ist nicht überliefert, ob Richter diesem Wunsch entsprach. Benses von Technik und Mathematik bestimmte Ästhetik, die Sprachgebilde wie abstrakte Kunstwerke behandelte, wäre jedoch kaum mit den Positionen realistischen Erzählens, wie sie in der Gruppe 47 dominierten, vereinbar gewesen.

Auch Walsers Prosa fand im Kurfürstlichen Schloß zu Mainz vor denen, die sich für eine literarische Elite hielten, keine Gnade. Richter blieb davon wenig im Gedächtnis haften. Er erinnert sich nur daran, daß Walser sich «ganz manierlich» verhielt und daß er Siegfried Unseld mitbrachte: «Ich sehe sie noch heute dort in einer der letzten Stuhlreihen sitzen, zwei junge Leute, die scheinbar alles mit großem Interesse verfolgten, ohne sich selbst in den Diskussionen zu äußern. Manchmal flüsterten sie sich etwas zu, aber ich spürte nichts von Arroganz und Überheblichkeit.»[38]

Walser hatte ein Kapitel aus einer 94 Typoskriptseiten umfassenden Erzählung mit dem Titel «Das Gerät» ausgesucht, die in den Jahren 1951/52 entstanden war.[39] Sie handelt vom Auszug eines jungen Mannes aus dem Dorf, in dem der Großvater als Kaufmann Erfolge feierte, der Vater aber völlig versagte und zum Handlungsreisenden abstieg. Der Ich-Erzähler begibt sich auf dessen Spuren, kommt in die Stadt und wird Vertreter eines Gerätes, dessen einzige Funktion darin besteht, völlig nutzlos zu sein. Mit Beredsamkeit und Raffinesse schafft er es, das Gerät zum unverzichtbaren Utensil zu machen, so daß jeder es haben will – inklusive der Zusatzteile in unendlicher Variationsvielfalt. Schließlich wird er zum Chef eines riesigen Unternehmens. Die Geschichte ist voller Rätsel und Seltsamkeiten. Der Erzähler wohnt bei vertrockneten ältlichen Fräuleins, die Tee trinken und ihm ans Leder wollen. Er bekommt es mit einer Prokuristin zu tun, die als roboterhaftes Maschinenwesen auf Verführung geeicht ist und geschäftlichen Erfolg mit Zuneigung honoriert. Als er seinen Vater schließlich wiederfindet, verdorrt der gerade in einer Vorortstube wie eine müde Zimmerpflanze und verschwindet allmählich in der Tapete.

Sehr kafkaesk, befand das Auditorium der Gruppe 47. Das war alles andere als ein Kompliment in diesem Kreis. Wenn sich nicht Wolfgang Hildesheimer und der Komponist Hans Werner Henze für ihn eingesetzt hätten, wäre der Verriß total gewesen. So aber hieß es im Bericht der *F.A.Z.*: «Einen Schulfall problematischer Versuche lieferte der sehr junge Autor Walser aus Stuttgart, der im dortigen Sender literarisch tätig sein soll. Man wurde sich über diesen schwäbischen Kafka nicht recht einig. Nachdem man sich über die Legitimität Kafkas als Vorbild zunächst mißverstanden hatte, wurde deutlich, daß Kafka ein gefährliches Vorbild sein kann. Einfach deshalb, weil nicht alle Provinzialität durch ein paar Gespenster hintergründig zu machen ist. Wäre der junge Herr aus Stuttgart anspruchsloser gewesen, er hätte wohl was tüchtig Realistisches zu sagen gehabt. So verstanden ihn die allerwenigsten.»[40] Den Preis der Gruppe 47, den zu gewinnen er ausgezogen war, bekam im Frühjahr 1953 Ingeborg Bachmann. Die Gruppe bewies damit, daß sie über die strenge Sprachreinigungsästhetik der unmittelbaren Nachkriegszeit hinaus war, wie sie in Günter Eichs berühmtem Gedicht «Inventur» exemplarisch zum Ausdruck kam («Dies ist meine Mütze,/dies ist mein Mantel,/hier mein Rasierzeug» etc.). So gesehen konnte Walser hoffen, daß es in den nächsten Jahren auch für ihn besser laufen würde.

Bemerkenswert, daß er im Zentrum des Literaturbetriebs mit

einer Parabel auf das Wirtschaftswunder und der Geschichte eines Vertreters debütierte. Damit hatte er zwar noch nicht seinen Stil, aber doch schon sein Thema gefunden. Der Vertreter wurde zu einer wichtigen Figur seines literarischen Kosmos. Kafkas Erzählung «Die Verwandlung», deren Held Gregor Samsa Handlungsreisender ist, stand dafür ebenso Pate wie die Erfahrungen der eigenen Kindheit mit einem Vater, der vergeblich versuchte, als Vertreter Geld zu verdienen. Dieser prekären Berufsgruppe fühlte Walser sich verwandt. Auch als Schriftsteller sah er sich vor die Aufgabe gestellt, den Menschen Dinge zu verkaufen, die sie eigentlich nicht brauchen. Den Vertretern, diesen «Infanteristen des Wirtschaftswunders», widmete er sich erneut im Hörspiel «Angriff auf Perduz» und vor allem im Roman «Halbzeit» mit dem Helden Anselm Kristlein. In «Halbzeit» nahm er dann auch einige Sequenzen aus dem «Gerät» auf. Da phantasiert Anselm Kristlein von einem Allzweck-Wunderding, das für alles und nichts taugt, um daran sein Verkaufstalent zu beweisen. Dieses Talent, so heißt es dort, besteht darin, dem Kunden mit einem durchdringenden Blick sofort anzusehen, woran es ihm in seinem Leben gerade mangelt.[41] In diese Leerstelle des Daseins muß der Vertreter dann vordringen. Mit seiner Orientierung auf den Mangel steht er direkt neben dem Autor und dem Gläubigen. Für Walser sind sowohl das Schreiben als auch die Religion – und eben auch der Konsum – Reaktionen auf etwas, das fehlt, und Versuche, einen Mangel zu transzendieren. «Das Gerät» beschreibt die materielle Variante der Mangelbekämpfung.

Trotz des Mißerfolgs in Mainz bemühte Walser sich um eine Veröffentlichung. In seinen Briefen an die Verlage Piper, Bechtle, Rowohlt und Suhrkamp gab er sich aber so selbstkritisch und zaghaft, daß er seine Erfolgschancen damit nicht gerade verbesserte. «Wenn ich all die ‹Geschichten›, die ich in den letzten Jahren geschrieben habe, auch noch in die Maschine hätte würgen müssen, dann wäre für meinen halbsoliden Brotjob im Funk nicht mehr viel Zeit übriggeblieben», schrieb er an Rowohlt-

Lektor Wolfgang Weyrauch.[42] Die Arbeit sei bereits älteren Datums und mangelhaft, aber die zwei anderen größeren Arbeiten, die er herumliegen habe, «Tagebuch eines Feiglings» und «Ich war Chauffeur», kämen für eine Veröffentlichung noch weniger in Frage. Den Suhrkamp Verlag warnte er: «Das Manuskript ist eben zwei Jahre alt und hat tief eingesenkte Mängel, die auch durch eine Überarbeitung nicht wegzuwischen sind. Sie werden ja die Wunden beim Lesen selbst spüren. Ich bitte Sie nur, nicht zu sehr enttäuscht zu sein.»[43]

Alfred Andersch, der um ein Manuskript angefragt hatte, lehnte ab. Albrecht Knaus vom Piper Verlag lobte die «schöne und klare Prosa ohne Übersteigerungen», fand das Ganze aber zu skizzenhaft und bat um andere Texte. Wolfgang Weyrauch revidierte zwar nach der Lektüre des gesamten Textes seine negative Meinung aus Mainz, wollte sich zur Publikation aber nicht entschließen. Bei einem Besuch in Hamburg hatte Weyrauch den jungen Autor Walser schon einmal in den Weg des Verlegers Heinrich Maria Ledig-Rowohlt geschoben. Der aber, hemdsärmelig und in Eile, wischte ihn beiseite und sagte bloß: «Kinder, das geht nicht, ich kann nicht, ich bin auf literarischer Großwildjagd, Amerika, Kinder, Amerika.» – In Mainz begegneten sie sich zufällig auf der Treppe wieder, Ledig-Rowohlt nahm ihn zum ersten Mal wahr und fragte: «Sind Sie mit Robert Walser verwandt? Nein? Schade. Sonst hätte Ihnen Rowohlt sicher eine Fahrkarte nach Hamburg spendiert.»[44]

Am genauesten setzte sich Peter Suhrkamp mit dem Text auseinander. Auch er lehnte ab, obwohl Walser in Unseld und in Lektor Friedrich Podszus Fürsprecher im Verlag hatte. Suhrkamp verstand es jedoch, zugleich zu ermuntern. Er schrieb: «Ich will Ihnen zunächst sagen, daß das Manuskript bei mir ein ernsthaftes Interesse an Ihnen als Schriftsteller geweckt hat. Das möchte ich mit allem Nachdruck sagen. Eine Veröffentlichung der Erzählung ‹Das Gerät›, um auch das gleich zu sagen, kann ich aber nicht in Betracht ziehen, denn Ihnen wäre nach meiner Überzeugung damit nicht gedient, und ich sehe ein Publikum für diese Erzählung, außer Literaten, nicht; sie ist doch zunächst einmal das Werkstattexperiment eines jungen Schriftstellers». Suhrkamp störte die allzu große Nähe zu Kafka. Er warnte: «Was jeden an Kafka interessieren muß, ist, daß er für sich selbst auf sich gekommen ist, und daß ihm das die wesentlichste Angelegenheit seines Bemühens war. Ein anderer Schriftsteller soll nun aber nicht auch auf Kafka kommen, sondern auf sich, wobei man nicht annehmen und nicht wünschen darf, daß die Armut Kafkas und die Leiden Kafkas auch seine sind.»[45]

Die Ablehnungen waren ein Schock. Nicht daß Walser mit rascher Veröffentlichung wirklich gerechnet hätte, aber gehofft hatte er darauf doch. Jetzt schlugen die Türen hart vor seiner Nase zu. Und er blieb draußen. Unseld schickte einen tröstenden Brief hinterher: «Ihr ‹Gerät› (...) steht turmhoch über all den Einsendungen, die wir im Lektorat über uns ergehen lassen müssen.»[46] Den Zuspruch konnte Walser gebrauchen. Sosehr die Ablehnungen schmerzten, suchte er doch Kritik und professionelle Reaktionen auf sein Geschriebenes. Der einzige, mit dem er über Literarisches sprechen könne, sei Peter Adler in Tübingen, gestand er dem einstigen Kommilitonen Unseld, aber der «wird von unserer ‹Wirtschafts- und Gesellschaftsordnung› so sehr angestrengt, daß man ihm daneben nicht mehr so viel zumuten will und darf»[47]. So wird Siegfried Unseld rasch zum ersten und wichtigsten Leser Martin Walsers – sieht man einmal von seiner Frau Käthe ab, die alle seine handschriftlichen Manuskripte mit der Maschine ins reine schreibt. Er schreibt alles mit der Hand. Nur so behält er den direkten Kontakt zum Stoff. Das hat für ihn auch eine erotische Komponente. «Gutes Papier ist wie die Haut einer schönen Frau», heißt es in «Halbzeit».[48] Er muß den Tisch als Unterlage spüren, er fühlt die Oberfläche des Papiers, braucht die Bewegung, den Rhythmus, das körperliche Agieren. Schreiben ist für ihn ein leibliches Erleben. Käthe Walser ist dann die erste, die auf die Atmosphäre eines Textes reagiert, solange er noch frisch und in Bewegung ist. Sie bringt ihn in eine feste Form, verwandelt ihn ins Typoskript. «Bis jetzt hat sie erfolgreich so getan, als freue sie diese Arbeit», sagte Walser rund fünfzig Jahre später in einem Interview.[49] Diese Rollenverteilung ist ein haltbares Gefüge: Der Autor schreibt, die Frau schreibt ab und festigt, der Freund liest und bekräftigt. Das ist die Basis der Freundschaft, die sich zwischen Unseld und Walser entwickelt. Und es ist eine Basis der Ehe, die auch als Arbeitsbeziehung funktioniert. Käthe Walser ist ein elementarer Bestandteil des Produktionsprozesses. Walser, dessen Schreiben oft unmittelbaren Geständnischarakter hat, sieht Frauen von Romanautoren grundsätzlich im Vorteil: Sie seien stets auf dem laufenden und könnten erfahren, was andere Frauen von ihren Männern niemals erfahren.

Drinnen und Draußen. Zeitschriften.
Pionier des Fernsehens. Richtig reisen.

Den Juli 1953 verbrachte Walser mit Frau und Tochter bei der Mutter in Wasserburg. Eine vorübergehende Wohnungslosigkeit überbrückte er mit einem Heimaturlaub am Bodensee, um dort Kraft zu sammeln für einen neuen Anlauf: Am Monatsende zog die Familie ins Stuttgarter Umland nach Korb im Remstal. «Gott sei dank!» rief er aus und hoffte, «daß ich hier mehr zum Arbeiten komme.»[50] Frustriert über das Ende der «Zeichen der Zeit», wollte er Abstand gewinnen vom Rundfunkbetrieb, den er mehr und mehr als «sinnlose Betriebsmühle», ja als «Gefangenschaft» empfand.[51] In einem Brief an Arno Schmidt benutzte er den abwertenden Begriff der «Kulturindustrie», der aus der «Dialektik der Aufklärung» von Adorno und Horkheimer in die Umgangssprache einsickerte. «Kulturindustrie» stand für den fortgesetzten Betrug am Konsumenten, für mediale Berieselung statt Aufklärung. Walser klagte darüber, nun nur noch Sendungen machen zu dürfen, in denen «alles, alles auf dem besten Wege ist»[52]. Mit seinem Freund Peter Adler nahm er sich für die nächsten sechs Monate vor, Märchen der Weltliteratur für den Rundfunk zu bearbeiten. Da kann man verstehen, daß er die hügelige Landschaft, die Weinberge und die Wolken über dem Remstal brauchte, um sich besänftigen zu lassen.[53]

Die «Kantaten auf der Kellertreppe», ein Hörspiel, das im Juli 1953 von Studenten der Musikhochschule als Musical am Stuttgarter Staatstheater aufgeführt wurde, thematisierten die Sehnsucht nach Unberührbarkeit. «Ihre Haut gehört den Herren der Welt, und die tun mit jeder Haut, was ihnen gefällt», tönte es im Eingangssong. Es galt, die eigene Haut zu retten und sich weder durch schöne Reisen noch durch schöne Frauen zur Teilhabe an Gesellschaft verführen zu lassen. Als Prolog zur Radiofassung des Hörspiels sprach Walser mit hoher, fast singender Stimme eine vor Bedeutung vibrierende Einführung, die seine Intention verdeutlicht: «Der Mann auf der Kellertreppe ist ein unangenehmer Mann, dem man den Mund stopfen möchte, daß er seine Kantaten nicht mehr weitersingen kann. Er ist unangenehm, weil er die Angebote der Welt zurückweist, weil er sich nicht auf den Jahrmarkt der Ideologien treiben läßt. (...) Er behauptet, die Menschen sind nicht zuerst gut oder böse, zuerst sind sie hörig, hörig den großen Geräuschmachern, die fast immer von den Hörigen leben (...) Zuerst muß der Jahrmarkt zurückgewiesen werden. Zuerst müssen die Geräuschmacher entlarvt werden. (...) Wenn einer schon hörig sein muß, wenn einer schon nicht frei sein kann, dann ist es besser, dem Nichts, der absoluten Stille hörig zu sein und zu warten.»[54] Von hier aus läßt sich schon eine Linie ziehen zu Walsers Essays rund fünfzig Jahre später, der Sammlung mit dem Titel «Die Verwaltung des Nichts».

Wie ein Gegenentwurf zu diesem Rühr-mich-nicht-an-Stück ist das Hörspiel «Draußen» konzipiert, das im Dezember 1953 gesendet wurde. In diesem surrealistischen Stationendrama geht es um einen Mann mit dem Namen «Herr N.», der vergeblich versucht, Anschluß zu finden. In einer Tanzdiele fällt er auf, weil er nicht tanzen kann, und wird des Raumes verwiesen. Flüsternde Hausbewohner verweigern den Zutritt zum warmen Zimmer. Ein Hausmeister bewacht den Eingang wie ein Türsteher bei Kafka: «Schlüssel sind vergeben, wer einen Schlüssel hat, der gehört zu uns.» Selbst die Polizei lehnt Zuständigkeit ab, und auch die Gefängnisse verweigern den Zutritt: «Du bleibst draußen. Das ist dein Verbrechen, das ist aber auch deine Strafe.» Erst im Zirkus darf Herr N. in einer «Narrenarmee» mitmarschieren und findet fragwürdige Geborgenheit.[55]

Der Widerspruch zwischen Rückzugssehnsucht und Isolationsangst, dem Wunsch nach Einsamkeit und dem Bedürfnis nach gesellschaftlicher Zugehörigkeit kommt in diesen Hörspielen parabelhaft zum Ausdruck. Die gegensätzlichen Tendenzen sind Walser gleichermaßen dringlich. Der existentialistische Einsamkeitsheroismus entspricht der herrschenden Zeitstimmung mit der modischen Existenzphilosophie Sartres und Camus', der Beteiligungswunsch dagegen seiner Sehnsucht nach Erfolg und Aufmerksamkeit. Dieser Widerspruch durchzieht sein gesamtes Werk und Wesen. Mal schlägt das Pendel stärker in die eine, dann wieder in die andere Richtung aus. Und manchmal, wenn er beides zugleich will, kommt es zu Kollisionen. In dem Roman «Tod eines Kritikers» aus dem Jahr 2002 spaltet er sein Ich in zwei gegensätzliche Schriftstellertypen und unvereinbare Wunschbilder auf: einen zurückgezogenen Mystiker und einen, der im Mittelpunkt des Literaturbetriebs agiert. Der Roman läßt sich auch als Versuch lesen, mit diesem Zwiespalt fertig zu werden.

Für die Jahre nach 1953 hieß die konfliktlösende Devise: Abstand von der Welt in Gestalt des Rundfunks und Annäherung an die Welt in Gestalt der literarischen Öffentlichkeit. Unüberschaubar die Zahl der literarischen und kulturpolitischen Zeitschriften, die in diesen Jahren entstanden und vergingen. Sie trugen zeitgemäß formbewußte Titel, die alles Programmatische scheinbar vermieden, aber gerade darin ihr Programm hatten: *Akzente, Alpha, Aufklärung, Augenblick, Fragmente, Konturen,*

Merkur, Profile, Texte und Zeichen. Der Bedarf an Gedrucktem war enorm. Eine Generation junger Schriftsteller drängte nach vorn. Aber es galt auch, den Anschluß an die Weltliteratur und an philosophische Debatten wiederzufinden, der in Deutschland nach 1933 verlorengegangen war. Wie eine Schnittstelle zwischen Hörfunk und dieser anderen, intellektuellen Öffentlichkeit funktionierte Wolfgang Weyrauchs Sendung «Expeditionen», die im Radio als «gesprochene Zeitschrift» gedacht war. Dort wurde Walsers Geschichte «Der Schwächere» gesendet, die «quälend genaue Schilderung einer Angstpsychose»[56]. Sein Freund Herbert Eisenreich, ein österreichischer Journalist und Schriftsteller, der für ein paar Jahre in Stuttgart wohnte, kam ebenfalls zum Zuge. Helmut Heißenbüttel und Lyrik von Stephan Hermlin wurden vorgestellt. Der allgegenwärtige Alfred Andersch sprach den Leitartikel.

Walser wollte veröffentlichen. Und: Er wollte mitmischen. Er suchte stets den persönlichen Kontakt und baute mit Bedacht Beziehungen auf. Dem Herausgeber der neuen *Akzente*, Walter Höllerer, empfahl er Max Benses «Aesthetica» und wies auf ein «essayistisches Interview» hin, das Adriaan Morriën mit Albert Vigoleis Thelen geführt hatte. Mit dem Holländer Morriën, der für ein paar Tage zu Besuch nach Korb kam, war er befreundet. Bense kannte er gut aus Stuttgart. Mit Thelen verband ihn Sympathie. Gegenüber Höllerer erklärte er seine «naseweisen» Vorschläge damit, daß er «eine Zeitschrift wie die ‹Akzente› als eine Aufgabe empfinde. Die allen gestellt ist. Mißverstehen Sie mich nicht, dies ist keine Anmaßung, keine Einmischung, sondern meine Meinung, die ich ja auch hätte, wenn ich sie nicht brieflich mitteilte»[57]. Höllerer war durchaus aufgeschlossen, auch wenn aus Walsers Vorschlägen nichts wurde. Dafür erschien in *Akzente* ein Jahr später seine Erzählung «Die letzte Matinee», an der er bis zuletzt feilte: «So oft man eine Geschichte in die Hand nimmt, muß man ändern, das ist schlimm.»[58]

Für die *Frankfurter Hefte* berichtete er zusammen mit Herbert Eisenreich ironisch-spöttisch von einem Philosophenkongreß.[59] Dem Herausgeber des *Merkur*, Joachim Moras, bot er Erzählungen an. Der lehnte ab, weil er «das plausible, d. h. tragende Motiv» vermißte,[60] nahm aber wenig später die Erzählung «Ein Flugzeug über dem Haus» in die Anthologie «Jahresringe» auf. Heimischer fühlte Walser sich im Umkreis von Max Bense und dessen 1955 gegründeter Zeitschrift *Augenblick*. Bense, der in Stuttgart Technikphilosophie und Logik und an der Ulmer Hochschule für Gestaltung Informationsästhetik lehrte, wollte erklärtermaßen «das neue deutsche Nivellement» attackieren. Er versammelte eine ästhetische Elite, die experimentelle Formen gegen die Rückwendung zum Traditionellen setzte, um ihre Leser aus der «metaphysischen Gemütlichkeit» zu vertreiben. Hier schrieben Autoren wie Eugen Gomringer, Helmut Heißenbüttel, Ludwig Harig oder Jürgen Becker und auch der von Walser immer noch hochgeschätzte Arno Schmidt. Als «Vereinsblatt der liberalen Individualisten» bezeichnete die *Süddeutsche Zeitung* den *Augenblick*. Für Walser war diese Nachbarschaft nur eine Durchgangsstation auf der Suche nach einem eigenen Stil. Später lehnte er experimentelle Literatur vehement ab, kritisierte ihre Unwirksamkeit und elitäre Selbstbezüglichkeit. Doch mit seinen an Kafka orientierten, formbewußten Erzählungen der Frühzeit paßte er gut in Benses Programm.[61]

Erwähnenswert sind daneben Alfred Anderschs *Texte und Zeichen*, ebenfalls 1955 gegründet, ein weniger elitäres Blatt als der *Augenblick*, verwandt eher den *Akzenten*. Andersch knüpfte an die Zeitschriften an, die mit der Gruppe 47 verbunden waren, denen aber kein langes Leben beschieden war: *Der Ruf* und *Die Literatur*. Politisch gab Thomas Mann die Richtung vor, dem Andersch in der ersten Nummer einen fulminanten Essay widmete. Mann stand für die Exilliteratur und die demokratische Tradition der Weimarer Republik, aber auch für den Versuch, sich in der Nachkriegsära zwischen Ost und West die Unabhängigkeit zu bewahren – kritisch gegen Adenauers Restauration und gegen Ulbrichts Realsozialismus. *Texte und Zeichen* präsentierte eine internationale Autorenschaft: e. e. cummings, William Faulkner, Graham Greene, Alberto Moravia, Dylan Thomas und viele andere, die in Deutschland erst noch entdeckt werden mußten. Daneben schrieben Ingeborg Bachmann, Heinrich Böll, Wolfgang Hildesheimer, Wolfgang Koeppen, aber auch Ernst Jünger und Gottfried Benn, Paul Celan und der junge Hans Magnus Enzensberger. Und Martin Walser, der im ersten Jahrgang die Besprechung eines Romans von Jens Rehn, eine Verteidigung Heinrich Bölls gegen einen Kritiker und eine Erzählung beisteuerte.

Andersch war ein mächtiger Mann im Literaturbetrieb. Er gehörte zur Gruppe 47, prägte als Zeitschriftenherausgeber den intellektuellen Diskurs und saß als Radioredakteur an entscheidender Stelle der Honorarvergabe. Walser stellte den Kontakt zu Intendant Fritz Eberhard her, als Andersch 1955 vom NWDR zum Süddeutschen Rundfunk wechselte, wo er sich mehr Möglichkeiten versprach und gleich noch Hans Magnus Enzensberger als Mitarbeiter installierte. Selbstbewußt hatte er an Walser geschrieben: «Wenn ich nun bei Ihnen anfragte, so nur, um festzustellen, ob es für einen Mann meines Könnens, meiner Erfahrungen und meines Namens wirklich kein redaktionelles Arbeitsfeld mehr in einem deutschen Sender gibt.»[62] Eberhard war so beeindruckt von Anderschs Mann-Essay, daß Walser keine Mühe hatte, sich erfolgreich als Vermittler zu betätigen.

Er selbst drängte weg vom Funk und hätte gerne nur noch geschrieben, doch das war finanziell unmöglich. Von Zeitschriften ließ sich nicht leben. Die Freiheit des Berufsschriftstellers war eine Schimäre. Fürs Radio schrieb und inszenierte er weiter Hörspiele, doch Priorität hatte inzwischen das neue Medium Fernsehen. Im Hof des riesigen Rundfunkgebäudes hatte man ein paar Holzbaracken aufgestellt, als mißtraue man der Zukunftstauglichkeit der Bilder und begnüge sich einstweilen mit Provisorien. Jedele, Huber und Gottschalk drängten dorthin, Walser ließ sich mitziehen. Schon 1953 besuchte er die Funkausstellung in Düsseldorf, um ausländisches Fernsehen kennenzulernen. Eberhard wollte seine «Genietruppe» und damit die junge Generation den Aufbau vorantreiben lassen.

Gemeinsam gingen die Kollegen auf Studienreisen nach Rom, London, Paris, denn dort war man schon etwas weiter, so daß die Stuttgarter studieren konnten, was man braucht, um ein Studio zu errichten, welche Scheinwerfer geeignet sind und wie sie hängen müssen, welche Geräte und wie viele Mitarbeiter nötig sind. In Paris besuchte Walser auch den Exilanten Arthur Adamov, der dort in großer Armut in einem billigen Hotel wohnte, wo er auf den Knien seine absurden Dramen schrieb. Mit Samuel Beckett und Eugène Ionesco bildete er das europäische Trio der in Frankreich schreibenden Absurdisten. Walser war fast ein wenig verliebt in diesen Sohn eines armenischen Erdölmagnaten, der mit seinem «Anti-Theater» im Schatten von Jean Anouilh stand, dem großen Erfolgsautor des zeitgenössischen Theaters. «Ich hasse Anouilh», habe Adamov immer gesagt. Walser lernte in Paris außerdem eine junge Dänin kennen: Inger aus Kopenhagen. Er entflammte heftig für sie und reiste, bedroht von dieser Liebesgefährdung, am zweiten Abend überstürzt ab – Flucht zurück in die Ehe. Helmut Jedele, der Chef der Paris-Expedition, war darüber wenig erbaut. Walser schrieb in seinen Tageskalender: «Sie hätte es mit mir getan, wenn sie in einem Roman vorkommen würde.» Er schrieb den Satz in Steno, weil er damals noch glaubte, seine Frau könne das nicht lesen.

In Stuttgart mußten unter den Bewerbern die geeigneten Kandidaten ausgewählt werden. Einer von ihnen war Michael Pfleghar, der mit Walsers Unterstützung zum Regisseur von Unterhaltungssendungen aufstieg. Das habe mit seiner «homophilen Seite» zu tun, gestand er später einer Kollegin. Walser liebte nicht nur schöne Frauen, deren Nähe er brauchte, um zur Höchstform aufzulaufen. Er konnte auch den Anblick schöner Männer – allerdings mit interesselosem Wohlgefallen – genießen.

Der lebenslustige Pfleghar hatte es ihm besonders angetan; mit ihm zusammen drehte er 1953 das erste Fernsehmusical «Eine kleine große Reise» und drei Jahre später als zweites Musical «Der Schallplattendieb». Berührungsängste mit leichter Muse und Unterhaltungskultur hatte er nie.

Eberhard machte Jedele zum Fernsehdirektor und hätte Walser gerne als Stellvertreter gesehen. Doch der lehnte ab, weil er doch Schriftsteller sein und sich niemals fest anstellen lassen wollte. Scherzhaft sagte er: «Dann setzen Sie als Intendant eine Programmkonferenz auf 8 Uhr, und ich müßte kommen.»[63] Dennoch: Ausgestattet mit einem Honorarvertrag, wurde Walser de facto zum Stellvertreter, der zusammen mit Jedele zu den monatlichen ARD-Programmkonferenzen fuhr. Mitsprache-, aber nicht abstimmungsberechtigt saß er in der Runde der Intendanten, die ihm wie eine Versammlung von Kurfürsten vorkam, ältere Herren aus Bayern, aus Hessen, die ihn zum Widerspruch reizten, denen er sich aber auch auf angenehme Weise ausgeliefert fühlte. «Ich bin erotisch abhängig gewesen von älteren Herren», gestand er einmal. «Das muß mit meinem Vater zu tun haben, der früh gestorben ist, gegen den ich nie etwas haben konnte.»[64]

Fernsehen war zunächst bebilderter Hörfunk. Dokumentationen und Features ließen sich recht einfach ins andere Medium übertragen. Aus dem Hörspiel wurde das «kleine Fernsehspiel», um das sich der Stuttgarter Sender mit Sartres «Die schmutzigen Hände» oder Dürrenmatts «Der Richter und sein Henker» verdient machte. Bevor man auf Sendung ging, mußten jedoch «Konserven» produziert werden. 1952 hatte Walser als Hörfunkreporter eine zweiwöchige Busreise durch Italien begleitet und über die «gründlichen Touristen»[65] berichtet: ein Dokument der Einübung in alternativen Tourismus mit kulturellen und sozialen Interessen, zu einer Zeit, als der Massentourismus der Deutschen in den Süden gerade erst einsetzte. Nun, im Sommer 1953, entstand in Lindau und in Wasserburg der erste Fernsehfilm des Süddeutschen Rundfunks, ein sechzigminütiges Lustspiel über

Hektik, Betriebsamkeit, Ruhe und die richtige Art, Urlaub zu machen. Titel: «Man erholt sich». Regie führte Helmut Jedele, das Drehbuch stammte von Martin Walser und Peter Adler. Die Dreharbeiten, ein Experiment mit offenem Ausgang, dauerten drei Wochen und waren ungewöhnlich genug, daß die *Lindauer Zeitung* berichtete. Walser gab sich im Gespräch mit dem Lokalreporter optimistisch: Bald werde es eine Fernsehstation auf dem Säntis geben und Fernsehapparate zu erschwinglichen Preisen. Da fehlte eigentlich nur noch ein abwechslungsreiches Programm.

Im Stuttgarter Studio leitete er Aufnahmen vom Auftritt des Pantomime-Ensembles Soubeyra – auch das ein Experiment. Solange der Sendebetrieb noch nicht lief, hatte man Zeit, verschiedene Wirkungen auszuprobieren. Wieviel Schminke war ratsam? Wie müssen Kostüme beschaffen sein, damit sie als Schwarzweißbild kontrastreich wirken? Wie arbeitet man ohne Schnitte unter Live-Bedingungen? Walser betrat ein völlig neues Feld, weit weg vom Schreiben, aber doch reizvoll: ein Abenteuer, bei dem er die eigenen Fähigkeiten erproben konnte. Und wie zuvor im Rundfunk hatte er auch jetzt wieder mit Schriftstellern zu tun. Sorgsam ging er mit ihnen um, wußte er doch, wie es ist, auf Honorare angewiesen zu sein. Ein Brief an Helmut Heißenbüttel, der einen Drehbuchentwurf zum Thema «Überinformation» eingereicht hatte, belegt das. Walser erklärte, wie großartig er das Manuskript finde, daß es aber an technischen Fragen der Umsetzung und an finanziellen Dingen scheitern müsse. Er versprach, den Text auswendig zu lernen, um zu überlegen, was man damit machen könne. Sein Vorschlag: Statt eines 45minütigen Films ein zwanzigminütiges «Filmgedicht». Unterzeichnet war der Brief von der Sekretärin: «Herr Dr. Walser mußte verreisen und konnte nicht mehr selbst unterzeichnen.»[66]

IV ERSTE ERFOLGE. 1954–1958

Selbstzweifel. Molloy und Godot.
Preis der Gruppe 47. Generationswechsel.

«Lieber Herr Unseld, ich habe ein schlechtes Gewissen, ich mache Ihnen Arbeit», schrieb Walser im März 1954.[1] Und vier Monate später: «Ich schäme mich jedesmal, wenn ich Ihnen ein Manuskript schicke. Alles, was ich schreibe, ist flüchtig skizziert, abends rasch aufgeschrieben, Sonntagsschreiberei.»[2] Die Zweifel, die er so demonstrativ zur Schau stellte, mögen auch ein bißchen inszeniert gewesen sein, um zu zeigen, wie hoch die eigenen Maßstäbe lagen. Doch sie umfaßten nicht nur das Schreiben, sondern die gesamte Existenz, weil das eine vom anderen nicht zu trennen war.

In einem Augenblick der Schwäche ließ er durchblicken, wie unzufrieden er mit seinen Lebensumständen und den familiären Verpflichtungen als junger Vater und Ehemann war. Es war auch für seine Frau keine leichte Zeit. «Ich bin vom wesentlichen Unwert meiner Arbeit wirklich überzeugt», bekannte er: «Immer, wenn ich wieder etwas fertig habe, was ich mit gutem Vorsatz begann, sehe ich, daß ich bloß Seidentücher hergestellt habe, literarisch parfümiert und mit Geheimzeichen versehen, die ein paar Eingeweihten zum Kleingenuß dienen. (…) Ich habe in den letzten drei Wochen wieder einmal versucht, an den Lügenmauern meines verwöhnten Daseins zu rütteln, aber so widerlich war das Ergebnis, so zerstörend auch (leider nicht nur für mich), daß ich glaube, ich muß jetzt ein Vierteljahr doppelt sanft lügen, um wieder die nichtssagende Ruhe, die lebenserhaltende (vor allem gemeinschaftserhaltende) herrschen zu lassen. Ich hätte dies nicht andeuten sollen, weil ich mehr als eine Andeutung nicht aufschreiben darf. Es ist blödsinnig. Meine Rechte zeichnet rosarote Tauben in den Sand und meine Linke drückt ungeborenen Kindern die Augen aus, verpestet die Luft …»[3]

Einer dieser mit gutem Vorsatz begonnenen Texte hieß «Der Chauffeur»: Ein Intellektueller verdingt sich als Fahrer bei einer Konservenfabrikantengattin und räsoniert über die Gesellschaft und über sich selbst. Walser hielt diesen Versuch für Unterhaltungsliteratur, mehr Kabarett als Epik. Er griff auf seine Erlebnisse als Reporter zurück, als er mit einem Toningenieur und einem Fahrer monatelang im Auto und mit denselben Gedanken im Kopf durch die Gegend fuhr. Die Geschichte läßt schon Motive des Romans «Seelenarbeit» um den Fahrer Xaver Zürn erahnen. Doch als Walser in den siebziger Jahren daran arbeitete und sich an das frühe Manuskript erinnerte, konnte er nicht eine einzige Zeile davon gebrauchen – noch nicht einmal Abschnitte, die etwas mit Motoren zu tun hatten.[4] Der «Chauffeur» wurde ihm und Unseld zu einem Synonym für Verunglücktes.

Auch das Hörspiel «Ein grenzenloser Nachmittag» kam im Verlag nicht über die Lektüre hinaus. Unseld fand es in der Aussage stark und kompositorisch nicht ungeschickt, doch Peter Suhrkamp wollte es nicht haben. Walser solle sich durch die dauernden Absagen nicht entmutigen lassen, bat Unseld. Tatsächlich markiert «Ein grenzenloser Nachmittag» einen schriftstellerischen Neuansatz als «Realist». Statt einer Szenenfolge gibt es nun eine Handlung, statt anonymer Gestalten wie in «Draußen» richtige Charaktere: Ein Ehepaar verbringt den Nachmittag damit, auf den Kollegen des Mannes zu warten, der sich zum Besuch angesagt hat. Konfrontiert mit sich selbst und der Leere dieser Stunden, zerfällt das Arrangement ihres Daseins. Der Mann muß um seinen Job in der Firma fürchten, die Frau fühlt sich vernachlässigt, leidet unter Kinderlosigkeit und an einer Kriegsphobie. Die Panzer der Besatzer wähnt sie schon an der nächsten Ecke. Der Mann versucht, seine Lebenssituation zu verdrängen und «gar nicht hinzusehen». Am Ende meldet sich der ausbleibende Kollege telephonisch: Er hat Besuch vom Direktor der Firma erhalten und mit ihm wichtige Dinge zu besprechen gehabt. Damit bestätigen sich die schlimmsten Befürchtungen des Mannes: Der Konkurrent hat ihn ausgebootet.

Die Figur der leidenden Ehefrau weist voraus auf die Theaterstücke der sechziger Jahre, vor allem auf die «Zimmerschlacht», in der Walser das Thema Ehe als fortgesetzte Beziehungs- und Lebenskrise verschärft. Der jüngere Konkurrent des Mannes, der ihn in der Firma und in der Gunst des Chefs verdrängt, ist ein Motiv, das später in den Romanen «Jenseits der Liebe» und in «Brief an Lord Liszt» wiederauftauchen wird. Mit «Ein grenzenloser Nachmittag» hat Walser haltbare Themen gefunden: Abhängigkeit und Konkurrenz in der Arbeitswelt und Machtverhältnisse in der Liebe. Das Hörspiel, im Februar 1955 gesendet, wurde zu einem Erfolg. Fritz Eberhard sorgte dafür, daß es ins «Hörspielbuch 1955» aufgenommen wurde. Auch die Jury, die über den «Hörspielpreis der Kriegsblinden» entschied, diskutierte darüber, lehnte es aber als zu hart und unrealistisch ab.[5]

In der Phase der Unsicherheit und Stilsuche war die Auseinandersetzung mit anderen Autoren wichtig. Mit dem Schreiben habe er «schon fünfmal sechsmal ganz aufgehört», gestand er Unseld.[6] Lesend lernte er dazu und schrieb dann doch wieder weiter. Mit Beckett setzte er sich auseinander, als Unseld ihm dessen Roman «Molloy» im Manuskript schickte. Er genoß einzelne Formulierungen, blieb aber ratlos gegenüber diesem «im Zerfall begriffenen Monolog». Kafkas «K.» ging argumentierend unter, Becketts «Molloy» setzte planmäßig alle Tätigkeit von Körper und Geist außer Funktion, weil ja doch nichts zu erwarten wäre. Dieser «Nihilismus bloß aus Methode» stieß ihn ab, beeindruckte und verstörte ihn aber zugleich: «Es ist ein ganz unmittelbares Zeugnis, etwas Primäres, eine Nachricht vom Menschen, die nicht wahr oder falsch, nicht schön oder häßlich sein kann; ein Dokument vielleicht», schilderte er seinen Eindruck.[7] Trotz dieser Bedenken bezeichnete er «Warten auf Godot», das er in einer Inszenierung mit Heinz Rühmann gesehen hatte, als sein eindrücklichstes Theatererlebnis überhaupt. Doch die Skepsis gegenüber Becketts Feier existentieller Leere nahm zu, je weiter er sich von den eigenen Anfängen mit Isolation und Gesellschaftsverweigerung auf der «Kellertreppe» entfernte.

Von Hans Erich Nossack las er auf Unselds Empfehlung den Roman «Spätestens im November», das erste Buch des hanseatischen, großbürgerlichen Existentialisten, das bei Suhrkamp erschien. Walser schätzte den eine Generation älteren Nossack nicht – eine Abneigung, die auf Gegenseitigkeit beruhte. Er mußte aber zugeben, «wie wenig ich kann verglichen mit Nossack»[8]. Mit Arno Schmidt debattierte er nach der Lektüre von «Seelandschaft mit Pocahontas» über den Verlauf der Zeit im Erzählen. Zwar bemühte er sich sehr, dessen Schematismus zu begreifen und zu würdigen[9], doch Schmidt fühlte sich mißverstanden. «Sie sehen eine Brücke noch wie ein Maler, nicht wie ein Ingenieur», bemängelte er.[10] Die Differenzen zwischen Schmidts immer strengerem Formalismus und Walsers eher impressionistischem, eruptivem Schreiben brachen sichtbar auf. Das Verhältnis kühlte von da an spürbar ab. Nur noch sporadisch wechselten sie Briefe.

In Hans Werner Richters Roman «Spuren im Sand» bemerkte Walser, wie wichtig die Wahrung der Perspektive als «Naturgesetz des Erzählens» ist, und er lobte, was er selbst viel später in seinem Kindheitsroman «Ein springender Brunnen» versuchte: «Ein kindliches Bewußtsein so aus sich selbst wachsen zu lassen ohne ihm als erwachsener Erzähler dauernd dazwischen zu reden, das ist ausgezeichnet gelungen.»[11] Mit Richter war er inzwischen per du. Richter hatte ihn im Sommer 1953 in Stuttgart besucht, gemeinsam fuhren sie mit dem Auto in der Gegend herum, um einen geeigneten Tagungsort zu suchen. Sie entdeckten das Jagdschloß Bebenhausen bei Tübingen, wo sich die Gruppe 47 im Herbst 1953 versammelte, um über Hörspiele zu debattieren. Glaubt man Richters auf Walsers Streitlust konzentrierten Erinnerungen, kam es dort zu einem ernsten Zerwürfnis mit Günter Eich. Walser fand dessen Lesung so sehr «unter dem Strich», kritisierte noch in der Pause weiter und «ging fast bis zur Beleidigung», daß Eich allmählich in Zorn geriet.[12] In Bebenhausen fand auch das erste längere Gespräch Walsers mit Hans Magnus Enzensberger statt – Beginn einer intensiven Autorenfreundschaft über viele Jahre.

Enzensberger sah die Treffen der Gruppe 47 ähnlich nüchtern und pragmatisch wie der «klar träumende, schon etwas massige Martin Walser» – so das Kurzporträt in der *Welt* im Oktober 1953.[13] Für die Vertreter der jungen Generation überwogen von Anfang an die Unterschiede innerhalb der Gruppe, und es war allein dem Außendruck der restaurativen fünfziger Jahre geschuldet, daß eine so dauerhafte Form der Zusammengehörigkeit entstand. Walser liebte die Kameraderie und die Diskussionen, die mit dem Gruppenleben verbunden waren. Er mochte die Abende und die ausgedehnten Nächte mit reichlich Alkohol. Die Tage fand er eher unangenehm. Die Lesungen und die anschließende Kritikrunde waren zu sehr Arena, Boxring, Sportplatz. Trotzdem las er immer wieder, denn er wollte den Preis.[14]

Im fünften Anlauf klappte es endlich. Die Gruppe 47 tagte im Mai 1955 in West-Berlin im senatseigenen Haus am Rupenhorn. Am selben Wochenende hielt Thomas Mann in Weimar seine Schiller-Rede, die er eine Woche zuvor in Stuttgart gehalten hatte und die er als «Arbeit am Geist der Nation» verstanden wissen wollte. Merkwürdige Koinzidenz der Ereignisse: Während Thomas Mann seinen letzten öffentlichen Auftritt zelebrierte – er starb nur drei Monate später –, fiel in Berlin der offizielle Startschuß der Schriftstellerkarriere Martin Walsers. Der Repräsentant der Epoche des Großbürgertums trat ab; der erklärte Kleinbürger als kritischer Vertreter der Wirtschaftswunderwelt der Bundesrepublik betrat die Bühne. Und noch einer war bei dieser Tagung zum ersten Mal dabei. Es hieß, er sei eigentlich Bildhauer und lebe in Paris. Er machte Eindruck, auch wenn seine Gedichte nicht weiter auffielen. Sein Name: Günter Grass.

IV ERSTE ERFOLGE. 1954–1958 111

Walser gehörte 1955 schon zum Kern der Gruppe 47. Selbst Richter bemerkte, daß «seine Überheblichkeit, seine Arroganz von ihm abgefallen schien, er war ein liebenswerter und liebenswürdiger Teilnehmer, ja, er gehörte plötzlich dazu, ohne daß jemand darüber gesprochen hätte»[15]. Er las die Erzählung «Templones Ende», die von einem alten Mann handelt, der sich verfolgt fühlt, sich in seiner Wohnung verbarrikadiert und zugrunde geht. Mit dieser neuerlichen Variante auf das Thema Isolation und Ausgeschlossenheit siegte er in der Abstimmung deutlich vor Wolfgang Hildesheimer und Wolfgang Weyrauch. Während der Auszählung «zog er kaum heftiger als zuvor an der Tabakspfeife», beobachtete ein Berichterstatter.[16] Walser gab sich gelassen und wußte doch, was die Auszeichnung bedeutete.

Das erste Buch. Triumph der Erscheinungsform. In der Kurmaschine.

Preisgestärkt, mit gesteigertem Marktwert, ging er in die Offensive und bot dem Suhrkamp Verlag seine Erzählungen an, nicht ohne darauf hinzuweisen, daß Luchterhand bereits eine Option erworben habe. Peter Suhrkamp wartete als korrekter Geschäftsmann den Ablauf dieser Frist ab, um gleich am folgenden Tag sein Interesse zu bekunden – im unterkühlten Tonfall des würdevollen Verlegers, wie er nur ihm zur Verfügung stand: «Sehr verehrter Herr Walser – Nach eingehender Beschäftigung mit den von Ihnen hergereichten Erzählungen finden Sie mich nunmehr zu einer Ausgabe eines Bändchens noch in diesem Herbst bereit. Ich will Ihnen dazu offen sagen, daß ich mir keine Illusionen über den Erfolg mache. Nach dem Bild, das ich jetzt gewann, halte ich es aber in Ihrem Interesse für notwendig, daß jetzt ein Buch von Ihnen erscheint. Dabei spielt für mich der Preis der Gruppe 47, wenn überhaupt, nur eine periphere Rolle. Wichtiger ist, daß jetzt Arbeiten von Ihnen (...) in die Luft unserer

Tage, in die Winde der literarischen Kritik und vor allem an eine breitere Leserschaft kommen.»[17]

Am selben Tag erhielt Walser die Zusage des Luchterhand Verlages. Das hätte ihn freuen können, hatte er doch nun die Wahlmöglichkeit. Er war aber längst für Suhrkamp entschieden, schon deshalb, weil er dort auf Unseld vertrauen konnte. Deshalb bekümmerte und beschämte ihn das Luchterhand-Angebot. Den Absagebrief, den er an den Verleger Peter Frank zu schreiben hatte, empfand er als den schlimmsten seines Lebens. «Daß meine erste Publikation unter solchen Umständen vor sich geht, bestätigt alte Erfahrungen mit der Natur des Menschen und mit dem irdischen Dasein», teilte er Unseld mit. «Ich habe einen bösen Tag hinter mir. Übermorgen, nein, am Dienstag, fahre ich heim, an den Bodensee, ich muß spazierengehen.»[18] Peter Suhrkamp freute sich über Walsers Entscheidung und hoffte, sie möge «der Beginn eines fruchtbaren literarischen Lebenswerkes» sein.[19]

Walser begleitete den Produktionsprozeß mit Aufmerksamkeit, Sorge und Dankbarkeit. Ein brauchbarer Buchtitel war noch nicht gefunden. Walsers «Beschreibung meiner Lage» kam für Suhrkamp nicht in Frage, weil das zu sehr nach Kafka klang und außerdem auf den Autor bezogen werden könnte. Walser schlug «Leben genügt» oder «Wege vorbei» vor. Im Verlag entschied man sich dafür, «Ein Flugzeug über dem Haus» zur Titelgeschichte zu machen. Als Walser die Druckfahnen erhielt, dankte er ergriffen für die «schönen Buchstaben und die richtigen Maße». Doch zwischen den einzelnen Geschichten hätte er gerne Leerseiten eingefügt: «Fehlen sie, fluten die Räume ineinander. Falls es noch verletzliche Leser gibt, sollte man sich nicht überlegen, sie zu schützen?»[20] Suhrkamp lehnte ab. Für so sensibel hielt er die Leserschaft wohl nicht.

Zartheit war jedoch eine Tugend, die der Autor kultivieren durfte. Walser scheute sich nicht, den Verleger von den Empfindungen in Kenntnis zu setzen, die ihn überfielen, als er das fertige Buch in Händen hielt. Sein erstes Buch! Was für ein Augenblick. «Sehr geehrter Herr Suhrkamp, stünde ich Ihnen jetzt gegenüber, könnte ich mir mit einem vielsagenden Stammeln hinweghelfen über die Schilderung der Verlegenheit, die mich befiel, als ich das Buch zum ersten Mal in die Hand nahm. Mir ist das Buch natürlich in den letzten Wochen wieder und wieder in der Vorstellung erschienen, in vielen Gewändern. Und jetzt bin ich so überrascht, so beschämt auch, weil der Triumph der Erscheinungsform, der mit den von Ihnen gewählten Buchstaben begann, jetzt unverkennbar und endgültig geworden ist. (...) Und wenn ich dieses Buch an meinen Regalen vorbeitrage, an den Büchern meiner heutigen Kollegen, die in ihren ärmlichen, bunten Kleidern durcheinanderschreien, hastig und atemlos, daß die grellen Farben wie Wunden wirken, dann spüre ich das ruhige Gewicht Ihres Buches so recht in den Händen und weiß auch, daß ich es noch nicht verdient habe.»[21] «Ihres» Buches! Man höre und staune. Etwas salopper schrieb er an Unseld: «Dieser Umschlag bewahrt mich für alle Zeiten davor, größenwahnsinnig zu werden. Ich werde ihn nie erreichen! Da gehören Hölderlinhymnen hinein, sonst wüßte ich wenig Würdiges!»[22]

2000 Exemplare wurden gedruckt und an den Handel ausgeliefert. Der Ladenpreis betrug 7,80 Mark, für die broschierten Exemplare 5,90 Mark. Walser erhielt davon zehn Prozent und außerdem zehn Freiexemplare. Ein lohnendes Geschäft sieht anders aus. Doch wichtig war nur, daß endlich das erste Buch da war. Die Kritik reagierte durchaus anerkennend, aber nicht gerade euphorisch auf das Debüt. Bemängelt wurde vor allem das Kafka-Epigonentum – ein Begriff, der Walser verärgerte. Er sei eben bei Kafka in die Lehre gegangen, das müsse doch gestattet sein.[23] Arno Schmidt schrieb anerkennend: «Ihr Buch ist gut! Das Kleinod darin die Titelerzählung.» Er bemängelte aber den «Verlust der äußeren Realität» und kritisierte eine Sprache, die zur «Gepflegtheit» tendiere und den jugendlichen Sturm und Drang vermissen lasse. Das «könnte» beim «Kunstgewerbe» lan-

114 IV ERSTE ERFOLGE. 1954–1958

den, meinte er, um Walser damit ein bißchen Angst zu machen.[24] Der antwortete zaghaft: «Vielleicht muß man ein sehr unterrichteter und in vielen Dingen kundiger Mann sein, um stürmen und drängen zu können. (…) Ich weiß weniger denn je, bin unsicher und oft ratlos, mir ‹Angst zu machen› ist nicht schwer und Ihnen schon vor Ihrem Brief längst durch Ihr bloßes Dasein gelungen.»[25]

Der Kritik gegenüber war er empfindlich, ja geradezu schutzlos. Er sei «beeinflußbar wie Quecksilber», teilte er Unseld mit. Vergeblich nahm er sich vor, Verwundungen nicht zu achten.[26] Er litt an Schwäche und Erschöpfungszuständen. Zur Ablenkung stürzte er sich in Arbeit. Im Winter 1955/56 entstand die erste Fassung des Romans «Ehen in Philippsburg». Er mußte ein neues Buch schreiben, weil er das Gefühl hatte, das erste sei ihm durch die Öffentlichkeit entrissen worden und habe ihn verlassen wie eine Geliebte. Gallenbeschwerden mit nächtlichen Krämpfen zwangen ihn schließlich dazu, eine Pause einzulegen. Im Mai 1956 begab er sich zur Kur nach Bad Mergentheim. Vierzehn Tage mit Bädern und Massagen bedeuteten zunächst einmal einen beunruhigenden Verdienstausfall bei laufenden Ausgaben. Walser errechnete die Kosten der Kur auf Mark und Pfennig und ohne die kleinste Postkarte (0,35 Mark) und die erforderlichen Tabletten (5,15 Mark) zu vergessen. Ein Kaffee Hag kostete 1 Mark, ein Friseurbesuch mit Haarwäsche 2 Mark, ein Buch über Gallenbeschwerden 4,40 Mark, einmal Autowaschen 3 Mark, die Kurkarte aber gleich 40 Mark. Wovon leben, wenn die Einnahmen ausblieben?

Peter Suhrkamp, mehr Therapeut als Verleger, versuchte, brieflich neuen Mut zu geben: «Was nun Sie und Ihre Arbeit betrifft, möchte ich mit meinem Hinweis auf eine glänzende Möglichkeit bei Ihnen deuten. Herr Dr. Unseld erzählte mir, daß es Ihnen in der letzten Zeit gesundheitlich nicht besonders gut gegangen ist. Es lag nahe, daß wir das Gefühl einer gewissen Krise hatten und daß wir diese im Zusammenhang mit Ihrem Buch sahen. Das halte ich noch immer, selbst nachdem Herr Dr. Unseld mich darüber beruhigt hat, für möglich. Sie werden aber ganz bestimmt bald damit fertig sein. Sie haben die beste Möglichkeit, sie zu überwinden in Ihrer Produktivität. Glauben Sie nur nicht, sie hätte nachgelassen. Stockungen darin sind bei den Besten die Regel gewesen.»[27]

Walsers Antwort ist symptomatisch für den empfindsamen, energiegeladenen jungen Mann, der zum ersten Mal in seinem Leben die Erfahrung machte, ausgepumpt zu sein. Die «Kurmaschine arbeitet auf Hochtouren», schrieb er, aber Besserung wollte sich nicht einstellen. Das Gefühl, sich mit der Veröffentlichung des Buches entäußert und der Welt ausgeliefert zu haben, ließ sich nicht wegmassieren. «Ich lebe seit einiger Zeit hinter den Bergen. Die Kritiker wohnen Jenseits. Das Buch ist bei ihnen. Ich habe es ihnen überlassen. Hoffentlich halten Sie mich, sehr geehrter Herr Suhrkamp, nicht für hartherzig und hochmütig, wenn ich gestehe, daß ich das Buch preisgegeben habe, daß ich es nie mehr lese (vorerst), aber ich kann es nicht mehr gut in die Hand nehmen, vielleicht später wieder, vielleicht, wenn ich einmal mit besserem Gewissen sagen kann, ‹das war eben am Anfang …›, im Augenblick aber habe ich diesem Buch noch nichts entgegenzusetzen als Hoffnung und ein paar Pläne und ein Manuskript, das noch so verletzlich ist, daß ich es noch gar nicht als Gewicht auf der Waage der Stimmungen benutzen darf.»[28]

Vielleicht lag es an Walsers angeschlagener Gesundheit, daß er im Februar 1956 auf Hans Werner Richter seltsam matt wirkte. Richter glaubte, das liege an vorausgegangenen Faschingsfeiern. Er hatte zusammen mit dem SPD-Politiker Hans-Jochen Vogel und dem Nachtstudio-Redakteur des Bayerischen Rundfunks, Gerhard Szczesny, am 4. und 5. Februar zu einer Tagung mit dem Thema «Der Auftrag der künstlerischen Berufe in der demokratischen Gesellschaft» nach München-Grünwald eingeladen. Besorgt über die Gründung der Bundeswehr und die Wiederbewaffnung des Landes, wollte er außerhalb der Gruppe 47

Intellektuelle versammeln, die sich als «heimatlose Linke» verstanden und bereit waren, sich politisch zu äußern. Die Initiative, die nach dem Tagungsort «Grünwalder Kreis» genannt wurde, sollte sich mit Protesten und Resolutionen gegen die zunehmend restaurative Stimmung wehren. Alfred Anderschs Anti-Kriegsroman «Kirschen der Freiheit» war von konservativer Seite heftig attackiert worden, ebenso wie Richters Roman «Du sollst nicht töten». Gegen Arno Schmidts «Seelandschaft mit Pocahontas» begann sogar ein Prozeß wegen Gotteslästerung und Pornographie.[29] Richter wollte dem befürchteten «geistigen Klimawechsel» in Richtung einer Remilitarisierung des öffentlichen Lebens entgegenwirken. Böll, Heißenbüttel, Andersch und andere hatte er eingeladen, auch an Walser war ihm gelegen. Er bekam den Auftrag, in Stuttgart einen ähnlichen Kreis zu initiieren. Doch Walsers Engagementbereitschaft hielt sich in Grenzen. Die Zeit seiner politischen Aktivitäten war noch nicht gekommen. Im Sommer schrieb er aus Wasserburg auf eine Postkarte mit dem Bild der Kirche: «Lieber Unseld, ich verbringe ruhige Tage am Bodensee und arbeite gemütlich und fleißig vor mich hin, die Freude hält an, nichts Großes, nichts Aufregendes, Kleingärtnerfreude halt.»[30]

Rollenspiele. Umzug nach Friedrichshafen. In Gomulkas Polen. Ein Dolchstoß.

Im Herbst 1956 ereignete sich eine kleine Sensation: Zur Fernsehmannschaft in Stuttgart stieß eine Frau, und sie sorgte in der Männerrunde für einige erotische Verwirrung: Corinne Pulver, Schwester der Schauspielerin Liselotte Pulver, wurde die erste Fernsehredakteurin. Der Umgangston im Haus war wohl eher rauh und so wenig diskret, daß Pulver es in ihren Memoiren als bemerkenswert verzeichnet, wenn die Kollegen vor dem Eintreten in ihr Zimmer anklopften. «Selbst Martin Walser» ha-

be das getan, sich dann aber ungeniert auf den Schreibtisch ge-
flegelt, um mit ihr über Ideen und Filme zu sprechen. Walser
eilte ein gewaltiges Renommee als Chefberater voraus. Pulver
war deshalb zunächst etwas enttäuscht von diesem «mittelgroßen blassen Bücherwurm, dem die zerknitterte, graue Hose gut
sichtbar an altväterischen Hosenträgern über einer bereits an-
sehnlichen Bauchrundung schlotterte». Und doch erschauerte
die neue Redakteurin schon bei der ersten Begegnung unter seinem intensiven Blick und erlag «der Magie seines Charismas»[31].
In ihrem Erinnerungsbuch inszeniert sie sich als eine Femme fa-
tale, die sich geradezu davon ernährte, Männer von einiger Bedeutung in sich verliebt zu machen. Sie gelangte jedoch bald zu
der Einsicht, Walser «sammle Gefühle wie andere Leute Brief-
marken»[32] und beute seine erotischen Erfahrungen für die Literatur aus. Es gelang ihr nicht, bei ihm die Grenze zwischen
Experimentierlust und Gefühl, Sammelleidenschaft und Empfinden zu bestimmen.

Walser sagt, an Pulvers Erinnerungen stimme, was ihn betreffe, nicht viel, da sei mehr Phantasie als Wirklichkeit. Doch sie
war nicht die einzige, die von seiner Ausstrahlung und seinem
Charme hingerissen wurde. Er konnte einem Kollegen auf die
Schulter hauen und ihm jovial klarmachen, daß seine Sendung
«Scheiße» gewesen sei, ohne daß der ihm böse war. Er konnte
die Redaktionskonferenz in eine Showbühne verwandeln, wenn
er die Idee für ein neues Quiz mitbrachte, die Rollen verteilte
und selbst den Showmaster mimte. Sein rhetorisches Talent war
atemraubend. Es machte ihm Freude, eine Gesellschaft den ganzen Abend lang mit Vorträgen und szenischen Darstellungen zu
unterhalten. Hans Magnus Enzensberger erlebte einmal, wie er
im Haus Siegfried Unselds stundenlang von einem Teppichhänd-
ler erzählte, der ihm eine wertlose Brücke aufgeschwatzt hatte.
Die Erzählung geriet zum sendereifen Hörspiel.[33] Walser agierte in Rollen, ein Solist vor kleinem Publikum, überschäumend
vor Einfällen, Energie und Selbstdarstellungslust. Er bewunderte

Schauspieler und wäre selbst gern einer gewesen, denn er brauchte Auftritte wie ein Lebenselixier. Das Rollenspiel, das er in seinen Romanen perfektionierte, betrieb er auch auf den verschiedenen Bühnen des Alltags: hier der schüchterne Literat und dort der forsch auftretende Medienarbeiter. Hier das Leben als Familienvater mit Ehefrau und Tochter, dort die Gastrollen in der Gesellschaft und die Frauen.

Zur Rolle der Geliebten gehört unausweichlich der Wunsch, eines Tages die Rolle der Ehefrau zu übernehmen, die sie doch, solange sie Geliebte ist, verachtet. Zur Rolle des flüchtigen Ehemannes gehört es, die Bedeutung der Ehe herunterzuspielen und sie doch zugleich im Möglichkeitsbereich der Hoffnung anzusiedeln. Anselm Kristlein in Walsers großem Roman «Halbzeit» verstrickt sich virtuos in den Schwierigkeiten dieser Disziplin. Wie ein geschickter Spieler jongliert er mit seinen Liebschaften und den Erfordernissen der Ehe. Betritt er die eine Welt, dann hat die andere keine Relevanz. Er lügt nicht, denn er glaubt immer aufrichtig an das, was er sagt. Nur dadurch wirkt er überzeugend und kann mit ehrlicher Empörung reagieren, wenn seine Ehefrau ihn zur Rede stellt. Für Walser selbst war die Ehe eine unumstößliche Sicherheit. Eine Trennung wäre für ihn niemals in Frage gekommen – nicht nur, weil die katholische Kirche und die Mutter dagegen Einwände gehabt hätten, sondern vor allem, weil er weiß, was er an seiner Frau hat. Und das weiß niemand so gut wie er. Wer sonst stünde so unerschütterlich an seiner Seite wie sie, würde einen wie ihn dauerhaft dulden, tragen und unterstützen? Die Ehefrauen seiner Romanhelden haben einen Wert, den sie nicht andauernd beweisen müssen. Die Männer wirken wie eine Währung, deren Kurs immer schwankt. Die Frauen von Kristlein bis Zürn wirken dagegen wie Gold.

Bald interessierte Siegfried Unseld sich für Corinne Pulver. Das war nichts, was zwischen ihm und Walser Eifersucht erweckt hätte. Im Gegenteil: Der Zusammenhalt in dieser «herrlichen Männerfreundschaft»[34], wie Unseld sich ausdrückte, wurde dadurch nur noch mehr gestärkt. Als Pulver schließlich von Unseld schwanger wurde, war Walser, heißt es in ihren Memoiren, «nicht etwa eifersüchtig, sondern eher wie ein Komplize, als ob er bedauerte, keine Frau zu sein: diese Intimität mit seinem verehrten Verlegerfreund war die einzige, die ihm versagt blieb»[35]. Walser betrachtete die Verhältnisse nüchterner. «Bei mir langt die Kälte nicht zum Gehen und die Wärme nicht zum Bleiben», diktierte er Ende der fünfziger Jahre seinem Anselm Kristlein in die Feder. Diesen Satz – und nicht nur diesen – bezog Pulver auf sich. In «Halbzeit» entdeckte sie Situationen und Gespräche, die sie mit ihm geführt hatte. Sie war die Frau, die zu Hause auf ihn wartet und dabei begreift, daß Warten häßlich macht. Wer Walser begegnete, mußte darauf gefaßt sein, sich in einem Roman wiederzufinden.

Als die Familie Walser Ende des Jahres 1956 nach Friedrichshafen zog, war Käthe Walser im sechsten Monat schwanger, die Dreizimmerwohnung in Korb wäre mit dem zweiten Kind zu klein. Da Wohnungen in Stuttgart aber teuer waren und die Einkommensverhältnisse des Freiberuflers unsicher, kam das Angebot der Schwiegereltern gerade recht, die das Parterre einer alten Villa langfristig zu günstigen Konditionen anboten. Es war also nicht nur Heimatliebe, die die Walsers an den Bodensee zurückzog. Doch an der Liebe zum See lag es, daß sie nie wieder von hier weggezogen sind.

Elf Jahre, bis 1968, wohnten sie in der Zeppelinstraße 18 in Friedrichshafen, einer Hauptverkehrsstraße, alles andere als beschaulich. Im Herbst, wenn die Bäume die Blätter verloren, konnte man einen kleinen Zipfel vom See sehen. Der zunehmende Verkehr in der motorisierten Republik war aber schon so stark, daß gelegentlich die Gläser im Schrank vibrierten. In der Urlaubszeit fuhren pro Stunde 2600 Autos am Haus vorbei; Walser nahm sich einmal die Zeit, sie zu zählen. Ein merkwürdiger Zwischenfall ereignete sich bei einem Besuch von Ruth Klüger. Als sie versuchte, im Garten mit einem großen Schritt vom

120 IV ERSTE ERFOLGE. 1954–1958

Kiesweg über das umgegrabene Blumenbeet auf den Rasen zu gelangen, versank sie in der Erde und förderte mit dem Absatz ein NSDAP-Parteiabzeichen zutage. Ein früherer Bewohner des Hauses mußte es dort in der Stunde der Kapitulation vergraben haben. Nun geriet es ausgerechnet der jüdischen Freundin unter die Füße, die den Eindruck gewinnen mußte, der deutsche Boden sei mit Geschichtspartikeln kontaminiert.

Der Umzug nach Friedrichshafen war eine Entscheidung für die Familie und – falls das kein Widerspruch ist – für das ungestörte Schreiben. Die Doppelbelastungen als Schriftsteller und Fernsehberater beziehungsweise als Ehemann und Gesellschaftsvirtuose ließen sich nicht dauerhaft durchhalten oder erforderten zumindest die räumliche Trennung der verschiedenen Wirkungsbereiche. «Der erste Tag in Friedrichshafen läßt sich übrigens gut an», schrieb er an Unseld. «Es ist eben wie die ersten Stunden mit einer Frau, man kann sich nicht satt sehen, die Bäume vor dem Fenster, und Föhn über dem See (...).»[36] Ein Foto zeigt ihn im neuen Arbeitszimmer am Schreibtisch vor dem Fenster, umgeben von Büchern und Papier, die Zigarette im Mund. Konzentriert schreibt er etwas mit der Hand. Rücken an Rücken mit ihm, in der Mitte des Raumes, sitzt Käthe Walser vor der Schreibmaschine, in ihre Arbeit vertieft. Die Haare hat sie hochgesteckt. Sie trägt ein leichtes Sommerkleid und hochhackige Schuhe, als sei sie nicht zu Hause, sondern in einem Büro. Es ist ein Blick in die Walsersche Text-Werkstatt, die nun ihre ganze Produktivität zu entfalten beginnt.

Bevor er sich in der neuen Wohnung einrichten konnte, mußte er aber schon wieder weg. Silvester verbrachte er in Berlin, wo der Schriftsteller Wolfdietrich Schnurre zum Feiern einlud. Anfang Januar 1957 reiste er fürs Fernsehen nach Warschau, um dort einen Dokumentarfilm über den «Aufbruch» in Polen zu drehen. Der Nationalkommunist Wladislaw Gomulka, von 1951 bis 1954 inhaftiert, war im Zuge der Entstalinisierung beim Volksaufstand im Oktober 1956 an die Macht gekommen,

IV ERSTE ERFOLGE. 1954–1958   121

die er sich nun, breiter Unterstützung der Bevölkerung gewiß, durch Wahlen am 20. Januar 1957 bestätigen lassen wollte. Walser nahm diesen Termin zum Anlaß für seine Reportage. Er setzte Hoffnungen auf diesen Mann, der den Polen mehr Freiheit, mehr Demokratie und größere Unabhängigkeit von der Sowjetunion versprach. Auch wenn Gomulka in seiner bis 1970 dauernden Amtszeit davon nicht viel umsetzen konnte, bedeutete sein Machtantritt doch immerhin die Chance, die Sprachlosigkeit zwischen Ost und West ein wenig zu lindern. Walser war entschlossen, diese Chance zu nutzen.

Seine Absicht, ein lyrisches, poetisches Feature zu machen, scheiterte. Das Stuttgarter Team hatte kein Visum bekommen. Deshalb mußte er mit einem polnischen Kameramann zusammenarbeiten, den er nicht kannte. Und in der Kälte des Warschauer Winters machte er die Entdeckung, daß die Phantasie eine körperliche Eigenschaft ist, die einfrieren und verlorengehen kann. In dem «viereckigen Bildbericht»[37], mit dem er sich vor Ort begnügen zu müssen glaubte, nutzte er neben selbstgedrehtem Material auch polnische Aufnahmen von den revolutionären Oktobertagen und Bilder aus der Zeit der deutschen Besatzung, um zu belegen, welchen Anteil die Deutschen an der Zerstörung Warschaus hatten. Er wollte die polnische Lage im Verhältnis zur Bundesrepublik begreiflich machen. Ihm fiel auf, wie ausführlich polnische Medien über den Aufbau der Bundeswehr berichteten. Gomulka könne, so kommentierte Walser, «dem polnischen Nationalgefühl die Anwesenheit sowjetischer Truppen durch den Hinweis auf die sogenannte westdeutsche Revanchepolitik erträglicher machen». Diesem Nebeneffekt sollten sich die Befürworter der Wiederbewaffnung stellen.

Der empfindliche Nationalstolz und die tiefe Religiosität der Polen imponierten ihm. Ausgerüstet mit diesen beiden Eigenschaften, erschien ihm die dauerhafte Unterordnung Polens unter eine von außen aufgezwungene Diktatur unmöglich. Gomulka sei es gelungen, die «untergründig immer lebendig gewesenen

Kräfte für eine erste Loslösung von Moskau zu mobilisieren»[38]. Und wer sich weigere, Gomulka zu unterstützen, weil der doch ein Kommunist sei, müsse wissen, daß er damit den Stalinisten in die Hände arbeite, die nur auf Gomulkas Scheitern warteten. Walser wollte Interesse für ein osteuropäisches Land wecken, ins Gespräch kommen, Kontakte knüpfen. Man könnte das mit dem Begriff «Aufklärung» bezeichnen. Später sagte man dazu: «Wandel durch Annäherung».

Darum ging es auch in einer Diskussion, die er im Anschluß an die am 12. Februar 1957 ausgestrahlte Reportage mit dem Polen-Korrespondenten der *Süddeutschen Zeitung* und mit dem Künstlerischen Leiter des Warschauer Dokumentarfilm-Studios, Jerzy Bossak, führte. Als sein polnischer Gesprächspartner betonte, wie positiv doch die Stimmung gegenüber den Deutschen sei, bestätigte er: «Ja, das habe ich gemerkt. Das ist unerwartet; natürlich kommt man mit ein bißchen schlechtem Gewissen hin, und deswegen ist man dann um so überraschter, daß das dann so ist.»[39]

Bericht und Diskussion, die in einer weniger zerrissenen Epoche vielleicht harmlos erschienen wären, entfachten einen Sturm der Entrüstung. Heimatvertriebenenverbände und schlesische Landsmannschaft erregten sich darüber, daß Walser erklärtermaßen die «aktuellen politischen Probleme» nicht erörterte – womit die Vertriebenenfrage und die von Westdeutschland nicht anerkannte Oder-Neiße-Grenze gemeint waren. «Fernsehen macht Propaganda für Polen», titelte die *Schlesische Rundschau*, die sich vor allem über die Landkarte entsetzte, die hinter den Diskussionspartnern zu sehen war.[40] Sie zeigte Polen als zusammenhängendes Land und ohne die üblichen schraffierten Gebiete, für die sich im Westen die Bezeichnung «Zur Zeit unter polnischer Verwaltung» durchgesetzt hatte. Der *Ost-West-Kurier* aus Frankfurt am Main formulierte die Empörung von «Millionen gesamtdeutsch denkender und empfindender Bundesbürger». Der Süddeutsche Rundfunk hatte es gewagt, «in diesem Propagandastreifen für das neue Polen des Kommunisten Gomulka Landkarten zu zeigen, auf denen eben dieses Polen bis zur Oder-Neiße-Linie, also bis dicht vor die Tore Berlins, reichte»[41].

Die Zeitung *Der Schlesier* druckte unter der Überschrift «Gipfelpunkt knieweicher Verzichtspolitik» den langen Leserbrief eines Rechtsanwaltes aus Köln, der in ungebrochenem Nazijargon loswetterte. Er ereiferte sich über Walsers Versuch, Verständnis für «die polnische Sache» zu wecken, wo sich doch Deutschland im «Kriegszustand mit Polen» befinde und «der polnische Staat seinen widerrechtlichen Angriff auf Deutschland durch die Besetzung und Annexion von nahezu 1/5 des deutschen Staatsgebietes aufrechterhält. Das deutsche Volk befindet sich zur Zeit im Abwehrkampf gegen diese Aggression. Dieser Abwehrkampf wird durch Sendungen dieser Art auf das schwerste gefährdet. Sie müssen geradezu als Dolchstoß in den Rücken der Abwehrfront gegen die Aggression aufgefaßt werden»[42]. Man glaubt, nicht richtig zu lesen, aber so steht es da, im Jahr 1957, und so wurde es von zahlreichen Briefschreibern beklatscht: «Ganz genau meine Meinung!» Polen hat also Deutschland überfallen und erobert. Walser schrieb einen polemischen Brief zurück. Fritz Eberhard mußte ihm wieder einmal zu Hilfe kommen und vor der nächsten Sendung versöhnende Worte sprechen.

Man sollte diese revisionistischen Töne im Ohr behalten, wenn man die Mahnungen der Intellektuellen vor erstarkenden faschistischen Tendenzen bewerten möchte. Die Adenauer-Regierung sah in dieser Hinsicht keine Gefahr. Die Vertriebenenverbände, in denen die Nachkriegsrealität so rabiat geleugnet wurde, waren zu mächtig, als daß man sich mit ihnen hätte anlegen können. Statt dessen wurde im August 1956 die KPD verboten, nachdem das Bundesverfassungsgericht ihre Verfassungsfeindlichkeit festgestellt hatte.

124 IV ERSTE ERFOLGE. 1954–1958

Gallensteine und Gesellschaftskritik.
Wo steht der Schreibtisch des Autors?

Den Wunsch des Süddeutschen Rundfunks, er möge einen ähnlichen Film über die DDR drehen, lehnte Walser ab, obwohl ihm das Thema am Herzen lag. Er sehnte sich nach Ruhe, wollte die Arbeit am Roman abschließen und nicht schon wieder auf Reisen gehen. Doch nun meldeten sich die alten Beschwerden in der Magengegend zurück. Koliken ließen ihn nachts nicht schlafen. Er interpretierte das als Reaktion auf Polen, fühlte sich «zerarbeitet» und mutlos. Neben Corinne Pulver, auf einem Bahnsteig stehend, krümmte er sich plötzlich vor Schmerzen. Im März 1957 meldete er sich mit krakeliger Schrift aus dem Ulmer Krankenhaus auf dem Safranberg. Sogar von dort aus machte er noch Pläne und Termine, redigierte am Romanmanuskript, telephonierte mit Andersch, brach zu einem Treffen mit Walter Höllerer in Stuttgart auf. In ihm arbeitete es weiter. Geldsorgen bedrängten ihn. Er hatte keine Rücklagen, nie Erspartes besessen, so daß er sich noch im Liegen um neue Aufträge und Einkünfte bemühen zu müssen glaubte.

«Meine Gallenblase ist eine Festung, an der auch Napoleon verzweifelt wäre», schrieb er mißmutig an Unseld. Er war ungeduldig, weil sein Zustand sich nicht verbessern wollte und ihm nichts mehr gelang: «nicht mehr lesen, nicht mehr schreiben, nicht mehr dösen, nicht mehr denken»[43]. Das ist für einen, der es gewohnt ist, seine Existenz schreibend zu bestreiten, ein unhaltbarer Zustand. Die Fähigkeit, sich selbst zu beobachten und in ironische Distanz zum eigenen Leiden zu treten, war ihm aber noch nicht abhanden gekommen. Er habe keine Krankheit, sondern nur einen Gesundheitsdefekt, schrieb er an den *Merkur*-Herausgeber Joachim Moras, dem er eine kleine Erzählung anbot. Kein Todesprozent sei im Spiel, keine Verstümmelung zu befürchten, im Gegenteil: «Ich werde mit größeren Genußlizenzen von hier fortgehen, sozusagen in ein schöneres Leben.»

Und doch stellte er nüchtern fest, er sei «zu wenig trainiert im Ertragen»[44]. Eine wichtige Erfahrung.

Anfang April wartete er immer noch auf die fällige Operation: «Da meine Steine in mir herumwandern wie die Touristen in den Katakomben Roms, liege ich unter starken Betäubungsmitteln und da fließt alles weg.» Als Käthe Walser ihn im Ulmer Krankenhaus besuchte, blieb sie gleich da und ließ sich in die benachbarte Frauenklinik einweisen. Hier brachte sie die Tochter Johanna zur Welt, so daß er dem in Ulm geborenen Unseld stolz berichten konnte, sie hätten nun auch eine Ulmerin in der Familie. Mit der Last rumorender Gallensteine und der verdoppelten Vaterschaft wagte er, was seinem Wasserburger Wesen zutiefst widerstrebte – er bat um einen Vorschuß: «Ich nenne mal eine Sternensumme: 1000,–. Ist das zuviel?» Er könne aber auch «das Fernsehen anzapfen»[45]. Neun Wochen lag er im Krankenhaus – für den Freiberufler eine Katastrophe. Die Ärzte übersahen eine Bauchfellentzündung und gaben dem Patienten psychiatrische Ratschläge, weil sie ihn wohl für etwas wehleidig hielten. Die Operation mußte mehrmals verschoben werden, bis das Fieber abklang und die von einer Gelbsucht angegriffenen Blutwerte sich erholten. Danach, abgemagert auf 125 Pfund, versicherte er mehr sich selbst als Unseld: «Jetzt kommen nur noch Aufräumarbeiten. (…) Ich bin noch nicht stark, aber zäh.»[46] Als er am 7. Mai, dem 63. Krankenhaustag, endlich entlassen wurde, teilte er mit: «Ich bin völlig leer. Ich habe das Gefühl, als würde ich nie mehr etwas tun in meinem Leben.»[47] Aber kaum zu Hause angekommen, nahm er die Arbeit am Romanmanuskript mit letzten Korrekturen und Überarbeitungen wieder auf, ein Rekonvaleszent auf dem Sofa, der das Schriftliche als Heilmittel brauchte.

Auftrieb und neuen Mut gab eine Nachricht, die ihn Ende Mai erreichte: Für die «Ehen in Philippsburg» wurde ihm der erstmals vergebene Hermann-Hesse-Preis zuerkannt. Unseld hatte dafür gesorgt, daß das Manuskript in einer Rohfassung eingereicht worden war. Von der Last des Vorschusses auf einen Schlag befreit, machte Walser sofort herrliche Pläne, was er von den 10 000 Mark alles kaufen würde: Bücherregale, einen Schreibtisch, einen Eßtisch mit passenden Stühlen. Die Bedürfnisse vervielfältigten sich in der Vorfreude aufs Geldausgeben. Doch als im Verzicht geübter Katholik versagte er sich die Wunscherfüllung, ignorierte die Notwendigkeiten familiärer Innenausstattung und übergab den Scheck mit dem Preisgeld statt dessen seiner Mutter. Er wollte ihr beweisen, daß Schriftstellerei nicht nur eine Marotte ist, sondern ein ernstzunehmender Beruf. So dringend er das Geld gebraucht hätte, wichtiger war es, der Mutter die eigene Unabhängigkeit zu demonstrieren und vor ihren Augen durch Geldverdienen zu bestehen.

Im Roman «Schwanenhaus» beschrieb er mehr als zwanzig Jahre später seine damalige Emotionslage in der Figur des Maklers Gottlieb Zürn. Auch der überreicht seiner Mutter die 10 000 Mark der ersten Provision mit Dringlichkeit und zur Schau gestellter Gelassenheit. Als die Mutter zögert, das Geld anzunehmen, fällt er in den Befehlston. Die Großzügigkeit der Geste ist in dieser Szene zugleich eine Demütigung der Mutter, die aber ihre Unterwerfung genießt: «Sie waren sich in diesem Augenblick so einig wie nie zuvor und nie mehr nachher. Daß davon nichts gezeigt und nichts gesagt werden durfte, war klar.» Rasch gehen sie zu anderen, unwichtigen Gesprächsthemen über und vermeiden es, sich in die Augen zu sehen. Sie sind verbunden im gemeinsamen Credo: «Geld ist, bei Gott, nicht alles. Aber ohne Geld ist alles nichts.»[48] Die Scheckübergabe konnte demnach nicht alles gewesen sein. Auf die ökonomische Demonstration mußte ein weiterer Liebesbeweis folgen: Walser widmete die «Ehen in Philippsburg» der Mutter. Und doch fürchtete er, sie würde das Buch lesen, in dem es weniger um Ehen als um Ehebrüche geht, weniger um Liebe als um Sex und Macht, in dem Moral nicht erstrahlt, sondern gewissermaßen ex negativo bewiesen wird. Die Mutter brach die Lektüre dann auch rasch ab. Erst als ein paar Jahre später ein Pfarrer ihr sagte, er habe den Roman gelesen und finde ihn gut, war sie überzeugt und akzeptierte den Beruf ihres Sohnes.[49] Ohne Pfarrer wäre das nicht gelungen.

Zunehmend nervös sah Walser die Preisverleihungszeremonie mit Lorbeerbäumchen und Leonoren-Ouvertüre auf sich zukommen. Sie sollte Anfang Juli 1957 im großen Festsaal des Kurhauses in Baden-Baden stattfinden. Die Einladung drohte mit dem Programmpunkt «Der Preisträger spricht». Doch worüber? Mit Hesse konnte er im Gegensatz zu Unseld nicht viel anfangen und schon gar nicht über ihn sprechen. Sein Roman war noch nicht erschienen, konnte also auch nicht das Thema sein. Was also sagen, wenn er feierlich als junger, hoffnungsvoller Dichter ans Rednerpult treten müßte? Seine Ansprache erhielt schließlich den Titel «Der Schriftsteller und die Gesellschaft» und räumte mit dem grundlegenden Mißverständnis auf, wonach der Autor in kritischer Distanz außerhalb der Gesellschaft existiere und von dort aus seine Kritik vortrage. Er nutzte seine Antrittsrede in der breiteren Öffentlichkeit[50], um sich mit dem Gemeinplatz «gesellschaftskritischer Autor» auseinanderzusetzen. Dieser Phrase wollte er nicht entsprechen. Er hatte sich doch nicht mit der Absicht hingesetzt, einen «gesellschaftskritischen Roman» zu schreiben. Das hatte sich im Erzählen einfach so ergeben.

Kritik erschien ihm allenfalls als Nebenprodukt des Schreibens. Seine Romane sind Weltbeschwichtigungs- und Weltverbesserungsversuche zum eigenen Nutzen. Er vermutete, beim Schreiben handle es sich um «eine Buße» oder um ein «Gericht», um eine «vorbeugende Maßnahme» oder auch nur um einen «Spaß». Er ließ das offen und meinte wohl von allem etwas. Entschieden wandte er sich jedoch gegen «das Aburteilen der Gesellschaft aus der elenden Distanz eines isolierten Schreibtischs, auf dem der Autor gewissermaßen den Scheiterhaufen, auf dem er die Gesellschaft verbrennt, zur eigenen Beweihräucherung entzündet»[51]. Kritik als ein Verfahren, sich selbst zu veredeln, in-

128 IV ERSTE ERFOLGE. 1954–1958

dem man sich über die kritisierten Zustände erhebt, war ihm verdächtig. Diese Skepsis behielt er zeitlebens bei. Der Schriftsteller ist nicht nur Beobachter, sondern immer auch Beteiligter. Er ist es ja selbst, um den es dabei geht. Er muß auch die Figuren lieben und verstehen, die den Lesern unsympathisch sind, denn auch sie gehören zu ihm. Das ist ein zu komplizierter Prozeß, um ihn mit dem Begriff «Gesellschaftskritik» zu erfassen – was aber nicht heißen soll, die «Ehen in Philippsburg» wären kein gesellschaftskritischer Roman.

Als Mann des Rundfunks und des Fernsehens wäre es ihm schwergefallen zu behaupten, er habe mit der im Roman dargestellten Medienwelt nichts zu tun. Zugleich variierte er das Grundthema seiner frühen Prosa und Hörspiele nun in eigener Sache: den Widerspruch zwischen Teilhabe und Außenseitertum, Zugehörigkeit und Isolation, Nähebedürfnis und Distanzierungslust. Er hatte ja selbst etwas von seinem jungen Romanhelden Hans Beumann, der aus dem Dorf Kümmertshausen in die Stadt kommt, um sich dort in der großen Gesellschaft und im Medienbetrieb zu etablieren. Dabei paßt er sich dem vorherrschenden sarkastisch-saloppen Ton und einem prinzipienlosen Verhalten immer mehr an, denn sie sind unverzichtbar für den, der dazugehören will. Er heiratet eine Fabrikantentochter, weil ihm das gesellschaftlich weiterhilft. Er steigt auf und hat Erfolg, verleugnet aber sich selbst und die eigene Herkunft. Am Ende ist er ein gespaltener Mensch. Die Tradition des bürgerlichen Bildungsromans ist auf den Kopf gestellt. Die Gesellschaft, in der Hans Beumann verkehrt, taugt nicht zur Ausbildung der Persönlichkeit. Sie führt zu ihrem Ruin. Sie ist nicht so moralisch und wohlanständig, wie sie sich den Anschein geben möchte, sondern heuchlerisch, egoistisch und selbstzufrieden. Krieg und Faschismus sind wie nie gewesen. Im Gerangel der Aufsteigergesellschaft ist keine Zeit für den selbstkritischen Blick zurück. Und die Ehe, heiligste Institution des Bürgertums, ist nur noch eine Farce. Die schattenhaften Ehefrauen wirken blaß neben all den schillernden Geliebten. Der Betrug beginnt schon mit dem Treueversprechen.

Beumann ist keine sonderlich sympathische Figur, und doch beschreibt Walser ihn mit Sympathie. In ihm kann die Epoche sich wiedererkennen, denn er ist wie viele: ein freundlicher Jasager, ein gewandter Opportunist, ein hilfloser Protegé der Mächtigen. Walser hat zu einer bleibenden Grundhaltung seines Schreibens gefunden. Er schildert Schwäche mit Anteilnahme, prangert niemanden an, sondern versucht, die Nöte und Widersprüche der Figuren aus deren eigener Sicht heraus darzustellen. Das ist ein menschenfreundliches Prinzip. Es wird geleitet von seiner Erkenntnis, daß es kein Scheitern gibt, sondern immer nur eine Gesellschaft, die einzelne für gescheitert erklärt.

Gelenkpfännchen und Realismus.
«Ehen in Philippsburg». Ost-Politik.

Die «Ehen» waren mit einem Preis ausgezeichnet, fertig waren sie noch nicht. Walser feilte immer noch am Manuskript. Unsicher über die eigenen Fähigkeiten, hatte er schon im Januar 1955 eine erste Fassung vertraulich und mit dem üblichen Understatement an Unseld geschickt: «Mein Skript ergibt, gegen meinen Widerstand, einen konventionellen Roman, leider ohne Handlung. Jetzt stellen Sie sich das vor: ein konventioneller Roman und dann noch nicht einmal eine Handlung! Es ist schlimm. Aber ich schreibe weiter, was auch immer dabei herauskommen mag, ich muß einmal etwas zuendeschreiben.»[52] Schon da bestand der Entwurf aus drei Teilen, die aus unterschiedlichen Perspektiven erzählt waren, «nichts als eine Folge von Stimmungen». Auf die Geschichte von Hans Beumann folgte die Episode um den Frauenarzt Dr. Benrath, der sich mit seiner Geliebten und auf Partys vergnügt, bis die Ehefrau Selbstmord begeht, und die Geschichte vom Rechtsanwalt Dr. Alwin, der einen tödlichen Autounfall verschuldet, während die Ehefrau neben ihm sitzt, er aber im Rückspiegel die begehrte Nebenbuhlerin betrachtet. Im März 1956 waren daraus vier Teile geworden, die Walser wiederum «privat» Unseld zu lesen gab. Er habe sie in wenigen Wochen «hingeschmiert»[53]. Nun ergänzte die Episode um den Schriftsteller Klatt das Romankonvolut, eine eigenbrötlerische Dachkammerexistenz, die an Hesses «Steppenwolf» erinnert und ebenfalls im Selbstmord endet.

Im Oktober 1956 las Walser bei der Tagung der Gruppe 47 in Niederpöcking einen Auszug aus dem Roman. Er fiel, wie Hans Schwab-Felisch in der *F.A.Z.* berichtete, dadurch auf, daß er ein Gegenwartsthema behandelte. In der immer noch retrospektiv auf Krieg und Nachkriegszeit gerichteten Literatur der Gruppe 47 war das etwas Besonderes. Dabei wurde diese Tagung ganz und gar von gegenwärtigen Ereignissen überschattet: Der Volksaufstand in Ungarn hatte seinen Höhepunkt erreicht. Imre Nagy war neuer Regierungschef und versuchte verzweifelt, das drohende Eingreifen der sowjetischen Truppen zu verhindern. Die Tagungsteilnehmer strömten in den Lesepausen zum Radioapparat, um zu hören, was sich in Ungarn ereignete. Für Walser war das Naheliegende wichtiger, die Begegnung mit dem neunzehn Jahre jungen Peter Hamm zum Beispiel, von dem er gerade ein paar Gedichte in *Akzente* gelesen hatte. Mit landsmannschaftlicher Vertrautheit und den Worten «Sie sind doch aus Weingarten!» kam er auf ihn zu.

Im November 1956 erhielt er endlich die Nachricht vom Verlag, daß sein Manuskript angenommen sei, verbunden mit dem Wunsch nach Veränderungen. Er sollte einzelne Abschnitte streichen, andere zusammenschmelzen, das Ende überarbeiten. Im Sommer 1957 war Peter Suhrkamp immer noch nicht restlos einverstanden. Er störte sich an der drastischen Härte, mit der Walser die Folgen einer Abtreibung beschrieb, der sich Hans Beumanns Verlobte Anne Volkmann unterzieht. Einen Satz, den er unerträglich fand, bat er ganz zu streichen, weil Walser ihn später einmal bereuen werde und weil er damit dem Verlag großen Schaden zufüge. Der Satz steht fast am Ende des Romans und lautet: «(...) damals, nach der schlimmen Geschichte mit den Ärzten, da war er bei Anne wochenlang auf winzige Knöchelchen gestoßen, Gelenkpfännchen, so klein, daß man sie kaum sah, aber so spitz und hart, daß sie sich beide wundgekratzt hatten daran, zuerst waren sie schön erschrocken, er mehr als Anne, sie hatte die winzigen Überreste, die er zutage gefördert hatte, jedesmal sorgfältig gesammelt und hatte sie in ihrer Schmuckdose beigesetzt (...).»[54]

Walser wollte auf den Satz nicht verzichten. Er schrieb einen langen Brief an seinen Verleger, in dem er die Argumente hin und her wälzte. Langsam arbeitete er sich über Teilzugeständnisse und den Verzicht auf die «Gelenkpfännchen» und das «wundgekratzt» dazu vor, «den Autor in sich abzuwürgen». Doch erst im P. S. gestand er Suhrkamp zu: «So wichtig kann ein Satz von mir doch gar nicht sein, als daß man so viel Aufhebens machen dürfte: also weg mit ihm!»[55] Und an Unseld schrieb er gleich hinterher: «Der Brief an Herrn Dr. Suhrkamp ist geschrieben. Mir ist schlecht. Ich habe das Gefühl, als hätte ich onaniert. (...) Kurzum: der Satz kotzt mich jetzt an! Streichen Sie ihn bitte, bitte! So viel Trara (...) Verstehen Sie mich recht: ich ärgere mich, daß es so lange dauerte, bis ich mich zur Streichung entschloß. Man kann sich nicht (unter den beobachtenden Augen von Zeugen) (...) so lange mit sich selbst beschäftigen, ohne sich schämen zu müssen.»[56]

Suhrkamps Reaktion war erstaunlich. Souverän und nobel, wie es ihm entsprach, verzichtete er auf sein doch so dringliches Anliegen: «Die vorgeschlagenen Streichungen waren nur vorzunehmen, wenn Sie aus wirklicher Überzeugung zustimmten. Das können Sie nicht, wie ich aus Ihrem Brief ersehe, und es wird also keine Streichung gemacht werden.»[57] Ähnlich hatte er sich auch verhalten, als er Walser bei einem Besuch im Verlag dazu bewegen wollte, das Kapitel zu streichen, in dem Hans Beumann Aufnahme in den Sebastian-Club findet, wo sich die Bedeutungsträger der Stadtgesellschaft mit Cocktails und jungen Frauen amüsieren. Anstatt darüber zu debattieren, schickte er ihn mit zwei Mitarbeitern hinaus. Denen sollte er den Text vorlesen. Erst als der Lektor Walter Maria Guggenheimer Herrn Suhrkamp Bericht erstattete, ihm sei diese Szene «gar nicht mehr so tumultuarisch» (und das in Wiener Intonation) vorgekommen, und als Walser erklärte, das Vorlesen sei ihm nicht «wider die Natur» gegangen, durfte das Kapitel bleiben.[58]

Daß Suhrkamp seine Einwände gegen die Abtreibungsszene zurückzog, beschämte Walser. Die Auseinandersetzung um die Gelenkpfännchen war keine Kleinigkeit in einem Land, in dem Abtreibung verboten war und auch der Verleger solch derber Schilderungen mit Schwierigkeiten zu rechnen hatte. Nur mühsam gelang es ihm, erneute seitenlange Rechtfertigungen zu unterdrücken und darauf zu verzichten, nun seinerseits auf der Streichung zu beharren. Er wolle nicht der Sieger sein in diesem Gefecht, schrieb er an Unseld, denn das mache ihn unglücklich: «Ich bin wahrscheinlich zu eitel, darum will ich der sein, der nachgegeben hat.»[59] Der umstrittene Satz blieb. Als das Buch im Oktober in einer Auflage von 5000 Exemplaren ausgeliefert wurde, dankte Walser seinem Verleger überschwenglich. Der habe ihn als ein «Nichts» präsentiert und seinen Namen geprägt. Nun wolle er im Gegenzug den Verlag um «einen neuen Zug bereichern». Der Wunsch, den er formulierte, klang vermessen und liest sich doch von heute aus wie eine Ankündigung, die er zielstrebig in die Tat umsetzte: «Es gehört nicht zu meinen geringsten Zielen, dem Suhrkamp Verlag einmal fast so wichtig zu sein, wie es Ihr Haus seit zwei Jahren für mich ist.»[60]

Die «Ehen» wurden zu einem achtbaren Erfolg. Schon im Januar 1958 mußte die zweite Auflage mit 3000 Stück gedruckt werden. Bei einem Ladenpreis von 16,50 Mark und einem Honorarsatz von zehn Prozent bedeutete das für Walser immerhin Einnahmen von 13 200 Mark. Im Dezember 1958 folgte die dritte Auflage mit weiteren 3000 Exemplaren. Die Kritiker äußerten sich insgesamt recht wohlwollend. Statt Kafka galten nun Balzac[61] und Proust[62] als Vorbilder. Walser wurde als Moralist und als Satiriker gesehen, als Sprachvirtuose gerühmt. Die Abtreibungsszene spielte nur in wenigen Besprechungen eine Rolle, die «unnötige Geschmacklosigkeiten» und eine «unnötige Direktheit in erotischen Bezügen» monierten.[63] Mit Wolf Jobst Siedler äußerte sich nur ein Verteidiger des Bürgertums ganz und gar ablehnend. Er entdeckte nichts als «abgenutzte Klischees» und fand, daß der «Modellwelt» des Romans keine Wirklichkeit entspreche.[64] Friedrich Luft, dem Starkritiker der Epoche, fehlte dagegen die satirische Schärfe. Er sah in Walsers Debütroman allenfalls eine Talentprobe.[65] Nimmt man den Tenor der Kritiken zum Maßstab, dann war die Adenauer-Zeit gar nicht so prüde. Und auch in Intellektuellenkreisen konnte Walser nicht provozieren. Max Bense aus Stuttgart beispielsweise bemerkte, daß doch heutzutage «Ehebrüche nicht mehr buchenswert» seien – eine Ansicht, der Walser widersprach: Alles ist erzählbar, man muß nur wissen, wie.[66]

Mit Unseld war er nun per du. Zeiten beruflichen Erfolgs waren immer auch Blütezeiten der Freundschaft, und umgekehrt würde es immer dann zu Verstimmungen zwischen ihnen kommen, wenn Walser schriftstellerisch stagnierte oder Mißerfolge ertragen mußte. Die Freundschaft hielt das lange Zeit aus. So ist es kein Zufall, daß die beiden gerade jetzt den Sprung in die vertrauliche Anrede wagten, um damit ihrem «wirklichen Verhältnis eine halbwegs entsprechende sprachliche Verfassung zu geben»[67]. Davon wollte Walser sich «von keinem Vornamen der Welt» abhalten lassen, auch nicht durch den in deutschen Nachkriegsohren allzu martialisch klingenden Siegfried.

Weniger günstig beeinflußte der Roman die Beziehung zum alten Weggefährten Helmut Jedele, der sich in einer Romanfigur wiedererkannte und nun, wie Walser fürchtete, alle Stellen zusammensuchte, die gegen ihn sprächen. Nachdem Walser ihm

das Manuskript zu lesen gegeben hatte, wagte er nicht nachzu-
fragen, und Jedele schwieg. Walser schrieb ihm, er stelle ihm anheim, ihn aus allen Bindungen zu entlassen. Noch hatte er einen
Honorarvertrag beim Süddeutschen Rundfunk. Den zu lösen,
sah er nun einen geeigneten Moment und konnte die Trennung
als großzügige Geste ausgeben. Er versicherte, daß er viel freundlicher zu Jedele stehe, als es im Buch erscheine, ja daß er ihm
den Roman gewidmet hätte, wenn der Verlag nicht die Mutter
vorgezogen hätte.[68]

Derlei Irritationen bleiben nicht aus bei einem Erzähler, der
sein Material so stark aus der Erfahrung bezieht. Walser hat deshalb immer wieder damit zu tun, die Grenze zwischen der sogenannten Wirklichkeit und der Literatur zu befestigen. Was er aus
der Realität bezieht, bekommt innerhalb der literarischen Konstruktion eine neue Funktion, so daß nichts und niemand einfach seinem Abbild entspricht. Realismus ist für ihn nicht bloß
die Darstellung der Wirklichkeit, sondern eine Antwort auf Wirkliches. Der Autor bleibt auch als Realist Schöpfer seiner Welt.
Seine Fabel, so schrieb Walser Mitte der sechziger Jahre, «läßt
sich von der Wirklichkeit nichts vormachen, sie macht vielmehr
der Wirklichkeit vor, wie die Wirklichkeit ist. Sie spielt mit der
Wirklichkeit, bis die das Geständnis ablegt: das bin ich»[69]. Damit
kehrt er die im Realismus sozialistischer Prägung vorherrschende
Widerspiegelungstheorie um: Die Literatur spiegelt nicht wider,
sie bildet vor und wendet um. Philippsburg ist ganz und gar aus
den Stuttgarter Erfahrungen gebaut – und ist doch nicht Stuttgart. Hans Beumann sieht Walser nach Herkunft, Empfinden
und Erfahrungen ähnlich – und ist doch ein anderer. «Der Roman enthält nicht ein einziges Porträt irgendeines bestimmten
Zeitgenossen», schrieb Walser warnend als Vortext. «Aber es ist
die Hoffnung des Verfassers, er sei Zeitgenosse genug, daß seine
von der Wirklichkeit ermöglichten Erfindungen den oder jenen
wie eigene Erfahrungen anmuten.»[70] Man kann diese Schutzbe-
hauptung als Vor-Satz für sein ganzes Werk nehmen.

IV ERSTE ERFOLGE. 1954–1958   135

Für die englische Übersetzung wurden Abtreibungsszene und Gelenkpfännchenstelle erneut problematisch. In England war nicht nur Abtreibung, sondern auch deren literarische Schilderung verboten, Kürzungen also unumgänglich. «Was sollen wir da tun?» fragte der ratlose Autor. Woher diese «unbegreifliche Scheu vor ‹Obszönitäten›»?[71] Aber nicht nur das: Die Übersetzung war völlig mißlungen, die Fehler, die ihm mit seinem Schulenglisch auffielen, füllten eine seitenlange Errata-Liste. Eine norwegische Übersetzung war in Arbeit, für Italien meldete der Verlag Einaudi Interesse an. In der DDR mußte er sich erneut mit Sittlichkeitsbedenkenträgern auseinandersetzen. Klaus Gysi, damals Leiter des Aufbau-Verlages, lud ihn zu einem Gespräch. Er hätte den Roman gerne in einer Lizenzausgabe übernommen, doch ohne Abtreibung und ihre Folgen. Also wurde vorerst nichts daraus.

Grundsätzlich war Walser aber an Kontakten in die DDR brennend interessiert. Der Deutschlandsender fragte an, ob er ein Stück aus seinem Roman lesen wolle. Er sagte zu. Für ihn war das eine Chance, Ost-Berlin nicht nur als touristischer Fußgänger zu erleben, sondern es offiziell kennenzulernen. Suhrkampintern arbeitete er schon einmal prophylaktisch auf eine DDR-Publikation hin. Er wußte, daß das ein Politikum wäre. Wer als Westdeutscher im Osten einen Roman veröffentlichte, der als gesellschaftskritisch galt, mußte dabei den Vorwurf fürchten, er lasse sich für kommunistische Propaganda instrumentalisieren. Gegenüber Unseld führte er seine Argumente für eine DDR-Publikation ins Feld. Der Brief ist aufschlußreich, weil er seine auf Unabhängigkeit beharrende Haltung im Kalten Krieg und seine aufgeschlossene, Ostdeutschen gegenüber unvoreingenommene Einstellung dokumentiert:

«Ich habe auch ein paar Menschen befragt, auf deren Instinkt und Urteil ich ein bißchen vertraue (so z. B. Ingeborg Bachmann) und ich wurde in meiner Ansicht bestätigt. Ich glaube, die Gefahr, daß die DDR-Funktionäre oder die Polen aus dem Buch

Propagandakapital schlagen, ist nicht so groß, d. h. der Schaden einer solchen propagandistischen Ausnutzung ist nicht so groß wie der Nutzen, den ein Buch in jenen Ländern dadurch stiften kann, daß es zeigt, mit welchen Problemen man sich bei uns beschäftigen darf (und kann). Die Probleme, die aus dem ‹satten› Leben, aus der Gesichertheit der einfachen Bedürfnisse sich erheben, sind eben doch ‹menschenwürdiger› als der Kampf um 1 Pfund Butter und die Angst vor dem SED-Betriebsobmann. Ebenso wichtig aber ist auch, daß östliche Leser aus einem kritischen Buch sehen können, daß der Goldene Westen nicht so ‹golden› ist, wie sie ihn sich vielleicht vorstellen (...). Gegen Propaganda sind die Leser eines solchen Buches in der DDR besser gefeit als bei uns. Böll wird auch in der DDR gelesen. Wir möchten die DDR-Bevölkerung immer ein bißchen bevormunden, wir betrachten sie wie ein Volk von Unzurechnungsfähigen, wir lassen sie eigentlich immerzu fallen, überlassen es den Russen und Amerikanern über Wiedervereinigung usw. nachzudenken. Die Literatur könnte ja dieser wachsenden Entfremdung ein bißchen entgegenwirken.»[72]

Der Brief ist auch deshalb von Bedeutung, weil Walser damit im deutsch-deutschen Zusammenhang über die politische Funktion von Literatur nachzudenken begann. Die radikale Trennung von Politik und Literatur, wie sie etwa in der Gruppe 47 praktiziert wurde, war in einer sich zuspitzenden innenpolitischen Auseinandersetzung nicht mehr aufrechtzuerhalten. Adenauer, 1957 mit über 50 Prozent der Stimmen als Kanzler wiedergewählt, forcierte seine Politik der konsequenten Einbindung der Bundesrepublik ins westliche Bündnis. Auch die atomare Bewaffnung der Bundeswehr wollte er zusammen mit seinem Verteidigungsminister Franz Josef Strauß nicht ausschließen. Zugleich hielt er rhetorisch an der Wiedervereinigung als politischem Ziel fest und wurde darin immer unglaubwürdiger. Im Bundestag kam es zu heftigen Auseinandersetzungen mit der Opposition. «Wer Deutschland immer noch tiefer spalten will, kann es nicht besser machen als in Fortsetzung immer noch dieses Weges», sagte der gerade in die SPD eingetretene Gustav Heinemann in einer scharf geführten Debatte.[73]

Die westdeutschen Intellektuellen wandten sich vor allem gegen die drohende atomare Bewaffnung. Mit Aufrufen unterstützen sie die Bewegung «Kampf dem Atomtod», aus der Anfang der sechziger Jahre die Ostermarschbewegung hervorgehen sollte. Die Liste der Unterzeichner einer Resolution vom 15. April 1958, die davor warnten, Deutschland einer Katastrophe auszuliefern und die Wiedervereinigung unmöglich zu machen, reichte von Ilse Aichinger, Alfred Andersch und Ingeborg Bachmann über Hans Magnus Enzensberger, Erich Kästner und Siegfried Lenz bis zu Walter von Molo, Wolfdietrich Schnurre und Martin Walser. Wie ein fernes Wetterleuchten deuten sich die politisch bewegten sechziger Jahre am Horizont an. Atomare Aufrüstung und die sogenannte deutsche Frage wirkten politisierend auf die Gesellschaft, und es waren die Linken, die sich dagegen wehrten, Wiedervereinigung zur bloßen Worthülse verkommen zu lassen.

V HALBZEIT. 1957–1960

In Prousts Welt. Das Parfüm des Unglücks.
Wildwuchs der Gedanken.

Wenn Schriftsteller über Schriftsteller schreiben, sind das immer auch Selbsterkundungen. Jeder Schreibende ist zunächst ein Lesender. Wer liest, der lernt. Lesen ist auch eine schöpferische Tätigkeit. Das ist Walsers Credo. In der Auseinandersetzung mit anderen Werken bestimmt er die eigene Position. Schon die Dissertation über Kafka diente dem Studium literarischer Techniken. Und wenn er sich im Herbst 1957 mit Marcel Proust befaßte, dann entwickelte er an ihm seine Vorstellungen weiter. Im Suhrkamp Verlag erschien «Auf der Suche nach der verlorenen Zeit» in neuer Übersetzung. Walser ließ sich die Bände jeweils gleich nach Erscheinen zuschicken und wartete so ungeduldig auf den nächsten, wie er als Kind einem neuen Karl May entgegengefiebert hatte. Zweimal las er Proust von vorne bis hinten durch. War Kafka sein Lehrmeister für die kleine Form, so lernte er bei Proust das Romanschreiben. In der deutschen Epik fand er nichts Vergleichbares. Goethes «Wilhelm Meister» hatte er gelesen und wieder beiseite gelegt.

Die Ausflüge in Prousts Welt machten ihm klar, daß nicht alles, was erzählt wird, gleich eine Bedeutung haben muß, nur weil es sich in einem Roman ereignet. Das wirkliche Leben besteht ja auch vor allem aus Nebensächlichem, aus Unbedeutendem. Die meisten Ereignisse geraten wieder in Vergessenheit oder gelangen gar nicht ins Bewußtsein. Der Alltag ist viel zu unübersichtlich, als daß die Geste souveräner Erzähler glaubwürdig sein könnte, die zu jeder Ursache eine Wirkung wissen und alles nach präziser Gesetzmäßigkeit ablaufen lassen. Walser schrieb über Proust: «Er forscht in den Situationen, die er heraufbeschwört, nicht danach, welche Bedeutung sie für sein Dasein haben, sondern er verwendet alle Genauigkeit darauf, seine Erinnerungen nicht mit falschen Bedeutungen zu beladen, ihre Unwichtigkeit oder ihre Folgenlosigkeit einzusehen.»[1] Und weiter: «Das ist ja gerade das Wunder an Genauigkeit, das Proust vollbrachte, daß es den Unterschied wichtig – unwichtig nicht mehr gibt. Daß er im Gegenteil alles das in seiner ganzen Wirklichkeit erzählte, was man bis dahin überhaupt nicht bemerkte.»[2] Genau das wollte er mit seinem nächsten Roman erreichen.

In Prousts «Recherche» sah er sein Ideal von einer Geschichtsschreibung des Alltags verwirklicht und nahm daraus die Gewißheit, daß im Erzählen «alles der Zeit verfallen ist»[3]. Daraus wächst das Gespür für das Hinfällige, Schwankungsbereite in jeder Empfindung.[4] Selbst der Effekt, der sich bei der Proust-Lektüre einstellte – daß er des Gelesenen nicht habhaft werden konnte, weil es keine Handlungskurven gibt und er sich die Personen nicht mehr vorstellen konnte, sobald er zu lesen aufhörte –, sollte sich ein paar Jahre später als Vorwurf der Kritik gegen Walser zum Teil fast wörtlich bestätigen. Der Schriftsteller- und Suhrkamp-Kollege Hans Erich Nossack notierte nach der Lektüre der «Halbzeit»: «Trotz des bewundernswerten Könnens und des großen Wissens bleibt nicht eine einzige Figur, eine einzige Anekdote, eine einzige Straße oder Wohnung im Gedächtnis haften, obwohl alles sehr genau beschrieben ist. Woran liegt das? Weil alles nur gesellschaftlich gesehen ist. Wo das am Platze ist, wie etwa bei der großen Cocktail-Party, kommt man aus dem Beifall nicht heraus. Doch im Gesamten bleibt es das Buch eines Kritikers, nicht eines Künstlers.»[5]

Proust-Leser Walser hatte eine andere Erklärung für dieses Phänomen des Entschwindens: Der Mensch der Moderne ist nicht mehr als «Wesen» charakterisierbar, sondern als Rolle. Seine Darstellbarkeit ist grundsätzlich in Frage gestellt, weil alles der Zeit unterworfen ist und er sich permanent verändert. Er ist nichts als die Art, in der er erscheint. Jeder Auftritt in einer

Gesellschaft stellt frühere Auftritte in Frage. Jeder Gedächtnisabdruck überlagert die vorherigen. Die Gegenwart, so Walser mit Proust, ist ein Negativbild, das erst im Gedächtnis entwickelt wird. Wirklichkeit gibt es also nur in der Vergangenheitsform. Jederzeit abrufbare Porträts und feste Charakterbilder kann man von Thomas Mann erwarten, aber nicht von Proust – und ebensowenig von Martin Walser. Er hört damit nicht auf, ein realistischer Erzähler zu sein, aber er verlagert die Realität ins Bewußtsein. Das Bewußtsein des Menschen sprachlich zu fassen und in all seiner Komplexität überhaupt erst zu entdecken wurde seine schriftstellerische Aufgabe. Wie vielfältig die Auffassungen von Realismus sein konnten, zeigte sich bei einer Radiodebatte über Realismus, zu der Alfred Andersch den Essayisten Erich Franzen, den Kritiker Joachim Kaiser und Martin Walser einlud. Die Teilnehmer gerieten dabei derartig in Streit, daß das Gespräch nicht gesendet wurde.[6]

In diesen Monaten, in denen er unterwegs war zwischen Combray, Guermantes und Méséglise, begegnete er immer wieder Ingeborg Bachmann, die er aus der Gruppe 47 kannte. Sie war seine bevorzugte Gesprächspartnerin in Prousts Welt. Mit ihren Gedichtbänden «Die gestundete Zeit» und «Anrufung des Großen Bären» hatte sie frühe Berühmtheit erlangt. Die unendliche Differenziertheit des menschlichen Bewußtseins, die Walser bei Proust bewunderte, verkörperte niemand so zerbrechlich wie diese auf Schmerzerfahrungen spezialisierte Autorin. Er traf sie in Frankfurt bei Siegfried Unseld oder bei einer Lesung in St. Gallen, und er besuchte sie in München, wo sie sich 1957, nach vier Jahren in Italien, ansiedelte. Auch sie schrieb gerade über Proust. Walser bekam in diesen Gesprächen den Eindruck, zwar schon etwas verstanden zu haben, aber doch vergleichsweise unoriginell zu sein. Bachmann, so glaubte er, war ihm an Empfindsamkeit überlegen. Und Empfindsamkeit war doch die wichtigste Fähigkeit eines Schriftstellers. Nie kam er ihr näher als in dieser Zeit, als er das Gefühl hatte, sie retten zu müssen, ohne sie retten zu können. «Sie ist in keinem guten Zustand», berichtete er Unseld. «Sie strömt Unglück aus wie andere Frauen Parfüm. Ich habe jede Skepsis ihr gegenüber verloren und würde alles tun, ihr ein bißchen helfen zu können.»[7]

Dabei war er selbst verunsichert. Auch das mag zur Annäherung an Ingeborg Bachmann beigetragen haben. «Halbzeit» war noch nicht viel mehr als die vage Idee eines traurigen und lustigen Casanova-Romans.[8] Kleinere Geschichten, mit denen sich Geld verdienen ließe, wollten ihm nicht mehr gelingen, seit er die Kafka-Manier hinter sich gelassen hatte. Rudolf Hartung, der gerne etwas von ihm für die *Neuen Deutschen Hefte* gehabt hätte, mußte er absagen. Die Proust-Erkenntnisse wirkten sich auf die kleine Form eher hinderlich aus. «Ich scheue mich, eine konkrete Geschichte zu schreiben», erklärte er Walter Höllerer. «Mir leuchtet es nicht ein, daß man eine kleine Scherbe Wirklichkeit zu einer Geschichte schleifen darf, deren Bedeutungskurve dann jedem eindringlich ins ‹Herz› schneidet. Früher (mit Kafka), da war eine positive Bedeutungslosigkeit möglich, eine Verbergung des Sinns (wenigstens eine scheinbare): jetzt fielen mir bloß Fragmente ein, die ich nicht künstlich zur Story abrunden will, weil die Abrundung immer einer Conclusio gleichkommt, einem Istgleich, einem Urteil, einer Klarheit, die gemacht ist, einer Abgeschlossenheit, die es nicht gibt. (...) Vielleicht finde ich irgendwann einmal eine Möglichkeit, eine offene Geschichte zu schreiben, die ihre Bedeutung nicht wie ein Preisschild auf der Stirne trägt: gedankenlos und deutlich wie Musik, das wär's.»[9]

Dazu aber war er nicht in der Lage, und vielleicht ist die Absichtslosigkeit der Musik überhaupt nur in der Lyrik zu erreichen. Er beschränkte sich zunächst auf Etüden, Schreib- und Bewußtseinsübungen in den Disziplinen Genauigkeit und Aufmerksamkeit. Er wurde zu einem Detailsammler und hoffte, das zusammengetragene Alltagsmaterial für den nächsten Roman brauchen zu können. Zuversichtlich vertraute er darauf, daß dessen Form sich irgendwann schon einstellen würde. In «Dichten und Trachten», dem in Autorenkreisen als «Dirndl und Trachten» verspotteten Almanach des Suhrkamp Verlages, schrieb er: «Über das Thema dieses Romans muß ich mir keine Sorgen machen, denn es ist ja immer das gleiche (bei mir wenigstens): wie kann ein Mensch trotz seiner Gedanken mit anderen Menschen zusammenleben, wie wird er mit dem Wildwuchs seiner Gedanken, die doch den Konventionen der Gesellschaft widersprechen, fertig; der Prozeß der Sozialisierung des Bewußtseins, das scheint mir das wichtigste Thema zu sein.»[10]

Amerika. Was es heißt, deutsch zu sein.
Stammgast im Casino.

Die Auseinandersetzung mit Proust war eine Voraussetzung für das Entstehen des großen Romans «Halbzeit». Eine andere war die Amerikareise im Sommer 1958, eine Reise in die Freiheit, die ihn aus allen Bindungen herausriß. Dabei war er zunächst fest entschlossen, nicht zu fahren. Aber Siegfried Unseld drängte: Es sei wesentlich, endlich einmal rauszukommen aus dem deutschen Betrieb. «Ich verspreche mir sehr viel für dich persönlich.»[11] Welterfahren und weise wie ein Vater sprach der nur drei Jahre Ältere zu seinem Freund. Unseld war 1955 zusammen mit Ingeborg Bachmann Stipendiat in Henry Kissingers «Harvard International Summer School» gewesen. 1956 hatte er Walter Höllerer dorthin vorgeschlagen, nun war, auch auf Bachmanns Betreiben, Walser an der Reihe. Höllerer schickte die Bewerbungsformulare und redete ihm zu. Doch erst der bescheidene Erfolg der «Ehen in Philippsburg», der ihm erstmals ein Guthaben im Verlag bescherte, ermöglichte die dreimonatige Abwesenheit und den damit verbundenen Verdienstausfall. Einen Scheck über 5759,55 Mark reichte er an seine Mutter weiter, damit sie Schulden aus dem Kohlenhandel begleichen könnte und Frau und Töchter in seiner Abwesenheit mit Rückzahlungen über Wasser halten würde. Nachdem das Finanzielle so geregelt war, reiste er im Juni 1958 ab – zunächst nach London, wo er sich mit dem Verleger der englischen «Ehen» und der Übersetzerin zum Abendessen traf. Er hätte ihr gerne gesagt, wie wenig er von ihrer Arbeit hielt, übte sich aber in höflicher Zurückhaltung.

In Plymouth bestieg er das französische Passagierschiff *Flandre*. Auf den Spuren von Kafkas Amerikareisendem Karl Rossmann wollte er in New York ankommen, um dessen Irrtum mit eigenen Augen zu korrigieren: Nein, die Freiheitsgöttin erhob nicht das Schwert, sondern die Fackel. Die Kajüte teilte er während der Überfahrt mit einem schwarzen, kongolesischen Mitstipendiaten, der unter Seekrankheit litt. Ein paar Jahre später wurde dieser unter Lumumba zum Innenminister des unabhängigen Kongo. Walser führte auf dieser Reise erstmals ein Notizbuch und hielt an dieser Gewohnheit von nun an fest. Die Notizbücher wurden zum unverzichtbaren Arbeitsmittel. In sie geht alles Erlebte ein, von ihnen nimmt alles Geschriebene seinen Anfang. Sie sind die Umschlagstelle von Wirklichkeit in Literatur, also der Ort, an dem die Person sich strukturiert. Über vierzig Bände schrieb er im Lauf der Jahrzehnte voll: unverzichtbares Gedächtnis, Protokoll eines Bewußtseins in Bewegung, Herzstück seines Schaffens.

Kissingers Seminar versammelte Stipendiaten aus vierzig verschiedenen Nationen und aus den Bereichen Politik, Wirtschaft und Kultur. Sie hatten nicht viel mehr zu tun, als miteinander zu reden, sich umzuschauen und die Vorlesungen prominenter Redner wie Eleanor Roosevelt, David Riesman oder Thornton Wilder zu besuchen. Walser interessierte sich vor allem für die wunderschöne indische Stipendiatin Devaki, die sich in einen Sari hüllte. Für sie schrieb er Liebesgedichte in englischer Sprache, die er im Notizbuch entwarf. Doch sie ließ sich nicht erobern, nur verehren. Walser wurde zu einem Minnesänger, leidenschaftlich und entsagungsvoll. Die Wochenenden verbrachte man mondän auf Gütern der Familie Churchill. Großzügige Gastprogramme gehörten zur amerikanischen Politik nach 1945, um damit selbstbewußt und freundlich Werbung für das eigene Land zu machen. Walser war's einerlei. Er wäre auch gekommen, wenn ihn General Electric eingeladen hätte. Da ihn aber Harvard beherbergte, wurde der Campus zu seinem primären Amerikagelände. Den Campus erlebte er als privilegierten gesellschaftlichen Ort, der ideale Umgangsformen erlaubte.[12] Am liebsten saß er auf den Stufen der Widener Library, schaute schönen Frauen hinterher und nahm die betriebsame Atmosphäre in sich auf. Seine Stimmungen wechselten abrupt. Vormittags fest entschlossen, für immer in den USA zu bleiben, wollte er am Nachmittag sofort nach Hause reisen.[13] Im Roman «Der Augenblick der Liebe», fast fünfzig Jahre später, werden diese emotionalen Umstürze zu einem zentralen Motiv. Amerika hatte ihn aus allen Bindungen herausgerissen und in die Freiheit geworfen. Später bezeichnete er Amerika als die Bildungsreise seiner Generation. Diese Reisen führten nicht mehr in die Kunst- und Kulturgeschichte wie Goethes Italienfahrten, sondern zu einer anderen Lebensart.[14]

Verwundert registrierte er die völlige Abwesenheit von Spuren deutscher Einwanderer. Dabei hatten angeblich rund fünfzig Millionen Amerikaner deutsche Vorfahren. Die englischen Herkünfte waren in den Neuengland-Staaten nicht zu übersehen, wurden liebevoll gepflegt und stolz präsentiert. Deutsche Sprache und Kultur aber waren verschwunden, wer deutsche Wurzeln hatte, verbarg sie schamhaft.[15] Immer wieder mußte Walser sich für Franz Josef Strauß rechtfertigen, als ob er dessen eifrigster Wähler wäre. Als Deutscher in Amerika repräsentierte er das ganze Deutschland und die ganze deutsche Geschichte. Er mußte für die deutsche Schuld einstehen, obwohl er doch dachte, damit nichts zu tun zu haben. Was hatte er schon gewußt? Daß er dieser Auseinandersetzung bisher aus dem Weg gegangen wäre, kann man nicht sagen. Es gab sie nicht, weil sie nicht in Sichtweite war. Erst jetzt, jenseits des Atlantiks und dreizehn Jahre nach dem Ende des Hitlerreiches, schärfte sich die Wahrnehmungsfähigkeit für die NS-Vergangenheit[16], als habe der Schock der «Furchtbarkeitsenthüllungen» der Nachkriegszeit erst in der Distanz nachgelassen. Nun war er weit genug entfernt, um mit dem Hinschauen zu beginnen.

In der Rede, die er wie jeder Harvard-Stipendiat halten mußte, befaßte er sich jedoch mit der westdeutschen Gegenwart. Das Selbstporträt des Intellektuellen, das er entwarf, zeigt nicht den sensiblen Gesellschaftskritiker, sondern den drangsalierten Autor, der an seiner Haustür von Vertretern heimgesucht wird und aus Sentimentalität, Mitleid und Verantwortungsgefühl fürs Bruttosozialprodukt zum Käufer wird. Er abonniert eine Zeitschrift, die er schon hat, erwirbt einen Rasenmäher, ohne einen Garten zu besitzen, und kauft eine Ersatzschreibmaschine für eventuelle Notfälle. Aus der Summe der Ausgaben folgt die Notwendigkeit, sofort ein neues Buch zu schreiben und selbst zum Verkäufer zu werden – schwer genug, denn Literatur ist eine Ware mit begrenzter Nachfrage. Voller Zärtlichkeit denkt der Autor also an seine Leser und genehmigt sich erst mal einen Brandy.

Walser begriff gesellschaftliche Bindungen nicht politisch, sondern zunächst einmal ökonomisch. Vielleicht war er gerade dadurch vielen Intellektuellen überlegen und weniger von den Wechseln der ideologischen Großwetterlage abhängig. Die Bundesrepublik, die alles auf wirtschaftliche Prosperität und auf Wachstum setzt, hat ihn gelehrt, daß es im Kapitalismus mehr aufs Verkaufen ankommt als aufs Produzieren. Diese Einsicht ist der Ausgangspunkt für den Roman «Halbzeit» und die Figur des Anselm Kristlein, der vom Vertreter zum Werbetexter und schließlich – in der Fortsetzung «Das Einhorn» – zum Schriftsteller wird. Wenn Kristlein als Teilnehmer allabendlicher Podiumsdiskussionen durchs Land reist, glaubt er, der einzige zu sein, der nur fürs Honorar antritt, während all seine Gesprächspartner von einer Mission und heiliger Überzeugung erfüllt sind.[17] Kristlein repräsentiert den Intellektuellen als Geschäftsmann, und so empfand Walser auch sich selbst. Er ist ein Handlungsreisender in eigener Sache, der sich stets bewußt ist, seine Produkte am literarischen Markt plazieren zu müssen.

Die letzten vierzehn Tage in den USA nutzte er für Recherchen in den Hochburgen kapitalistischer Werbung auf New Yorks 5th Avenue und Madison Avenue. Für den SDR wollte er einen Film über Agenturen und ihre Vermarktungsstrategien drehen – er mußte schließlich auch ans Geldverdienen denken. Daraus wurde nichts, doch die Erlebnisse gingen in das Amerika-Kapitel der «Halbzeit» ein, wo Anselm Kristlein zum Fortbildungsseminar über «künstliche Produktalterung» in die New Yorker Werbebranche geschickt wird. Ein zweites Fernsehprojekt scheiterte ebenfalls: Walser bat den Raketenbauer Wernher von Braun um ein Interview für einen Dokumentarfilm. Braun lehnte aus Zeitmangel und mit dem Hinweis ab, daß «in jedem Falle eine Genehmigung des Department of the Army vorliegen müßte»[18]. So blieb das einzige kurzfristig verwertbare Resultat der Amerikareise ein Text für die *Süddeutsche Zeitung*, der von den Schwierigkeiten der Heimkehr handelte.

In New York aber nahm ihn der Kommilitone aus dem Kongo mit nach Harlem und zeigte ihm die Schwarzenviertel. Mit einer englischen Journalistin brach er für ein Wochenende nach Martha's Vineyard auf, wo er mit großer Geste und der weltmännischen Versicherung, ein versierter Segler zu sein, eine Jolle mietete. Lässig legte er ab, die Engländerin an Bord, die nicht ahnte, daß seine einzigen, bescheidenen Segelerfahrungen aus der Zeit der Marine-HJ stammten. Der kräftige Atlantikwind zeigte ihm bald die Grenzen. Er fürchtete, wenn er nun hinausgetrieben würde aufs Meer, würde er niemals zurückkehren, weil er es nicht wagen könnte, dort draußen eine Wende zu versuchen. Also entschied er sich, geradeaus zu fahren, ins Hafenbecken hinein, und schrammte dort zwischen zwei vertäuten,

V HALBZEIT. 1957–1960 147

millionenteuren Jachten auf Grund. Der Schaden blieb gering, die Engländerin lachte und nahm nichts übel.

Der Flug zurück nach Europa in einer viermotorigen Propellermaschine war wie eine Operation ohne Betäubung.[19] Da wurde ein Sträfling nach Hause transportiert, ein Eingefangener zurückbeordert. Es war ein Sieg der Domestikation.[20] Nie zuvor war er geflogen. Daß die Motoren Feuerschweife hinter sich herzogen, mußte das Ende sein. Er schloß mit sich und der Welt ab, sagte aber nichts, weil er fürchtete, für einen Feigling gehalten zu werden. Im Zug nach Friedrichshafen teilte er das Abteil mit fünf französischen Soldaten, die so stanken, daß ihm die Luft wegblieb. Soll man sich freuen, wenn man nach drei Monaten in schwereloser Distanz vom Schaffner mit Namen begrüßt wird? Wenn man sich plötzlich wieder einzufinden hat unter der bekannten Adresse, in einem engen Land, in einer fordernden Familie, in einer seltsam fremd gewordenen Sprache? Wenn am Bahnsteig Käthe steht mit der kleinen Johanna an der Hand? Ja, man soll sich freuen, auch wenn der Sprung zurück kaum zu bewältigen ist.

Walsers Mißbehagen wuchs von Tag zu Tag. Er wehrte sich gegen die Rückkehr, indem er sich ins Schreiben stürzte. In Amerika hatte er einen jungen Mann kennengelernt, der auf die Frage nach seinem Beruf geantwortet hatte, er schreibe «the GAN» – the Great American Novel. Also machte er sich daran, «the GGN» – the Great German Novel – zu verfassen. Doch bald erließ er sich diese Dienstverpflichtung und schrieb einfach nur vor sich hin.[21] Einen Titel hatte er noch nicht, aber das Manuskript schwoll rasant an und umfaßte in seiner Handschrift schon über tausend Seiten. Im Dezember wolle er fertig sein, teilte er Unseld mit, vier oder fünf Teile, mal sehen. Das Schreiben in der Ich-Form führe zu einem «impressionistischen Gestotter». Dagegen lasse sich wohl nichts machen.[22]

Wenn er das Haus verließ, glaubte er, die Menschen vor sich warnen zu müssen, weil er in Friedrichshafen, wochenlang am Schreibtisch vor dem Fenster sitzend, «unbescheiden gesprächshungrig», ja sogar «streitsüchtig» geworden sei. Mit diesen Worten schilderte er seinen Zustand dem *Merkur*-Herausgeber Joachim Moras[23], den er in München besuchte. Er war nun viel unterwegs, sei es, weil er es nicht ertrug, zu Hause zu bleiben, sei es, weil er Geld verdienen mußte. Das Inszenieren von Hörspielen in München oder Frankfurt und Aufträge fürs Stuttgarter Fernsehen waren immer noch wichtige Einnahmequellen. Unseld bot eine kleine Monatspauschale an, um kontinuierliches Schreiben zu ermöglichen. Aber es widerstrebte ihm, sich zu verschulden und sich damit unter Erfolgszwang zu setzen: «Vielleicht habe ich durch die etwas unglückliche Geschäftsbiographie meines Vaters ein Hypotheken-Trauma mitbekommen.»[24]

Walser versuchte auf andere Weise, das Geld zu vermehren: Er wurde Stammgast in der Spielbank. Er fuhr ins Casino nach Konstanz oder, einen ganzen Winter lang, Abend für Abend nach Lindau, wo er eine Jahreskarte im Roulette erwarb und wo ein alter Schulkamerad als Croupier arbeitete. Tagsüber schreiben und nachts die 50 Mark für den nächsten Tag gewinnen – das war eine faszinierende Idee. Leider klappte es nur selten. Wenn er gegen 21 Uhr im Casino auftauchte, traf er stets auf dieselben sechs, sieben Gestalten: einen bankrotten Kaufmann aus Kempten, einen verzweifelten Beamten aus St. Gallen, einen Hochstapler aus Bregenz und ein paar undurchschaubare Pokergesichter. Bis drei Uhr nachts belauerte sich die Notgemeinschaft der Spieler. Jeder hätte den anderen umbringen können, der etwas gewann.

Walser spielte immer gegen die Bank – und verlor. Wenn er doch einmal gewann, fuhr er beglückt nach Hause und verkündete: Wir können uns jetzt eine neue Waschmaschine leisten! Am nächsten Abend verspielte er den Gewinn wieder, doch dann war die Waschmaschine schon bestellt.[25] Es war eine vernichtende Obsession. Freunde, die seine nächtlichen Feldzüge miterlebten, waren bestürzt. Der strenge Peter Weiss, der ihn einmal nach Bad Homburg in die Spielbank begleitete, stand konsterniert daneben. Er konnte mit dieser Leidenschaft nichts anfangen. Walser suchte das Risiko. Das entsprach seinem Naturell. Er ist in all seinen Aktionen stets auch ein Spieler, der den hohen Einsatz nicht scheut. Jede Buchpublikation betrachtet er als Teilnahme an einer Lotterie. Wenn im Frühjahr und im Herbst die Gewinner gezogen werden, ist das nur spannend, wenn er selbst einen Titel im Spiel hat.[26]

Im Februar 1959, als die Familien Walser und Unseld den ersten gemeinsamen Skiurlaub in den Alpen planten, drängte Walser auf Bad Gastein als Urlaubsort, weil es dort eine Spielbank gab. Mit Unseld war aber das Schachspiel wichtiger, eine Leidenschaft, die wenigstens nicht in den finanziellen Ruin führte. Da konnten sie sich stumm bekämpfen, Siegeswille prallte auf Siegeswille und ließ aus der Gegnerschaft etwas Gemeinsames entstehen: die Lust am Spiel. Im November legte Walser vor dem Freund schriftlich das Versprechen ab, mit dem Casino Schluß zu machen: «Jetzt bin ich fertig, nicht mit dem Roman, sondern mit Spielbank und Geld. Ich gehe jetzt nicht mehr. Das ist sicher. Ich schreibe es Dir so ausdrücklich, daß ich mich auch Dir gegenüber festgelegt habe und mich nicht nur vor mir selbst, sondern auch vor Dir genieren müßte, wenn ich wieder ginge.»[27] Da hatte er so sehr abgewirtschaftet, daß er entgegen seiner Empfindlichkeit Unseld bitten mußte, ihm einen Vorschuß zu gewähren. Vielleicht hätte er auch das wieder verspielt, wenn sein Abstinenzvorsatz nicht noch einen bedrohlichen Hintergrund gehabt hätte: Die Zahlendominanz des Spiels wirkte sich verheerend aufs Schreiben aus. Statt Buchstaben sah er Zahlen vor sich und dachte den ganzen Tag am Schreibtisch darüber nach, welche Kombination er hätte setzen müssen, um zu gewinnen. Wenn das Spiel ihn nicht nur finanziell ruinierte, sondern schon die Produktivität untergrub, mußte er damit Schluß machen.

150 V HALBZEIT. 1957–1960

Immerhin konnte er die gewonnenen Erfahrungen literarisch verwerten. Schon in «Ehen in Philippsburg» versammelte er die Partygesellschaft im Haus des Fabrikanten Volkmann um ein Roulette.[28] Im «Einhorn» gelingt Anselm Kristlein ausgerechnet im Casino als dem Ort kollektiver Leidenschaft der Durchbruch im Verführungsfeldzug gegen die angebetete weibliche Ikone Orli.[29] Und noch im «Schwanenhaus» erinnert sich sein ihm so vertrauter Held Gottlieb Zürn an die Zeit, als er eine Jahreskarte für die Spielbanken in Konstanz und Lindau besaß. Gottlieb Zürn hat seine Spielsucht allerdings schon hinter sich und wundert sich darüber, warum es ihn nicht genierte, seiner Frau immer wieder mit den gleichen Versprechungen und Rechtfertigungen zu kommen.[30] In «Meßmers Reisen» aus dem Jahr 2003 heißt es dann: «Früher, in der Spielbank, wenn du verloren hast, hast du geglaubt: 1.) ist das nur auf der Spielbank, 2.) werde ich auch hier noch gewinnen, irgendwann einmal. Inzwischen ist es offenbar: es war nicht nur auf der Spielbank.»[31]

Jahrelang spielte er – gewissermaßen als gebändigtes Suchtprogramm – in der Süddeutschen Klassenlotterie. Der Großvater hatte das auch schon getan. Da mußte doch nach allen Regeln der Wahrscheinlichkeitsrechnung irgendwann ein Gewinn fällig werden. Als Schrumpfstufe davon blieb schließlich das Lotto übrig. Da gelten andere Regeln als beim Roulette, wo er immer souverän auf bestimmte Zahlen setzte. Im Lotto bevorzugt er Kombinationen ohne ästhetische Qualität in möglichst wüster Folge. Gewinne kennen keine Logik. Soviel versteht er mittlerweile davon.

**Auftritt Uwe Johnsons. Das Suhrkamp-Kartell.
Orgelton mit Utopiekurve.**

Am 31. März 1959 starb Peter Suhrkamp. Als Unseld bei Walser
anrief, um ihm die Nachricht zu übermitteln, riß er ihn aus eu-
phorischer Stimmung heraus. Er hatte gerade den Titel «Halbzeit» gefunden. Das war ein Wort, «über das man nachdenken
kann wie über einen Apfel oder eine Lampe». So konkret wie ein
Messer sollte es sein.[32] Unseld fand den Titel beziehungsreich
und passend für ihrer beider Situation.

Tatsächlich begann mit Suhrkamps Tod ein neuer Abschnitt,
ja vielleicht sogar ein neues Spiel. Unseld, schon im Jahr 1958
zum Komplementär an Suhrkamps Seite aufgestiegen, war nun al-
leiniger Herr im Verlag. Fast täglich telephonierte er mit Walser,
seinem wichtigsten Vertrauten. Daneben gehörte Hans Magnus
Enzensberger zum engen Kreis der Berater und Mitarbeiter. Als
vierter im Bunde stieß bald einer dazu, den Unseld zunächst als
Joachim Catt ankündigte: ein Autor aus der DDR, dessen Debütroman «Mutmaßungen über Jakob» er veröffentlichen wollte. Peter Suhrkamp war nicht mehr dazu gekommen, das Manuskript
zu lesen, so daß es nun zu einem Symbol für die neue Ägide und
zur Entdeckung des neuen Verlegers werden konnte. Walser formulierte den Text für die Verlagswerbung, hielt sich dabei aber
an die Vorgaben des Autors, weil er, wie er eingestand, «einiges
überhaupt nicht kapiert hatte». Er hoffe, «Catt wird auch noch
einfacher schreiben, später»[33]. Erst als der Autor sich entschloß,
die DDR zu verlassen, und im Juli in den Westteil Berlins übersiedelte, konnte das Pseudonym gelüftet werden und das Buch
unter dem richtigen Namen erscheinen: Uwe Johnson.

Kurz darauf lernten Walser und Johnson sich bei Unseld persönlich kennen. Walser klimperte auf dem Klavier herum und
sprang höflich auf, als der große Blonde aus Vorpommern eintrat. Vom äußeren Erscheinungsbild hätten die beiden kaum
gegensätzlicher sein können: der riesenhafte Johnson, der ein we-

nig ungelenk wirkte, ernst, asketisch und nordisch-kühl, Walser dagegen quirlig und munter, eher füllig, genußfreudig und von süddeutschem, tänzelndem Temperament. Walser übernahm gleich die Initiative, fragte nach der Umschlaggestaltung für die «Mutmaßungen» und erläuterte die Bedeutung des Designs am Beispiel seiner «Ehen in Philippsburg».

Schon bei dieser ersten Begegnung muß Johnson Vertrauen zu Walser gefaßt haben, denn von ihm ließ er sich wenig später begleiten, als er nach über drei Jahren seine Mutter wiedersah, die schon 1956 die DDR verlassen hatte. Beim Besuch in Karlsruhe bewunderte er Walser als gewandten Reisenden, der sich auch in fremden Städten zurechtzufinden wußte, der den Mädchen melancholisch hinterherblickte und ihnen wortreich huldigte. «Bischt alleweil der Ältere», pflegte der um sieben Jahre jüngere Johnson von da an zu sagen. Er, der Neuling im kapitalistischen Westen, suchte Walsers Rat in Verlagsangelegenheiten und in finanziellen Dingen. Als beide während der Buchmesse bei Unseld in der Klettenbergstraße übernachteten, erhielt er den Auftrag, auf Walser aufzupassen, falls der ins Spielcasino aufbrechen würde. Ihre schriftstellerische Wertschätzung beruhte auf Gegenseitigkeit, hatte aber von Anfang an auch einen Wettbewerbscharakter: Beide strebten danach, «the Great German Novel» zu schreiben. Diese Konkurrenz war ihrer Freundschaft als Stachel eingepflanzt. Für die Tagung der Gruppe 47 auf Schloß Elmau im Oktober 1959 empfahl Walser in einem Brief an Hans Werner Richter nachdrücklich Uwe Johnson als würdigen Preisträger.[34] Doch es wurde dort kein Preis vergeben, nachdem im Jahr zuvor Günter Grass mit einem Ausschnitt aus der «Blechtrommel» triumphal gesiegt hatte.

Walser fuhr nicht nach Elmau. Er hatte Wichtigeres zu tun. «Halbzeit» sollte über den Winter fertig werden, und er war froh, wenn er einmal ein paar Wochen am Stück daran arbeiten konnte. Bis in den August hinein war er durchs Land gereist, hatte Hörspiele und ein Feature produziert, an einem Unterhaltungsfilm und am Drehbuch für einen Dokumentarfilm über die Bayer-Werke gearbeitet. Seltsame Koinzidenz der Ereignisse: Während in der DDR der «Bitterfelder Weg» ausgerufen wurde und die Intellektuellen aufbrachen, um sich in den Chemiekombinaten des Landes mit proletarischer Erfahrung anzureichern, ging Martin Walser nach Leverkusen, um sich in der Chemie-Industrie umzuschauen. Im Auftrag von Bayer produziert, sollte der Film werbenden Charakter haben, konnte diesem Anspruch aber nicht genügen. In den Notizbüchern hielt er seitenlang nichts anderes fest als Eindrücke vom Werksgelände. Er sprach mit Chemikern und Arbeitern. Nachhaltig beeindruckte ihn eine verkrüppelte Personalchefin, die junge Mädchen einstellte. Im Spätherbst 1960 hielt er sich nochmals wochenlang in Leverkusen auf. Das war knapp zehn Jahre bevor im Westen Arbeiterliteratur und Dokumentarismus modern wurden. Sein Ausflug in die Industrie war weder ideologisches Kommando noch Mode, sondern Folge des verfluchten Erwerbszwangs. Er flehte Unseld an, ein Freund zu sein und ihn vor dem ewigen Herumreisen zu schützen: «Kannst Du mir nicht die Mündigkeit entziehen? Ich möchte nicht mehr fort. Jener Süße der Heimkehr ziehe ich die Bitter-Süße des Zuhauseseins vor.» Immerhin gewann er bei Bayer ungeahnte Einblicke in die Welt der Naturwissenschaften und fühlte sich in Sachen technischer Rationalität so informiert, daß er Max Frischs Erfolgsroman «Homo Faber» als ein geradezu lächerliches «Schandbuch» bezeichnete.[35]

Frisch spielte im inneren Suhrkamp-Zirkel die Rolle des Elder Statesman, der aus seiner Schweizer Distanz und als Vertreter einer älteren Generation eine Sonderrolle einnahm. Es dauerte einige Jahre, bis zum Erscheinen von Frischs «Mein Name sei Gantenbein» 1964, daß Walser ihm näherkam. 1962, als Walsers Theaterstück «Eiche und Angora» aufgeführt wurde, störte Frisch sich daran, daß der Titel zu dicht an seinem «Andorra» liege, so daß Verwechslungsgefahr bestehe. Über Johnson ließ er ihm ausrichten, den Titel doch bitte zu ändern. Walser mokier-

te sich über diese Verbocktheit und über Johnsons bedingungslose Frisch-Verehrungsbereitschaft. Dann müsse man es wohl auch
als böse Gemeinheit von Luis Trenker begreifen, den «Berg in
Flammen» geschrieben zu haben, nachdem es den «Zauberberg»
schon gab, konterte er.[36] – Eine ähnliche Situation ergab sich in
den siebziger Jahren mit dem Roman «Der Sturz». Diesen Titel
trug bereits eine Erzählung Dürrenmatts. Walser schrieb ihm,
in Zukunft bekämen alle Leute, die im Buchladen nach dem
«Sturz» verlangten, Dürrenmatts Buch ausgehändigt. Dürrenmatt lachte. Die Sache war damit erledigt.

Vielleicht hatten die anfänglichen Schwierigkeiten mit Frisch
auch etwas mit dessen problematischer Beziehung zu Ingeborg
Bachmann zu tun. Walser hätte ihr einen Retter gewünscht und
sah, daß auch Frisch sie ganz und gar nicht retten konnte. Er
war wie alle anderen auch ein wenig verliebt in Bachmann, die
als einzige Frau die Herrenrunde um Unseld belebte – obwohl
sie noch nicht Autorin des Suhrkamp Verlages war. Unseld hatte sie überredet, im Wintersemester 1959 die neu eingerichtete
Poetikdozentur in Frankfurt zu übernehmen. Walser konnte sich
kaum vorstellen, wie sie vors studentische Auditorium treten
würde. Eine «starke, leise, tapfer am Versiegen entlang gleiten-
de Stimme» wünschte er «unserer Dottoressa» und Hörer, «die
Ohren haben für die besondere Ingesche Bebefrequenz»[37]. Ein,
zwei Jahre später besuchte er Frisch und Bachmann in Rom. Sie
wohnten in herrschaftlicher Lage; man konnte, sehr imponierend, mit dem Aufzug direkt in die Wohnung gelangen. Frisch
machte den Hausherren und bewirtete die Gäste, während Bachmann kränkelnd im Bett lag. Sie bat um Walsers Gegenwart, der
zu ihr ins Schlafzimmer kam und sich auf den Bettrand setzte.
Frisch blickte alle paar Minuten herein, fragte: Geht's euch gut?
– und schloß die Tür wieder. Walser fühlte sich unwohl in diesem Spiel, in dem er die Rolle des Eifersuchtserweckers zu übernehmen hatte.

Daneben gehörte vielleicht noch Peter Weiss, der gelegentlich

V HALBZEIT. 1957–1960 155

aus Stockholm zu Besuch kam, zum inneren Suhrkamp-Zirkel. 1960 debütierte er bei Suhrkamp und auf dem deutschen Markt mit dem experimentellen Roman «Der Schatten des Körpers des Kutschers». 1961 und 1962 folgten die autobiographischen Romane «Abschied von den Eltern» und «Fluchtpunkt», die ihn bekannt machten. Der Kreis um Unseld war durch freundschaftliche Geschäftsbeziehungen oder funktional begründete Freundschaften verbunden, je nachdem. Arbeit und Freundschaft waren nicht zu trennen. Enzensberger porträtierte Walser in der *Zeit*, der porträtierte im Gegenzug Enzensberger und rühmte auch Johnson, und ihre Seilschaft war ihnen kein bißchen peinlich. Nur Günter Grass, der sich nicht von Unseld in den Verlag ziehen lassen wollte, spottete aus der Berliner Distanz über das geschäftsstimulierende Frankfurter Publizitätskartell.[38]

Im Sommer 1959 war Walser mit einem weiteren neuen Suhrkamp-Autor befaßt: mit Ernst Bloch aus der DDR, dem marxistischen Philosophen des «Noch-Nicht». Zur Buchmesse im Oktober sollte «Das Prinzip Hoffnung» einschließlich des in der DDR noch nicht erschienenen dritten Bandes als Auftakt einer umfassenden Werkausgabe herauskommen. Walser übernahm den publizistischen Begleitschutz für diese bundesrepublikanische Neuentdeckung und schrieb einen einführenden Essay für die *Süddeutsche Zeitung*.[39] Bloch beeindruckte ihn mit seiner messianischen Heilserwartung. Der Orgelton eines marxistisch gestimmten Christentums fand im Resonanzraum seiner katholischen Herkunft einen Widerhall. Politisch faszinierte er als ein Denker, der weder im Osten noch im Westen zugehörig war. Galt er hier als Kommunist, war drüben sein Marxismusverständnis verpönt, das der Religion näher war als der Ökonomie und der Programmatik der SED.

Walser quälte sich durch den ersten Band. Er ärgerte sich, weil alles darin den Anschein erweckte, daß es im Westen nichts mehr zu hoffen gäbe und alle Zukunft im Osten liege. Den zweiten Band genoß er als Sammlung von Erzählungen über versunkene Menschheitshoffnungen. Im dritten Band fand er Blochs «Theologie», in der Gott durch einen noch unbekannten Menschen ersetzt und das schöne Reich der Freiheit besungen wird. Daß der Weg dorthin nur mit Marx zu beschreiten wäre, störte ihn weniger als die unendliche Entfernung bis zu diesem eher jenseitigen als irdischen Paradies. Blochs Definition von Heimat als einem Ort der Verheißung, worin man noch nicht war, leuchtete ihm nicht ein. Für ihn war Heimat etwas, das in der Vergangenheit versinkt. Seine Heimat war die dörfliche Welt der Kindheit, die es schon nicht mehr gab.

Gegenwart ist für Walser auf Geschichte ausgerichtet und nicht auf Zukunft. Der zentralen utopischen Perspektive in Blochs Denken konnte er nicht folgen. Doch er bewunderte das sprachliche Brausen und Jubeln im «Prinzip Hoffnung». In einem Rundfunkfeature rückte er den hymnischen Ton Blochs in die Traditionslinie von Kierkegaard und Hölderlin[40], Hinweis darauf, daß er ihn weniger als Philosophen denn als Dichter las. Mit Bloch, der ihm neben dem «Stahlstich Marx» wie ein Aquarell erschien, habe er lediglich die «Feuilletonseite des Marxismus» studiert, sagte er später einmal.[41] Marx gehörte auf die Seite der Wissenschaft. Marx war mehr Jargon als Sprache und hinterließ, obwohl er sich auch an ihm versuchte, weniger Spuren als Bloch.

Den ersten Band vom «Prinzip Hoffnung» las er in der DDR-Ausgabe, die er in Ost-Berlin, in der Buchhandlung am Alexanderplatz, erworben hatte. Suhrkamp-Lektor Walter Boehlich warnte ihn, daraus zu zitieren, weil die Suhrkamp-Fassung davon abweiche. Walser war empört. Dieser Band mit den «billigen Hieben» gegen den Westen hatte ihn so verstimmt, daß ihm fast die Lust am Rest vergangen wäre. Nun erfuhr er, daß Bloch manches davon streichen und abmildern wollte, und fand diese Anpassung ans Publikum noch unerträglicher als die Tatsache, alles noch einmal lesen zu müssen. Erbittert antwortete er Boehlich: «Ich finde es eigentlich unmöglich, daß man einen

Mann, der mit solch mosaischem Pathos auftritt, in zwei Versionen publiziert, so, daß er im Osten paßt, und so, daß er bei uns Eindruck macht. Das geht doch gerade bei Bloch nicht. Dann stimmt ja nichts mehr.»[42] Der Zorn entlockte ihm den sarkastischen Vorschlag, den Westpropheten Heidegger mit dem Ostpropheten Bloch an einen Diskussionstisch zu bringen und Adorno als Gesprächsleiter zu engagieren: «Das wäre doch mal was für die reifere Jugend?!»[43]

Dennoch beeinflußte die Bloch-Lektüre ihn politisch und radikalisierte seine Wahrnehmung der kapitalistischen Wirtschaftsweise. Bloch warf er ja nicht die Kritik am Kapitalismus vor, sondern die Einseitigkeit, mit der er sich auf die realsozialistische Seite der Welt schlug. Walser widerte es genauso an, in einem Staat zu leben, der sich darin erschöpfte, Steuern einzutreiben und Subventionen auszubalancieren, während die Bevölkerung ihre Sorge ums Schicksal an den Chef der Notenbank und an Verteidigungsminister Franz Josef Strauß delegierte. Dividenden für die Aktionäre und für Flick, eine Kartellamtsattrappe in Berlin, überall Schein und dahinter nichts als Profit: So sah er die westdeutsche Gesellschaft Ende der fünfziger Jahre in einem Brief an Joachim Moras. Da lag er ganz auf marxistisch grundierter Bloch-Linie, wenn er schrieb: «Ich habe ein Jahr lang wieder Zeitungen gelesen, mir reicht's! Der Westen ist zu einer Form der Geldwirtschaft zurückgekehrt, die zum Kotzen ist, die so tot und böse und zukunftsfeindlich und letzten Endes unmenschlich ist, daß der Kommunismus in all seiner Kargheit geradezu phantastisch wirkt, wenn man sein *Wozu* mit dem unseren vergleicht.»[44] Das ist die politische Stimmungslage, aus der heraus der Wirtschaftswunderroman «Halbzeit» entstand.

Aufstehen. Anselm Kristleins Abenteuer. Autofahren.

Am Anfang ist das Aufwachen. Am Morgen liegt der Mensch im Bett und muß sich wieder zurechtfinden in der eigenen Haut und im eigenen Leben. Ein paar Minuten noch schlafen – das könnte das Paradies sein. Aber irgendwann kommt der Augenblick, in dem er sich aufraffen muß, hoch und raus ins Bad, an den Frühstückstisch, ins Büro oder wohin auch immer. Es ist Tag für Tag ein dramatisches Geschehen, wenn der Mensch in diesem Augenblick der Wiedergeburt in seine gesellschaftliche Brauchbarkeit zurückfinden muß.

Viele Romane Martin Walsers beginnen damit, daß der Held im Bett liegt und erst einmal das Aufstehen zu bewältigen hat. Aus eigener Erfahrung weiß er, daß da auch Medizinisches hineinspielt: Kreislauf und Blutdruck und Rückenschmerzen, die diesen Akt zu einer heroischen Leistung machen. «Halbzeit» beginnt mit den Anstrengungen des Aufwachens, und es wird immer schlimmer: Im «Einhorn» flieht Anselm Kristlein aus der Welt zurück in den Schutzraum des Bettes, um von hier aus, liegend und Krankheit simulierend, zu erzählen. Im «Sturz» kommt er gar aus einer Bewußtlosigkeit zu sich und hat einen nassen Lappen im Gesicht. Franz Horn erwacht in «Jenseits der Liebe» mit fest zusammengebissenen Zähnen, Xaver Zürn in «Seelenarbeit» mit Bauchschmerzen. Gottlieb Zürn leidet im «Schwanenhaus» unter dem Gefühl, er stehe auf dem Kopf, und bleibt lieber liegen. Helmut Halm hat in «Brandung» immerhin schon das Bad erreicht, schafft es aber nicht, sich mit seinem Gesicht im Spiegel abzufinden. Seit den neunziger Jahren macht Walser sich Notizen für ein Buch mit dem Titel «Der Gefangene», dessen Protagonist beim Aufwachen seinen Namen vergessen hat. Und in «Der Augenblick der Liebe» schließlich doziert Gottlieb Zürn über den Moment des Erwachens, den er heideggerisch als «Sturz des Gefangenen in sein Zeug» bezeichnet. Nur in den Träumen gibt es Freiheit. Der Erwachende verwandelt sich zurück in seine gesellschaftliche Pflichtrolle. Kafkas «Verwandlung» klingt da motivisch nach. Walser-Helden tun sich schwer damit, in den Tag zu kommen. Doch ebensoschwer fällt es ihnen, die Nacht zum Schlafen zu nutzen. Dann werden sie von ihren Tagessorgen überflutet, so daß auch das Bett nicht zum Erholungsort, sondern zur Exerzitienstätte wird. Von geschlechtlichen Verrichtungen und hormonellen Verpflichtungen ganz abgesehen.

In der Geschichte «Gefahrenvoller Aufenthalt» aus dem Band «Ein Flugzeug über dem Haus» hatte Walser ausphantasiert, wohin es führen würde, wenn einer sich entscheidet, ein für allemal liegenzubleiben und alle gesellschaftlichen Anforderungen zu ignorieren. Anselm Kristlein aber muß aufstehen, weil er Familie hat und Geld braucht und weil Walser längst weiß, daß es keinen Ort außerhalb der Gesellschaft gibt. «Halbzeit» beschreibt die Abhängigkeiten, in die man dabei gerät. Anselm Kristlein, der aus dem an Wasserburg erinnernden Bodenseedorf Ramsegg stammt, betritt die Bühne nach einem langen Krankenhausaufenthalt. All seine Energie und Konzentration braucht er dafür, Ehefrau und mehrere Liebhaberinnen zu vereinbaren. Er muß berufliche Mißerfolge verkraften und entdeckt seine Eingebundenheit in die deutsche Geschichte. Ständige Wechsel – erotisch, historisch-politisch, gesellschaftlich – bestimmen seine schwankungsbereite Identität. Er fühlt sich wie ein Polonaise-Tänzer, der «die Schritte und die Frauen und die Uniformen und die Wohnungen und die Ansichten und die Zigarettensorten wechselt»[45], ohne zu wissen, wer die Polonaise anführt.

Ein zentrales, spöttisch-satirisch behandeltes Thema ist nun der Umgang mit der nationalsozialistischen Vergangenheit in der prosperierenden Bundesrepublik. Über Kristleins Onkel Gallus beispielsweise, der es im «Dritten Reich» zum SA-Sturmführer brachte, heißt es, er habe einst wegen seiner ausgeprägten

Mit Tochter Johanna, in Friedrichshafen, Sommer 1959.

Familie Walser mit Großvater (links), einem Verwandten des Großvaters (rechts) und den Söhnen Martin (links) und Josef, 1930.

Josef und Martin, Herbst 1930.

Martin Walser, circa 1935.

Das Geburtshaus, die «Bahnhof-Restauration», in den dreißiger Jahren.

Der Vater Martin Walser in den zwanziger Jahren.

Mit Josef beim Entladen von 400 Zentnern Kohle, 1940.

Ausflug nach Meersburg, 1937. Von links nach rechts: Ludwig, Guido, Martin, Helmut.

Die Mutter Augusta Walser mit den Söhnen Martin, Josef und Karl Anselm, 1944.

Die Klasse des Lindauer Gymnasiums, 1944. Martin Walser in der Mitte vorn.

Hochzeit mit Käthe Neuner-Jehle,
19. Oktober 1950.

Als Soldat, 1944.

Als SDR-Reporter mit der französischen Schauspielerin Cécile Aubry, 1951.

SDR-Intendant Fritz Eberhard, 1953.

Mit Arthur Adamov im Studio.

Als Alleinunterhalter – das SDR-Zeitfunk-Team hört zu, 1950.

Dreharbeiten fürs Fernsehen: Martin Walser (Mitte), rechts daneben Michael Pfleghar, ganz rechts Helmut Jedele.

Bei der Gruppe 47, Tagung in Berlin, 1955. Von links nach rechts, sitzend: Heinrich Böll, Hans Werner Richter, Wolfgang Hildesheimer, Martin Walser, Milo Dor; stehend: Ingeborg Bachmann, Ilse Aichinger, Christopher Holme, Christopher Sykes.

Mit Siegfried Unseld, mit 124 Pfund Gewicht nach 63tägigem Krankenhausaufenthalt.

Bei der Hesse-Preis-Verleihung, 1957.

Als Teilnehmer der Harvard Summer School 1958. Martin Walser vorne links, Henry Kissinger zweite Reihe dritter von links, hinten rechts die indische Kommilitonin Devaki.

Walser und sein Fiat 2100, 1961. Am Steuer Siegfried Unseld.
Aufnahme von Uwe Johnson.

Das Wasserburger Treffen, Geburtsstunde der edition suhrkamp, Juni 1962. Von links nach rechts: Hans Magnus Enzensberger, Siegfried Unseld, Karl Markus Michel, Walter Boehlich, Martin Walser, Uwe Johnson.

Mit Tochter Franziska und Uwe Johnson.

Herr Dr. Unseld

24/1.64.

~~Text-Andissen Brief sollten wir im Druck veröffentlichen~~
~~wenn es für den Verlag nicht durch zu~~
~~stammahier wenn?~~

Lieber Herr Michel,

ob noch eine Geschichte kommt, weiß ich nicht. Sie hieße, wenn
sie käme: Ich als Malteser. Geschrieben ist sie. Aber ob
es eine Geschichte ist? Damit bin ich beim Problem. Der
Text im Sammelprospekt ist unterhalb des Verständlichen
und Erträglichen. Was könnte man zu diesen Geschichten
denn sagen? Alles andere, bloß das nicht. Das Schlimmste des
Gesagten: es handle sich um Erzählungen!! Falls also je
noch was gesagt werden muß, bitte-bitte – bitte: das sind doch
Geschichten. Warum aber? ① Die Erzählung beweist, was
in ihr möglich ist. Die Geschichte hat das nicht nötig. Sie
erzählt lieber gleich was Exemplarisches. ② Die Erzählung
(die ja fast immer ein abgetriebener Roman ist) tut so, als sei sie der
Leibarzt der Wirklichkeit. Ein Geschichte dagegen wundert sich
einfach. ③ Erzählung oder Roman erzählen von den Begründungen
der Wirklichkeit. Und in der Wirklichkeit hat ja auch alles einen
Grund. Die Geschichte läßt den Weg, und schon wird alles viel
deutlicher. ④ Die Geschichte ist keine Nacherzählung der Wirklichkeit im Dienst der Analyse, sondern eine parasitische oder
polemische oder kritische oder selbstvergessene Imitation
der Wirklichkeit (allenfalls im Geiste der Sprache). ⑤ Es
gibt Geschichten (könnte man sagen) denen die Wirklichkeit
nicht zu geschehen erlaubt, weil die Wirklichkeit in ihnen
zu deutlich würde. Diese Geschichten muß man erzählen!! ⑥ Also Lügengeschichten! Homers Großmutter soll
gesagt haben: wer ehrlich ist, gibt zu, daß er lügt. (Fragen
Sie Bachler, ob es stimmt!) und ⑦ Solange die Natur-
wissenschaft zögert, muß man Geschichten erzählen. Wie sonst
denn sollte man etwas deutlich machen? Also ⑧ Die
Geschichte erzählt sich so, daß die Wirklichkeit in ihr
deutlicher stattfindet als in Wirklichkeit. Also ⑨ pro-
duktive Entstellung. Also ⑩ allein die Geschichte

Walsers Brief an Suhrkamp-Lektor Karl-Markus Michel, 24. Januar 1964 (Seite 1).

PS Und wenn Sie fortfahren, solche Irrtümer zu verbreiten, werde ich Sie in Zukunft Herrn Doktor Michel nennen. Jawohl. Und eben darob werde ich Sie nennen: Herr Professor.

läßt sich nichts vormachen von der Wirklichkeit. Sie macht vielmehr der Wirklichkeit was vor. Nämlich: sie macht ihr vor, wie die Wirklichkeit wirklich ist. Die Geschichte hat ja den Vorteil, daß sie ihren Bauplan nicht dem Hochbauamt einreichen muß. Weil nämlich (11) die Geschichte so tut als sei sie erfunden. Aber (12) die Geschichte erfindet immer die Regel. Also gibt es (13) in einer Geschichte keinen Zufall. Allenfalls gibt es (14) eine übertriebene Notwendigkeit. Und aus dieser Übertreibung der Notwendigkeit bezielt sie (15) ihre Komik. Ist etwas nämlich nicht komisch, dann ist es (16) keine Geschichte. Die Wirklichkeit erlaubt ja überhaupt keiner Geschichte daß sie geschieht also ist (bestens) die Geschichte das freiheitlichste Verhalten gegenüber der zellgedrungenen, zähfinstren, neumenfeindlichen, Bedeutungabweisenden, elenden Wirklichkeit. So. Und im Suhrkamp-Verlag, dem ersten Klughaus am Platz gibt man Geschichten für Erzählungen aus! Mein Gott. Schließlich ist doch eine Geschichte immer eine ungeheure Begebenheit, als Geschichte zeigt sie aber, daß sie etwas darstellt, was in der Wirklichkeit längst geheuer empfunden wird. obwohl es so ungeheuer ist, wie die Geschichte es darstellt. Die Erzählung dagegen tut fast das Gegenteil. Ich schlage vor die Herren kommen im Mai nach Wasserburg und wir machen wieder Exercitien und dabei heilt man mich dann von meinen Irrtümern. Solang ich nämlich ungeheilt bin, gefällt mir nicht, was da geschrieben steht. Und es soll doch mir auch gefallen, oder nicht? Also ihr Walser.

Walsers Brief an Suhrkamp-Lektor Karl-Markus Michel, 24. Januar 1964 (Seite 2).

Käthe und Martin Walser bei der Arbeit, Friedrichshafen, Zeppelinstraße 18, 1967.

Ein unbequemer Mann schreibt über ein unbequemes Thema

Er raucht Pfeife und liebt sein Bodensee-Schwäbisch. Er fährt gern Ski und hält die Kleinstadt für amüsanter als die großen Metropolen. Er ist gelegentlich im Verdacht geraten, ein „zorniger junger Mann" zu sein, aber er ist viel eher ein zäher Grübler:

Martin Walser (37), Dr. phil., Sohn eines Gastwirts aus Wasserburg am Bodensee, Autor des gesellschaftskritischen Romans „Ehen in Philippsburg" und des erfolgreichen Dramas „Eiche und Angora", schreibt hier in der ABENDPOST über den Auschwitzprozeß.

„Es ist ein Wagnis", sagte er selbst, als er sich dazu entschlossen hatte.

Den Anstoß dazu hatte Walsers

viertes Theaterstück „Der schwarze Schwan" gegeben, in dem er sich mit der Problematik unbewältigter deutscher Vergangenheit auseinanderzusetzen und Lücken zu schließen versuchte, die nach seiner Meinung durch die Berichterstattung in den Tageszeitungen nie zu schließen seien.

Eine unbequeme Ansicht.

ABENDPOST bat daher den unbequemen Mann aus Friedrichshafen, seine Eindrücke von dem unbequemen Prozeß um die Todesmaschinerie von Auschwitz niederzuschreiben.

Walser saß mehrere Wochen im Gerichtssaal. Dies ist das Ergebnis seiner Beobachtungen, das er selbst einen „Versuch" nennt:

● Dr. Martin Walser (links) mit Staatsanwalt Friedrich Vogel vor einem Plan des Konzentrationslagers Auschwitz.

Goethe, Lebensregel:
Willst Du Dir ein hübsch
Leben zimmern,
Mußt Dich ums Vergangne
nicht kümmern.

„Teufel von Auschwitz" sind eher arme Teufel

Der Prozeß gegen die Chargen von Auschwitz ist weit mehr als ein Akt der Rechtsprechung. Geschichtsforschung läuft mit, Enthüllung, moralische Aufklärung und politische Aufrüttelung einer Bevölkerung, die offenbar auf keinem anderen Wege zur Anerkennung des Geschehenen zu bringen war.

Über ein Jahr lang haben wir in der Zeitung gelesen, wie es während der Naziherrschaft in Auschwitz zuging. Wir waren vielleicht sogar in Gefahr, uns an die Berichte zu gewöhnen. Wir kannten die Gesichter der Angeschuldigten, wir erinnern uns an einzelne Zeugen, und an meisten erinnern wir uns an fürchterliche Einzelheiten.

Das Unglaubliche hat sich ein tiefstes eingeprägt. Das Unvorstellbare hat den nachhaltigsten Eindruck gemacht. Jeder kennt sie inzwischen, die

schrecklichen Instrumente, kann einzelne Wörter zitieren aus dem Jargon der Täter, aus der Sprache der Opfer, weiß genau Gesänge und Plätze in Auschwitz und die dort geübten Mordpraktiken; man macht sich eine Vorstellung von der Beseitigung der Leichen, von dem so und so und so mißhandelten und gemarterten Körpern.

Über ein Jahr lang lasen wir Überschriften dieser Art: „Frauen lebend ins Feuer getrieben", „Suppe und Streifenkoks in den Mund gestopft", „Todkranke von Ratten angenagt", „Häuschen und Vanille-Eis für

die Henker", „Der Gnadenschuß in der Frühstückspause". „In den Gaskammern schrien die Opfer fast 15 Minuten lang". „In Auschwitz fing der Alkohol". „In Auschwitz an der Schwarzen Wand". „Die Folterschauder von Auschwitz". „Der Teufel nistet auf der Anklagebank". „Wie die Raubtiere..."

Leider begreift man, daß des Berichterstatters die Grausamkeiten sie meisten angreifen und haften. In dieser Prozeß ist nicht von uns die Rede. Nicht unsonst werden der Angeschuldigten in den Berichten „Teufel" und „Henker" und „Raubtiere" genannt. Wer von uns ist schon ein Teufel, ein Henker, ein Raubtier. Tatsächlich, auf der Anklagebank sitzen Leute, die sich in Auschwitz betrachten. Ja, Auschwitz bringt es sogar zu

Die Faszination des Grauenhaften

ist unser Gedächtnis jetzt angefüllt mit Furchtbarem.

Und in furchtbarer die Auschwitz-Zitate sind, desto deutlicher der Bericht über gewisse andere Verbrechen. Zehn Vertreibung, Schuldverhalten und Kapitalverbrechen „klingeln in dem Tod". „Der Hungertod dauert 13 Tage".

Die Faszination, die das Grauenhafte auf uns ausübt, ist bekannt. Und Auschwitz scheint, wenn überhaupt, nur mit allen Zusammenhang, denen Weg ist vor der geschichtlichen Entwicklung vor allem zu sein ab Genosse, als tatsächlich. Als Grenz-Fall, als ein Alb vor anderen Monat, Tier, Schrecken der übrigen, im Frankfurt Gerichtssaal zuzuhören, ohne von diesem angeliehen, ab der Freiheit, fühl nicht Unwirksamkeit, während der Berichterstatter Feld geführt werden kann.

einer traurigen Art von Attraktivität schreibt: „Vielleicht hat die Staatsanwalt eine Spaziergang der Quellen der Hölle ausbildende, die Praxis auf die KZ-Verbrechen scheint. O! zeigt jedoch bildlich schaden am Rande des Tod". „Der Hungertod dauert 13 Tage".

Die Faszination, die das Grauenhafte auf uns ausübt, ist bekannt. Und Auschwitz scheint, wenn überhaupt, nur mit allen blödes Brutalität der Schläger und das Grauen aus ten in einem Zusammenhang der von Auschwitz veranstaltet wurde seinem Geist ist die schlechte Raub oder Sexualmord.

Auschwitz mit Dante Inferno zu vergleichen ist für viele Freiheit, faß nicht Unwirksamkeit, während der Berichterstatter Feld geführt werden kann.

von Buchenwald und Sachsenhausen scheint, „Vielleicht hat die Staatsanwalt eine Dante, die Quellen der Hölle ausbildende, die Praxis auf die KZ-Verbrechen scheint. O! zeigt jedoch bildlich schaden am Rande des Ausdrucks-Prozesses auf.

Im Inferno werden schließlich die „Sünder" von „hübschen" gequält. Dem Inferno fehlen immerhin auch Fegefeuer und Paradies.

Die Menschen in Auschwitz wären gottverlassen. Unerhört gewesen, wenn ein einem durchwachsenes Denn solche aufzulegen wünschen, um darzustellen wir des gerade würden. Leis. Walser Charaktere jede Veranschlagung.

Weher kommt aber die Neigung, die SS-Chargen für „Teufel" und „Bestien" zu halten und die Qualen des schreiben, eine aus Auschwitz also „Hölle" zu machen? Sicher auch daher, daß für eine Berichterstatter einfach kein Einstieg in Auschwitz scheint keine Isometrie ist.

Was Auschwitz war, wissen nur die Häftlinge

● Ein Foto, das ein SS-Wächter 1944 aufnahm, wurde für die Welt zu einem Dokument der Barbarei: Auf dem Bahnhof Auschwitz ist ein Transport ungarischer Juden eingetroffen. Im Hintergrund das Lager mit den Vergasungskammern und den Krematorien.

Wer den Prozeß versucht, kann eine eigene Geschichte beibringen. Auf Auschwitz war nur darum zu reden, weil die Staatsanwaltschaft in „Die SS-Chargen beschreiben ihre damalige Tätigkeit, wie es die Verteidigung verlangt hindert. Das ist ihr gutes Recht.

Trotzdem gerieten immer wieder zur zu, daß es ihnen zu beichten, zu verantworten. Und man weiß nicht recht mehr, was sich erwarten kann. Wenn sich nur wollten, weil sie in den Tätigkeiten Vorausbedenkungen aus einstehen zu so wie annahmbaren sie, aber sie wie weiß, für ihre Zeitung zu mutmaßen.

Was Auschwitz war, wissen nur die „Häftlinge", Niemand ist als Vorgesetzte oder als „Häftling" in Auschwitz gekommen, bald weiter gekommen wie, wie als ein mit mit nennt einen Quäker Chorleiter als mit uns zu zu wissen, wenn er eine der übrigen Tätigkeit nichts wasser Zeug vergangen. Im ehemaligen Pullzwer Verbrauch spricht einer einen allein Hause, kein zu sagen, Auschwitz geschaut, sich aber mit eine panne Minuten lang das Gedächtnis seinem sichtbetrieb dem Zeug zu betrachten. Im ganzen Auschwitz rauf.

Der Kronjage Johann Wechsel schrie. Im Prozeß

Chargen von Auschwitz sagt, „Als ich im Vernehmen Sorge und Schrecken wiedersehen, fühle ich mich weiter". Er ist nicht gefragt von die SS-Chargen, sondern, die die einzelne monatelange Gedächtnisses gab die SS-Chargen nicht weiter müssen, wenn die ehemaligen „Häftlinge" erscheinen, wie man insistieren wird.

Unser Gedächtnis arbeitet nur schwer durchschaubar weiter an unserer Geschichte, es glaubt sie zu, zu schreiben, aber wenn wir uns in eine Situation begegnen, zu fürchten, uns das Gedächtnis zumal einerseits Rolle in der Situation. Denn sie können wir schon, nachdem Einzelfälle, einem Rolle erinnern, vergangenen, weder ordentlich, aber über ebenfalls Macht über uns haben. Das der einmalige Ehrgeizes einer der wahrhaftige Kronjage, die wir nur besser Gedächtnisses sind hinzuhalten sich eine.

Deshalb sollte man sich nicht zu sehr darüber wundern, daß die Angeschuldigten sich das Nichts, auch wenn sie nicht wirkliche Argumente gegen. Sie ist nichts mit das Erinnerung unter Vergangenes und unverworfenen bergt, denn nur die Auschwitz-Realität, die sie erinnern, wird sichtbar für Sachlichkeit und einmalig. Im Umkehr sichtlich, die der SS-Chargen.

Hakennase Schwierigkeiten mit Parteigenossen bekommen, die ihm die Nase als «semitisches Beimengsel»[46] ankreiden wollten. Er habe sich dagegen gewehrt, indem er betonte, daß Haken schließlich auch im Hakenkreuz vorkommen und es deshalb ein Staatsverbrechen sei, sie als etwas Semitisches zu brandmarken. Kristleins Freunde berichten von Taten bei der SA und der SS und prahlen mit Kampffliegerheldentaten. Er selbst erzählt vom glücklichen Überleben in russischer Gefangenschaft.

Mittelpunkt der Partygesellschaft, auf der diese Geschichten dargeboten werden, ist die Jüdin Susanne, deren Vorfahren in Auschwitz ermordet wurden. Um sie kreisen all die männlichen Angeber wie die Planeten um die Sonne. Susanne ist die elfte Verlobte von Anselms Freund Josef-Heinrich. Selbstverständlich versucht auch Anselm, sie zu verführen, und wird von ihr, als ihm das endlich gelingt, nicht ohne Zärtlichkeit «Antisemit» genannt.[47] Als seine Frau ihm wenig später seine Untreue vorwirft, beschimpft er sie als Antisemitin, weil sie ihm das Zusammensein mit einer Jüdin mißgönne. Es ist ein böses Spiel: Alles, auch die deutsche Vergangenheit, wird zum Gegenstand von spitzfindigen Argumentations-Scharmützeln und Kosten-Nutzen-Rechnungen. Alles wird zum Einsatz in einem andauernden Gesellschaftsspiel, in dem es nicht um Moral geht, sondern um Erfolg und Mißerfolg, sei es in Liebesangelegenheiten oder bei geschäftlichen Operationen. Die Regeln, die im Krieg galten, funktionieren auch im kapitalistischen Alltag. Noch in Familie und Ehe ist Anselm Kristlein wahlweise «Deserteur» oder einer, der zur nächsten Schlacht einrückt.

Höhepunkt ist jedoch eine Szene, in der er als Werbeberater einer Firma den Vorstandsmitgliedern Dr. Fuchs – einem ehemaligen SD-Mann – und Dr. von Ratow – Sohn eines Widerstandskämpfers – gegenübersitzt. Er versenkt sich in die Physiognomie von Täter- und Opferrepräsentant, liest sich aus ihren Gesichtszügen die Charaktere zusammen, um schließlich zu erfahren, daß er die beiden verwechselt hat und nun mit vertauschten Rollen von vorn beginnen muß. In den gedenkstrengen neunziger Jahren hätte Walser mit solchen Szenen, die die simple Reproduzierbarkeit von Gut und Böse ironisieren, Anstoß erregt; damals spielten sie in der Rezeption fast keine Rolle, auch nicht in der Besprechung von Marcel Reich-Ranicki. Die Vergangenheit, die Walser so überdeutlich in die bundesdeutsche Gegenwart münden läßt, wurde nur von wenigen Kritikern thematisiert.[48] Sie bemerkten nicht, daß «Halbzeit» tatsächlich die ganze erste Jahrhunderthälfte umfaßte – etwa in der tragischen Geschichte von Anselms Onkel Paul, der nach Amerika auswanderte, als gebrochener Mann in den dreißiger Jahren zurückkehrte und schließlich bei Menschenversuchen in der Psychiatrie umgebracht wurde. So läßt sich an den Besprechungen des Romans das herrschende Verdrängungspotential des Landes ablesen.

Walser steckte so tief in Anselms Welt, daß die dritte Tochter, die 1960 geboren wurde, den Namen von Kristleins Ehefrau erhielt: Alissa. Das hatte zur Folge, daß der Name für weiteren literarischen Gebrauch unmöglich wurde und Alissa dann im «Einhorn» zwischenzeitlich in Birga umgetauft werden mußte. Erst im «Sturz» kehrte sie wieder zu Alissa zurück. Käthe schrieb bis kurz vor dem Geburtstermin das Manuskript ins reine. Ihren Zustand nutzte Walser, um alle Terminanfragen abzusagen. Seltenes Glück: «Jeder Hinweis auf Käthe hat sofort gezogen. (...) Ach, hätte man doch immer eine Frau im 9. Monat, die Welt schmilzt geradezu vor Verständnis. Aber was tue ich, wenn sie Ende Februar erst wieder im ersten ist?»[49]

Knapp zwei Jahre arbeitete er an «Halbzeit», sechzehn Monate schreibend, sechs Monate kürzend. Von Boehlich und Enzensberger fühlte er sich in der Endphase behandelt wie ein Krebskranker, dem die Wahrheit nicht vor Rückkehr des Chefarztes mitgeteilt werden darf. Enzensberger sagte angeblich, er würde diesen Kristlein nicht mit der Forke anfassen.[50] Unseld drängte mit «dröhnendem Ernst» zu Streichungen und war erst zufrieden, als der Umfang von elfhundert auf neunhundert Druckseiten geschrumpft war. Zur Buchmesse und zum Buchhändlerempfang des Verlages zitierte er seinen Autor nach Frankfurt: «ohne Dich geht es diesmal nicht». 5000 Exemplare wurden gedruckt. Honoraranteil für Walser wie gehabt zehn Prozent bei einem Ladenpreis von 25,– Mark. Ein wenig pikiert fragte Unseld an: «Hast Du Gründe gehabt, Dich nicht über das Gewand, das wir dem Buch gaben, zu äußern?»[51] Walser schrieb zurück: «Du vermißt meinen Freudenschrei im Anblick des Buches! Du hast vergessen, daß ich den Umschlag schon Wochen vorher kennenlernte und voller Begeisterung mit Dir telephonierte! (...) Du weißt aber doch, oder solltest es doch wissen, daß ich diesmal wieder ein zärtliches Verhältnis zum Äußeren habe, so zärtlich, daß ich es besser nicht eingestehe!»[52]

Später vertrat Walser die Ansicht, daß es sich bei «Halbzeit» und den folgenden Kristlein-Büchern weniger um Romane handle als um Ich-Oratorien, die nicht durch gestalterischen Willen beendet wurden, sondern nur durch Erschöpfung.[53] Sie liefen so lange weiter, wie Erfahrungsmaterial und Sprachenergie vorhielten. Damit stimmte er indirekt den Kritikern zu, die sich damals in seinem Sprachgebirge verirrten. Friedrich Sieburg verglich in der *F.A.Z.* das Buch mit dem hoffnungslosen Versuch von Schulkindern, einen toten Elefanten auf einen Handkarren zu laden, so formlos und übergewichtig erschien ihm das Werk.[54] Sieburg nahm damit schon den Tonfall Marcel Reich-Ranickis vorweg, der «Halbzeit» als eine «amorphe epische Masse» bezeichnete und das fragwürdige Kompliment aussprach: «Aber vielleicht hat noch nie ein so schlechtes Buch eine so große Begabung bewiesen.»[55]

Walser hätte klar sein können, daß er mit seiner Schilderung der bürgerlichen Gesellschaft, in der Moral gewissermaßen durchs Geschäft ersetzt war, in konservativen Kreisen wenig Zustimmung ernten würde. Sieburg, der behauptete, sich entsetzlich gelangweilt zu haben, monierte eine «ungeheuerliche Taktlosigkeit» Walsers. Als Beleg führte er eine Szene an, in der ein kleiner Junge seine Mutter umfaßt und den Kopf «in die Gegend, aus der die Ärzte ihn herausgelockt hatten», preßt. Sieburg verteidigte «Sitte und Anstand» als letztes Bollwerk der Sicherheit in Zeiten, in denen «Städte verglühen» und «Völker geschlachtet» werden. Die bissige Ironie der «Halbzeit» mußte er als Bedrohung empfinden. Walser scheint das nicht begriffen zu haben, fühlte er sich doch nicht als Kritiker der Gesellschaft, sondern als Mitspieler. Daß sein Buch von den einen als ironisch-heiter gepriesen, von anderen als verdrossen und schlechtgelaunt abgelehnt wurde, irritierte ihn. Dabei ist dieser Zwiespalt eine Konsequenz seiner Haltung, Opportunismus, Untreue und Geschacher aller Figuren mit liebevoller Anteilnahme zu erzählen. Am genauesten begriff das der Kritiker Wilfried Berghahn, der «Halbzeit» den «epischen Fundamentaluntersuchungen unserer Literatur» zuordnete und gespannt darauf war, ob auf die Gesellschaftsbeobachtung als zweiter Band ein utopischer Entwurf folgen würde.[56] Hans Georg Brenner sprach im Norddeutschen Rundfunk vom «wichtigsten Roman unserer Nachkriegs-Literatur» und meinte: «Ein so minutiöses Selbstporträt unseres Unbehagens scheint mir dringend notwendig gewesen zu sein – gerade in dieser Form mit allen unvermeidlichen Narben unserer Zeit.» Und Rudolf Hartung beschrieb Walser im *Monat* als einen «Virtuosen der Sprache», als «Artist und Jongleur von hohen Graden», der «viel, beängstigend viel» könne.[57]

Als Walser die *F.A.Z.* mit Sieburgs «totem Elefanten» am Kiosk kaufte, setzte er sich mit der Zeitung ins Auto, um die Kritik zu lesen. Lange blieb er so sitzen, erstarrt hinterm Steuer. Er schaffte es nicht mehr, den Zündschlüssel umzudrehen und loszufahren. Er fühlte sich, als hätte man ihm den Saft abgedreht. Normalerweise entkam er autofahrend in die Freiheit. Er genoß das Fahren und zelebrierte es als Feier der Vitalität. Er liebte es, das Gaspedal durchzutreten, das Vibrieren des Motors zu spüren, die Kurven zu schneiden und die Reifen quietschen zu lassen, so wie er in «Halbzeit» Anselm Kristlein fahren

läßt.[58] Auch in der Freundschaft mit Unseld wirkte die Autolei-
denschaft als verbindendes Element. Als Unseld sich ein neues
Auto kaufte, malte Walser ihm den bevorstehenden Genuß in
herrlichen Farben aus: «das Schalten am Anfang, dieser weiche
Widerstand; die Tür, die noch dicht schließt, ganz satt im Rahmen, und der Motor! Ach Herr Unseld! Der Reifengesang in
den Kurven!»[59] Die Erfolgsgeschichte der Bundesrepublik wäre
unvollständig ohne die allgemeine Mobilmachung mit dem Eintritt ins Autozeitalter. Das Auto war Fortbewegungsmittel, Sta-
tussymbol und Gegenstand sinnlichen Vergnügens. Und jetzt
saß er da hinterm Steuer: reglos. Drastischer könnte ein Schlag
sich nicht auswirken.

Im November 1960 fuhr Walser mit dem Auto zur Tagung
der Gruppe 47 in Aschaffenburg. Johnson saß neben ihm, Unseld fuhr vor ihnen her. Das Temperament verführte Walser gelegentlich dazu, noch zu beschleunigen, wenn der Vordermann
schon bremste, oder schon loszufahren, wenn der noch stand.
So kam es zu einem Auffahrunfall mit beträchtlichem Sachscha-
den. Verletzt wurde niemand. Also deuteten die Freunde den
Unfall als Beweis ihrer engen Verbundenheit: Scherben bringen Glück. Einen ähnlichen Fall schilderte Walser Jahre später
im Roman «Schwanenhaus», wo Gottlieb Zürn auf das Auto seines Konkurrenten Paul Schatz auffährt. Schatz versteht das als
«Wink des Schicksals», daß man viel zuwenig Kontakt miteinander habe.[60]

Nach dem Unfall erwarb Walser einen weißen Fiat 2100 mit
schwarzem Dach und gedeckt weißer Karosserie. Dieses Auto,
ein Kompromiß zwischen Familienlimousine und Sportwagen,
zwischen Solidität und Freiheitsbegehren, war ein schwieriger
Fall. «Kränkelnd, wie es zu sein pflegt, wird es so zärtlich behandelt wie ein viertes Kind», schrieb der Freund Peter Hamm[61],
der es wissen mußte, denn er war häufiger Beifahrer. Auch Uwe
Johnson fuhr oft mit Walser durchs Land. Er war kein einfacher
Freund und war auch kein einfacher Begleiter. Von technischen

Kenntnissen unbeleckt, pflegte er bei Pannen im Brustton der Überzeugung absurde Diagnosen zu stellen, an denen er gegen Walsers besseres Wissen unerbittlich festhielt. Das Rechthaben-müssen, für das beide eine Schwäche hatten, kam im Auto, wenn sie geradeaus nebeneinandersaßen, zur besonderen Entfaltung.

VI THEATER UND POLITIK. 1960–1964

Resolutionen. Schriftstellerkongreß in Ost-Berlin.
Wahlkampf für Willy Brandt.

Zeitgeschichte in Jahrzehnte einzuteilen ist eine mathematische Konvention, die nichts mit der Logik der Entwicklungsverläufe zu tun hat. Und doch wirkt ihre symbolische Macht so stark aufs Bewußtsein der Menschen, daß das Gefühl, mit der neuen Dekade auch einen neuen historischen Abschnitt zu beginnen, durchaus Realität beanspruchen kann. Die Sechziger begannen so, als müßte das in den Jahren zuvor entdeckte sogenannte «Engagement» nun demonstrativ bewiesen werden, als sei schon klar, daß sie zum Jahrzehnt der Politisierung der Intellektuellen werden würden. Die Form, in der das zunächst geschah, war die Resolution. Öffentliche Stellungnahmen prominenter Autoren waren als Mittel noch unverbraucht und dazu geeignet, die politische Kaste in Aufregung zu versetzen. Wenn Böll und andere Partei ergriffen, hatte das eine spürbare Wirkung. Die sechziger Jahre waren das heroische Zeitalter der Intellektuellen.

«Meine Augen sind so in der Bundesrepublik beschäftigt, daß sie nicht über die Grenzen reichen», schrieb Walser im November 1960 an Max Frisch.[1] Frisch hatte zusammen mit Alfred Andersch einen offenen Brief an den französischen Kulturminister André Malraux formuliert, um sich mit 121 französischen Intellektuellen zu solidarisieren, die gegen den Krieg in Algerien protestierten und deshalb mit Boykotten und mit Gefängnis zu rechnen hatten. Walser unterschrieb in blindem Vertrauen, weil er, wie er Frisch gestand, sich mit den dortigen Verhältnissen nicht so genau auskannte. Beim Treffen der Gruppe 47 in Aschaffenburg lag eine ähnliche, von Enzensberger verfaßte Resolution aus. Hans Werner Richter hatte Mühe, der Presse zu erklären, daß sich hier lediglich einzelne Autoren äußerten, aber nicht die Gruppe als Gruppe, deren politische Neutralität er gewahrt wissen wollte.

Walser hatte zuvor schon bei Richter einen anderen Vorschlag eingereicht. Er wollte einen Autoren-Boykott gegen das von Adenauer geplante Zweite Deutsche Fernsehen organisieren, dessen Sendebeginn für den 1. Januar 1961 geplant war. «Alle Kollegen sollten sich verpflichten, dem Adenauer-Programm kein Wort zur Verfügung zu stellen», forderte er.[2] Richter stimmte zu. Es müsse jedoch klar werden, daß man nichts gegen ein neues Fernsehprogramm einzuwenden habe, alles aber gegen dessen unmittelbare staatliche Lenkung.[3] Denn darum ging es: Im September 1961 stand die nächste Bundestagswahl bevor. Die SPD trat mit Willy Brandt gegen Adenauer an, setzte also ein geradezu jugendliches Hoffnungszeichen gegen die Vergreisung der Politik. Deshalb fürchteten die linken Intellektuellen, die CDU wolle mit dem neuen Fernsehen ein Regierungsorgan für die eigene Propaganda schaffen. Sie wandten sich gegen die «Deutschland-Fernsehen GmbH», in der dem Bund 50 Prozent und 50 Prozent den Ländern zustehen sollten. Doch die Länder machten nicht mit. Der Bund blieb alleine, bis schließlich im Februar 1961 das Bundesverfassungsgericht die geplante Konstruktion für verfassungswidrig erklärte. Walser und Enzensberger trafen sich bei Unseld, um dieses Urteil «feucht» zu feiern.[4]

Nicht Algerien infizierte Walser politisch, nicht die Wahl John F. Kennedys zum US-Präsidenten, nicht die sich verschärfende Kubakrise oder französische Atombombenversuche in der Sahara. All das interessierte nur insofern, als jede Temperaturveränderung im Kalten Krieg sich unmittelbar auf die deutsche Lage an der Bruchstelle zwischen Ost und West auswirkte. Wenn bei der UNO in New York Chruschtschow wütend mit dem Schuh aufs Rednerpult hämmerte, konnte das zu komplizierten innerdeutschen Verstimmungen führen. Die Töne zwischen Bonn und Ost-Berlin wurden schriller. Adenauer hatte einen Brief Ulbrichts, in dem er eine Volksabstimmung über Abrüstung, einen

Friedensvertrag und eine Konföderation der beiden Staaten vorschlug, ungeöffnet zurückgeschickt, weil er alles, was aus dem
Osten kam, für Propaganda hielt.

In dieser Atmosphäre der Sprachlosigkeit bemühte Walser
sich um Sachlichkeit oder einfach nur darum, mit Kollegen aus
dem Osten im Gespräch zu bleiben. Zusammen mit Günter
Grass und Peter Hamm besuchte er im Mai 1961 den 5. Schriftstellerkongreß der DDR in Ost-Berlin. Josef W. Janker, ein vom
Krieg beschädigter Autor aus Ravensburg, den er durch Hamm
kennengelernt hatte, begleitete ihn. Als Gegner der Atombewaff-
nung der Bundeswehr galten Grass und Walser dort als mögliche westliche Bündnispartner. Es war eine Gratwanderung, sich
kritisch gegen die Politik Adenauers zu verhalten, ohne sich vor
den ostdeutschen Propagandakarren spannen zu lassen.

Der Kongreß nahm einen bizarren Verlauf. Anna Seghers, die
das Hauptreferat hielt, bat, als sie nach ihrer Rede an den Plätzen der westdeutschen Gäste vorbeikam, flüsternd darum, etwas
dagegen zu sagen. Das Gewicht ihrer Worte würde sich erhö-
hen, wenn sie Widerspruch vom Klassenfeind erhielte. So simpel
funktionierte die politische Arithmetik. In einer Pause bemerkten die Westdeutschen einen Mann, der wie ein Fels in der Mitte
des Foyers stand. Es war Stefan Heym. Er war zu dieser Zeit in
Ungnade gefallen wegen seines Romans «Der Tag X», in dem er
die Ereignisse des 17. Juni beschrieb. Nun wollte er testen, wer
ihn noch grüßen würde und wer nicht.

Der pflichtgemäß wadenbeißerische Hermann Kant, damals
Redakteur beim *Neuen Deutschland* und als Autor noch völlig unbekannt, kritisierte den «Naturalismus», der in der «Blechtrommel» und in der «Halbzeit» herrsche.[5] Mit diesem Begriff wurde
in der DDR alle gesellschaftlich unerwünschte Literatur belegt,
der es an zukunftsfroher Perspektive und entschiedenem Klassen-
standpunkt mangelte. Grass verwahrte sich gegen die Vorwürfe,
bekannte sich zur Demokratie, zitierte Musil und Kafka, die doch
bitte schön erst einmal in der DDR publiziert werden müßten,

bevor die ostdeutsche Literatur zur besseren erklärt werden könne. Und er verteidigte Uwe Johnson gegen Angriffe Kants, nannte es eine Schweinerei, daß dessen Übersetzung von Melvilles «Israel Potter» nach seinem Weggang aus der DDR ohne Nennung des Übersetzers erschienen war, und plädierte entschieden für die Freiheit des Wortes.[6] Grass war ein wackerer Kämpfer.

Walser mischte sich nicht in die Debatte. Er verlegte seine Redebeiträge auf den inoffiziellen Teil, das Mittagessen mit Anna Seghers, Arnold Zweig, Stephan Hermlin und Erwin Strittmatter und den Abend in einem Weinlokal, wo er um so größere Ausdauer zeigte. Ohne Vorbehalte und Mißtrauen mischte er sich in die Gespräche. Janker erklärte er die Wirkung eines doppelstöckigen Wodkas. Dem Funktionär Max Walter Schulz erzählte er von seinen Plänen, den Wahlkampf Willy Brandts zu unterstützen. Er sprach von seiner Hoffnung, etwas bewirken, etwas verändern zu können. Erst spät, nach vier Uhr, kehrte er ins Hotel «Johannishof» zurück, wo er ein Doppelzimmer mit Janker teilte. Der scheiterte fast daran, ihn auftragsgemäß um 7.30 Uhr wachzurütteln, denn schon am Mittag stand ein Treffen mit Willy Brandt in Bonn bevor. Nach kurzem Schlaf fuhren sie in aller Frühe in Walsers Fiat los; Janker auf dem Beifahrersitz, Peter Hamm hinten.

Von Bonn ging es am Nachmittag weiter nach Tübingen. Dort war Walser mit Peter Huchel aus der DDR verabredet, der dort nach einer Lesung in einem Gasthaus auf ihn wartete. Westreisen waren im Mai 1961 noch möglich. Erst 1962 fiel Huchel in Ungnade, wurde aus seinem Amt entlassen und lebte, bis zu seiner Übersiedlung in die Bundesrepublik, zehn Jahre zurückgezogen in seinem Haus in der Nähe von Potsdam. Auf der weiteren Fahrt über die Schwäbische Alb zurück an den Bodensee mußten die Beifahrer Walser immer mal wieder schütteln, um ihn am Steuer wach zu halten. Dennoch hielten sie unterwegs bei einer ausgelassen feiernden Hochzeitsgesellschaft noch einmal an und ließen sich zum Umtrunk verleiten.[7]

Das Bonner Treffen mit Brandt hatte Hans Werner Richter eingefädelt. Es sollte rein informellen Charakter haben und keinerlei Öffentlichkeit erhalten. Richter war sich nicht sicher, ob die Unterstützung durch Intellektuelle Brandt in der Wählergunst schaden oder nützen würde. Solche Bedenken wurden rasch beiseite gewischt. Hier fiel die Entscheidung, ein für die SPD werbendes Taschenbuch zu publizieren. Richter wollte nicht als Herausgeber fungieren, weil das so aussähe, als träte die Gruppe 47 in Aktion. Auch Erich Kuby wollte nicht, formulierte aber die Einladung zur Mitarbeit, die an die Autoren des Bandes verschickt wurde.[8] So blieb die Herausgeberschaft an Walser hängen, von dem auch die Idee für das Buch stammte.[9] Fritz J. Raddatz, Lektor im Rowohlt Verlag, der den Band unter dem Titel «Die Alternative oder Brauchen wir eine neue Regierung?» als Nummer 1 der neuen Reihe rororo-aktuell betreute, erinnert sich anders. Er will selbst Urheber der Idee gewesen sein, habe zunächst Böll gebeten, das Vorwort zu schreiben und seinen Namen als Herausgeber zur Verfügung zu stellen. Erst als Böll krank wurde, sei Walser als «Ersatzmann» eingesprungen und habe von ihm den fertigen Fahnensatz zugeschickt bekommen.[10] Erfolgreiche Projekte haben immer mehrere Väter.

Zu den zwanzig Autoren des Bandes gehörten Axel Eggebrecht, Wolfdietrich Schnurre, Hans Magnus Enzensberger, Günter Grass, Siegfried Lenz und Peter Rühmkorf. Die Beiträge, die Walser am besten gefielen, kamen aber nicht von Lyrikern, Dramatikern oder Erzählern, sondern von den politischen Publizisten. Carl Amery überzeugte, weil bei ihm zu spüren war, daß die Sache wichtiger war als der Schreiber. Auch Kuby imponierte ihm, während er bei Zwerenz nur «ein großes Geräusch» wahrnahm. Die Herausgeberschaft wurde ihm zu einer Lehre. Sie bewies ihm, daß es in Deutschland keine politischen Schriftsteller gab.[11] Insgesamt waren die Texte alles andere als schmeichelhaft für die SPD, die allenfalls als das kleinere Übel empfohlen wurde, um endlich die überalterte Adenauer-Herrschaft zu beenden. «Man kann es sich nicht leisten, die SPD nicht zu wählen», schrieb Kuby, wohl wissend, daß die SPD in der Deutschlandpolitik längst auf CDU-Linie eingeschwenkt war. Mit dem Godesberger Programm hatte die SPD sich 1959 scharf vom Sozialismus abgegrenzt. Auch sie trat nun für Westbindung und NATO-Mitgliedschaft ein und nahm es in Kauf, damit die deutsch-deutschen Gegensätze zu verschärfen.

Für Walser bestand die Wahl «zwischen dem Gefühl, daß es zum Kotzen ist» – das war die SPD – und «der Gänsehaut» – das waren Franz Josef Strauß, Flick und Konsorten.[12] Sein Beitrag ist einer der schlechtesten im ganzen Band, denn er bietet nichts als Wortgeklingel. Er führt die Geste, politisch werden zu wollen, vor, ohne ihr eine inhaltliche Entsprechung mitgeben zu können. Relevant ist allein der Abschnitt, in dem er sich zur Wiedervereinigungsrhetorik der Bundesregierung äußert, die es geschafft habe, das Wort «Ostkontakte» in die Nähe von Wörtern wie «Sittlichkeitsverbrechen» und «Landesverrat» zu rücken. «Wiedervereinigung» war in der Politik Adenauers, der noch nicht einmal Post aus Ost-Berlin öffnete, zur Phrase geworden. Und doch wurde daran festgehalten wie an einem Glaubensbekenntnis.

In einer Umfrage der Zeitschrift *konkret* zeigte Walser sich als Realist. Er sprach sich gegen die von *konkret* empfohlene Wahl der linken Splitterpartei DFU aus, deren Präsenz im Bundestag nur «ein schönes Märchen» wäre. Die SPD, die die DFU verbieten lassen wollte, müsse gestärkt werden, damit sie in Zukunft nicht mehr zu ähnlichen «Schreckhandlungen» neige. So deutlich plädierte er in der «Alternative», die doch Wahlwerbung sein sollte, nicht für die SPD.[13] Das Buch erschien Anfang August und löste eine gewaltige Presseresonanz aus. In acht Wochen waren 75 000 Exemplare verkauft. Brandt, der darin zähneknirschende Solidarität und viel Kritik erfuhr, trug es mit Fassung. Ein zweites Treffen Brandts mit Richter, Grass, Johnson und Walser am 5. September, zwölf Tage vor der Wahl, verlief in besserer

Atmosphäre als das erste. Der Mauerbau am 13. August hatte die Ausgangsposition grundlegend verändert. Richter glaubte, die Chancen Brandts wären damit gestiegen. Tatsächlich trug die Krisenstimmung aber wohl eher dazu bei, daß die CDU/CSU die absolute Mehrheit gewann.

Walser betrachtete das eigene Wahlkämpfertum schon kurze Zeit später mit Skepsis. Das hatte zunächst weniger politische als ästhetische Gründe. Er sah ein, daß man als politischer Autor bereit sein müßte, das zu bedienen, was er später «die Meinungsfrequenz der Sprache» nannte. Damals sagte er selbstkritisch: «Daß an der SPD, der man doch den Wahlsieg wünschte, so viel Kritik geübt wurde, das zeigt, daß wir nicht so primitiv und ungeschlacht sein wollten, einer Partei das volle Votum zu geben, deren Statuten doch in einer Syntax geschrieben sind, die einem sprachlich sensiblen Schriftsteller nicht die größte Freude machen kann. Wir wollten nicht in erster Linie sagen, die SPD muß gewinnen – das kam erst später –, sondern wir wollten zunächst einmal zeigen, wie sensibel wir sind, wie gut unser Unterscheidungsvermögen. Wir konnten nicht das Opfer bringen, das der Propagandist oder der wirklich politische Schriftsteller von selbst bringt.»[14]

Eine politische Kritik an der Aktion reichte er viel später nach. 1998, im Gespräch mit Rudolf Augstein, erklärte er, erst durch den *Spiegel* und seine angstmachende Kampagne gegen Strauß zum Politischen verführt worden zu sein. Sentimentalisch gestimmt, entschuldigte er sich fast dafür, Strauß falsch eingeschätzt, seine Gefährlichkeit übertrieben zu haben.[15] Das Gefühl, diesem Menschen unrecht getan zu haben, quälte ihn im Alter so sehr und so ausdauernd, daß Strauß gelegentlich in seinen Träumen erschien. Dann sitzen sie gemeinsam am Tisch und spielen Karten in posthumer Versöhnungsbereitschaft.

Mauerbau. Leben nach dem Tode.
Berichte an Bertolt Brecht. Steine abtragen.

Mit dem Mauerbau waren alle Hoffnungen auf Wiedervereinigung und deutsche Neutralität hinfällig geworden, wie sie die politische Linke immer noch hegte. Walser hatte die Situation schon zuvor realistisch eingeschätzt. Im Juli 1961 erklärte er in *konkret*: «Das sagenhafte Gesamtdeutschland ist doch längst so in die beiden Blöcke eingeschmolzen, daß wir uns gar nicht mehr bewegen können. Was da auf dem Papier steht, sind deshalb eher Wünsche als Vorschläge.»[16] Nach dem 13. August vertrat er wie viele Intellektuelle die Auffassung, daß Ulbricht nur vollzogen habe, was Adenauers Politik provozierte. An der Flut der erregten Resolutionen und wütenden Protestschreiben, die Grass, Schnurre, Richter und andere verschickten, beteiligte er sich nicht, weil er fürchtete, die Stimmung damit nur noch weiter anzuheizen.

Aber er unterzeichnete einen offenen Brief, den 23 westdeutsche Autoren an den Präsidenten der UNO-Vollversammlung, Mongi Slim, richteten.[17] Die Namen der Beteiligten entsprachen etwa denen, die in der «Alternative» geschrieben hatten, verstärkt durch Walter Jens und Heinrich Böll, den Theologen Helmut Gollwitzer und den Philosophen Wilhelm Weischedel. Sie wehrten sich dagegen, die Aufteilung Deutschlands in Besatzungszonen, die doch als Provisorium gedacht gewesen sei, endgültig hinzunehmen. Das Ergebnis der zwei deutschen Teilstaaten entspreche nicht «dem Willen unseres Volkes». Die Siegermächte müßten eine neue Vereinbarung über die «deutsche Frage» treffen und am besten ganz Berlin zum Sitz der UNO erklären, um Sicherheit und Freizügigkeit zu garantieren.

Das war wacker gefordert, aber nicht besonders realitätsnah. Die Siegermächte waren mit der neuen Situation gar nicht so unzufrieden, die Zementierung des «Provisoriums» fügte sich in ihre Pläne. Kennedy unterbrach noch nicht einmal seinen Urlaub und interpretierte die Ereignisse als erfreuliches Indiz dafür, daß Chruschtschow nachgegeben habe: Wenn er die Absicht gehabt hätte, ganz Berlin zu besetzen, hätte er die Mauer nicht bauen lassen. Der britische Premier Harold Macmillan jagte weiter Moorhühner in Schottland, und Adenauer setzte zunächst unbeirrt seinen Wahlkampf fort.[18] Je größer der Abstand von Berlin – und schon in Bonn war er beträchtlich –, um so gelassener die Reaktionen. Am Bodensee rief der Mauerbau jedenfalls deutlich geringere Emotionen hervor als in der geteilten Stadt.

Zu einem ungeahnten Politikum wurde Uwe Johnsons Roman «Das dritte Buch über Achim», der ab dem 26. August 1961 in der *Süddeutschen Zeitung* vorabgedruckt wurde. Walser schrieb eine Einleitung, die ihm zur Liebeserklärung an den Freund geriet, den er als Chronisten des Auseinanderlebens der deutschen Staaten vorstellte. Johnsons Prosa, so reich an Material und so wenig aufdringlich, sei geeignet, eine andere Vorstellung vom ostdeutschen Staat zu entwickeln, als es durch die Meldungen der Nachrichtendienste möglich war. Walser lenkte den Blick auf das verbindende Alltägliche, weg von den trennenden Ideologien. Da ist zu spüren, daß er die Hoffnung nicht aufgeben will, eines Tages, den niemand zu benennen vermag, könnte es doch zur Wiedervereinigung kommen. Aber er würde den Teufel tun, Wiedervereinigung politisch einzufordern. Denn er weiß, daß das nur dazu dient, die Trennung zu verschärfen.

Bei Johnson waren die Zustände beschrieben, die im Mauerbau ihren schmerzhaften Abschluß fanden. Walser stimmte das Requiem auf die Nation an, die durch die Teilung zerschnitten wurde: «Versuche ich mir, an den zwei weltpolitischen Blöcken hinaufstarrend, vorzustellen, wie die Wiedervereinigung Deutschlands in Frieden *und* Freiheit vor sich gehen soll, erfahre ich, daß meiner Vorstellungskraft Grenzen gesetzt sind; so deutlich erfahre ich diese Grenzen nur noch, wenn ich mir das Leben nach dem Tode vorzustellen versuche. Letzteres ist eine Sache des Glaubens, man verlangt von mir nicht, daß ich es mir auch noch vorstellen kann. Seit Jahren bewundere ich die glaubensstarken Männer unserer politischen Führung, wenn sie die ‹Brüder und Schwestern in der Zone› ausharren und uns alle hoffen heißen.»[19] Die Wiedervereinigungsbeschwörung war zu einer religiösen Übung geworden, der nichts Wirkliches mehr entsprach.

Anstelle des öffentlichen Lippengebets bevorzugte Walser die stille Diplomatie. Das hieß, das Gespräch gerade jetzt nicht abreißen zu lassen. Schon vor dem 13. August hatte der aristokratische Sozialist Stephan Hermlin, damals Sekretär der Akademie der Künste in Ost-Berlin, ihn eingeladen, im November dort zu lesen. Im Frühjahr waren sie sich in Hamburg bei einer Podiumsdiskussion begegnet. Walser widerstrebte es abzusagen. Er wollte aber auch keinen Auftritt, der nun demonstrativ wirken würde. Nachdem er sich mit Unseld besprochen hatte, schrieb er Mitte September einen Brief an Hermlin, der seine Deutschlandstimmung in den Wochen nach dem Mauerbau wiedergibt:

«Am 10. August schrieben Sie mir: ‹Auf bald! (Wenn die Welt sich nicht in blödsinnige Abenteuer stürzt …)› Ein bißchen blödsinnig ist es ja inzwischen schon zugegangen. Ich weiß auch, wieviel Steine Adenauer zu jener Mauer geliefert hat, aber gebaut hat sie eben doch Ulbricht. Jetzt haben wir hier nationale Weihestimmung und Sie haben drüben wahrscheinlich auch mehr gemachte Hitze als erträglich ist. Ich bedaure jene offenen Briefe, mit deren Hilfe man Schriftsteller unter Druck setzen will. Es ist grotesk, daß Schriftsteller jetzt zu solchen Mitteln greifen, nur um sich Luft zu machen … ich weiß nicht aus welchem Grund, ich kann es mir einfach nicht vorstellen. Keinem wird geholfen dadurch, nur die Atmosphäre wird vergiftet. (…) Alles Öffentliche trägt vorerst nur zur Verschlimmerung bei. (…) Ich komme gerne im November nach Berlin, aber nicht, um zu lesen, sondern um mit Ihnen (falls Sie Lust haben) zu sprechen. Vielleicht könnte man sogar an ein Buch denken, geschrieben von Schriftstellern von Ost und West: sachliche Analysen, eine Bereinigung. Bitte schreiben Sie mir bald einen un-öffentlichen Brief. Wenn ich käme, würde ich einen ‹Bericht an Bertolt Brecht› vorlesen, den ich entworfen habe. Aber ich glaube, das hätte jetzt wenig Sinn. Ich bin sehr unsicher.»[20]

Der angesprochene «Bericht an B. B.», ein Langgedicht in brechtschem Duktus, war ein Versuch, Brecht in die Bundesrepublik und in eine Gegenwart jenseits des Klassenkampfs zu überführen. Der 13. August hatte Walser dieses Konzept verdorben. Ein zweiter, ergänzender Teil wurde erforderlich. Der Mauerbau wird da zum Ereignis an der Börse, an der auch der Brecht-Kurs gehandelt wird:

Aber der schwarze Sonntag, der genannt der 13. August,
der scheuchte die Courage von den Brettern,
Grusche singt nicht mehr, Puntila verkommt
in der Garderobe. Als wäre die Mauer in Deinem
Namen erbaut, so stürzte Dein Kurs, Du warst
erkannt als rotes Papier, ein Wert nur wie eine
Aktie: Tendenzumschwung, Glattstellung herrschte vor,
die Börse pfiff aus allen Löchern, B. B.
ein Farbenwert, im Angstverkauf zu Boden
prasselnd. Kein Großer Deutscher mehr.

Der zentrale Satz zum Mauerbau hieß: «Jedes Wort, das nicht gesprochen wurde, war ein Stein.» Danach handelte Walser. Er wollte einzelne Steine gesprächsweise abtragen. Die «Zwei Berichte» blieben unveröffentlicht, nachdem Lektor Walter Boehlich ihm geraten hatte, die kraftlosen, sich in Brecht-Imitation erschöpfenden Verse in der Schublade verschwinden zu lassen. Erst 1995 wurden sie publiziert.[21]

Walsers öffentliche Auseinandersetzung mit der Mauer begann erst 1963, dann aber in deutlich gesteigerter Spottlust. In dem Essay «Ein deutsches Mosaik» karikierte er den typischen Mauerstreit selbstgerechter Moralapostel auf westdeutschen Podien, wie er ihn dutzendweise erlebte: Die Erregungskraft des aufrechten Intellektuellen hatte sich stets an der Bereitschaft zu er-

VI THEATER UND POLITIK. 1960–1964   177

weisen, ausschließlich das Wort «Schandmauer» zu benutzen und im übrigen im stolzen, antikommunistischen Bewußtsein zu sprechen, zweifelsfrei auf der Seite des Guten zu stehen.[22] Eine Anfrage der italienischen Zeitschrift *Comentarii* im Jahr 1964 beantwortete er weniger polemisch. Nein, die deutsche Teilung sei ihm ganz und gar nicht recht, sagte er da. Er verfüge aber über keine politischen Mittel, daran etwas zu ändern. «Das einzige was wir tun können, ist, daß wir uns nicht zu halsstarrig gebärden, wenn die Weltmächte Entspannungsbemühungen machen.»[23]

Konsequent weigerte er sich, die Existenz der Mauer zu beweinen. Das erschien ihm schon deshalb nicht opportun, weil er die deutsche Teilung als Konsequenz aus der Katastrophe des Faschismus begriff. Die Auseinandersetzung mit der politischen Gegenwart war nicht von der sogenannten «Vergangenheitsbewältigung» zu trennen. Der Mauerbau schärfte das Geschichtsbewußtsein. «Ein deutscher Autor hat heute ausschließlich mit Figuren zu handeln, die die Zeit von 33 bis 45 entweder verschweigen oder zum Ausdruck bringen. Die die deutsche Ost-West-Lage verschweigen oder zum Ausdruck bringen. Jeder Satz eines deutschen Autors, der von dieser geschichtlichen Wirklichkeit schweigt, verschweigt etwas», schrieb er im November 1962.[24] Unüberhörbar der Anklang an Brechts Klage, daß ein Gespräch über Bäume zu einem Verbrechen geworden sei, weil es das Schweigen über so viele Untaten einschließt.

Ähnlich argumentierte er, als im Sommer 1962 die Memoiren Ilja Ehrenburgs in der Bundesrepublik erscheinen sollten, der Kindler-Verlag das Buch aber auf Grund breiter Proteste zunächst wieder zurückzog. Ehrenburg galt als Autor eines Flugblattes, das die Soldaten der Roten Armee, die nach Berlin vorrückten, zum Töten und Vergewaltigen aufgestachelt hatte. Ehrenburg hatte seine Urheberschaft schon 1944 bestritten, doch er galt als «Deutschenhasser» und wurde nun von vielen Deutschen erbittert zurückgehaßt. Walser machte bei diesem «borniertes Fahnenschwenken» nicht mit. Er konnte Ehrenburg den Kurzschluß, Deutsche = Faschisten, nicht verübeln. In einer Stellungnahme in der *Zeit* betonte er, daß es schließlich gute Gründe gab, die Deutschen zu hassen. Die jüdische Herkunft Ehrenburgs thematisierte er nicht: «Die Rote Armee mußte nicht von einem Literaten aufgehetzt werden. Es genügte wohl, den Rotarmisten mitzuteilen, wie sich unsere Spezialeinheiten in der Sowjet-Union vorwärtsmordeten.»[25]

Training auf der Kurzstrecke.
Bühnenerfahrungen. «Eiche und Angora».

Den Anspruch, deutsche Geschichte und Gegenwart darzustellen, löste Walser vor allem auf der Bühne ein. Das Theater war eine unmittelbar politische Kunstform. Es erlaubte Agitation und direkte Antworten auf die Debatten der Zeit, wie es im durchkomponierten Roman kaum möglich wäre. Nach der monologischen Ausschweifung «Halbzeit» erholte er sich beim Schreiben von Dialogen, die den Vorzug übersichtlicher Knappheit und den Zwang zur Selbstdisziplinierung mit sich brachten. Doch die Arbeit fiel ihm schwerer als gedacht. Er hatte das Gefühl, das Sprachzentrum auf eine ganz andere Frequenz umstellen und neu justieren zu müssen.[26] Das war so, als versuche sich ein Marathonläufer plötzlich auf der 100-Meter-Strecke.[27] Den Übergang auf die Kurzstrecke kompensierte er dadurch, daß er mehrere Läufe gleichzeitig absolvierte, um den erzählerischen Energieüberschuß loszuwerden. Jeden Tag arbeitete er an einem anderen Drama und drohte, sich dabei heillos zu verzetteln: «Wenn das so weitergeht, werden entweder sieben Stücke auf einmal fertig, oder ich verbringe den Rest meines Lebens mit sieben Fragmenten.»[28]

Im Jahr zuvor hatte er für die Münchner Bavaria an einem Drehbuch für eine filmische Umsetzung der «Madame Bovary» gearbeitet. Das hätte ihm auf einen Schlag 27 500 Mark eingebracht

– eine Menge Geld. Er träumte schon von einem Grundstück, das er davon kaufen wollte, «um meinen Töchtern etwas unter die Füße zu schieben»[29]. Aber das Drehbuch wurde nicht angenommen, die Sache zerschlug sich. Walser beriet sich mit Unseld, ob er auf seinem Honorar bestehen solle, schließlich sei ja nicht vereinbart gewesen, daß denen das Drehbuch gefallen müsse.[30]

Der Bedarf an neuen Theaterstücken deutscher Autoren war groß. Die Gesellschaft ließ sich die Institution Theater viel kosten, so daß Walser sich als Dramatiker auf ganz andere Weise sozial gerechtfertigt fühlte. Ökonomisch betrachtet, erprobte er sein Talent auf einem neuen, vielversprechenden Markt. Tankred Dorst war neben ihm die Neuentdeckung der Saison; es folgten Peter Weiss, Rolf Hochhuth und Heinar Kipphardt mit neuen Stücken. Die Schweizer Frisch und Dürrenmatt hatten sich schon in den Fünfzigern am Theater etabliert. Daß sich da gutes Geld verdienen ließe, merkte Walser gleich mit seinem ersten Stück, «Der Abstecher». Helmut Jedele kaufte es nach der Münchner Uraufführung im November 1961 fürs Fernsehen ein. Zudem wurde es in einer Hörspielfassung gesendet und erlebte in kurzer Zeit weitere Aufführungen an zwanzig Theatern. Walser notierte sich die Termine mit roter Tinte in einem Kalender, den Uwe Johnson ihm zum Jahreswechsel geschenkt hatte. Bis zum Ende der sechziger Jahre zählte er über fünfzig Inszenierungen.

Zu den entstehenden Stücken gehörte auch schon die «Zimmerschlacht», die 1967 auf die Bühne kam und zu Walsers größtem Publikumserfolg am Theater wurde. «Das Sofa», im Sommer 1961 geschrieben, blieb liegen, weil er es für unbefriedigend hielt – ein Eindruck, den die späte Veröffentlichung 1994 bestätigte. «Ich bin in diesem Genre noch nicht so recht drin, vielleicht werde ich mit dieser Materie auch nie so recht vertraut werden», diagnostizierte er seine damaligen Möglichkeiten zutreffend.[31] Unseld, der mit Lob und Zuspruch nicht sparte, versuchte doch, ihn vorsichtig vom Dramenschreiben abzubringen.

Vergeblich. Walser hatte sich in den Kopf gesetzt, ein Theaterautor zu werden.

Weil Unseld ihm gesagt hatte: «Du bist ein Erzähler», quälte er sich erst recht mit dem Stückeschreiben. Die freundschaftliche Feststellung klang in seinen Ohren so, als werde ein Aktendeckel für immer zugeschlagen.[32] Mit dieser drohenden Endgültigkeit wollte er sich nicht abfinden. Er hatte ja als Kabarett-Texter und als Hörspielautor begonnen. Damals stand er mit seinen existentialistischen Einsamkeitsparabeln noch in der Tradition von Beckett. Als Dramatiker orientierte er sich jetzt stärker an Brechts politischem Theater. «Der Abstecher» liegt etwa in der Mitte zwischen den beiden Richtungen, die damals als «absurdes» und «realistisches» Theater einander unversöhnlich gegenüberstanden. Walser war klar, daß die Realität sich nicht mehr in schlichten Abbildungsverhältnissen erfassen ließ. Der absurde Einfall sollte aber nicht ins Poetische zerflattern, sondern erkennbar an die gesellschaftliche Wirklichkeit gebunden bleiben. «Das aufklärerische Quantum des bürgerlichen Dramas wie des gleichnamigen Romans ist aufgezehrt», erklärte er programmatisch[33] und bediente sich folglich am Grotesken und Volkstümlichen und an brechtscher Didaktik.

Das gilt besonders für «Eiche und Angora», das Stück, mit dem Walser die künstlerische Auseinandersetzung mit der NS-Vergangenheit aufnahm. Im Mittelpunkt dieser «deutschen Chronik» steht mit Alois Grübel eine tragikomische Figur. Geistig ein bißchen langsam, ist er seiner Zeit immer einen Schritt hinterher, trotz seines Bemühens, sich anzupassen. Als Kommunist kam er ins Konzentrationslager und wurde dort von seiner verkehrten Weltanschauung «geheilt». Am Kriegsende beschäftigt er sich brav mit der Zucht von Angora-Hasen und will bei der Heimatverteidigung nichts falsch machen. Doch weil die Dorfbewohner seine weißen Hasenfelle als Kapitulationsfahnen hissen, wird er des Hochverrats angeklagt. Nur seine schöne Stimme, mit der er ein letztes Lied singt, rettet ihn. Fünf Jahre später, bei der Enthüllung einer Gedenktafel, wähnt er sich bei einer Feier

VI THEATER UND POLITIK. 1960–1964 181

zu Führers Geburtstag und kommt zur «Heilung» in eine katholische Anstalt. Noch einmal zehn Jahre später, zum Antikommunisten und Marktwirtschaftler umgezogen, fällt er erneut aus der Rolle. Nun darf er nicht im Gesangsverein mitsingen, weil er allzusehr an die «unmenschlichen Jahre» erinnert. Wieder kommt er in die Anstalt. Walsers altes Thema des Außenseiters, der sich vergeblich bemüht, Teil der Gesellschaft zu werden, erfährt mit «Eiche und Angora» eine radikale politische Neubestimmung.

Es muß für die Zeitgenossen irritierend gewesen sein, daß Walser den Nationalsozialismus als «schwäbischen Schwank», als «Spießergroteske» auf die Bühne brachte. Man war es nicht gewohnt, den eigenen Opportunismus und das Mitläufertum im Volk so derb vorgeführt zu bekommen. Daß die Nazis als ganz normale Durchschnittsbürger und nicht als Unmenschen von einem anderen Stern gezeigt wurden, daß die, die damals oben waren, immer noch oben standen, das waren keine bequemen Botschaften. Walser nahm das Publikum in die Verantwortung. Die Pfiffe, die sich nach der Uraufführung im Berliner Schillertheater in den Applaus mischten, zeugten, wie der junge Kritiker Hellmuth Karasek vermutete, vom Unmut darüber, daß «mit dem Entsetzen Scherz getrieben» wurde.[34] Walser schrieb ihm daraufhin einen freundlichen Brief. Die beiden hatten sich auf der Premierenfeier kennengelernt und sahen sich von nun an häufiger.

Die Kritik bemängelte den «epischen Wildwuchs» des Stükkes, dem die dramatische Linie fehle und die zögerliche Gestaltungskraft des Regisseurs Helmut Käutner.[35] Walser hatte schon während der Proben kein gutes Gefühl. «Käutners erledigtes Selbstbewußtsein und meine völlige Unerfahrenheit lassen das Beste hoffen für die Inszenierung», schrieb er an Unseld.[36] Und kurz vor der Premiere: «Alles nimmt zu. Käutners Unsicherheit, die allgemeine Gefahr. Ich überlege jetzt, ob Du vielleicht an so etwas dachtest, als Du mir rietest, keine Stücke zu schreiben. Dein Instinkt.»[37] Unseld reiste nach Berlin, schaute zwei Tage bei den Proben zu und tröstete: Es wird nicht ganz schiefgehen.

Ging es auch nicht. Das Stück erlebte in der Folge zahlreiche Aufführungen in der Bundesrepublik, kam in der DDR in Meiningen und in Karl-Marx-Stadt auf die Bühne, wurde unter anderem in Wien, Zürich, Basel, Rotterdam, Skopje, in Edinburgh und in Paris gespielt. Dort, im Théâtre National Populaire, lief «Eiche und Angora» ein Jahr lang ununterbrochen, was dem Autor 36 000 Mark einbrachte. Im Ausland interessierte man sich besonders für diesen Stoff, weil sich daran ablesen ließ, wie die Deutschen mit ihrer Geschichte umgingen.

In den Wochen der Berliner Uraufführung logierte Walser in Johnsons Wohnung in der Niedstraße 14. Johnson war für zehn Monate Stipendiat der Villa Massimo in Rom und während seiner Abwesenheit froh darüber, den Freund in der Wohnung zu wissen. Umständlich hatte er den Schlüssel bei der Post deponiert, Hausbesitzer und Hausmeister über den Gast in Kenntnis gesetzt und Martin zur Kühlschrank- und Telefonbenutzung aufgefordert.[38] Walser, der wie immer einige Mühe hatte, Freundlichkeit anzunehmen, weil er sich dann in der Schuld fühlte, war doch froh, nicht ins Hotel zu müssen. Johnsons Wohnung kam ihm allerdings abweisend vor, wie eine Burg für Männer. «Du hast eine Junggesellen-Wohnung, Uwe», schrieb er nach Rom, versprach aber «durchzuhalten».[39] Rechtzeitig zur Premiere kehrte Johnson zurück, so daß sie noch ein paar Tage gemeinsam verbrachten. Seine Eindrücke aus den Tagen danach, als Walser mit der durchwachsenen Kritik fertig werden mußte, faßte Johnson so zusammen: «Martin ist ein ruhiger Mensch tagsüber oder bemüht sich um ein ähnliches Aussehen für zahllose Leute, denen er nicht entrinnt.»[40] Weniger gelassen reagierte er, als Walser ihm erzählte, eine Freundin habe in der Niedstraße übernachtet. Johnson empfand das als Vertrauensbruch. Er reagierte wie ein eifersüchtiger Liebhaber, und vielleicht hatten seine Gefühle gegenüber Walser tatsächlich etwas davon.

Stärker jedoch wirkte das Konkurrenzverhältnis zwischen ihnen, das sie mal spielerisch, mal ernsthaft austrugen. In Frankfurt besuchten sie eines Abends gemeinsam den Verlagslektor Klaus Roehler und seine Frau, die Schriftstellerin Gisela Elsner. Ihr Debütroman «Die Riesenzwerge» war noch nicht erschienen, aber die beiden verkehrten in der Gruppe 47, wo sie als bohemehaftes Paar, als eine Liz Taylor und ein Richard Burton des Literaturbetriebs galten. Ihr kleiner Sohn Oskar lag schlafend im Wäschekorb, Klaus Roehler ging früh zu Bett. Kaum war er verschwunden, begannen die Freunde einen Gockelwettkampf um die Gunst der maskenhaft schönen Frau. Als Johnson schließlich Schuhe und die Strümpfe auszog und auf einem Bein, den entblößten, riesigen Fuß wie ein Geschlechtsteil vor sich haltend, herumhüpfte, gab Walser auf. Er verließ die Wohnung und fuhr noch in derselben Nacht zurück nach Friedrichshafen. Dort hatte er seinen heimatlichen Hafen, in den er einlaufen konnte wie ein Schiff nach dem Sturm.

Wasserburger Treffen. Taschenbücher.
Zeitschriftenpläne. *Spiegel*-Affäre.

Das Foto gehört in jede Kulturgeschichte der Bundesrepublik Deutschland: Sechs Männer sitzen auf Gartenstühlen um einen Gartentisch, der auf einem Kiesgrund steht. Man hört es geradezu knirschen, wenn sie unterm Tisch mit den Füßen scharren. Auf dem Tisch steht ein Kännchen Kaffee, daneben liegen Papiere und Stifte, eine Mappe, Tabak, zwei Sonnenbrillen. Im Hintergrund eine Hecke und ein Baum, der seine Zweige bis über den Tisch streckt. Es ist kühl, vielleicht geht ein leichter Wind, denn sie tragen Jacken an diesem Nachmittag Mitte Juni 1962 in Wasserburg am Bodensee. Die Herren schweigen. Sie blicken skeptisch und saugen an ihren Zigaretten oder an ihren Pfeifen. Nur einer spricht, leicht vorgebeugt, den Zeigefinger gestreckt, um nachdrücklich auf den Tisch zu klopfen. Das ist Siegfried Unseld. Ihm ist anzusehen, wie begeistert er von dem Plan ist, den

184 VI THEATER UND POLITIK. 1960–1964

er da vorträgt. Er will die anderen, die nachdenklich, fast ein wenig indigniert an ihm vorbeischauen, mitreißen. Taschenbücher! Endlich eine eigene Reihe im Suhrkamp Verlag! Enzensberger, Johnson, Walser und die Lektoren Karl Markus Michel und Walter Boehlich nehmen es zur Kenntnis.

Das «Wasserburger Treffen» gilt als die Geburtsstunde der edition suhrkamp, die wie keine andere Buchreihe die intellektuelle Landschaft der sechziger und siebziger Jahre prägte. In den regenbogenbunten Bänden formierte sich die linke Intelligenz, hier fand die Studentenbewegung ihr theoretisches Material und die junge Literatur Verbreitung. Tatsächlich hat Unseld in Wasserburg nur verkündet, was er sich fest vorgenommen hatte und wovon er sich auch durch die ablehnende Haltung seiner Zuhörer nicht mehr abbringen ließ. Der einzige, der ihm zustimmte, war Walser, der ein zehnseitiges Thesenpapier vorbereitet hatte. Die anderen fürchteten den Ausverkauf an den Kommerz, den ökonomischen Ruin, den Profilverlust, ja, wie Max Frisch aus Rom schrieb, die «Kapitulation vor dem Taschenbuch». Peter Suhrkamp war immer dagegen gewesen, Hermann Hesse ebenfalls, und ein Programm mit 48 Titeln jährlich, wie es Unseld vorschwebte, würde unmöglich durchzuhalten sein.[41] Doch Unseld war sich sicher. Im Mai 1963 startete die edition suhrkamp.

Walser reizte die Möglichkeit, billige Ausgaben großer Werke unters Volk zu bringen. Ihm schwebte etwas Ähnliches wie die englischen Penguin-Books vor. Klassiker für jedermann: endlich den ganzen Proust in Deutschland erschwinglich machen. Oder den «Ulysses» in drei Bänden. Das war ihm wichtiger, als ständig Neuerscheinungen im Dauerausstoß paradieren zu lassen.[42] Doch nicht nur das literarische Programm interessierte ihn. Bald schon schlug er vor, ein Bändchen «Habermaaß» zu bringen, dessen «Möglichkeiten im Aktuellen» liege, also «ideal für die e.s.». Und er regte an, sich verstärkt mit Naturwissenschaften zu befassen: «Diese Farbe fehlt völlig. Bloß weil die Soziologen als verhinderte Romanschreiber besser schreiben können. (...)

VI THEATER UND POLITIK. 1960–1964

Materialismus ausschließlich in den Händen von Philosophen ist ein trauriger Anblick, es wird immer wieder ein Idealismus daraus.»[43]

Die eigenen Titel sah er allerdings nicht so gern in der neuen Reihe. Für «Eiche und Angora» fand er es im Juni 1963 noch zu früh, da die gebundene Ausgabe, die im Oktober 1962 erschien, noch lange nicht verkauft war.[44] Und als Unseld drängte, im April 1964 einen Band mit neuen Geschichten zu präsentieren, wehrte er ab. Erst die Information, daß Peter Weiss' «Gespräch der drei Gehenden» in der edition suhrkamp nach fünf Wochen vergriffen sei, die zweite Auflage von nochmals 10 000 Exemplaren schon im Druck, stimmte er vorsichtig zu: «Zuerst müssen die Geschichten ja geschrieben werden. Herbst 64 wäre der rechte Termin. Wenn mich das Theater nicht völlig zerschmettert.»[45]

Beim Treffen in Wasserburg stand aber noch ein zweites wichtiges Thema auf der Tagesordnung. Schon seit 1961 gab es Pläne für eine internationale Zeitschrift, die in Kooperation mit dem italienischen Verlag Einaudi und mit Gallimard in Frankreich entstehen sollte. Zur deutschen Redaktionsgruppe gehörten Uwe Johnson, Ingeborg Bachmann, Walter Boehlich, Hans Magnus Enzensberger, Günter Grass, Helmut Heißenbüttel, Peter Rühmkorf und Martin Walser. Johnson war zum Redaktionsleiter ernannt worden, hatte sich aber ein Jahr Zeit ausbedungen, um Französisch und Italienisch zu lernen. Walser wünschte, daß er nach Frankfurt zöge, weil Berlin für ein Redaktionszentrum zu weit aus der Welt sei. Johnson war es gelungen, den Fischer Verlag mit Klaus Wagenbach aus dem Projekt hinauszudrängen. Doch schon die Titelfindung verlief kompliziert. *Guernica, Delta, Jerichow* und *work in progress* waren im Gespräch. Enzensberger schlug *Gulliver* vor. Unseld gefiel *Discorsi* oder *Diskurs* am besten. Ebensogroß waren die Schwierigkeiten, sich auf ein Konzept zu einigen. Die Franzosen, die von Michel Butor vertreten wurden, hatten andere Vorstellungen. Die Beiträge von Roland Barthes, Maurice Blanchot und anderen wurden von den Deutschen als zu spekulativ-theoretisch empfunden. Mag sein, daß es einfach noch zu früh war für ein transnationales Projekt, weil die Interessen in den einzelnen Ländern nicht kompatibel waren.

Anfang Oktober 1962 kam es in dieser Sache zu einem Treffen mit *Spiegel*-Herausgeber Rudolf Augstein bei Unseld in der Klettenbergstraße. Da waren die Zweifel schon größer als der Glaube ans Gelingen, und als Augstein eine nationale Literaturzeitschrift ins Spiel brachte, die wöchentlich in einer Auflage von 50 000 Exemplaren erscheinen könnte, waren Walser, Grass und Boehlich für diesen Alternativplan gleich zu haben.[46] Unseld war dagegen. Und Augstein verlor das Interesse so rasch, wie er es entdeckt hatte. Drei Wochen später begann die *Spiegel*-Affäre. Augstein geriet auf juristisch fragwürdiges Betreiben des Verteidigungsministers Franz Josef Strauß in Untersuchungshaft und mußte sich gegen den Vorwurf des «Landesverrats» zur Wehr setzen. Auslöser war ein *Spiegel*-Artikel, der sich mit dem NATO-Herbstmanöver befaßte und der angeblich den Tatbestand des «Geheimnisverrats» erfüllte. Eine Literaturzeitschrift gehörte nach der Haftentlassung nicht mehr zu Augsteins vordringlichen Plänen.

In den Tagen, als die *Spiegel*-Redaktion durchsucht und Augstein festgenommen wurde, tagte die Gruppe 47 in Berlin. Walser war nicht dabei, weil er mit Theaterproben in Heidelberg zu tun hatte. «Eiche und Angora» stand dort auf dem Spielplan. Aus der Ferne ärgerte er sich jedoch über eine Solidaritätserklärung einzelner Mitglieder der Gruppe, in der «die Unterrichtung der Öffentlichkeit über sogenannte militärische Geheimnisse» zur «sittlichen Pflicht» in der gegenwärtigen Situation erklärt wurde.[47] Das moralisch hochtönende Pathos entsprach der allgemeinen Aufregung. Alfred Andersch und Wolfgang Neuss sahen in Strauß den «Mörder der zweiten deutschen Republik». Augstein wurde in einem Atemzug mit Carl von Ossietzky genannt. Für ein paar Stunden oder Tage schien es, als drohe die Wiederkehr des Faschismus.[48] Spontane Demonstrationen an Universitäten und eine breite Solidarisierung der Presse von rechts bis links zwangen die Bundesregierung jedoch in die gesetzlichen Schranken zurück. Die *Spiegel*-Affäre bewirkte keinen Rückfall in alte Zeiten, sie stärkte vielmehr die Liberalisierungstendenzen im Land und das Gefühl, Demokratie im Widerstand gegen staatliche Willkür erkämpfen zu können.

Johnson war es schon ein paar Tage später nicht mehr wohl damit, daß Schriftsteller versuchten, mit ihren Namen als politischen Markenartikeln öffentliche Empfehlungen abzugeben und angeberisch zum Geheimnisverrat aufzufordern. Walser verhehlte ihm nicht seinen «fortfressenden Ärger mit dieser Drecksformulierung»[49]. Der Zeitschrift *Pardon* lieferte er einen lyrischen Text als Solidaritätsadresse mit Augstein und dem *Spiegel*. Auch er sah eine bedrohliche Parallele zum «Dritten Reich», wenn er schrieb: «Ja, der Goebbels hätte sich den Augstein nicht so lange gefallen lassen, aber verhaftet hätte er ihn auch.»[50]

Diese Empfindung wurde durch die Notstandsgesetze verstärkt, mit denen im Verteidigungsfall die demokratischen Grundrechte eingeschränkt werden sollten. Ausgerechnet am 9. November, ohne jeden Sinn für historische Symbolik, legte die Bundesregierung einen neuen Notstands-Gesetzentwurf vor. Der Widerstand dagegen reichte von kirchlichen Gruppen über die Gewerkschaften bis zur Opposition im Bundestag. Er war getragen von der Furcht, daß damit das Grundgesetz unterhöhlt und die Demokratie ausgehebelt werden würde. Walser beteiligte sich an einer Umfrage der Zeitschrift *konkret* und blieb gelassen: Der Notfall, den man doch besser Krieg nennen sollte, wäre weit schlimmer als die vergleichsweise harmlosen Freiheitseinschränkungen. Eine Gefahr sah er aber darin, daß die Situation des «drohenden Verteidigungsfalles» zu einem vom Staat durchaus erwünschten, weil seine Macht erweiternden, Normalzustand werden könnte.[51]

Die Fortsetzung der Geschichte vollzog sich als Farce. Der Geschäftsführer der CDU, Josef-Hermann Dufhues, bezeichnete die Gruppe 47 auf einer Pressekonferenz am 19. Januar 1963 als «geheime Reichsschrifttumskammer», deren Einfluß auf die Meinungsbildung nicht mehr hinnehmbar sei. Dufhues kehrte damit den Faschismusvorwurf der Intellektuellen um. Richter und seine Getreuen – unter ihnen Martin Walser – klagten gegen diese Unterstellung. Der Prozeß vor dem Berliner Landgericht zog sich bis in den Dezember hin. Dann willigte Hans Werner Richter, der Sache überdrüssig, in einen Vergleich ein.

Und die Zeitschrift? Im Januar 1963 kam es noch einmal zu einer internationalen Redaktionskonferenz in Zürich, wo der Inhalt der ersten Ausgaben festgelegt wurde. Walser und Grass verpflichteten sich, ein Interview mit Innenminister Hermann Höcherl zu führen, der sich mit dem russischen Lyriker Jewgenij Jewtuschenko getroffen hatte und darüber Auskunft geben sollte. Ob ein Höcherl-Interview zu Essays von Maurice Blanchot oder Italo Calvino gepaßt und im Ausland interessierte Leser gefunden hätte? Im April 1963 wurde die Zeitschrift bei einem Treffen in Paris aufgegeben. Walser, vom überhandnehmenden Politischen ermattet, hatte schon zum Jahreswechsel 1962/63 erklärt: «Meine Lust nimmt ab. Eigentlich möchte ich nur noch ein besonders abschließbares Haus.»[52]

Dennoch machte er sich im Januar auf zu Lesungen, die er brauchte wie die Luft zum Atmen. Weg von der Schreibtischvereinzelung, raus aus der Familie, Resonanz spüren, das Lachen an den richtigen Stellen. Da lebte er auf, wie immer in Gesellschaft. Josef W. Janker begleitete ihn einmal in diesem eisigen Winter, als sogar der Bodensee zugefroren war. Auf der Rückfahrt in Walsers Fiat bedrängte ihn ein merkwürdiges Leeregefühl: keine Straße zu erkennen, die Gegend seltsam baumlos und unberührt. Als wieder Asphalt unter den Rädern zu spüren war, sagte Walser: «Janker, soeben haben Sie eine historisch denkwürdige Fahrt über den See beendet; ich gratuliere.» Janker erbleichte. Er fühlte sich wie der Reiter über den Bodensee. Walser freute sich über die kleine Abkürzung, die er genommen hatte, um schneller nach Hause, «ins warme Nest», zu kommen.[53]

Feuerwehrklingeln im Kopf:
Richtungssuche, Entfremdungen, Mißerfolge.

Walsers Bindung an den Suhrkamp Verlag wurde mit jedem Jahr stärker. Fast täglich rief Unseld bei ihm an, um seinen Rat einzuholen. Als er im Mai 1962 ein Grundstück kaufen wollte, schickte Unseld einen Verrechnungsscheck über 35 000 Mark, die nur zur Hälfte durch Theatereinnahmen und die Fernsehrechte des «Abstecher» gedeckt waren. Der Rest war ein Darlehen. Das beunruhigte Unseld nur insofern, als Walser durch Schulden zu Arbeiten verführt werden könnte, die er normalerweise ablehnen würde. Deshalb bot er ihm regelmäßige monatliche Zahlungen in Höhe von 2000 Mark an. 1750 Mark sollten mit Honorareinnahmen verrechnet werden, 250 Mark waren gedacht als Entlohnung für die Beratertätigkeit. Diese Monatspauschale sollte bis zu einem Minusstand des Kontos von 60 000 Mark geleistet werden. Im Gegenzug würde Walser aus der halbjährlichen Abrechnung nur dann etwas erhalten, wenn der Kontostand über 12 000 Mark läge.

Walser ließ sich darauf nur widerwillig ein. Als sein Defizit im November auf 16 000 Mark angewachsen war, wollte er die Verabredung wieder rückgängig machen: «Du weißt, Geld ist bei mir Gefühlssache. Ich kann mich nicht freihalten von Empfindungen, wenn ich das Minus wuchern sehe.»[54] Weil er es nicht ertrug, Schulden zu haben, sagte er den geplanten Skiurlaub mit Unseld ab. Er könnte sich nicht im Schnee tummeln, wenn er doch Geld verdienen müßte. Der Gerhart-Hauptmann-Preis, der ihm in Berlin verliehen wurde, konnte darüber ebensowenig hinwegtrösten wie über die eher durchwachsene Aufnahme von «Eiche und Angora». Ein finanziell großzügiges Angebot Unselds lehnte er jedoch als «Almosen» ab. Als der Verlag die Taschenbuchlizenz der «Halbzeit» für 30 000 Mark an den Knaur Verlag verkaufte, bot Unseld an, das Geld nicht hälftig zu teilen, sondern seinem Autor 25 000 Mark zuzubilligen. «Natürlich spür auch ich die Erschöpfung, die die Halbzeit hinterlassen hat», teilte Walser im

Mai 1963 mit. «Aber manchmal glaube ich, es könnte sich wieder was ansammeln. Ich notiere mir doch dann und wann was. (...) Ich hoffe ja immer noch auf das Theater. Wenn ich in den nächsten fünf Jahren nicht erreiche, wozu ich der Familie wegen verpflichtet bin, dann werde ich sicher Hilfe suchen.»[55]

Als Gutachter in Diensten des Verlags las er Paul Nizons Roman «Canto», den er nachdrücklich zur Veröffentlichung empfahl. Mit Gerhard Rühm konnte er nichts anfangen. Experimentelle Lyrik hielt er grundsätzlich für unergiebig. Ein Manuskript von Margarete Hannsmann gefiel ihm so gut, daß er der Autorin gleich seine Zustimmung ausdrückte und sich damit den Ärger des Lektorats einhandelte, das weniger Gefallen an diesem Roman fand. Walser mußte seine Zusage zurücknehmen, ein Vorgang, der ihn demütigte, weil er ihm die Grenzen seiner Einflußmöglichkeiten aufzeigte. Die Distanz, die ein Lektor beim Lesen aufbringen muß, lag ihm nicht. Er wollte seine Begeisterung mitteilen, denn er wußte aus eigener Erfahrung, wie sehr Schreibende nach Zustimmung verlangen.

Zu einer Meinungsverschiedenheit kam es, als Unseld überlegte, den Insel Verlag zu erwerben. Walser, um seine Meinung gefragt, riet ab: «Man kauft nicht eine alte unbrauchbare Villa, bloß weil de Gaulle einmal darin übernachtet hat.»[56] Unseld übernahm den Verlag zum 19. Februar 1963. Schwerwiegender wirkten sich seine fortgesetzten Bemühungen aus, Walser vom Dramenschreiben weg und wieder zur Prosa zu bewegen. Dieser grundsätzliche Dissens führte, als Walser eine erste Fassung des neuen Stücks «Der schwarze Schwan» schickte, zu einer ernsthaften Entfremdung. Zum Schutz der Freundschaft schlug Unseld vor, sich für einige Zeit auf die geschäftliche Beziehung zu beschränken. Sein Urteil über das Stück hielt er zurück: Der Verlag müsse sich erst mit all seinen Köpfen eine Meinung bilden. Walser willigte ein in die «klinische Distanz» und erhielt kurz darauf einen Brief des Verlegers, der seine Einwände nun doch darlegte. Er zeigte grundsätzliche politische Bedenken gegen dieses zweite Stück der «deutschen Chronik», in dem ein junger Mann, Rudi, die Mittäterschaft seines Vaters im «Dritten Reich» entdeckt, dessen Schuld auf sich nimmt und deshalb in die psychiatrische Klinik eingeliefert wird. Unselds Urteil: «Du schilderst die großen Täter, nachdem Du in ‹Eiche und Angora› den mitlaufenden Volkskörper gezeigt hast. Aber was bei Alois und meinetwegen noch beim Kreisleiter am Platze war, nämlich die Walsersche Einfühlung, das Walsersche Mimikry, also Sympathie und Mitleiden mit den Helden, das darf hier nicht sein. Wenn schon die Figuren der Meinung sind, daß man sich nur selber richten kann, der Autor darf diese Meinung nicht vertreten. Also erster Satz: Mit dem Selbstmord Rudis ist es nicht getan, die Täter müssen, wenn sie nicht schon verurteilt werden, eine Konsequenz auf sich nehmen. Zweitens: Warum, Martin, ist in diesem Stück nirgendwo ein normaler Mensch? (…) Man kann ein Stück nicht nur auf Verbrecher und Verrückte bauen, sie brauchen einen Gegenpart. (…)»[57]

Unseld ging noch weiter. Es fehle der rote Faden. Walser wolle zuviel. Aus jedem Stück werde immer gleich eine Trilogie, ja ein Zehnling. Damit wiederholte er Einwände, die auch Kritiker erhoben hatten, milderte sie aber durch einige Schmeicheleien ab: «Ich weiß, was dieses Stück für Dich, für unsere Zeit und vor allem für die Zeit nach uns bedeutet. Du bist, wie Brecht, zum Geschichtsschreiber unseres Volkes geworden, und dafür schulden wir Dir alle Dank und ich persönlich beglückwünsche Dich zu Einfall, Fabel und zu den Teilen der gestischen Durchführung. Das Stück ist also keinesfalls mißlungen, aber Du mußt einfach noch daran arbeiten und wir alle müssen noch mit Dir reden.»[58] Die Einwände verunsicherten Walser so sehr, daß er das Stück erst einmal beiseite legte. Auch ein dritter Teil der «deutschen Chronik», der sich mit der deutschen Teilung beschäftigen und den Titel «Ein Pferd aus Berlin» haben sollte, unterblieb.[59] Er scheute davor zurück, feste Aussagen über den Sozialismus zu treffen. Die Fehlleistungen in der DDR, die durch den gewaltsamen Import des Sozialismus entstanden, wären präziser von Historikern zu beschreiben als von einem Dramatiker.[60] In dieses Minenfeld wollte er sich nicht begeben.

Ein anderes Stück kam im Herbst 1963 zur Uraufführung bei Peter Palitzsch in Stuttgart: «Überlebensgroß Herr Krott». Es wurde zu einem Desaster. Schon in den Monaten davor ahnte Walser das drohende Unheil. Er war nervös und gereizt, hatte permanent ein «Feuerwehrklingeln im Kopf»[61] und reagierte auf Johnsons Kritik mit harscher Zurückweisung. Der hatte ihn auf logische Ungereimtheiten und konstruktive Mängel aufmerksam gemacht und angemerkt: «Die Umstände kommen mir unverhältnismäßig überhöht vor.»[62] Als Unseld ihm zwei neue Dramen von Peter Weiss zur Ansicht schickte – die «Nacht mit Gästen» und den «Marat/Sade», der zu einem Welterfolg werden sollte –, grantelte Walser mißgelaunt zurück. Weiss werde doch bloß von einem «versnobten Twen-Publikum» beklatscht und bediene die «ermatteten Instinkte der Pseudo-Intellektuellen». Unterlegt mit guter Musik, sei vielleicht schlechte Oper daraus zu machen, aber länger als zehn Minuten könne man das nicht ertragen.[63]

Selten lag Walser mit seinem Urteil so total daneben wie in diesem Fall. Er sah Weiss nicht als Autor, sondern als Konkurrenten und verlor darüber seine Maßstäbe. Schlimm genug, daß der «Marat/Sade» im Irrenhaus spielte – genau wie Walsers «Schwarzer Schwan». Schlimmer noch: In beiden Fällen gibt es als Stück im Stück eine Theaterinszenierung im Irrenhaus. Walser mußte nun fürchten, als Plagiator zu erscheinen. Und warum hatte Unseld ihn so kritisiert und Weiss so sehr gelobt? Er ertrug es nicht, nur einer von vielen und nicht der beste Autor seines Verlegers zu sein. Er, der die Ehe nicht gerade konventionell begriff, hätte die Beziehung zum Verleger am liebsten streng monogam geführt. Statt dessen sah er sich in diesem Verhältnis in einem Harem untergebracht und war verstimmt. Unseld ärgerte sich: «so, lieber Martin, geht es nicht. Wenn wir über Dramen diskutieren, siehst Du in mir nur ein personifiziertes Vorurteil, also daß Deine Stücke unzulänglich, alle anderen aber höchst vollkommen seien. Du bist blind und taub ohne Unterschied.»[64]

Im «Krott» stellte Walser die Klassenverhältnisse in der bürgerlichen Gesellschaft als Burleske dar und variierte einmal mehr das Brecht-Thema vom Herrn und Knecht. «Krott» ist eine Persiflage auf Kapitalismus und Arbeiterbewegung und die Unveränderlichkeit der Verhältnisse. Gezeigt wird die endlose Stagnation. Die Herrschaftsverhältnisse sind endgültig erstarrt. Das ist nicht unbedingt ein theatralischer Stoff, und Walser gelingt es nicht, dafür eine bühnengemäße Form zu finden. Krott liegt unbewegt, von Langeweile gepeinigt, zwischen Ehefrau und Geliebter auf der Terrasse eines Berggasthofes. Er wartet darauf, daß endlich einer käme und ein Attentat gegen ihn verübe, das ihn von seinem Überdruß erlöse. Aber die Arbeiter rebellieren schon lange nicht mehr, und wenn, dann nur wegen der Farbe der Luftballons auf dem Betriebsfest. Und die Diener haben sich den Opportunismus ihrer Herrschaft so sehr zu eigen gemacht, daß von ihnen noch weniger zu befürchten ist.

Die Premiere, angesetzt für den 21. November 1963, mußte verschoben werden, weil an diesem Tag in Dallas John F. Kennedy ermordet wurde. Als sie neun Tage später nachgeholt wurde, gab es Applaus fürs Ensemble, Pfiffe und Buhrufe für den Autor.[65] Helmut Heißenbüttel sah in der Krott-Figur ein als Monstrum getarntes Selbstporträt des Autors[66] – ein Eindruck, der nicht ganz von der Hand zu weisen ist. Hans Erich Nossack, nie um negative Urteile über Walser verlegen, hatte den Eindruck von hervorragendem Kunsthandwerk, langweilte sich aber, weil er in diesem «Geschmacksprodukt» nichts von Walser vorfand, sondern nur einen geschickten Eklektizismus, der alles von Büchner bis Brecht verwerte.[67] Abend für Abend verließ das Publikum in Scharen das Theater. Schon im März wurde das Stück abgesetzt.

Hoffnung auf weitere Inszenierungen gab es zunächst nicht. Zum künstlerischen kam das ökonomische Desaster. Walser wußte nicht mehr weiter, wollte aber seinen Kampf ums Theater noch nicht verloren geben. Doch nach der Niederlage zeigte er Wirkung: «Ich habe meinen Krott-Grabstein auch noch irgendwo zwischen Kehlkopf und Bauchnabel», schrieb er an seinen Theaterlektor Karlheinz Braun. «Freude ist rar und deshalb hoch im Preis. Aber allmählich kommt man aus mit immer weniger Freude. Das ist auch nicht ohne. Man kommt sich härter vor. Weniger gierig, also weniger verletzbar.»[68] Abhärtend wirkten in dieser Hinsicht auch die «Lügengeschichten», die im Frühjahr 1964 in der edition suhrkamp erschienen, die aber bei der Kritik auf wenig Gegenliebe und viel Ratlosigkeit stießen.

Max Frisch, das zartere Monstrum.
Gantenbein und Lügengeschichten.

Anfang des Jahres 1964 las er Frischs Roman «Mein Name sei Gantenbein» im Manuskript. Er war hingerissen. Da fand er eine Erzählweise, die er selbst gerne für seinen kommenden Roman verwendet hätte.[69] Und er fand dort einen Stoff – Ehe, Liebe und die Auseinandersetzung mit einer gescheiterten Beziehung –, der auch sein eigener war. Frisch bewies, daß es möglich ist, Geschichten zu erzählen, die ihre Bedeutung nicht wie ein Preisschild auf der Stirn tragen. Walser begann in dieser Zeit an seinem Liebesroman «Das Einhorn» zu arbeiten, auch wenn noch völlig unklar war, in welche Richtung es gehen würde. «Meine Arbeit ist an einem Übergang, wohin weiß man noch nicht», schrieb er an Unseld.[70] Um so intensiver befaßte er sich mit Frischs Text. Seine Bewunderung für «Gantenbein» gibt Auskunft über seine eigenen poetischen Vorstellungen, wie er sie in Briefen an Frisch umriß. Als «großes Reduktions-Unternehmen zur Rettung des Wenigsten, des Wichtigsten, des bloßen Weiterlebens» bezeichnete er dessen Roman und schrieb: «Die Gantenbeinsprache ist bis in die Einzelheit blühende Skepsis, wucherndes Mißtrauen, es ist die ganz wesentliche Sprache für einen

VI THEATER UND POLITIK. 1960–1964   195

großen Rückzug. Dem Homo faber habe ich persönlich seine Sprache nie so recht geglaubt, da hatte ich das Empfinden, der Frisch hat sich in jemanden hineinversetzt, da fühle ich nicht die Verschmelzung der Autornatur mit dem Willen des Autors. Aber im Gantenbein ist das überhaupt keine Frage.»[71]

Walser war beeindruckt von diesem Stil, der an keiner Stelle seine «Gemachtheit» erkennen ließ, sondern als «natürlichste Fortsetzung der Erfahrung in der Sprache» wirkte.[72] Das war ihm seit Proust nicht mehr begegnet. Negativer Gegenpol dazu war «unser Stall-Kollege Nossack». «Sie wissen, ich habe nichts davon, wenn ich Nossack nicht schätze. Aber er ist das lebenslänglich-traurige Beispiel eines Autors (für mich), bei dem ich noch nie, nicht in einer einzigen Geschichte, empfand, daß irgend etwas so sein müsse, wie es bei ihm ist. Das ist einfach gemacht. Es muß für Nossack selber schrecklich genug sein, in jeder Arbeitsminute wählen zu können zwischen Vielem. Aber all das ist Gantenbein nicht.»[73]

Den Unterschied zwischen «Natürlichem» und «Gemachtem» stellte Walser auch in einem Brief an Suhrkamp-Lektor Karl Markus Michel heraus, in dem es um die Differenz zwischen «Geschichte» und «Erzählung» ging. Er war entsetzt über einen Werbetext des Verlages, der seine «Lügengeschichten» als Erzählungen ankündigte. «Bloß das nicht!» rief er aus und erklärte sein Programm Punkt für Punkt: «1.) Die Erzählung beweist, was in ihr möglich ist. Die Geschichte hat das nicht nötig. Sie erzählt lieber gleich was Exemplarisches. 2.) Die Erzählung (die ja fast immer ein abgetriebener Roman ist) tut so, als sei sie der Leibarzt der Wirklichkeit. Eine Geschichte dagegen wundert sich einfach. 3.) Erzählung oder Roman erzählen von den Begründungen der Wirklichkeit. Und in der Wirklichkeit hat ja auch alles einen Grund. Die Geschichte läßt den weg, und schon wird alles viel deutlicher. 4.) Die Geschichte ist keine Nacherzählung der Wirklichkeit im Dienst der Analyse, sondern eine parodistische oder polemische oder kritische oder selbstvergessene Imitation der Wirklichkeit (allenfalls im Geist der Sprache). 5.) Es gibt Geschichten, (…) denen die Wirklichkeit nicht zu geschehen erlaubt, weil die Wirklichkeit in ihnen zu deutlich würde; diese Geschichten muß man erzählen!! 6.) Also Lügengeschichten! Homers Großmutter soll gesagt haben: wer ehrlich ist, gibt zu, daß er lügt (…)»[74]

Das ist es auch, was Walser an Frischs «Gantenbein» bewunderte. Das Erzählte war als Erfindung getarnt, die Wirklichkeit war eine Fiktion, die Person zerfiel in viele versuchsweise Identitäten. Und noch etwas verband ihn mit Frischs Art des Erzählens: Beide schöpften unmittelbar aus den eigenen Erfahrungen. Es ist das eigene Erleben, das in die Literatur eingeht. Das führt immer wieder zu Komplikationen und zu Beteuerungen, daß das Literarische auch dann eine eigene Wirklichkeit beansprucht, wenn es der erlebten Realität zum Verwechseln ähnlich sieht und Beteiligte sich darin wiedererkennen. Frisch setzte sich in «Gantenbein» mit seiner gescheiterten Beziehung zu Ingeborg Bachmann auseinander. Er fürchtete nun, das Verhältnis Gantenbein – Lila werde allzu direkt auf das Verhältnis Frisch – Bachmann übertragen, und bat Walser wiederholt, er möge ein «Warnsignal» geben, wenn er das auch so sehe.[75] Doch der hatte keine Bedenken in dieser Richtung: «Anzunehmen ist, daß nur die paar Leute das so lesen, die von Ihnen darüber informiert wurden. Ich selber betrachte solche Informationen als vertraulich gegeben und so zu behandeln. Die Lila – da möchte ich fast schwören – ist tief verwandelt. Und sollte sich im Klatschsystem der Literatenfamilie für kurze Zeit ein Gerüchtchen fortschleppen, so tut das nichts zur Sache.»[76]

Im April 1964 kam es zu einem Treffen bei Unseld, an dem auch Johnson, Enzensberger und erstaunlicherweise Grass teilnahmen, obwohl der doch nichts mit dem Verlag zu tun hatte. Es muß dabei heftig hergegangen sein, mit Kritik am Manuskript, vor allem aber am Titel. Walser setzte sich massiv und gegen Frischs Bedenken für «Mein Name sei Gantenbein» ein, weil nur dieser Titel aus dem «Fleisch und Blut des Romans selber» gemacht sei. Der Name Gantenbein sprach ihn schon deshalb an, weil darin das alemannische «verganten» – die kindliche Urangst der Zwangsversteigerung – nachklang. Frisch, ironisch gestimmt, wollte ihn verpflichten, die Verantwortung für den Titel «mit Vermerk im Buch» zu übernehmen, fügte aber hinzu: «sobald es mir gelungen sein wird, Ihre Argumente für die meinen zu halten, übernehme ich selbst die Verantwortung auch für den Titel. Dies [ist] nur noch eine Frage der Zeit.»[77]

Frisch, der auf seine Gesprächspartner oft schroff und sehr direkt wirkte, fürchtete nach dem Treffen, Verletzungen hinterlassen zu haben. An Unseld schrieb er fast schon entschuldigend: «Meine Gefühle gegenüber Walser, Johnson, Enzensberger sind eine bewegliche Mischung von Zärtlichkeit und Verehrung, und was immer ich gesprochen haben mag, nehmt alles nur in allem: Sympathie.»[78] An Walser schickte er einen Brief voll tiefer Zuneigung: «Es ist die Sympathie, die mich zuweilen verleitet, ich meine die Sympathie, die ich allen Anwesenden gegenüber, ausgenommen vielleicht Grass, den ich nur bewundere, hatte und habe, vor allem aber Ihnen gegenüber, und zwar verleitet sie mich zu einer Art trauter Unvorsichtigkeit (...) Es ist ein purer Trieb, die Freunde aus dem Busch zu klopfen, (...) Ich komme mir oft so geschont vor. (...) Verzeihen Sie, lieber Martin, wenn ich lästig wurde! Oder glauben Sie mir zumindest, wie sehr ich mich jedesmal freue, Sie zu treffen. Was ich hier schreibe, ist übrigens kein Rundschreiben; wenn ich Johnson lästig war, wenn ich Enzensberger lästig war, so ist es nicht dasselbe.»[79]

Walser überbot diese Freundschaftsbekundung noch, wenn er zurückschrieb: «Obwohl jeder Kollege jedem Kollegen ein Monstrum wird, ein unersättliches, gibt es Kollegen, die ihr Monströses immer wieder zum Verschwinden bringen. Sie, zum Beispiel. Ich glaube auch zu wissen, warum so ein zärteres Monstrum mich viel weniger verletzt: es verletzt sich immer selber im gleichen Maß und es verletzt nur, wenn es selber verletzt wurde, also eine richtige Lust am Verletzen kann man beim zarten

Monstrum (Frisch oder Johnson) nicht feststellen. Ich hoffe, es enttäuscht Sie nicht, wenn ich sage, daß Sie mich fast überhaupt nicht verletzen können, weil ich mich naseweis in Sie hineinwage und feststelle, Sie schonen sich selber noch weniger, noch viel weniger. (...) Wenn ich 10 Jahre jünger wäre, würde ich mich gern bewerben, Ihr Sekretär zu werden, um aus der Nähe zu beobachten, wie Sie jeden Tag überleben. Daraus könnte ich ein Buch machen, weil mich Ihre Krankheit zur Genauigkeit als die Lebens-Hauptsache interessiert. Verhaltens-Forschung mit Hilfe von Sprache ist eben doch das schönste, was übrig bleibt.»[80]

Seine Nähe zu Frisch bewies er zusätzlich dadurch, daß er sich in einiger Distanz zu Grass positionierte. «Sie haben Recht, Grass ist bewundernswert», schrieb er. «Aber wenn ich jemandem gestehen würde (heute), daß ich diese kräftige Prosa doch nicht und nie zu Ende lesen kann, weil mich die hier studierten oder dargestellten Haltungen nicht interessieren, so klingt das unter uns immer wie Neid und Eifersucht. Trotzdem vermute ich, daß mich, jenseits von Neid und Eifersucht, etwas Wichtiges trennt von dieser Art. Mein Interesse wird nicht gefräßig dabei. Wahrscheinlich interessieren mich die historischen Kabinette und das Heraldische, das Abenteuerliche zu wenig. Gierig macht mich nur die einzelne, zerlegte Person. Das sähe ich natürlich gern propagiert. Und Ihr Buch ist diese Propaganda für eine einzige Person.»[81]

Das ästhetische Einverständnis hielt. Als Frisch im Herbst Walsers «Lügengeschichten» las, zahlte er die erhaltene Bewunderung in Heller und Pfennig zurück und schrieb: «Sie sind ein aufregender Schriftsteller.» Walser, von der Kritik nicht verwöhnt, konnte den Zuspruch brauchen. Frischs Komplimente sind dennoch nicht einfach nur lobender Balsam, sondern erfassen genau die Sprachmodulationen in Walsers Prosa: «Überraschung von Satz zu Satz und innerhalb des Satzes, wenn man meint, man errate ihn schon, so ein Ausrutschen nach der Wahrheit hin, das Beiläufige daran, das Unkrampfige, das dann von infamer Präzision ist, und der Walser-Grundkniff, den ich nie ganz enträtsle, aber mitmache: das hält mich in Atem, daß ich manchmal mitten in Wonne und Bewunderung denke, nun sollte er mich mal aufatmen lassen in epischer Langeweile. Aber nein, das walsert weiter, das wetterleuchtet nur so von originaler Intelligenz und Sensibilität und Phantasie; die Sprache fängt sie nicht ein, sondern produziert sie. Das ist dann wie ein Virus.» Das erinnerte ihn an Musil, an Proust, vor allem aber an Robert Walser: «Es klingt paradox, daß zwei Originalitäten sich ähnlich sehen, aber das gibt es. Siehe die beiden Walser.» Frisch schätzte die «hochgradige Lesbarkeit» der «Lügengeschichten», erkannte aber auch die Gefahr der Überpointierung, in der die Einfall-Fülle die Sicht aufs Ganze verdeckt: «Ich bin äußerst gespannt, wie Sie weiterarbeiten. Sie sind (das wissen Sie) ein großer Schriftsteller, und ich möchte Ihr Hauptwerk, Ihre Meisterschaft, deren Möglichkeit aufgezeigt ist, so daß nicht daran zu zweifeln ist, noch erleben. Es muß ganz nah sein, grad um die Ecke.»[82]

Ohne es zu wollen, berührte Frisch damit einen wunden Punkt. Das Hauptwerk Walsers war eben nicht in Sicht. Bei Grass mit der «Blechtrommel», bei Döblin mit «Berlin Alexanderplatz», bei Thomas Mann mit den «Buddenbrooks» und bei Johnson mit den «Jahrestagen» kann man sich rasch auf einen Titel einigen, den jeder kennt, ohne sonst etwas vom Autor zu wissen. Bei Walser gibt es dieses Hauptwerk eben nicht – sehr zu seinem Leidwesen. Das hat womöglich mit dem Unterschied etwa zu Grass zu tun, den Walser im Brief an Frisch darlegte: «Gierig macht mich nur die einzelne, zerlegte Person.» Sein Werk führt diese Zerlegungsarbeit Roman für Roman fort. Die Person, die da zerlegt wird, kann nur eine sein: der Autor selbst. Er zerlegt sich, indem er sich in immer neuen Figuren neu entwirft. Ein Hauptwerk kann es da nicht geben, sondern nur die Umbauarbeit als fortgesetzten Prozeß.

VII VON AUSCHWITZ BIS VIETNAM.
1963–1966

Alleinstehender Dichter.
Zwischen Gewerkschaft und Gruppe 47.

Uwe Johnson schenkte zum Jahreswechsel 1963/64 wie üblich einen Kalender. Walser ärgerte sich über das Ritual, verstand aber den Symbolwert. Sein Dankeschön schrieb er, ständig unterwegs, auf einen Notizblock der Lufthansa. Er versicherte, daß nun «unsere besten Jahre» bevorstünden: «Das wird was!»[1] Der zur Schau getragene Optimismus war nicht echt. Der Mißerfolg mit dem «Krott» hatte keine Zuversicht hinterlassen, sondern ein Null- und Nichtigkeitsgefühl, für das er literarisch in Robert Walser einen Paten fand. Peter Hamm und Walter Höllerer hatten schon Ende der fünfziger Jahre für Robert Walser missioniert. Seither begeisterte Martin Walser sich für den Schweizer Namensvetter, den er nun in einem Funkessay als «alleinstehenden Dichter» porträtierte.[2] Mit ihm verlängerte sich die Linie der Gefährdeten in seiner Leserbiographie, die Linie Hölderlin – Kafka – Proust. Es ist seltsam: Martin Walser wünschte sich nichts sehnlicher als Erfolg. Er wollte zu den Siegern gehören, zu den Widerstandsfähigen und Anerkannten. Er wollte in der Gesellschaft mitmischen und ganz und gar nicht zu den Alleinstehenden gerechnet werden. Und doch waren es immer wieder die Untergeher, die Zerbrechlichen, die Wehrlosen, deren Literatur ihn anzog. Lebensideal und Literaturideal standen sich geradezu gegensätzlich gegenüber. Vielleicht muß das so sein, wenn Literatur einen Mangel bezeichnet.

Kaum etwas könnte weiter auseinanderliegen als Robert-Walser-Lektüre und Gewerkschaftsengagement. Und doch handelte es sich dabei vielleicht nur um zweierlei Konsequenzen aus der

Theaterenttäuschung. Die politischen Aktivitäten nahmen mit der künstlerischen Verunsicherung zu. Die Gewerkschaft war als gestalterische gesellschaftliche Kraft jenseits des Tarifgeschachers nicht gerade auffällig geworden. Dennoch orientierte Walser sich politisch in Gewerkschaftsrichtung – einige Jahre bevor das abstrakte Bekenntnis zur Arbeiterbewegung Mode unter Intellektuellen wurde. Er wollte wissen, ob von dort vielleicht doch ein bißchen mehr zu erwarten wäre; ob sich kulturpolitische Aktivitäten mit Gewerkschaftsunterstützung anzetteln ließen.

Im Sommer 1963 hatte er sich schon einmal mit Funktionären, auch mit DGB-Chef Ludwig Rosenberg, getroffen und immerhin den Eindruck gewonnen, daß man auch dort einen Mangel empfinde und gegen einen mitreißenden Ideengeber nichts einzuwenden hätte. Doch die Diskrepanz zwischen einem erfinderischen Intellektuellen und verwaltenden Funktionären ließ sich nicht überwinden. Walser träumte von einer großen, linken Tageszeitung. Die Gewerkschafter kürzten seine Schwärmerei auf ein Monatsblättchen zusammen. Also lieber nicht. Von seinen Überlegungen, «Außenforts», Bündnisplattformen außerhalb der Parteien zu gründen, so wie es der CDU mit dem BDI gelungen sei, blieb nicht viel mehr als der Plan einer Podiumsdiskussion in Oberursel, für die er in Gedanken schon einmal mögliche Teilnehmer aufmarschieren ließ. Gegenüber Johnson, den er gern dabeigehabt hätte, zählte er auf: Jens, Rühmkorf und Enzensberger, den man «um seinetwillen» ganz vorsichtig fragen müßte. Hochhuth, Palitzsch, Roehler, Hamm und Amery. Hirschauer, der in der «Alternative» gut geschrieben hatte. Vielleicht Peter Weiss. Grass nur dann, wenn er «seinen hohen Mut gegen Ideologien überwinden» könnte. Auch Hans Werner Richter wäre willkommen, sofern nichts an «jene verschlampte Gruppe» erinnere: «Es ist wirklich die Frage, ob wir ein Leben lang im H.-W.-Richter-Kauderwelsch schwimmen können?»[3]

Das klang, bezogen auf die Gruppe 47, nicht gerade freundlich. Schon seit Anfang der sechziger Jahre bemühte Walser sich dort um Veränderungen. Die Zusammenkünfte hatten längst nichts mehr mit den Freundestreffen der frühen Jahre zu tun. Sie waren zu einem Großereignis im Literaturbetrieb geworden, wo Verleger und Redakteure junge Autoren begutachteten und wo im grellen Licht der Öffentlichkeit Marktchancen verteilt wurden. Mit seinem «Brief an einen ganz jungen Autor», der 1962 in der *Zeit* erschien, lag Walser noch auf Richters Linie.[4] In freundlich-satirischer Weise porträtierte er die fünf Berufskritiker Walter Höllerer, Walter Jens, Joachim Kaiser, Marcel Reich-Ranicki und Hans Mayer. Als Show eitler Selbstdarsteller, die zu Lasten der Autoren ging, persiflierte er das Ritual von Lesung und Kritik. Reich-Ranicki verglich er mit dem König Drosselbart aus Grimms Märchen, dem «Ahnherrn aller Kritiker», der mit prächtigem Gewand auf den Marktplatz reitet, um den Künstlern die Keramik zu zerdeppern.[5]

In der Gruppe gab es eine breite Opposition gegen die Professionalisierung der Kritik, namentlich gegen Marcel Reich-Ranicki. Er störe das kollegiale Gespräch, ja, er zerstöre die Freundschaften, die den Zusammenhalt der Gruppe ausmachten. Eich, Aichinger und Hildesheimer drohten, nicht mehr zu kommen, wenn Reich-Ranicki wieder eingeladen werde. Doch Richter hielt an ihm fest, versuchte lediglich, ihm den Gedanken der «Autorenkritik» nahezulegen und ihn damit um Zurückhaltung zu bitten.[6] Reich-Ranicki ließ sich darauf nicht ein. Er waltete unverdrossen seines Kritiker-Amtes. Zum stillen Zuhören war er nicht geschaffen. So kam es, daß Walser ihm beim Gruppentreffen in Göhrde zu vorgerückter Stunde und nach einigen Flaschen Wein einen Vortrag über den Satz «Die Literaturkritiker aller Zeiten und Länder sind Lumpenhunde» hielt. Er konnte dabei auch auf Goethes berühmten Ausspruch «Schlagt ihn tot, den Hund, er ist ein Rezensent» verweisen.

Alle Versuche, die Entwicklung rückgängig zu machen, mußten vergeblich sein. Als es Richter 1961 noch einmal gelang, die Einladungsliste von 140 auf siebzig Teilnehmer zu halbieren, gratulierte Walser zur «versuchten Rettung der Gruppe durch Ausladung der Zaungäste. Wenn es Dir jetzt noch gelänge, die törichte Presseberichterstattung abzubauen, dann könnte man tatsächlich offen reden»[7]. Doch Walser wollte längst nicht mehr den netten Freundeskreis von früher, sondern voran zu etwas Neuem. Schon seine 1961 vorgetragene Idee, ein «Gruppenhaus» für in Not geratene Autoren einzurichten, zeigte ein soziales Interesse an und deutete voraus auf die Entwicklung, die 1969 zur Gründung des gewerkschaftlich orientierten Verbandes deutscher Schriftsteller (VS) führte. Erst der VS übernahm die sozialpolitischen Funktionen, die Walser gerne schon in der Gruppe 47 angeregt hätte. Er sah nicht, daß die von Richter eher monarchisch regierten Zusammenkünfte dafür nicht geeignet gewesen wären, und handelte sich mit seinen Vorstößen regelmäßig dessen Ärger ein. Abschätzig sprach Richter von Walsers «Altersheim», das er sich nicht auf den Buckel binden lassen wolle.[8] Alles Politische hielt Richter für gefährlich, weil es den Gruppenzusammenhalt gefährden würde. Alles, was die Gruppe einer Organisation angenähert hätte, war ihm suspekt. Als Walser ihm einmal, flott auf eine Postkarte notiert, Vorschläge in diese Richtung unterbreitete, ärgerte er sich tagelang darüber.[9]

Demnach mußte er es auch als feindlichen Akt empfinden, als Walser für die Tagung im Herbst 1963 in Saulgau eine abendliche «Diskussion über Politisches» anregte. Thema: «Was wollen wir nicht mehr so machen, wie wir es gemacht haben!» Er wollte aus diesem Gespräch Interessierte herausfiltern, die «Freude hätten an kontinuierlicher Berührung mit Politischem»[10]. Die Bundestagswahl 1965 war nicht mehr fern. Adenauer hatte für den Oktober 1963 seinen Rücktritt angekündigt. Am 16. Oktober wurde mit Ludwig Erhard ein neuer Kanzler vereidigt, der Gesprächsbereitschaft signalisierte und Richter eine «heimliche Zuneigung» gestand.[11] Darauf war Richter stolz, doch das von Walser gewünschte politische Gespräch machte ihm Sorgen. Er wollte sich lediglich auf ein fast schon heimliches Treffen in seinem Hotelzimmer einlassen. Walser war damit einverstanden. Tatsächlich kam er dann nur zu einer kurzen Stippvisite nach Saulgau, weil er durch Theaterproben in Stuttgart festgehalten wurde. Hellmuth Karasek, den er aus Stuttgart mitbrachte, vergaß er Richter vorzustellen, so daß der Kritiker – Walser war schon wieder verschwunden – als uneingeladener Gast des Raumes verwiesen wurde.[12] Zunächst also viel Wind um nichts. Kein Wunder, daß Richter in Walser einen Querulanten sah, der bloß Unruhe stiften wolle.

Dieser Eindruck verfestigte sich, als Walser im Juli 1964 in der *Zeit* dazu aufrief, die Gruppe 47 zu sozialisieren. Mit bösen Worten, deren Ironie nicht jedermann deutlich wurde, belegte er das, was aus ihr geworden war, sprach von einer «literarischen Monopolgesellschaft», einer «Dauerverschwörung», einem «Markenartikel»[13]. Er reagierte damit auf ein Pamphlet von Hans Habe[14], einem jüdischen Publizisten, der aus dem amerikanischen Exil nach Deutschland zurückgekehrt war. Habe hatte der Gruppe 47 «Meinungsterror», ja «Diktatur» vorgeworfen, hatte sie als «HJ – eine literarische Halbstarken-Jugend» bezeichnet und behauptet, man sei dort bereit, «jeden alten Herrn, jeden Juden, sogar jeden alten Juden ans Herz zu drücken, wenn er nur nicht besser schreibt als die 47er». Aus seinen Zeilen sprach die Verbitterung darüber, daß er und die Generation der Exilanten in der Gruppe 47 keine Rolle spielten. Tatsächlich wäre Richter niemals auf die Idee gekommen, Thomas Mann oder Ernst Jünger einzuladen. Die Gruppe war 1947 als Gegenentwurf zu allem Früheren entstanden. Es war die junge, sich als unbelastet empfindende Generation, die da zusammenkam. Inzwischen aber waren die 47er selbst die Etablierten und zogen damit den Neid all derer auf sich, die nicht dazugehörten.

Walser nahm die Polemik von Hans Habe auf, brachte sie aber von dem falschen Faschismusvorwurf in einen ökonomischen, rein organisatorischen Zusammenhang. Er gestand, darüber zu erschrecken, wenn er auf einem Plakat, das eine Lesung von ihm ankündigte, unter seinem Namen die Zeile «Mitglied der Gruppe 47» finde. Von innen betrachtet, sei die Gruppe aber ein eher bescheidenes Wesen. Um alle Cliquenvorwürfe zu entschärfen und das Kartellhafte zu «entflechten», empfahl er Transparenz und Entreglementierung. In Zukunft sollten alle Interessierten teilnehmen können, um jeden Klüngeleiverdacht auszuräumen. Und eine Jury sollte darüber entscheiden, wer lesen darf. Diese Reform wäre einer Entmachtung Richters gleichgekommen, obwohl auch Walser die Gültigkeit des Grundsatzes «ohne Richter keine Gruppe» anerkannte. Richter war entsetzt. Er hielt die Vorschläge für «dumm» und «gefährlich», sprach von «Verrat» und «hellem Wahnsinn». «Wer wird den Hypochonder Walser zurechtweisen?» fragte er und lamentierte: «Siebzehn Jahre habe ich viel kostbare Zeit in diese Sache hineingesteckt, und nun kommt ein Bodensee-Narr und will sie mit einem Federstrich liquidieren. Ich begreife es nicht, und weil ich es nicht begreife, schlafe ich nicht mehr.»[15]

Doch damit nicht genug. Walser war – und das wog schwerer als die ungefähren Reformüberlegungen – gegen Richters Plan, die nächste Tagung im schwedischen Sigtuna abzuhalten. Im Ausland würde die Gruppe noch schneller in die Rolle einer nationalen Repräsentanz geraten, fürchtete er. Zehn Jahre zuvor, als die Gruppe 47 auf Ingeborg Bachmanns Betreiben in Cap Circeo/Italien zusammenkam, hatte Walser gegen ein Auslandstreffen noch nichts einzuwenden gehabt. Jetzt kam es ihm so vor, als ob die CSU nach Spanien reisen würde, um dort als Regierungspartei zu erscheinen.[16] Was würde man denn sagen, wenn eine Gruppe französischer Schriftsteller nach Tübingen käme, nur um sich französische Literatur vorzulesen?[17] Die Teilnahme für Schweden sagte er frühzeitig ab.

Richter fühlte sich von Walser-Intrigen umstellt, weil der reihum dafür warb, die Auslandsreise zu boykottieren. Er wünschte den «alemannischen Querulanten» in die Hölle und versicherte, er hätte sich mit ihm geschlagen, wenn er ihm in diesen Wochen begegnet wäre.[18] Daß es gelang, die Tagung in Sigtuna durchzuführen, verbuchte er als einen Erfolg gegen Walser, der sich nun «in den Schmollwinkel» gespielt habe und nicht mehr ernst genommen werde.[19] Walser aber, so sah es Richter im Rückblick, habe seine Niederlage gar nicht bemerkt, sondern nur eine Art Spiel gespielt und seinen Spaß daran gehabt.[20]

Doch Walser war es ernst. Im Dezember 1964 traf er sich noch einmal mit Richter, um über den «Abbau der Show-Elemente» zu sprechen. Grass und Johnson begleiteten ihn. «Die Gruppe ist zu wichtig geworden, als daß wir die Entwicklung allzu sehr sich selbst überlassen dürften», meinte er.[21] Die Gruppe 47 war ihm schon deshalb unentbehrlich, weil er keine andere Möglichkeit gemeinsamer politischer Aktivitäten sah. Die Gewerkschaft war keine Alternative, höchstens ein organisatorischer Rahmen. Sich parteipolitisch zu engagieren kam für ihn – im Gegensatz zu Grass, der keine Berührungsängste gegenüber der SPD hatte – nicht mehr in Frage. Die Erfahrungen, die er als Herausgeber der «Alternative» und im Bundestagswahlkampf 1961 gemacht hatte, standen dagegen. Er hatte gelernt, daß er dafür nicht geeignet war, und hatte die erste, gewissermaßen «naive» Phase des Engagements hinter sich. Als im Wahlkampf 1965 Grass und Richter zusammen mit Klaus Wagenbach und Klaus Roehler in Berlin das «Wahlkontor deutscher Schriftsteller» zur Unterstützung Willy Brandts und der SPD gründeten, gehörte Walser nicht dazu. Auch an dem von Richter herausgegebenen Band «Plädoyer für eine neue Regierung» beteiligte er sich nicht. Die SPD war für ihn unmöglich geworden, weil sie wie die CDU den Krieg der USA in Vietnam vernünftig finden wollte. Auch von Brandt selbst ließ er sich nicht mehr umstimmen. Als er Brandt bei einer Bootsfahrt auf dem Bodensee mit anschließendem Abendessen begegnete, befragte er den Kanzlerkandidaten nach seiner Haltung zu Vietnam. Brandt wimmelte ihn mit allgemeinen Beschwichtigungen ab.

Walsers distanzierte Haltung gegenüber Parteien geht auch

aus seiner Antwort auf eine Umfrage der Westberliner Zeitung *Der Abend* zum Thema «Warum sind Sie in einer oder keiner Partei?» hervor. Er schrieb: «Was soll ich in einer Partei? Die Statuten besser formulieren? Propaganda machen? Kandidat werden? Also politisch handeln? Schriftsteller handeln in der Sprache (versuchen sie sonstwo zu handeln, werden sie zu Dilettanten). Politiker handeln in Organisationen. Organisationen müssen sich taktisch verhalten. Das ruiniert die Sprache. Sie ist zum Gegenteil da. Sie will nicht den richtigen Eindruck machen, sondern den rechten Ausdruck finden. Gehören Zeitungen oder Schriftsteller einer Partei an, verkommt ihre Sprache zum Jargon. Je ferner ein Schriftsteller einer Partei ist, desto mehr kann er ihr nützen. Distanz berechtigt zu Kritik.»[22]

Dennoch scheute er sich nicht, im März 1964 den Parteitag der CDU zu besuchen. Dort nahm er an einer Podiumsdiskussion zum Thema «Ist der Geist ein Stiefkind der Nation?» teil. Was heißt hier Nation, gab er forsch zurück: Stiefkind der CDU! In keinem anderen Land sei die Politik so wirtschaftsabhängig wie in der Bundesrepublik. Zum Vergleich verwies er auf Frankreich, das in de Gaulle einen Präsidenten habe, der politisch und nicht nur wirtschaftlich zu denken vermöge. Bundestagspräsident Eugen Gerstenmaier erlebte er an diesem Abend als einen Mann, mit dem man reden konnte. Sich mit jemandem zu verstehen und Sympathie entwickeln zu können war für Walser wichtiger als politische, gar parteipolitische Differenzen. Als Verteidiger eines Lagers war er nicht geeignet. Er wollte den Gegensatz zwischen Regierung und Linksintellektuellen auflockern, um das politische Denken in Bewegung zu halten. Sein eigentlicher Gegner an diesem Abend war nicht die CDU, sondern der Soziologe Arnold Gehlen. Gehlen beklagte den wachsenden Einfluß der Linksintellektuellen, die es geschafft hätten, Strauß nach der *Spiegel*-Affäre zu stürzen. Im Rundfunk sei der Begriff «Zone» kurzerhand durch «DDR» ersetzt worden, weil die Linken die Macht hätten. Solche Reden gehörten jahrzehntelang zum

Repertoire paranoischer Rechter. Walser konnte darüber nur lachen: Es gebe im Rundfunk keine Linksintellektuellen an maßgeblicher Stelle – höchstens im Nachtprogramm. Auch Gehlen wußte ihm auf Nachfrage peinlicherweise keinen zu nennen.[23]

Die Macht der Vergangenheit: Auschwitz.
Der deutsche Hamlet.

Am 20. Dezember 1963 begann in Frankfurt am Main der Auschwitz-Prozeß. Angeklagt wurden 24 einstige KZ-Wärter, unter ihnen der letzte Lagerkommandant Richard Baer, der jedoch noch vor Prozeßbeginn starb. Zur Vorbereitung des Prozesses waren bereits über 1000 Zeugen gehört worden. Im Gerichtssaal traten noch einmal 359 Zeugen aus neunzehn Ländern auf, deren Berichte den Angeklagten ihren individuellen Anteil am Holocaust nachweisen sollten. Die Angeklagten aber leugneten die ihnen zur Last gelegten Taten. Sie beriefen sich auf Erinnerungslücken oder verweigerten die Aussage. Als nach zwanzig Monaten, am 19. August 1965, die Urteile verkündet wurden, lagen die Strafen deutlich unter den Anträgen der Staatsanwaltschaft. Sechs Angeklagte erhielten «lebenslänglich», drei wurden freigesprochen, die anderen bekamen Haftstrafen zwischen drei und vierzehn Jahren.[24]

Das Bemühen, Schuld in eine angemessene Strafdauer umzurechnen oder gar zu sühnen, mußte angesichts des ungeheuerlichen Straftatbestandes vergeblich sein. Nicht die Urteile machten die Bedeutung des Auschwitz-Prozesses aus, sondern die Tatsache, daß er überhaupt stattfand und daß damit knapp zwanzig Jahre nach Kriegsende die juristische Auseinandersetzung mit Schuldigen und mit der historischen Schuld in Deutschland offiziell aufgenommen wurde. Die Nürnberger Prozesse unmittelbar nach Kriegsende hatten zwar die Führungsschicht des Nationalsozialismus abgeurteilt, waren aber in der deutschen Öffentlichkeit eher als Kriegstribunal wahrgenommen worden und hatten längst nicht die Wirkung des Auschwitz-Prozesses. Der Fall des NS-Bürokraten Adolf Eichmann, der im Mai 1962 in Israel zum Tode verurteilt wurde, hatte eine Diskussion in Gang gebracht, die besonders durch die Berichte Hannah Arendts über die «Banalität des Bösen» geprägt war. In Frankfurt aber befaßte sich erstmals ein deutsches Gericht mit der deutschen Schuld, auch wenn dort nur Handlanger des Massenmord-Systems angeklagt waren, die eher am unteren Ende der Befehlskette standen. Der Prozeß griff tief in das Bewußtsein der Zeitgenossen ein und veränderte das deutsche Selbstverständnis.

Kurz zuvor hatte Walser die Romanberichte des Auschwitz-Überlebenden Elie Wiesel gelesen und das Vorwort für die deutsche Übersetzung dieser Erinnerungen geschrieben, die 1963 unter dem Titel «Die Nacht zu begraben» erschienen. In diesem Text umkreiste Walser das Problem des Überlebens, des Weiterlebens nach der Katastrophe. Das Skandalöse sah er darin, daß die Henker vermutlich leichter weiterleben konnten als die Opfer. Einer wie Elie Wiesel müßte, «um wieder Anteil nehmen zu können am Leben von Menschen (...) Auschwitz vergessen. Dazu müßte man Vater und Mutter vergessen und zuallererst sich selbst. Verzeihen, bewältigen, das ganze sozialhygienische Vokabular einer auf säuberliche Erledigung bedachten Gesellschaft wirkt grotesk, wenn man in Elie Wiesels Aufzeichnungen Kenntnis erhält von dem verzweifelten und immer scheiternden Versuch des überlebenden Opfers, das bloße Leben wieder mitzumachen. Das Opfer bleibt an Auschwitz gekettet»[25]. Elie Wiesels Zeugenaussage konterkarierte den Auschwitz-Prozeß. Dort, im Gerichtssaal, standen die Zeugen, die von ihren Erinnerungen überwältigt wurden, Angeklagten gegenüber, die sich an nichts erinnern zu können vorgaben.

Walser gehörte – ebenso wie Peter Weiss und Max Frisch – zu den regelmäßigen Besuchern im Gerichtssaal. Er wollte wissen, was das für Menschen sind, die zu solchen Taten fähig sind.

Mehrmals besuchte er den Prozeß, so z. B. am 19. November 1964, als Staatsanwalt Georg Friedrich Vogel in seinem Tageskalender vermerkte: «Gast: Martin Walser (‹Halbzeit›)». An diesem Tag wurde u. a. Hedwig Höß, die Witwe des Lagerkommandanten Rudolf Höß, angehört. Die Sitzung endete mit «Vorhaltungen» des Staatsanwaltes an die Angeklagten Boger, Mulka und Höcker und mit einer Erklärung des Angeklagten Kaduk.

Ähnlich wie Hannah Arendt beharrte Walser angesichts von Presseberichten über die «Bestien» von Auschwitz auf der Gewöhnlichkeit der Täter. Wären sie die «Teufel», als die sie geschildert wurden, dann, so Walsers Argument, müßte man sich mit ihnen nicht länger befassen. Erschreckend sind die sadistischen Taten, Folterungen, Quälereien, Morde nicht deshalb, weil sie von «Unmenschen» begangen wurden, sondern weil es sich um ganz normale Bürger handelte, die sich dazu fähig zeigten. «So ist unser Gedächtnis jetzt angefüllt mit Furchtbarem», schrieb er. «Und je furchtbarer die Auschwitz-Zitate sind, desto deutlicher wird ganz von selbst unsere Distanz zu Auschwitz.»[26] Wer gar nichts begreifen will, kann Walser hier schon eine Tendenz zum «Wegschauen» unterstellen – die Vokabel, die ihm seit seiner Friedenspreisrede 1998 anhaftet. Seinem Bedürfnis, die drastische Schilderung der Brutalitäten in Frage zu stellen, lag jedoch 1964 ebenso wie 1998 der Wille zugrunde, Auschwitz eben nicht als das Unbegreifliche, Unmenschliche abzutrennen und loszuwerden, sondern es als etwas von Menschen Gemachtes zu begreifen. Seinen fundamentalen Essay über den Auschwitz-Prozeß nannte er mit Bedacht «Unser Auschwitz». Die Betonung lag auf «unser». Die zentrale Aussage lautete: «Auschwitz ist überhaupt nichts Phantastisches, sondern eine Anstalt, die der deutsche Staat mit großer Folgerichtigkeit entwickelte zur Ausbeutung und Vernichtung von Menschen.»[27]

«Unser Auschwitz» erschien unter der Überschrift «Teufel von Auschwitz sind eher arme Teufel» am 13. März 1965 in der Frankfurter *Abendpost*. Der Autor wurde als «unbequemer Mann» angekündigt, der über ein «unbequemes Thema» schreibt. Ein Foto zeigte ihn neben Staatsanwalt Vogel vor einem Lageplan des Konzentrationslagers. Mehr als zwei Seiten füllte sein Text. Und das in einer Boulevardzeitung! Daran läßt sich ablesen, welches Beunruhigungspotential und welche Massenwirksamkeit der Prozeß besaß. Die Zitate, die von der Redaktion fett herausgestellt wurden, wirken jedoch eher beruhigend: «Was Auschwitz war, wissen nur die Häftlinge.» Und: «Ganz ohne Zweifel ist auch, daß wir Deutschen von diesen Brutalitäten keine Ahnung hatten.» Wer nur die gefetteten Zitate liest, könnte schlußfolgern, daß da weniger ein «unbequemer Mann» als ein Verharmloser zu Wort kommt. Damals allerdings scheinen die Menschen auch das Kleingedruckte gelesen zu haben, denn es gibt keine Indizien dafür, daß Walsers komplexer Essay in ähnlicher Weise auf kurzschlüssige Formeln reduziert worden wäre, wie es nach der Friedenspreisrede 1998 geschah.

Die Freundin Ruth Klüger nahm es ihm übel, daß er über Auschwitz schrieb, ohne vorher mit ihr darüber gesprochen zu haben. Stimmte es denn, daß man von den dortigen Brutalitäten zuvor nichts gewußt habe, wo er sie doch nur hätte fragen müssen? Walser reagierte Klüger zufolge mit Erstaunen: «Er habe nicht gewußt, daß ich dort inhaftiert gewesen sei. Theresienstadt ja, Auschwitz nicht. Das ist unwahrscheinlich und glaubwürdig zugleich. Unwahrscheinlich, denn gesagt habe ich es ihm bestimmt, denn es war schon damals ein Wort, das aufhorchen ließ. Glaubwürdig ist es aber deshalb, weil so ein deutsches KZ etwas für Männer war, nichts für kleine Mädchen (...)»[28]

Walser ging es um etwas anderes. Er fürchtete, daß die Greueltaten in Auschwitz dazu instrumentalisiert werden könnten, die komplizenhafte Mitwisserschaft der Deutschen klein zu reden. Sein Argument: «Wir vergessen, sozusagen vom Ergebnis betäubt, daß wir zumindest geduldige Zeugen waren, als sich von 1933 bis 1943 ein Schritt nach dem anderen sichtbar vor uns vollzog. (...) Und tatsächlich: die monströse Wirklichkeit von

Auschwitz darf wohl auch über die Vorstellungskraft jenes Bürgers gehen, der geduldig zusieht, wie Juden und Kommunisten aus seiner Umgebung verschwinden. Andererseits wäre aber der Auschwitz-Prozeß doch ein fatales Ereignis, wenn die Ungeheuerlichkeit der Prozeß-Materie dazu führte, daß wir in Zukunft das sogenannte Dritte Reich nur noch aus der Distanz sähen, aus der wir die Scheußlichkeiten von Auschwitz zur Kenntnis nehmen. Man muß leider vermuten, daß wir jenem Staat näher waren, als wir seiner Manifestation in Auschwitz gegenüber wahrhaben wollen.»[29]

Walser erkannte deutlich die Grenzen des bürgerlichen Individualstrafrechts, das, indem es einzelne Täter verurteilt, alle anderen freispricht. Die Profiteure der Wirtschaft und die politischen Verantwortlichen waren eben nicht so leicht auf justitiable Taten festzulegen wie ihre Büttel im KZ. Ihr Anteil am Massenmord war in einem Rechtssystem nicht nachzuweisen, das, so Walser, «am liebsten auf die Hände schaut». «Und die sind einfach nicht blutig beim politischen oder wirtschaftlichen Verursacher.» Andererseits: Wie könnte Rechtsprechung anders vorgehen?

Zwischen Kollektivschuld und Individualethik verankerte Walser als dritte Möglichkeit die kollektive Verantwortung. Er fragte: «Wenn in Auschwitz etwas Deutsches zum Ausbruch kam, was ist dann in mir das Deutsche, das dort zum Ausbruch kam?»[30] Diese Frage beunruhigte ihn fortwährend. Wenn Begriffe wie «Staat» und «Volk» noch einen Sinn haben sollten, schrieb er unter Vermeidung des belasteten Begriffs «Nation», der da eigentlich besser passen würde, dann sei es keinem Deutschen möglich, auf seiner Unschuld zu beharren. Dann gehörten eben alle dazu, auch die, die sich keiner persönlichen Schuld bewußt sind. «Gewissen» und «Schamgefühl» kommen da ins Spiel. Es gibt keine Entlassung aus der deutschen Geschichte. Das Urteil, das Walser sich selbst spricht, lautet: lebenslänglich. Als Deutscher muß er Auschwitz auf sich nehmen. Es ist seine persönliche Angelegenheit.

VII VON AUSCHWITZ BIS VIETNAM. 1963–1966 213

Die Schwarzweißmalerei, wie sie Rolf Hochhuth in seinem Furore machenden Drama «Der Stellvertreter» betrieb, war nicht Walsers Sache. «Nazi-Dämonisierung» nannte er das. Dennoch beeindruckte ihn die dramatische Kraft Hochhuths, und er gratulierte Rowohlt-Lektor Fritz J. Raddatz am Tag nach der Premiere im Berliner Schillertheater zu diesem Autor, der «reinster Rowohlt» sei.[31] Auf der anderen Seite der künstlerischen Möglichkeiten stand Peter Weiss, der an der «Ermittlung» arbeitete, einem «Oratorium», das er aus dokumentarischem Prozeß-Material montierte und als ersten Teil eines «Dante-Projekts» bezeichnete. Walser störte sich an der Mystifizierung der KZ-Greuel zum höllischen «Inferno». Dantes Inferno mit Auschwitz zu vergleichen konnte er nur als «Frechheit» oder als «Unwissenheit» begreifen: «Im Inferno werden schließlich die ‹Sünden› von ‹Schuldigen› gesühnt.»[32] Auschwitz dagegen bedeutete Vernichtung um der Vernichtung willen. Im Rückblick allerdings erklärte Walser später «Die Ermittlung» für den wichtigsten Beitrag zur Auseinandersetzung mit dem Holocaust. Das aber sei damals niemandem klargeworden.[33] Während Walser mit seinem Essay die sprachliche Thematisierbarkeit von Auschwitz gegen diejenigen behauptete, die Auschwitz als «Unerklärliches» und «Unsagbares» ins Metaphysische auslagerten, fand Weiss im Dokumentartheater eine künstlerische Ausdrucksform, die ganz und gar auf sprachlichen Ausdruck setzte und auf alles Bildhafte verzichtete. Weiss' «Ermittlung» wurde am 20. Oktober 1965 in einer szenischen Lesung gleichzeitig in verschiedenen Theatern uraufgeführt, unter anderem in der Volkskammer der DDR. Im Anschluß an die Ausstrahlung im DDR-Fernsehen las der Schauspieler Ekkehard Schall aus Walsers Essay «Unser Auschwitz». Die DDR versuchte, Weiss und Walser für sich und ihren Antifaschismus zu instrumentalisieren.

In seinem Stück «Der Schwarze Schwan», das er vor dem Hintergrund des Prozesses vollendete, ging Walser einen ähnlichen Weg. Die Repräsentanten der Tätergeneration, der Chirurg

Goothein und der Psychiater Liberé, beide ehemalige KZ-Ärzte, sind keine völlig negativ gezeichneten Figuren. Weil sie nicht von vornherein verurteilt werden, erlaubt Walser auch dem Publikum keine billige Entlastung. Die Verfremdungstechnik Brechts, der die Identifikation mit den positiven Helden erschweren wollte, erfährt eine Umkehrung: Walser will die Distanzierung von den negativen Helden erschweren. Er besichtigt verschiedene Varianten, wie mit der Vergangenheit umgegangen wird. Alle sind fragwürdig, aber nicht unbedingt falsch oder verwerflich, weil es einen richtigen Umgang mit der Schuld nicht gibt. Goothein, Repräsentant des guten Gewissens der Verdrängungsakrobaten, hält seine Taten nach vierjähriger Haftstrafe für abgebüßt. Liberé hat für sich und seine Tochter eine Tarnidentität aufgebaut und sich in ein persönliches System der Buße verwickelt. «Der Schwarze Schwan» – Kürzel: SS – ist ein Stück über Schuld, das Weiterleben mit der Schuld, Verdrängung und, erstaunlich für diese frühe Phase bundesdeutscher Erinnerungsübungen, die Instrumentalisierung des Gedenkens. Das Stück könnte auch «Gedächtnisarten» heißen, ließ Walser wissen.[34]

Im Mittelpunkt stehen nicht die Täter, die sich in der neuen Gesellschaft wieder eingerichtet haben, sondern ihre Kinder. Die Versuche der sogenannten Vergangenheitsbewältigung werden als Generationskonflikt dargestellt. Walser bringt erstmals das Thema der 68er-Generation auf die Bühne: Die Väter sind Täter, und die Söhne versuchen vergeblich, sie zum Sprechen zu bringen. Hauptfigur ist Rudi, der Sohn Gootheins. Er findet eines Tages einen Brief, der die Schuld seines Vaters belegt. Identifikatorisch nimmt er dessen Tat auf sich und erhöht sich zum Schuldigen, sei es, um den Vater zu provozieren, sei es, um ihn zu entlasten und selbst die Rolle des Erlösers zu spielen. Am Ende macht Rudi bitteren Ernst. Er bringt sich um. Letztes, äußerstes Mittel, das Schweigen der Alten zu durchbrechen. Geradezu prophetisch arbeitete Walser ein Verhaltensmuster heraus, das für die weitere Entwicklung der Bundesrepublik von zentraler

Bedeutung ist. Die 68er waren die Generation, die die Schuld der Väter auf sich nahm und sie in politische Aktion umwandelte. Das ist, wie Walser in dem Aufsatz «Hamlet als Autor» zeigte, ein shakespearesches Muster. Rudi, der neue Hamlet, hat es allerdings nicht mit einem ermordeten Vater zu tun, sondern mit einem, der gemordet hat.[35]

Wie nah ihm diese Figur war, läßt sich daran ablesen, daß Rudi am selben Tag Geburtstag hat wie Walser selbst: am 24. März – allerdings im Jahr 1942 und an dem Tag, an dem der von seinem Vater zu verantwortende Häftlingstransport in Groß-Rosen ankommt. «Allein dein Geburtsdatum macht dich zu einem fabelhaften Kerl», sagt der Psychiater Liberé zu ihm. Rudi wird in die Psychiatrie eingewiesen, weil einer, der die historische Wahrheit darstellen und aussprechen und auf sich nehmen will, verrückt sein muß. In der Klinik inszeniert er zusammen mit anderen Patienten ein Theaterspiel, das von der Zähmung der Erinnyen handelt. Dieses Stück im Stück zeigt einen ehemaligen KZ-Arzt, der seine Schuld- und Bußbereitschaft so demonstrativ ausstellt, daß die Rachegöttinnen an ihm arbeitslos werden. Seine Logik lautet: Es muß ihm gut gehen, damit er sich seiner Schuld stellen kann. Stürbe er zu früh, bliebe die Schuld ungesühnt zurück. Das Gewissen zwingt ihn zu rastloser Tätigkeit. Die Wiedergutmachungspflicht nötigt ihm den eigenen Wohlstand auf. Denn was könnte er als Armer, Schwacher wiedergutmachen? Walser steigert dieses Produktivitätsprinzip der Bundesrepublik bis zu dem bitterbösen Satz: «Laßt uns von Zeit zu Zeit daran denken, daß wir für immer schuldig sind.» Da gibt es längst nichts mehr zu bedauern. Die Schuld ist so kostbar, daß sie gehegt und gepflegt werden muß. Das Gedenken dient der eigenen moralischen Kräftigung.

Es ist nicht schwer, den Autor des «Schwarzen Schwans» von 1964 mit dem Martin Walser zu verbünden, der dreißig Jahre später das Holocaust-Mahnmal in Berlin mit Worten wie «fußballfeldgroßer Albtraum» ablehnte und der in seiner Friedenspreisrede 1998 darauf beharrte, daß das Gewissen eine persönliche, von jedem einzelnen mit sich selbst auszumachende Angelegenheit sei, die sich nicht delegieren lasse. Die vielzitierte «Instrumentalisierung von Auschwitz» bedeutete ja nicht, wie Walser unterstellt wurde, daß endlich ein Schlußstrich gezogen werden solle. Er beklagte vielmehr die Ritualisierung des Gedenkens. Der «Schwarze Schwan» belegt, daß sich an seiner Haltung in diesem Punkt seit 1964 nicht viel geändert hat. Er sah damals, wie die Schuld gewissermaßen ökonomisch nutzbar gemacht wurde. Vergangenheitsbewältigung ging im Wirtschaftswunder auf und Wiedergutmachung im Wiederaufbau.

«Der Schwarze Schwan» hatte am 16. Oktober 1964 in Stuttgart unter der Regie von Peter Palitzsch Premiere. Als Dramaturg arbeitete dort Hellmuth Karasek, der einen Aufsatz in der *Zeit* beisteuerte, um das Anliegen des Stückes zu unterstützen.[36] Walser war schon Wochen vorher unruhig und konnte sich auf nichts anderes mehr konzentrieren. Zum ersten Mal waren seine Schubladen leer. Und er hatte Schulden in Höhe von 92 000 Mark. Einen neuerlichen Mißerfolg konnte er sich nicht leisten. «Je weniger Hoffnungen ich mir mit dem Stück mache, um so weniger Hoffnung habe ich», schrieb er an Unseld[37], dessen skeptische Haltung zu seinen Theaterbemühungen er zur Genüge kannte. Auch Uwe Johnson sandte er das Manuskript und bat um Kritik.[38] Doch als der dann zurückschrieb, ihm mißfalle, «daß die Sache der Väter an den schizophrenen Kindern ausgetragen» werde, und meinte, daß die Darstellung insgesamt «des reicheren Flechtwerks einer epischen Form» bedürfe[39], war Walser gekränkt: «So war das nicht gedacht, daß Du Dich noch zum Gutachter machen sollst. Es ist halt wie immer. Jetzt kann ich nur hoffen, daß Du nicht ganz und gar recht hast, daß die Kinder nicht ganz und gar schizophren sind, daß es nicht darauf ankommt, die Taten der Väter genauer zu erfahren, daß es genügt zu sehen, wie es jetzt zugeht.»[40]

In den Tagen nach der Uraufführung kam es dann zu einem

schweren Zerwürfnis zwischen Walser und Johnson. Es war der erste fürchterliche Streit, den sie wie alte Eheleute führten. Es endete meistens damit, daß Johnson türenschlagend davonlief. Die Gekränktheitsbereitschaft war auf beiden Seiten hoch; beim empfindlichen Johnson ließ sich nicht immer ergründen, was ihn verletzte, und so war es auch hier. Käthe Walser, die den Streit miterlebte, betätigte sich hinterher als Schlichterin, schockiert und traurig darüber, wie die beiden Männer auseinandergegangen waren. «Der Streit mit Martin ist schlimm», schrieb Johnson an sie. «Ich war keiner Freundschaft so sicher wie seiner.»[41] Doch die Freundschaft hatte ihre Unschuld und ihre Leichtigkeit verloren.

Glaubt man den Presseberichten, lagen die Reaktionen auf das Stück zwischen Betroffenheit, Verwirrung und Ratlosigkeit. Die genierte Zurückhaltung des Publikums entlud sich in einem herzlichen, anhaltenden Beifall.[42] Die Kritik vermißte wie in allen Stücken Walsers das Dramatische, weil nur Haltungen gezeigt, aber keine Konflikte vorangetrieben würden, weil die Figuren keine Charaktere ergäben, sondern nur aus Sprache bestünden, weil der Autor sich um «Theaterwahrscheinlichkeit»[43] nicht kümmere. Einmal mehr wurde Walser bestätigt, kein Dramatiker zu sein. Unseld schickte ein tröstendes Telegramm: «Lasse Dich von den Kritiken nicht irritieren. Du hast mit dem Schwarzen Schwan Dein bestes Stück geschrieben.»[44] Walser sah es anders, wie er ein paar Jahre später gestand: «Der ‹Schwarze Schwan› ist mein schlechtestes Stück. Das Problem lag vor, ich habe lediglich eine Verschärfung der Bewußtseinslage versucht. Beim Schreiben war schon alles klar. Das ist aber der Weg des Wissenschaftlers, während für den Autor das Schreiben ein Mittel ist, die Realität erkennen zu können. Andernfalls schreibt man schon besser einen Vortrag.»[45] Die Theater aber waren nicht seiner Ansicht. Achtzehn Inszenierungen in Ost und West listete er in den nächsten vier Jahren in seinen Notizbüchern auf. Wieder, wie schon bei «Eiche und Angora», gab es im Ausland ein starkes Interesse an diesem Stück über die Deutschen und ihre Vergangenheit. Der ostdeutsche Schriftsteller Johannes Bobrowski, der Walser von den Treffen der Gruppe 47 kannte, sah ihn 1964 in einem Vierzeiler mit dem Titel «Auftritt Walser» so:

Seht ihn, er naht: bedächtig neigt er sich dorthin und wieder dorthin, schlägt wieder ein Blatt Sündenregister uns auf, Sünden der Väter vornehmlich, – erhebt euch, vornehmlich ihr Söhne, täuschend gebildet in Wachs seht – überlebensgroß – euch![46]

Die Provokation der Gegenwart: Vietnam.
Kursbuch und *kürbiskern*.

Ende des Auschwitz-Prozesses, Vietnam-Proteste, Bundestagswahl: Diese drei Ereignisse des Jahres 1965 sind eng miteinander verknüpft. Daß die CDU im Oktober noch einmal die Bundestagswahl gewann und Ludwig Erhard als Kanzler bestätigt wurde, verschärfte die innenpolitischen Gegensätze. Für die Intellektuellen links der SPD und für die Studenten um den Sozialistischen Deutschen Studentenbund (SDS) war damit erwiesen, daß vom parlamentarischen System keine grundlegenden Veränderungen mehr zu erhoffen wären. Der Sieg der CDU führte zum Erstarken der außerparlamentarischen Opposition (APO). Mit lautstarken «Ho-Ho-Ho-Chi-Minh»-Rufen wurde der Protest auf den Straßen erprobt, als US-Präsident Lyndon B. Johnson im Februar 1965 «Vergeltungsangriffe» gegen den Vietcong befahl. Aus dem seit Jahren schwelenden Konflikt wurde ein offener und brutal geführter Krieg gegen das kommunistische Nordvietnam, um das korrupte Satellitenregime im Süden zu stützen. Die Demonstrationen in Berlin mit Sitzblockaden auf dem Ku'damm und den berühmten Eierwürfen gegen das Amerikahaus am 5. Februar

1966 erschütterten die Bundesrepublik, weil sie gegen die Schutzmacht USA gerichtet waren und den antikommunistischen Konsens der Nachkriegsordnung in Frage stellten.

Die nervöse Stimmung wurde auch durch Bundeskanzler Ludwig Erhard angeheizt, der schon lange nicht mehr das Gespräch mit den Intellektuellen suchte. Als Rolf Hochhuth im *Spiegel* einen angriffslustigen Essay veröffentlichte, in dem er die Sozialpartnerschaft verurteilte und gegen die «totale Machtergreifung» der Reichen polemisierte, polterte Erhard zurück: «Neuerdings ist es ja Mode, daß die Dichter unter die Sozialpolitiker und Sozialkritiker gegangen sind. (...) Dann müssen sie sich aber auch gefallen lassen, so angesprochen zu werden, wie sie es verdienen, nämlich als Banausen und Nichtskönner, die über Dinge urteilen, von denen sie einfach nichts verstehen. (...) Ich meine, das ist alles dummes Zeug. Die sprechen von Dingen, von denen sie keine Ahnung haben. (...) Nein, so haben wir nicht gewettet. Da hört der Dichter auf, da fängt der ganz kleine Pinscher an.»[47]

Walser konterte: «Da hört der Kanzler auf, da fängt der Erhard an»[48], und fand damit den richtigen Ton. Das blieb die Ausnahme. Die helle Empörung, die Erhard auslöste, war nicht ganz ehrlich. Schließlich war Wahlkampf, und Hochhuths Wort von der «totalen Machtergreifung» war nicht weniger polemisch. Der bald schon inflationär gebrauchte Faschismusvorwurf im politischen Tagesgeschäft wäre vielmehr einer ernsthaften Kritik wert gewesen. Es gehörte zum Alltag der Bundesrepublik seit Mitte der sechziger Jahre, politische Auseinandersetzungen aller Art stets mit Bezug auf die deutsche Vergangenheit auszufechten. Die Linke sah unentwegt die Wiederkehr des «Dritten Reiches» dräuen. Erhard seinerseits gab sich alle Mühe, die Vorurteile zu bestätigen, als er gegen Grass gerichtet erklärte, er wolle im Wahlkampf darauf verzichten, die «Blechtrommel zu rühren», und könne die unappetitlichen «Entartungserscheinungen der modernen Kunst» nicht mehr ertragen. Danach erschien sein

Pinscher-Satz als Beweis für eine kurz bevorstehende Intellektuellenverfolgung.

Auch Walser argumentierte mit der deutschen Geschichte, wenn er kolportierte, der Regierungschef Südvietnams habe erklärt, sein einziges Vorbild sei Hitler. Heinar Kipphardt verlas auf einer Vietnam-Veranstaltung in München Auszüge aus den Protokollen des Eichmann-Prozesses und sagte: «Bisher zweifelte ich, eine Parallele zu sehen zwischen Eichmann und Vietnam, doch die Schande unserer Geschichte wird dort in Vietnam fortgesetzt.»[49] Walser sprach im Fernsehen mit milder, pastoraler Stimme über das Gewissen. Wie einfach wäre es doch, auf die schlimme Vergangenheit zu verweisen und darüber die Gegenwart zu vergessen. Aber, sagte er, «das Gewissen kennt keine Vergangenheitsform». Eine Gewissensprüfung, die die Gegenwart ausschließt, ist keine. Die Aufrichtigkeit der Vergangenheitsbewältigung – was für ein Wort! – hatte sich an der Haltung zu Vietnam zu beweisen. Starke Worte: «Ich glaube keinem ein Wort, der nach rückwärts bedauert und vorne die nächsten Tötungen gutheißt. Ich fürchte, wer bei uns zur Zeit kein schlechtes Gewissen hat, hat keins.»

Kein Zweifel: Auschwitz lag direkt neben Vietnam. Der Protest gegen den Krieg der USA war ein verlagerter Antifaschismus. Für Walser war die Frage «Wie hältst du's mit Vietnam?»[50] das wahlentscheidende Kriterium. Damit kam keine der drei im Bundestag vertretenen Parteien in Frage. So gesehen gehörte auch er zur APO, allerdings nicht zu ihren studentischen Ausläufern. Im SDS und im Sozialistischen Hochschulbund (SHB) versammelte sich eine jüngere Generation. Der anarchische, spontane Aktionismus der Studenten blieb ihm fremd, auch wenn er ihre Ziele teilte. Es handelte sich eher um eine ästhetische als eine politische Differenz. Er fand seine Bündnispartner in der linken Szene Münchens: im Umfeld der Ostermarschbewegung, in den Gruppen, die sich im Protest gegen die Notstandsgesetze gebildet hatten, und im Spektrum der verbotenen KPD. Sie alle arbeiteten in der entstehenden Anti-Vietnam-Bewegung zusammen.

Die Gesellschaft, die Walser aufsuchte, war eine linke Boheme Münchens, eine städtische Gegenwelt zur Bodenseeprovinz, eine Welt erotischer Eskapaden und politischer Aktivität. Wenn er anreiste, dann bestellte er die Freunde zum Stammtisch, und es war fast so, als hielte er Hof. Walser war der unbestrittene Mittelpunkt dieser Gesellschaft. Da lebte er auf, da brillierte er und berauschte sich und seine Zuhörer, vor allem dann, wenn Frauen anwesend waren und an seinen Lippen hingen. Die Studentin Marianne Oellers, damals noch mit Tankred Dorst liiert, gehörte anfangs dazu. Sie übersiedelte aber bald mit Max Frisch nach Rom und nach Berlin. Corinne Pulver wohnte inzwischen in München. Maria Carlsson, die Updike-Übersetzerin, die später Rudolf Augstein heiratete, gehörte zum Freundeskreis. Sie war damals mit dem Feuilletonchef der *Süddeutschen Zeitung*, Hans-Joachim Sperr, verheiratet, einem Freund, der im Dezember 1963 plötzlich starb. Über Peter Hamm, seinen treuen Adlatus, lernte Walser den Augsburger Maler Carlo Schellemann kennen, der zu einem seiner engsten Freunde wurde: auch er ein energisches Temperament, ein leidenschaftlicher Künstler, der sich in der Bewegung «Künstler gegen den Atomkrieg» engagierte.

Bei seinen Ausflügen wurde Walser in diesen Jahren häufig von Uwe Johnson begleitet. Fast wie ein Ehepaar traten sie auf, anhänglich und zänkisch. Nach einer gemeinsamen Lesung in München fuhren sie zusammen zum Bodensee zurück. Walser handelte dem Freund den Besuch einer Party in Grünwald ab, versprach dafür aber, pünktlich um 24 Uhr aufzubrechen. Johnson haßte es, irgendwo festzusitzen. Er pflegte früher schlafen zu gehen. Walser blühte wie immer in Gesellschaft auf und war ganz in seinem Element, während Johnson in seiner schwarzen Lederjacke mürrisch in der Tür stand und mahnend auf die Uhr klopfte. Walser flirtete unbeeindruckt weiter und bemerkte nicht, wie der Freund erbost das Haus verließ und zu Fuß in der Nacht verschwand. Vergeblich suchte er nach ihm und beschloß, alleine nach Hause zu fahren – was hätte er auch tun sollen? Ein paar Kilometer weiter stand eine winkende Gestalt am Straßenrand: Uwe Johnson. Von vorn gegen die blendenden Scheinwerfer blickend, konnte er nicht erkennen, wessen Auto er da anhielt. Er stieg ein und sagte bis nach Hause kein einziges Wort.

Auf Vermittlung von Carlo Schellemann kamen eines Tages Frieder Hitzer und Yaak Karsunke, die eine neue Zeitschrift gründen wollten und Rat und Hilfe suchten, zu Walser nach Friedrichshafen. Hitzer hatte in den USA und in Moskau Amerikanistik und Russistik studiert, arbeitete nun als freier Autor und Übersetzer und agierte im Umfeld der verbotenen KPD. Karsunke hatte eine Ausbildung als Schauspieler und einige Jahre als Hilfsarbeiter hinter sich. Beide standen ganz am Anfang ihrer schriftstellerischen Laufbahn. Zu ihnen gesellten sich der Schriftsteller Christian Geissler und andere. *Gegensatz* sollte die neue Zeitschrift heißen, für die zunächst Peter Hamm als Chefredakteur vorgesehen war. Doch Hamm lehnte ab, nachdem ihn die kommunistischen Geldgeber nach Ost-Berlin beorderten, wo er sich vorstellen sollte. Man fuhr ihn in einer verhängten Limousine zum Gespräch mit dem Genossen Neumann, als komme da ein Spion im konspirativen Auftrag.

Gegensatz schien Walser als Titel viel zu dröge. Man muß doch eine breitere Leserschicht ansprechen und nicht bloß adornitische Dialektiker! *Der Kleinbürger* schlug er zum Entsetzen seiner Besucher vor, die als marxistisch geschulte Linke doch eher auf das Proletariat als revolutionäres Subjekt setzten. Walser verteidigte *Kleinbürger* als programmatisches Bekenntnis. Intellektueller zu sein war nur eine Spezialausbildung, die an der Klassenzugehörigkeit nichts änderte. Mit seiner Arbeit, mit seinen Büchern wollte er dazu beitragen, dem Kleinbürgertum zu verschaffen, was ihm am meisten fehlte: Selbstvertrauen. Als Schriftsteller wollte er erfolgreich sein, ohne sich von seinen

Wurzeln zu trennen. Er war überzeugt davon, daß diese gedemütigte Klasse die historische Entwicklung im 20. Jahrhundert entscheidend geprägt hatte. Sie hatte im 19. Jahrhundert viel geleistet, aber keine politische Heimat, keine Partei gefunden. Als sie das im 20. Jahrhundert nachholen wollte und eine Revolution von rechts inszenierte, ging das völlig daneben. Daß das Kleinbürgertum den Nationalsozialismus gestützt hatte, führte zu seiner weiteren Diskreditierung nach 1945.[51]

In gewisser Weise war Walsers Programm, das Kleinbürgertum mit Selbstvertrauen auszustatten, also eine antifaschistische Initiative. Gerade dessen schlechter Ruf – geschmacklich, intellektuell, politisch und vielleicht sogar erotisch – zog ihn an. Es machte ihm Freude, sich kokett und provozierend zum eigenen Kleinbürgertum zu bekennen.[52] In seinem Archiv legte er sogar eine Schublade an, in der er «kleinbürgerliche Bekundungen Intellektueller, die sich für das Gegenteil halten», sammelte. Eine Zeitschrift so zu nennen wäre dann aber doch zu weit gegangen. Da könnte sie ja auch gleich Kürbiskern heißen, meinte Karsunke. Walser verschluckte sich am Wein und schlug seinem Gast vor Begeisterung auf die Schulter: «Kerle! Des isch es – ein harter Kern in einem riesigen Wasserkopf!» Hitzer ergänzte: «Gedeiht besonders gut auf Misthaufen.»[53] So ging der Augenblick der Titelfindung in den Legendenbestand der *kürbiskern*-Geschichte ein.

Das erste Heft, das im September 1965 erschien, versammelte ein breites linkes Spektrum mit Texten von Pablo Neruda, Heinar Kipphardt, Hermann Kant, Karl Mickel, Erich Fried, Hans Heinz Holz, Harun Farocki, Yaak Karsunke und Frieder Hitzer. Man befaßte sich mit Peter Weiss und Ernst Bloch. Martin Walser war mit einem Auszug aus dem Dialog «Erdkunde» vertreten, einem «Übungsstück für ein Ehepaar», das unter dem Titel «Die Zimmerschlacht» zu seinem größten Theatererfolg werden würde. Mit diesem bis zur gegenseitigen Vernichtung geführten Ehekrieg steuerte er das kleinbürgerliche Element bei, wenn schon der Titel nicht mehrheitsfähig war.

Auch in der ersten Nummer des neuen *Kursbuch*, das Hans
Magnus Enzensberger im Suhrkamp Verlag herausgab, war Walser vertreten. Da erschien sein Auschwitz-Essay in einer erweiterten Fassung. Das *Kursbuch* entwickelte sich rasch zu einem
Zentralorgan der Studentenbewegung und der revoltierenden
Linken. Es machte gleich in der ersten Nummer mit Frantz Fanon und dem Antikolonialismus bekannt, stellte Michel Foucault dem deutschen Publikum vor, befaßte sich mit französi-
schem Strukturalismus und griff in die Debatte zur «deutschen
Frage» mit einem «Katechismus» ein. Der *kürbiskern* hielt mit einer Neigung zu Dokumentar- und Arbeiterliteratur dagegen. Er
war zunächst das literarischere Blatt, war stärker am Marxismus
orientiert, suchte Gewerkschaftsnähe, geriet aber nach 1968 zunehmend unter den Einfluß der DKP. Beide Zeitschriften hatten
ihre große Zeit in den sechziger und frühen siebziger Jahren. An
ihnen läßt sich das geistige Klima einer Republik im Aufbruch
ablesen, deren Intellektuelle und Studenten außenpolitisch
durch Vietnam und innenpolitisch durch die Große Koalition
radikalisiert wurden.

Doch schon bevor das erste Heft des *Kursbuch* herauskam,
gab es Probleme. Grass hatte sein Stück «Die Plebejer proben
den Aufstand» zum Abdruck eingereicht, in dem er sich mit
Brecht und seiner Rolle beim Volksaufstand in der DDR am
17. Juni 1953 auseinandersetzte. Unseld war alarmiert: Er verhandelte gerade mit den Brecht-Erben um eine Verlängerung
der Lizenzen und plante eine große Brecht-Ausgabe. Brecht-
kritische Beiträge in einer Zeitschrift aus seinem Haus konnte
er da überhaupt nicht gebrauchen. Doch wie sollte man das
Grass beibringen? Enzensberger schaltete auf stur. Er wollte
sich nicht gleich in die erste Nummer hineinregieren lassen.
Walser wurde kontaktiert. Was tun? Er rief bei Johnson an und
bat ihn, mit Grass, der um die Ecke wohnte, zwei, drei Biere
trinken zu gehen, um ihn unauffällig zum Rückzug zu bewegen. Johnson traf Grass in niedergeschlagener Stimmung. Die

VII VON AUSCHWITZ BIS VIETNAM. 1963–1966   225

Proben am Schillertheater hatten gezeigt, daß weitere Änderungen am Stück nötig wären. Er überlege, den Vorabdruck im *Kursbuch* zurückzuziehen. Aber wie sollte er es Enzensberger sagen? Glückliche Fügung: Damit konnte Johnson nach zwei Stunden Vollzug melden, den Walser nach Frankfurt weitergab. So ging es zu in der diplomatischen Abteilung des Hauses Suhrkamp.[54]

Daß Johnson nicht viel von Grass' Drama hielt, brauchte er ihm nicht unter die Nase zu reiben. An Walser schrieb er: «ein Stück gegen den wirklichen Bertolt Brecht, es ist darüber hinaus ein Stück gegen intellektuelles Verhalten überhaupt, mit unredlichen Ansätzen. (…) Zudem ist dem Stück, zumindest hier, das antikommunistische Mißverständnis sicher. Es ist auch der Umgang mit Grass heikler geworden. Er bringt es nicht über sich, Argumente anzuhören, benimmt sich schroff und parental, offenbar in der Meinung, die Konturen seines persönlichen Zustands seien die des repräsentativen Lebens, das der Berühmte vom Dienst zu führen hat.»[55] Walser antwortete kurz und knapp: «Daß Grass an literarischem Stalinismus leidet, wird mit jedem Jahr deutlicher. Mir gingen nachts im April in Frankfurt bei Siegfried die Augen auf, als Grass [Reinhard] Baumgart wegsäbelte, weil der nicht gleich anbetete.»[56] Noch waren Johnson und Walser Verbündete. Ein paar Jahre später, als Walser mit der DKP sympathisierte, schlug Johnson sich mehr auf die Seite von Grass. Der Vorwurf, den Antikommunisten zu nutzen, konnte ihn dann nicht mehr schrecken.

Kollaps am Schreibtisch.
Umzugspläne: Berlin, Bodensee. Brief an Ulbricht.

Unterdessen hatte Walser seine lange Prosaabstinenz überwunden. Er schrieb an dem Roman «Das Einhorn», in dem er die Bedingungen untersuchte, unter denen so etwas wie Liebe möglich ist. Unseld gab er die Zwischenmeldung: «Ansonsten arbeite ich eher brav als heftig. Ich bin auf S. 342, aber zur Zufriedenheit ist momentan kein Anlaß. Es kommt mir jeden Tag so vor, als sollte ich rasch ein Stück über die Entfernung von hier bis Vietnam schreiben. Das stört natürlich.»[57]

Vielleicht hatte es etwas mit dieser doppelten Inanspruchnahme zu tun, daß ihm am 23. August 1965 am Schreibtisch der Atem ausging. Er war an der Stelle angelangt, an der Anselm Kristlein, der nun Schriftsteller geworden ist und ein Auftragswerk über die Liebe verfaßt, im Zelt auf Orli wartet, die aus dem Wasser des Bodensees steigt, im nichts als knappen Bikini auf ihn zukommt und ihr Haar löst: Urbild des Weiblichen, göttliches Wasserwesen, Urerlebnis des Begehrens. Walser hatte die Angewohnheit, beim Schreiben bis zum Ende des Satzes den Atem anzuhalten. Als Konsequenz des Schwächeanfalls übte er sich darin, kürzere Sätze zu bilden, aus Angst, es könnte ihm wieder einmal die Luft ausgehen.

Zwölf Wochen verbrachte er in Krankenhäusern und Sanatorien, begab sich zur Kur nach Bad Wörrishofen. Johnson machte sich Sorgen: «Es ist schwierig, jetzt mit Frau Walser zu telefonieren, und ich wäre Dir dankbar, könntest Du mir immer mitteilen, was Du Neues über Martins Zustand erfährst», schrieb er an Unseld.[58] Walser versuchte zu beruhigen. «Lassen Sie sich nicht einreden, ich lebte unvernünftig», ließ er seinen Lektor Walter Boehlich wissen. «Noch kenn ich keinen, der so sorgsam richtig lebt wie ich momentan. Und mit Erfolg. Der Spuk verliert sich, die Arbeit hab ich wieder.»[59] Mit Boehlich verstand er sich hervorragend. Hochgebildet und streng ironisch ging es zwischen ihnen zu. Neckische Rechthabereien und abseitige Belehrungen gehörten zu ihren Lieblingsspielen. Auf Boehlichs Urteil konnte er sich stets verlassen.

Der Zusammenbruch steht am Anfang einer Phase des Suchens und Experimentierens, die bis Mitte der siebziger Jahre andauerte. Erst dann fand Walser zu einem verläßlichen Stil und zu ungebremster Produktivität zurück. Die Brandreden vom Ende der Literatur, die 1968 anschwollen, hielten ihn zwar nicht vom Schreiben ab. Schreibblockaden, unter denen andere Autoren litten, blieben ihm unbekannt und unvorstellbar. Doch es war lange Zeit ungewiß, in welche Richtung die stilistische Entwicklung gehen würde. Plötzlich fürchtete er zudem, am falschen Ort zu sein – auch das Ausdruck der Verunsicherung. Er zweifelte an der Richtigkeit seiner Bodensee-Existenz. Berlin als Zentrum der Revolte entfaltete Mitte der sechziger Jahre eine enorme Anziehungskraft. Enzensberger übersiedelte 1965 nach Berlin-Friedenau, auch Frisch zog dorthin, Grass und Johnson wohnten gleich um die Ecke. Johnson versuchte, Walser zum Umzug zu bewegen: Er fehle in Berlin. Es gehe nicht an, daß er noch länger in der Provinz am Bodensee versauere. Er müsse schon deshalb nach Berlin, damit seine Töchter (die vierte Tochter Theresia wurde 1967 geboren) nicht mit diesem scheußlichen süddeutschen Dialekt aufwüchsen. Walser war nicht abgeneigt. Im Verlagsalmanach «Dichten und Trachten» veröffentlichte er 1966 einen offenen Brief Anselm Kristleins an seinen Verleger und ließ die in die Realität drängende Romanfigur über den fiktiven Autor reden: «Ihr Einfall, den W. immer noch in Friedrichshafen wohnen zu lassen, liefert der W-Figur ein zu Herzen gehendes Hellgrau als Hintergrund. Trotzdem, als Fachmann für Werbung muß ich sagen: ein wenig Berlin könnte ihm nichts schaden. Bitte überlegen Sie doch, ob wir ihn nicht auch einmal umziehen lassen.»[60]

Als die Gruppe 47 im Herbst 1965 in Berlin tagte, mußte Walser aus gesundheitlichen Gründen passen. Er war nach seinem Zusammenbruch noch nicht wieder reisefähig. Aber er war oft genug in Berlin gewesen, um die Stadt einigermaßen zu kennen und sich dorthin zu imaginieren. Christoph Müller, Sohn eines Tübinger Freundes und Redakteur beim *Tagesspiegel*, übernahm bei seinen Besuchen die Rolle des Stadtführers. Er holte Walser vom Bahnhof ab, lieh ihm bei Bedarf seinen Alfa Romeo, knüpfte Kontakte, ermöglichte Begegnungen aller Art, besorgte Theaterkarten für den Berliner Osten. Als sie dort Benno Bessons Inszenierung der antistalinistischen Satire «Der Drache» von Jewgenij Schwarz besuchten – eine Aufführung, die Walser wunderbar fand –, mußten sie lange auf den Beginn warten. Erst als Kulturminister Klaus Gysi, begleitet von Sohn Gregor, mit enormer Verspätung in der ersten Reihe Platz nahm, öffnete sich der Vorhang.

Als ständiger Kulturkorrespondent hatte Christoph Müller auch in Ost-Berlin viele Bekannte in Autorenkreisen. Günter de Bruyn war einer von ihnen. Walser kannte seine Bücher, mußte aber überredet werden, ihn in seiner Hinterhauswohnung in der Auguststraße zu besuchen. Als Müller eines Tages mit Walser dort aufkreuzte, hatte de Bruyn noch andere Gäste eingeladen, vorwiegend Frauen, vorwiegend blonde Frauen, so daß Walser sich mehr mit denen als mit dem Gastgeber befaßte. De Bruyn hatte Verständnis dafür. Walser schickte hinterher ein Kärtchen mit «herzlichen Grüßen für die Damen und für unseren Christoph». Das war alles.[61]

Müller und Johnson begaben sich auf Wohnungssuche für die Familie Walser. Die Umzugspläne wurden konkret. Häuser waren in den Jahren nach dem Mauerbau in Berlin konkurrenzlos billig, da konnte man durchaus von einer geräumigen Havel-Villa träumen. Johnson schickte Immobilienanzeigen nach Friedrichshafen, um die Phantasie anzuregen. Walser suchte sich eine baumbestandene Villa mit Türmchen am Seeufer aus. Johnson machte Fotos vom Anwesen und schickte sie nach Friedrichshafen. Doch Ende 1965, als Walser wieder einmal für den mit zeremonieller Regelmäßigkeit übersandten Kalender dankte, war ihm klar geworden, daß aus einem Berlin-Umzug nichts werden würde. Monatelanges gedankliches Berlin-Training blieb erfolglos, so daß er nun kapitulierte: «Wir schaffen es nicht ganz. In Berlin kann ich mich schon hinuntergehen sehen, aber die Entfernung zwischen Stadtrand Berlin und etwa Bodenseeufer ist

einfach nicht unterzubringen in meinem Kopf. Die Entfernung
von hier nach München macht keine Schwierigkeit, die ist sozusagen längst erobert. Die Strecke nach Berlin ist wie Feindes-
land. Der Rückzug, der gesichert sein muß, scheint da fraglich.
(...) Und wenn ich so tue, als sei ich jetzt ganz fest entschlossen und teile das in Wasserburg mit, dann löse ich bei meiner
Mutter einen Schrecken aus, der mich sofort zwingt, alles zurückzunehmen und den Umzugsplan als bloßen Scherz zu de-
klarieren etc. Es fällt mir selber schwer, mir einzugestehen, daß
wohl nichts werden wird aus ‹unserem› Berlin. Ich wäre schon
froh, wenn es mir bis München reichen würde. (...) Ich halte es
hier sehr gut aus. Auch wenn weniger herauskommt dabei als in
Berlin und sonstwo herauskommen könnte. Vielleicht wird alles
anders, wenn meine Mutter einmal nicht mehr lebt. Auf jeden
Fall: Vorerst bleiben wir hier und studieren Tagesspiegel-Immo-
bilien, als wären es Nachrichten aus dem Paradies, für das wir
nicht taugen.»[62]

Vermutlich waren die Umzugspläne nicht viel mehr als ein
Spiel, das Johnson ein bißchen ernster nahm als Walser. Auch
später schaffte er nie den Absprung. Irgendeine Schwere hielt
ihn in der Heimat. Vielleicht war ihm damals schon klar, daß er
als Erzähler auf sein Milieu und auf seine Landschaft angewiesen war. «Das Einhorn», an dem er schrieb, wäre ohne Boden-
seenähe gar nicht denkbar. Oder könnte Orli etwa auch aus dem
Wasser des Wannsees auftauchen? Unvorstellbar, was aus Walser
als einem Berliner geworden wäre, wie seine Romane aussähen,
wenn er den Bodenseebezug verloren hätte und zum Großstäd-
ter mutiert wäre. Nein, ohne Bodensee ging es nicht.

Berlin beschäftigte ihn aber auf andere Weise. Nach dem be-
rüchtigten 11. Plenum des Zentralkomitees (ZK) der SED im
Dezember 1965 drängte Johnson seine Freunde dazu, die Maßregelungen kritischer Intellektueller in der DDR nicht wider-
spruchsfrei zu dulden. Ulbricht hatte auf diesem Plenum die
«Neue Ökonomische Politik» verkündet und Kunst und Litera-

tur zu propagandistischer Unterstützung der wirtschaftlichen Bemühungen verpflichtet. Den Literaten – namentlich Stefan Heym, Wolf Biermann und Werner Bräunig – warf er Morallosigkeit und Sittenverfall vor. Die betroffenen Autoren erhielten de facto ein Publikationsverbot. Der Chemiker und Politologe Robert Havemann war schon 1964 aus der Partei ausgeschlossen und mit einem Lehrverbot belegt worden.

Walser wollte sich zunächst nicht auf Johnsons «DDR-Aufgabe» verpflichten lassen, weil die Arbeit am Roman ihn forderte. Dann aber formulierte er einen Brief an Ulbricht, der auch von Inge Aicher-Scholl, Ingeborg Bachmann, Erich Fried, Rolf Hochhuth, Walter Jens, Robert Jungk, Erich Kästner, Hans Werner Richter, Peter Weiss, Siegfried Unseld und anderen unterzeichnet wurde. In diplomatischem Tonfall forderte er mehr Öffentlichkeit und Meinungsfreiheit in der DDR und protestierte gegen die Maßregelungen des 11. Plenums. Robert Havemann habe der DDR nicht geschadet, sondern versucht, «Möglichkeiten anzubieten, die nach seiner Auffassung bisher nicht oder nicht genügend wahrgenommen und genutzt worden sind». Havemann habe dabei niemals «seine kommunistische Überzeugung und Perspektive verhehlt»[63]. Diese Stelle des Briefes wurde von den Empfängern im ZK rot angestrichen und mit einer Randbemerkung versehen: «Woher diese Weisheit?»

Walsers Empörung gründete darauf, daß «gegen Machtlose Macht gebraucht» wurde. Das war sein Thema in der westdeutschen Gesellschaft, und das konnte ihn auch in der DDR nicht gleichgültig lassen. Er schrieb: «Wir Unterzeichnete wenden uns an Sie, Herr Vorsitzender, und nicht an die Öffentlichkeit, mit der Bitte, alle Ihre Möglichkeiten zu nutzen, um diesen verhängnisvollen Wirkungen Einhalt zu gebieten. Nur wenn Ihnen das auf Ihrer Seite gelingt, ist es uns auf unserer Seite möglich, weiterhin mit überzeugenden Argumenten für Annäherung, klärendes Verständnis und Versöhnung der Staaten und Völker in unserer gefährlich geteilten Welt zu wirken.» Auch dieser Satz wurde im ZK rot angestrichen und kommentiert: «Heyms Formulierung! (Erpressung!)»

Der Brief löste einige Unruhe und hektische Arbeit hinter den Parteikulissen aus. Walser galt als «Linker» und potentieller Bündnispartner unter den Intellektuellen der Bundesrepublik. Man konnte ihn also nicht einfach ignorieren. Alfred Kurella, für Kultur zuständiges ZK-Mitglied, besprach den Fall mit Walter Ulbricht und stanzte das achtseitige Antwortschreiben in klassenkämpferischem Amtsdeutsch. Unterzeichnet war das Schreiben von Siegfried Wagner, Leiter der Abteilung Kultur im ZK der SED. Er lobte Walsers Friedens- und Vietnam-Engagement als «besonders wertvoll», gab sich jedoch enttäuscht über dessen «Irrtümer», die «wohl darauf beruhen, daß Sie die kulturelle Entwicklung der DDR vom Standpunkt der bürgerlichen Demokratie aus betrachten, in der Sie leben, und den Unterschied der Gesellschaftsordnungen außer acht lassen». Der Aufbau des Sozialismus werde durch «halbanarchistische Elemente» gestört, die sich «in grenzenloser Überheblichkeit sehr klug vorkommen, objektiv aber nur den westdeutschen Machthabern in die Hände arbeiten»[64].

Dieses Lagerdenken war für Argumente nicht erreichbar. Die Briefaktion mußte als gutgemeint, aber vergeblich abgebucht werden. Oder doch nicht ganz? Die DDR-Machthaber wollten Walser nicht verloren geben. Im Sommer 1966 erhielt er am Bodensee kaderartigen Besuch von Hermann Kant, dessen Erfolgsroman «Die Aula» gerade auch in der Bundesrepublik erschien. Da vereinbarten sie eine dreiwöchige DDR-Reise und einen Vorabdruck aus dem «Einhorn» in der Zeitschrift *NDL* nebst Dokumentation eines Briefwechsels Walser – Kant über die «Rolle des Schriftstellers»[65]. Ein paar Wochen später sagte Walser die Vereinbarungen ab. Er zweifelte wohl doch am politischen Sinn dieser Reise. Er gehe im Herbst auf Lesereise im Westen, schrieb er, der DDR-Besuch müsse deshalb verschoben werden.

Berlin rückte damit wieder in die Ferne. Die Immobiliensuche beschränkte sich jetzt auf die Heimatregion um Lindau herum. Auf seinen immer dringlicheren Erkundungsfahrten begleitete ihn gelegentlich Josef W. Janker. Einmal kamen sie nach Schreggsberg bei Grünkraut in der Nähe von Ravensburg, wo Walser sehr entschlossen war, einen Hof zu erwerben. Er lenkte erst ein, als Käthe Walser ihn darauf hinwies, daß es in dieser Gegend keine Haltestelle und keinen Bus gäbe, mit dem die Töchter zur Schule fahren könnten.[66] Der Kauf eines 200 Jahre alten Bauernhauses zwischen Oberstaufen und Immenstadt scheiterte daran, daß die Türen so klein und die Decken so niedrig waren, wie es für Menschen des 19. Jahrhunderts paßte. Sich als moderner Mensch beim Betreten des eigenen Hauses jedesmal bücken zu müssen wäre aber nicht in Frage gekommen.

Die alte Spielerleidenschaft wirkte sich auf neuem Terrain aus. Den richtigen Moment abpassen, aufs richtige Objekt setzen, das waren Herausforderungen, die ihn mehr infizierten, als es der schlichte Kauf eines Hauses tun könnte. Ein Grundstück günstig erwerben und gewinnbringend weiterverkaufen – das war fast wie früher beim Roulette, nur berechenbarer. Die Erfahrungen, die er dabei machte, gingen später in den Roman «Das Schwanenhaus» ein. Die Figur des Maklers Gottlieb Zürn nahm in den Notizbüchern schon damals Gestalt an. Der Makler ist der natürliche Verwandte des Vertreters Anselm Kristlein, und so ist es nicht erstaunlich, daß er sich neben ihm zu entwickeln begann. Ein Haus im höher gelegenen Zeisertsweiler bei Lindau hatte es Walser angetan. Dann in Bad Schachen ein neugotisches Schlößchen mit Grundstück und eigenem Hafen, das abgerissen werden sollte. Es sei groß genug, um den ganzen Suhrkamp Verlag im linken Seitenflügel unterzubringen, scherzte er gegenüber Unseld. Der sah sich schon als alten Herrn neben Walser auf der Veranda sitzen und ferngesteuerte Boote auf dem See dirigieren.[67]

Unseld riet, die Immobilienfrage wenigstens so lange zurückzustellen, bis der Roman fertig sei. Kaum war das Manuskript aus dem Haus, teilte Walser Johnson mit, sich in einer «beispiellosen Immobilienschlacht» zu befinden. Da hatte er schon den Vorvertrag für ein Grundstück am See unterzeichnet und lud den Freund auch gleich zum Baden im nächsten Jahr ein. Ob dann dort das fehlende Haus stehen werde, sei allerdings davon abhängig, ob das «Einhorn» mindestens 100 000 Käufer finde.[68] Der Spieler Walser hatte das Geld verbucht, bevor es eingenommen war. Er mußte sich aus dem Vertrag wieder herauswinden.

Als er im August in Sylt eintraf, wo er sich für vierzehn Tage mit der Familie und mit Augsteins Frau Maria Carlsson in der Augstein-Villa erholte, wollte er gleich wieder etwas kaufen und schrieb an Walter Boehlich: «In mir schlägt die Immobilien-Ader. Ich bin gierig nach Sylter Grund. Der liebe arme Bodensee. Es ist zum Traurigwerden. Das Meer ist einfach der größere Boxer. Und dann akklamiert man halt.»[69] Aber nur vorübergehend: Am Ende blieb eben doch immer der Bodensee der Sieger. In Sylt versammelte sich in den Sommern 1966, 67 und 68 eine illustre Gesellschaft. Neben den Walsers, Maria Carlsson und Rudolf Augstein kamen *konkret*-Chefredakteur Röhl mit Ulrike Meinhof, die Ehepaare Baumgart, Unseld und Dohnanyi, Freimut Duve mit Freundin, Peter Hamm und andere. Hier, am Strand von Sylt, wurden Freundschaften besiegelt. Als Unseld, auf Wasserskiern hinter Augsteins Boot geseilt, versuchte, sich auf die Wasseroberfläche hochzuarbeiten, das nicht schaffte, aber auch nicht aufgeben wollte und angestrengt weiterkämpfte, sagte Walser, der diesen Kampf vom Strand aus beobachtete, zu Baumgart: «Da schau, deswegen ist er mein Verleger.»[70]

VIII PROTESTE. 1966–1968

Wo bleibt die Liebe?
Das Einhorn als Wappentier. Streit mit Johnson.

Das Einhorn, dieses sagenhafte Fabeltier, das seinen Kopf so gern in den Schoß von Jungfrauen bettet, ist für Martin Walser ein vertrautes Wesen: ein Wildtier, das die Innenwelt bewohnt. Dort tritt es hinter unerfüllten Wünschen in Erscheinung, regt sich mit dem drängenden Begehren, jagt ungesättigten Hoffnungen nach. Das Einhorn ist das Symbol des Mangels. Und weil aus dem Mangel alles entspringt – Glaube, Liebe, Hoffnung, vor allem aber das Schreiben –, ist das Einhorn Walsers Muse. Als Triebwesen ist es nie zufriedenzustellen. Es will immer mehr und lehnt jeden Kompromiß ab. Als Einzelgänger zieht es seine eigene Spur. Es ist zornig und in seiner Wut oft komisch. Es gibt nur einen Köder, auf den es hereinfällt: die Liebe. Da wird es zahm und glaubt, nun sei alles Glück erreicht. Aber das ist nicht von Dauer. Erfahrungen sind vergänglich. Der Augenblick ist niemals festzuhalten. Dann ist das Einhorn wieder unterwegs.

Walsers Roman «Das Einhorn» ist ein verzwicktes Buch über die Liebe oder vielmehr über die Unmöglichkeit, über die Liebe zu sprechen. Familie Kristlein ist von Stuttgart nach München umgezogen. Anselm ist mit der «Halbzeit» zum Schriftsteller geworden und immerhin so bekannt, daß Alissa sich nun Birga nennt, weil sie fürchtet, mit der Romanfigur ihres Mannes verwechselt zu werden. Walser greift mit diesen Wiedererkennungsbefürchtungen durchaus reale Ängste auf. Immer wieder kam es zu Kurzschlüssen, wenn Leser die geschilderten Familienszenen der Kristleins umstandslos auf die Familie Walser übertrugen. Verbürgt ist ein Germanistikprofessor, der beim Besuch erstaunt ausrief: «Aber Ihre Frau ist ja dunkel!» So sehr hatte er sich von

Alissas blondem Haar blenden lassen. Vorsicht ist also geboten, gerade weil Walser die Welt seiner Romanfiguren aus der eigenen Lebenswirklichkeit schöpft. Woher auch sonst?

Anselm Kristlein soll nun im Auftrag einer Schweizer Verlegerin von Erotika ein Buch über die Liebe schreiben, «öppis Gnaus», wie die Dame sich ausdrückt. Weil er nichts erfinden kann, stürzt er sich in abseitige amouröse Abenteuer, um Material zu sammeln. Mit Liebe haben diese Verirrungen begreiflicherweise nichts zu tun. Aber das Pornographische ist nicht Kristleins Metier. Die katholische Welt, der er entstammt, ist zu schamhaft, um befeuernde Worte für physiologische Sensationen zuzulassen. Henry Millers verzweifeltes Bemühen, das Obszöne auszudrücken, kommt hier für Walser als Vorbild nicht in Frage. Ihm imponiert die Art von James Joyce, «konkret und ohne Verklärung» so etwas wie Liebe zu erzählen: «Henry Miller tut, als wäre er ein Heide. Joyce dagegen zeigt, wie man mit katholischen Ketten jongliert und dadurch große Kraft gewinnt. Und ich finde, diese Position ist uns allen die natürlichste.»[1]

Folgenreich ist die Entdeckung, daß die Augenblicke der Liebe sich in der Erinnerung nicht bewahren lassen. Das Gedächtnis taugt allein dazu, Verluste festzustellen. Es ist ungeeignet für Wiederauferstehungsleistungen. Das Proustsche Programm der sinnlichen Wiedererweckung des Vergangenen in der Erinnerung funktioniert nicht mehr. War «Halbzeit» ein Proust-Roman, so ist «Das Einhorn» eine Anti-Proust-Klage. Alles Wünschen ist vergeblich. Die Worte, die zur Verfügung stehen, haben nichts mehr mit dem zuvor Empfundenen zu tun. Was war, ist verschwunden; was bleibt, ist Sprache. Vielleicht ist es dieses unüberschreitbare Mangel- und Verlustgefühl, das dazu zwingt, erotische Erfahrungen immer und immer wieder zu suchen. Weil der Augenblick der Liebe nicht festzuhalten ist. Also schrieb er, wußte aber, daß er schreibend die sinnlichen Sensationen der Erfahrung nicht wieder zum Leben erwecken konnte.

Und doch: Es gibt kein anderes Mittel als die Sprache, um

der Erinnerungen habhaft zu werden. Dieses Dilemma, so erklärte Walser in einem Rundfunkinterview, führe dazu, daß das «Einhorn» ein komischer Roman sei.[2] Und in der *Schwäbischen Zeitung* sagte er: «Das ist – ohne daß ich es wollte – das eigentliche Thema des Romans geworden: daß die Liebe in keinem Augenblick, nicht einmal in dem Augenblick, in dem sie geschieht, in die Sphäre des Menschlichen, nämlich in die Sphäre der Sprache aufzunehmen ist.»[3] Schon in seinem Essay «Freiübungen» von 1963 hatte er sich von Proust verabschiedet und es für einen Irrtum erklärt, mit Kunst etwas bewahren zu wollen. Kunst zeige allenfalls, daß nichts gerettet werden kann.[4] Aus dem Spracheuphoriker Walser ist ein Sprachskeptiker geworden.

Der sprachliche Mangel macht sich massiv bemerkbar, als Anselm der nixenhaften Orli begegnet, einer dunklen Schönheit, die er zuerst auf einer Luftmatratze im See an sich vorbeischwimmen sieht. Anselm verfällt ihr sofort mit Haut und Haar und plant zielstrebig ihre Eroberung. Liebe, so scheint es, erfordert geradezu militärische Logistik. Orli ist holländisch-indonesisch-amerikanischer Herkunft und hat, als sei soviel Fremdheit noch nicht genug, eine jüdische Mutter. Ihre jüdische Abstammung, die zunächst nur angedeutet wird, ist ein Zeichen, das sie besonders hervorhebt. Schon Susanne, die Eroberung Anselm Kristleins in «Halbzeit», war Jüdin. Das Jüdische ist in Walsers Romanwelt libidinös besetzt. Wo Juden auftauchen, ist auch Leidenschaft im Spiel. Das wird 35 Jahre später auch auf den jüdischen Literaturkritiker André Ehrl-König aus dem Roman «Tod eines Kritikers» zutreffen. Orli, die Herrliche, Fremdsprachige, ist das exquisite Objekt der Begierde. Ehrl-König, der Fürchterliche, Mächtige, zwingt den Autor im Selbsterhaltungskampf dazu zu hassen, wo er doch viel lieber lieben würde. Jüdische Figuren markieren zweimal Extrempunkte emotionaler Zugewandtheit. Diese Walsersche Besessenheit hat bei Ehrl-König mit Antisemitismus so wenig zu tun wie bei Orli mit Philosemitismus. Die beiden gegensätzlichen Fälle belegen allenfalls die herausragende

Bedeutung, die das Jüdische in Walsers Werk besitzt. Und zwar deshalb, weil er es für unmöglich hält, sich als Deutscher, der schuldbelastet und beschämt in der deutschen Geschichte steht, Juden gegenüber gleichgültig zu verhalten. Die liebenswürdig hellste Figur im «Lebenslauf der Liebe» ist zweifellos Mr. Yingling, der Schachpartner Edmund Gerns, der ihn sozusagen ununterbrochen mit jüdisch-jiddischen Anekdoten versorgt.

Die Beziehung Anselms zu Orli ist mehr als ein Liebesversuch. Schon Anselms Bemühen um Keuschheit unterscheidet diese Annäherung deutlich von seinen eher unglücklich verlaufenden sexuellen Abenteuern. Doch spätestens während eines Spaziergangs in der Landschaft seiner Kindheit wird deutlich, daß diese Liebe auch als deutsch-jüdischer Versöhnungsversuch zu lesen ist. Nicht nur die Natur gerät in Wallung, wenn die aufgeladene erotische Spannung sich während eines Gewitters entlädt. Das ganze historische Panorama reißt dann auf. Orli sagt jiddische Verse auf, die sie von ihrer Mutter gelernt hat. Anselm rezitiert aus den Nibelungen und sagt ein volkstümliches «Schnadahüpfl» auf, in dem die Ermordung von Zigeunern durch die SS besungen wird. Auf diesem historischen Boden ereignet sich der Moment der größten Nähe. Nach der Beschwörung der Geschichte küssen sie sich und tanzen nackt im Gewitterregen, unschuldig wie Adam und Eva im Paradies. Man kann diese Szene nicht anders deuten denn als Heimholung des Jüdischen in die Kindheitslandschaft und als religiös gestimmte Erlösungshoffnung. Doch der Glaube, alles könnte doch noch gut werden, hält wie immer nur für Augenblicke vor. Das Einhorn läßt sich auch diesmal nicht beschwichtigen.

Die Szene spielt sich neben einer Kapelle ab, die im Roman «Maria Schreien», in Wirklichkeit «St. Anton» heißt. Sie steht auf einem Hügel über dem Örtchen Selmnau bei Wasserburg und bietet einen herrlichen Blick auf Bodensee und Alpenpanorama. Im Roman liegt sie oberhalb von Anselms Geburtsort Ramsegg. Walser hat die Topographie der Heimat in eine literarische Landschaft verwandelt, weil es Heimat nur noch in der Erinnerung und in der Sprache gibt. Auch da verweist das Einhorn auf einen Mangel. Diese subkutane Empfindlichkeit, die der Text mehr verbirgt als entblößt, war für die zeitgenössische Kritik nicht wahrnehmbar. Der Roman wurde insgesamt eher zwiespältig beurteilt. Einmal mehr dominierte das von Marcel Reich-Ranicki strapazierte Muster, bei Walser handle es sich um einen hochtalentierten Autor, der von Mißerfolg zu Mißerfolg voranschreite. Selten wurde versäumt, seine Sprachgewalt zu rühmen, doch das gereichte ihm nicht zum Vorteil. Eher schien es verdächtig, daß da einer sein Handwerk so virtuos zu betreiben verstand. Reich-Ranicki behauptete, trotz psychologischer Raffinesse und stilistischer Präzision im «Einhorn» ein «lebloses Land» vorgefunden zu haben, und verglich seine Leseerfahrung mit einer Wüstenwanderung, in der die Oasen der Erholung immer seltener wurden.[5] Die Orli-Romanze schien ihm völlig mißglückt, Orlis jüdische Herkunft war für ihn nichts als Staffage. Sein Verriß in der *Zeit* provozierte eine kleine Debatte mit Pro und Contra, in der Rudolf Walter Leonhardt den Part des Verteidigers übernahm. Ansonsten: viel Zuspruch und Bewunderung für diesen Autor, seine Wortgewalt, seine «orgelnden Bilderkaskaden»[6], seine kluge ironische Erzählhaltung. Sieben Monate hielt sich der Roman auf der Bestsellerliste des *Spiegel*. Am 3. Oktober 1966 kletterte er auf Platz 1, wo er bald von Heinrich Bölls «Ende einer Dienstfahrt» abgelöst wurde. Dahinter dann «Das Einhorn» bis zum Jahresende auf Platz 2.

Walser, stets sensibel auf Kritik reagierend, hatte diesmal schon vor Erscheinen des Buches gegen Ablehnung zu kämpfen. Uwe Johnson, beleidigt, weil er die Fahnen erst so spät bekommen hatte, daß seine Kritik nichts mehr fruchten konnte, schickte aus New York eine dreiseitige Errata-Liste, weil er die englischsprachigen Passagen hölzern und falsch fand. Walsers Einwand, Anselm spreche eben so, ließ er nicht gelten und holte sogar noch das Gutachten eines amerikanischen Verlegers ein.

Der Streit über englische Ausdrücke dehnte sich zäh über mehrere Briefe. Die Erbitterung war deshalb so groß, weil mit den Details grundsätzliche Bedenken überdeckt wurden, die Johnson gleich nach der ersten Lektüre unvorsichtig äußerte. Im Unterschied zu «Halbzeit» fehle dem «Einhorn» die Repräsentation der Gesellschaft und der Epoche. Die ermüdende Erotomanie Kristleins lasse keine Steigerung zu, auch wenn es «erfrischend» sei, «die verschiedenen Verhalten beim Beischlaf auch einmal mit einer Art Einverständnis, ohne die Verbitterung eines Günter Grass beschrieben zu sehen». Unverständlich jedoch, warum Anselm sich am Ende dann doch für die Ehefrau entscheide. Oder sollte es nur darum gehen, daß die Leser aufgefordert sind, mit ihm zu leiden? «Lieber Martin», schrieb Johnson, «es ist mir entsetzlich das zu finden an einer Arbeit, auf die du mehrere Jahre gewandt hast, und weiß daran seit drei Tagen nichts zu ändern. Da bleibt mir zu hoffen, ich hätte deine Absicht nicht verstanden oder sei eben nicht fähig sie zu verstehen, oder dir dies nicht zu schicken.»[7]

Daß Walser den Freund in der Figur des schweigsamen, pfeiferauchenden Partybesuchers Karsch verewigt hatte, spielte in den Briefen keine Rolle. Walser, um Fassung bemüht, gab sich demonstrativ gelassen, auch wenn ihn Johnsons Vorwürfe trafen: «Schmerzlicher ist natürlich, daß Dir das ganze Buch nicht gefällt. Da gibt es keinen Widerspruch. Das bleibt Deine und meine Sache. Ich bin zwar gereizt, Deinem Vorgebrachten zu widersprechen, (...) weil man ja so was Kritisches nicht lesen kann, ohne daß der innerste Computer gleich die Chancen des Einspruchs und der Revision berechnet. Früher hättest Du in einem solchen Fall einen langen Brief gewärtigen müssen. Jetzt fahre ich in eine Art Urlaub und warte ab, wie viele Deine Ansichten im Herbst wiederholen werden. Manche Deiner Ansichten möchte ich allerdings gern für einen Irrtum halten, auch wenn GottunddieWelt sie teilen sollten. Wir brauchen ja auch keinen Schiedsrichter, weil es sich beim Urteil eines Lesers immer um geronnene Empfindung handelt.»[8] Die Bitte, Johnson möge seine Meinung Unseld gegenüber verschweigen, um dessen positive Stimmung nicht zu gefährden, war schon hinfällig, als sie bei Johnson eintraf. Johnson hatte dem Verleger längst geschrieben, wie «unglücklich» er mit Martins Buch sei.[9] Gegenüber Enzensberger äußerte er sich drastischer: «Wer ihm das druckt, kann sein Freund nicht sein.»[10]

Der Ton wurde gereizter, als Johnson sich bei der Verlegerin Helen Wolff zwar für amerikanische Übersetzungen von «Halbzeit» und «Einhorn» einsetzte, seine Einwände aber nicht verschwieg. Walser wertete das als einen Versuch, den Erfolg zu hintertreiben.[11] Johnson beschuldigte im Gegenzug Walser, seine Frau Elisabeth in einer Berliner Kneipe angebrüllt und damit ihn, den Freund, getroffen zu haben. Im übrigen zöge er eine aufrichtigere Reaktion auf seine Kritik vor. Walser konnte sich an keine Brüllerei erinnern, nur an freundschaftliches Geplauder im Freundeskreis, und machte sich daran, die Einwände gegen englische Begriffe zu entkräften. Die Freundschaft geriet in diesem Gezänk deutlich unter ihr Niveau. Zwei Autoren, die im Wettbewerb miteinander standen, konnten ihre Freundschaft von der beruflichen Konkurrenz nicht freihalten. Die Frage, wer ist der Schönste im Land, der Beste, der Erfolgreichste, mußte Unseld als Schiedsrichter entscheiden. Johnson legte ihm alle Zwistigkeiten zur Beurteilung vor, schwärzte den Freund an und verhielt sich ein bißchen so wie ein streitendes Kind, das den Bruder bei den Eltern verpetzt.

Unter Konkurrenzängsten litt angeblich auch Günter Grass, der sich vor Erscheinen des «Einhorns» mit Hellmuth Karasek traf, um dessen Meinung zu erkunden, wußte er doch, daß Karasek mit Walser befreundet war. Drohte da etwa Konkurrenz zur «Blechtrommel»? Karasek berichtet, er habe auf Grass' drängende Frage «Und? Wie ist er?» eher zurückhaltend reagiert. Grass brachte den aufblitzenden Triumph in seiner Miene daraufhin nur mühsam unter Kontrolle, ehe er mitleidend erklärte: «Wenn ich Sie recht verstehe, kein ganz großer Wurf.» Schließlich sprach er den schmerzlich bewegten Satz: «Sie glauben gar nicht, lieber Karasek, wie schwer es ist, die ganze Last der deutschen Epik allein auf zwei Schultern stemmen zu müssen!» Das ist fast zu schön, um es glauben zu dürfen. Doch Karasek schwört, daß es sich so und nicht anders zugetragen habe.[12]

Vietnam-Büro. Engagement und Bewegung. Das Ende der Gruppe 47.

Grass und Walser – das war nicht nur ein literarisches Konkurrenzverhältnis, sondern auch ein immer schärfer wahrnehmbarer politischer Gegensatz. Grass übernahm die Rolle des sozialdemokratischen Realpolitikers, der sich auf die Vernunft beruft, Walser die des zornigen Protestierers, der, vom Gerechtigkeitsgefühl geleitet, seine Argumente findet und sich auch von der Übermacht opportunistischer Medien nicht zum Schweigen bringen lassen will. Als Eröffnungsredner einer Vietnam-Ausstellung in der Münchner Neuen Galerie setzte er sich im September 1966 mit Grass, Weiss und Enzensberger als Vertretern unterschiedlicher intellektueller Haltungen auseinander. Grass kam am schlechtesten weg. Er gehörte für Walser in die Riege der «blanken SPD-Kämpen, die sich, von Kompromißnarben bedeckt, für die Leibwache der Wirklichkeit halten müssen». Sich für die «in allen Oberförstereien längst durchgesetzte SPD» einzusetzen und das, «vibrierend vor Bescheidenheit», als «demokratische Kleinarbeit» zu bezeichnen, fand er geradezu verächtlich. Das «Wahlkontor» deutscher Schriftsteller mit seinem «zu Herzen gehenden und an die Butzenscheiben in uns appellierenden Namen» erntete nur noch seinen Spott.[13] Daß die dort versammelten Autoren um Grass, Höllerer, Lettau und Richter sich im Herbst 1966 ebenfalls von der SPD distanzierten und Brandt aufforderten, mit der FDP zu koalieren, konnte ihn nicht milder stimmen. Er entdeckte zwischen den großen Parteien keine maßgeblichen Unterschiede mehr und sah sich darin bestätigt, als SPD und CDU eine Große Koalition bildeten.

Peter Weiss, diesen jesuitischen Wahrheitsverfechter, bezeichnete er als einen «Bekenner, der verstiegen genug ist, Kolonialismus Kolonialismus und Imperialismus Imperialismus zu nennen». Er bestaunte ihn für seine frisch erworbene marxistische Glaubensfestigkeit, die es ihm erlaube, im «sauerstoffreichen Indikativ» daherzureden. In Enzensberger sah er dagegen den «skrupelreichen Zögerer», der gegen Weiss' glasklares Bekenntnis zum Sozialismus eine «antikonzeptionelle und hochhygienische und sterile Skepsis» gesetzt habe: ein dekadenter Ästhet gewissermaßen, der auf Abstand zur Realpolitik wie zur Ideologie achte.[14]

Enzensberger und Weiss hatten ihre Kontroverse zuvor im *Kursbuch* ausgefochten. Enzensberger hatte da gegen Weiss gerichtet geschrieben: «Ich bin kein Idealist. Bekenntnissen ziehe ich Argumente vor. (...) Widerspruchsfreie Weltbilder brauche ich nicht. Im Zweifelsfall entscheidet die Wirklichkeit.» Es war die Zeit politischer Bekenntnisse, und selbst wer sie verweigerte, tat das im Bekenntnistonfall. Walser positionierte sich zwar eher in Enzensberger-Nähe, plädierte jedoch für das Recht auf Idealismus und für die politische Aktion gleichermaßen. Im Bewußtsein, daß der Protest gegen den amerikanischen Krieg in Vietnam nichts bewirken und deshalb keine einzige Bombe weniger abgeworfen würde, beharrte er doch darauf, «ein Verbrechen ein Verbrechen zu nennen». Deutsch-amerikanische Freundschaft lasse sich auch dadurch beweisen, daß man die amerikanische Opposition stärke. Immerhin gebe es in den USA eine Opposition gegen den Krieg, während die Bundesrepublik zu einem «Stern in der amerikanischen Flagge» verkommen sei.[15]

Walser kämpfte für eine eigenständige deutsche Position. Wenn es im Bundestag nur noch willige Claqueure Washingtons gebe, dann müsse man eben selbst seine Meinung ausdrücken.

Er machte Vietnam zu einem innenpolitischen Thema, indem er die deutsche Politik des Einverständnisses in Frage stellte. Um Informationen zu sammeln und eine Gegenöffentlichkeit zu organisieren, regte er die Gründung eines «Vietnam-Büros» an. Mit einer Unterschriftenaktion sollte der Bundestag gezwungen werden, Vietnam auf die Tagesordnung zu setzen.

Die politische Kaste in Bonn und mit ihr weite Teile der Presse reagierten zunehmend hysterisch auf die Linksintellektuellen, die als ein kaderartig geschlossen auftretender Gegner betrachtet wurden. Auch an diesem Weltbild wollte Walser mit seinem Differenzierungsversuch rütteln. Vergeblich. Die erschreckte Mehrheit nahm nur eine geschlossene Linksfront wahr und sah sich vom Weltkommunismus bis ins eigene Hinterland hinein bedroht. Symptomatisch dafür ist ein Bericht der *Allgemeinen Sonntagszeitung* über Walsers Vietnam-Rede. Der «Bettstattromancier» Walser, heißt es da, habe «seine Gesinnungsgenossen Hans Magnus Enzensberger und Günter Grass» bloß deshalb zitiert, um sich durch sie «sein Weltbild à la Pankow bestätigen» zu lassen. Für sein Büro könne er auch den «Siebenundvierziger-Boss Hans Werner Richter als Bürochef engagieren, oder noch besser gleich dem ostzonalen Informationsdienst die Verbreitung seiner Lügen direkt gestatten»[16]. So muß man sich den antikommunistischen Umgangston der Zeit vorstellen, eine Haltung des Wer-nicht-für-uns-ist-ist-gegen-uns, die noch jeden kritischen Intellektuellen am liebsten in die «Sogenannte», die «Zone», nach «Drüben» beordert hätte.

Im Oktober 1966 nahm das Vietnam-Büro in München die Arbeit auf. Walsers Versuche, bei den «bekannten Reichen» des Landes Spendengelder aufzutreiben, scheiterten, und so wandte er sich an seine einflußreichen Bekannten: Augstein spendete, Unseld auch, über Rowohlt-Lektor Fritz J. Raddatz klopfte er «als Bettler» bei Heinrich Maria Ledig-Rowohlt an. Walser wirkte in diesen Monaten gehetzt und ständig unter Strom. Seine Briefe schrumpften 1967 auf knappe Mitteilungen im Telegrammstil zu-

sammen; die Korrespondenz mit Johnson riß bis Ende 1968 ganz
ab. Im März 1967 verschuldete er auf dem Weg nach Wasserburg
zur schwerkranken Mutter einen Unfall, in den mehrere Autos
verwickelt waren. Er und Käthe kamen mit einigen Beulen und
dem Schrecken davon. Im April 1967 starb die Mutter unter den
«unannehmbarsten Bedingungen», wie er Johnson mitteilte.[17]
Johnson hatte seine eigenen Erinnerungen an Augusta Walser. Er
sah das «besorgte und zärtliche Lächeln» vor sich, mit dem sie
die Ankünfte und Abschiede ihres Sohnes entgegennahm, wenn
sie gemeinsam dort zu Besuch gekommen waren.[18]

Unermüdlich zog Walser als Redner durchs politisierte Land.
Er reiste allein und auf eigene Rechnung, gab in München «Auskunft über den Protest», sprach immer wieder zu Vietnam und
bei der Kölner Frühjahrstagung der Deutschen Akademie für
Sprache und Dichtung über «Die Politiker und die Literaten».
Da kritisierte er den Rückzug des Staates und die Ideologie des
Wirtschaftsliberalismus, die in Deutschland deshalb zu so großer
Macht gelangt sei, weil der Nazismus alle staatliche Regulierung
in Mißkredit gebracht habe. Warum wählen wir noch? fragte er
angesichts der Großen Koalition. «Warum nicht gleich die Inter-
essenverbandsvertikale?» Es blieb doch alles auf der Strecke, was
der Wirtschaft und ihren Lobbyisten nicht unmittelbar diente:
Demokratie, Bildung, Forschung, Gesundheitswesen, Kultur.[19]
Karl-Heinz Bohrer bescheinigte ihm in der *F.A.Z.*, mit seinem
«Stückchen Demagogie» das «formierte Einvernehmen hinweg-
geraunzt» zu haben. Hans Schwab-Felisch meinte in der *Süd-*
deutschen: «Zutreffende Beobachtungen waren vermischt mit
unhaltbaren Behauptungen, Ressentiments mit Dämonisierun-
gen, dann wieder Verharmlosungen.» Unseld war der Meinung,
Walser habe sich mit dieser «eher milden Rede vielleicht um den
Büchnerpreis gebracht»[20].

Daneben leistete er weiter Lektoratsarbeit für Suhrkamp, begeisterte sich etwa für Hans-Jürgen Fröhlichs «Tandelkeller»,
den Roman einer Kindheit im Zweiten Weltkrieg. Dieses Manu-

skript rühmte er in den höchsten Tönen dafür, «alles auszulassen, was man schon weiß vom sogenannten Dritten Reich. Dafür wird erzählt, was nur dieser Autor erzählen kann. (...) Seit Johnsons Jakob-Manuskript ist dies das erste, das mir das Lektorieren sofort in Lesen verwandelte»[21].

In Genf, bei einer seiner zahlreichen Lesungen aus dem «Einhorn», begegnete er dem Schriftsteller Albert Vigoleis Thelen, den er 1953 in der Gruppe 47 verteidigt hatte und der ihm seither freundlich gewogen war. Thelen war beeindruckt von Walsers hochenergetischer Leseweise, beobachtete eine Stunde lang dessen rechte Hand, die unermüdlich das Wasserglas umkreiste und bei jeder Berührung wieder zurückzuckte wie der Fühler einer Schnecke. «Ganz schwüle Sachen» habe er gelesen, meinte Thelen: «Bettgier triefender Frauen, Mannesnot unter Wasser, über Wasser forkelnde Brunst; aber dann sind es Schwule, die einem den Atem berauben, während er dem Dichter selber nicht ausgeht. Scharf hält er das Publikum im Auge und blättert mit Hilfe von eingelegten Zetteln um ... – es kommen dann wieder, statt wirklich guter Meditationen, die aufregenden, gepeitschten, wie Schalanken im Galopp flatternden Sexualnöte seiner Figuren, mit großer Wortkunst gestaltet; für die biederen Genfer dann doch wieder zuviel ... Da Walser, indessen, immer die richtigen Register zog, gingen die Hörer mit, er hatte einen sehr großen Erfolg. Als er das Buch zuklappte, ging er, unbekümmert um das Klatschen, zum Saale hinaus, frisch wie er gekommen; er hätte gleich in einem anderen Lokal wieder auftreten können ...»[22] Über fünfzig Lesungen absolvierte er in diesen Monaten zwischen Kiel und Genf. Er war dazu nicht nur aus finanziellen Gründen gezwungen, es war ihm auch ein Bedürfnis, Bestätigung und Aufmerksamkeit zu ernten. Ein Lachen des Verstehens im Publikum und direkte Reaktionen auf den Text: Das ist es doch, warum man schreibt. Walser hat ein im Wortsinn erlesenes Publikum. Er hat es landauf, landab in jahrelanger, ausdauernder Kleinarbeit versammelt.

Politisch links, literarisch modern, moralisch schillernd und erotisch empfänglich, galt er als Prototyp des von konservativer Seite gefürchteten und sittlich anrüchigen «engagierten Intellektuellen», auch wenn er selbst «Engagement» in einem Radio-Essay abschätzig als «neues Gesellschaftsspiel» bezeichnete. Zu den Engagierten mit ihren berechenbaren Reaktionen wollte er nicht gehören. «Jeder weiß, wo ein engagierter Schriftsteller heute steht beziehungsweise zu stehen hat. Jeder weiß, wie ein engagierter Schriftsteller diese oder jene Frage zu beantworten hat. Und der Engagierte weiß es auch. Die nie erlassene, aber deutlich spürbare Anweisung lautet: In Passau muß man dich für einen Knecht Ulbrichts halten, aber Ulbricht darf sich über dich auch nicht freuen können. So hat sich der Engagierte einzupendeln zwischen Passau und Pankow.»[23] Aber das waren ja selbst bereits «engagierte» Sätze, die den vorherrschenden Antikommunismus ironisierten.

Schon im «Einhorn» ließ Walser Anselm Kristlein unter den andauernden Engagementanforderungen stöhnen: «Offenbar gehörte das zum neuen Berufsstand. Der Schriftsteller ein Fachmann für fast alles. Konnte er da zurückschreiben: Ich weiß es doch auch nicht!»[24] Nein, das konnte er nicht. Weil Kristlein für einen Schriftsteller gehalten wurde, mußte er Meinungen zu Ehe, Kommunismus, Abendland, Hochschulreform und Notstandsgesetzen haben, wie man es von ihm verlangte. Walser scheint ähnlich gelitten zu haben wie sein Romanheld und spielte doch mit großem Eifer mit. Er ist Medienkritiker und Medienlieferant zugleich, Meinungsverächter und Meinungshervorbringer in Personalunion. Je mehr Interviews er gibt, um so öfter sagt er, sich am liebsten aus allem öffentlichen Getöse heraushalten zu wollen. Dieser Widerspruch macht ihn aus und treibt ihn an, weil er ihm keine Ruhe läßt. Am liebsten hätte er den Begriff «Engagement» nur für die eine wichtige Sache, für Vietnam reserviert. Dann wäre die Gefahr gebannt, daß man ihn mit den braven SPD-Wahlkämpfern verwechseln könnte, die glaubten, als Steigbügelhalter der Macht ihre Engagiertheit beweisen zu können. Dort, wo er Kontakte suchte, bei Ostermarschierern, Antiimperialisten, Sozialisten, wollte er nicht als engagierter Schriftsteller und prominenter Volksunterhalter auftreten, sondern als einer von vielen, die durch die Verhältnisse provoziert nicht länger schweigen konnten.

Als die Gruppe 47 bei ihrer Tagung im Oktober 1967 in der fränkischen Pulvermühle von demonstrierenden Studenten bestürmt wurde, sich den Protesten gegen Springers Medienmacht anzuschließen und gegen die Notstandsgesetze zu kämpfen, war Walser geradezu erfreut über diese Störung. Draußen vor dem alten Gasthof hißten maoistische Demonstranten eine Vietcong-Fahne und stimmten Sprechgesänge an: «Die Gruppe ist ein Papiertiger!» Das geschah paradoxerweise genau in dem Augenblick, als Lars Gustafsson eine Geschichte über den Anarchisten Bakunin las. Ein Student mit Pappschild und der Parole «Hier tagt die Familie Saubermann» betrat den Tagungsraum. Er wurde von Richter mit der Bemerkung hinauskomplimentiert: «Wenn das Sozialismus sein soll, kapituliere ich.»[25]

Es war die letzte Tagung der Gruppe 47. Ihre Existenzbedingung war die von Hans Werner Richter verfochtene politische Neutralität mit dem gemeinsamen Nenner eines ungefähren Nonkonformismus, denn nur so ließen sich die Gegensätze innerhalb der Gruppe ausbalancieren. Dieses Programm taugte für die fünfziger Jahre, in denen ideologische Enthaltsamkeit als Reaktion auf nationalsozialistischen Weltanschauungsfanatismus geboten schien und progressiv sein konnte. Nun aber galt es, sich in einer ideologisch aufgeladenen Gesellschaft neu zu positionieren. Neutralität wurde nicht nur von den Studenten des SDS als Opportunismus ausgelegt. Auch innerhalb der Gruppe gab es neben den Enthaltsamen (Eich, Hildesheimer) und den SPD-Wahlkämpfern (Grass, Lenz, Richter) eine radikale Fraktion, die zu politischem Aktionismus neigte und die Gruppe 47 längst für einen Anachronismus hielt: Enzensberger, Peter Weiss, Erich Fried und Reinhard Lettau.

Walser hatte seit 1963 keine Gruppentagung mehr besucht. Die Auslandstagung in Princeton/USA im Jahr 1966 hatte er heftig abgelehnt. Er enthielt sich während der Zeit des Vietnamkrieges jeder Reise in die USA. Ganz und gar unerträglich fand er es, sich offiziell als «Kulturbetrieb in der Etappe» zu versammeln, wie er den Auftritt mit einem Zitat von Jean-Paul Sartre kritisierte.[26] So war es fast eine Überraschung, daß er an der Tagung in der Pulvermühle überhaupt teilnahm, und noch überraschender, daß sie ihm als eine Art Neubeginn erschien. «Es ist interessanter geworden. Es gibt jetzt so etwas wie verschiedene Flügel in der Gruppe. Jetzt komme ich wieder», urteilte er.[27] In der ersten Nacht diskutierte er mit Lettau, Grass und anderen über den Einfluß der Springer-Presse. Richter, der eine Verschwörung fürchtete, kam dazu und übernahm die Diskussionsleitung. Um Mitternacht wurde ein fünfköpfiges Komitee ernannt, das eine Resolution erarbeiten sollte, deren Unterzeichner erklärten, nicht für Zeitungen Springers zu schreiben. Walser formulierte den Text. Rund zwei Drittel der etwa 120 Tagungsteilnehmer unterschrieben am nächsten Tag. Als die Studenten mit ihren Plakaten erschienen, warnte Grass davor, sich vor den Karren des SDS spannen zu lassen. Lettau wollte mit den Studenten diskutieren. Fried, Rühmkorf, Wagenbach, Karsunke und Walser unterstützten ihn darin.[28] Anderen, wie Marcel Reich-Ranicki, erschien das Spektakel bloß lächerlich.[29]

Die Gruppe 47 taugte nicht für den politischen Ernstfall. Was Walser als neue Lebendigkeit erschien, war in Wirklichkeit schon der Zerfall – auch wenn es mit Jürgen Becker noch einmal einen Preisträger gab, der für die experimentelle Literatur und damit eher für die Formenvielfalt stand. Und: Als Richter dazu aufrief, für einen griechischen Autor zu spenden, der in Deutschland lebte, kamen in kurzer Zeit 3000 Mark zusammen. «So etwas gibt es nur in der Gruppe 47», soll Walser ausgerufen haben. Am En-

de der Tagung überreichte er Richter einen Strauß Herbstblu-
men, den er draußen auf der Wiese gepflückt hatte. Es waren viele Disteln darunter, stellte Richter indigniert fest, bemerkte aber
auch, daß Walser «fast schüchtern» lächelte.[30]

Trachten abtragen. Dichten und handeln.
Villa Zimmerschlacht. Seeuferbesitzer.

Ein verbreitetes Bonmot besagt, das Jahr 1968 habe 1967 begonnen und sei 1968 schon fast vorbei gewesen. Initialzündung der
Ereignisse war der 2. Juni 1967. Mit diesem Tag, als bei Demonstrationen gegen den Schah von Persien in West-Berlin die Polizei mit geplanter Brutalität gegen die Demonstranten vorging
und der Polizeiobermeister Karl Heinz Kurras den Studenten
Benno Ohnesorg erschoß, radikalisierte sich der Widerstand gegen das sogenannte System. Der Staat schien die demokratische
Maske fallengelassen zu haben und seine faschistische Herkunft
unverhüllt zu demonstrieren – ein Eindruck, den die Justiz ver-
stärkte, als sie Kurras vom Vorwurf der fahrlässigen Tötung frei-
sprach. Gemäß dem Slogan «Wo Unrecht zu Recht wird, wird
Widerstand zur Pflicht» verlieh das skandalöse Urteil den Befürwortern von Gegengewalt gegen die staatliche Repression moralische Legitimität und Dringlichkeit. Es war die Stunde derjenigen, die heroische Taten vollbringen wollten. Andreas Baader
und Gudrun Ensslin machten Ernst damit, als sie am 2. April
1968 in einem Frankfurter Kaufhaus einen Brandsatz zündeten
und damit gewissermaßen den Terrorismus in der Bundesrepublik begründeten.

Für die, die den Weg in die Gewalt nicht mitgingen und die
sich auch nicht in einem der vielen K-Grüppchen versammelten,
war «1968» damit schon zu Ende. Als am 11. April Rudi Dutschke durch den von *Bild-Zeitung* und *National-Zeitung* aufgehetz-
ten Hilfsarbeiter Josef Bachmann niedergeschossen wurde, ver-

lor die Bewegung ihre wichtigste Galionsfigur. Die Revolution, von der so viel die Rede war, wurde für die einen zum bewaffneten Kampf, für die anderen zum Gegenstand uferloser theoretischer Debatten.

Walser war am Tag des Dutschke-Attentats mit der Familie beim Skifahren im Engadin, zusammen mit Reinhard und Hildegard Baumgart. Am zweiten Tag brach er sich bei einer Abfahrt den Arm, wollte aber trotzdem gleich wieder auf die Piste. Skifahren, so schrieb er einmal an Johnson, «beschäftigt meine Haut ungeheuer, da prahle ich mit meinen Muskeln und Gliedern und einer Art von Gelenkigkeit, die mich ohne Sorge an die Städte denken läßt»[31]. Nun aber saß er mit Baumgart vor dem Fernsehgerät und betrachtete die Bilder aus den Städten: Demonstrationen in Berlin und in München. Doch nicht dorthin reisten die beiden, sondern nach Konstanz zu einer Podiumsdiskussion.[32]

Als der *Spiegel* wenig später Schriftstellern die Umfrage «Ist die Revolution unvermeidlich?» vorlegte, fielen die Antworten eher zahm und abwägend aus. Walser gehörte mit seiner Forderung, die «Privilegien-Demokratie» abzulösen, zu den Radikaleren. Während Grass mahnte, die parlamentarische Demokratie überhaupt erst zu etablieren, setzte Walser auf die außerparlamentarische Opposition und die Demokratisierung der Gesellschaft. Vom Parlament erhoffte er sich nichts mehr. Die Parteiapparate hatten seiner Meinung nach den deutschen Demokratieversuch zur Oligarchie verkommen lassen. Doch die Frage nach der Revolution wies er zurück: Es sei an der Zeit, die Scheinalternative Evolution oder Revolution zu überwinden: «Wer die Evolution wirklich will, der muß die Revolution betreiben. Das heißt: er muß die Demokratisierung dieser Gesellschaft fordern bis zu einem Grad, der von den jetzigen Stoppern als sündhaft, gesetzeswidrig oder gar kommunistisch diffamiert wird. Diese Revolution wird, wie es unserer Tradition entspricht, eine Revolution auf Raten sein.»[33] Und im *kürbiskern* schrieb er zum 50. Jahrestag der Oktoberrevolution: «Unsere Geschichte ist bestimmt durch Gegenrevolutionen. Offenbar liegt es uns nicht, mit den Folgen dieser Gegenrevolutionen im Handumdrehen fertig zu werden. Wir müssen die Anachronismen abtragen wie Trachten aus zähem Tuch.»[34]

Aber was taten die Schriftsteller dafür? Für die radikalisierten Studenten waren sie schon deshalb «Papiertiger» oder auch bloß «Schoßhündchen», weil sie am Schreiben festhielten, anstatt zur revolutionären Tat zu drängen, wo doch in Vietnam der mörderische, völkerrechtswidrige Krieg unvermindert weiterging. Happenings und Agitprop-Aktionen waren Versuche, den Widerspruch zwischen Ästhetik und Aktion zu überwinden. Literatur galt wenig, sofern sie nicht ihren praktischen Gebrauchswert im politischen Kampf bewies. In der legendären Ausgabe 15 des *Kursbuchs* stellte Karl Markus Michel Ende 1968 die knappe Frage «Wozu Dichter?», und Hans Magnus Enzensberger setzte sich mit der zum Gemeinplatz gewordenen Parole «Die Literatur ist tot» auseinander. Walter Boehlich sekundierte mit einem «Autodafé», in dem er eine neue, weniger geschmäcklerische Kritik forderte, die die gesellschaftliche Funktion von Literatur zum Maßstab machen sollte. Die Texte wurden fälschlicherweise so gelesen, als hätten ihre Autoren in gemeinschaftlicher Aktion den Tod der Literatur selbst proklamiert. Dann hätten die drei Lektoren aus dem Hause Suhrkamp ihre literarische Abteilung aber auch gleich schließen können. Sie taten es nicht, und auch das *Kursbuch* Nummer 15 brachte Literatur: Gedichte von Ingeborg Bachmann beispielsweise, Texte von Samuel Beckett, Daniil Charms und Julio Cortázar, dazu, nicht ohne Stolz, ein unveröffentlichtes Gedicht von Mao Tse-tung.

Walser rettete sich in die Ironie. «Wir werden schon noch handeln» nannte er eine Arbeit fürs Theater, die im Herbst 1967 entstand und im Januar 1968 in der Berliner Akademie der Künste uraufgeführt wurde. Die Pflicht zur Weltveränderung macht den Schauspielern, die sich da auf offener Bühne über ihre Rollen verständigen müssen, schwer zu schaffen: Wenn draußen permanenter Stillstand herrscht, verlangt das Publikum zu Recht, daß die Welt wenigstens auf der Bühne verändert wird! Doch die pflichtschuldigen Revolutionsbemühungen der Schauspielerdarsteller sind darauf beschränkt, mit dem Rauchen aufzuhören. Mehr Weltveränderung geht nicht. Protestparolen wie «Enteignet Springer» sind bloß Spielmaterial. Das Vietnam-Engagement taugt allenfalls zur Selbstinszenierung einer Figur. Das Politische wird zum Pop-Event. Zitate aus der Mao-Bibel lassen sich aufs harmonischste mit Korintherbriefen und anderen Bibelstellen beantworten. Und das alles geschieht noch nicht einmal zur Unterhaltung des Publikums, sondern nur dazu, die Gunst des Kritikers mit dem Namen «Bindestrich-Ranicki» zu gewinnen, der in der Bühnenmitte thront. Denn der wird «ganz unglücklich, wenn auf der Bühne nicht für ihn gehandelt wird»[35].

Mit diesen «Dialogen fürs Theater» verspottete Walser alle Versuche, Kunst politisch in Dienst zu nehmen. Als «leichtfertige Studie» und «leichtgeschürztes Ding» bezeichnete er das Stück in einem Brief an Hans Bender und die *Akzente*.[36] In der Form eines Agitprop-Stückes unterläuft es jede Handlungsanweisung. Was als engagiertes Theater erscheint, ist tatsächlich die Verweigerung des Engagements, allerdings ironisch so gebrochen, daß zugleich das Leiden des Autors an der eigenen Wirkungslosigkeit spürbar wird. Für Walser ist klar, daß man Literatur nicht auf Parolen und Botschaften festlegen kann. Ein Agitprop-Stück zu schreiben, wie es Peter Weiss mit dem «Viet Nam Diskurs» tat, wäre ihm unmöglich gewesen. Auch Gedichte wie Erich Frieds «und Vietnam und» lagen ihm nicht.

Die Versuche, die er in dieser Richtung unternahm, gehören, gelinde gesagt, nicht gerade zu den Höhepunkten seines Schaffens. In der *Süddeutschen* erschien im März 1968 neben einem Interview mit Peter Weiss zu Vietnam Walsers Gedicht «Allgemeine Schmerzschleuder» mit österlichen Ratschlägen:

VIII PROTESTE. 1966–1968 253

(...) statt Golgatha, Verdun
und Auschwitz lassen wir diesmal
holzschnitthaft Hué herkommen
und sagen keinem hierzuland nach
daß er diesen Krieg andauernd billigt
sagen das nicht der CDU nach
die diesen Krieg andauernd billigt
sagen das nicht der SPD nach
die diesen Krieg andauernd billigt
wir feiern vielmehr feierlich statt
Golgatha, Verdun und Auschwitz
diesmal Hué (...)[37]

Das war Walsers wenig subtiler Kommentar zur Bundestagsde-
batte über Vietnam, die am 14. März 1968 einmal mehr den
Antikommunismus als Fundament der Bonner Politik deutlich
gemacht hatte. Den Versprecher des CDU-Politikers Rainer Barzel «unser Beitrag zur atomaren Hi... zur, zur humanitären Hilfe» breitete er im *Spiegel* genüßlich aus.[38]

Einen anderen Weg aus dem Handlungsdilemma wies der
amerikanische Germanist Leslie A. Fiedler, der mit seinen Thesen vom Ende der Moderne die deutschen Intellektuellen elek-
trisierte. Sein Auftritt bei einem Symposium in Freiburg zum
Thema «Für und wider die zeitgenössische Literatur» gilt als
Geburtsstunde der Postmoderne. Fiedler plädierte für die
Populärkultur mit Beatles und Bob Dylan und verabschiedete
die Heroen der modernen Literatur einschließlich Proust und
Joyce. Marxisten und Rationalisten erklärte er zu natürlichen
Feinden des Mythischen: Wer die Welt verändern wolle, müs-
se zuerst die Träume und Phantasien der Menschen verändern.
Nur so sei Massenwirksamkeit zu erzielen. Autoren wie Rolf
Dieter Brinkmann, Psychedelic-Anhänger und Drogenexpe-
rimentatoren bezogen von Fiedler eine theoretische Zurü-
stung. Brinkmann war auch einer seiner wenigen Verteidiger in

der Zeitung *Christ und Welt*, in der die Debatte weitergeführt wurde.

Walser, ebenfalls als Redner nach Freiburg geladen, tolerierte Fiedlers «Schamanentum» weder ästhetisch noch politisch. Mit scharfen Worten griff er in die Diskussion ein: «Sie haben sehr viel von Wunder, von privater Mythologie gesprochen, ich fürchte, daß das zumindest nach europäischen Begriffen genau das Gegenteil ist von dem, was Literatur, was Sprache allenfalls sein könnte, nämlich die Ableitung aller gesellschaftlichen Schwierigkeiten, die auch die Schwierigkeiten von einzelnen in gewissen Klassen sind, daß diese Schwierigkeiten abgeleitet werden in lauter private Unterhaltungsmythologien.» Walser bezeichnete Fiedlers Thesen als «Gegenaufklärung im schlimmsten Sinn» und konterte: Fortschrittliche Literatur ist in der kapitalistischen Gesellschaft für Entmythologisierung zuständig und nicht für die Verbreitung von Mythen. Beistand erhielt er von der Lyrikerin Hilde Domin, die auf die spezifische deutsche Verantwortung hinwies, als sie Fiedler zurief: «Nur wir, die wir immer noch mit dem Phänomen des Nationalsozialismus zu ringen haben, können überhaupt begreifen, wie gefährlich das ist, was Sie hier vortragen.»[39] Die Situation erscheint wie eine groteske Umkehrung der Szene, die Walser 37 Jahre später in dem Roman «Der Augenblick der Liebe» beschrieb. Da wird ein deutscher Gastredner an einer amerikanischen Universität darauf hingewiesen, daß es für ihn als Deutschen unziemlich sei, das Thema Schuld und Gewissen zu erörtern, weil er damit doch nur die deutsche Verantwortung relativieren wolle. – Damals jedoch waren es die deutschen Diskutanten, die dem amerikanischen Gast Political Correctness beibringen wollten, auch wenn es diesen Begriff noch nicht gab. Da stand in merkwürdiger Frontenbildung Pop gegen Aufklärung, Amerika gegen Europa, die Kraft des Unbewußten gegen antifaschistische Redlichkeit, Bewußtseinserweiterung gegen Marxismus, subjektive Revolte gegen gesellschaftliche Veränderung. Und Walser wurde in diesem Konflikt dann doch zu einem Verteidiger der engagierten Literatur.

Grundsätzlich hielt er sich aber daran, «Engagement» und «Literatur» auseinanderzuhalten wie Pflicht und Neigung. Vietnam empfand er als seine Angelegenheit. Da mußte er sich nicht verstellen. Aber als es um die Notstandsgesetze ging, die in einem zweiten Anlauf am 30. Mai 1968 von CDU und SPD gemeinsam verabschiedet werden sollten, war es eher das Pflichtgefühl, das ihn dazu bewog, an den Protesten teilzunehmen. Rückblickend behauptet er, er habe sich in bezug auf die Notstandsgesetze «so leer gefühlt wie eine hohle Nuß». Zwei Tage vor der Abstimmung im Bundestag gab es eine Protestversammlung im großen Sendesaal des Hessischen Rundfunks in Frankfurt mit illustrer Besetzung. Augstein, Bloch, Enzensberger, Walser, Unseld, Adorno, Habermas, Mitscherlich, Böll und Jens gehörten zu den Rednern. Enzensberger und Walser erklärten sich mit dem SDS solidarisch, der von der Veranstaltung ausgeschlossen war. Walser legte seine Ansicht dar, daß es notwendig sei, die Scheindemokratie der Parteien-Oligarchie zu überwinden. Als Studenten zu Institutsbesetzungen aufforderten, ging Walser mit; Enzensberger versprach nachzukommen. Am nächsten Tag lasen Böll und Walser in der Brentano-Schule. «Wie zwei Schmierenkomödianten» seien sie da in der Vorhanggasse der Schulbühne viel zu nah beieinandergestanden, erinnert sich Walser an den Auftritt. Böll habe wie immer stark geschwitzt, sein ganzes Leben sei «ein einziger ehrlicher Schweißausbruch» gewesen. Die anschließende Demonstration führte an der Adler-Fabrik vorbei. Die Arbeiter, die dort standen, beschimpften die Intellektuellen, die sich doch mit ihnen verbünden wollten.

Als er beim Internationalen Vietnam-Tag in München als Redner auftrat, stand eine Frau im Publikum auf und sagte: In Ihren Vorträgen sind Sie viel fortschrittlicher als in Ihren Romanen. Er erwiderte: Dann bitte ich darum, mich an den Romanen zu messen.[40] Das demonstrative Bekenntnis zur Literatur war keineswegs ein Rückzug in den Schutzraum des Ästhetischen. Auch wenn ihm in diesen Jahren die Selbstsicherheit des epischen Erzählens abhanden kam, blieb die Literatur das Ausdrucksmedium, das alle tagespolitischen oder weltrevolutionären Erfordernisse überwölbte. Literatur veränderte die Gesellschaft nicht dadurch, daß sie Partei ergriff, sondern indem sie zum «Mitdenken, Mitfühlen, Mithandeln» anregte. Mit diesen frommen Begriffen verteidigte Walser den Roman «Ellenbogenspiele» von Draginja Dorpat, den die Bundesprüfstelle auf den Index der jugendgefährdenden Schriften gesetzt hatte, gegen den Vorwurf der Pornographie.[41] Die Prüderie der bundesdeutschen Gesellschaft hatte er mit dem «Einhorn» selbst zu spüren bekommen – auch wenn Anselm Kristlein in diesem Buch an allen pornographischen Schilderungen scheiterte, weil ihm, dem Wortreichen, da die Worte ausgingen.

Walser konnte gewiß nicht als Vorkämpfer sexueller Libertinage gelten. Weder Anselm Kristlein noch einer seiner vielen Nachfolger in den späteren Romanen kam jemals ernsthaft auf die Idee, seine Frau zu verlassen. Keiner von ihnen wäre ohne den Schutz der Familie vorstellbar. Keiner von ihnen wäre nach Berlin gezogen, um sich ins Kommuneleben zu stürzen. Freie Liebe ja, aber bitte nur auf Reisen, und anschließend geht es dann wieder nach Hause.

Auch «Die Zimmerschlacht», mit der Walser endlich ein Erfolg am Theater gelang, handelt von der Ehe. Es ist ein konventionelles Zwei-Personen-Stück, leicht zu inszenieren, witzig und boshaft. Da zerfällt in kurzer Zeit die Fassade der Gemeinsamkeit, weil Mann und Frau es darauf anlegen, sich gegenseitig im Innersten zu verletzen. Daß sie am Ende trotzdem zusammen abgehen und vermutlich ein Leben lang zusammenbleiben, ist alles andere als ein Happy-End. Walser hatte das Stück schon 1962/63 geschrieben, es dann aber liegenlassen, weil es allzu sehr Edward Albees «Wer hat Angst vor Virginia Woolf?» ähnelte, einem Stück, das 1963 Furore machte. Die Uraufführung am 7. Dezember 1967 in den Münchner Kammerspielen besorgte Fritz Kortner. Auf dessen Drängen schrieb Walser einen zweiten Akt dazu, der das Ehepaar fünfzehn Jahre später zeigt. Anderthalb Jahre zogen sich diese Überarbeitungen hin. Schon im April 1966 war es in München zu einem ersten Treffen mit Kortner gekommen. Seither meldete der Regisseur immer neue Verbesserungswünsche an, und Walser versuchte verzweifelt, ihn zufriedenzustellen. Kortner gehörte zu denen, auf die er nur mit Bewunderung und Zuneigung reagieren konnte. Zu dessen 75. Geburtstag gratulierte er mit einem Gedicht, das von dem Risiko, Kortner gegenüberzusitzen, handelte und mit den Versen schloß:

Bestechen möchte man
seinen besitzergreifenden Eigensinn
im Preis herabsetzen
seine argwöhnische Güte
gewinnen möchte man
den Gewinnenden.[42]

Im Juli 1967 schickte er den neuen Akt und gab sich «der Hoffnung hin, der neue 2. Teil könne sich jetzt besser behaupten neben dem 1. Teil»[43]. Die Kritik sah das nach der Uraufführung anders. Der zweite Akt konnte sich nicht durchsetzen und wurde auch nicht in die Druckfassung übernommen. Als Einakter aber gehörte «Die Zimmerschlacht» in den folgenden Jahren zu den meistgespielten Stücken auf deutschen Bühnen. Walser war dadurch endlich seine finanziellen Sorgen los und konnte den Plan, ein Haus zu kaufen, in die Tat umsetzen. Im Sommer 1968 wurde er in Nußdorf fündig. Das Haus, direkt am See gelegen, nannte er «Villa Zimmerschlacht». Es war 1964 von einem Architekten gebaut worden, der dort auch wohnte. Mit 490 000 Mark war das Seegrundstück vergleichsweise günstig.

Der Verlag übernahm eine Bürgschaft über 90 000 Mark, um den Kauf abzusichern.

Im September 1968 zogen die Walsers dort ein, und es war klar, daß dies nun ein dauerhaftes Heim sein würde. Walser fühlte sich «endgültig untergebracht». Ausgerechnet im revolutionsfreudigen Jahr 1968 wurde aus ihm ein Eigenheimbesitzer. Ehe, Haus, Familie: Kein Zweifel, daß er bürgerliche Lebensformen auch in der Zeit ihrer theoretischen Infragestellung zu schätzen wußte. Sie waren ihm so selbstverständlich, daß es ihm nicht einmal komisch erschien, als er 1971 öffentlich für die Sozialisierung des Seeufers plädierte und utopisch zu träumen begann: «Wir, die Seeuferbesitzer, sollten von den Parlamenten das Gesetz zur Sozialisierung des Seeufers verlangen. (...) Seeuferbesitzer und Behörden einträchtig bei der Öffnung der Seeufer für alle, das wäre schön.» Welch seltsamer Versuch, einen Salto mortale vom Grundbesitzer zum Sozialisten und wieder zurück zu schlagen.

Vagabundierender Weltgeist: Ost-Berlin, Prag, Frankfurt. Lektorenaufstand.

Im Juli 1968 reiste Walser nach Ost-Berlin. In der Akademie der Wissenschaften sollte er über die Studentenbewegung referieren und über seine Erfahrungen berichten. Der SED war daran gelegen, innerhalb dieser diffusen Revolte gegen das kapitalistische System Bündnispartner zu finden und freundlich gesonnene Leute an entscheidenden Stellen zu wissen. Kamen die Studenten überhaupt als Genossen in Frage? Hatte Dutschke sich nicht gegen Kapitalismus und Stalinismus gleichermaßen geäußert? Walser war für solche strategischen Erörterungen nicht der richtige Gesprächspartner. Kaum hatte er ausgeredet, stand ein uraltes Akademiemitglied auf, um seinen kleinbürgerlichen Standpunkt zu geißeln[44] und daran zu erinnern, daß man das aus den frühen zwanziger Jahren kenne. Walsers Ausführungen waren damit wertlos.[45]

Es herrschte eine nervöse, angespannte Atmosphäre. Ulbricht traf sich Mitte Juli in Warschau mit den KP-Chefs Breschnew, Gomulka, Kádár und Schiwkow, um von dort aus einen gemeinsamen Drohbrief an die tschechische Regierung in Prag zu senden. Getragen von einer breiten Reformbewegung, strebte die tschechische KP unter Alexander Dubček die Demokratisierung von Partei und Gesellschaft an, ein Versuch, der am 21. August 1968 mit dem Einmarsch der Truppen des Warschauer Paktes niedergeschlagen wurde. Die Militärinvasion war eine politische Katastrophe für alle demokratischen Sozialisten – auch für Walser, der sich stets darum bemühte, die antikommunistische Hysterie der Kalten Krieger durch Verständigungsbereitschaft auszugleichen. Im Oktober 1967 hatte er noch ein internationales Jahrbuch initiieren wollen, das Intellektuelle aus Ost und West in Kontakt bringen sollte, in Prag redigiert werden und *Galilei* heißen könnte.[46] Solche Ideen waren Möglichkeitsentwürfe, die nach dem 21. August keine Realisierungschance mehr besaßen.

Hans Werner Richter hatte für den Oktober 1968 sogar noch eine Tagung der Gruppe 47 auf Schloß Dobris bei Prag geplant und wollte dazu auch einige DDR-Autoren einladen. Stephan Hermlin, um Rat gefragt, äußerte den Wunsch, Walser möge teilnehmen, weil «ein paar gute feste Linke aus der Bundesrepublik von Nutzen» wären.[47] Für Richter gehörte Walser wenig später, als mit dem Prager Frühling die Gruppe 47 endgültig untergegangen war, neben Fried, Enzensberger und vor allem Zwerenz zu den «politischen Narren», deren Revolutionsgehabe er nur noch «zum Kotzen» fand.[48] Als Walser am Jahresende einen gemeinsamen Kongreß im Frankfurter Gewerkschaftshaus mit der eher proletarischen Gruppe 61, den 47ern, Gruppenlosen und Linken jenseits und vom linken Rand der SPD anregte, ging Richter darauf nicht mehr ein. Walsers Brief klingt ungewohnt

260 VIII PROTESTE. 1966–1968

agitativ, als trommle ein Parteistratege für ein neues Links-Bündnis: «Sinn: Selbstverständigung, Abbau unsinniger Antagonismen; wer von uns die SPD unterstützt, der unterstützt doch wohl den linken Flügel der SPD, und so könnte er vielleicht, hoffentlich sich noch verständigen mit denen, die ‹etwas› links von der SPD stehen, kämen nämlich solche ins Parlament, hätte der linke SPD-Flügel davon Nutzen, und gegen die Parlamentsfeindlichkeit der Studenten müßte doch noch ein Argument riskiert werden, oder genügt es jetzt für viele von uns, schlicht antiautoritär zuzuschauen u. s. w.» Fast schon verzweifelt fragte er: «Oder sollten wir nicht doch noch sprechen alle miteinander?»[49] Die Linke zersplitterte in immer kleinere Teile. Die ideologischen Scheuklappen wurden größer. Die Gesprächsbereitschaft nahm ab. Auch das war eine Folge der Zerschlagung des Prager Frühlings, mit dem alle Hoffnungen zerstört wurden, Demokratie und Sozialismus wären vielleicht doch vereinbar.

Unseld telephonierte am Abend des 22. August 1968 mit Walser, mit Frisch, mit Grass und mit anderen. Dazwischen erreichten ihn immer wieder anonyme Anrufer. Der erste legte ihm nahe, sich zu erhängen, weil der Suhrkamp Verlag für die Invasion in der ČSSR Verantwortung trage. Der zweite, der sich als NPD-Anhänger zu erkennen gab, meinte, nun habe der Suhrkamp Verlag bald sein Ziel erreicht, den Kommunismus in ganz Europa zu verbreiten. Der dritte, abgeklärt, empfahl fürs nächste Kursbuch das Thema «Prager Sommer» mit Gedichten von Enzensberger zur Rechtfertigung des Einmarsches.[50] Angesichts dieser Hetzstimmung war die Erklärung «Deutsche Schriftsteller zu Prag», die am 27. August in der Welt erschien, dringend erforderlich. Grass, Frisch, Peter Bichsel und Pavel Kohout formulierten zudem einen offenen Brief, der den Einmarsch verurteilte und sich mit den tschechischen Reformern solidarisch erklärte. Der Text erschien am 30. August in der Zeit.

Walser unterzeichnete beide Erklärungen. Vielleicht weil man es von ihm – im Gegensatz zu Grass – östlicherseits nicht erwar-

VIII PROTESTE. 1966–1968   261

tet hätte, wurde er Adressat eines offenen Briefes von Max Walter Schulz im *Neuen Deutschland*. Auf den Satz «Freiheit und Sozialismus bedingen einander» antwortete Schulz mit einem oberlehrerhaften «Fast immer». Für ihn war in der ČSSR die «Konterrevolution» zerschlagen worden. Was hatte es da für einen Sinn, über Freiheit zu reden?[51] Die Spaltung der Welt hatte sich weiter vertieft. Es schien unmöglich, das Gespräch zwischen Ost und West überhaupt noch in Gang zu halten. Walser trauerte darüber noch Jahre später, wenn er in seinem Sprüche-Buch «Der Grund zur Freude» schrieb:

21. August 1968: Ein Versagen des Sozialismus und gleich
wird wieder unvorstellbar die Welt, in
der es kein Verbrechen mehr wäre
Kinder zu haben.[52]

Und er versuchte, die antikommunistische Empörung mit dem Verweis auf Vietnam zu dämpfen:

Relativ moralisch: Ja, die Sowjetunion hätte in Prag nicht
eingreifen dürfen, Schweigend duldetest
du, daß wir den Völkermord
in Vietnam propagierten.[53]

Dieses Argument jedoch, wer wozu schweigt, ließ sich auch umkehren. In der geteilten Welt erwies sich die Relativität der Moral jeden Tag aufs neue.

Bunkermentalität und mit Megaphonen vorgetragene Kommunikationsstörung waren auch auf der Frankfurter Buchmesse zu erleben. Ein Auftritt von Franz Josef Strauß am Stand des rechtslastigen Seewald Verlages mußte durch Polizisten gesichert werden. Als der NPD-Vorsitzende Adolf von Thadden beim Messerundgang gesichtet wurde, kam es zu Krawallen und Teach-ins. Unter Führung von Daniel Cohn-Bendit stürmten Studenten die Messehalle und verteilten Ho-Chi-Minh-Flugblätter. Die Verleihung des Friedenspreises an den senegalesischen Präsidenten Léopold Senghor wurde von wütenden Protesten begleitet. Vor der Paulskirche wurden 23 «Rädelsführer» festgenommen, unter ihnen Cohn-Bendit, Günter Amendt, Hans-Jürgen Krahl und der Bundesvorsitzende des SDS, KD Wolff. Zu einer regelrechten Autorenbeschimpfung mißriet eine Lesung des Suhrkamp Verlages mit Günter Eich, Martin Walser und dem Psychologen Erich Wulff, als der Aktivist Hans Imhoff in knallrotem Kostüm die Bühne bestieg. Die *Stuttgarter Zeitung* berichtete:

«Die Lesung hatte schon mit Verspätung begonnen: ein junger Mann hatte sich in Frauenkleidung auf die Bühne geschlichen und begonnen, sich dort auszuziehen und Publikum, Autoren und Suhrkamp-Chef Dr. Siegfried Unseld zu beschimpfen. Lediglich Walser, mit Rufen wie ‹Jetzt kommt der schöne Martin› begrüßt, konnte später einigermaßen ungestört über den von ihm herausgegebenen Lebensbericht einer Mörderin (‹Vorleben› von Ursula Trauberg) berichten – aber nur, weil die größten Krawallmacher inzwischen das kalte Büfett plünderten und die Getränke austranken, mit denen Unseld nach der Lesung seine Gäste hatte bewirten wollen. Bier und Wein wurden auch aus den Fenstern auf die Straße geschüttet, mit Zigaretten Löcher in den Teppich gebrannt und Asche und Bierdeckel achtlos auf den Boden gestreut.» Unseld versuchte daraufhin, die Lesung abzubrechen. Doch niemand folgte seiner Aufforderung, das Theater zu verlassen. Walser warf sich mit Leidenschaft in die Diskussion: «Der Autor brachte dabei eine wahre Engelsgeduld auf und versuchte, selbst auf die unsinnigsten Anwürfe – etwa dem, er habe Frau Trauberg gezwungen, Prostituierte zu werden und den Mord zu begehen, damit er dann das Buch schreiben könne – vernünftige Antworten zu geben.»[54] Selbst sein Intimfeind Hans Erich Nossack, der als Suhrkamp-Autor anwesend war, mußte zugeben: «Die Unfähigkeit der Jungen war beschämend, nur Anti und Krach (…) Um auch das zu erwähnen: Walser diskutierte gut, ich hätte das nicht gekonnt.»[55]

Der revolutionäre Geist wirkte auch innerhalb des Suhrkamp Verlages. Das Verhältnis zwischen Unseld und seinem Cheflektor Walter Boehlich war schon längere Zeit zerrüttet. Boehlich, dem Verleger intellektuell überlegen, ließ kaum eine Gelegenheit aus, ihn diese Überlegenheit spüren zu lassen. Unseld wollte seinen Widersacher loswerden und ihn mit einem Beratervertrag nur noch locker ans Haus binden. Der Machtkampf kulminierte nach der Buchmesse, auf der sich Unseld als Vermittler zwischen dem konservativen Börsenverein und den linken Demonstranten betätigt hatte, so daß er nun von der einen Seite als Maoist, von den anderen als Kapitalist beschimpft wurde.[56] Wenige Tage nach der Messe fand er auf seinem Schreibtisch einen Brief seiner Lektoren mit angehängter «Lektoratsverfassung» vor. Es handelte sich um den einer Enteignung gleichkommenden Versuch, die Verlage Suhrkamp und Insel zu sozialisieren und den Verleger auf Mehrheitsbeschlüsse zu verpflichten. Für Unseld eine inakzeptable Vorstellung.

Für den Abend des 14. Oktober 1968 berief er eine Lektoratsversammlung ein, zu der er auch die Autoren Jürgen Becker, Günter Eich, Enzensberger, Frisch, Habermas, Johnson, Nossack und Walser einlud. Habermas saß an der Stirnseite, Unseld gegenüber, Johnson versuchte zu moderieren. Punkt für Punkt wurde der Verfassungsentwurf debattiert, ohne Einigkeit zu erzielen. Bis vier Uhr in der Frühe saß man zusammen. Kränkung stand gegen Kränkung. Die Lektoren beklagten jahrelange Gängelung und Bevormundung durch den Verleger, der sah sich mit einem Umsturzversuch und Vertrauensbruch konfrontiert. Eich stellte sich an die Seite Unselds. Frisch schwieg. Nossack und Becker verwiesen darauf, daß es doch in anderen Betrieben viel schlimmer sei. Enzensberger hielt sich spürbar zurück. Habermas hielt eine flammende Rede für Unseld: Da man nun mal im Kapitalismus lebe, müsse der, der die Verantwortung trage, auch entscheiden können. Walser drehte wie ein Tänzer seine Pirouetten zwischen den Fronten. Er entwarf ein kühnes Szenario, bis hin zur möglichen Sozialisierung des Verlages, so daß die Lektoren glauben konnten, er stünde auf ihrer Seite.[57] Es ist auch kaum anzunehmen, daß er grundsätzliche Einwände gegen eine solche Entwicklung gehabt haben könnte. Nossack hielt das für eine kluge Taktik und notierte: «Am meisten agierte Walser, als Freund von Unseld oft gegen Unseld, was in diesem Fall äußerst geschickt war. Er nannte Enzensberger einen Romantiker, was zweifellos stimmt.»[58] Angeblich verließ Unseld mit Walser den Raum, um ihm draußen ins Gewissen zu reden. Anschließend habe auch er geschwiegen.[59] Immerhin ging die Versammlung nicht ganz humorfrei zu Ende. Johnson notierte sich den abschließenden Walser-Satz: «Boehlich fährt dann nach New York und heiratet Gesine.»[60]

Um Walsers widersprüchliches Verhalten – schwankend zwischen Freundschaftssolidarität zu Unseld und Sozialisierungssympathie mit den Lektoren – rankten sich bald Legenden. Im Verlag ging das Gerücht um, Unseld habe ihm, als er mit ihm den Raum verließ, versprochen, sein neues Haus zu finanzieren, und dadurch seine Zustimmung erkauft. Walser war erbost und schickte am 4. Januar 1969 eine Erklärung, die er vor der Lektorenversammlung vorzulesen bat. Darin hieß es: «Ich bitte also jeden, der sich Gedanken über die Natur meiner Abhängigkeit macht, sich den schwankenden Gang meines Verlagskontos und die ihn begleitende Darlehensgewährung anzusehen. Ich habe nämlich vom Verlag im Jahre 66, als mein Konto auf ca. 34 401,28 plus stand, ein Darlehen von DM 100 000,– erhalten (8. Juli 66). Am 31. Dezember dieses Jahres stand mein Konto bei plus 129 768,41 DM. Das heißt, von einem Darlehen konnte da schon nicht mehr die Rede sein. Seitdem habe ich noch ein Darlehen von DM 50 000,– erhalten im Jahr 67. Kontostand im Juni DM 97 580,92, im Dezember DM 54 008,24. Allerdings dürfte im Jahr 1967 meine Darlehensschuld manchmal bis an die

DM 60 000 herangereicht haben. Zur Zeit dürfte ich einigermaßen im Plus sein. Genaueres bitte ich den Kontoblättern zu entnehmen. Das heißt: die Sorgen, die man sich um meine Abhängigkeit macht, sind nicht notwendig. Meine Abhängigkeit vom Verlag und vom Verleger läßt sich auf jede andere Weise, aber nicht mit Hilfe von Darlehenssummen ausdrücken. Daß ich mir in 20jähriger Arbeit, unter Konsumverzicht jeder Art, 2/3 eines gediegenen Hauses errackerte (1/3 muß noch 10 Jahre lang errackert werden), ist sowohl mein Anteil an einer Stammeskrankheit und Familienmarotte, als auch meine Form der UNABHÄNGIGKEIT. Dies, werte Herren, zur Verinhaltlichung des Gerüchts von meiner Abhängigkeit. Da ich gelegentlich wieder mit Argumenten auftreten möchte, liegt mir an dieser Information.»[61]

Theaterlektor. Vom Zuchthaus in die Klettenbergstraße. Bottroper Versuche.

Nach dem Scheitern des radikaldemokratisch-sozialistischen Revolutionsversuches verließen die Lektoren Walter Boehlich, Klaus Reichert, Peter Urban und Urs Widmer den Verlag. Drei Monate später kündigte der Theaterlektor Karlheinz Braun. Aus dieser Abspaltung entstand der «Verlag der Autoren». Walser sprang bei Suhrkamp in die Bresche und übernahm im April 1969 kommissarisch Brauns Theaterlektorat, betätigte sich also als eine Art Streikbrecher. Sollte es jemals Zweifel an seiner Solidarität zu Unseld gegeben haben, waren sie spätestens damit ausgeräumt. Für einige Zeit, bis Anfang 1971, als mit Rudolf Rach ein neuer Lektor gefunden wurde, kam er kaum noch dazu, etwas anderes zu lesen als Manuskripte von Theaterstücken junger Autoren[62] – eine Tätigkeit, die er mit Interesse absolvierte und die Unseld mit einer Monatspauschale von 500 Mark entlohnte.[63]

266 VIII PROTESTE. 1966–1968

Schon im Jahr 1968 hatte Walser sich als Lektor betätigt und viel Arbeit in einen Lebensbericht investiert, der unter dem Pseudonym Ursula Trauberg erschien. In einer Zeitung war er auf den Fall dieser Prostituierten gestoßen, die im Affekt eine Nebenbuhlerin erschossen hatte. Er nahm Kontakt zu ihr auf und regte sie dazu an, ihre Geschichte aufzuschreiben. Das Lektorat übernahm er selbst und trat damit als Autor hinter die soziale Wirklichkeit zurück. Nun sollte das Leben selbst zur Sprache kommen, ungeschminkt – oder doch: *fast* ungeschminkt. Im März 1968 kündigte er einige «erotische Ergänzungen» an, zur Not arbeite er die erotische Biographie aus den Akten ein.[64] In mehreren handschriftlichen Lieferungen erhielt er den Text der Autorin aus der Untersuchungshaft und kürzte und redigierte ihn mit deren Einverständnis, ohne ihr das Resultat noch einmal vorlegen zu können. Im Juni teilte er Unseld mit: «Morgen schicke ich Dir die korrigierten und um 50 Seiten gekürzten VORLEBEN-Fahnen zurück. Ich habe dieses Manuskript nun mindestens zum 5. Mal ganz und gründlich durchgelesen. Für mich verliert es einfach nichts von seiner Attraktion. Ich muß Dir das noch einmal schreiben, weil ich ein bißchen verwundert war über die fast vorsichtige Reaktion der Vertreter. Hier wäre wieder einmal ein Buch, das sich sozusagen von selbst liest. (…) Die Inferno-Strecke dieser Biographie, und das ist fast die ganze 2. Hälfte, die ist wegen ihrer vollkommenen Glaubwürdigkeit und grausamen Drastik eine ebenso aufregende wie aufklärende Lektüre.»[65] Walser schrieb ein ergänzendes Nachwort, für das er Interviews mit Bekannten der Autorin führte. Mit zusätzlichen Auskünften wollte er den Bericht ergänzen, korrigieren, in Frage stellen und bestätigen. Jeder Leser sollte sich selbst ein Urteil über die polizeiliche, psychiatrische und juristische Behandlung des Falles bilden.

Unseld war von dieser Dokumentation nicht sonderlich begeistert. Seine briefliche Zustimmung («Wir machen da eine gute Sache und ich bin Dir sehr dankbar für Deine Initiative»[66]) klang eher zurückhaltend. Doch «Vorleben» wurde ein Erfolg und schaffte es sogar für kurze Zeit in die Belletristik-Bestsellerliste des *Spiegel*: ein Mißverständnis, für das sich Walser als Herausgeber verantwortlich fühlte. Dem Buch konnte es nicht nutzen, als «Literatur» rezipiert zu werden. Walser wollte die Wirklichkeit als Wirklichkeit, und dafür kam nur das Sachbuch in Frage. Es als Literatur zu rezipieren hieß, es zu entschärfen. Die Wirklichkeit meldete sich dann aber auf unerwartete Weise in Gestalt des Ehemannes von Ursula Trauberg zu Wort. Der tauchte in der Redaktion des *Spiegel* auf und stieß so wilde Drohungen gegen Walser aus, daß man ihn warnen zu müssen glaubte und in Nußdorf anrief. Es war kurz nach dem Umzug ins eigene Haus. Die zum See hin offene Flanke des Grundstücks erfüllte ihn mit Sorge. Könnte es nicht sein, daß die Gefahr sich aus dem Wasser näherte? Er ließ sich beschreiben, wie der Mann aussah, um sich rechtzeitig wappnen zu können. Nachts, wenn er Geräusche hörte, schlich er in den Garten, um nachzusehen.

Daß Walser zu einem Förderer und Initiator von Dokumentarliteratur wurde, lag nahe. Es begeisterte ihn, «daß jeder durch das, was ihm fehlt, zum Autor werden kann. Daß die literarischen Formen eine Hilfe sind». Er selbst sah sich als Helfender gefordert, wenn «ein Überleben durch Ausdruck nicht gelingt, wenn vor lauter Not und Tod das Handwerkliche nicht angefangen werden kann»[67]. Erika Runges Berühmtheit erlangenden «Bottroper Protokolle», Tonbandgespräche mit Arbeiterinnen und Arbeitern, beeindruckten ihn folglich nicht als neue literarische Form, sondern als «Berichte aus der Klassengesellschaft». Sein Vorwort zu diesem Buch zeigt, daß er das verbreitete Mißverständnis der Zeit, es handle sich bei jeder Arbeiteräußerung bereits um Literatur, nicht teilte. Zwar ließ auch er sich von der klassenkämpferischen Begeisterung der Epoche anstecken, doch die Anbiederei vieler linker Intellektueller ans Proletariat machte er nicht mit. Er tat nicht so, als ob er selbst ein Arbeiter sei, rühmte aber Runges Interviews dafür, daß endlich diejenigen zu

268 VIII PROTESTE. 1966–1968

Wort kämen, die keine eigene Ausdrucksmöglichkeit hatten und die der bürgerlichen Literatur unerreichbar bleiben mußten. In seinem Vorwort heißt es: «Es ist lächerlich, von Schriftstellern, die in der bürgerlichen Gesellschaft das Leben ‹freier Schriftsteller› leben, zu erwarten, sie könnten mit Hilfe einer Talmi-Gnade und der sogenannten schöpferischen Begabung Arbeiter-Dasein im Kunstaggregat imitieren oder gar zur Sprache bringen. Alle Literatur ist bürgerlich. Bei uns. Auch wenn sie sich noch so antibürgerlich gebärdet.»[68]

Sein Pech, daß Erika Runge Jahre später eingestand, in ihrer dokumentarischen Methode keineswegs nur anderen zum Ausdruck verholfen zu haben, sondern die Aussagen der Bottroper wie Bausteine benutzt, nach Gutdünken ausgewählt und geordnet zu haben. Sie hatte also nicht nur protokolliert, sondern ihr eigenes Buch nach ihren Vorstellungen gemacht – ein nach den Maßgaben der Zeit «bürgerliches», subjektives, nicht uneitles Verfahren also. Doch die dokumentarischen Reinheitsgebote waren Walser im Grunde egal. Er lernte an diesen Berichten den Umgang mit Lebensrohstoff, wie er ihn später in seinen auf Dokumentarmaterial basierenden Romanen – «Verteidigung der Kindheit», «Finks Krieg» oder «Lebenslauf der Liebe» – literarisch umsetzen würde. All diese Stoffe handeln von Demütigung, Unterdrückung oder Ausbeutung – Walsers bleibenden Themen, ganz egal, ob sie der eigenen Erfahrung oder fremden Berichten entstammen. Walser verwandelt sich in seiner Literatur alles an, was ihm begegnet. Und wenn er sich in fremden Lebensgeschichten nicht wiedererkennen könnte, wären sie kein geeigneter Stoff für ihn.

Sein Engagement aber – und in diesem Zusammenhang ist der Begriff durchaus passend – war literarisch *und* sozial motiviert. Das wurde ein Jahr später deutlich, als er erneut die Lebensbeichte eines Zuchthäuslers herausgab. Unter dem Pseudonym «Wolfgang Werner» und dem Titel «Vom Waisenhaus ins Zuchthaus» erschien der Bericht eines 27 Jahre alten Mannes, der nur

VIII PROTESTE. 1966–1968 269

vier Jahre seines Lebens in Freiheit verbracht und bereits eine respektable Karriere als Autoknacker hinter sich hatte. Walser interessierte sich für die Zustände in Erziehungsheimen und Strafvollzug, wo die Gesellschaft gewissermaßen systematisch Verbrecher produziert. Werners Bericht verdeutlichte, daß der Tag der Freilassung ebensoviel Angst erregt wie der Haftantritt.[69] Woher sollte so jemand Selbstbewußtsein beziehen? Das Schreiben konnte dazu dienen, in der Einsamkeit der Zelle ein Gespräch zu beginnen und eine eigene Stimme überhaupt erst zu entwickeln. Walser wollte bei diesen Bemühungen helfen, ohne seinem Schützling Illusionen zu machen: Er solle nicht hoffen, vom Schreiben jemals leben zu können.

Für Walser war die Sache mit dem Buch nicht beendet, an dem er ähnlich umfassenden Anteil nahm wie an Traubergs «Vorleben». Er fühlte sich für Wolfgang Werner auch nach der Haftentlassung verantwortlich und schickte ihm immer wieder Geld, wenn er bei ihm anrief und um finanzielle Unterstützung bat, was häufig geschah. Als sein Zögling wenig später rückfällig wurde und wieder Autos zu knacken begann, setzte Walser sich dafür ein, daß der Suhrkamp Verlag ihm einen Verteidiger besorgte. Im Herbst 1969 nahm er ihn mit zum Kritikerempfang bei Unseld in der Klettenbergstraße, dieser alljährlichen Weihestunde des Literaturbetriebs, auf der alle Anwesenden sich wechselseitig ihrer Bedeutung versichern. Wolfgang Werner wollte auch ein Schriftsteller sein, wollte dazugehören. Weil Unseld ihn demonstrativ ignorierte, brach er auf dem Nachhauseweg an dessen Auto den Außenspiegel ab. Walser, der daneben stand, fand das ganz in Ordnung so: Die Verhältnismäßigkeit blieb gewahrt. Die erlittene Demütigung mußte irgendwie raus.

IX KOMMUNISTEN. 1969–1972

ADF und DKP. Geldverdienen.
Zertrümmerte Fiktionen.

21. Juli 1969. Der See glcißte im Sommersonnenlicht. Walser
saß mit seinen Gästen, Reinhard Baumgart und Siegfried Unseld, vor dem flimmernden Fernsehgerät im abgedunkelten
Wohnzimmer. Am Vormittag hatten sie Tennis gespielt, Walser
hatte wie immer verbissen um jeden Ball gekämpft. Nun beob-
achteten sie, wie die Astronauten Neil Armstrong und Edwin
Aldrin auf der Mondoberfläche herumspazierten, die amerikanische Flagge hißten und den historischen Satz zur Erde funkten:
«Ein kleiner Schritt für einen Menschen, ein großer Schritt für
die Menschheit.»

Walser ließ sich von der Inszenierung nicht beeindrucken.
Sein Amerikabild wurde durch die Bomben geprägt, die Tag für
Tag auf Vietnam fielen. Seine Äußerungen radikalisierten sich.
Politiker betrachtete er nur noch als Agenten des Kapitals. Seine Sprache verwandelte sich in agitatorischen Jargon. Das klang
etwa so: «Jedes Wort, das hier über Demokratie hingeschwätzt
wird, muß gemessen werden an dem täglich stattfindenden Völkermord in Vietnam, der stattfindet mit der Zustimmung und
zum Profit derer, die hier von Demokratie reden.»[1] An Schriftstellerkollegen schickte er eine Broschüre der Aktion demokratischer Fortschritt (ADF), die den Rechtsrutsch der Bundesrepublik anprangerte und dazu aufrief, das «konservativ-reaktionäre
Machtkartell» zu sprengen. Bei der Bundestagswahl im September 1969 müsse «den Machern der formierten Ruhe-Ordnungs-
gesellschaft» eine demokratische Alternative entgegengesetzt
werden. Diese Alternative sah Walser in der ADF, einem Links-

bündnis, das schließlich in der neu gegründeten DKP versickerte. Viele Freunde aus dem Vietnambüro arbeiteten dort mit.

Böll, Baumgart, Wolfgang Koeppen und andere, die von Walser munitioniert wurden, antworteten verwundert und ablehnend. Johnson, um eine Unterschrift gebeten, reagierte mit beißendem Hohn auf den «Haufen voll Luft, den du mir heute durch die Post hast zukommen lassen». Was für ein Unsinn, linke Stimmen auf so eine «ad-hoc-Gründung zu verschwenden». Doch listig fügte er hinzu: «Ich sage das mit Vorbehalt, daß natürlich du der Ältere bist.»[2] Walser versuchte, Johnsons «komische Stilkritik» zu ignorieren, mußte sich aber belehren lassen, daß es nicht um Stilistisches gehe, sondern um das «in diesem Stil Ausgedrückte, das man deiner Partei als Denken und Planen immerhin nachsagen darf. So kann ich nicht denken, und solchen Plänen vertraue ich nicht»[3]. Noch versuchten die Freunde, den politischen Gegensatz humoristisch zu überspielen und als Witz darzustellen, was sie mehr und mehr trennte. Als Walser um Rat fragte, wie «That's what I am up to» korrekt zu übersetzen wäre, antwortete Johnson so: «‹That's what I am up to› als ein Geständnis von dir wäre möglich in einem Gespräch, in dem ich dir eben vorgehalten hätte: – Das bedeutet doch, daß du am Ende Ehrensenator der Deutschen Kommunistischen Partei werden willst! Darauf kannst Du antworten: – das habe ich allerdings vor.»[4]

Walser ertrug den Spott. Er besorgte Johnson Lesungen in der Bodenseeregion, lud ihn nach Nußdorf ein und verschaffte ihm mit einer Lyrikübersetzung weitere, dringend benötigte Einnahmen. Er wollte die Freundschaft unabhängig vom trennenden Politischen weiterführen. Johnson hatte dafür weniger Talent. Bei einer Autofahrt von Biberach nach Nußdorf stieg er kurz vor Überlingen aus, als Walser schimpfte, er habe «Scheiße im Gehirn». Wütend marschierte er durch die dunkle Stadt. Walser fuhr im Schrittempo hinterher und öffnete immer wieder die Tür, um den Enteilenden zum Einsteigen zu bewegen.

Aufschlußreich ist ein Brief, den Joseph Breitbach aus Paris als Antwort auf die ADF-Propaganda schickte. Breitbach, Jahrgang 1903, war als 17jähriger der Kommunistischen Partei beigetreten, Dolmetscher Willi Münzenbergs gewesen und 1929 wieder aus der Partei ausgetreten. In Paris, wo er nach den Jahren des Exils blieb, hatte er sich zum eher konservativen Vertreter eines liberalen Bürgertums gewandelt, der nun von seinen Erfahrungen mit der kommunistischen Bewegung erzählte. Inakzeptabel war für ihn ein Text, in dem die DDR umstandslos anerkannt wurde. Einen Rechtsruck in der Bundesrepublik konnte er nicht feststellen, und wenn im ADF-Papier vom «Joch der repressiven Toleranz» die Rede war, hielt er dagegen: «immer noch besser (...) als das Joch der repressiven Intoleranz». Es sei sehr «zum Schaden des Marxismus», meinte Breitbach, wie die Komintern die westlichen KPs dazu zwinge, «das Dienstmädchen der russischen Außenpolitik zu machen».[5]

Damit hatte er den Punkt getroffen, der auch Walser davon abhielt, Mitglied der DKP zu werden, obwohl er sich andererseits nicht scheute, Kommentare für die DKP-Zeitung *UZ* zu schreiben. Der Geburtsfehler der DKP bestand darin, den Einmarsch der Truppen des Warschauer Paktes in die ČSSR zu verteidigen, so daß das Bekenntnis zu «lebendiger Demokratie» von vornherein Phrase blieb. Walser hoffte eher auf eine eurokommunistische Partei nach dem Vorbild der italienischen KP. Eine «hiesige» Partei nannte er das. Er war eine Zeitlang tatsächlich davon überzeugt, daß es noch vor der Jahrhundertwende einen westlichen sozialistischen Staat geben würde.[6] Demgemäß beteiligte er sich an einem von Friedrich Hitzer und Reinhard Opitz im DKP-nahen Pahl-Rugenstein Verlag herausgegebenen Sammelband, der in Anspielung an «Die Alternative» von 1961 den Titel «Alternativen der Opposition» trug. Er steuerte dazu einen Text bei, den er für ein Teach-in an der Kölner Universität im Januar 1969 verfaßt hatte. Diese «Rede an eine Mehrheit» liest sich fast schon wie eine Ansprache von Rudi Dutschke, so streng ist hier seine Begrifflichkeit, so entschieden stellt er sich auf die Seite der revoltierenden Studenten mit radikaldemokratischer oder sozialistischer Tendenz – wenn er auch nicht einsehen mag, worin der Sinn zertrümmerter KaDeWe-Schaufenster bestehen soll.[7]

Die SPD betrachtete er inzwischen als rechtsstehende Partei, erklärte er in der Zeitschrift *Pardon* kurz vor der Wahl: «Ein krasses Beispiel für unseren Zustand: 1968 bezog Flick 44,5 Millionen D-Mark Dividende und für 106 Millionen D-Mark Gratis-Aktien; 90 000 Beschäftigte derselben Firma bezogen 27 Millionen D-Mark. Die SPD hat sich mit diesem Zustand abgefunden. Deshalb nenne ich sie eine Rechtspartei.» Seine Empfehlung für die Wahl galt also weder der SPD noch der DKP: «Ich wähle ADF, weil ich finde, daß die Bundesrepublik sich zur Zeit auf einem portugiesischen Kurs befindet, weil ich finde, daß die Diffamierung der Linken, die von Bismarck über Hitler zu Adenauer und Kiesinger hierzulande betrieben wird, endlich einmal ein Ende haben sollte. Allerdings bin ich der Ansicht, daß die ADF nur ein Anfang ist, ein rundum bedrohter Anfang; es wird noch einige Zeit dauern, bis wir eine sozialistische Partei haben werden wie die KPI oder die KPF. Aber wir können das nicht noch länger aufschieben.»[8] Auch in *konkret* gab Walser eine Wahlempfehlung für die ADF ab, was Unseld den Stoßseufzer entlockte: «das ist blanker und barer Unsinn.»[9] Unseld hatte wahltaktisch völlig recht. Die ADF spielte in der Endabrechnung keine Rolle, zumal daneben auch noch die DKP antrat. Für Walser aber zählte nur die linke Alternative zur SPD. Der Regierungswechsel von der Großen Koalition zur SPD-FDP-Regierung unter Willy Brandt war für ihn kein Aufbruch, sondern bloß eine neue Variation der Bonner Parteienoligarchie.

Neben den Auftritten bei Kongressen, in Universitäten, bei Demonstrationen und Treffen mit Freunden der ADF blieb wenig Zeit für die literarische Produktion und fürs Geldverdienen – oder für die Familie, deren Unterhalt viel Geld erforderte. Vier

Töchter großzuziehen ist für einen freiberuflichen Autor keine Kleinigkeit. Der Südwestfunk bot ihm an, eine Fernsehreportage übers Ruhrgebiet zu drehen. Er solle mit Straßenbahnen von Duisburg nach Dortmund fahren und beobachten, was da zu sehen wäre. Ein Fernsehteam werde ihm für vier Wochen gestellt. Walser sagte zu, wollte aber erst einmal alleine fahren. Aus Essen meldete er sich telephonisch mit sehr leiser Stimme beim zuständigen Redakteur Jürgen Lodemann: Was ihm da an gesellschaftlicher Wirklichkeit zugemutet werde, sei dermaßen finster und deprimierend, das könne er nicht.[10] Im Film, der dann doch entstand, verzichtete er auf jeden Kommentar. Die Menschen sollten selbst zu Wort kommen. Der Tonmann hatte sich als Briefträger verkleidet. Das Tonbandgerät steckte in seiner Ledertasche, mit der er sich unauffällig unters Volk mischte. So war zu hören, was von Arbeitern um fünf Uhr früh, von Schulkindern unterwegs oder von abendlichen Saufbolden gesprochen wurde: Bottroper Protokolle als Fernsehfilm.

Ein Jahr später verdingte er sich für mehrere Wochen als «Lohnschreiber» beim Film. Als Regisseur Peter Fleischmann «Das Unheil» drehte, übernahm er die Dialogbearbeitung und damit die Aufgabe, Fleischmanns Vorgaben in beiläufige Rede zu verwandeln – eine handwerkliche Fingerübung. Für den Hessischen Rundfunk entstand im Mai 1969 das Hörspiel «Welche Farbe hat das Morgenrot» – eine Montage aus Originalzitaten von Studenten, streikenden Arbeitern, Politikern, Intellektuellen, die den Vorzug hat, die Phrasenhaftigkeit der Rede und die Gestenhaftigkeit des Agierens aller Beteiligten vorzuführen. Der Politjargon ist für Walser auch in der Hochphase seiner Politisierung Spielmaterial. Er benutzt ihn zwar selbst, erkennt aber das Mimenhafte der Akteure und vermag sich in kämpferischer Pose nie ganz ernst zu nehmen. Ähnlich, als Montage aus Sprachmaterial und alltäglichem Sprachmüll, funktionierte auch das Hörspiel «Aus dem Wortschatz unserer Kämpfe», das drei Jahre später in Luxemburg als Theaterstück auf die Bühne kam.

Der Roman «Fiction», den er im September 1969 im Verlag ablieferte, wurde vom Verleger ohne Begeisterung durchgewunken. Er blieb der wohl ungelesenste Roman Walsers, eine experimentelle Vorarbeit zum abschließenden, dritten Teil der Kristlein-Trilogie, «Der Sturz». Konzipiert war «Fiction» als epischer Versuch, die Arbeit des Bewußtseins im Vollzug mitzustenographieren. Das Bewußtsein, um das es da geht, ist das von Anselm Kristlein, der sich auf seine Tätigkeit als Leiter eines Erholungsheims am Bodensee vorbereitet. In der Beobachtung der Bewußtseinsinhalte entdeckt er, daß es sich weniger um einen «Strom» oder einen «inneren Monolog» handelt, als um Aktion, um Auseinandersetzung, um Kampf. Walsers zeitbedingte Erkenntnis: Das Bewußtsein als subjektives Erleben erweist sich als ein gesellschaftsabhängiger Ort.[11] Das ist sein Thema seit «Halbzeit», aber er findet in «Fiction» keine Form dafür. Alle Ansätze zum Erzählen brechen ab. Die Folge der Sätze erscheint willkürlich. Die Fiktion, die der Titel verspricht, führt in eine Beliebigkeit, die man als Kehrseite der gleichzeitig protegierten Dokumentarliteratur verstehen muß. «Fiction» ist ein Dokument der Krise – das einzige Buch Walsers, das von Zweifeln am Erzählen diktiert ist. Nur deshalb ist es heute noch von Interesse, weil der Sprachgewaltige hier zwar nicht verstummt, aber doch einmal hochtourig im Leerlauf tönt.

Krankheitsbild Hölderlin. Paranoider Alkoholiker. Noch einmal: Sozialisierung.

In Hölderlin, der ihn mit seinen Gedichten seit früher Jugend begleitete, fand er auch in dieser Situation einen Vertrauten. Das Bild Hölderlins, das er zur Feier des 200. Geburtstages am 20. März 1970 im Stuttgarter Staatstheater entwarf, war wieder einmal ein verstecktes Selbstporträt, in dem er seine Empfindungen in dieser Phase vergeblicher Hoffnung und gesellschaftlicher

Isolation unterbrachte. Jetzt führte er Hölderlin als Anhänger der Französischen Revolution vor, der sich für sein zurückgebliebenes Vaterland schämt. Exemplarisch leidet dieser Hölderlin an der Folgenlosigkeit der Literatur, an der er dennoch festhalten muß als schlechter Alternative zur revolutionären Tat. Er bleibt nur deshalb ein Dichter, weil er unfähig ist, eine andere Identität für sich zu entwerfen.

Weniger die Dichtung als Hölderlins Krankheitsbild rückten damit ins Zentrum des Interesses. Schizophrenie ist ein gesellschaftliches Leiden. Sie läßt sich als einen Liebesmangel diagnostizieren, der durch öffentliche Anerkennung hätte kompensiert werden können. Weil der Dichter sich selbst so wenig gewiß ist, braucht er die Anerkennung durch Freunde. Deshalb reißt ihn jede Beziehung hin, stürzt ihn in strudelnde Bewegung. Einsam geht er zugrunde, in Gesellschaft geht er unter. «Weil er keine privaten und schon gar keine öffentlichen Verhältnisse findet, in denen er sich wirklich bestätigt sehen kann, wird ihm fast alles nur noch zur Störung», schrieb Walser über Hölderlin[12] und also über sich selbst. Das Krankheitsbild, das er am Beispiel Hölderlins entwickelte, glich auffallend der «Gallistl'schen Krankheit», die er in seinem nächsten Roman behandelte. Gallistl allerdings würde sich aus der gesellschaftlichen Isolation in die fragile Gemeinschaft der Sozialisten retten.

Die Pendelbewegung zwischen Bleibenwollen und Gehenmüssen, zwischen Aufbruch und Heimkehr, wie sie Walser ein Leben lang vollzieht, gelang Hölderlin nicht. Walser schaffte es immer wieder, die Spannung zwischen Teilhabe und Außenseitertum aufzubauen und auszuhalten und daraus seine Energie zu gewinnen: politisch in der Annäherung an Gruppierungen, in denen er eher Gast sein wollte als Mitglied; theoretisch im Erproben von Positionen, die er zugleich überwinden wollte; erotisch in der Spannung zwischen Eheverläßlichkeit und Freiheitsbegehren. Und schließlich im steten Wechsel zwischen der Einsamkeit des Schreibtischs und der Ruhelosigkeit des Reisens. Und doch ist das Bild des Pendels zu behaglich und zu gleichförmig, um diese Existenzweise zu beschreiben. Er will sich nicht fügen in diese sichere Bahn. In «Meßmers Gedanken» aus dem Jahr 1985 heißt es: «Das Schönste an meinem Zustand ist, daß er keiner ist. Mein zwischen Erwartung und Enttäuschung hin- und herrasendes Wesen läßt das nicht zu. Ich behaupte zwar gern, Erwartung und Enttäuschung, meine beiden Wesenskerne, seien eins und ich sei diese ihre Einheit, aber jeder weiß, daß diese Kerne nicht zu einer auch nur die kleinste Zeiteinheit überdauernden Verschmelzung zu bringen sind. Unaufhörlich tobt in der allergrößten Intimität der nukleare Orkan. Dieses allerkleinste und allermächtigste Hin und Her kann nicht aufhören.»[13] Und so sah er Hölderlin: Er «hat wohl *beides* in hartem Wechsel andauernd an sich selbst erfahren, die Gefahr zu erstarren und, im Bewußtwerden dieser Gefahr, den Trieb aufzubrechen, sich riskant dem Entgegengesetzten auszusetzen, sich in ihm zu verlieren»[14]. Gegen diese existentielle Diagnose ist die Beschreibung der politischen Gegenwart, die Walser der Hölderlinlektüre entlockt, einigermaßen banal: «Zwei Parteien rotieren bewegungslos. In ihrer Umarmung soll der Prozeß endgültig einschlafen. Dabei ist das Entgegengesetzte, der Sozialismus, innerhalb der deutschen Tür.»[15]

Die Hölderlinverwandtschaft muß man im Ohr behalten, wenn man Walsers Feldzug gegen die «Neueste Stimmung im Westen» verfolgt. Der Aufsatz, der fast zeitgleich mit dem Hölderlin-Essay in Enzensbergers *Kursbuch* erschien, ist ein Ergebnis der fortgesetzten Auseinandersetzung mit Leslie A. Fiedlers Postmodernismus und einer Literatur, die Walser unter den Begriffen «Traum, Vision, Ekstase» zusammenfaßte. Angetrieben von der Hölderlinschen Verunsicherung, eine andere Identität als die des Schriftstellers nicht finden zu können und doch zu leiden unter der Rolle als «Freizeitgestalter in spätkapitalistischen Gesellschaften»[16], suchte er nach einem brauchbaren Autorenmodell. Wo war der Autor gesellschaftlich zu verorten, wenn er sich eher für Weltveränderung als für Freizeitgestaltung zuständig fühlte? Wie ließen sich die Erfordernisse der Kunst mit dem Bedürfnis nach gesellschaftlichem Wandel verbinden? Wo also war sein Platz, wenn weder der Elfenbeinturm noch das Rednerpult in Frage kamen?

In Frankreich schrieb der Philosoph und Begründer der Diskursanalyse, Michel Foucault, 1969 den folgenreichen Aufsatz «Was ist ein Autor?». Er proklamierte das Verschwinden des Autors im Diskurs und setzte an die Stelle des empfindsamen Individuums die unsentimentale Autor-«Funktion». In Deutschland kultivierte Peter Handke dagegen die allerhöchste subjektive Sensibilität, und Rolf Dieter Brinkmann erprobte den Ego-Trip als Bewußtseinserweiterung mit Drogen. Walser hielt diese Spezialisierung auf Selbsterfahrung und Selbstdarstellung für «Verwilderung» und «Asozialität». Alles Ekstatische – Rockmusik, Drogen, Hippietum – war ihm fremd. Er bevorzugte konventionellere Formen des Rausches: Alkohol und, früher einmal, das Casino. Bernward Vesper bezeichnete in seinem Roman «Die Reise» Walsers Drogenskepsis als einen «Bogen, den ein paranoider Alkoholiker um die Selbsterkenntnis schlägt»[17]. Rolf Dieter Brinkmann erklärte, er ziehe eine Doors-Platte der Arbeit von «Schlampen» wie Heißenbüttel, Jürgen Becker, Baumgart oder Walser vor[18], die er umstandslos dem kleinbürgerlichen Mief zuordnete. Umgekehrt sah Walser in Brinkmann den weggetretenen Egozentriker, der statt der Welt nur noch sich selbst verändern will. Drogenexperimente hielt er für hilflose Versuche, in der Konsumgesellschaft einen privaten Freiraum zu erobern und in unberührte Innenwelten zu emigrieren. An Handke, der mit seiner Beschimpfung der Gruppe 47 in Princeton Popularität erlangt hatte, störte ihn, daß der Autor berühmter war als sein Werk. Man kannte ihn, auch ohne ihn gelesen zu haben. Der Autor war die Botschaft. Er war zum Popstar geworden. Gegen diese Inszenierungsperfektion bewunderte Walser sogar Günter Grass als braven «engagierten Autor», nicht wegen der SPD-Positionen, die er vertrat, wohl aber wegen der unbeirrbaren Konsequenz, mit der er das tat.

Die Popautoren forderte er allen Ernstes dazu auf, dafür zu kämpfen, daß die Arbeitenden sich der Produktionsmittel bemächtigten. Weil er das nicht nur als Phrase verstanden wissen wollte, machte er im Suhrkamp Verlag einen neuen Vorstoß, um vielleicht doch noch die beim «Lektorenaufstand» 1968 gescheiterte Sozialisierung durchzusetzen. Er versuchte, das als Unselds ureigenstes Interesse darzustellen. War denn nicht die «altertümliche Konstitution» des Verlages daran schuld, wenn es immer noch keinen neuen, qualifizierten Lektor für die Theaterabteilung gab? Sein Brief an Unseld trug nicht gerade zur Befestigung der Freundschaft bei, wenn er schrieb: «Du kannst Dich nicht darüber beklagen, daß Mitarbeiter nur Bücher machen und nicht an den Verkauf denken, oder daß sie am Wochenende nichts wissen wollen, solange sie nur so angestellt sind. Es ist doch ein bißchen irrsinnig, Bücher zu machen, wie wir sie machen, und im Haus die Rechte zu stornieren, die in den Büchern gefordert werden. Wir hinken hinterher. Schon um konkurrenzfähig zu bleiben, d. h. um die besten Autoren zu bekommen, mußt Du die Rechtsverhältnisse ändern, also aus Haus-Egoismus. Wann legst Du den 1. Entwurf vor, daß wir diskutieren können?»[19]

Unseld reagierte spürbar genervt auf dieses Ansinnen, das doch darauf hinauslief, ihm die eigene Abdankung als ökonomische Ultima ratio plausibel zu machen. Ging das denn schon wieder los? «Lieber Martin», antwortete er, «zwischen Reisen, in denen ich mich aufreibe, nicht für die Profite des Suhrkamp Verlages, sondern für die Autoren, beantworte ich Deinen Brief. Du hast Sorgen, es sind nicht die meinen. Ich habe andere, und ich möchte Dich sehr bitten, mich nicht weiterhin unsicher zu machen und mir in dieser Richtung die Aktivität zu überlassen. Schon einmal ist eine solche Überlegung dadurch nicht realisiert worden, daß andere Unsinniges gefordert haben. Und denke stets daran, daß ein Verlag von der Qualität der Führung und der Mitarbeiter auf der einen Seite lebt, und auf der anderen Sei-

280 IX KOMMUNISTEN. 1969–1972

te von der Substanz seiner Autoren. Arbeiten wir in fähiger Weise hier und haben wir gute Bücher, dann wird der Verlag überleben. Ich habe das in den letzten 10 Jahren gesehen und hoffe, das noch weitere 10 Jahre machen zu können. Davon, und nur davon hängt die Existenz des Verlages ab.»[20]

Doch Walser wollte nicht so leicht aufgeben. Er versuchte, Johnson für seine Idee zu gewinnen und eine kleine Palastrevolte anzuzetteln: «Ich falle Siegfried seit langem lästig, er reagiert auch von Mal zu Mal nervöser: ich möchte, daß der Teil oder ein Teil von dem Teil, der Siegfried gehört, auf die Mitarbeiter verteilt wird, daß daraus Rechte entstehen ... das muß erarbeitet werden, gründlich. Siegfried möchte lieber eines SCHÖNEN Tages aus den Wolken treten mit einem GROSSEN Geschenk. Er ist so überanstrengt durch seine Arbeit, daß er in dieser Hinsicht die Entwicklung seiner Ansichten vernachlässigt. Wir wären also verpflichtet ... ich habe meine Stimme an ihm verbraucht, er hört mich einfach nicht mehr. Überleg Du mal. Und komm mal zu einer Unterhaltung. Auch die Autoren sollten von ihrem Teil etwas überschreiben an die Verlagsmitarbeiter. Wir sollten einige Kollegen dazu bringen. Weiss, Enzensberger, Frisch und Kipphardt. Dann schließen sich vielleicht andere an.»[21]

Johnson war in dieser Richtung nicht erregbar. Mit dem Vorschlag, Walser solle erst mal einen Entwurf ausarbeiten, versuchte er, die Sache aufzuschieben, ohne den Freund gleich wieder zu verprellen. Die Einladung nach Nußdorf beantwortete er mit einem polemischen Gegenvorschlag: «Komm doch du hierher. Es wird dir gefallen hier. Ist doch die Waffenschmiede der Linken in dieser Stadt eingerichtet und sinken nicht bloß mehr Bankkassierer unter Kugeln zusammen, sondern auch Archivare; wird mit der Übernahme der Macht nicht mehr erst in drei Jahren, sondern bereits in drei Monaten zu rechnen sein. Und zwar hier, nicht wo du bist. Deshalb komm her, es wird dir gefallen.»[22] Zwei Tage zuvor, am 14. Mai 1970 – und darauf bezieht sich Johnsons sarkastischer Kommentar –, konnte Andreas Baader mit tatkräftiger Unterstützung von Ulrike Meinhof und Horst Mahler aus der Haft entkommen. Unzureichend bewacht, nutzte er den Besuch eines Instituts der Freien Universität in Dahlem zur Flucht. Ein Angestellter wurde dabei erschossen. Damit begann die blutige Geschichte der RAF. Und es begann die Zeit, in der jede linke Bewegung für die RAF verantwortlich gemacht wurde. Der mit zunehmender Hysterie ausgetragene Kampf gegen den Terrorismus und die sogenannten Sympathisanten erhitzte das politische und kulturelle Klima in der Bundesrepublik.

Die Organisationsfrage. Antipode Grass. IG Kultur. Bachmann, Johnson, Weiss.

In der zähen Auseinandersetzung mit Unseld erlebte Walser, wie schwierig es ist, Eigentumsverhältnisse reformieren zu wollen – zumal dann, wenn auch noch die Freundschaft mit dem Verlagseigner dazwischenkommt. Einfacher als die konkrete Bemühung im kleinen ließ sich die große Umwälzung verkünden: statt der Sozialisierung eines Betriebes die Sozialisierung der Gesellschaft. Das müßte doch zu machen sein.

Das geeignete Instrument dafür war der im Sommer 1969 gegründete Schriftstellerverband. Er entstand aus dem verbreiteten Bedürfnis, die sozialpolitische Hilflosigkeit der vereinzelten Schreibenden organisatorisch zu überwinden. Damit trat er das Erbe der Gruppe 47 an, die als literarischer Freundeskreis nicht in der Lage war, die anstehenden sozialpolitischen Aufgaben zu bewältigen. Zum ersten Vorsitzenden wurde der Sozialdemokrat Dieter Lattmann gewählt, ein Grenzgänger zwischen Schriftstellerei und Politik, der später, von 1972 bis 1980, für die SPD in den Bundestag einzog. Er hatte es mit großem Geschick und mit der Unterstützung renommierter Autoren wie Heinrich Böll und Günter Grass geschafft, die in Landesverbänden zersplitterten Berufsgenossenschaften der Schriftsteller in einem einheitlichen Bundesverband, dem VS, zu vereinigen. Bei der Gründungsveranstaltung in Köln kündigte er vorsichtig die gewerkschaftliche Orientierung an. Lattmann mußte das Kunststück vollbringen, Linksradikale aller Art, Gewerkschaftstraditionalisten, Sozialdemokraten und konservativ Gestimmte zusammenzuführen. «Einigkeit der Einzelgänger» lautete die von Böll geprägte Parole. Von Anfang an litt die Arbeit im VS unter politischer Fraktionierung, unter ständigem gegenseitigem Mißtrauen der ideologischen Gruppierungen. Der VS war ein Spiegelbild der bundesdeutschen Linken. Fürchteten die einen die kommunistische Unterwanderung, kämpften die anderen gegen die Vorherrschaft sozialdemokratischer Politik des Machbaren.

Gewerkschaftliche Orientierung klang harmlos, bedeutete aber, ein neues schriftstellerisches Selbstverständnis durchzusetzen. In ihrer Mehrzahl begriffen die Autoren sich nicht mehr als ungebundene Dichter, sondern als arbeitnehmerähnliche Erwerbstätige im Mediengewerbe oder – wie es mit Adorno hieß – in der Kulturindustrie. Sie waren zwar «Freiberufler», aber als solche abhängig von ihren Auftraggebern in den Redaktionen und Verlagen. Der angestrebte Gewerkschaftsbeitritt war nicht nur eine praktische, sondern auch eine ideologische Frage. Damit entschied sich symbolisch die Zugehörigkeit zur Arbeiterklasse. Die Schriftsteller taten kund, nicht mehr dem Bürgertum, sondern dem Proletariat zugerechnet werden zu wollen.

Walser und seine Mitstreiter aus der DKP sahen im VS eine Plattform, um gesellschaftliche «Gegenmacht» zu den Verlagsmonopolen aufzubauen. Eine Gruppe mit Frank Benseler, Friedrich Hitzer, Agnes Hüfner, Oskar Neumann, Erika Runge, Josef Schleifstein, Erasmus Schöfer, Peter Schütt und Conrad Schuhler, die eine Art kommunistischer Plattform bildeten, traf sich in Frankfurt, um den Kongreß «vorzubereiten»[23]. Walser nahm an diesem konspirativ anmutenden Treffen nicht teil. Er machte gegenüber Hitzer deutlich, daß er für eine offen auftretende sozialistische Gruppierung innerhalb des VS sei. Das Herumtaktieren, Strategiepapierentwerfen und verklemmt für die Gewerkschaft werben, damit aber heimlich den Sozialismus meinen, das war nicht seine Sache. Verbandspolitik, Gremienarbeit, Ausschuß-Sitzungen und was alles dazugehört, ebensowenig. Und doch versuchte er während mehrerer Jahre, das politisch Visionäre, das ihm mehr lag, mit der mühseligen Alltagsarbeit zu verbinden. «Abhängigkeit» ist sein literarisches Lebensthema. Im Schriftstellerverband ging er es politisch an.

Der erste Bundeskongreß des VS im November 1970 in Stuttgart war ein großes kulturpolitisches Ereignis. Zur Abendveranstaltung im Beethovensaal kam Bundeskanzler Willy Brandt – eine Reverenz der Macht an die Intellektuellen. Nach ihm sprachen Heinrich Böll und Günter Grass, dann, als dritter prominenter Vertreter des VS, Martin Walser. Lattmann wollte mit ihm auch den linken Flügel einbinden. Walsers Rede machte Furore. Es ging ihm um mehr als um bessere Tarife. Ein VS als sozialdemokratische Tochtergesellschaft konnte nicht das erstrebte Ziel sein. Während Grass den Gewerkschaftsgedanken vorsichtig umkreiste, war Walser schon einen Schritt weiter. Wo Grass sich an den Beitritt zur IG Druck & Papier herantastete, schwebte ihm eine Großgewerkschaft aller Kulturschaffenden vor. Die Dienstleistungsfunktion der Gewerkschaft, die Verbesserung der sozialen Lage der Autoren – schön und gut. Die Verbesserung des Urheberrechts – durchaus wünschenswert, aber doch bloß eine Modifikation der Abhängigkeit auf dem kapitalistischen Markt der Meinungen. Am «Ausbeutungsprinzip» änderte sich damit grundsätzlich nichts. Während Grass versuchte, den Gewerkschaftern die Künstler als exotische Störenfriede schmackhaft zu machen, setzte Walser zur Kritik der Gewerkschaften an, die immer noch nicht begriffen hätten, daß es sich «da, wo Kunst und Kultur produziert werden, tatsächlich um eine Industrie handelt». Journalisten, Musiker, bildende Künstler, Grafiker, Bühnenbildner, Schauspieler, Kameraleute, Regisseure und «Literaturproduzenten» müßten sich Formen der Zusammenarbeit überlegen,

284 IX KOMMUNISTEN. 1969–1972

um eine schlagkräftige Gegenmacht gegen Großkonzerne und Großkapital aufzubauen. Ziel: die «IG Kultur». Damit prägte Walser den Begriff, der die Entwicklung bis hin zur Gründung der IG Medien in den achtziger Jahren bestimmte.

Walsers Auftritt als Utopist verärgerte den Realisten Grass. Walser hatte ihm die Schau gestohlen. Schlimmer noch: Er hatte gegen sozialdemokratische Politik polemisiert, wo doch Brandt in seiner Rede um Unterstützung für die neue Ostpolitik geworben hatte. Sollte diese Politik scheitern – zwei Wochen nach dem Kongreß reiste Brandt nach Polen und kniete vor dem Denkmal für die Opfer des Aufstands im Warschauer Ghetto nieder –, dann müsse sich auch Walser für dieses Scheitern verantwortlich fühlen. Grass schrieb am nächsten Tag einen geharnischten Brief, den Walser als «saugrob» empfand. Grass warf ihm einen demagogischen Diskussionsstil vor. Im «Verkünden von Maximalforderungen» sei er immer großzügig gewesen, nun aber habe er falsche Informationen verbreitet, um den Kollegen Thaddäus Troll als Gewerkschaftsgegner zu denunzieren. Grass tobte: «Ich weiß nicht, ob Du Dir bewußt bist, welchen Schaden Du – spontan oder überlegt – angerichtet hast; doch soviel sollst Du wissen: die Drecksarbeit, die politische Mühsal (und sie allein bewirkt Veränderungen) überläßt Du huldvoll Deinen Kollegen. Hochmütig spendest Du süperbe Ideen: vor einigen Jahren das Vietnam-Büro, diesmal den Feuilletonknüller Industriegewerkschaft Kultur; nur machen fällt Dir schwer, diesen Part überläßt Du gerne Deinen Kollegen: sie mögen's ausbaden.»[24]

Doch Grass lag in seinem sozialdemokratischen Zorn falsch. Für Walser war die Arbeit keineswegs mit dem Kongreß erledigt. Zusammen mit Frieder Hitzer gründete er im Januar 1971 den «Arbeitskreis Kulturindustrie» und lud zu einem ersten Gespräch nach München, an dem unter anderem sein Malerfreund Carlo Schellemann, die Autoren Uwe Timm, Reinhard Baumgart und Erika Runge sowie der Journalist Eckart Spoo teilnahmen. Er mußte unbedingt den Eindruck zerstreuen, er habe sich mit seinem Stuttgarter Auftritt persönlich profilieren wollen. Sein Vorschlag: Eine Dokumentation über Abhängigkeitsverhältnisse in der Kulturindustrie sollte entstehen, um «die Erfahrungen der Abhängigkeit festzuhalten und dem Bedürfnis nach Organisierung entgegenzukommen»[25].

Bis zum Hamburger VS-Kongreß 1973, auf dem der Beitritt zur IG Druck & Papier beschlossen wurde, arbeitete er kontinuierlich im Arbeitskreis mit. Die Vision der IG Kultur näherte sich in dieser Zeit an die Wirklichkeit der IG Druck an: Nicht mehr die Künstlergewerkschaft, sondern die Gemeinschaft mit Technikern, Druckern und allen, die die «Produktionsmittel» bedienten, stand nun im Vordergrund. Trotzdem warb Walser weiter um Künstler wie HAP Grieshaber. Und zusammen mit dem gewerkschaftsengagierten Berliner Autor Hannes Schwenger zeichnete er verantwortlich für ein Flugblatt mit dem dröhnenden Titel: «Gegen Abhängigkeit hilft nur gemeinsamer Kampf»[26]. Viermal traf sich der Arbeitskreis zum Erfahrungsaustausch.

Fast schon erstaunt reagierte der in den VS-Vorstand gewählte Reinhard Baumgart, als Walser ihm nach einem dieser Treffen von Ingeborg Bachmanns Roman «Malina» erzählte. Vor lauter Kampfrhetorik war die Literatur etwas in den Hintergrund geraten. Und doch waren es Bücher wie das der Bachmann, für die der «Kampf gegen Abhängigkeit» lohnte.[27] In Stuttgart hatte Walser sich am Rande des Kongresses mit Unseld getroffen und über «Malina» gesprochen. In Unselds Auftrag flog er von dort aus nach Rom, um mit ihr die endgültige Fassung des Textes zu erarbeiten. Bachmann legte großen Wert darauf, daß Walser und möglichst auch Uwe Johnson ihr Manuskript läsen. Sie schätzte Walser als gründlichen Lektor. Tatsächlich wurde der Text, dessen Abgabe sie immer wieder verschoben hatte, nach den Tagen in Rom mit Walsers Rat und Hilfe endlich fertig.

Noch war er kommissarischer Leiter des Suhrkamp Theater-Verlages. Er arbeitete an der Übersetzung eines Stückes von Christopher Hampton, empfahl Franz Xaver Kroetz fürs Suhr-

286 IX KOMMUNISTEN. 1969–1972

kamp-Theaterstipendium, begeisterte sich für Yasushi Inoues
«Stierkampf» und regte für die Bibliothek Suhrkamp Ausgaben
von Dylan Thomas und Jewgenij Jewtuschenko an. Für freie Lektüre nebenbei blieb keine Zeit. Johnson war der einzige Autor,
von dem er alles gelesen hatte, Thomas Bernhard daneben der
interessanteste der jüngeren Autoren.[28] Daß er außerdem schon
wieder mit Häftlingsliteratur beschäftigt war, gefiel Unseld überhaupt nicht. «Ich Herby» oder «Herby Derby» oder «Meine erste
Million» sollte der Tatsachenroman eines Wirtschaftskriminellen
aus dem Gefängnis heißen, den Walser als «Traven der jüngsten
Zeit» anpries. Unseld fand das Manuskript plump sozialkritisch
und lehnte es mit den Worten ab: «Karl Marx als Antikapitalisten-
Hippie muß ja auch Dir nicht sonderlich gefallen haben.»[29]

In den obligatorischen Skiurlaub zum Jahresende nahm Walser zwei wichtige Manuskripte nach Graubünden mit: den zweiten Teil von Johnsons «Jahrestagen» und das neue Stück von Peter Weiss mit dem Titel «Hölderlin». Dort, im Örtchen Sarn,
hatte er 1969 ein kleines Haus erworben, das die Familie nun
regelmäßig für Winterurlaube nutzte. Vormittags fuhr er Ski,
nachmittags arbeitete er. Doch es war voll im Haus mit Frau und
Töchtern, mit Tante und Hund, die sich gegen Abend alle in einem Raum versammelten. Lag es daran, daß er sich schwertat,
in Johnsons «Jahrestage» hineinzukommen? Stolpernd las er die
ersten achtzig Seiten, interessiert immer dann, wenn es um Jerichow und Mecklenburg ging, eher gelangweilt bei den New-
York-Szenen. Daß Johnson ausgerechnet die *New York Times*
in literarische Höhen hinaufzitierte – und das während des Viet-
nam-Krieges! –, wollte er nicht unwidersprochen akzeptieren.
Diplomatisch bemängelte er: «Die Nachrichten sind eine Bela-
stung, man kriegt ohnehin schon zuviel davon, jetzt stellst Du
auch noch Dich dafür zur Verfügung. Und gesagt ist oft weniger dadurch, als Du zu glauben scheinst.»[30] Obwohl er sich bemühte, Johnson zu ermuntern, und am Rand seines Briefes ergänzte: «Lieber Uwe, ich genier mich, weil ich Dir nicht gesagt

habe, wie gut sich das doch liest. Wenn man drin ist. Eine Menge Bewunderung habe ich vergessen Dir auszudrücken für die Festigkeit dieser Erzählung oder des Erzählens» – Johnson war verstimmt. Könnte es sein, daß Martin mit den außerdeutschen Lokalitäten deshalb nichts anfangen könne, weil er sie nicht mit Assoziationen anzureichern vermöge?[31] fragte er mit Beleidigungsabsicht und deutete damit an, daß sein Freund eben ein unverbesserlicher Provinzmuffel sei.

Mit Peter Weiss' «Hölderlin» war Walser offiziell befaßt. Einen kompetenteren Lektor in Sachen Hölderlin hätte es kaum geben können. Einen, der Weiss weniger widersprochen hätte in der einseitigen Parteinahme für Hölderlin als kompromißlosen Revolutionär und gegen die angepaßten Etablierten Hegel, Goethe und Schiller, auch nicht. Anfang des Jahres hatte er in Verlagsmission bereits für Weiss' «Trotzki» gekämpft, der nach der Uraufführung in Düsseldorf heftig verrissen wurde. Auf einen Artikel Ivan Nagels in der *Süddeutschen* hatte Walser sogar eine Gegendarstellung geschrieben und Nagel nahegelegt, sich in Zukunft mit seinen «hübschen schmerzlichen Gepflegtheiten» zu befassen und politische Stücke, von denen er nichts verstehe, zu meiden.[32] Ein Mißerfolg wie mit dem «Trotzki» durfte sich nicht noch einmal wiederholen, und so kniete Walser sich in die Lektorenarbeit. Seinen langen Brief an Weiss schrieb er auf die Rückseite eines Manuskriptes des Ravensburger Kollegen Josef W. Janker. Es war, wie er Weiss erklärte, eine Gewohnheit seit 1941, stets die Rückseiten beschriebenen Papiers zu benutzen, auch für die eigene Arbeit.

Die Anmerkungen gingen bis ins Detail, enthielten alternative Szenenentwürfe und den Vorschlag, die Hölderlin-Figur dürfe nicht Onanist, sondern müsse Bettnässer sein, wenn es sich um ein Laster handeln solle. Der Lektor Walser ließ sich als Autor mitreißen, wollte sich aber nützlich in den Dienst des Kollegen stellen. Das Stück begeistere ihn, schrieb er. Alles, was er vorschlage, betreffe lediglich «das bessere Liegen des Stückes im Theaterelement». Am «Trotzki» habe man gesehen, daß die Theater etwas abstoßen, wenn es nicht «getrimmt» sei. Nun bat er um Geduld. «Trimmen» sei nichts Wesentliches, nichts, was die Substanz des Stückes verändere.[33] Weiss dankte für die Kritik, die ihm helfe, auf den richtigen Weg zu geraten, und hoffte, sich eines Tages revanchieren zu können.[34] Als er neun Monate später das fertige Stück schickte, dankte Walser überschwenglich: «Lieber Peter, heute ist Dein schöner Hölderlin hier eingetroffen. Ich war gerührt und noch etwas mehr beschämt, weil Du mir eine übertriebene Notiz gegönnt hast. Danke.»[35]

Ein Kinderspiel. Ein Versteckspiel. Der Dra-Drache. DKP-Forum.

Mit einem eigenen Stück erlebte Walser am 22. April 1971 einen neuerlichen, demoralisierenden Theatermißerfolg. Alfred Kirchner inszenierte «Ein Kinderspiel» am Stuttgarter Staatstheater. Walser wollte den Generationenkonflikt spielerisch auf die Bühne bringen. Er knüpfte an den «Schwarzen Schwan» an, verzichtete allerdings auf den historischen Hintergrund des Faschismus. Nun sind alle familiären Konflikte hausgemacht. Asti und Bille, Bruder und Schwester, warten in einem Ferienhäuschen in den Bergen auf den Vater und die Stiefmutter. Die Wartezeit nutzen sie, um sich Szenen ihrer Kindheit und die Konfrontation mit dem Vater vorzuspielen. Heuchelei, Dressur, sexuelle Unfreiheit sind die Stichworte, unter denen die Geschwister, zwanzig und 23 Jahre alt, ihre Erfahrungen in der «bürgerlichen Familie» abhandeln. Asti verspricht, den Vater bei seinem Eintreffen zu erschießen. Die Revolte bleibt dann aber aus. Sie ist selbst nur ein Spiel. Walser jongliert mit den revolutionären Sehnsüchten der Studentenbewegung. Ob es um sexuelle Libertinage geht oder um Fidel Castro und Che Guevara: Es ist alles nur Gerede. Handlung, Aktion, Veränderung sind nicht zu erwarten, schon gar nicht auf der Theaterbühne. Das Stück mußte entschlossenen Linken ebenso mißfallen wie dem bürgerlichen Publikum. Den einen, weil sie sich nicht ernst genommen, den anderen, weil sie sich durchschaut fühlen konnten.

Schon Wochen vor der Premiere fürchtete Walser, das Stück werde an seinem zweiten Akt untergehen.[36] Tatsächlich fiel der zweite Akt deutlich ab. Die direkte Konfrontation des Sohnes mit dem Vater führte nicht über die Spielszenen des ersten Aktes hinaus. Um das Stück zu retten, schrieb er 1975 einen neuen zweiten Akt, der auch 1975 spielt, während der erste Akt 1968 angesiedelt ist. Asti wird dann zum hypererfolgreichen Spielzeugproduzenten, Bille blickt auf eine Laufbahn als Terroristin zurück. Damit trug er die Erfahrungen der siebziger Jahre nach und verschärfte seine Kritik an der Phrasenhaftigkeit der 68er-Revolte. Asti diente nun als Exempel dafür, wie bruchlos der Übergang vom anarchistischen Revoluzzertum in die Höhen des Kapitalismus zu bewältigen war. Erst in dieser überarbeiteten Fassung bekommt das Stück dramatisches Potential: Das Spiel der Revolution wird in den Ernst des Lebens überführt. 1971 aber verpufften die Konflikte im Spiel.

Reinhard Baumgart bezeichnete das Stück in der *Süddeutschen* als «Konfekt mit roten Schleifchen», mißverstand die Intention als «Wille zum Sozialismus» und sah bloß eine «Sketch-Serie». Walsers Fähigkeiten als Theaterautor stellte er mit Argumenten in Frage, die noch gegen jedes seiner Stücke erhoben worden waren: «Wieder einmal hängt diesen Walser-Figuren ihr Innenleben so geistreich aus dem Mund, sind die schon räsonierend derart fix und fertig, daß man sich zu bald und zu müde fragt, wozu sie denn überhaupt noch fleischlich und dreidimensional, als Schauspieler also, auf der Bühne erscheinen sollten. Waren das nicht Meinungen über Figuren eher als Figuren, Bündel von Aperçus, an denen Ohren, Beine, Arme, wie etwas Verlegenes und Überflüssiges, hängen würden?»[37]

Walser hatte es ja geahnt, und doch nahmen ihn die «neuesten Umstände» nach der mißglückten Inszenierung so sehr mit, daß er einen Besuch bei Johnson in Berlin absagte und auch den Plan einer gemeinsamen Wanderung vom Bodensee nach Graubünden aufschob. Ja, gestand er, es sei wegen Stuttgart, wenn auch nur zum Teil aus «tragischer Empfindung». Allein Baumgarts Kritik habe ihm «wirklich Schmerz zugefügt, weil er einen so (find ich) gemeinen Ton gewählt hat, den gemeinsten von allen, die ich las»[38]. Noch im September, als dann Peter Weiss' «Hölderlin» in Stuttgart uraufgeführt wurde, hing ihm die Sache so sehr nach, daß er nicht zur Premiere kam, um den befürchteten Mitleids- und Spottbekundungen zu entgehen. Weil er die «teilnehmenden Blicke» fürchtete, bat er um Verständnis dafür, den «Hölderlin» erst eine Woche später anzuschauen – ohne die Gefahr, Kritikern zu begegnen.[39]

Mehr als die schlechte Kritik beunruhigten ihn die finanziellen Folgen. Ein Debakel wie in Stuttgart wirkte vernichtend auf den stets von Untergangsängsten und Verarmungsphantasien geplagten Autor, der eine sechsköpfige Familie ernähren mußte. Jetzt rechnete er voraus, daß er bis Herbst 1972 nichts mehr auf den Markt bringen würde, und auch dann könne er nur etwas verkaufen, wenn er sofort mit der Arbeit beginne. Wie könnte er sich in dieser Lage auf eine fröhliche Wanderung einlassen?[40]

So ganz entsprach diese Rechnung nicht den Tatsachen. Der nächste Roman war schon fertig. Im März hatte er «Die Gallistl'sche Krankheit» im Verlag eingereicht, allerdings nicht unter seinem Namen, sondern unter dem Pseudonym Carl O. Abrell. Zusammen mit Johnson hatte er das böse Spiel ausgeheckt und sich eine konspirative Berliner Tarnadresse zugelegt. Er wollte ausprobieren, ob er eine zweite Existenz als Autor starten könnte. Er glaubte, deshalb erfolglos zu sein, weil er in der Öffentlichkeit als DKPler galt und Kommunisten in der Bundesrepublik keine Chance erhielten. Nun wollte er wissen, wie der Verlag sich zum Manuskript eines unbekannten Autors verhielte, in dem es ausdrücklich um den Sozialismus ging. Ein anderes, schlichteres Motiv für die Aktion könnte einfach nur darin bestanden haben, dem nicht sonderlich geschätzten Lektor Thomas Beckermann einen Streich zu spielen.

Beckermann tat Walser den Gefallen und lehnte das Manuskript des unbekannten Autors Carl O. Abrell ab. Seine Begründung: «Dieser Roman ist teilweise gut geschrieben, doch stellt sich auf die Dauer ein ungutes Gefühl ein. Bedingt durch die radikale Subjektivität des Erzählanlasses werden die einzelnen Passagen gleichförmig, wird keine Krankengeschichte aufgezeichnet, sondern es wird eine endlose Reihe von Paraphrasen gegeben. Ich glaube, daß dies im wesentlichen durch additive Form verursacht wird.»[41] Es wäre zu einfach, Beckermann Blindheit vorzuwerfen. Hätte er als Walser-Lektor die Walser-Prosa nicht sofort erkennen müssen? Zu wissen, daß der Name Abrell schon im «Einhorn» an verborgener Stelle[42] vorkam, wäre zuviel verlangt, Walser an seinem Stil zu erkennen, trotzdem möglich gewesen. Und doch ist es das gute Recht eines Lektors, das Manuskript eines Namenlosen anders zu beurteilen, als er es im Werkkontext eines eingeführten Autors eingeordnet hätte. Beispielsweise kann es geraten sein, einen schwächeren Text mitzutragen, wenn der eine Entwicklungsstufe markiert.

Walser war in seinem Zustimmungshunger unersättlich. Er wollte, daß der Verlag sich jeden seiner Texte mit allem Nachdruck und rückhaltloser Überzeugung zu eigen mache. Er wollte nicht nur gedruckt, sondern auch geliebt werden, nicht ein Autor, sondern *der* Autor des Verlages sein. In dieser Hinsicht fühlte er sich in der letzten Zeit schlecht behandelt. Die Erfahrungen, die er mit dem «Gallistl» machte, verstärkten dieses Gefühl. Also spielte er das Spiel ein bißchen weiter und schickte das maskierte Manuskript an Unseld: «Hier das Manuskript von Carl O. Abrell. Bitte sprich mit niemandem darüber, sag mir einfach, was Du davon hältst und basta.»[43] Das Inkognito war nicht mehr durchzuhalten. Thomas Beckermann mußte sich erneut mit dem Roman befassen, nun als Walser-Prosa, und er versuchte tapfer, die Kurve zu bekommen. Je länger er darüber sitze, so teilte er mit, um so interessanter und wichtiger werde ihm die «Gallistl'sche Krankheit», ja, er erkannte nun gar einen «Schlüsseltext» darin.[44] Doch das Verhältnis war nicht mehr zu kitten. Nach dem «Gallistl» übernahm die Lyrikerin Elisabeth Borchers, die als neue Lektorin in den Suhrkamp Verlag kam, die Arbeit mit Martin Walser.

Die politische Empfindlichkeit Walsers, der sich als Sozialist in der bundesrepublikanischen Öffentlichkeit bis zur materiellen Vernichtung ausgegrenzt fühlte, zeigte sich erneut im Mai 1971 in Sachen Heinar Kipphardt. Wieder war Günter Grass der Gegenspieler. Kipphardt, 1959 aus der DDR in den Westen übergesiedelt, war seit 1969 Chef-Dramaturg der Münchner Kammerspiele. Dort zeichnete er für die Inszenierung von Wolf Biermanns Stück «Der Dra-Dra» verantwortlich, einer Bearbeitung der Stalinismus-Parabel «Der Drache» von Jewgenij Schwarz. Gemäß Biermanns Anweisung, jeweils den im eigenen Land herrschenden «Drachen» zu bekämpfen, interpretierte Regisseur Hansgünter Heyme das Stück antikapitalistisch um. Im Programmheft sollte eine Fotogalerie der Mächtigen des Landes verdeutlichen, wer zu den «Drachen» gehörte. Die Bilder reichten von Hermann Josef Abs über Axel Springer bis zum Münchner Oberbürgermeister Hans-Jochen Vogel und zu Franz Josef Strauß. Zu sehen bekam sie allerdings niemand. Auf Geheiß des Intendanten August Everding wurden sie zurückgezogen. Das Programmheft erschien mit zwei weißen Seiten.

Kipphardts Vertrag wurde in der Folge nicht verlängert. Ein anklagender Artikel von Günter Grass trug zweifellos zu dieser Entscheidung bei.[45] Grass sah in den Fotos eine «Abschußliste», einen Aufruf zur «Lynchjustiz». Aus Kipphardt, den er «zwischen Joseph Goebbels und Eduard von Schnitzler» verortete, machte er einen Sympathisanten des Terrorismus. Daß Biermanns Stück antikapitalistisch umgepolt wurde, mißfiel ihm ebenfalls. Walser dagegen solidarisierte sich entschieden mit Kipphardt und forderte dessen Wiedereinstellung. Er hatte erfahren, daß die schlechte Programmbuchidee gar nicht von Kipphardt stammte. Vielmehr habe Kipphardt sie dem Intendanten deshalb vorgelegt, weil er sie problematisch fand. Warum also sollte er bestraft werden? Grass hatte sich demnach der üblen Nachrede schuldig gemacht. Die «Hexenjagd», die Kipphardt vorgeworfen wurde, fiel als Vorwurf auf Grass zurück.[46]

Der wenig erquickliche Streit wirft ein Schlaglicht auf die politische Stimmung in der Bundesrepublik, in der die SPD wenig später den Radikalenerlaß vorbereitete, um die sogenannten linken Extremisten vom öffentlichen Dienst auszuschließen. Es ist leicht vorstellbar, was es bedeutete, wenn ein Autor wie Walser Mitte Juni 1971 beim Kulturpolitischen Forum der DKP in Nürnberg auftrat. In «Elf Punkten für ein Arbeitsprogramm» legte er dort ein Bekenntnis zum Sozialismus ab – ähnlich wie Peter Weiss das in den sechziger Jahren mit seinen «Zehn Punkten» getan hatte. Bei Walser aber kam das Bekenntnis weniger aus der Theorie als aus dem Gefühl oder, wie er es nannte, aus der Erfahrung. Er äußerte sich nicht als Theoretiker, sondern als Poet. Und wenn er von «Theorie» sprach, dann klang das so: «Schön blüht und ohne Zweifel rot die Tendenz: dem Bestehenden ziehen wir das Bessere vor: den Sozialismus wie er im Buche steht: schön und beweisbar.»[47] Man könnte glauben, da habe jemand Bertolt Brecht mit Erich Fried gekreuzt. Es war aber tatsächlich Martin Walser, der sich da im Poesiealbumgenre versuchte.

Moskaureise. USA-Nachrichten. Lechts und rinks. Krankheitsbild Gallistl.

Eine Woche nach dem Auftritt in Nürnberg brach Walser zu einer vierzehntägigen Reise in die Sowjetunion auf. In Moskau war er zu einem internationalen Schriftstellerkongreß eingeladen. Auf das pathetische öffentliche Bekenntnis zum Sozialismus folgte dort postwendend die Ernüchterung. Der Besuch in Moskau war, so sagte er rückblickend, «tödlich für jede Hoffnung»[48]. Vier Tage hörte er von früh bis spät Schriftstellern aus allen Sowjetrepubliken zu, die darüber berichteten, wie sie in den vergangenen fünf Jahren den literarischen Produktionsplan erfüllten oder übertrafen. Sogar die Apologeten des sozialistischen Realismus bemängelten die Leblosigkeit der Reden und der Literatur.[49]

Walser agierte erstaunlich naiv oder unbeeindruckt von den Verhältnissen. Als ihn eine Journalistin im Hotelzimmer abholte, fragte er in aller Unschuld und um überhaupt etwas zu sagen: «Wie geht es Herrn Solschenizyn?» Er sei wohl wahnsinnig, wurde er auf der Straße angeherrscht, im Hotelzimmer so etwas zu fragen.[50] Solschenizyn, der mit seinen Romanen über die stalinistischen Straflager im Westen gefeiert und 1970 mit dem Literatur-Nobelpreis ausgezeichnet wurde, war als Systemgegner in der Sowjetunion zunehmenden Repressalien ausgesetzt. Schon 1969 wurde er aus dem Schriftstellerverband ausgeschlossen. Walsers Hauptbekanntschaft auf dieser Reise war der Schriftsteller Lew Ginsburg, mit dem er auch die Abende verbrachte. Ginsburg gehörte zu den Autoren, die er Unseld für den Suhrkamp Verlag empfahl. Eine andere Entdeckung war der Kirgise Tschingis Aitmatow, damals im Westen noch völlig unbekannt, eine imposante Figur: «40, muskulös, Star, Weltberühmtheitsbenehmen, hat versprochen, mir sein nächstes Buch zu schicken.»[51]

Daß Walser im Restaurant des Hotels «Moskwa» mit dem funktionärshaften DDR-Staatsdichter Hermann Kant an einem Tisch zu sitzen kam, hatte weniger mit gegenseitiger Sympathie zu tun als damit, daß die Gastgeber die Deutschen ohne Rücksicht auf Ost-West-Differenzen umstandslos nebeneinander plazierten. Kant berichtet von diesem Zusammentreffen in seinen Memoiren. Demnach führte Walser bei Tisch das große Wort und machte sich einen Spaß daraus, den ostdeutschen Kollegen ein bißchen zu ärgern. «Er brachte es fertig, mit Blick auf Gorkistraße, Manege, Kremltürme und Roten Platz die Abwesenheit von Welt und eigentlich auch Weltgeschichte zu beklagen, und weil er nun einmal dabei war, befand er, eine Siedlung, in der es keine Stadtpläne zu kaufen gebe, könne nicht verlangen, von ihm als urbaner Vorgang hoch veranschlagt zu werden.»[52] Das wollte Kant nicht auf die sozialistischen Metropole kommen lassen. Er ging los, kaufte in einem benachbarten Kiosk einen Stadtplan und überreichte ihn Walser, damit der «Moskau die Stadtrechte nicht länger verweigere». Walser schloß daraus auf ein inniges Verhältnis zwischen Kant und dem KGB und ignorierte das peinliche Schweigen der Dolmetscher. Ein wenig säuerlich merkte Kant an: «Bruder Martin hatte seinen humorlosen Spaß, und das zählte.» Kant, der es gewohnt war, jedes Wort innerlich sämtlichen höhergestellten Instanzen zur Genehmigung vorzulegen, beneidete den Westdeutschen dafür, sich spontan äußern zu können, auch wenn er das als «machtgeschützte Oberflächlichkeit» abtat. Er sah in Walser nicht zu Unrecht einen Meister in der Kunst, Gedanken erst während des Redens zu entwickeln.

In Berlin blätterte Uwe Johnson jeden Tag gespannt die Zeitung durch, immer in Erwartung, einen Bericht von Walser zu finden. Er sammelte alle Texte über ihn, besonders die negativen, und heftete sie mit dem archivierten Briefwechsel ab. Was so entstand, glich eher einer Geheimdienstakte als einer Korrespondenz. Die Hinterlassenschaft zeugt vom zunehmenden Mißtrauen Johnsons und vom allmählichen Zerfall der Freundschaft. Aufmerksam verfolgte er einen Bericht in der Fernsehsendung *Aspekte*, wo Walser nach seiner Rückkehr erklärte, er suche nach einer Entsprechung für sozialistischen Realismus im Westen, also einen «kapitalistischen Realismus». Das müsse eine Literatur sein, die ihre Abhängigkeit durchschaue. Johnson schrieb Walsers Auskunft mit, er sei «noch kein Kommunist, wolle sich solchen Absimpelungen auch nicht zur Verfügung stellen, aber wenn er einer werde, wolle er ein wirklicher Kommunist wer-

296   IX KOMMUNISTEN. 1969–1972

den». Gleich nach der Sendung rief er in Nußdorf an und notierte sich Walsers Antwort auf die Frage, ob er Solschenizyn kennengelernt habe: «Den brauche ich nicht kennenzulernen, den kennen schon so viele.»[53] Ähnlich reagierte Walser in einem Zeitungsinterview auf die Frage nach sowjetischen Straflagern. Da konterte er die Solschenizyn-Frage mit dem Hinweis auf amerikanische Napalmbomben in Vietnam und sagte: «Wer Parteien unterstützt oder Regierungen, die das USA-Verbrechen in Vietnam seit Jahr und Tag billigen, der hat sein Recht verwirkt, auf die zwei bis vier Fälle von Verurteilungen russischer Schriftsteller hinzuweisen.»[54]

Das Argument war billig. Die Moral war geteilt. Parteilichkeit galt in der geteilten Welt mehr als Gerechtigkeit, und so erklärte Walser: «Die Literatur muß also parteilich sein. Das ist ein Vorgang, der bei uns dem Gelächter preisgegeben wird. Aber was ist denn Parteilichkeit bei uns? Wessen Partei vertrete ich, wenn ich glaube, keine Partei zu vertreten? (...) Ich meine, jeder fühlt sich frei und in Freiheit. Und jeder glaubt, in der Sowjetunion gebe es nur befohlene Haltungen. Wer merkt hier schon, daß das Bewußtsein, das sich ausdrückt in Theateraufführungen, in unseren Kritiken (...) gesellschaftlich bedingtes Ergebnis ist.»[55] Seine Sätze wären richtiger gewesen, wenn er die Kritik an der Sowjetunion nicht ausgeblendet hätte. Das ist um so erstaunlicher, da er seine Moskau-Reise doch als so desillusionierend empfand. Darüber öffentlich zu sprechen wäre aber politischem Verrat gleichgekommen. Stalinismus war nicht kritisierbar, weil er damit den Antikommunisten Argumente geliefert hätte. Zwanzig Jahre später begründete Walser seine damalige Zurückhaltung anders. Sie sei aus Rücksicht auf Menschen in der Sowjetunion unterblieben. Es wäre ihm unanständig erschienen, sich kritisch über ihre Lebenssituation zu erheben.

Weniger skrupulös war er in seiner Kritik an den Verhältnissen in den USA. Die skandalöse Verhaftung der schwarzen Bürgerrechtlerin Angela Davis war ihm Anlaß, die «faschistischen

Züge» der amerikanischen Gesellschaft anzuprangern. Der Rassismus, die Klassenverhältnisse, die in der Verhaftung einer schwarzen Kommunistin ihren konsequenten Ausdruck fanden, dienten als Exempel kapitalistischer Machtverhältnisse und ließen die westdeutschen Entwicklungsmöglichkeiten ahnen. Als Redner bei einer Demonstration auf dem Münchner Marienplatz rief er aus: «Das ist nicht mehr der Faschismus, der seine Taten unter Fahnen und Fanfaren, sondern seufzend vollbringt. Sozusagen widerwillig wendet er Gewalt an. (...) Man erwarte also nicht die Wiederauflage des Nazismus. Die wirklich gefährlichen Attentate auf die demokratische Entwicklung kommen nicht von der NPD, sondern von denen, die unsere Entwicklung zur Demokratie stoppen im Namen ihrer Schein-Demokratie.»[56] Walser überhöhte damit seinen politischen Aktionismus zum neuen Antifaschismus und verlagerte den Faschismus nach Kalifornien, wenn er sagte: «Die kalifornischen Faschisten werden es nicht wagen, eine Angela Davis in die Gaskammern zu schicken, die von der aufmerksamen Sympathie der Weltöffentlichkeit getragen wird.»[57]

Wieder einmal zeigt sich, wie stark die deutsche Vergangenheit die geteilte politische Moral der Gegenwart dominierte. Wenn Auschwitz in Vietnam lag, war es nur logisch, daß Amerika für den neuen Faschismus stand und dort die Gaskammern der Gegenwart zu finden waren. Auch das andere, das sogenannte «bürgerliche» politische Lager argumentierte leichtfertig mit historischen Parallelen. Der allgegenwärtige Antikommunismus betrachtete die sowjetischen Gulags als Entsprechung der KZs und sah im Sozialismus die zweite totalitäre Diktatur des Jahrhunderts. Wenn die Demokratie sich demnach im Kampf gegen die Unfreiheit der sozialistischen Länder zu bewähren hatte, ließ sich auch diese Auseinandersetzung zum Antifaschismus veredeln. Der Zorn eines Günter Grass gegen die Münchner Inszenierung des Biermann-Stückes als antikapitalistische Parabel hatte ja auch damit zu tun, daß hier zwei Weltwahrnehmungsmo-

298 IX KOMMUNISTEN. 1969–1972

delle – Antikapitalismus und Antikommunismus – aufeinanderprallten. Der Streit darüber zeigt, wie betonverbunkert die Fronten «links» und «rechts» einander gegenüberstanden.

Walser war Teil dieser Anordnung. Er schärfte den Gegensatz mit seinen Statements und litt unter der zunehmenden
Isolation. Die Jahre, in denen die Studentenproteste die westlichen Gesellschaften in Bewegung gebracht hatten, waren vorbei. Intellektuelle, die damals als Linke firmierten, reihten sich
nun wieder als Liberale ins akzeptierte Spektrum ein. Die sozial-
liberale Koalition stärkte das Gefühl, es habe sich tatsächlich etwas geändert, man sei angekommen in einer demokratischeren
Wirklichkeit. So verteidigte nun die etablierte Mitte ihre Position gegen die Radikalen von rechts und links. Es herrschte,
wie Walser in einem Rundfunkessay beklagte, eine große Einheit, die von *Süddeutscher Zeitung* bis zur *Welt*, von Grass bis
Thilo Koch, von Reinhard Baumgart bis Marcel Reich-Ranicki
reichte. Und die Kritiker waren für ihn die schlimmsten Ideo-
logen: «Verblüffend ist immer wieder, daß die Literaturkritiker
ganz offensichtlich der Meinung sind, sie versähen ihr Urteilsge-
schäft nach literarischen Maßstäben. Vielleicht kommt das von
ihrer völligen Übereinstimmung mit der herrschenden Ideologie. Einen Schuh, in den man vollkommen paßt, spürt man
nicht mehr.»[58]

Für Walser, den erklärten Sozialisten, war demnach kein
Platz, weder im politischen Meinungsspektrum – das alles duldete außer Franz Josef Strauß und den Sozialismus – noch im Bereich des literarisch Erträglichen. Der Radikalenerlaß für den öffentlichen Dienst galt ja gewissermaßen auch für die Literatur.
Wer wie Walser als Sozialist auftrat, hatte bald ein ökonomisches
Problem, denn die Nachfrage nach «linkem Gedankengut»
nahm in den siebziger Jahren kontinuierlich ab. Walser rettete
sich in die heroische Geste dessen, der standhält. Das war ein
Minderheitenprogramm. Dabei wollte er immer den großen Erfolg, wollte nicht nur ein paar tausend, sondern hunderttausend

Leser gewinnen. Weil beides zugleich nicht zu haben war, nahm seine Rhetorik an Schärfe zu. Wenn man sich schon politisch konsequent für eine Seite entschied, dann konnte es keine Abstriche geben.

Im Rückblick, aus der historischen Distanz der Jahrzehnte, sagte Walser immer wieder, es habe damals ausgereicht, gegen den amerikanischen Krieg in Vietnam zu sein, um als Kommunist abgestempelt zu werden. Diese Erinnerung täuscht. Es war doch ein bißchen mehr, was ihn der bürgerlichen Gesellschaft verdächtig machte. Sein Jargon war stark marxistisch geprägt. In der *Süddeutschen Zeitung* befaßte er sich beispielsweise mit Hans G. Helms' Kritik an der Studentenbewegung und erklärte «die geschliffen genaue marxistische Analyse» zum «einzigen tauglichen Mittel, die Ideologie der Antiautoritären zu kritisieren». Eine Differenz zum Marxisten Helms wird in dieser Besprechung nicht spürbar. Walser setzte mit ihm auf die «Analyse der Klassenunterschiede», um «das Klassenbewußtsein zu stärken». Er sprach von der «Überwindung des Grundwiderspruchs der kapitalistischen Gesellschaft» und kritisierte die Studenten dafür, aus der Revolution einen «Fetisch» gemacht zu haben. Er setzte auf die Organisationsmacht der Gewerkschaften.[59]

Es war eine prägende Erfahrung dieser Jahre, wie Freunde, Kollegen, Zeitungen, Institutionen ihn behandelten, solange sie ihn für einen Kommunisten hielten. Wirkliche Abweichung, das spürte er, war nicht vorgesehen: Als Dissident bist du auch in der westlichen Demokratie erledigt. Er fühlte sich wieder als der «Mann auf der Kellertreppe», als der er sich in den frühen fünfziger Jahren entworfen hatte: einer, der draußen steht, ausgeschlossen aus der Gesellschaft, und der nicht weiß, ob er sich angewidert abwenden oder sich anpassen soll. Je stärker er sich als Kommunist und kommunistischer Schriftsteller stigmatisiert sah, um so enger schloß er sich den kommunistischen Freunden an. Das war, wie er im Rückblick meinte, die zweite religiöse Erfah-

300 IX KOMMUNISTEN. 1969–1972

rung seines Lebens nach dem Katholizismus.[60] Es ist kein Zufall, daß seine Kritik an der fremdbestimmten DKP mit ihrer «in grotesker Weise ausländischen Zentrale»[61] bis in die Wortwahl der an der katholischen Kirche glich.

Die gesellschaftliche Isolation, das Leiden an Konkurrenzverhältnissen, die allgemeine Feindseligkeit sind die Ursachen der «Gallistl'schen Krankheit». In diesem Roman verdichtete Walser seine Erfahrungen als Sozialist in der westdeutschen Gesellschaft. Josef Georg Gallistl, dessen sprechender Name sich aus Galle und List zusammensetzt, hat sich ähnlich wie Anselm Kristlein in Passivität und Einsamkeit zurückgezogen. Neue Freunde bringen Rettung und Heilung. Mit ihnen erlernt er soziale Verhaltensweisen. Das kranke bürgerliche Individuum gesundet im kraftvollen Kollektiv der Genossen. Walser demonstriert an Gallistl die Einübung in den Sozialismus und tastet sich voran zu «Tonarten der Hoffnung»[62]. «Gallistl» ist ein religiöses Buch, an dessen Ende der Held ins rostige «Kalvarienauto» seiner Freunde einsteigt und mit ihnen die Pilgerfahrt ins Ungewisse antritt. Die Erlösungshoffnung ist brüchig, aber sie besteht. Walser zeigt sich in diesem Roman als versierter Verbergungsentblößungsspieler, der seine Schwächen verdeckt, indem er sie öffentlich macht. Die Kehrseite dieser exhibitionistischen Veranlagung ist die Angst, entdeckt und bloßgestellt zu werden. In seiner Melancholie, in seinem Überdruß, in seiner scharfen Selbstbeobachtung ist Gallistl ein direkter Vorläufer Meßmers, jener Figur, die Walser in «Meßmers Gedanken» (1985) und «Meßmers Reisen» (2003) zum fiktiven Autor seiner Notizbücher macht.

Die «Gallistl'sche Krankheit» läßt sich wie so viele Bücher Walsers als Schlüsselroman lesen, geht aber nicht in der Entschlüsselung auf. In der Figur des Moskau lobpreisenden, lebenslustigen und kraftvollen Kommunisten Pankraz erkannten Walsers Freunde den Maler Carlo Schellemann. Frieder Hitzer sah sich in der Figur des Rudi Rossipaul porträtiert, der stets mit Aktenköffer-

IX KOMMUNISTEN. 1969–1972　301

chen, adrettem Bärtchen und Anzug auftritt, als müsse er Uhren in der Schweiz verkaufen: ein «gemütlicher Eiferer, ein sozialistischer Gigolo»[63]. So manche Sitzung mit *kürbiskern*-Redakteuren und DKPlern in der Münchner Wirtschaft am Hasenbergl lieferte Material für diesen durchaus heiteren Roman, der mit Ironie gegenüber den sozialistischen Freunden nicht spart. Zwei weitere Bände – «Gallistls Verbrechen» und «Gallistls Lösung» – sollten folgen, blieben aber unausgeführt.

Als Buchumschlag wünschte Walser sich einen biegsamen Karton «in der Farbe eines blauen Anton». Am liebsten wäre es ihm gewesen, wenn alle seine Bücher in Zukunft so aussehen könnten.[64] «Gallistl» ist keine Parteiprosa, ja, das Buch enthält Passagen, die bereits Walsers späteres Deutschlandgefühl zum Klingen bringen. Gallistl will die DDR nicht als Ausland akzeptieren, wenn er schreibt: «Andererseits reicht meine Empfindung tief nach Pommern hinein. Sachsen ist mir vertraut, ohne daß ich je dort war. Wie oft denke ich an Magdeburg! Ich will die DDR nicht erobern. Ich will mir aber nicht verbieten lassen, daß mein Gefühl einreist und ausreist, wie es ihm paßt.»[65] Diese Sehnsucht scheint 1972 niemand anstößig gefunden zu haben. Von einem Sozialisten war ja nichts anderes zu erwarten, und außerdem handelte es sich nur um eine Romanfigur. In den achtziger Jahren machte Walser mit ähnlichen Äußerungen politischen Skandal. Plötzlich galt er als «rechts» und nationalistisch, dabei hatte seine Haltung sich gar nicht geändert.

Uwe Johnson, der das Ableben des Autors Carl O. Abrell bedauerte, gratulierte Walser zu dem Buch, dessen strenge Verknappung ihn beeindruckte. Ein bißchen hämisch merkte er an, daß dieser Subjektivismus in der DDR großen Neid auf die westliche Freiheit der Kunst hervorrufen dürfte, und zeigte sich gespannt auf Kritiken aus DKP-Feder.[66] Verstört reagierte dagegen Max Frisch. Er bezog die Schilderung eines westlichen Intellektuellen auf sich, der beim Besuch der UdSSR auf Schritt und Tritt Noten verteilt, ohne irgend etwas zu kapieren, sich dagegen im Weißen Haus in Washington ironisch und auf Zehenspitzen bewegt, als müsse er Distanz und Einverständnis zugleich ausdrücken.[67] Frisch meldete gegen diese Darstellung zwar Widerspruch an, doch was ihm bei der Lektüre «weiche Knie» machte, war etwas anderes. Er bewundere die «rasante Aufrichtigkeit» des Romans, schrieb er an Walser: «Ich habe dein Buch nicht als Literatur konsumiert; manchmal bedauere ich, daß Gallistl nicht Martin Walser heißt, ganz direkt. Du nämlich bist es, dem ich seine Einsichten glaube. Sie machen mich betroffen. Sie sind mir nicht völlig fremd, aber sie sind schonungsloser, als wenn ich selber denke. (…) Als ich dich zum letzten Mal sah, war's auf dem Bodensee, auf deinem Boot, vor der Bundestagswahl, ich wußte nichts zu sagen. Bei voller Sympathie, die du nie ganz glauben magst. Zugehört habe ich schon. Nicht daß du nicht zuhören könntest; nur fällt dir beim Zuhören so viel ein und so rasch, dazu die Sprachfähigkeit – ich glaube es (ohne Ironie), daß dir viele, wenn nicht alle, wie A. B. C. D. E. erscheinen.» Frisch akzeptierte die Diagnose, die Walser mit dem Leiden Gallistls der kapitalistischen Gesellschaft ausstellte. Die therapeutische Wendung zum Sozialismus wollte und konnte er nicht mitgehen, schon gar nicht den Weg in die Partei. Er gab aber zu, selbst keinen Ausweg zu wissen. «Du bist weiter», schrieb er, «du wirst uns sagen oder zeigen, ob es stimmt.»[68]

Walser war erleichtert über Frischs offene Reaktion. Er habe gerade ihm, dem Meister der Genauigkeit, den «UdSSR-Affekt» nicht durchgehen lassen können. «Übrigens», ergänzte er, «glaub ich, daß ich der gemachten Figur dringend bedarf, weil ich sonst in eine Selbstvertrautheit verfalle, die entweder zur Stummheit oder zur Geschwätzigkeit verführt.»[69] Gallistl aber ist nur eine sehr dünne Haut, die er als Kunstfigur um sich herum gelegt hat.

Frisch gelang es einmal, das zärtliche, ehrerbietige und durchaus nicht spannungslose Verhältnis mit einem Geburtstagsgeschenk zum Ausdruck zu bringen. Er überreichte Walser ein zierliches, aus Elfenbein geschnitztes Händchen an einer feingliedrigen Kette. Sein Kommentar dazu: Als Faust war sie leider nicht zu haben. Walser mußte zugeben: Es steht 1:0 für dich.

X LÖSUNGEN. 1971–1975

Kein Grund zur Freude.
Kein Wahlkampf für die DKP. Handkes Gewichte.

Mit so einer Reaktion von Siegfried Unseld hatte er nicht gerechnet. So einen Brief hatte er überhaupt noch nie bekommen vom Verleger, vom Freund. Konnte ein Verleger überhaupt ein Freund sein? «Ich *flehe* Dich an, diesen Text nicht herauszulassen», stand da. So etwas dürfe man «nicht denken, nicht sagen, nicht schreiben und nicht veröffentlichen».[1] Worum ging es? Walser hatte Unseld im Sommer 1971 ein Bündel mit «Strophen» geschickt, aus denen er schon beim Nürnberger DKP-Kulturforum vorgetragen hatte. Er bezeichnete sie als Versuche, die «eigene Bewußtseinsentwicklung zur Sprache zu bringen und sie dadurch anschaubar und diskutierbar zu machen».[2] Die Sammlung hieß zunächst «Taschenbüchlein zur Überwindung der Hindernisse», erhielt dann aber den biedermeierlichen Tarnungstitel «Der Grund zur Freude. 99 Sprüche zur Erbauung des Bewußtseins». Sieben Jahre sollte es bis zur Veröffentlichung im Jahr 1978 dauern, nicht bei Suhrkamp, sondern in der Düsseldorfer Eremiten-Presse.

Unseld beteuerte, alles zu drucken, was Walser schreibe, doch er beschwor ihn, auf diese Verse zu verzichten. Seine vehemente Ablehnung entzündete sich an der Strophe «Form und Inhalt»:

Es ist keine Kunst, wenigen verständlich zu sein.
Vielen verständlich zu sein fordert Mut. Was nicht
auch ein anderer sagen könnte, soll man
besser verschweigen.[3]

Mit diesen schlichten Sätzen zerbrachen die notdürftig aufrechterhaltenen politischen Gemeinsamkeiten. Unseld sah darin die

Unterwerfung des freien Intellektuellen unter das Kollektiv. Er witterte einen Generalangriff auf seine Kunstauffassung, die von der Genieästhetik des 19. Jahrhunderts geprägt war und nicht zufällig in Goethe und Hermann Hesse ihre Heroen besaß. «Kunst», so beschwor er den Freund, «kann man nur machen, wenn man etwas zu sagen hat, was ein anderer nicht zu sagen imstande ist. Nur so ist Fortschreiten möglich.»[4] Das Bekenntnis zum Sozialismus, das der «Grund zur Freude» enthält, konnte und wollte er nicht teilen.

Für Walser aber war der Kult um das Individuum Teil des sogenannten kapitalistischen Verblendungszusammenhangs. Er sprach lieber vom «Dividuum», weil er den Glauben an eine unzerstörbare, autonome Person für pure Ideologie hielt. Damit hatte er sich auch in der «Gallistl'schen Krankheit» auseinandergesetzt. Vom Geniegetöse hielt er ebensowenig wie vom Inspirationsgerede: «Phantasie ist Erfahrung», lautet einer seiner Leitsätze, der sich in «Meßmers Reisen» aus dem Jahr 2003 findet. Was bringt uns unsere gloriose Unverwechselbarkeit? fragte er damals und verteidigte den Form-Inhalt-Aphorismus als «menschenfreundlichen, demokratischen Satz»[5].

Weil er Unselds massive Ablehnung nicht begriff, schickte er die umstrittene Sentenz an Johnson, um dessen Urteil zu hören. Doch der schlug sich auf Unselds Seite und warnte Walser, er verzichte «auf gefährlich große Mengen seiner Produktivkraft» und begebe sich auf den «niedrigsten gemeinsamen Nenner von Erkenntnis und Ausdruck». Darüber hinaus verbiete der fragliche Satz «die Weitergabe von Erkenntnissen, wenn die von dir gedachte oder sonst eingesetzte Instanz sie nicht erkennt oder anerkennt».[6] Der sachliche Tonfall konnte die entstandene Distanz nicht verbergen. Johnson, seine Unabhängigkeit kultivierend, mußte Walsers freundliches Anschmiegen ans Gemeinschaftliche als Bedrohung empfinden. Der politische Konflikt zwischen dem DDR-Exilanten Johnson und dem Sozialisten Walser entbrannte an der Frage nach der Autonomie der Kunst.

Ganz anderes reagierten die Freunde aus dem Umfeld der DKP auf die Strophen, als der *kürbiskern* eine Auswahl brachte. Auch hier sorgten sie für Irritationen, aber aus entgegengesetzten Gründen. Die lyrische Vieldeutigkeit paßte nicht zum Bedürfnis nach ideologischer Klarheit. Walsers Suchbewegung wurde hier als gefährlicher Subjektivismus ausgelegt. Er blieb eben der Kleinbürger, der die eigene Empfindsamkeit höher stellte als die Weisheit des Kollektivs. Sein «Selbstgefühl» entsprach nun wahrlich nicht der Parteilinie:

Recht haben werde ich nie. Das weiß ich
jetzt schon. Mir wurde anerzogen,
daß ich mich täusche. Seitdem will ich
andere auch täuschen.[7]

So nahe er der DKP in diesen Jahren stand, so viele Versammlungen er auch besuchte, Parteimitglied war er nie. An der DKP vermißte er nach wie vor die «Heimatliebe». Er wartete darauf, daß aus ihren Reihen wenigstens einmal Kritik an der DDR laut würde oder Distanz zur Sowjetunion zu erkennen wäre. Nicht daß er unbedingt DKP wählen wollte, schrieb er in einem Essay zur Bundestagswahl 1972, der in der DKP-nahen *Deutschen Volkszeitung* und in der *Zeit* erschien, nachdem der *Spiegel* ihn nicht drucken wollte.[8] Doch entschieden setzte er sich dafür ein, alle Parteien einschließlich der DKP wählen zu können, ohne daß deshalb mit Fingern auf ihn gezeigt würde. Er engagierte sich weniger *für* die DKP als *gegen* den herrschenden Konsens öffentlichen Meinens, wonach die DKP aus dem Spektrum demokratischer Möglichkeiten auszuschließen wäre wie auch die Kommunisten als sogenannte «Radikale» aus dem öffentlichen Dienst.

Auch wenn er sich zum Dialog mit DKP-Chef Kurt Bachmann traf, widerstrebte es ihm, Wahlkampf für die Partei zu machen. Frieder Hitzer erklärte er, «den inhaltslosen, abstrakten Einsatz von sogenannter Prominenz» halte er «für blöde und schädlich». Still und leise unterstützte er statt dessen in der Bodenseeregion eine SPD-Wählerinitiative mit Argumenten und einer Unterschrift. So jedenfalls teilte er es Unseld mit[9], damit in Frankfurt kein falscher Eindruck entstünde. Entscheidend für die Restdistanz zur DKP war deren fortgesetztes Schweigen zu den Ereignissen in der CSSR nach der Niederschlagung des Prager Frühlings und deren Unfähigkeit, «selbständig» – und das hieß für Walser eben: «inländisch» – zu werden.[10] Als im Finale der Fußball-Europameisterschaft 1972 Deutschland gegen Rußland spielte, erlebte er, wie die Genossen in internationalistischer Pflichterfüllung zur russischen Mannschaft hielten. Er hatte nicht viel für Fußball übrig, aber es war ihm unbegreiflich, wie man in diesem Fall gegen das eigene Land empfinden konnte. Das brachte ihm erneut den Vorwurf ein, er sei ein kleinbürgerlicher Schwärmer. Wenigstens gewann Deutschland mit 3:0.

Neben der Arbeit am dritten Kristlein-Roman, «Der Sturz», entstanden 1972 weitere Strophen für den «Grund zur Freude». Mit ihnen wuchs die Sorge, daß Unseld, der «Verleger der Verzweifelten (und der toten Sozialisten) keinen Grund zur Freude darin finden» könnte. Im Juni kündigte Walser das Buch erneut an. Er hätte es gerne noch vor den Wahlen im Herbst veröffentlicht, gewissermaßen als Bewußtseinstraining mit eingelagerter Wahlempfehlung. Doch er hatte das Gefühl, von Unseld nur noch «mitgeführt» zu werden, weil er «immer inhaltlicher werde». Dabei sei er doch bloß «demokratiesüchtig, aber das ist ja schon fast verboten»[11]. Was also tun?

Die Prozedur wiederholte sich Jahr für Jahr. Auch 1973, 1974 und 1975 bot Walser den «Grund zur Freude» zur Publikation an. Unseld konnte sich zu keinem klaren Nein aufraffen. Er versprach immer wieder, alles von Walser zu publizieren, vorausgesetzt, es handle sich nicht um «plane Werbung für die DKP» oder um «einen Aufruf zur gewaltsamen Änderung unserer Verhältnisse».[12] Aber bei jeder neuen Runde ließ er das Manuskript ein bißchen länger liegen. Aus seiner Mißbilligung machte er keinen

Hehl und wußte, daß Walser unter diesen Bedingungen nicht zustimmen würde. Walser war Duldung nicht genug. Er wollte einen überzeugten Verleger und keine «flau-laue» Unterstützung. «Schau Siegfried», schrieb er, «ich weiß, daß Du subjektiv zu mir stehst, aber objektiv kannst Du für mich wenig tun. Du hörst so viel gegen mich, das färbt ab. Politisch läßt Du Dich noch etwas mehr ziehen als ich. Der Verlag hat dem Gallistl beigegeben, daß ich hier Einsichten aus Essays ‹einbringe›. Das ist vernichtend. Der Gallistl ist geschrieben von Grund auf. Das ist kein zur Verbreitung von Ideen willkürlich gewähltes Transportmittel.»[13]

Als kränkend empfand er die Verlagsstrategie, ausgerechnet Peter Handke als literarisches Ereignis anzukündigen und ihn mit allen verlegerischen Weihen auszustatten, die er, Walser, vermißte. Handke war ein Konkurrent, der mit spielerischer Leichtigkeit Erfolge einsammelte, ein literarischer Popstar, der sich politischen Anforderungen konsequent entzog. «Als Narziß recht zu haben ist nicht schwer», erklärte Walser nun seinem Verleger. «Mein Spiegelbild ist mein Spiegelbild. Das GROSSE Bewußtseinsabenteuer beginnt aber sofort, wenn Du über Dich hinausgehst. Da beginnt das Denken als Arbeit und als moralische Anstrengung. Deshalb kommt mir Handke bei aller literarischen Vollkommenheit etwas harmlos vor, weil er (bis jetzt! Das kann sich täglich ändern!) sich nichts hinzufügen will. Mag sein, ich verkenne seine introspektorische Leistung. Aber bloßer Neid ist es nicht, wenn ich sage, ich verlange das nächste Mal eine klare Vorentscheidung, und wenn sie JA heißt, dann fühlte ich mich betrogen, falls wieder so eine Viertelsherzigkeit zustande käme.»[14] Eigenartig: Was Walser hier fordert, hat er selbst nie praktiziert. Seine Romane sind keine Abenteuerfahrten in die Fremde. Sie ankern als Selbsterkundungen im Hafen der eigenen Erfahrung. Was Walser Handke vorwirft, mag seinen aktuellen theoretischen Zielen entsprochen haben, literarische Praxis wurde daraus nicht. Handke war ihm weniger fern, als er wahrhaben mochte.

Die spätere Entwicklung rückte die beiden in ihrer Öffentlichkeitsskepsis und in ihrem Vertrauen auf die Kraft subjektiven Empfindens immer näher zueinander. Schon Handkes «Das Gewicht der Welt», 1978 erschienen, begeisterte Walser. Da spürte er eine tiefe Verwandtschaft. Wenn Handke in den neunziger Jahren «Gerechtigkeit für Serbien» forderte und Walser in seiner Friedenspreisrede die «Instrumentalisierung des Holocaust zu gegenwärtigen Zwecken» beklagte, dann verband sie dabei – unabhängig von den Inhalten – der gemeinsame, trotzige Zorn gegen normiertes öffentliches Sprechen. Zwei Rechthaber wandten sich gegen die herrschende Rechthaberei und beriefen sich darauf, eine eigene, «unkommandierbare» Sprache zu sprechen.

Damals konnte Walser die politische Dimension von Handkes nur scheinbar apolitischer Innenschau nicht erkennen. Seine Strophen aus dem «Grund zur Freude» hielt er dagegen für brauchbare «Besinnungsinstrumente», die er in einer Auflage von 50 000 Exemplaren unter die Menschen bringen wollte. Sie müßten doch jeden etwas angehen, da es sich «um die Bewegungen jedes noch lebendigen Bewußtseins» handele. Walser entfaltete geradezu missionarische Tendenzen. Auch Unseld wollte er überreden, ob er nicht «vielleicht doch noch der Verleger des sozialdemokratischen Sozialismus werden» wolle. «Woran solltest Du denn sonst hängen! Wenn Du Dich entscheiden könntest, hinarbeiten könntest zu dieser konkreten Richtung, das würde aus Deiner Kraft eine riesige Stärke machen, das weiß ich ganz sicher. Du solltest nicht nur heimlich 5000 Mark spenden, sondern Deine Phantasien öffentlich tätig werden lassen. Ich sehe Dich einfach ungern bei den Narzissen und Verzweifelten und Absen.»[15]

Nun war es Unseld, der Johnson als Ratgeber einschaltete. Er schickte ihm, ohne Wissen Walsers, den kompletten «Grund zur Freude» zur Begutachtung. Johnsons Urteil war vernichtend. Beleidigt, weil Walser ihm einst nur die eine strittige Strophe gezeigt hatte, zog er nun kräftig vom Leder. Der Titel erinnerte ihn an ein Möbelinserat, der Untertitel an eine Montageanleitung.

Die Sprüche mißfielen ihm formal, sprachlich, vor allem aber ideologisch. «Er will uns da einen Marxismus verordnen in einer populären Verkleidung», giftete er, doch dabei fehle es an theoretischen Grundkenntnissen. In kaum gedämpftem Geh-doch-rüber-Tonfall erklärte er: «Oft habe ich ihn gebeten, Residenz zu nehmen auf wenigstens ein Jahr in einem Land, wo der Sozialismus an den Leuten probiert wird; unberaten schlägt er mit seinen Formeln noch denjenigen ins Gesicht, die dort gehalten sind zu leben. Da gibt es Minderjährige, die könnten ihm Denken oder Literatur nachweisen.» Schließlich bat er – und veredelte damit seine Beziehung zu Unseld zum Geheimbündnis –: «Zeig dies nicht Martin, er könnte solche Meinung nicht verzeihen, weil er in seiner Lage hiervon nichts verstehen kann als den Versuch der Bevormundung; noch mehr aber möchte ich ihn nicht verlieren. Kurz, er wird in uns eher Agenten oder Beeinflußte des Monopolkapitalismus erblicken, die ihn an der theoretischen Ausweitung des Klassenkampfes hindern wollen, als Freunde, die (…) ihm im Gegenteil die Bloßstellung gerade bei seinen Gesinnungsgenossen ersparen möchten, also auch bei uns.»[16]

Was so klingt wie ein politischer Konflikt, hatte auch eine banale Ursache. Johnson war verstimmt, weil Walser im Oktober 1971 nicht nach Darmstadt kommen wollte, als ihm, Johnson, der Büchnerpreis verliehen wurde. Im März 1972 echauffierte er sich dann über eine Äußerung, die er auf sich bezog. In einem Rundfunkessay hatte Walser den in Darmstadt «gerade preisgekrönten Dichter» mit dem Satz zitiert: «Wir haben nur ein Recht auf das Unrecht» – den er als Beispiel für die bequeme, nutzlose, dekorative Verzweiflungshaltung vieler Intellektueller kritisierte.[17] Johnson beschwerte sich: Das habe er nie gesagt. Walser stellte klar, daß er Thomas Bernhard zitiert habe, den Preisträger des Jahres 1970. Doch Johnson beharrte auf dem Mißverständnis, der «gerade preisgekrönte Dichter» ziele absichtsvoll auf ihn. Erbost schrieb er an Walser: «Darf ich auch etwas fragen? Müßte ich etwa nach München reisen, um zu erfahren, was du dort gemeinsamen Bekannten an Tiraden gegen mich und mein Verhalten vorträgst, oder könnte ich die von dir schriftlich und telefonisch hierher bekommen?»[18]

Nun machte er sich die Mühe, alle 99 Sprüche aus dem «Grund zur Freude» umzudichten, sie umzudrehen und gegen ihren Urheber zu wenden. Er nannte das Resultat «Kommentare», doch eher handelte es sich um Persiflagen. Zu Walsers «Form und Inhalt» beispielsweise lautete seine Version: «Die elitäre Voraussetzung: für alle Fälle hast du dich ja versehen mit Dingen. Die nicht ein anderer sagen könnte. Oder du würdest schweigen.»[19] Walser, nichts davon ahnend, lud Johnson zum Bodenseeurlaub ein und bot ihm die Einliegerwohnung an, die er normalerweise an Feriengäste vermietete. Johnson lehnte ab. Als Walser im September nach Berlin kam, um zusammen mit Hans Werner Richter an einer Diskussionsrunde über den Buchmarkt teilzunehmen, scheint das Wiedersehen nur noch problematisch gewesen zu sein. Johnson schlug gegenüber Unseld einen fast schon konspirativen Ton an, wenn er den «Besuch vom Bodensee» ankündigte und darum bat, währenddessen Anrufe zu unterlassen.

Erst 1974 erfuhr Walser von der Existenz der Johnsonschen Gegen-Gründe. Als er die Texte dann las, entdeckte er darin nichts als Hohn und Spott. Wenn er das Manuskript nur anschaute – es lagerte in sicherer Distanz von mehreren Metern zu seinem Schreibtisch –, überlief es ihn kalt. Die gemeinsame Publikation beider Spruchsequenzen, wie Johnson sie harmlos vorschlug, war ihm völlig undenkbar. Wie sehr er sich verletzt fühlte, ließ er nicht merken, schrieb aber einen nur mühsam gezügelten Brief, in dem er Johnsons Sprüche auf Kalauerniveau herunterstufte und einen «Bayernkurierton» diagnostizierte.[20] Da war dann, wen wundert's, der empfindliche Johnson gekränkt.[21]

Walser war so getroffen, daß es ihm unmöglich war, der Einladung zu Unselds 50. Geburtstag zu folgen. Er hätte nicht gemeinsam mit Johnson feiern können und sagte das unvorsichti-

312 X LÖSUNGEN. 1971–1975

gerweise auch am Telephon. Vergeblich versuchte er, gegenüber Unseld das diplomatische «Verbalunglück» zu korrigieren, das ihn als den beleidigt Schmollenden dastehen ließ: «Es ist doch schlicht so: Du mußt Deinen Geburtstag mit dem Kulturbetrieb feiern. Du selbst hast mir schon bestätigt, daß es nicht bloß Einbildung von mir ist, wenn ich mich eben von diesem Betrieb unliebsam behandelt fühle. Kann ich also mit den Machern dieses Betriebs feiern? An EINEM Tisch? So als wär nichts? Und an solchen Abenden kommen sie dann her und grinsen vollfreundlich. Ich bitte Dich, frag Dich selber, ob ich mich je wieder mit solchen Zeitgenossen kumpanisieren soll. Ich hätte viel mehr als Beispiel Baumgart nennen sollen, usw. Wenn Dein Geburtstag möglich wäre unter ‹uns›, dann könnte ich kommen. Als öffentliche Angelegenheit, in dieser Zusammensetzung, schließt er mich aus. Das sollte uns nicht grämen. Die Befolgung von Hygienevorschriften kann so zur Selbstverständlichkeit werden, daß sie mühelos geschieht.»[22]

Unglücklicherweise akzeptierte er wenig später eine Einladung von Jürgen Habermas zum Abendessen in Starnberg, wo er im September eine Lesung absolvierte. Auch dort war – neben Peter Hamm und Marianne Koch – Reinhard Baumgart mit Frau geladen. So mußte er Unseld erklären, warum er dort erscheinen würde, wo er doch das Zusammensein mit Baumgart eben erst so heftig abgelehnt hatte. Er stellte es als Mißgeschick dar. Er habe eben nicht mehr absagen können. Es war, als habe die Geschichte ein ironisches Zeichen gesetzt: Dir bleibt nichts erspart.[23]

Die gereizte Stimmung kam zuvor schon in einem Geburtstagsgedicht Walsers zum Ausdruck, in dem sich sein Unwillen entlädt, angesichts grundlegender Meinungsverschiedenheiten auf Gratulation und Feiertag zu machen. Frisch und Johnson hatten reihum in der Autorenschaft um Beiträge zur Feier des Verlegers gebeten, so daß Walser ungnädig einen «Abverlangten Geburtstagsfick» zu Papier brachte:

Meine Mutter kam her und hinkte
ich fragte, was sei, sie sagte, sie ficke
der Schuh. Wir sind Alemannen, Siegfried,
uns fickt der Schuh. Du bist jetzt Verleger.

Du fickst den Erfolg. Und mußt Dich fleißig
ficken lassen von Dichtern, die Dir
an ausgesognen Fingern vorrechnen
wie viel zu wenig Du sie fickst.

Zum Glück gibt's Engel, zweischulterige,
dreischenklige, Harmoniestifter,
wie Uwe, wie Max, die Du fickst, die
Dich fickend, uns auffordern zum Geburtstagsfick.
Dein M.[24]

Unseld war konsterniert. Sollte das ein Aprilscherz sein? Aber
nein: Das Gedicht spricht Klartext. Walser wußte, daß er den
Kampf um Platz eins in der Verlegergunst verloren hatte. Den
nahm Uwe Johnson ein, der Anfang des Jahres von Unseld tele-
graphisch mitgeteilt bekam: «Lieber Uwe ich weiß wirklich wer
der Bedeutendste und mir Liebste ist. Aber das sagen wir niemandem.»[25]
Als Johnson im Oktober 1974 zum ersten Mal mit seiner
Frau Elisabeth und mit Max und Marianne Frisch nach Nußdorf
kam, brachen die aufgestauten Aggressionen offen aus. Zornbe-
bend verließ Johnson das Haus, als Walser ihm vorwarf, er sei
wie die von der DKP: Die würden auch immer alle Telephongespräche mitstenographieren, um sie noch Jahre später parat zu haben. Schlimmeres konnte man Johnson nicht vorwerfen. Walser
fuhr ihm im Auto nach, Schrittempo, das kannten sie ja schon.
Vergeblich versuchte er, ihn zur Umkehr zu überreden. An der
Anlegestelle in Überlingen stellte er sich Johnson in den Weg
und schlug vor, bei Elisabeth anzurufen, damit sie ihn umstim-

me. Walser stand schon in der Telephonzelle, Johnson wollte ihn am Anruf hindern, der eine zerrte von innen, der andere riß von außen, Gerangel um den Hörer, ein Ringkampf, bis mit lautem Knall die Tür der Telephonzelle zersplitterte. Johnson verschwand in Richtung Bahnhof. Walser meldete den Vorfall am nächsten Tag der Post, um den Schaden zu begleichen. Er solle sich keine Sorgen machen, sagte man ihm dort, so was komme andauernd vor, das werde schon wieder in Ordnung gebracht. Frisch erzählte, er habe am nächsten Morgen bei der Heimreise Johnson am Bahnhof getroffen, wo er wohl die Nacht verbracht hatte.

Ein paar Tage danach schrieb Walser in fahriger Schrift, mit immer größer werdenden Buchstaben, nach Berlin. Er schrieb an Elisabeth, nicht an Uwe, damit sie ihm vorlese, was der zu lesen wohl nicht mehr bereit wäre: Was die ewige Wegrennerei denn solle. Daß das kindisch sei. Daß er spinne, wenn er glaube, selbst niemanden zu verletzen. Aber nur wenn er das glaube, könne er verlangen, selbst nicht verletzt werden zu dürfen. So. Und jetzt, bitte, solle er sich endlich die «daumenlutscherhafte Selbstsüchtigkeit» abendweise abgewöhnen. Herzliche Grüße.[26]

Hinaus in die Welt. Canettis Spinnenbuch. «Der Sturz».

Nichts Schöneres, als wegzufahren, alles für kurze Zeit hinter sich zu lassen, den Erwerbszwang, die politische Misere, das Gefühl der Isolation. Das Angebot der Illustrierten *Stern*, für die Serie «Dichter suchen ihre Paradiese» eine Reise zu unternehmen, kam gerade recht. Walser wählte die Inseln Trinidad und Tobago und flog zusammen mit Käthe im November 1972 in die Karibik. Es war ihre erste gemeinsame große Reise nach über zwanzig Ehejahren, die erste Reise ohne die Kinder. Aber Walser machte nicht Urlaub, er arbeitete. Tag für Tag fuhr er herum, um etwas zu erfahren über Land und Leute und den Kapitalismus in seinen Auswirkungen auf ein Land der sogenannten Dritten Welt. Er interessierte sich für die soziale Situation der Menschen, ihre Arbeitsverhältnisse, ihre Kultur. Da wollte er sich nicht im Liegestuhl unter Palmen ins Paradies legen. In der Reportage, die dabei entstand, beschrieb er die postkolonialen Abhängigkeiten des Landes, in dem amerikanische und britische Konzerne das Sagen haben. Das war nicht das, was der *Stern* sich vorgestellt hatte. Daß man sich für soziale Verhältnisse interessiert und nicht so sehr für Sonne und Palmen, schien der Chefredaktion unbegreiflich; das Thema habe schließlich nicht gelautet: «Dichter suchen Elendsgebiete der Welt». Der Reisebericht wurde abgelehnt.[27] Walser stellte süffisant fest, wieder einmal, wie einst in der Schule, das Thema verfehlt zu haben.

Die nächste Reise führte im Dezember nach Zürich, wo er sich mit Frisch und Johnson traf, um über die geplante Frisch-Gesamtausgabe zu sprechen. Frisch bedankte sich am Jahresende herzlich für den Arbeitsbesuch, doch zwischen Johnson und Walser kam es erneut zu Streitereien. Johnson notierte sich die am Abend des 6. Dezember 1972 erlittenen Kränkungen, als müsse er sie hegen und pflegen: «Du mit deiner Genie-Überzeugung/ Deine enttäuschende Wahlhilfe für die SPD/Ich arbeite dreimal so viel wie du!/Schwein/Dackel/Schatz/Du Gedächtniskirche der westdeutschen Literatur/Du mit deiner Edelfäule des deutschen Dichters im Gehirn»[28]. Am nächsten Tag, als Siegfried und Hildegard Unseld dazu stießen, Peter Huchel eintraf, Marianne Frisch sich anschloß und alle zusammen in der «Kronenhalle» dinierten, konnten Johnson und Walser sich an entfernten Enden des Tisches niederlassen.

In Hamburg trat im Januar 1973 der Schriftstellerverband zum 2. Bundeskongreß zusammen. Der von Walser und dem «Arbeitskreis Kulturindustrie» initiierte «Katalog der Abhängigkeiten» war im Dezember zuvor zwar nicht wie erhofft im Suhrkamp Verlag, aber als Sonderheft des *kürbiskern* herausgekommen. Die Erfahrungsberichte von Dramaturgen, Kinderbuchautoren, Filmkritikern, Übersetzern, Bühnenautoren, Grafikdesignern und vielen anderen trugen dazu bei, daß in Hamburg eine Mehrheit für den Gewerkschaftsbeitritt stimmte. Für Walser, der im Unterschied zu vielen anderen schon in den frühen sechziger Jahren die Nähe der Gewerkschaft gesucht hatte, war das ein politischer Triumph: ein Schritt voran zur organisatorischen «Gegenmacht».

Im Londoner Goethe-Institut, wo er eine Lesung absolvierte, lernte er Elias Canetti kennen, der ihn zu sich nach Hampstead einlud, allerdings in einem Ton, der zu verstehen gab, er meine es eigentlich anders. Trotzdem ging Walser hin. Er kannte die Gegend von einem Besuch bei dem von ihm geschätzten Dramatiker Arnold Wesker. Nun saß er in Canettis am Hügel gelegenen Haus beim Tee und fühlte sich unwohl. Canetti erklärte umständlich seine London-Zürich-London-Existenz. Walser wunderte sich. Canetti wirkte kurz angebunden. Das Gespräch stockte. Walser dachte darüber nach, daß er von Canetti nur ein Theaterstück und teilweise «Die Blendung» gelesen hatte, Canetti von ihm vermutlich nichts. Als er sich endlich verabschieden wollte, folgte die Überraschung: Er dürfe sich ein Buch aus der Bibliothek aussuchen und mitnehmen. Walser entschied sich für «The World of Spiders» von W. S. Bristowe und war bei der anstehenden Verabschiedung nun ganz gerührt. Hatte er diesen Mann völlig falsch eingeschätzt? Aber da war er schon draußen und auf dem Rückweg. Sein London-Gefühl stellte sich ein, wie einst nach dem Besuch bei Dora Diamant. Wieder hatte er eine Chance vertan. Das Spinnenbuch aber schlug sich in der Arbeit am «Sturz» nieder. Edmund, Anselm Kristleins alter Freund, wird zum Spinnenforscher, der sich besonders für die seltsamen sexuellen Praktiken dieser Tiere interessiert. Das Material für dieses Kapitel fand Walser in dem Buch aus Canettis Bibliothek.

Canetti erlebte diese Begegnung vollkommen anders. Er war geradezu hingerissen von dem Besucher aus Deutschland, empfand es als wohltuend, «einen komplett bewußten Menschen» kennenzulernen, den er so wahrnahm: «Walser spricht gedämpft, wie hinter einem Schleier. (...) Wirkt, als stünde er unter der Einwirkung einer gleichmäßigen, koninuierlichen, leicht lähmenden Melancholie. Etwas wie eine Art allgemeiner Appetitlosigkeit». Nach Canetti, der den Besuch in seinen Aufzeichnungen festhielt, muß Walser eigentlich unentwegt geredet haben, denn er erzählte ihm, Canetti, fast sein ganzes Leben. Walser habe recht uneitel über sein Werk gesprochen. Er ging «leicht über seine Bücher hinweg, als wäre er mit ihnen nicht einverstanden. Mißtraut seiner Virtuosität, ein gesundes Mißtrauen, aber allein genügt es nicht.» Und weiter: «W. fürchtet seine Selbstzufriedenheit, ein schöner Mensch; ein satterer Nizon, ruhmberuhigt, vier Töchter, von 19 bis 4 herunter; fragt nach Bäumen, – war es eine Platane, von deren fallendem Ast Horváth erschlagen wurde? ist das ein Kirschbaum im Garten gegenüber? (...) kommt nicht weg vom Bodensee, an dem er geboren wurde; verbrachte in einer Wirtsstube seine Kindheit; schildert Kortner, der ein Stück von ihm verfehlt inszeniert hat, ist seit 10 Jahren mit Uwe Johnson befreundet, der ihn mit einem Brief aus New York über seine Anti-Vietnam-Tätigkeit gekränkt hat; arbeitet bei Tag, verlegt Besuche auf den Abend; lobt guten Wein; er hätte den Michael Krüger gern als Lektor bei Suhrkamp; (...) versteht sich in München am besten mit Leuten aus der K.P.D.; ist selbst nicht in der Partei; schätzt die K.P.D.; (...) will wissen, ob ich politisch tätig war; gibt zu, daß man nicht weiß, wo irgendetwas hinführt (Südamerika, China, alles, *wofür* man ist); verachtet Kritiker, sie wissen nichts und verstehen alles; (...) lädt mich ein, ihn in Nußdorf bei Überlingen zu besuchen, nimmt sich ‹Masse und Macht› mit, das er nicht kennt; (...) gibt die Unzulänglichkeit Freuds zu, aber erwähnt Caruso, schaut beim Verlassen des Hauses (ich sehe ihm vom Fenster oben nach) in die Bäume; wirkt erleichtert, als befreie er sich durch Atmen von einer Betäubung (ich).» Auch das Spinnen-Buch kommt in Canettis Beschreibung ein bißchen anders vor: «Er wollte ein Buch über Spinnen und eines über Klima. Das erste gab ich ihm, das zweite hatte ich nicht. Ich drängte ihm das Spinnenbuch auf, er steckte es in eine alte, verbeulte Aktentasche. Jetzt möchte ich wissen, wie es bei ihm aussieht.»[29]

War es bei dieser London-Reise oder ein anderes Mal, daß Walser ein wunderbares weinrotes Lederkleid entdeckte, das er Käthe mitbringen wollte? Glücklich und aufgekratzt kehrte er ins Hotel zurück, wo auch Uwe und Elisabeth Johnson logierten. Er kam in ihr Zimmer, das Kleid unterm Arm, und bat im Überschwang darum, Elisabeth möge es einmal anziehen, damit er sehe, wie es wirke. Das tat sie auch. Einige Zeit später rief Unseld in Nußdorf an und machte Walser Vorwürfe: Uwe habe ihm berichtet, Martin sei nicht davor zurückgeschreckt, Elisabeth in seiner Gegenwart verführen zu wollen! Was er dazu zu sagen habe? Walser konnte glaubhaft machen, daß die Frau eines Freundes für ihn tabu sei.

«Der Sturz» erschien im April 1973. Dieser Roman des Übergangs erinnert in seinen experimentellen Teilen an den Bewußtseinsroman «Fiction», läßt mit seinen Familienszenen aber auch schon die Welt des Gottlieb Zürn im «Schwanenhaus» ahnen. Das Ausschweifende der «Halbzeit» ist nun so weit verknappt, daß eine neue, veränderte Ökonomie des Erzählens spürbar wird. Doch noch herrscht ein Überfluß an Einfällen, eine verschwenderische Fülle von Szenen, Figuren und Ereignissen. Hier, so faßte Walser das Romangeschehen zusammen, «endet die Biographie eines Mannes, der sich immer anpassen mußte, dem jetzt die Kraft zur Anpassung ausgeht. Es entsteht die Frage: Könnte nicht die Gesellschaft ihm (dem Menschen) angepaßt werden? Anselms letzte Alternative heißt also: Veränderung oder Tod»[30]. Doch diese Frage ist im «Sturz», der auch als negatives Gegenstück zu «Gallistl» gelesen werden kann, längst entschieden. Was Walser im «Gallistl» noch möglich war – der Ausweg in die Ideologie und ins religionsförmige Hoffen –, ist im «Sturz» verspielt und vorbei. Anselm Kristlein, der entkräftete Anpassungsspezialist, hat die Hoffnung auf Veränderung längst aufgegeben, falls er überhaupt jemals auf mehr zielte als aufs Durchhalten im alltäglichen Überlebenskampf.

Die auftretenden Veränderer aber, der verbalradikale Freund Edmund und der Möchtegernterrorist Fritz Hitz, kommen um, ja, sie richten sich auf bizarre Weise selbst. In diesem Roman setzt ein reihenweises Sterben ein. Systematisch bringt Walser seine Figuren um die Ecke, als müsse er sie ein für allemal loswerden. «Der Sturz» ist ein Schlußmachbuch. Anselm, überforderter Leiter eines konzerneigenen Erholungsheims am Bodensee, kann sich aus der Passivität nur noch einmal aufraffen, zur großen Fahrt über die Alpen, mit Frau Alissa auf dem Beifahrersitz und einem Boot auf dem Anhänger. Die im Futur erzählte Fahrt wird voraussichtlich mit einem schweren Unfall enden. Da die Zukunft offen ist, kann man das nicht so genau wissen. Immerhin erklärte Walser später einmal, er sei sicher, Anselm Kristlein habe überlebt und vielleicht in Italien neu begonnen. Nach der im ersten, surrealistischen Teil geschilderten erotischen Höllenfahrt quer durch Bayern gelang es ihm immerhin noch, Alissa seine Liebe zu bekennen. Das kam zwar spät, war aber doch so etwas wie ein Hoffnungsschimmer in diesem düsteren, atemraubenden Werk.

«Der Sturz» kam von allen Kristlein-Romanen in der Kritik am schlechtesten weg und wurde am schlechtesten verkauft. Er ist aber sehr viel besser als sein Ruf und von großer Bedeutung für die schriftstellerische Entwicklung. Walser resümierte 25 Jahre später: «Ich weiß genau, warum das Buch so ist, wie es ist, und sicher viel weniger locker oder leicht und auch blühend als manch anderer Text, viel weniger sinnlich – und ich habe ihm nichts vorzuwerfen. Es ist mein Buch, und ich sehe darin eine gewisse Zeit und meine Existenz zu dieser Zeit. Ich bin sehr froh, daß ich das nicht verleugnet habe mit irgendeinem generösen, glorioseren Werk, sondern daß ich mich an diese elende Isolation herangemacht habe, in der ich mich zu befinden glaubte.»[31]

Zur «elenden Isolation» gehörte wie ein Schatten die elende

320 X LÖSUNGEN. 1971–1975

Erfolglosigkeit. Im neunten Band seiner Notizbücher konnte er keine einzige Erfolgsmeldung eintragen. Zwar zählte er zu den bekanntesten deutschen Autoren, aber er wartete immer noch auf den großen Bestseller, das «Hauptwerk» sozusagen. Ausgerechnet die weniger bedeutenden «Lügengeschichten» waren mit rund 40 000 Exemplaren bis dato sein bestverkauftes Buch im Suhrkamp Verlag. Vom «Gallistl» hatte er rund 10 000 abgesetzt, vom «Einhorn» trotz Platz 1 und 2 auf der Bestsellerliste knapp 30 000, von der «Halbzeit» in mehr als zehn Jahren nur 14 000. Ohne den Theaterdauerbrenner «Zimmerschlacht» wäre das in der Tat eine wenig ermutigende Bilanz. Dazu kommen allerdings noch die Taschenbuchausgaben der «Ehen in Philippsburg» bei Rowohlt, der «Halbzeit» bei Droemer Knaur und des «Einhorns» bei S. Fischer. Sie erreichten hohe Auflagen, bis zu 100 000 Exemplaren – Indiz dafür, daß Walser vor allem eine junge, weniger finanzkräftige Leserschaft besaß, die auf billigere Ausgaben wartete. Für Unseld war das ein Argument, das ihn veranlaßt hatte, 1971 die Reihe suhrkamp taschenbuch zu starten.

Als Walter Jens zur Mitarbeit an einer Anthologie einlud, lehnte Walser ab, weil er «marktabhängig» sei und sich das nicht leisten könne – zumal sein Markt «immer wieder von den Kritikern gemindert» werde.[32] Gegenüber Unseld deutete er deprimiert an, er sehe sich ohnehin nach anderen Verdienstmöglichkeiten um.[33] Und an Johnson schrieb er aus Sarn, daß er bald einen «Brotberuf» brauche.[34] Trotz der chronischen Geldnot schickte er der Münchner Autorenbuchhandlung zur Eröffnung im Sommer 1973 einen Scheck über 1000 Mark – gruß- und kommentarlos, in schneller Hilfsbereitschaft. Neben dem täglichen Schreiben bereitete er sich auf eine Lehrtätigkeit im Middlebury College in Vermont vor, die er im Juli antreten würde. 3000 Dollar für 40 Stunden Reden waren verlockend, und so las er abends, was er für seine Vorträge über Legitimation und Ironie benötigte.

Als Nebenprodukt entstand das Dramolett «Über das Legitimieren»[35], eine Analyse der Mechanismen öffentlicher Meinungsbildung und der Funktion, die Intellektuelle dabei übernehmen. Versuchsweise stellte er verschiedene Haltungen einander gegenüber. August, der sich selbst als «kleinbürgerlichen Intellektuellen» definiert, übernimmt wie in einem Dialog Platons die Rolle dessen, der seine Gesprächspartner Hermann und Hermine durch didaktisches Fragen und Dozieren zu neuen Erkenntnissen verleiten will. Er beschreibt Öffentlichkeit als Legitimationsinstanz für die jeweils herrschenden Meinungen, als «monotonen Ausfluß des Herrschaftswillens». Die bürgerlichen Intellektuellen sind damit befaßt, den öffentlichen Schein von Meinungsfreiheit und Demokratie herzustellen und die Gewißheit zu vermitteln, mit der sozialen Marktwirtschaft die beste aller möglichen Welten erreicht zu haben. Öffentlichkeit schrumpft dabei zum «bloßen Darstellungsraum für die grundsätzlich unanfechtbare Güte des Zustands». Ihre andere Seite als Kontrollinstanz der politischen Macht gerät nicht in den Blick. August stellt die produzierten Meinungen in einen Klassenzusammenhang, untersucht sie also nach dem Brechtschen Cui bono. Namentlich befaßt er sich mit Grass, Enzensberger und Habermas als drei Varianten der Anpassung. Als er am Ende verlangt, alles, was man tut, der Klasse, für die man es tut, zur Prüfung zu übergeben, halten ihm seine Gesprächspartner die «alte DKP-Leier» vor. Türenschlagend und schwer beleidigt verläßt er den Raum. So behält schließlich doch noch die Ironie die Oberhand.

Die Verpflichtung auf Herrschaftskritik, die Walser in diesem Dialog versucht, ist auch Gegenstand der unveröffentlicht gebliebenen «10 Sätze über Literatur und Soziologie». Sie dienten vor allem der Auseinandersetzung mit Habermas und stellten – grob gesagt – Literatur als Instanz der Kritik und Soziologie als Instanz der «Rechtfertigung des Bestehenden» als «zwei Brüder» nebeneinander: «Soziologische Werke sind Romane, die von der Wirklichkeit diktiert sind. Romane sind soziologische Werke, die im Widerspruch gegen die Wirklichkeit entstehen.» Man könnte es wohl auch umgekehrt sehen. Der Unterschied zwischen Literatur und Soziologie entspricht für Walser dem aus der Biologie bekannten von «in vivo» und «in vitro». Aber, das ist ihm klar, es gibt eben viele Dinge, die sich nur unter wissenschaftlichen Bedingungen, «in vitro», erkennen lassen und nicht aus der eigenen, lebendigen Erfahrung. «Es gibt keine Spielart und Stilart des Romans, die in der Soziologie nicht vorkäme», schrieb er. «Adorno spreizte seinen Stil nicht weniger als Thomas Mann. Jürgen Habermas *muß* ein Zeitgenosse von Uwe Johnson sein. Karl Marx und Charles Dickens haben denselben Anlaß für ihre Arbeit.» Doch sosehr er auch die Verwandtschaft beider Weltwahrnehmungsweisen betonte, es kam ihm dabei auf die Kritikfähigkeit an. Und so dekretierte er, daß eine Literatur, die «im Bann des Soziologismus ihre kritische Fähigkeit einbüßt», sich überflüssig mache. Ein paar Jahre später wird er dieses Urteil vollständig revidieren und wieder zu seiner früheren Skepsis gegenüber Kritik zurückkehren.

Amerika. Aufenthalt im Paradies.
Das Messer der Enttäuschung.

Middlebury war das Paradies, das Walser bei seiner Trinidad-Reise für den *Stern* vergeblich gesucht hatte. Erst jetzt, 1973, als die USA sich aus Vietnam zurückzogen, reiste er wieder nach Amerika. Wie schon 1958 empfand er den Aufenthalt als Rettung zur rechten Zeit, als Fluchtraum aus der deutschen Literaturbetriebsöffentlichkeit, die ihm immer unerträglicher wurde. Von der Familie war nur die Tochter Johanna mitgekommen. Die Arbeit am College war überschaubar. Täglich spielte er im wiesenhaften Campus zwei Stunden Tennis mit Hellmuth Karasek, der dort zur gleichen Zeit als Gastdozent lehrte. Ringsum die Weite der Wälder Vermonts, die Dörfer Neuenglands mit ihren weißen Kirchen, ein herrlicher, sonniger Sommer. Er fühlte sich wohl an diesem ruhigen Ort. Die Unglückspotenz beschränkte sich auf einen beim Volleyball verknacksten Fuß und einen Sturz beim

Tanzen, als eine Studentin ihn allzu intensiv herumschwenkte. Der Unfall, bei dem er sich die Brille zerschlug und eine Augenbraue nähen lassen mußte, ist Walser-Lesern aus dem Amerikaroman «Brandung» bekannt.

Nach sechs Wochen Middlebury trafen in New York ein: Käthe und die Töchter Alissa und Theresia. New York lag ihm dieses Mal so schwer auf der Seele, daß er sich am liebsten gar nicht aus dem Hotel fortbewegt hätte. Bei einem Autohändler in New Jersey erstand er für 495 Dollar ein riesiges Auto, einen Pontiac Catalina Convertible, groß genug, um damit die 3000 Kilometer bis Texas zu bewältigen. In Austin trat er Anfang September eine dreimonatige Gastprofessur an. Unvergeßlich dort ein Gastspiel von Tennessee Williams, der in folkloristischer texanischer Cowboyausrüstung ins vollbesetzte Audimax stiefelte. Eigentlich sollte er vorlesen, erzählte aber, weil er dazu keine Lust hatte, von einer österreichischen Fernsehjournalistin, die ihn gerade aufgesucht hatte, um ihn zu interviewen. Er habe zu ihr gesagt, sie könnten schon reden, aber lieber würde er sie ficken. Walser war beeindruckt von diesem Mann – besoffen, homosexuell und derb dreist. Keinen Erwartungen entsprechen, sondern einfach sagen, wie es einem zumute ist: So müßte man sein.

Statt dessen debattierte er mit einem Professor über Kafkas Irrtum im «Amerika»-Roman, die Freiheitsstatue mit Schwert statt Fackel auszurüsten. Er verteidigte ihn so humorlos, als müsse er einen eigenen, peinlichen Fehler zugeben. Sein Seminar trat er nur unter der Bedingung an, keine Noten verteilen zu müssen, weil er das als Machtausübung empfunden hätte. Bei einem «Wurstfest» in der Provinz traf er auf Nachkommen hessischer Einwanderer, die in bunten Lederhosen und mit rosarotem Gamsbart auftraten: deutsche Kultur als Parodie. Zu mehr reichte es nicht in der Welt. Auch darunter litt er. Immerhin brachte er es zu einigem Ruhm, als er bei einem Ausritt auf bergigen Pfaden aus Angst um die Tochter Theresia ausrief: Achtung! – und damit sein eigenes Pferd so erschreckte, daß es ihn den Hang hinunter abwarf. Der texanische Führer ernannte ihn, weil er unverletzt mit einem Salto mortale landete, zum «Appointed Cowboy of Texas». Bleibender Ehrentitel.[36]

Die Monate in Vermont und Texas gehören zu den schönsten seines Lebens. Sie lockerten ihn so sehr, daß er einen zukunftsfrohen, unbesorgten Brief an Unseld schrieb, um alle angestauten Mißhelligkeiten auszuräumen. Unseld antwortete überschwenglich, als habe er nur darauf gewartet, endlich einmal alles Positive aufzulisten: Er bewundere, wie Martin die Verletzungen durch manche böse Kritik und – womöglich noch schlimmer – durch ausbleibende Kritiken bewältigt habe; wie er es geschafft habe, aus jedem Teilerfolg und Teillob neue Energie und neue Einfälle zu gewinnen. Unseld glaubte, die Phase politischer Radikalisierung in der Bundesrepublik sei vorbei, und wollte ihn zu sich herüberziehen in die erstarkende Mitte der Gesellschaft. «Du bist immer ein Renner nach dem Absoluten gewesen, ein Katholik, der es ohne Ritual und Kirche nicht aushält», meinte er. «Der Schriftsteller ist jedoch zu allen Zeiten ein Einzelgänger gewesen, eben im Verzicht auf Orthodoxien, auf Programme, auf Gemeinschaften, seien diese nun politisch oder religiös. (...) Ich bin sicher, daß wir in einem einer Meinung sind. Wir brauchen jetzt eine Literatur nicht so sehr der Logik, sondern der Phantasie.»[37] Die Begeisterung über die erneuerte Freundschaft riß ihn so sehr mit, daß er gleich noch zwei Theaterstücke für Walser konzipierte. Nichts hätte vertrauensbildender wirken können, wo er ihm doch stets eingeschärft hatte, nun mal kein Dramatiker zu sein. Fürs kommende Jahr bot er ihm monatliche Zahlungen in Höhe von 4000 bis 5000 Mark an, damit er ablenkungsfrei schreiben könne. Wie ein Fernsehprediger beschwor er ihn: «Du kannst das schaffen. Du hast die Kraft.»

Walser antwortete mit einem ähnlich gewaltigen, zehnseitigen Brief. Den Vorschuß lehnte er ab, wie immer. Das Gefühl, verschuldet zu sein, hätte ihn belastet. Er würde auch so über die Runden kommen. Das Arbeitspensum, das er sich vornahm und das er nun vor Unseld ausbreitete, war enorm: «Hier schreibe ich nebenher 1 Hörspiel: Verteidigung von Friedrichshafen. (...) Aus dem Stoff will ich (immer nebenher) in den nächsten 10 Jahren 3–5 kürzere Romane (Fast-Krimis) machen. Ich habe, glaube ich, eine ausbaufähige Figur, sie heißt Tassilo S. Grübel. Aber das Ganze ist ein bloßes Nebenunternehmen. Und wird es bleiben. (...) Dann (bitte zu KEINEM darüber ein Wort) will ich ein Stück über den ALTEN Goethe schreiben, wie er liebt und sich wichtig nehmen muß usw. Davor wahrscheinlich *muß* ich einen 200-Seiten-Roman schreiben, für den ich seit 1962 Notizen mache, den ich in einer Woran-arbeiten-Sie-Umfrage der ZEIT schon vor 10 Jahren nannte, er heißt MÄDCHENLEBEN. Dann muß ich noch zwei Gallistl-Bücher (Umfang wie gehabt) schreiben: a) Gallistl's Verbrechen, b) Die Gallistl'sche Lösung. Das sind neben einem Büchlein über Ironie ... die Pläne für fünf Jahre. Weiter sehe ich nicht. In der Ferne schwebt mein Schlußroman MATROSENLEBEN. Aber wirklich in der Ferne.»[38]

Verwirklicht wurden davon sechs Tassilo-Hörspiele bis 1989. Das Stück über Goethe, 1975 begonnen, wurde 1982 fertig. Die Arbeit an «Mädchenleben» nahm er erst 2004 auf. Das Buch über Ironie erschien als Folge der Frankfurter Poetikvorlesungen 1981. Walser arbeitete an diesem Themenbereich auch während seiner Amerikaaufenthalte 1976 und 1979. In Austin studierte er am Beispiel Thomas Manns und Robert Walsers, «wie einer immer erfolgreicher und einer immer erfolgloser wird und wie der Erfolgreiche immer schlechter schreibt und der Erfolglose zwar nicht besser, aber auch nicht schlechter schreibt, aber immer interessanter von Jahr zu Jahr. Als wäre die Enttäuschung zu gebrauchen wie ein Messer, das immer schärfer wird und sich auch so gebrauchen läßt»[39]. So konnte er, der Erfolgshungrige, sich am Schweizer Namensvetter aufrichten: Mißerfolg macht empfindlich. Empfindlichkeit aber ist das wichtigste Kapital des Schriftstellers. Er hatte also gute Voraussetzungen.

Am liebsten wäre er ganz in Amerika geblieben, im Wüstenstaat New Mexico beispielsweise, wo er im November zu einer Lesung in Albuquerque eingeladen war. Diese leere Weltgegend schien ihm weit genug entfernt von Boston oder Bad Godesberg. Dort, auf irgendeiner abgelegenen Ranch, abgelenkt nur vom Wind und von der Sonne, müßte sich doch leben und schreiben lassen. Die Nachricht vom Tod Ingeborg Bachmanns holte ihn aus seinen Absentierungsträumen zurück. Johnson berichtete ihm von den näheren Umständen und schickte den dritten Teil der «Jahrestage».

Anfang Dezember meldete Walser sich zu Hause mit der ernüchternden Gewißheit zurück, «nun wieder auf dem Markt funktionieren» zu müssen.[40] Den Jahreswechsel 1973/74 verbrachte er wie üblich in Sarn, um noch ein wenig Ruhe zu finden, bevor er sich wieder ins Getümmel warf. Die Euphorie der Amerikareise entlud sich in einem hymnischen Langgedicht, das an Hölderlin und Walt Whitman erinnert: «Versuch, ein Gefühl zu verstehen». Wie konnte man das großartige Amerika, das er erlebt hatte, mit der «um den Globus dröhnenden» kapitalistischen Weltmacht USA zusammenbringen? Gutes Amerika – böse USA! Als dezidierter Gegner der US-Politik mußte er mit der Faszinationskraft der amerikanischen Gesellschaft fertig werden und schrieb nun Sätze, die vor seiner Reise ausgeschlossen gewesen wären: «Denk, Amerikaner kann man werden. Europa ist, glaube ich, eine sich überschätzende Beerdigungskultur. Könnte mein Heimweh nach Amerika ein Heimweh sein nach Zukunft?»[41]

Solschenizyn mit Gessler-Hut. Brandts Rücktritt. Immer wieder Grass.

Ein Name war zu Beginn des Jahres 1974 in aller Munde: Alexander Solschenizyn. Seine Dokumentation über den «Archipel Gulag», die 1973 auf deutsch erschien, löste in der westeuropäischen Linken eine tiefe Verstörung aus, weil darin das bis in die Gegenwart wirkende stalinistische Straflagersystem in erschreckender Genauigkeit dargestellt wurde. Was unterschied diese Lager von den KZs der Nazis? Galt das Prinzip «Vernichtung durch Arbeit» nicht hier wie dort? Wer sich als Sozialist bezeichnete und dabei immer noch auf die Sowjetunion setzte, mußte sich zu Solschenizyn verhalten. Ohne Blockkonfrontation und Kalte-Kriegs-Rhetorik wäre das sicher leichter gewesen, denn selbstverständlich wurde der Name Solschenizyn zur propagandistischen Allzweckwaffe in den innenpolitischen Auseinandersetzungen. Jede Kritik an ungenügenden demokratischen Verhältnissen in westlichen Gesellschaften, jeder Hinweis auf Vorteile des Sozialismus konnte nun mit der «Gretchenfrage» abgeschmettert werden, die Walser im «Grund zur Freude» so formulierte:

> Immer wenn ich ihr erzählen will, wie die blaue
> Suppe im Haus der Schriftsteller schmeckte und daß
> Sahne darauf schwamm, sagt sie unab-
> lenkbar: und Solschenizyn?[42]

Im «Sturz» erfand er in einer bösen Satire das ultimative Erfolgsmodell für einen erfolglosen westdeutschen Autor. Dieser Plan sah vor, die eigenen Manuskripte in die Sowjetunion zu schmuggeln, in Moskau übersetzen zu lassen, um sie kapitelweise als Text eines sibirischen Zwangsarbeiters westlichen Journalisten zuzuspielen. Der eigentliche Autor würde dann im Westen als Gewährs- und Vertrauensmann des fiktiven Häftlings auftreten und den Ruhm ernten.[43] Allzuweit weg von der Wirklichkeit war dieser Entwurf nicht. Walser wollte damit nicht die Dissidenten verspotten, sondern die Heuchelei der Menschenrechtsapostel, die Solschenizyn ja auch bloß als «Domestizierungsmittel inländischer Art» – so Walser – benutzten.

Es mögen solche als zynisch empfundenen Spitzen gewesen sein, die Günter Grass zu der Interviewäußerung verleiteten, er wolle mit Autoren wie Walser, Peter Weiss, Günter Herburger und Franz Xaver Kroetz nichts mehr gemein haben. Walser antwortete darauf mit einer Polemik, die am 11. Februar im *Spiegel* erschien.[44] Grass habe wohl vergessen, daß wir in einer Demokratie leben? Wo bleibe seine vielbeschworene Toleranz? Die Pflicht zur Solschenizyn-Solidarität als einer Art demokratischem Glaubensbekenntnis verglich Walser mit einem Gesslerhut, der auf dem Marktplatz aufgestellt wird, damit jeder Passant ihm grüßend seine Reverenz erweise. Und wem das nicht genüge, der könne ja Buttons mit der Aufschrift «I like Solschenizyn» tragen.

Einen Tag später, am 12. Februar wurde Solschenizyn in Moskau verhaftet und ausgewiesen. Am 13. traf er in Köln ein, wo er zunächst bei Heinrich Böll Aufnahme fand. Am 14. erschien in der *Frankfurter Rundschau* ein Gespräch mit Walser, das kurz vor Solschenizyns Ausweisung entstanden war und das nun, am Tag danach, hart und mitleidslos wirkte. Der Streit mit Grass, dem er vorwarf, ins «Horn allgemeiner Abgrenzungshysterie gegenüber Sozialisten und Kommunisten zu stoßen» und «das Vokabular des Berufsverbots des Ministerpräsidentenerlasses» zu benutzen, war nun nicht mehr das Wichtigste. «So wie Gerhart Hauptmann eine gewisse Zeit repräsentativ war, Thomas Mann es war, so ist eben Günter Grass repräsentativ, und er erlebt seine Denkmalhaftigkeit natürlich besonders intensiv, und entsprechend benimmt er sich», sagte Walser. «Daß er so vibrieren kann vor demokratischer Rechtschaffenheit, wenn er da sein Sprüchlein für Solschenizyn und gegen den Schriftstellerverband abliefert, gut, das bleibt ihm ungenommen, aber bitte: Ich lasse mich zu dem Sprüchlein auch nicht durch solche Vehemenzen hinreißen.»

Nicht nur Grass «vibrierte» an diesem Tag, sondern das ganze Land. Johnson, beispielsweise, schickte Solschenizyn ein Telegramm mit den Worten: «Betrübt über Ihre Verluste wünsche ich Ihnen Glück beim Überleben.»[45] Walser entzog sich der Dissidentensolidaritätsverordnung mit dem Hinweis, der Sinn einer politischen Aktion habe für ihn immer dann aufgehört, wenn die

Aktion sich über Deutschland hinaus richten müßte. Sein Protest gegen den Vietnamkrieg zielte vor allem auf die Vasallenhaltung der Bundesregierung. Gegen die USA direkt zu demonstrieren wäre ihm so sinnlos vorgekommen wie jetzt der geforderte Protest gegen die Sowjetunion.

Damit machte er sich die Sache allerdings zu einfach. Gegen die Verhaftung von Angela Davis hatte er sehr wohl lautstark protestiert. Moralische Verantwortung kann ja nicht ernsthaft an der deutschen Staatsgrenze enden. Joachim Kaiser kritisierte diese Haltung in der *Süddeutschen* und erinnerte zu Recht daran, wie schwer es die Dissidenten, die im Westen vergessen werden, im Osten haben. Er kam auf ein «von der Linken erfundenes Gespenst» zu sprechen: den «Beifall von der falschen Seite»[46]. Und in der Tat: Allzuoft unterblieb die linke Kritik an Zuständen in sozialistischen Ländern aus Angst, damit dem politischen Gegner zu nutzen. Andererseits: Der «Beifall von der falschen Seite» war keine Erfindung und kein Gespenst. Es wäre naiv gewesen, die politischen Antagonismen zu ignorieren und einen Standpunkt unbefleckter Moral einzunehmen.

Walser benutzte damals noch nicht den Begriff der «Instrumentalisierung», der ihm 24 Jahre später in seiner Friedenspreisrede im Zusammenhang mit dem Holocaustgedenken so übelgenommen wurde. Aber sein Widerspruch ist in beiden Fällen ähnlich motiviert. Sowenig es ein «reines», nur der Sache und den Menschen dienendes Gedenken gibt, sowenig gibt es eine interesselose Solidarität. Stets weigerte er sich, einer Bekenntnispflicht Genüge zu leisten. Immer wenn die Öffentlichkeit kirchenartige Züge annahm, wenn sie rituelles Sprechen und damit Unterwerfung verlangte, widersprach er. Über Solschenizyn sagte er deshalb nur: «Wenn man da etwas Vernünftiges tun will, müßte man sich hinsetzen und sozusagen 50 oder 60 Seiten sauber arbeiten, die ganze Verwendung des Namens Solschenizyn in den letzten 3 oder 4 Jahren im Westen und in der Bundesrepublik dokumentieren.»[47] Das hätte er Grass dann gerne vorgelegt.

330 X LÖSUNGEN. 1971–1975

Eineinhalb Jahre lang herrschte danach Funkstille, bis Grass im September 1975 den unterbrochenen Kontakt wiederherstellte und sich für seine Interviewäußerung brieflich entschuldigte: «Uns beide hat wohl der ideologische Grabenkampf auseinandergebracht. Was ich bedaure, denn die Verschiedenheit unserer politischen Ansichten hätte uns dennoch nicht hindern sollen, Gespräche (und sei es mit Ausklammerungen) weiterzuführen. Mir tut es heute leid, daß ich vor Jahr und Tag aus an sich berechtigtem politischem Zorn über den linientreuen Opportunismus einiger DKP-Anhänger ausgerechnet in einem Interview eine Abgrenzung ausgesprochen habe, die sich dann später wie eine barsche und endgültige Absage las.» Das, so Grass weiter, hätte er nicht zulassen dürfen. «Beim letzten Schriftstellerkongreß in Frankfurt sahen wir uns zwar flüchtig, aber die Umstände und wohl auch wechselseitige Hemmungen standen einem Gespräch im Wege. Ich meine, das sollte uns bei nächster Gelegenheit nicht passieren. Ich jedenfalls hätte Lust, mit Dir wieder einmal ins Detail zu gehen, von mir aus auch streitbar, doch nicht ohne Gelächter.»[48]

Ein erstes Zeichen der Annäherung konnte Grass vielleicht schon in Walsers Reaktion auf den Rücktritt von Willy Brandt im Mai 1974 erkennen, als Günter Guillaume, der persönliche Referent des Kanzlers, als DDR-Spion enttarnt wurde. Walser war bestürzt und schrieb im *Spiegel* einen offenen Brief an den «Genossen Erich Honecker»[49], in dem er Brandt seiner Hochachtung und Sympathie versicherte und den DDR-Regierungschef zum Rücktritt aufforderte. Es war ihm unbegreiflich, warum aus der DDR heraus Brandts Entspannungspolitik so leichtfertig aufs Spiel gesetzt wurde. Profitierte die DDR etwa nicht auch davon? Die SPD war für Walser nun plötzlich wieder eine Hoffnung: Kein Weg zum Sozialismus führe im Westen an der Sozialdemokratie vorbei. Wollte die DDR-Führung mit ihrem «gemeinen Tiefschlag» also in der alten Feindschaft erstarren, die doch niemandem, und schon gar nicht den Linken, nutzen konnte?

Das waren fast schon grasssche Töne. Und wenn Walser davon sprach, die Bevölkerungen in den beiden deutschen Teilstaaten gehörten historisch zusammen und reagierten wie ein System kommunizierender Röhren aufeinander, machte er aus seinem anschwellenden gesamtdeutschen Empfinden kein Geheimnis. Noch war es eingebunden in die Perspektive des Sozialismus. Nur unter diesem Vorzeichen hielt er die Annäherung der beiden Teilstaaten für wünschenswert. Also unterzeichnete er seine Rücktrittsempfehlung für Honecker konsequent «mit sozialistischen Grüßen». Der Beifall von der falschen Seite war damit ausgeschlossen.

Die *Süddeutsche Zeitung* widmete trotzdem ihr «Streiflicht» Walsers Artikel und mutmaßte, er bewerbe sich für die verwaiste Stelle des «Praeceptor Germaniae, nachdem Böll kein Gewissen der Nation mehr sein will und Grass erst sein eigenes Gewissen prüfen wird, inwieweit er mit seiner zuletzt weithallenden Enttäuschung über die Partei und Brandt zu dessen Resignation beigetragen hat? Der Platz des Chefmoralisten ist frei geworden, er muß aber ebenso wieder besetzt werden wie der des Regierungschefs»[50]. So schnell konnte das also gehen. Eben noch als Kommunistenfreund behandelt, kam Walser plötzlich als Kandidat für den nationalen Moralthron in Frage – ein Medienspiel, nicht mehr, aber doch ein Indiz dafür, daß der Platz, der ihm auf der Links-Rechts-Skala zugewiesen wurde, sich zu verschieben begann. Auch wenn er selbst das noch nicht bemerkte.

In Kiel trat er in wildgemustertem Jackett bei einem Pädagogenkongreß vor 600 ausländischen Deutschlehrern auf, die er mit seinen im Klassenkampfjargon vorgetragenen antikapitalistischen Thesen erschreckte. In München sprach er im Juli 1974 bei einer Gedenkveranstaltung zum 70. Geburtstag Pablo Nerudas, der im Jahr zuvor, wenige Tage nach dem Militärputsch Pinochets gegen die sozialistische Regierung Salvador Allendes, gestorben war. Neruda war wie Solschenizyn Literaturnobelpreisträger. In der Arithmetik internationaler Solidarität stand er genau auf der entgegengesetzten Seite. Walser beschäftigte sich aus diesem Anlaß mit der «Architektur einer Moral»: Wer Demokratiebedrohungen von links und rechts gleichermaßen düster zeichne, der wolle damit doch bloß die Mitte – und das hieß für ihn: den Status quo – um so heller erstrahlen lassen. Wieder einmal diente dabei Günter Grass als mahnendes Exempel.[51] Er selbst aber legte gesteigerten Wert darauf, allen Meldungen, er sei DKP-Mitglied, entgegenzutreten. Im Verlag gab er die Anweisung, stets Einspruch zu erheben, wenn das fälschlicherweise behauptet wurde. Walter Jens, den er als Autor für den *kürbiskern* gewinnen wollte, mahnte er: «Nicht uns zu DKP-Leuten machen. Aber eine sozialistische Zeitschrift machen. Miteinander! Aus dem Kürbiskern.»[52]

Im Rückwärtsgang. Bauernkriege. Gespielte Blindheit.

Was blieb vom Sozialismus, wenn weder die DKP noch andere sozialistische Gruppierungen in Frage kamen? Wenn dessen irdische Basis schließlich nur noch aus der SPD und ihrem sozialdemokratischen Instanzenweg bestand? Der Essay «Wie geht es Ihnen, Juri Trifonow» dokumentiert die schleichende Absetzbewegung von den alten Freunden. Frieder Hitzer hatte für eine Anthologie mit dem Titel «Offenheit gegen Offenheit» um einen Beitrag gebeten. Er wollte Dialoge zwischen westlichen und russischen Intellektuellen anstiften und damit die Kalte-Kriegs-Front lockern. Carl Friedrich von Weizsäcker, Max Frisch, Carl Amery, Alfred Andersch und andere beteiligten sich daran. Walser aber zog sich bald wieder zurück. Ihm geriet das Buch zu sehr in diplomatisches Fahrwasser. Hitzer mußte sich in alle Richtungen absichern, vor allem gegenüber der DKP und Parteichef Kurt Bachmann, der den Eindruck vermeiden wollte, die sowjetische Intelligenzija bestünde aus lauter Solschenizyns. So publizierte Walser seinen Brief an Trifonow im Dezember 1975 zunächst in *konkret*. Die Anthologie erschien Jahre später als geplant.

X LÖSUNGEN. 1971–1975   333

Dieser Text ist die Selbstauskunft eines sozialistisch gestimmten Intellektuellen in der Bundesrepublik, der keinen Ort politischer Zugehörigkeit mehr finden kann. «Wenn ich die Reaktionen auf meine Veröffentlichungen prüfe», heißt es da, «sehe ich, daß meine Arbeit, wenn man sie in der Parteienskala einordnet, einer Stelle entspricht, die ziemlich leer ist; sie befindet sich zwischen DKP und SPD. Das ist ein Standpunkt, den etwa die Jugendorganisation der SPD, die Jungsozialisten, noch einnimmt. Wenn man älter als fünfunddreißig ist und immer noch diesen Standpunkt hat, ist man hier kriminell. Da ich mich weder durch den Internationalismus der DKP noch durch den Rechtskurs der Erwachsenen-SPD vertreten fühle, fühle ich mich also isoliert.»[53] Hatte er 1969 noch offensiv für die ADF geworben, so mochte er im Wahljahr 1976 keine Wahlempfehlung mehr abgeben. Wie hätte er anderen etwas raten können, wenn er selbst in der Wahlkabine zu spontanen Reaktionen neigte? Jedesmal hatte er sofort danach das Gefühl, wieder das Falsche angekreuzt zu haben. Anders ging es eben nicht.

Die sozialistische Zukunftsgewißheit, die er noch kurz zuvor in einer Hymne zu Blochs 90. Geburtstag gefeiert hatte, konnte er nun nicht mehr aufbringen. Statt dessen nahm die Macht der Vergangenheit zu. Der Utopieverlust und der allmählich einsetzende Zerfall politischer Gewißheiten ließen die deutsche Geschichte wieder stärker in den Blickpunkt geraten. Die Geschichte war der gewaltige Strom des Faktischen. Sich ihm anzuvertrauen bedeutete nicht nur, sich dem Nationalsozialismus und seinen Konsequenzen zu stellen. Es hieß, noch viel weiter zurückzugehen und nach Ursachen der gegenwärtigen Misere am Beginn des bürgerlichen Zeitalters zu suchen, in der Epoche Martin Luthers und Thomas Münzers, in der Zeit der Bauernkriege und ihrer Niederschlagung.

Mit dem historischen Drama «Das Sauspiel» begab Walser sich auf unbekanntes Terrain und versuchte sich fünf Jahre nach dem Mißerfolg mit «Ein Kinderspiel» in ungebrochener Hart-

334 X LÖSUNGEN. 1971–1975

näckigkeit erneut am Theater. Er lag damit durchaus im Trend: Dieter Forte hatte mit «Luther und Münzer» gezeigt, daß man diesen Stoff erfolgreich auf die Bühne bringen kann, und in der DDR erschien Christa und Gerhard Wolfs Version des «Eulenspiegel». «Das Sauspiel», ursprünglich vom Nürnberger Theater als Musical in Auftrag gegeben, wurde unter einigen Verwicklungen nach Hamburg transferiert, wo es am 19. Dezember 1975 uraufgeführt wurde. Die Musik zum Bilderbogen lieferte Mikis Theodorakis. Die Regie übernahm der Stuttgarter Regisseur Alfred Kirchner, der schon das «Kinderspiel» inszeniert hatte.

Im Nürnberg des Jahres 1526 fand Walser einen Schauplatz, der sich als Spiegel der Gegenwartsverhältnisse eignete. Nürnberg war damals eine aufgeklärte, liberale Stadt, die sich der Reformation angeschlossen hatte. Melanchton, enger Vertrauter Luthers, reiste an, um das erste humanistische Gymnasium nördlich der Alpen einzuweihen. Gleichzeitig wurden die Wiedertäufer, allen voran der Priester Wolfgang Vogel, eingekerkert, gefoltert und hingerichtet. Sie waren die Radikalen von damals, die Ernst machen wollten mit dem Wort Gottes. In Walsers Version der Geschichte waren sie Frühsozialisten, eine Art gläubiges Proletariat. Ebenso leicht war es, in den so aufgeklärten wie repressiven Reformatoren des 16. Jahrhunderts die Sozialdemokraten der Gegenwart zu erkennen: mit Radikalenerlaß und Terroristenhysterie.

Walsers eigentliches Interesse richtete sich aber auf Figuren wie Melanchton, Paracelsus, Faust, Hans Sachs, Dürer und den Volkssänger Jörg Graf. Sie standen für die ganze Skala möglicher Verhaltensweisen der Intellektuellen, die vom Legitimieren der Herrschaft bis zum Bestreiten der Macht reicht. Auch sie ließen sich leicht in die nachrevolutionäre Gegenwart, sieben Jahre nach 1968, übersetzen, wo es längst wieder angenehmer war mitzuspielen, als die Anstrengung des Weltveränderwollens auf sich zu nehmen. Walser nahm sich selbst da keineswegs aus. Sein Dürer ist eine angstgeschüttelte Figur. Zwei seiner Mitarbeiter werden ihm aus dem Atelier heraus verhaftet. Nun sorgt er sich vor allem darum, wie er sein Geld sicher anlegen kann, um durch die stürmische Zeit zu kommen. Melanchton durchschaut als ausgebuffter Aufklärer alle Strategien der Anpassung. Er geißelt sein Mitläufertum, genießt die Selbstgeißelung, durchschaut auch diesen Genuß und so weiter. Er verkörpert den Pirouetten drehenden Intellektuellen, der zwischen Kritik und Legitimation schwankt. Dr. Faust schließlich hat als moderner Intellektueller erkannt, daß Meinungsfreiheit mehr vermag als Unterdrückung. Er hat gelernt, Liberalität als Herrschaftsinstrument zu gebrauchen, läßt aber die Politik Politik sein, wenn er erotischen Begierden nachgibt und jedem jungen Mädchen hinterhersteigt.

Die interessanteste Figur ist der Sänger Jörg Graf, der seinen künstlerischen und geschäftlichen Niedergang dadurch aufhalten will, daß er sich blind stellt. Als Blinder rechnet er sich größere Chancen aus. Zum Schein paßt er sich an, verdingt sich als Spitzel, verrät aber den zu bespitzelnden Wiedertäufern, daß er ein Spitzel ist, und arbeitet für sie. Ein Doppelagent zwischen den Fronten also, der glaubt, er könne sich im Schutz der Blindheit durchmogeln. Beim Sauspiel, in dem Blinde mit Prügeln bewaffnet zur Volksbelustigung auf eine Sau einschlagen müssen und sich dabei zwangsläufig gegenseitig treffen, wird er entlarvt, weil er blindwütig auf einen Konkurrenten eindrischt, der sich aber auch nur blind stellt. Zur Strafe werden beide geblendet. Wer sich blind stellt, wird auch blind. Jörg Graf ist ein Anpassungsspezialist wie Anselm Kristlein. Sich durchzuschlagen und Geld zu verdienen ist ihm wichtiger als der eigene Standpunkt. Damit gehört er aber eher auf die Seite der Aufrührer als zu den Besitzstandsverteidigern. Er ist, wie Walser in einem Interview erklärte, ein «kleinbürgerlicher Held», dem schon deshalb die ganze Sympathie des Autors gilt. Jörg Graf wird «in einen Vorgang hineingerissen, dem er nicht gewachsen ist, in eine politische Situation, in der er sich nach rechts und links gleichzeitig orientieren will und in der Mitte zermalmt wird»[54].

Dennoch wäre es zu kurz gegriffen, den Jörg Graf als Alter ego des Autors zu verstehen, wie es in vielen Kritiken geschah. Auch Melanchton spricht, wie Walser sprechen könnte. Oder der erotomane Dr. Faust. Oder Paracelus. Dieser Kräuterdampf atmende Hausheilige der Anthroposophen spricht reinste sozialistische Agitation – ein Trick, den Walser anwandte, weil er glaubte, daß die Zuhörer gegenüber dieser Figur nicht gleich dichtmachen würden.[55] Aus all diesen Stimmen setzt sich das Selbstporträt des Autors zusammen. Sie verbinden sich zum Chor, der von der Ratlosigkeit des Revolutionärs kündet. Sein Trost besteht darin, im Schlußbild auf die Vergeblichkeit aller Bemühungen hinzuweisen, den Lauf der Geschichte aufhalten zu wollen. Da legt Dürer Pläne für eine neue, ultimative Stadtbefestigungsanlage vor, die der Erkenntnis Rechnung tragen sollen, daß der Feind nicht von außen, sondern von innen kommt. Das pervertierte Schutzbedürfnis ist das sichtbare Zeichen dafür, daß die Geschichte weitergehen wird. Warum sollte die historische Entwicklung ausgerechnet bei der bürgerlichen Gesellschaft enden?

Die Kritiker fanden nach der Uraufführung wenig Lobenswertes, hoben allenfalls die Leistung einiger Schauspieler hervor, allen voran Walsers Tochter Franziska, die in der Rolle der Rosi Graf, Tochter des scheinblinden Sängers, ihren ersten großen Auftritt hatte. «Selbstzweifel hinter Butzenscheiben» überschrieb Hellmuth Karasek seine Besprechung im *Spiegel*, Benjamin Henrichs in der *Zeit* sah eine «Nabelschau mit viel Musik». Die Argumente gegen Stück und Autor ähnelten sich: Die Spiegelung der Gegenwart in der Vergangenheit sei so schlicht, daß sie rasch langweile und zum ständigen «Übersetzen» verleite. Es gebe keine Charaktere, sondern nur Figuren, die Walsertext aufzusagen hätten. Walser könne, das zeige sich erneut, eben keine Dialoge schreiben.

Henrichs brachte zum Ausdruck, warum das Stück seiner Meinung nach mißlungen war: «Ein Intellektueller schreibt über Intellektuelle – dabei muß zwangsläufig etwas Masochistisches, also Verkrampftes herauskommen; vor allem, wenn einer schreibend den Sprung aus der eigenen Klasse (oder Kaste) versucht und dabei schon weiß, daß ihm dies nie gelingen wird.»[56] Walsers Freund Peter Hamm versuchte in *konkret* eine Verteidigung. Er drehte Henrichs' Argument um und kehrte es gegen die Kritiker: «Walsers eigene Rolle, die Rolle des Intellektuellen, des kleinbürgerlichen Intellektuellen zumal, so genau als zweifelhaft, als unhaltbar darzustellen, das mußte anderen kleinbürgerlichen Intellektuellen – und aus solchen besteht nun einmal vorwiegend unser Kulturbetrieb – provokant und unerlaubt vorkommen.»[57] Es sei dahingestellt, ob solche psychologische Ausdeutung von Kritikerurteilen sinnvoll ist – die Aussage des Stückes traf Hamm damit genau. Seltsamerweise wurde das «Sauspiel» trotzdem vehement als linksradikales, propagandistisches Theaterstück wahrgenommen. Es befestigte Walsers Ruf als Kommunist, obwohl es doch gerade den Zweifel und die Unsicherheit thematisierte. Es ist eine Absage an die Verläßlichkeit der Ideologie, eine Lossagung, Loslösung. Darin allenfalls besteht die angebotene Lösung.

Nicht ganz zufällig befaßte Walser sich in dieser Zeit auch mit Brechts «Galilei» und schrieb darüber einen Aufsatz für die *Suhrkamp Literatur Zeitung*. Brechts Galilei erschien ihm als Verwandter seines Jörg Graf, wenn er über ihn schrieb: «Er läßt sich nicht einteilen in einen Gelehrten und in einen Menschen. Erst als er seine Einsichten aus Angst verrät, trennt er sich von sich. Von da an gibt es einen öffentlich Angepaßten und einen, der privatim weiter forscht. Gebrochene Existenz. Aber besser gebrochen als gar nicht: so rechtfertigt er sich schlechten Gewissens.»[58]

XI EINSILBER. 1976–1981

**Wege zum See. Literarischer Neubeginn.
Ultimativer Verriß. Über Päpste.**

Die Geschichte ist offen. So umkämpft ihr Verlauf, so vergeblich
die Kämpfe. Sicher ist allein, daß nichts bleibt, wie es einmal war.
Mit dem Schwinden der sozialistischen Perspektive wuchs für Walser die Bedeutung des Nationalen. Das Nationale füllte die Leerstelle der Utopie. Das Nationale war ein Gefühl, das mit Zugehörigkeit, mit Heimat, mit der Verwurzelung im Herkunftsland zu
tun hatte. Sprachlich nährte es sich durch den Dialekt und bot
die Empfindungsnähe, die der moskaugesteuerte Internationalismus vermissen ließ. Biographisch ergab es sich aus dem vielfachen
Bezug zur Region. Politisch war das Nationale mit all seinen Ver-
werfungen die aktuelle Erscheinungsform der Geschichte. Die Geschichte aber war offen. Und sie ankerte in der Bodenseeregion.

Schon Anselm Kristlein kehrte in einem Bogen von Stuttgart
über München an den Bodensee zurück, ehe sich seine Spur in
den Alpen verlor. Die Helden der neuen Walser-Romane siedeln
konsequent in Ufernähe. Sie brauchen den beruhigenden Blick
übers Wasser, um die Zumutungen des Alltags zu bestehen. Sie
heißen Horn, Halm oder Zürn. Ihre Einsilbigkeit ist Programm.
Mit ihnen wurden die Sätze kürzer, die Bücher ökonomischer und
der Stil formbewußter. Die Kristlein-Romane bezeichnete Walser
nun despektierlich als «Ich-Oratorien». Sie waren literarisch ausge-
reizt. Er hatte das Gefühl, erst jetzt, ab 1976, richtige Romane zu
schreiben.[1] Endlich gelang es ihm, die eigene «Willkür und Selbst-
herrlichkeit durch ich weiß nicht welche Demut» zu zähmen.[2]

Der Wechsel von der Ich-Perspektive zur auktorialen Erzählweise brachte keine Distanzierung vom literarischen Personal mit

sich. Auch wenn Walser vom «Ich» zum «Er» überging, blieb doch der Erzähler ganz eng an der Hauptfigur, fast so, als spreche er aus ihrem Bewußtsein und mit ihrer Stimme. Das ist die Perspektive, die er einst an Kafka studierte. Sie wurde zu seinem Markenzeichen: ein Näheprojekt. Mit Gottlieb Zürn schrieb er sich noch dichter an die eigene Person heran. Zürn war, als er in die Öffentlichkeit entlassen wurde, ein seit langem vertrauter Gesprächspartner. Schon seit 1963 hatte Walser diese Figur in seinen Notizbüchern ernährt und großgezogen. Mit ihr suchte er nach Möglichkeiten, wie sich die Intimität der eigenen Erfahrung noch stärker in die Fiktion hineinbringen läßt.[3] Er ist nicht identisch mit seinen Helden, aber er gleicht sie sich an.

Der Roman ist ein Versuchsfeld, in dem sich die eingespeisten Erfahrungen verändern. Wäre es anders, müßte man das Romanschreiben aus Langeweile einstellen. Aus subjektivem Brennstoff entsteht etwas Objektiv-Subjektives. Die Form leistet Widerstand. Auch die Gegenfiguren, die den Helden zusetzen, werden stärker. Walser verglich das Figurenverhältnis des Romans mit der Hebelkraft einer Maschine, die etwas herausbringen kann, was in der puren Ich-Person unsichtbar bleibt.[4] Der Roman ist ein Möglichkeitserprobungsapparat. Und er ist ein Verbergungsentblößungsmechanismus, der es erlaubt, alles über sich zu sagen und es zugleich zu verstecken. In «Meßmers Gedanken», einer Art Notizbuch, war 1985 schließlich der äußerste Punkt erreicht, an dem das Fiktionale nur noch als dünnes, zum Selbstschutz übergeworfenes Mäntelchen diente. Die Differenz zwischen Walser und Meßmer, der den Geburtsnamen der Großmutter trägt, ließ sich hier kaum mehr ausmachen.

Schon der Held in «Jenseits der Liebe» war eine Zürn-Figur, der Walser aber den Namen Franz Horn gab. Auf ihn folgten Helmut Halm und sein unverschämt jugendlicher Gegenspieler Klaus Buch in der Novelle «Ein fliehendes Pferd». Dann der darmleidende Chauffeur Xaver Zürn, ein Vetter von Gottlieb Zürn und von Franz Horn, in «Seelenarbeit». Dann erst, im

«Schwanenhaus», übernahm Gottlieb Zürn die Hauptrolle, nachdem er im «Fliehenden Pferd» bereits als Vermieter einer Ferienwohnung für Helmut und Sabine Halm aufgetreten war und Xavers Frau Agnes mit Anna Zürn telephoniert hatte. Nach und nach entstand eine literarische Landschaft voller Verwandtschaftsbeziehungen, eine fiktive Bodenseewelt voller Wirklichkeit.

Ihre Bewohner sind empfindsame, verletzliche Menschen, Angehörige der «Leidensklasse» der Menschheit. Das ist die neue Variante der Klassenverhältnisse. Sie hat durchaus etwas mit gesellschaftlichen Machtverhältnissen zu tun, mit oben und unten, arm und reich, abhängig und mächtig. Aber sie ist vor allem eine Gefühlssache. Man kann sich Abhängigkeit auch einbilden, ohne daß sie deshalb irreal würde. Ob Franz Horn, dieser unglücklichste aller Walser-Helden, der sogar – welche Undenkbarkeit! – getrennt von Frau und Töchtern leben muß, tatsächlich in der Firma durch den jüngeren Konkurrenten Liszt beim Chef Thiele ausgebootet wird, oder ob er sich diese Gegnerschaft nur einbildet und in Folge seiner Einbildung sein Selbstvertrauen verliert, bleibt offen. Das Ergebnis ist in beiden Fällen gleich: Horn ist der Verlierer.

Die Themen der Einsilber-Romane sind die alten geblieben. Es geht um Konkurrenzverhältnisse, um berufliche Deformationen, um Liebesversuche und Eheherausforderungen: Abhängigkeitsverhältnisse aller Art. Walser interessiert sich nach wie vor für die Anpassungsleistungen, die erforderlich sind, um den gesellschaftlichen Anforderungen zu genügen. Er verlangt seinen Helden keinen Heroismus ab. Er liebt sie, weil sie sind wie er. Das macht seine Bücher zutiefst human. Zu Feindschaften sind diese Helden kaum in der Lage. Statt dessen stellt sich immer wieder heraus, daß sie ihre Konkurrenten lieben müssen, weil sie Konkurrenz nur als Freundschaftsbemühung ertragen können. Walser proklamiert ein Menschenrecht auf Anpassung, weil er gar nicht anders kann. Die Verweigerung, die große Negation oder das Aussteigen in alternative Lebensformen wären ihm fremd. Er ist ein Anpassungsvirtuose. Seine Helden schickt er los, um mit ihnen zu erproben, wie das zu schaffen ist. Sie sind Stellvertreter. Sie sind wie Tonarten in der Musik, Wellenlängen, in denen bestimmte Stimmungen zum Ausdruck kommen, Modulationsmöglichkeiten des eigenen Ich. War Gallistl C-Dur, dann ist Franz Horn Fis-Moll. Walsers tragische Symphonie. «Wenn wir über meine Figuren reden, werde ich am deutlichsten greifbar», sagt er.

«Jenseits der Liebe» entstand zu großen Teilen im April und Mai 1975 in England, während eines Aufenthalts als Gastschriftsteller an der University of Warwick in Coventry. Die Umgebung beeinflußte das Schreiben so sehr, daß auch Franz Horn, Mitarbeiter einer Zahnprothesenfirma, vom Bodensee nach Coventry reisen muß, um dort neue Verträge mit einem englischen Lizenzpartner auszuhandeln. Aus Mitleid mit dem konkursbedrohten Geschäftspartner und weil er sich in ihm wiedererkennt, verzichtet er auf den Abschluß, hält aber das Scheitern nicht aus, weil er fürchtet, für Thiele und Liszt nun endgültig als Versager dazustehen: Horn ist zu weich, um erfolgreich zu sein. Auf luzide Weise porträtiert Walser in diesem Dreiecksverhältnis seine komplizierten Beziehungen zu Unseld und zu Johnson. Der Wettkampf um die Gunst des Chefs, die Rivalität um Erfolg und Anerkennung – das sind Erfahrungen, die sich in die Angestelltenwelt Franz Horns übertragen lassen. Deutlicher wird das im zweiten Franz-Horn-Roman aus dem Jahr 1982, dem «Brief an Lord Liszt».

An «Jenseits der Liebe» knüpfte er große Erwartungen. Das Buch sollte ein Befreiungsschlag werden, ein literarischer Neubeginn. Entsprechend nervös war er im März 1976, als er das erste Exemplar in Händen hielt. Er wolle fast nichts mehr sagen, schrieb er in den Wochen des Wartens an Alfred Andersch, so ängstlich sei er und auch ein bißchen krank.[5] Gegenüber Unseld gab es Gelegenheit, das Vertrauensverhältnis zu bekräftigen. Im *Stern* war in einer ersten, wohlwollenden Besprechung zu lesen, die Freundschaft mit dem Verleger sei in die Brüche gegangen. «Von mir hat der Verfasser das nicht», stellte Walser klar. «Ich würde die zwischen uns gewachsene Distanz nie so, sondern anders bezeichnen. Vielleicht sollte es dafür einmal Gelegenheit geben. Schon um die Bezeichnung der Veränderung eines für mich doch schon fast ehrwürdigen Verhältnisses nicht Fremden zu überlassen.»[6] Unseld antwortete mit einer Freundschaftsbeschwörung. Er fühlte sich bedrängt, umstellt von Feinden, «beobachtet» und «belauert» und wollte deshalb alles Trennende wegreden. «Und es gäbe viele, die sich hämisch darüber freuten, wenn es gelänge, einen Keil zwischen uns zu treiben. Den Gefallen wollen wir niemandem tun, und eine Erfahrung des Älterwerdens ist doch die, daß Freundesbeziehungen etwas Seltenes und Kostbares sind. Du hast sehr recht, wenn Du die Bezeichnung ‹ehrwürdig› hier anziehst.»[7]

Walsers Nervosität war, wie sich zeigen sollte, nicht unbegründet. Am 27. März kaufte er sich auf dem Weg nach Frankfurt am Bahnhof die *F.A.Z.* und fand darin Marcel Reich-Ranickis Rezension, die mit den Sätzen begann: «Ein belangloser, ein schlechter, ein miserabler Roman. Es lohnt sich nicht, auch nur ein Kapitel, auch nur eine einzige Seite dieses Buches zu lesen.» Schon die Überschrift – «Jenseits der Literatur» – gab kund, daß es Reich-Ranicki eher um eine Exkommunizierung als um sachliche Kritik zu tun war. «Wie schlecht muß ein Walser-Manuskript sein, damit der Suhrkamp Verlag es ablehnt», fragte er. Er beklagte den Niedergang eines Autors, der einmal als Hoffnung der Nachkriegsliteratur gegolten habe. Vom einstigen Talent sei nichts übriggeblieben als Sterilität, Geschwätzigkeit und eine saft- und kraftlose Diktion. Ja, er diagnostizierte geradezu eine Verbalinkontinenz, wenn er dem Autor vorwarf, «die Worte nicht mehr halten» zu können.[8] In aller Breite schilderte Reich-Ranicki Walsers politischen Werdegang, seine Nähe zur DKP, von der er in der Zwischenzeit, «wie man hört», wieder «eindeutig abgerückt» sei, behauptete aber zugleich, daß dieser Umstand für den Literaturkritiker «belanglos» sei. Das Politische wurde also aufgerechnet, nur um festzustellen, daß es für die Urteilsbildung des Kritikers keine Rolle spiele? Woher aber dann Reich-Ranickis bodenlose

Verärgerung über diese Schilderung des «grausamen Konkurrenzkampfes» in der «bürgerlich-kapitalistischen Gesellschaft»[9]?

Wenn man «Jenseits der Liebe» heute liest, kann man die gnadenlose Aburteilung nicht nachvollziehen. Reich-Ranickis Generalverriß verwundert um so mehr, als er ein Jahr zuvor den Autor, den er nun so ganz und gar «ruiniert» sah, noch zur Mitarbeit in der *F.A.Z.* überreden wollte. Walser hatte das Angebot abgelehnt. Er begründete das mit Erfahrungen, die er auch mit *Spiegel* und *Zeit* gemacht hatte. «Solche Organe», antwortete er Reich-Ranicki, «lassen einen Mitarbeiter zu, wann immer es ihnen paßt; will aber der Mitarbeiter einmal etwas ganz bestimmtes unterbringen, dann kann man ihn ohne weiteres wegschicken. Das heißt: man nährt durch gelegentliche Mitarbeit den Anschein von Meinungsfreiheit: die Beschränkungen derselben im prekären Fall kriegt das Publikum nicht zu sehen: die bleibt im Telephon, im Briefumschlag verborgen. Ich hoffe nicht, daß Sie solche Gründe für Produkte bloßer Empfindlichkeit halten.»[10] Genauer kann man das prekäre Abhängigkeitsverhältnis des freien Autors von seinen Auftraggebern nicht beschreiben.

Als er nun, am 27. März 1976, in der Klettenbergstraße erschien, wo Unseld und Verlagsmitarbeiter ihn erwarteten, war er kreideweiß, und es schien, als müsse gleich etwas Schreckliches passieren. Er sagte aber nur: Wenn ich ein Messer da hätte, ich könnte ihn erstechen. Seit fünfzehn Jahren mußte er sich von Reich-Ranicki anhören, was für ein geschwätziger Plauderer er sei. Den aktuellen Verriß empfand er als Höhepunkt der Behandlung, die er etwa seit 1970 erfahren hatte, seit man ihn für einen Kommunisten hielt. Die damit verbundene Ausgrenzungsangst kommt im Roman in der Szene zum Ausdruck, in der Franz Horn Besuch vom Betriebskommunisten Heinz Murg erhält, der um eine Solidaritätsunterschrift bittet. Horn unterschreibt, weil er nicht nein sagen kann. Aber er fürchtet, damit weiteres Vertrauen seines Chefs zu verspielen. Ein Versager – und dann auch noch Kommunist!

Reich-Ranickis Verriß wurde nicht nur von Walser als Vernich-

344 XI EINSILBER. 1976–1981

tungsversuch empfunden. Schriftsteller-Kollege Gerhard Zwerenz schrieb ermunternd: «nach *dieser* R-R-Kritik in der *F.A.Z.* werde ich Ihr Buch unbedingt lesen»[11]. Ein Frankfurter Buchhändler berichtete, er habe noch nie so viele Protestkäufer gehabt wie in diesem Fall. Selbst Johnson solidarisierte sich und lehnte nun seinerseits das Angebot Reich-Ranickis ab, in der *F.A.Z.* zu Wolfgang Koeppens 70. Geburtstag zu schreiben. «Bitte, vermuten Sie nicht eine kollegiale Solidarität», versuchte er diesen Akt herunterzuspielen, «sondern einzig eine andere Auffassung vom Umgang mit literarischen Gegenständen, wenn ich es vorziehe, unter einer kritisch so bestimmten Redaktion auf Mitarbeit zu verzichten.»[12] Alfred Andersch wollte zusammen mit Frisch und Peter Weiss eine Protestnote veröffentlichen. Walser hielt nichts von solchen Aktionen. Er war so verstört, daß er sogar einen Psychiater um Hilfe bat. Doch der meinte bloß, damit müsse er schon selber fertig werden. Die Arbeit am zweiten Gallistl-Roman brach er verunsichert ab. Statt dessen drängte sich ein anderer Stoff auf: «Seelenarbeit». Ohne jede Vorausplanung begann er zu schreiben. Es war ein Akt der Selbstverteidigung. Schreibend setzte er sich gegen die erlittene Verletzung zur Wehr. Mit dem Fahrer Xaver Zürn, der nachts im Bett an seinen Chef denkt und weiß, der Chef denkt nicht an ihn, schrieb er seinen Herr-Knecht-Roman über das Abhängigkeits- und – ja, auch das – Liebesverhältnis eines Chauffeurs zu seinem Chef.

In einem Selbstinterview machte er sich klar, worin die Abhängigkeit von einem «Chef» besteht: «Er muß seine Launen mir gegenüber weniger beherrschen als ich meine Launen ihm gegenüber. Ich muß mich ununterbrochen zusammennehmen. Zum Beispiel politisch. Man möchte doch öfter einmal irgendwelchen politischen Quatsch daherreden dürfen. Der Chef tut das ungeniert und frei heraus.»[13] Undenkbar auch, mit dem Chef über ihr Verhältnis zu sprechen. Das darf nur der Chef. Für den Untergebenen wäre es schon eine Überschreitung seiner Befugnisse, nein zu sagen. Der Chef ist immer der bessere Mensch. Aber wer ist dieser Chef? Welche Erfahrungen hat ein freiberuflicher Autor damit? Lächerliche Frage. Jeder Mensch, selbst der Chef, hat einen Chef. Jeder Mensch, der seine Macht spüren läßt, ist ein Chef. Für den sogenannten freien Autor gehört dazu alles, was ihn abhängig macht. Walser nennt das «einen Ausbund unserer Gesellschaft». Ein anderes Wort dafür wäre Öffentlichkeit. Ihr zu entsprechen ist die Aufgabe des Autors, der auf dem Markt der Meinungen existieren muß. Die Wahrheit zu sagen empfiehlt sich für ihn nicht. Das können sich nur die Chefs leisten. Deshalb sind ihre Reden so langweilig. Literatur entsteht bei denen, die darauf angewiesen sind, Umwege zu machen. «Von seinem Chef sprechen, ohne ihn zu beleidigen» wäre eine «prototypische Seelenarbeit»[14]. Man kann es auch umgekehrt sagen: «Seelenarbeit» ist die Kunst, die eigene Abhängigkeit zu ertragen. Davon handeln alle Romane Martin Walsers. «Seelenarbeit» als Reaktion auf die Aburteilung durch Reich-Ranicki ganz besonders.

Im Mai ging er mit «Jenseits der Liebe» auf Lesereise, um in der direkten Reaktion des Publikums zu erleben, wie wenig Reich-Ranicki im Recht war. Von dessen Verriß abgesehen, fielen die Rezensionen durchaus positiv aus. Im April landete Walser auf Anhieb auf Platz zwei der Kritiker-Bestenliste des Südwestfunks, ganz knapp hinter Hans Wollschlägers Neuübersetzung des «Ulysses» und mit großem Abstand vor Reter Rühmkorfs «Walther von der Vogelweide, Klopstock und ich» auf Platz drei. Man darf dieses Votum von 28 Kritikerinnen und Kritikern durchaus auch als Einspruch gegen Reich-Ranicki interpretieren. «Blitzstart für Walser», zitierte der Suhrkamp Verlag in werbenden Anzeigen eine Besprechung der *Badischen Zeitung*. Bis zum Jahresende verkaufte das Buch sich 22 687mal – ein achtbares Ergebnis. Als zwei Jahre später das Taschenbuch herauskommen sollte, bat Walser darum, die Rechte an Rowohlt als einem «auf Verkauf spezialisierten Verlag» zu veräußern. Er habe dann und wann Anspruch auf ein Taschenbuch, das über die 100 000 hinauskommt. Andere Suhrkamp-Autoren seien Lieblinge der Preisgremien und des Feuilletons. Er nicht. Darauf bitte er Rücksicht zu nehmen.[15] Unseld ließ sich auf diese Rechnung nicht ein. Das Taschenbuch erschien bei Suhrkamp, und es dauerte rund zwei Jahrzehnte, bis es die 100 000er-Schwelle erreichte.

Anfang September 1976 fuhr Walser für drei Monate nach Amerika, wo er in Morgantown/West Virginia eine Gastprofessur übernahm. Wieder hatte der Aufenthalt dort Flucht- und Kurcharakter. «Es wird jeden Tag stiller und erträglicher. Wenn ich mir das Buchmessengeräusch vorstelle, kriege ich eine Gänsehaut», schrieb er aus der Abgeschiedenheit der Provinz. Dieses Mal fiel ihm auf, wie unfertig Amerika war. Daß die Geschichte offen ist, ließ sich hier überall besichtigen, wo selbst die Vergangenheit noch brandneu wirkte. Die Städte zeigten sich als wildes Bautengemisch in ständiger Veränderung. Einwanderer kamen von überall her und vermischten sich, so daß er den Eindruck gewann, selbst «der Amerikaner» entstehe erst. Die Sichtbarkeit des Werdens empfand er als Erlösung vom deutschen Endgültigkeitsgefühl. Amerika: eine Geschichtswerkstatt. Deutschland: die zementierte Teilung.[16] Dabei durfte es nicht bleiben.

Zum entspannten Leben auf dem amerikanischen Campus gehörte auch die finanzielle Sicherheit. Die Existenzform des Gastprofessors war eine Probe auf das Lebensgefühl des Angestellten. Da kam er sich vor wie die Herrschaften des 19. Jahrhunderts in Karlsbad. Wie angenehm war es doch, am frühen Nachmittag die Füße unter den Tisch zu strecken, zu rauchen und zu trinken und dabei zu wissen: Die Bezahlung stimmt. Diese honorargepolsterte innere Ruhe fand er in Deutschland nicht, wo er sich als Abhängigen im engen Zirkel des Kulturbetriebes erlebte, der unter Hochdruck den Familienunterhalt sichern muß.[17] Erst in den USA schaffte er es, sich mit den Erfahrungen der vergangenen Monate auseinanderzusetzen. In seinem Vortrag «Über Päpste», den er beim Symposium in Morgantown hielt, versuchte er eine Analyse der Macht der Literaturkritik und der Funktionsweise des Feuilletons.

XI EINSILBER. 1976–1981 347

Einen Namen brauchte er nicht zu nennen. Es ist ja klar, wer der Literaturpapst war. Für Walser ist das einer, der nicht zögert, seine Macht zu gebrauchen, weil er sie «im Interesse einer höheren Sache» ausübt, im Interesse der deutschen Literatur oder im Interesse des modernen Romans, also immer nur zum sogenannten Besten. Er urteilt, ohne jemals zu erklären, was das ist, der moderne Roman, auf den er sich beruft. Der Literaturpapst ist der Vertreter einer Kirche. Seine Religion ist die Kunst, seine Kirche das bürgerliche Feuilleton. So wie der Papst nur Gott über sich hat, ist er vom «Kapitalisten» abhängig. Aber diese Abhängigkeit bemerkt er nicht, denn er hat die von ihm verlangten Haltungen verinnerlicht. «Der bürgerliche Kritiker hat eine bewundernswerte Fähigkeit entwickelt, alles in Frage zu stellen, nur nicht die Bedingungen, unter denen er arbeitet», heißt es an einer Stelle. «Dieser Kritiker weiß genau, daß die Selbstsicherheit seiner Position in ihm Eitelkeit und Größenwahn produziert. Das bekennt er nur zu gern. Er hat in persönlicher Haltung und als Schreibender einen Stil entwickelt, der ihm ermöglicht, seine Eitelkeit und seinen Größenwahn selber zu genießen.»[18] Hier brachte Walser die Ironie ins Spiel, seinen fortgesetzten amerikanischen Forschungsgegenstand. Staunend registrierte er, wie «dieser Kritiker das Paradoxe verwirklicht hat: Aus einem Instrument, das generell entwickelt wurde, Herrschaft zu bestreiten, hat er ein Instrument zur Legitimierung von Herrschaft gemacht»[19]. Das Mittel dafür ist eine bestimmte Form der Ironie. Literarisch war Thomas Mann der Vertreter solch «salvatorischer Virtuosität», die machtbewußt von oben nach unten agiert; als Repräsentant der Kritik war es Marcel Reich-Ranicki.

Produktiver Sommer. Deutscher Herbst.
Endlich ein Bestseller?

Seinen 50. Geburtstag verbrachte Walser in Japan, weit genug entfernt, um sich allen Gratulationen zu entziehen. Die jährliche Glückwunschroutine war ihm stets ein Graus. Die Peinlichkeit, gefeiert zu werden, überwog die Freude über Freundschaftsbekundungen. Von Tokio reiste er über Osaka, Kyoto und Nagoya in den Gebirgsort Tateshina, wo er eine Woche lang mit «japanischen Germanisten in entspannender Gebirgsluft Literaturseminar spielen und baden und Sake trinken» durfte, wie er seine Tätigkeit etwas sarkastisch in einem Beitrag für eine japanische Anthologie zusammenfaßte.[20] Die eigentümliche, rituelle Höflichkeit der Menschen gefiel ihm – eine Höflichkeit, die er als traditionelle Umgangsform keinesfalls persönlich nehmen konnte, die aber so ernsthaft vorgetragen wurde, daß er sich doch jederzeit gemeint fühlen durfte. Die Frage nach Form und Inhalt stellte sich im fernöstlichen Gelände abseits der Literatur als Frage der Lebensart. Unselds Geburtstagsgrüße warteten unterdessen in Nußdorf. Sein Geschenk war die Aufnahme der «Ehen in Philippsburg» in die auf Ewigkeit getrimmte Bibliothek Suhrkamp. Unseld: «Das ist mehr als eine Neuausgabe.» Es war die Aufnahme in den Suhrkamp-Olymp.

Ende Juli hatte Walser den nächsten Roman fertig, also einmal durchgeschrieben. Als Titel schlug er «Das Blitzen des Messers in der Hand von Xaver» vor – was ein wenig nach Peter Weiss' «Der Schatten des Körpers des Kutschers» klang, sich aber ebensowenig durchsetzen konnte wie der Vorschlag «Ein gutes Rad singt»[21]. Dann erst kam «Seelenarbeit» ins Spiel. Er wollte mit diesem Buch ins Herbstprogramm des nächsten Jahres. Nachdem er in den «Butt» von Grass hineingeschaut hatte, war er zuversichtlich: Damit konnte er es aufnehmen. Doch keinen Monat später meldete er nach Frankfurt: «Übrigens: Um mich für eine Durcharbeitung des Romans möglichst weit vom

Geschriebenen zu entfremden, habe ich eine Novelle geschrieben. Ich schätze sie auf 40 bis 50 Schreibmaschinenseiten. Wenn sie etwas wäre, käme sie in dieser Kürze als Büchlein in Betracht? Für Frühling, meine ich.»[22] Innerhalb von vierzehn Tagen war «Ein fliehendes Pferd» als Etüde zur Lockerung entstanden, eine leichte, «rasch wegzischende Sommerarbeit»[23].

Frisch, in Nußdorf zu Besuch, teilte mit, daß ihm täglich drei Stunden am Schreibtisch genügten. Für Walser, in diesen Jahren von einer geradezu überschäumenden Produktivität, eine entsetzliche Vorstellung: Dann blieben ja noch 21 Stunden, die man anders herumbringen mußte! Das Schreiben war sein Reservat, sein Freiheitsraum. Für ihn, 100 bis 150 Tage im Jahr auf Reisen, war die verbleibende Zeit am Schreibtisch kostbar.

Im Sommer 1977 befaßte er sich nebenbei noch mit der Verfilmung des «Einhorns» durch Peter Patzak. Die Arbeit am Drehbuch zog sich schon allzulange hin. Nun hoffte er, daß im Herbst die Dreharbeiten beginnen könnten. Grundsätzlich war Walser ein konzilianter Partner im Umgang mit dem eigenen Werk. Es war ihm klar, daß der Film völlige Eigenständigkeit besaß, daß es Unsinn wäre, den Roman in eine andere Kunstform hinüberretten zu wollen. Er kümmerte sich um die Dialoge, weil er sich da zuständig fühlte und merkte, wenn eine Figur «falsch» sprach. Nicht jeder Dialog aus dem Roman ließ sich in gesprochenen Text übersetzen. Manches kam ihm dann zu deutlich vor, und er versuchte, soweit zu dämpfen, daß eine Figur nicht zuviel von sich verriet.[24] Seine Mitarbeit konnte die grundsätzliche Schwierigkeit mit der Verfilmung seiner Bücher nicht lösen. Die Romane leben zu sehr vom Element der Sprache, um sie auf die Bildebene transportieren zu können. Als Bewußtseinsromane, die das Innere ihrer Figuren ergründen, lassen sie sich nicht ohne große Verluste in Handlung übersetzen, wie es im Film unvermeidlich ist.

Am 8. September schickte er «Das fliehende Pferd» zum Verlag. Unseld reagierte fix. Die erste Auflage im Februar plante er mit 25 000 Exemplaren und schrieb: «ich gratuliere Dir und mir und uns»[25]. Die Geschichte um Helmut Halm und seine Frau Sabine, denen beim Bodenseeurlaub der beleidigend sportliche und aggressiv jugendliche Schulfreund Klaus Buch begegnet, fiel in eine politisch aufgewühlte Zeit. Am 5. September entführten Terroristen der RAF den Arbeitgeberpräsidenten Hanns Martin Schleyer und entfesselten damit die wohl größte Fahndung in der Geschichte der Bundesrepublik. Überall im Land gab es Polizeisperren. Wohnungen wurden durchsucht. Der Bundestag verabschiedete das «Kontaktsperregesetz» zur Verschärfung der Isolationshaft. Am 13. Oktober entführten arabische Terroristen die Lufthansamaschine «Landshut» nach Mogadischu. Nach Schleyers Ermordung und den Selbstmorden von Baader, Ensslin und Raspe in Stammheim brach eine wahre Verfolgungshysterie aus, in der jeder, der sich nicht ausdrücklich vom Terrorismus distanzierte, als «Sympathisant» verunglimpft wurde.

In dieser aufgeheizten Atmosphäre gaben Heinrich Böll, Freimut Duve und Klaus Staeck den rororo-Band «Briefe zur Verteidigung der Republik» heraus. Walser war darin mit einem ungewöhnlich staatstragenden Brief an die SPD vertreten. Er lobte die Regierung ausdrücklich für ihre Besonnenheit. Sie habe «um eine öffentliche Fassung gerungen» und der Kriegsstimmung der «Aufputscher» nicht nachgegeben. Angesichts einer CDU, die den Bundeswehreinsatz gegen den Feind im Inneren empfahl, empfand er zur SPD ungewohnte Zuneigung. Seine Position war eindeutig: Er distanzierte sich vom Terrorismus, den er für verbrecherisch hielt, war aber nicht bereit, deshalb das Abräumen von Freiheitsrechten zu tolerieren. Das käme ihm so vor «wie das Plündern während einer Katastrophe»[26].

Den zu erwartenden «Schmutz, der hier auf Andersdenken steht»[27], erlebte er wenig später bei einer Veranstaltung in der Universität Konstanz. Dort wurde am 13. November ein «Kulturpreis für Gefangene» verliehen; Walser sollte einen der Preise überreichen, er hatte sich ja schon als Herausgeber von Gefangenenliteratur bewährt. Da der ausgezeichnete Häftling aber keinen Hafturlaub erhielt, las Walser statt dessen aus der Biographie eines Zuchthäuslers und trug Gedichte eines nicht ganz unbekannten inhaftierten Autors vor: Peter Paul Zahl. Als Drucker und Verleger linksradikaler Schriften war Zahl in die staatliche Observationsmühle und in ein polizeiliches Schikaneprogramm geraten. 1972 hatte er bei einer Personenkontrolle aus einem gestohlenen Fahrzeug auf zwei Polizisten geschossen. 1974 wurde er dafür zu vier Jahren Gefängnis verurteilt, im Revisionsprozeß 1976 wegen derselben Tat, die ihm jetzt als «versuchter Mord» ausgelegt wurde, zu 15 Jahren. Bis Mai 1979 saß Zahl in verschärfter Einzelhaft. Er ist ein gutes Beispiel dafür, wie revolutionäre Gewalt und staatliche Repression sich gegenseitig aufputschten. Terrorismus wurde auch erzeugt, indem er mit Mitteln bekämpft wurde, die einem Rechtsstaat nicht entsprachen.

Im Herbst 1977 Zahl-Gedichte vorzulesen war riskant und provozierte prompt einen kleinen Eklat. Der Rektor der Universität distanzierte sich ebenso wie der Leiter der Konstanzer Vollzugsanstalt von diesem «Mißbrauch» der Zeremonie und den «unqualifizierten, undifferenzierten und beleidigenden Vorwürfen an die Adresse des Strafvollzugs in der Bundesrepublik». Walser veröffentlichte zwei Tage später eine Erklärung im Konstanzer *Südkurier:* «Die von mir vorgelesenen Texte sollten ein Licht werfen auf die Entstehungsgeschichte des politischen Verbrechens, das Terrorismus genannt wird. Immerhin fand die Veranstaltung an einer Universität statt. An einem weniger intellektuell bestimmten Ort hätte ich diese Texte vielleicht sorgfältig kommentiert. Hier, dachte ich, ist jedem Zuhörer der Sinn auch dann klar, wenn die Texte selber eine unangenehm harte Sprache, unliebsame Inhalte und vollkommen verhärtete Haltungen vorstellen. Offenbar ist aber heute auch an einer Universität das Klima schon so formiert, daß einem zuerst einmal das Schlimmste unterstellt wird, bevor das Nächstliegende gedacht wird. Und das in Konstanz! Schwer begreifbar für jemanden, der dem Freundeskreis der Universität angehört.»[28] Das Schlimmste aber hieß, zum Sympathisanten gemacht zu werden. Walser verwies deshalb noch einmal auf das rororo-Buch, in dem er seine Position dargelegt hatte. War dessen Titel – «Briefe zur Verteidigung der Republik» – etwa nicht deutlich genug? Und er verarbeitete die Konstanzer Erlebnisse in der Erzählung «Annemaries Geschichte»[29], die von einer engagierten Journalistin, den Fallstricken des Engagements, drohender Arbeitslosigkeit und der bedrohlichen Kleinstadtatmosphäre im Herbst 1977 handelt.

Höchste Weihe. «Ein fliehendes Pferd». Watschen und Gesang.

Und dann, ab dem 24. Januar 1978, «Das fliehende Pferd» als Vorabdruck in der *F.A.Z.* Ein «Glanzstück deutscher Prosa», kündigte ein entzückter Marcel Reich-Ranicki an. Er pries Walser als «Meister der Beobachtung und der Psychologie», als «Virtuosen der Sprache» und begeisterte sich über «sein schönstes und bestes Buch», ein «Glanzstück deutscher Prosa dieser Jahre».[30] Alle, wirklich alle Kritiker in den großen Feuilletons zogen nach und waren geradezu hingerissen vor Zustimmungsüberschwang. In der SWF-Kritiker-Bestenliste landete «Das fliehende Pferd» im März auf Platz eins. Der große Chor der Jubilierer wurde abschließend noch einmal von Reich-Ranicki überboten, der seinen literaturpäpstlichen Segen sprach. Walser habe «die Geschwätzigkeit überwunden und die Beredsamkeit wiedergewonnen». Seine Prosa habe «eine verführerische oder auch bezwingende Kraft».[31] Zwei Jahre zuvor hatte er noch geschrieben: «In dieser Asche gibt es keinen Funken mehr.»

Es ist erstaunlich, daß eine solche Wandlung in so kurzer Zeit möglich sein soll, und Reich-Ranicki gab eine erstaunliche Begründung: Er selbst habe mit seiner Strenge dafür gesorgt, daß der Autor endlich zu seiner wahren Meisterschaft finden konnte. Die Kritiker verglich er mit einer Ärzteschar, die lange Zeit

XI EINSILBER. 1976–1981 353

besorgt ums Bett des Patienten herumstand, ehe sie ihn nun als geheilt entließ. Er brachte es sogar fertig, seine eigene, frühere Haltung als Stimme «eines anderen Kritikers» über «Halbzeit» zu zitieren: «Vielleicht hat noch nie ein so schlechtes Buch eine so große Begabung bewiesen.»[32] Da konnte er sich selbst zustimmen; er hatte ja schon immer geahnt, daß Großes möglich wäre.

Die ästhetische Differenz zwischen «Jenseits der Liebe» und «Ein fliehendes Pferd» ist jedoch weniger deutlich, als es die Absolutheit der Urteile suggeriert. Man kann sich durchaus fragen, ob die Bewertungen nicht auch umgekehrt ausfallen könnten. Der Unterschied liegt eher im Sujet. Behandelte Walser dort die kapitalistische Arbeitswelt, so geht es nun um scheinbar privatere Themen: Älterwerden, Eheüberdruß und Daseinsnot. Walser, der doch immer gegen die Verzweiflungsspezialisten im Gefolge von Beckett polemisierte, die ihren schönen Schmerz schön konsequenzlos genießen, wurde nun im Reich der Resignierten willkommen geheißen, die es aufgegeben haben, die Welt verändern zu wollen. Reich-Ranickis Huldigung gipfelte folglich in dieser Behauptung: «Martin Walser hat offenbar nicht mehr den Ehrgeiz, mit der Dichtung die Welt zu verändern. Er will nur ein Stück dieser Welt zeigen. Mehr sollte man von Literatur nicht verlangen.»[33] Man könnte es auch schlichter sagen: Er hat sich vom Sozialismus losgesagt und bekommt dafür nun den Lohn.

Walser wehrte sich gegen diese Deutung: «Wo, wo hätte ich diesen Ehrgeiz ausgedrückt, wo? Ich habe immer gesagt: Ein Autor verändert im besten Fall dadurch, daß er schreibt, sich selber: Und ich habe immer mit Proust gesagt, hunderttausendmal, daß ein Buch ein Instrument sei, mit dessen Hilfe der Leser besser in seinem eigenen Leben lesen könne.»[34] Auch die Unterstellung, er sei unpolitisch geworden, gefällig und angepaßt, wies er zurück: «Soll das nun unpolitisch sein, einfach weil es hier keinen Chef, keinen bösen Unternehmer gibt? Das ist grotesk. Wenn ich die Novelle anschaue, dann scheint mir das kein privater Befund zu sein, wie diese beiden Männer, Halm und Buch, auf verschiedene Weise Schein produzieren, Konkurrenzhaltungen leben, die gewissermaßen die Person auffressen.»[35] Nach Lesungen wurde er immer wieder mit dieser Frage konfrontiert. Er bat dann darum, auf seinen nächsten Roman «Seelenarbeit» zu warten, in dem es einen Chauffeur und einen Chef gebe. Dann erst lasse sich beurteilen, ob er sich wirklich angepaßt habe. Der Stimmungsumschwung im Feuilleton war ihm selbst nicht ganz geheuer. Auch wenn er bestritt, durch Zustimmung korrumpierbar zu sein, hatte er doch lange genug mit Negativkritik leben müssen, um die Huldigungen jetzt nicht zu genießen.

Wie immer, wenn ein neues Buch herauskam, reiste er damit wochenlang durchs Land. Seine Lesungen absolvierte er mit weniger Enthusiasmus als früher, aber auch nicht gerade widerwillig, und unterbrochen nur von einem Auftritt im Zürcher Schauspielhaus, wo er zur Feier des 100. Geburtstags von Robert Walser «Über den Unerbittlichkeitsstil» sprach. Den Auftakt der Lesereise bildete eine Veranstaltung mit Reich-Ranicki: So weit näherten die beiden sich nun an, daß sie gemeinsam das Podium bestiegen. Als «Clownspaar» bezeichnete Walser diese Verbindung und spielte damit die Prügel, die er von «Bindestrich-Ranicki» bezogen hatte, als humoristischen Slapstick herunter.

Ein erstaunlicher Befreundungsversuch begann. Die beiden begegneten sich nun häufiger. Bei Unselds Empfängen in der Klettenbergstraße konnten die Gäste miterleben, wie die beiden sich lustvoll beharkten und zu rhetorischen Höchstleistungen anstachelten. Dann bildete sich ein Kreis um sie, niemand sprach mehr, selbst Enzensberger verstummte. Auch als Reich-Ranicki 1985 seinen 65. Geburtstag feierte, war Walser selbstverständlich dabei. Er brachte als Geschenk ein biedermeierliches Glas mit, das er unterwegs in einem Antiquitätenladen entdeckt hatte. Auf ein Blatt Papier schrieb er, «der Gesungene», dazu einen Vierzeiler für Reich-Ranicki, «den Sänger», und faßte damit diese seltsame Haßliebe, diese Freundschaftsfeindschaft in Verse:

Clowns sind wir, der Zirkus heißt Kultur
Unsre Nummer: Watschen mit Gesang.
Streicheln dürfen wir uns nur
Draußen in dem dunklen Gang.[36]

So hätte er die erlittenen Demütigungen gerne gemildert. Wäre es doch so, daß der Kritiker den Autor bloß zur Belustigung des Publikums mit Torten bewirft! Ein trauriges Paar gäbe man trotzdem ab. Aber die Attacken wären dann nicht mehr so ernst zu nehmen.

Im Oktober 1978 erschien in der *F.A.Z.* Walsers Geschichte «Selbstporträt als Kriminalroman»[37]. Seine Bedenken gegen eine Mitarbeit waren nun, nach Vorabdruck und Feuilletonresozialisierung, nicht mehr gültig. Mehr noch: Die Geschichte liefert eine gut getarnte Beschreibung des Verhältnisses zwischen Autor und Kritiker, die hier als Verbrecher und Inspektor auftreten. Ihr Zweikampf, ihre wechselseitige Verfolgung, ihre Fixiertheit, ja ihre Abhängigkeit endet mit dem Sieg des Inspektors, der sich schließlich – und das ist sein finaler Triumph – anderen, jüngeren und hoffnungsvolleren Verbrechenskandidaten zuwendet. Der Entzug der Aufmerksamkeit wäre die schlimmste Strafe. Dann doch lieber das bewährte Katz-und-Maus-Spiel, das sich ja auch als Tanz, als Zärtlichkeitsverhältnis beschreiben läßt. Reich-Ranicki nahm im Jahr 2003 ausgerechnet diese kleine Fingerübung in seinen Kanon von Erzählungen auf, als gäbe es von Walser nichts Besseres. Aber vielleicht war das entscheidende Kriterium auch nur, daß er selbst darin vorkam. Die Zeilen, mit denen er Walser kurz und knapp und nicht ohne Freundlichkeit porträtierte, sind ihm jedoch hoch anzurechnen im Jahr nach dem Streit um den Roman «Tod eines Kritikers», mit dem dieses prekäre Verhältnis eine Art Showdown erlebte. Reich-Ranicki schrieb: «Er ist ein Apologet des Daseins, der sich als Skeptiker tarnt. Seine Verdrossenheit entspringt der Lebensbejahung. Er ist ein herzlicher Spötter, ein jovialer Aggressor, ein warmherziger Ironiker mit einer unverkennbaren Schwäche für die Zerrissenen und Getriebenen.»[38]

Mit dem «Fliehenden Pferd» änderte sich Walsers Status als Schriftsteller. Ein Buchhändler sagte ihm, er erreiche jetzt auch die Leserschaft von Siegfried Lenz. Das war als Kompliment gemeint. Walser verstand es so, daß er nun bei Zahnärzten, Rechtsanwälten und in der Gesellschaftsschicht angekommen sei, die Bücher auch verschenkt. Nach sechs Monaten waren über 100 000 Exemplare verkauft. Das war jetzt der Bestseller, auf den er so lange warten mußte. Seltsam nur, daß es nach der «Zimmerschlacht» erneut eine Nebenarbeit war, die den Erfolg und damit auch finanzielle Entspannung brachte. Ab jetzt brauchte er nicht mehr mit Übersetzungen, Funkproduktionen, Arbeiten für den Film und Lehrtätigkeiten dazuverdienen, wie zuletzt im Wintersemester 75/76 an der Gesamthochschule Essen. Wenn er auch in Zukunft Theaterstücke übersetzte, dann eher aus Neigung denn aus Notwendigkeit und dabei bald schon unterstützt von den Töchtern Alissa oder Johanna. Er konnte sich nun auf die Dinge konzentrieren, die ihm wichtig waren. Wenn er jedes zweite Jahr ein Buch veröffentlichen würde, so rechnete er aus, dann könnte er zusammen mit den laufenden Tantiemen endlich vom Schreiben leben – nicht gerade wohlsituiert, aber doch in bescheidener Unabhängigkeit. Alissa lieferte von nun an regelmäßig Illustrationen für die Umschläge seiner Bücher. Johanna und Alissa fingen bald auch selbst an zu schreiben und zu veröffentlichen. Franziska hatte als Schauspielerin Erfolg, war im «Sauspiel» aufgetreten und agierte auch als Sprecherin in Hörstücken ihres Vaters. Theresia, die jüngste, machte dann in den neunziger Jahren als Dramatikerin Karriere. Aus der Familie Walser wurde ein literarisch-künstlerisches Familienunternehmen. Der Stolz auf die vier Töchter ist dem Vater jederzeit anzumerken. Kann es für einen Schriftsteller eine erfreulichere Auszeichnung geben als Töchter, die schreiben?

Mit Unseld, der im Juni 1978 zu Besuch nach Nußdorf kam,

besprach er seine Pläne. Sie spielten Schach, Tennis, Tischtennis, schwammen im See, führten lange Gespräche. «Seelenarbeit» lag fertig da, würde aber erst 1979 erscheinen. Ein letzter Korrekturgang war Ende Juli abgeschlossen. Unseld war mit dem Titel immer noch nicht zufrieden, weil er nicht richtig zum Buch passe. Doch seine Vorschläge («Mit Schubert in Fahrt» oder «Ein Glücklicher») klangen nicht gerade zündend. Walser hing an dem Begriff «Seelenarbeit» und glaubte, damit ähnliche Wirkung erzielen zu können wie mit «Halbzeit». Eine Novelle mit dem Titel «Feigling» und der Don-Juan-Roman «Treibjagd» sollten rasch folgen. Zwei neue Tassilo-Hörspiele waren entstanden und wurden im Herbst 1978 beim WDR produziert. Über den «Grund zur Freude», der nun endlich und ein bißchen wie aus der Zeit gefallen in der Eremiten-Presse erschien, redeten sie nicht mehr. Doch eine Empfehlung gab Walser dem Verleger noch mit: Ein Manuskript von Josef Winkler, den er in Klagenfurt kennengelernt habe, hatte ihn begeistert. Das wäre ein für lange Zeit unübertreffliches Buch! Nachdem er zuletzt mit seinen Tips nicht immer auf Zustimmung im Lektorat gestoßen war, bat er bloß um Lektüre. 1979 erschien Winklers Debütroman «Menschenkind» im Suhrkamp Verlag.

Heimatlob und Harfenfinger. Drei Marien. «Seelenarbeit» und «Schwanenhaus».

Neben der Bodenseenovelle «Ein fliehendes Pferd» gab es 1978 noch ein Bodenseebuch mit Texten von Walser und Aquarellen des Malers André Ficus, mit dem er schon seit vielen Jahren befreundet war. An einem heißen Sommertag saßen sie im Garten des Verlegers Robert Gessler in Friedrichshafen und überlegten, wie das Buch heißen sollte. Walser wußte es schon: «Heimatlob». Aber er schämte sich, das auszusprechen, obwohl der Verleger ein konservativ gestimmter Mann war. Er bat um ein Blatt

Papier und schrieb das Wort in großen Lettern auf. Gessler lachte. Er glaubte, Walser wolle sich über ihn lustig machen. Daß ein Linker das Wort Heimat voller Sehnsucht und Hinwendung benutzen könnte, kam ihm nicht in den Sinn. Heimat galt als Refugium der Reaktionäre und wurde von aufrechten Linken allenfalls mit dem Zusatz «tümelei» verwendet. Das Wort vibrierte immer noch vom Geschrei der Nazis, die es stets in der Kombination mit «deutsch» hervorgestoßen und es für militärische Mobilisierungszwecke mißbraucht hatten.

Walser wollte nicht darauf verzichten. Schon 1973 gestand er in einem Rundfunkgespräch, wie gerne er ein «Heimatschriftsteller» wäre. Er sehe darin einen Ehrentitel.[39] Auf Heimat zu verzichten hätte bedeutet, seine Herkunft zu verleugnen. Alle Menschen, so schrieb er in «Heimatlob», wurden in Wasserburg geboren. Das Dorf war ein in sich geschlossener Kosmos, vielleicht ungeheuer beschränkt und provinziell, aber doch: Heimat. Auch wenn in Wasserburg bald nichts mehr an das Dorf der Kindheit erinnerte, fuhr er alle vierzehn Tage hin, setzte sich an den Stammtisch in der Gastwirtschaft seines Bruders – dem Hotel Walserhof – und hörte zu, wie die Leute im Dialekt sprachen, der ahnen ließ, wie früher einmal die Muttersprache geklungen hat. Gegen die Konjunktivkultur und die Konditionalfiligrane des Alemannischen, sagt Walser, ist das Hochdeutsche doch bloß eine Straßenwalze.[40] Im Dialekt stimmten die Wörter. Sein Verlust – unausweichlich in einer kapitalistischen Ökonomie der Innovation – war eine «Vertreibung aus dem Paradies», denn damit erlosch ein ganzer «Gedächtnis-Frequenzbereich»[41]. Nicht nur Tierarten sterben aus, sondern auch Worte und mit ihnen Denkmöglichkeiten.

«Heimatlob» wurde am 18. November 1978 im «Bayrischen Hof» in Lindau dem Publikum präsentiert. Der Andrang bei der Signierstunde war so groß, daß Walser einer Dame, die mehrere Exemplare signiert haben wollte, nahelegte, doch besser eines ohne Autogramm zu nehmen: Die sind seltener![42] «Heimatlob» ist

XI EINSILBER. 1976–1981   359

seine Liebeserklärung an die Bodenseeregion und ihre Bewohner, eine Selbstentblößung im Rückzug, die sich literarisch in den Meßmer-Notizen fortsetzen wird. Es ist ein leises, poetisches Buch, in dem der See und die Landschaft die Hauptrolle spielen. Walser ist hier ganz bei sich und offenbart die dem öffentlichen Agieren und allem Auftreterischen entgegengesetzte Seite seines Wesens. Natur, so hatte er im April in seiner Rede über Robert Walser gesagt, ist das andere, «das den Vorteil hat, keine auf Verletzung bedachte Gesellschaft zu sein»[43]. Deshalb ist die Natur auch kein festes Gegenüber, sondern selber Prozeß. Sie ist ein «grünes, tiefes Davonfließen», wie es bei Robert Walser heißt, und sie zieht das Ich mit hinein in ihre Bewegung. Martin Walser erlebt das beim Blick über das Wasser des Bodensees, das mal mittelmeerisch, mal nordisch-fjordisch erscheint, mal den Himmel spiegelt, mal grünlich funkelt. «Was bleibt, ist der Wechsel», schreibt der Seeuferbewohner. «Ich bin vieles nicht. Das lerne ich hier.» Und er mußte alle Ironie aufbieten, um nicht ganz zu verschwinden in Wind und Wetter, wie es sich seiner «Naturnotiz» ablesen läßt:

Mit Harfenfingern spielt der Wind
auf mir, als gehörte ich
zur Natur und klänge.
Ich zünde das Zigarillo an
und huste ihm eins.[44]

Als Heiligen dieser Lebenshaltung der Entpersönlichung, des gelassenen Aufgehens in der Existenz, führte Walser den Mystiker Heinrich Seuse vor: «Inbegriff und Ausbund des Hiesigen». An ihm konnte er sich orientieren, bei ihm die Erfahrungen der vergangenen Jahre und eigene Vorsätze unterbringen: «Er hat sein Leben zum Seelenromanstoff gemacht und das ihm Zugefügte so dargestellt, als sei alles, Schlag nach Schlag, sein, des mönchischen Schriftstellers Seuse, wunderbarer Lebens- und Läuterungsplan, der da erfüllt werde. Jede eintreffende Gemeinheit, jede scheußliche Beleidigung, jede öffentliche Demütigung – er erfand allem einen schönen Sinn; je schlimmer es kam, desto mehr förderte es ihn in seiner Lebenskunst.» So ist Seuse der «Meister der Vergehenssüße, der Leidensgloriole, des Schmerzensschmucks». Seuse singt den Schmerz. Das ist, wenn man es nur etwas weniger lyrisch formuliert, auch Walsers literarisches Programm. Seine Romane sind Antworten auf «Zugefügtes». Sein Schreiben ist eine Weltverschönerungsaktion zur Erträglichmachung der Daseinsnöte. Schon deshalb muß es im Regionalen, im Heimatlichen wurzeln.

Dazu gehörte für ihn seit jeher, sich für weniger prominente Schriftsteller der Region einzusetzen, Autoren wie den jungen Peter Hamm oder Josef W. Janker, den er zur Gruppe 47 und in den Suhrkamp Verlag vermittelt hatte. Hermann Kinder, Germanist aus Konstanz, verdankte ihm wertvolle Hinweise für seinen ersten Roman. Nachdem er das Manuskript geschickt hatte, wurde er nach Nußdorf eingeladen. Walser arbeitete den Text mit ihm durch, indem er mit stummen Gesten oder Bemerkungen wie «Ah, bitte, weisch!» Kürzungen nahelegte. Die aufs Papier geschlagene Hand und der Kommentar «Da, Schluß, verstehsch!» setzten das richtige Ende.[45] Walser war vielen Anfängern eine Vertrauensperson. Er las sich geduldig durch Manuskriptberge und setzte sich für Texte ein, die ihm imponierten. Als der Salzburger Walter Kappacher ihm erste Erzählungsversuche schickte, reichte er sie gleich weiter an die *Stuttgarter Zeitung* und initiierte so eine literarische Laufbahn.[46]

Den «Ravensburger Kreis», eine literarische Gesellschaft, unterstützte er kontinuierlich, indem er immer wieder lesend dort auftrat und Kontakte zu Johnson, Enzensberger, Grass und anderen vermittelte, die dann ebenfalls in Ravensburg Station machten. In den Siebzigern gehörte er zu den Mitbegründern der Stiftung Literaturarchiv Oberschwaben. Einen Preis, den er erhalten hatte, ließ er ins Stiftungskapital einfließen. Im Gessler Verlag regte er die Edition Maurach an, in der Bodenseeautoren publiziert wurden.[47] In Wangen gründete er zusammen mit dem Landrat Walter Münch das «Literarische Forum», gemäß seiner im «Heimatlob» verkündeten Maxime, jeder Mensch sei ein Künstler: «Wer nicht einfach fassungslos losbrüllt, ist ein Künstler. Wer die Lüge dressiert, den Schein diszipliniert, die Wunde bewirtschaftet, das Elend singen lehrt, der ist ein Künstler: Egal, ob er das vor einer Familie, einer Schulklasse, einem Theatersaal, einer Leinwand oder vor der Schreibmaschine tut.»[48] Mit Manfred Bosch, dessen alemannische Dialektgedichte er im Rundfunk vorstellte, erfand er auf der Terrasse in Nußdorf die Zeitschrift *Allmende*, die sich der Verbreitung regionaler Literatur verschrieb. Walser wurde zu einem ihrer Herausgeber. Er half den in der Region angesiedelten Literaturverlagen, wo es nötig war, unterstützte Autoren, ohne das an die große Glocke zu hängen, und war immer für alle Probleme ansprechbar. Auch Maler der Region, wie etwa Hubert Berchtold, dem er eine Ausstellung eröffnete, konnten sich seiner Aufmerksamkeit sicher sein.[49] Den Ehrentitel «Patron», den Hermann Kinder ihm verlieh, hat er sich redlich verdient.

In seinem Einsatz für die Literatur der Region war er stets auf der Suche nach dem «hiesigen Ton», der nach Vergangenheit und Zugehörigkeit klang und aus der Tiefe von Landschaft, Sprache und Geschichte herübertönte. Nirgendwo war dieser Ton deutlicher zu vernehmen als bei den «drei Marien»: Maria Beig, Maria Müller-Gögler und Maria Menz. In den Büchern dieses Dreigestirns der oberschwäbischen Dichtung fand er alles, was er vermißte: chronikhafte Geschichtsschreibung voller Erinnerungen an das «Großelternland» bei Maria Beig; Stolz und Konzentration und die Fähigkeit, auch im Leiden schweigen zu können, bei Maria Müller-Gögler, die er «Äbtissin Voltaire» nannte; bäuerliche Erfahrung, dialektal gespeiste Ausdruckskraft und heiligen Orgelton bei Maria Menz. Mit ihr führte er 1983 ein Radiogespräch. Er fragte sie aus nach ihrer Bauernkindheit, der Größe des Hofes, ob es Ochsen gab, Milchwirtschaft oder Fruchtanbau und ob sie als Kind habe dreschen müssen. Alles wollte er ganz genau wissen, die Tätigkeiten, die Gerüche, die Familienverhältnisse. So konnte nur einer fragen, der selbst aus einer bäuerlichen Familie stammt.

Der Maler und Autor Bruno Epple beobachtete Walser einmal bei der Lektüre Maria Beigs: «Er las, unberührt von allem, was sich um ihn bewegte, erregte; las wie angezogen, wie gebannt von einer anderen Wirklichkeit, las mit einer Aufmerksamkeit, als schmecke er jedes Wort ab (...). Der war nicht mehr ansprechbar, der war im Staunen. Was er in Händen hielt, war ihm nicht bloß ein Manuskript. Das war eine Entdeckung.»[50] So also wirkt er sich aus, der «hiesige Ton», der ferne Heimatklang. 1985, zum 85. Geburtstag Maria Müller-Göglers, dichtete Walser:

Dein Vaterland und mein Vaterland sind gleich groß
Traum unser Pflug, der ackert tief
Mangel ist unser fleißigs Roß
keine Stimme hat, was uns rief.[51]

«Seelenarbeit» und «Das Schwanenhaus», 1979 und 1980 erschienen, sind neben dem «Fliehenden Pferd» sicherlich die bodenseehaltigsten Walser-Romane. Lektorin Elisabeth Borchers hatte für «Seelenarbeit» sogar den Titel «Heimatroman» vorgeschlagen, so prägend ist das landschaftliche Terrain für den Fahrer Xaver Zürn. Und Gottlieb Zürn, der schwerfällige Makler aus dem «Schwanenhaus», versucht, ein herrliches Jugendstilanwesen am See vor dem Abriß zu retten. Vergeblich kämpfte er darum, Tradition und Geschichte und Schönheit gegen die Bedürfnisse des Kapitals zu verteidigen.

Walser selbst hatte diesen Kampf schon 1969 verloren, als er das Haus Gwinner auf der Wasserburger Halbinsel erwerben wollte. Sein Angebot in Höhe von 600 000 Mark war mehr Hochstapelei als finanzielle Realität und wurde zu seinem Glück von einem Schweizer Investor mit 1,4 Millionen überboten. Der errichtete an der Stelle des «Schwanenhauses» Apartmenthäuser im Betonblock-Stil der siebziger Jahre, die den Ort nachhaltig verschandelten. Im Roman wird das Schwanenhaus zwar auch zerstört, doch erhält es ein literarisches Denkmal. Kunst kann die Welt nicht verbessern, aber sie kann ein Gegengewicht bilden. Walsers Ästhetik, die im «Schwanenhaus» zur Geltung kommt, lautet nun: «Der Roman wirbt nicht, wie die Religion, für das Gute, er vertritt nicht, wie die Politik, das Richtige, sondern er erzählt, welchen Sinn ein wirtschaftlicher Vorgang, dem etwas historisch Schönes geopfert wird, eigentlich hat: Was nicht Wirklichkeit geworden ist, ist Literatur geworden.»[52]

Schon lange hatte er eine Vorliebe für den Maklerberuf, für Immobilien, Grund und Boden und selbst schon so manches Geschäft mit gutem Gewinn abgewickelt. Seit 1962 sammelte er Material dazu, auf das er nun zurückgreifen konnte. Wie schon der Vertreter, ist auch der Makler ein Verwandter des Schriftstellers. Realitätssinn und Spielernatur sind Bedingungen seines Erfolges. Häuser zu verkaufen, in denen man selbst nicht wohnen muß, und sie immer wieder den Bedürfnissen der Kunden anzupassen, das kam ihm so vor, wie einen Roman zu schreiben. Ein Haus ist ein Roman, und so sind auch die Makler-Figuren, die im «Schwanenhaus» auftreten, Porträts unterschiedlicher Schriftstellertypen.[53]

Gottlieb Zürn ist seinem Autor zutiefst verwandt. Er wohnt direkt am See, geht morgens schwimmen, hat Frau und vier Töchter, eine Vergangenheit als Roulette-Spieler und schreibt insgeheim Gedichte. Das Leiden unter Konkurrenzverhältnissen führt ihn zu der Walser-Erkenntnis schlechthin: «Es gibt ein Glück des Unterlegenen, von dem der Überlegene keine Ahnung haben kann. Das wäre sein Thema. Und er und seine Zuhörer müßten den Eindruck haben, seit dem Augenblick, in dem der Satz, man solle seine Feinde lieben, zum ersten Mal ausgesprochen wurde, habe noch keiner eine so weitgehende Verwirklichung dieses Satzes erreicht wie jetzt Gottlieb Zürn.»[54]

Ein Abend in London. Deutsche Gespenster.
Über Auschwitz. Nach Leipzig.

Als Johnson erfuhr, Martin komme mit Käthe und Tochter Franziska für ein paar Tage nach London, lud er sie nach Sheerness ein. Er hatte sich gerade von seiner Frau Elisabeth getrennt und war in denkbar schlechter Verfassung, nahm sich aber vor, Walser in seine veränderte Lebenssituation einzuweihen. Doch der wollte die Fahrt nach Sheerness nicht antreten, vielleicht weil es ihm unangemessen schien, Johnson auf dessen privatem Terrain zu begegnen. Also trafen sie sich am 12. August 1978 auf neutralem Boden in London, wo die Walsers im Sheraton Park Tower Hotel abstiegen. Für Johnson war die ausgeschlagene Einladung die erste Kränkung, die diesen letzten Versuch, die Freundschaft zu retten, belastete. Nachmittag und Abend verliefen friedlich, ja vertrauensvoll. Das Gespräch beim Bier in einem Gartencafé plänkelte um Gesundheitsprobleme, um Frischs «Montauk», um handwerkliche Fragen des Schreibens und um Thomas Mann. Da allerdings ärgerte Johnson sich schon wieder über Walsers heftige Mann-Aversion. Auf dem Weg vom französischen Restaurant ins Hotel stimmte Walser fröhliche Lieder an, so daß Engländer auf der U-Bahn-Treppe ihnen nachschauten. Erst spät, gegen Mitternacht in der Hotelbar, wurde der Dialog hitzig und laut.

Daß Walser ihn immerzu mit spitzen Fingern in Kniehöhe anstupste, regte Johnson auf: So geht man mit trotzigen Kindern um, aber nicht mit ihm. Auch die neue Angewohnheit des alten Freundes, Sätze nicht zu Ende zu führen, sondern ahnungsvoll versanden zu lassen, verärgerte ihn. Mit dem bißchen Alkohol – Bier, Wein, und nochmals drei Gläser Wein im Hotel – habe das folgende Geschehen leider nichts zu tun gehabt, meinte Johnson, als er die Ereignisse dieser Nacht in einem langen Protokoll für Siegfried Unseld festhielt. Der Frankfurter Übervater mußte vom endgültigen Zerwürfnis in allen Details unterrichtet wer-

XI EINSILBER. 1976–1981 365

den. Selbstverständlich stellt Johnson sich in diesem Zeugnis als armes, unschuldiges Opfer Walserscher Zornesaufwallungen dar.[55]

Sämtliche Kränkungen der vergangenen zwei Jahrzehnte kamen auf den Tisch, vor allem Johnsons Persiflagen zur Sprüchesammlung «Der Grund zur Freude». Das konnte Walser ihm nicht verzeihen. Johnson habe immer die entschiedene politische Haltung vermissen lassen, klagte er ihn an. Während er, Walser, sich damit habe herumschlagen müssen, für einen DKPler gehalten zu werden, habe Johnson sich als Parsifal des Literaturbetriebs feiern lassen. In seiner englischen Isolation habe er keine Ahnung mehr vom Geschehen in der Bundesrepublik, von den unerträglichen Zwängen, den Auswirkungen des Radikalenerlasses, des Berufsverbotes. Als wolle er Johnson zurückzahlen, daß der ihm einst einen DDR-Studienaufenthalt verordnen wollte, riet er ihm nun zu einem Bundesrepublik-Stipendium, damit er seine Deutschlandkenntnisse ein wenig auffrische.

So ging es fort, immer weiter bis um drei Uhr morgens. Vielleicht war es ein ungünstiges Omen, daß der Jahrestag des Mauerbaus angebrochen war: als hätte es noch eines äußeren Symbols bedurft, um die Trennung zu besiegeln. Zerbrach diese Freundschaft nicht zuletzt an der deutschen Frage, daran, wie man es mit den beiden Deutschländern zu halten habe? Ist es nur ein Zufall, daß Walsers gesamtdeutsches Empfinden von nun an vernehmbar wurde, als hätte er sich dazu erst vom «Dichter der beiden Deutschland» lossagen müssen, der dieses Thema in viel stärkerem Maße für sich reklamiert hatte? Am nächsten Morgen fand Johnson eine Notiz in der Hotelrezeption: «L... U..., vielleicht hätte das anders vorgebracht werden können oder sollen: ich bin ‹froh›, daß es jetzt gesagt ist. Du weißt jetzt, woran ich denke, wenn ich unangenehm bin. Gruß M.»[56] Zwei Tage später traf in Sheerness eine Postkarte aus Nußdorf ein: «Lieber Uwe, es tut mir leid, daß ich nichts vermochte gegen das Aufwallen der ältesten Gekränktheitserinnerungen. Ich dachte, ich hätte das hinter mir. Ich muß also weiter damit leben. Aber nicht ohne Hoffnung, das Zeug kleinzukriegen. Ich bedaure, daß Du Dir das anhören mußtest. Mit herzlichem Gruß, M.»[57]

Vierzehn Tage danach war öffentlich eine bemerkenswerte Wandlung Martin Walsers in der nationalen Frage zu verzeichnen. Wenn man sich an seine schon im «Gallistl» vorgetragenen Positionen erinnert, ist sie allerdings gar nicht so erstaunlich. Doch von nun an vertrat er seine Deutschlandgedanken offensiv und ohne den Schutz einer literarischen Figur. Zum ersten Mal sprach er darüber am 30. August 1978 in einem Festzelt in Bergen-Enkheim, wo er die Laudatio zur Übergabe des Stadtschreiberamtes an Nicolas Born hielt.[58] Der Anlaß drängte nicht unbedingt zur Nationalgefühlsbekundung, und so begann Walser zunächst einmal damit, seine Theorie vom Lesen und Schreiben als etwas Zusammengehörendem zu entfalten. Wie der Schreibende ist auch der Leser jemand, dem etwas fehlt. Lesend will er der in sein Leben hineinpfuschenden Wirklichkeit antworten und sie verbessern. Das Schreiben ist keine Abbildung der Wirklichkeit, sondern Fiktion, also etwas Gewünschtes. Der Leser antwortet darauf mit seiner eigenen Fiktion.

Ins Deutschlandpolitische gewendet bedeutet das, auch die Zeitgeschichte zu «lesen» und sie sich damit anzueignen. Geschichte ist eine *never ending story*. Es ist erlaubt, ja nötig, ihr mit Fiktionen, also Wunschproduktionen zu antworten, um sie zu einem besseren Verlauf zu bewegen. Wir müssen, sagte Walser, uns dem historischen Prozeß fügen, ihm dabei aber «unser Interesse einflößen». Es gilt, die beiden Deutschländer zu akzeptieren, sie aber mit dem Wunsch nach Zusammengehörigkeit zu impfen. «Wiedervereinigung» ist als Begriff aus der Adenauerzeit verdorben. Dieses Wort verhinderte, was es zu wollen vorgab. Im Lesen der Geschichte gibt es kein Zurück, sondern nur das Vorwärts in die Zukunft. Da setzt das Wünschen ein, ein Wünschen, das «Deutschland» heißt. Walsers Verhältnis zur Geschichte ist das eines Lesers.

Sein Bedürfnis nach Wandel und Veränderung richtete sich bisher eher gegen die Verewigung der herrschenden kapitalistischen Verhältnisse. Nun verschob es sich vom Ökonomischen ins Nationale und führte zu dem Satz: «Ich halte es für unerträglich, die deutsche Geschichte – so schlimm sie zuletzt verlief – in einem Katastrophenprodukt enden zu lassen.»[59] Hatten nicht die Alliierten selbst die von ihnen vollzogene Teilung als Provisorium bezeichnet? Er sprach von seinem elementaren Bedürfnis, ohne Aufwand und Grenzschikanen nach Sachsen und Thüringen reisen zu können. Das waren tief in die Geschichte hinunterhallende Namen. Leipzig, sagte er, «ist mein» – auch wenn er noch nie dort gewesen war. Nietzsche konnte einfach kein Ausländer sein.

Für ihn als Leser entfaltete sich die Nation als Sprach- und Denklandschaft, als kulturelles Panorama, in dem er sich über politische Staatsgrenzen hinweg bewegte. «Aus meinem historischen Bewußtsein ist Deutschland nicht zu tilgen», rief er aus und versuchte, sein Wünschen und seine gewachsene Empfindung zusammenzubringen: «In mir hat ein anderes Deutschland immer noch eine Chance. Eines nämlich, das seinen Sozialismus nicht von einer Siegermacht draufgestülpt bekommt, sondern ihn ganz und gar selber entwickeln darf, und eines, das seine Entwicklung zur Demokratie nicht ausschließlich nach dem kapitalistischen Krisenrhythmus stolpern muß. (...) Wir alle haben auf dem Rücken den Vaterlandsleichnam, den schönen, den schmutzigen, den sie zerschnitten haben, daß wir jetzt in zwei Abkürzungen leben sollen. In denen dürfen wir nicht leben wollen. Wir dürfen, sage ich vor Kühnheit zitternd, die BRD so wenig anerkennen wie die DDR. Wir müssen die Wunde namens Deutschland offenhalten.»[60]

Die Rede war ein Experiment, ein kalkulierter Tabubruch, der Beginn der Suche nach einer Sprache für Nationales, für das es in Deutschland keine öffentliche Formulierbarkeit mehr gab. Die deutsche Teilung in Zweifel zu ziehen war für einen, der als linker Intellektueller galt, unverzeihlich. Doch das öffentliche Rumoren blieb bescheiden. Erst vierzehn Tage danach meldete der *Stern* eine «handfeste politische Überraschung» durch Martin Walser. Aber so ganz ernst wollte man die Festzeltrede nicht nehmen. Auch 1979, als Walser für die von Jürgen Habermas herausgegebenen «Stichworte zur geistigen Situation der Zeit» den Aufsatz «Händedruck mit Gespenstern» beisteuerte, verursachte er keine größere Aufregung. Damit setzte er gegen Habermas' abstrakten, bundesrepublikanischen «Verfassungspatriotismus» sein empfindungsgenährtes, auf der Geschichte beruhendes Deutschlandempfinden und gegen Habermas' Theorie des kommunikativen Handelns seine Kritik der Öffentlichkeit. Trotzdem eröffnete Habermas seine Sammlung mit Walsers Beitrag.

«Händedruck mit Gespenstern» ist ein Schlüsseltext, der den Übergang von den siebziger zu den achtziger Jahren markiert und bereits die Positionen Walsers bis hin zur Friedenspreisrede 1998 enthält. Eine Tendenzwende wird hier sichtbar. Walser verabschiedet den «linken Intellektuellen», als den er sich nicht mehr sehen will. Er bekennt, daß seine Meinungen von früher ihm fremd geworden sind. Oder genauer: Nicht die Meinungen sind ihm fremd, sondern das Meinen. Er ist immer weniger dazu in der Lage, die dafür erforderliche Eindeutigkeit und Entschiedenheit herzustellen. Er sieht, was er dafür alles weglassen muß, und entwickelt das Bedürfnis, nur noch das zu sagen, was ihn ganz enthält. Das ist seine neue Utopie: eine so umfassende Ausdrucksfähigkeit, daß kein ungesagter Rest zurückbleibt. Meinungen dagegen hinterlassen immer das Gefühl, etwas Wesentliches zu verschweigen: sich selbst.

Das Persönliche, das eigene Empfinden und Denken in all seiner Widersprüchlichkeit, steht gegen eine Öffentlichkeit, deren Sprechen Gefahr läuft, zum Ritual zu verkommen. Walser will Bekenntnisse, keine Leitartikel. «Nach *Gott*», sagt er, «haben wir nichts Wichtigeres mehr gehabt als *Öffentlichkeit*. Deshalb müßte uns daran gelegen sein, daß die öffentliche Meinung, die von Wissenschaftlern als Legitimationsquellgebiet unserer politischen Kultur angesehen wird, voller Wirklichkeit ist und nicht immer mehr ein Produkt des Lippengebets von bezahlten Gebetsspezialisten. Inwieweit sind wir noch drin in unserer öffentlichen Meinung?»[61] Walser, von Kindheit katholisch geprägt, setzt gegen das Lippengebet die Beichte, die vom Herzen kommt. Sein öffentliches Sprechen vollzieht sich im Gestus der Beichte. Er will sagen, was ihn bedrängt. Er spürt eine innere «Verkommenheit», die er ausdrücken und plausibel machen muß. Hat er sie ausgesprochen, ist ihm wohler, denn dann lebt er wieder im Zustand der Wahrheit. Politischer und weniger religiös formuliert bedeutet das: «Zum wirklichen Ausdruck der Lage gehört immer der Samisdat». Das ist, bezogen auf äußere Verhältnisse der Öffentlichkeit, das Verbotene, Ausgegrenzte. Bezogen auf die innere Verfassung ist es das sogenannte «Böse», das Unkorrekte, das sich dem Konsens nicht fügt.

Walser trug seine Kritik am Zustand der Öffentlichkeit nicht mehr als Herrschaftskritik vor. Es ging ihm nun weniger um Abhängigkeiten von «Chefs» oder vom Kapital als um ein strukturelles Problem: Die Vielfalt von Meinungen täuscht Meinungsvielfalt nur vor, solange in den jeweiligen Meinungen nicht jeder Sprecher ganz und gar enthalten ist. Was nützen Meinung und Gegenmeinung in Leitartikeln, wenn nicht die inneren Widersprüchlichkeiten der Debattierer kenntlich werden? Was ist das für eine Demokratie, in der Offenheit nicht zu einer Tugend werden kann? Wo nur Geschlossenheit als Stärke gilt? Deshalb sind Parteien so einig mit sich selbst und so langweilig wie jeder Meinungsproduzent. Nur Eindeutigkeit zählt. Deshalb war Walser 1979 ein Gegner des von der CDU gewünschten Privatfernsehens. Darüber schrieb er in *konkret*. Das Beispiel der Presselandschaft lehrte: Private Konkurrenz führt eben nicht zu Meinungsvielfalt, sondern zu Monopolbildung und zur Angleichung der Meinungen.[62]

Ab sofort verweigerte er die fromme Eindeutigkeit des Meinens. Endlich wollte er die schon seit Jahren «auf Einlaß drängenden Gedankengespenster und Meinungsmonster»[63] einlassen in die gute Stube der Persönlichkeit. Das erste dieser Gespenster hieß Deutschland, das zweite hieß Volk. Und, weil auf Deutschland und Volk die Schuld wie ein Schatten folgt, fiel danach gleich das Wort Auschwitz als äußerste Herausforderung. «Wenn wir Auschwitz bewältigen könnten, könnten wir uns wieder nationalen Aufgaben zuwenden», sagte er im Konjunktiv. Aber: Wir können es nicht. Und warum nicht? Weil «eine rein weltliche, eine liberale, eine vom Religiösen, eine überhaupt von allem Ich-Überschreitenden fliehende Gesellschaft Auschwitz nur verdrängen» kann. «Wo das Ich das Höchste ist, kann man Schuld nur verdrängen. Aufnehmen, behalten und tragen kann man nur miteinander. Aber jede Tendenz zum Miteinander reizt bei uns den Verdacht auf Obsoletes. Wo Miteinander, Solidarität und Nation aufscheinen, da sieht das bundesrepublikanische Weltkind Kirche oder Kommunismus oder Faschismus. Geschichtsabweisend ist der aktuelle Intellektuelle. Beckett ist sein Mann.»[64]

Die Antwort auf Auschwitz lautet also einerseits: Transzendenz; andererseits: Gemeinschaft. Im «Volk» laufen beide Tendenzen zusammen. Der Wechsel vom Sozialismus zum Nationalen erforderte nur geringfügige ideologische Umgruppierungen. Allerdings zeigte sich in dieser Argumentation auch, wie problematisch der Begriff «Volk» ist. Walser wollte ihn nicht als Klassenbegriff gebrauchen, setzte ihn aber doch weitgehend synonym zu Arbeitern und Kleinbürgern. Die Intellektuellen nahm er heraus. Sie gehörten scheinbar nicht zum «Volk», sondern standen ihm gegenüber wie die Priester der Gemeinde. Doch wäre nicht er selbst das beste Beispiel für die Volkszugehörigkeit eines Intellektuellen?

Walsers Geschichtsgefühl stammt aus einer Erfahrungswelt, die von der Herkunft geprägt ist. Wenn er «Volk» sagt, könnte man auch «Wasserburg» einsetzen. Das Volk ist die Dorfgemeinschaft, ist die Kirchengemeinde, ist der Kampf gegen den Konkurs, die harte Arbeit, die Not, die Zusammengehörigkeit. Auch die Beichte als Urform des öffentlichen Sprechens stammt aus der Region der Kindheit. Wenn die Nation sich aus dem Regionalen speist und emotional «vom hiesigen Ton» getragen wird, dann ist Auschwitz der Stachel, der darin steckt. «Auschwitz und kein Ende» lautete der programmatische Titel einer Rede, mit der Walser 1979 eine Ausstellung eröffnete, in der Zeichnungen von Häftlingen aus dem KZ Auschwitz zu sehen waren. «In jedem Jahrzehnt habe ich mich neu auf dieses Thema eingelassen», sagte er im Rückblick. «Ich war nie entlassen aus dieser Problematik. Ich habe mich aber auch nie aufgehoben oder gar entlastet gefühlt in der Behandlungsart, die das jeweilige Jahrzehnt praktiziert hat.»[65]

Ende der siebziger Jahre drehte sich die Debatte um die Frage der Verjährung von Naziverbrechen. Walser hatte sich in einer Umfrage dafür ausgesprochen, nun machte er seine Gründe deutlich. Wie schon 1964, als er über den Auschwitz-Prozeß schrieb, wehrte er sich gegen alle Versuche, die Schuld auf ein paar Schergen abzuschieben, die für konkret zurechenbare Taten verantwortlich zu machen sind. Das war ihm zu einfach. «In Auschwitz arbeitete die ganze Gesellschaft mit», sagte er und setzte der juristischen Verjährbarkeit eine andere «Zeitrechnung entgegen, in der man nicht diskutieren muß, ob Verbrechen verjähren oder nicht. Das ist die Zeitrechnung, die man Geschichte nennt». In dieser Zeitrechnung galt der unumstößliche Satz: «Seit Auschwitz ist noch kein Tag vergangen.»[66] Es ergibt sich also das Paradox, daß er für die Verjährung der Verbrechen eintrat, gerade weil er sie für nicht verjährbar hielt. Es gibt für ihn eben immer zwei Ebenen: eine öffentlich-rechtliche des Meinens, zu der auch die juristische Aufarbeitung gehört, und eine innerlich-moralische, vor der die eigentliche Schuld verhandelt wird. Damit knüpfte er an den Philosophen Karl Jaspers an, der schon 1946 in seiner Erörterung der «Schuldfrage» vier Kategorien von Schuld unterschied: eine kriminelle Schuld durch Gesetzesverstöße, eine politische Schuld durch Regierungshandeln, eine moralische Schuld individueller Handlungen und Versäumnisse und schließlich eine metaphysische Schuld, die sich aus der Mitverantwortung für alles Geschehene ergibt. Als jeweils zuständige Instanzen nannte Jaspers Rechtsprechung, äußere Gewalt und Siegerwillen, das eigene Gewissen und schließlich: Gott. In Walsers «Zeitrechnung der Geschichte» fallen Jaspers' dritte und vierte Kategorie zusammen. Die einzige zuständige Instanz vor der Geschichte ist das eigene Gewissen.

Jeder Deutsche hat die ganze Geschichte geerbt und zu verantworten, damit also auch Auschwitz. Doch es gibt keine richtige Haltung gegenüber der Vergangenheit. Besonders grotesk fand Walser die Erfindung der «Vergangenheitsbewältigung». Erst Auschwitz zu betreiben und dann als Rechtsnachfolger des NS-Staates Bewältigung auf die Tagesordnung zu setzen war geradezu anstößig. Seine vehemente Ablehnung von Gedenkritualen oder – in den neunziger Jahren – dem Holocaust-Mahnmal in Berlin wird von hier aus begreiflich. «Ein Rechtsnachfolger, der zahlt, organisiert, feiert, gedenkt, so gut er kann: das heißt, der hat einen Terminkalender, der bewältigt. Und wir? Wir lassen bewältigen. Wir alle.»[67] Gegen diese Unzumutbarkeit setzte er sich zur Wehr: «Ich glaube: man ist ein Verbrecher, wenn die Gesellschaft, zu der man gehört, Verbrechen begeht. Dafür haben wir in Auschwitz ein Beispiel geliefert.»[68] Und dagegen hilft kein Mahnmal.

Walser schloß schon diese Rede mit dem Geständnis, manchmal wegzuschauen, wie er es knapp zwanzig Jahre später in der Paulskirche ganz ähnlich wiederholen würde. Doch erst im Jahr 1998 führte es zum Skandal. Damals sagte er zu den Bildern von Auschwitz, die ihn bedrängten, eben weil er sich zuständig fühlte: «Ich möchte immer lieber wegschauen von diesen Bildern. Ich muß mich zwingen hinzuschauen. Und ich weiß, wie ich mich zwingen muß. Wenn ich mich eine Zeitlang nicht gezwun-

XI EINSILBER. 1976–1981   373

gen habe hinzuschauen, merke ich, wie ich verwildere. Und wenn ich mich zwinge hinzuschauen, merke ich, daß ich es um meiner Zurechnungsfähigkeit willen tue.»[69] Auf diese Sätze wird zurückzukommen sein.

Im März 1981 reiste er endlich in die DDR, seinem Geschichtsgefühl hinterher. Er hatte Gert Neumanns Roman «Elf Uhr» gelesen, der nur im Westen erscheinen konnte, und wollte den Autor des beeindruckenden Buches unbedingt kennenlernen. In diesem Roman fand er die DDR-Realität so entblößt vor, daß sie nicht mehr zu rechtfertigen war. Die DDR wurde mit sprachlichen Mitteln in die Enge getrieben, und es war dieses Land, das er nun bereiste. Im Foyer des Leipziger Hotels Astoria lernte er Neumann kennen. Monika Maron und Wolfgang Hilbig waren bei diesem ersten Treffen dabei. Neumann, der 1969 aus der SED und vom Studium am Leipziger Institut ausgeschlossen wurde, arbeitete damals – ähnlich wie Hilbig – als Heizer. Die Dissidenten überwinterten im Keller der sozialistischen Gesellschaft. Er fürchtete nun, Walsers Besuch könne in ihm irgendeine Art von Hoffnung wecken, denn dann würde er nicht mehr schreiben können. Hoffnungslosigkeit war seine Schreibvoraussetzung. So verstand Walser diese Existenz, die er als Besucher aus dem Westen staunend zur Kenntnis nahm.

Am Abend war er bei dem Leipziger Verleger Hans Marquardt zum Essen eingeladen. Einer der Gäste, den er für eine Art Kulturminister hielt, nahm ihn dort beiseite und warnte ihn davor, sich am nächsten Morgen mit Gert Neumann zum Frühstück zu treffen. Das sei, bei seinem ersten Besuch in Leipzig, nicht zu empfehlen. Walser bestand auf der Verabredung und warnte zurück: Die SED solle den Kampf gegen Neumann aufgeben. Dieser Autor werde sie alle besiegen. Das sei bis jetzt immer so gewesen in Mitteleuropa. Erschüttern konnte er den Funktionär damit nicht. Gert Neumann versicherte er beim Frühstück am nächsten Morgen, daß kein Anlaß bestünde, die Hoffnungslosigkeit zu verlieren.[70]

Das Treffen wurde von der Staatssicherheit registriert und Neumann als Versuch angelastet, durch die Bekanntschaften mit westlicher Prominenz «Schutz vor strafrechtlichen Sanktionen» zu finden.[71] Trotz solcher Erfahrungen bewegte Walser sich erstaunlich arglos. Weil er ein paar Maler aus der DDR kannte und schätzte – Tübke zum Beispiel – und weil seine Tochter Alissa Kunst studieren wollte, erkundigte er sich vorsichtig, ob ein Studienplatz in Leipzig denkbar wäre. Die Gesprächspartner zeigten sich überrascht: Es gebe kein gültiges Kulturabkommen. Für Walser war das eine weitere Erfahrung der Trostlosigkeit der deutsch-deutschen Beziehungen.[72] Bei Lesungen in Leipzig und Weimar erlebte er dagegen, wie wenig das Trennende zählte, denn das Publikum im Osten reagierte nicht anders als im Westen. Es lachte an denselben Stellen. Nach Weimar sei er gekommen, so erklärte er dort, weil er ein Stück über Goethe plane, oder vielmehr über Eckermann. Diese Figur, dieser vernichtete Mensch interessierte ihn: «Er müßte zum Patron der Kleinbürger ernannt werden.»[73]

XII KLASSIKER. 1980–1985

Selbstbewußtsein und Ironie.
Mode und Verzweiflung. Dafür sein!

Im Sommer 1980 erlebte Unseld in Nußdorf einen «Autor im Zenit seines Erfolges». Das «Pferd», wie Walser seinen einträglichen Renner liebevoll nannte, stand auf der Taschenbuch-Bestsellerliste, das «Schwanenhaus» verkaufte sich in den ersten Wochen 20 000mal, in Stuttgart würde er im Herbst den Schiller-Gedächtnis-Preis entgegennehmen, in Frankfurt die Poetikvorlesungen halten, und sein nächstes Buch, die «Jagdnovelle», kündigte er fürs kommende Jahr an. Unseld ging's fast ein bißchen zu geschmiert. Nun drängte er, der immer vor dem Theater gewarnt hatte, darauf, Walser solle eine deutsch-deutsche Komödie schreiben. Es wäre gut, die Serie der Romane mit einem Stück zu beleben. Walser sah es ähnlich, hatte aber andere Pläne: ein «Tasso»-Stück, ein Ehedrama, vor allem aber das Stück über Goethe und Eckermann.

Unseld kam immer wieder mit neuen Vorschlägen, mit absurden und weniger absurden. Zu den absurden gehörte die Idee, Walser solle sich am Wettbewerb des IOC für den Text einer neuen Olympiahymne bewerben. So etwas über Frieden und Jugend und Welt, das hätte doch eine gewaltige Öffentlichkeit! Weniger absurd sein Wunsch, Walser möge zu einer Matinee des Verlages anläßlich von Brechts 25. Todestag einen Vortrag halten. In diesem Fall ließ Walser sich überreden. «Lieber Siegfried, Dein Wille geschehe: ich habe die Arbeit an einer BB-Rede aufgenommen», meldete er im Juli 1981.[1]

An welcher Stelle der Unseldschen Autorenrangfolge er nun stand, läßt sich nicht mit Sicherheit sagen. Doch unter den Suhrkamp-Autoren gab es dafür ein verläßliches Maß: die Silvesteranrufe des Verlegers. In der Silvesternacht telephonierte er mit seinen Autoren in der Reihe ihrer Wichtigkeit, so daß jeder aus den Minuten, die seit Mitternacht vergangen waren, seine Wertschätzung ablesen konnte. So jedenfalls stellt Walser es im «Brief an Lord Liszt» dar, dem Roman, der das Beziehungsdreieck Unseld – Walser – Johnson mehr entblößt als verbirgt. An der Geschichte stimmt zumindest, daß Unseld über seine Silvestertelephonate genau Buch führte. Am 1. Januar 1981 notierte er, mit Frisch, Brasch, Koeppen, Handke, Walser, Johnson gesprochen zu haben. Er erreichte nicht: Nizon, Muschg, Jurek Becker. Er vergaß: Peter Weiss. Walser, den er im Skiurlaub mit der Familie erwischte, versprach, bald seinen Beitrag zur Frisch-Festschrift zu liefern.

Unseld, jahresendzeitlich-melancholisch gestimmt, registrierte überall eine existentielle Einsamkeit, die Einsamkeit der Schreibenden, egal, ob sie mit Familie, mit Freundin oder alleine den Jahreswechsel begingen. Und noch etwas fiel ihm auf: Freundlich erinnerten sie sich an den 17. Dezember 1980. An diesem Abend war Bundeskanzler Helmut Schmidt zu Gast in der Klettenbergstraße, und um ihn herum versammelte sich die Suhrkamp-Prominenz. Unselds Sohn Joachim fertigte Polaroids an, um die Tafelrunde für die Nachwelt zu dokumentieren. Walser erfand Bildtexte dazu, so daß ein Fotoroman über die versammelten Pfeifenraucher und ihre abendfüllende Bedeutungshaftigkeit entstand. Dem Kanzler legte er die Worte in den Mund: «Sie, Herr Johnson, und Sie, Herr Frisch, wissen ja sehr gut, wenn die Pfeife brennt und draußen schneit es, dann kommen die Gedanken.» Und Johnson ließ er antworten: «Herr Bundeskanzler, im Grundgesetz der BRD, deren Bürger zu werden ich nie vorhatte, kommt das Wort Schnee überhaupt nicht vor. Können Sie uns dazu etwas sagen?» Zum 85. Geburtstag Schmidts im Dezember 2003 veröffentlichte die *Zeit* den Fotoroman auf einer Doppelseite.

Die nächste Suhrkamp-Familienfeier in der Klettenbergstraße stieg am 15. Mai 1981 zu Frischs 70. Geburtstag. Walser hatte für die Frisch-Festschrift einen «Versuch, dem Meister der Distanz nicht zu nahe zu treten» geliefert und darin seine ganze Verehrung ausgedrückt. Beim Fest aber wurde er vermißt: Mittags sah man ihn noch mit Johnson und Suhrkamp-Lektor Raimund Fellinger in einem Restaurant in der «Freßgass» sitzen. Sie tranken schnell ein paar Gläser Wein. Johnson sagte etwas über Walsers neue Armbanduhr, die ihm wohl ein bißchen protzig erschien. Walser nahm sie ab, reichte sie über den Tisch, und Johnson warf sie mit großer Geste aus dem Fenster. Walser stand auf, verließ das Lokal und reiste ab. Vielleicht muß man, um das ganze Ausmaß der erlittenen Beleidigung zu empfinden, daran erinnern, daß er zu Uhren ein besonderes Verhältnis pflegte. Sein Vater hatte auch einmal mit Schweizer Uhren gehandelt. Und in «Jenseits der Liebe» schrieb er über Franz Horn: «Ohne Uhr war er nichts. Reisen ohne Uhr, das war unvorstellbar. Die Uhr war das Entscheidende.»[2]

Es war ihre letzte Begegnung. Walser schickte noch ein Kärtchen hinterher: Bisher habe ihm jedes ihrer Debakel leid getan. Doch jetzt könne er nur noch Bedauern bekunden.[3] Es ging nicht mehr. Und als Johnson in den Weihnachtstagen 1982 in Nußdorf anrief, ohne Walser zu erreichen, schrieb der zurück: «Ich danke Dir für Deinen Anruf. Zurückrufen habe ich nicht vergessen. Ich konnte nur nicht. Eine Schwäche. Da ich mich, den gemeinen Aufwand zu bestreiten, öfter exponieren muß, kommt es zu diesen Schwächen.»[4] Johnson notierte, bevor er die Karte in seinem Walser-Dossier abheftete, am Rand: «Aufwand? Exponieren?» Und unten drunter: «ich hatte gebeten (am 23. Dezember 1982) einen Rückruf zu unterlassen.»

Ein paar Monate zuvor war der «Brief an Lord Liszt» erschienen. Franz Horn, der tragische Held aus «Jenseits der Liebe», war darin zu der Erkenntnis vorgestoßen, daß Freundschaft zwischen Konkurrenten nicht möglich ist und daß es zwischen Chef und Abhängigen menschliche Beziehungen nur zum Schein geben kann.[5] Die Botschaft an die beiden ihn umgebenden Männer lautete also: «Thiele wäre ein Freund gewesen, den ich hätte haben können. Wenn er nicht zufällig mein Chef gewesen wäre. Sie [Liszt] wären ein Freund, wenn Sie nicht Konkurrent wären. Die einzigen zwei Männer, mit denen ich hätte befreundet sein können, kommen durch das, was den Ausschlag gibt, für Freundschaft nicht in Frage.»[6]

Im März 1982 war der Text fertig. Unseld las ihn während eines Fluges nach New York. Es muß eine seltsame Lektüre gewesen sein. Aus New York schickte er ein Telegramm: Er sei einerseits fasziniert und andererseits sehr traurig. Ihrer unmöglichen Freundschaft tat das bittere Buch jedoch keinen Abbruch. Den ganzen Juni über hielt Unseld sich zur Kur in Überlingen auf und kam fast täglich zu Besuch nach Nußdorf. So war es nun jeden Sommer. «Unselds Marienbad heißt Überlingen», meinte Walser. Unerbittlich saßen sie einander am Schachbrett gegenüber, wo es erlaubt ist, sich zu bekämpfen. Oder sie schwammen nebeneinander im See, um ihre Kräfte zu messen. Johnson, der erfahren hatte, worum es im «Brief an Lord Liszt» geht, bat darum, ihm trotz «denkbarem Widerstreben» die Aushängebögen zu schicken, da er hier ja, «wie nur je ein Rezensent», sagen könne: «man legt es ergriffen aus der Hand und weiß: dies geht mich an.»[7]

Der Roman ist eine ironische Antwort auf die Wirklichkeit. Er bietet die Ironie auf, die erforderlich gewesen wäre, um die gegenseitigen Belauerungen spielerisch aufzulösen. Im zerrütteten Verhältnis Johnson–Walser konnte nichts mehr leicht genommen werden. Jede Kränkung war vollkommen ernst, jede Aktion mußte als gezielter Angriff gedeutet werden. Ironie war der große Forschungsgegenstand Walsers in den siebziger Jahren. Sie interessierte ihn jedoch als literarische Methode und als Stil. Sie wurde anwendbar, wo es gelang, Leben in Kunst zu verwandeln, fiel also als praktische Lebenshilfe aus. Während seiner Gastprofessuren in Amerika – zuletzt 1979 am Dartmouth-College in Hanover/New Hampshire – hatte er sich kontinuierlich mit diesem Thema befaßt. In den Frankfurter Poetikvorlesungen im Oktober und November 1980 stellte er unter dem Titel «Selbstbewußtsein und Ironie» die Ergebnisse dieser Studien vor. Im Jahr zuvor hatte Uwe Johnson hier Vorlesungen gehalten.

Zwei Formen der Ironie sind demnach zu unterschieden. Eine Traditionslinie reicht von Friedrich Schlegel bis zu Thomas Mann, eine andere von Fichte über Kierkegaard zu Kafka und Robert Walser. Exemplarisch stellte Walser Manns «Lotte in Weimar» und Robert Walsers «Jakob von Gunten» einander gegenüber. Bei Mann dient die Ironie dazu, Widersprüche auszubalancieren, Künstlertum und Bürgertum so miteinander zu versöhnen, daß das eigene Selbstbewußtsein davon unbehelligt bleibt. Mann, der Großbürger, steht über den Dingen. Ironie ist sein Mittel, sich selbst und die Verhältnisse zu legitimieren, so daß alles so bleiben kann, wie es ist. Vor allem er selbst. «Bürgerliche Ironie» nannte Walser dieses Verfahren, das nichts Literarisches sei, sondern «eine Haltung, ein Selbstbewußtsein, eine Lebensart»[8]. Thomas Mann bringt ironische Helden zustande, aber keinen ironischen Stil. Er bleibt immer der erhabene Erzähler.

Robert Walser ist dagegen die Literatur gewordene Ironie. Ironie ist bei ihm die radikale Selbstverneinung. Er lobt die bestehenden Verhältnisse, die ihn vernichten, um aus dem eigenen Verschwinden, aus der eigenen Nichtsnutzigkeit noch ein Quentchen Legitimierung und wenigstens ein negatives Selbstbewußtsein zu pressen. Er tut das keineswegs in der Hoffnung, anzuklagen oder die herrschenden Verhältnisse zu demaskieren, sondern weil er nicht anders kann. Das Unterwürfigkeitsgefühl ist dem Kleinbürger eingefleischt. Aber, so hofft Martin Walser, «er entzieht den Verhältnissen wahrscheinlich mehr Rechtfertigung als jede direkte Kritik. Bis jetzt hat, glaube ich, noch keine Herrschaftsform die Ironie, die sie provozierte, überlebt. Und so lange diese Ironie noch entsteht, solange läuft der Prozeß noch, diese Bewegung, die man Dialektik nennt»[9]. Der «Jakob von Gunten», diese Schule freundlicher Nichtswürdigkeit, wurde zu seinem Lebensbuch. Wieder und wieder las er es, zwanzig-, dreißigmal im Lauf der Jahrzehnte.

Die Orientierung auf diese Form der Ironie begleitete den Übergang vom Prinzip der Kritik durch Negation zur Kritik durch Affirmation. Dieser Wechsel macht den Unterschied zwischen den gesellschaftskritischen Siebzigern und den affirmativen achtziger Jahren aus. Der Veränderungswille, der Wunsch, die Welt möge nicht so bleiben, wie sie ist, verbindet die beiden scheinbar gegensätzlichen Haltungen. Affirmation bedeutet nicht, die bestehenden Verhältnisse verewigen zu wollen. Es ist eine listige Art und Weise, ihre immanenten Widersprüche zu verschärfen. Walser fand damit zu einer Haltung, die von negationsüberdrüssigen jüngeren Suhrkamp-Autoren wie Thomas Meinecke oder Rainald Goetz weitergetrieben werden würde. Was er dafür brauchte, holte er sich aus der Lektüre der Klassiker. «Herbeizureden ist sowieso nichts», sagte er in der Rede zum 25. Todestag von Bertolt Brecht. «Und gegen das zu sein, was gerade dran ist, verfestigt es. Lieber dafür sein, der Mode einen Auftritt mehr verschaffen, um sie so zu beschleunigen. Damit sie bälder vorbei sei.»[10] Man stelle sich vor, er hätte so, mit ironischem Dafürsein, schon auf den Vietnamkrieg reagiert! Dann erkennt man den grundsätzlichen Unterschied. «Mode und Verzweiflung» hieß dieses Verfahren ein paar Jahre später bei Thomas Meinecke.

Gegenüber den Herausforderungen der Gegenwart, NATO-Doppelbeschluß und Raketenstationierung, übte Walser zwar nicht die Affirmation, aber die Enthaltsamkeit. An den Großdemonstrationen der Friedensbewegung nahm er, im Gegensatz zu Böll oder Jens, nicht teil. Er glaubte nicht mehr an die Wirkungskraft außerparlamentarischer Aktionen: «Wenn ich mit der Abrüstungspolitik nicht einverstanden bin, muß ich ins Parla-

382   XII KLASSIKER. 1980–1985

ment. Ich habe natürlich nichts dagegen, wenn jemand in einer Friedensdemonstration mitmacht, wunderbar, aber dann nicht als Prominenter. Ich mag nicht dort hingehen, mich dann hinsetzen und von der Polizei wegtragen lassen. Wenn jemand das für notwendig hält, wunderbar. Ich weiß, wenn ich weggetragen werde, werde ich dabei photographiert. Das kann ich gar nicht begründen. Das finde ich so lächerlich, so blöde, das kann ich gar nicht machen. Da fehlt mir einfach polit-theatralischer Mut dazu. Und auch das Bedürfnis.»[11]

Es waren also keine politischen Gründe, sondern Geschmacksfragen, die gegen die Beteiligung an Protestaktionen sprachen. Das Theatralische ist ihm eben ein bißchen peinlich. Wenn er an die frühen Ostermärsche und Vietnamdemonstrationen zurückdachte, an denen er teilgenommen hatte, glaubte er nun, sich nicht für derartiges zu eignen. Eine Menschenkette zu bilden war vorstellbar. Da mußte man sich bloß einreihen und zwei Hände zur Verfügung stellen, aber nicht seine Prominenz.[12] In «Meßmers Gedanken» übte er sich dann in Ironie und Verzweiflung und behauptete, er sei zu feindselig gestimmt, um in der Friedensbewegung mitzuarbeiten. «Wenn ihn jemand zu gewinnen sucht, sagt er: Ich bin leider ein Feind.»[13] Auch mit dem niemals abreißenden Strom von Unterschriften unter Resolutionen tat er sich nun schwer. Ob zu Südamerika oder der Türkei oder für den Frieden – eine Unterschrift kam ihm so fürchterlich gering vor, daß es ihm fast schon peinlich war. Unterschrieb er, genierte er sich. Unterschrieb er nicht, genierte er sich auch. Also legte er die Papiere in eine dafür vorgesehene Schublade, wo sie vorwurfsvoll vergilbten. Damit blieb ihm wenigstens die Last des Ununterschriebenen gegenwärtig und ließ sich bei Bedarf wie ein schlechtes Gewissen betrachten.

Das Gute, Schöne, Wahre. Der Jude Heine.
Goethe und Eckermann.

Walsers Klassikerreden, versammelt in dem Band «Liebeserklärungen» von 1983, wurden größtenteils durch äußere Anlässe
diktiert, vor allem durch Ruhm und Ehre, die ihm nun zuteil
wurden: der Schiller-Preis im Oktober 1980, die Heinrich-Hei-
ne-Plakette im Februar 1981, die von Unseld erbetene Brecht-
Rede im September und, endlich, der Büchnerpreis im Oktober
desselben Jahres. Dazu ein Essay über Freiligrath und schließlich, im Oktober 1982, ein Vortrag über Goethe im Auftrag des
Wiener Burgtheaters. Dennoch sind all diese Äußerungen ganz
und gar persönliche Auskünfte. Walser bringt stets eigene Erfahrungen im Gelesenen unter. Seine Klassikerporträts sind Vexier-
bilder, in denen das eigene Gesicht im Gegenüber sichtbar wird.
Schiller, ein Vertrauter aus Kindertagen, ist ihm mittlerweile
weniger nah, auch wenn er den «kleinbürgerlichen Idealisten»
dem großbürgerlichen Realisten Goethe vorzieht.

«Was ist ein Klassiker?» fragte er 1984 in einem Essay und
antwortete: alles, was sich gebrauchen läßt. Brauchbarkeit ist die
einzige akzeptierte Kategorie der Kanonbildung in seiner radikal subjektiven und demokratischen Literaturorientierung. Doch
was ist brauchbar? «Die uns beleben, die können wir brauchen,
das sind Klassiker.»[14] Vitalität ist also der Maßstab, mit dem jeder Lesende selbst über seine Klassiker entscheidet. Walser vertraut den Menschen. Er will niemandem etwas vorschreiben und
Normen diktieren. Lesen heißt, Erfahrungen zu machen, und
Erfahrungen sind nicht verallgemeinerbar. Wenn er über Literatur spricht, spricht er über sich selbst.

An Brecht, der allen Intellektuellen die Frage, wem sie nützen, als permanente Selbstprüfung aufgab, konnte er die Brauch-
barkeitsthese schärfen. Brecht allerdings sah letztlich den kommunistischen Parteidienst als höchsten Ausweis intellektueller
Brauchbarkeit. Da konnte Walser nicht mitgehen. Das hatte

384 XII KLASSIKER. 1980–1985

er hinter sich. Hinter den Praxisbezug aber, den Brecht einforderte, wollte er nicht mehr zurück. Brecht war ihm ein positives Gegenmodell zu aktuellen Intellektuellenbiographien, die in umgekehrter Richtung verliefen: Brecht begann als amoralischer Anarchist und wurde zu einem vom Mitleid für die Schwachen hingerissenen Kommunisten, einem Samariter im Einsatz für das Gute. Handke und Enzensberger – ihre Namen nannte er nicht, aber es war klar, wer gemeint war – hatten dagegen als radikale Gesellschaftskritiker begonnen, die sich allmählich in Genießer ihrer Ich-Entwürfe verwandelten, sich also von Moral zu Amoral, vom Gesellschaftlichen zum Egoistischen veränderten.

Doch traf diese Diagnose nicht auf Walser selbst genauso zu? Nicht ganz. Als er am Beginn seiner Karriere für «Ehen in Philippsburg» den Hesse-Preis erhielt, hatte er ja heftig dagegen angeredet, als Gesellschaftskritiker mißverstanden zu werden. Er wollte Teil dieser Gesellschaft sein, wollte sie beschreiben und dazugehören. Sein Veränderungsdrang setzte erst in den sechziger Jahren ein. In seiner sozialistischen Phase hatte er bewiesen, wie ernst er es meinte mit Demokratie und Solidarität. Jetzt wandelte er sich zum Ironiker: einer, der sich im Ja-Sagen übt, um damit die Welt zur Erträglichkeit zu zwingen. Als Antwort auf die Brecht-Rede erhielt er von Enzensberger einen Brief, den er so grob fand, daß er ihn mit der Bemerkung zurückschickte, so etwas könne er nicht im Haus behalten. Sie hatten sich schon seit längerem voneinander entfernt, aber nun war, mit Brecht, ein sichtbarer Schlußpunkt unter die Freundschaft gesetzt.

Auch in der Figur des Ferdinand Freiligrath sah Walser einen Enzensberger des 19. Jahrhunderts: ein wankelmütiger Radikaler, der als Trompeter der 48er-Revolution sich erst 1870 wieder politisch zu Wort meldete und dann «Hurra Germania!» rief. Dieser Freiligrath entsprach nun tatsächlich eher Walser als Enzensberger, und er verteidigte ihn und die «Tendenzwende», die man ihm zu Unrecht unterstelle. Walser machte Freiligrath zum Prototyp des Kleinbürgers, der sich im Exil nach der Heimat sehnte und diesen Empfindungen auch nachzugeben wagte. Sein Gefühl als subjektive Wahrheit war ihm wichtiger als die richtige Politik, und so versuchte er, vor Marx zu verschleiern, was er wirklich dachte. Ein Nationalist aber sei nie aus ihm geworden, sagt Walser, kein Reichsfanatiker, sondern einer, der schon 1866 vor dem Imperialismus warnte.[15]

Zu Büchner ist der Abstand größer. Büchners Erschrecken darüber, daß Gott fehlt, die dröhnende Leere, die an dessen Stelle steht, war ihm fremd. Er hatte lange genug daran gearbeitet, den katholischen Gott, der die Beichte fordert und Buße und Verzicht predigt, hinter sich zu lassen. Büchners Leere-Horror konnte ihn nur abstrakt erreichen, aber er übernahm dessen Antwort auf die transzendentale Obdachlosigkeit, gegen die nur helfen kann, was allen gemeinsam ist: Solidarität. Das «Volk» ist bei Büchner ein Wort mit tröstlichem Klang. Darauf ließ sich bauen. Büchner als radikaler Demokrat war ein möglicher Bezugspunkt.

Welche Kränkung jedoch, als Walser kolportiert wurde, ein Jurymitglied der Darmstädter Akademie habe gesagt, solange er in der Jury sei, könne ein Kommunist diesen Preis nicht bekommen. Das traf an empfindlicher Stelle. Nicht weniger schmerzlich, als Fritz J. Raddatz in der *Zeit* das «Schwanenhaus» in Simmel-Nähe rückte. Walser reagierte gereizt – auch weil er Johannes Mario Simmel zu Unrecht zu einer Marke gemacht sah. Den Simmel-Satz würde er nicht vergessen, drohte er, der stehe zwischen ihnen. Von nun an lehnte er Raddatz' Einladungen, in der *Zeit* zu schreiben, konsequent ab, im Sommer 1983 etwa mit der Bemerkung: «Eine reizende Idee, den Quasisimmel zum Theatergespräch zu schicken, der ist aber, zum Glück, vier Monate in Amerika. Das teilt mit und grüßt i. A. Martin Walser.»[16]

Am nächsten unter den Klassikern war ihm Heinrich Heine: Heine, der Jude, der sich in einer antisemitischen Gesellschaft zu behaupten suchte, indem er zum Christentum konvertierte, aber dennoch ins französische Exil getrieben wurde. In seiner Zerrissenheit ist Heine ein Seelenverwandter. Verzweifelt bemühte er sich um nationale Zugehörigkeit und erklärte: «Meine Brust ist ein deutsches Archiv». Und doch war ihm aus dem Exil heraus alles Deutsche so zuwider, daß ihm sogar die deutsche Sprache unerträglich wurde. Dieses Gefühl, draußen und drinnen zugleich zu sein, zugehörig und ausgestoßen, verbindet Walser mit Heine. Bei Heine ist es das Judentum, das ihn ausschloß, bei Walser der Sozialismus. Beide «konvertierten», um der Isolation zu entkommen. Das Nationale, als das «Element des Dichters», ist ihr natürliches Refugium und ist doch problematisch. Heine erlebte die Bücherverbrennung auf der Wartburg im Jahr 1817 als Auslöser einer katastrophalen Entwicklung und prophezeite: Wo man Bücher verbrennt, verbrennt man am Ende auch Menschen. Walser blickte vom anderen Ende auf diese Geschichte zurück, die ihm als Lebensaufgabe die Frage stellte: Wie war 1933 möglich? Wie ist Auschwitz erklärbar?

Anders formuliert könnte die Frage auch lauten: Wie kann man im beschädigten Nationalen überhaupt noch heimisch sein? Nichts Staatliches ist damit gemeint, kein Machtapparat, keine aufputschende Ideologie. Die Nation ist ein geschichtliches, sprachliches und kulturelles Zusammengehörigkeitsgebilde, dem man nicht entrinnen kann. Eine Schicksalsgemeinschaft, in die man durch Geburt gerät. Sehnsüchtig blickte er über den Bodensee in die Schweizer Berge, von wo einst seine Vorfahren kamen. Ach wären sie doch dort geblieben, dann hätte er mit dieser elenden deutschen Geschichte nichts zu tun! Wenn er über Heine schrieb: «Da will einer fort und kommt heim»[17], entdeckte er das Bewegungsgesetz seiner eigenen Existenz. Wenn er an Heine bemerkte: «Was einer auch schreibt, es soll immer ihn rechtfertigen, das ist klar. Daß er sein darf, wie er fürchtet, sein zu müssen, dafür schreibt er»[18], dann formulierte er seine eigene Poetik des Verbergens und Entblößens. Was er den «Heine-Faktor» nannte – «die Permeabilität der Sprachmembran für persönliches Dasein»[19] –, könnte ebensogut als Walser-Faktor in die Literaturwissenschaft eingehen.

Heine ist ein großer Ironiker der deutschen Literatur, einer, der seine Persönlichkeit in allem, was er sagt, deutlich machen muß, eben weil sie so gefährdet ist. Dieses Prinzip steht bei Goethe in Frage, dessen Selbstbewußtsein sich durch nichts erschüttern läßt. Goethe, der Walser lange Zeit fremd blieb, wurde ihm in den achtziger Jahren zu einem Vorbild im Konfliktmanagement. Goethes Fähigkeit, lichteste Lösungen zu präsentieren, noch bevor die Konflikte zugespitzt sind, konnte Walsers Bewunderung eben erst dann hervorrufen, als er Affirmation als Form der Kritik entdeckt hatte.

Goethe ist alles andere als ein Ironiker. Er will das Leben jederzeit durch «Schönheitsgewichte auswiegen», sagte Walser. Er baut eine «Schönheitsschutzwehr» gegen das Dasein, das zu bedrängend ist, als daß man sich leisten könnte, auch noch die Kunst schlecht enden zu lassen. Walsers Bedürfnis, für jede Geschichte ein möglichst gutes Ende zu finden, teilte er mit Goethe, und er erkannte, daß sich hinter dessen «Schönmäßigkeit» und Harmoniebedürfnis eine große Empfindlichkeit verbirgt: «Schönheit ist eine Tochter der Angst.»[20] Walser verglich Goethe darin mit Karl May, bei dem die Gewißheit, daß es gut enden wird, ähnlich ausgeprägt ist. So machte er sich Goethe zu eigen. Iphigenie wurde als Schwester Winnetous zu einer Bewohnerin der Walser-Welt. Die klassische Ästhetik, die der Welt ein Idealbild entgegensetzt, war rehabilitiert. «Etwas Schönes ist überhaupt sinnvoll», schrieb Walser jetzt, meilenweit entfernt vom Mißtrauen der 68er-Zeit, als das Schöne nur als schöner Schein, als Ideologie, als Lüge gesehen werden konnte. Jetzt war es ein Hilfsmittel, um im Leben zu bestehen.

Im Theaterstück «In Goethes Hand», das im Dezember 1982 am Wiener Akademietheater uraufgeführt wurde, war von diesem Goethe nicht viel zu spüren. Da galt eher die alte Skepsis gegen den großen Harmonisierer, und in der Tat muß man beide Schönheitsauffassungen übereinanderprojizieren, um sie stimmig zu machen. Die Verschönerungstheorie legte Walser

Eckermann in den Mund, der den versammelten Porträtmalern Anweisungen erteilen will. Damit erhält sie, als Verherrlichungsrede des Dieners über seinen Herrn, eine ironische Ausrichtung. «Wie stellt man Goethe dar? Schön.»[21] Das ist, geronnen zur Propaganda, alles, was als praktische Handlungsanweisung von Goethes Schönheitsengagement übrigbleibt.

Aber nicht der zum Aristokraten aufgerückte Goethe steht im Mittelpunkt, sondern der Kleinbürger Eckermann in seiner Abhängigkeit. Er ist ein typischer Walser-Held, der in der Selbstaufgabe seine Bestimmung findet. Ohne dafür bezahlt zu werden, setzte er seine ganze Arbeitskraft für Goethe ein, gefangen in einem Idealismus, der zum Ausbeutungsverhältnis mutierte. Walser recherchierte die Bedingungen. Er wollte wissen, was Eckermann mit seiner Arbeit für die vierzigbändige Goethe-Ausgabe verdiente, und fragte deshalb im Marbacher Literaturarchiv nach. Das Ökonomische interessierte ihn ebenso wie die Psychologie. Er zeigte Eckermann als verarmende, kränkelnde, tragische Figur. Sie ist dem Fahrer Xaver Zürn recht ähnlich. Auch Eckermann denkt nachts an seinen Chef und weiß, daß der nicht an ihn denkt. Als Pendant dazu taucht in diesem Stück Freiligrath auf – auch er ein Ausgebeuteter, ausgebeutet von Karl Marx.

Walser tat sich schwer. Schon im Sommer 1981 wollte er fertig werden, doch die Arbeit stockte. Unseld registrierte einen «Schock» und mußte Walser den Plan ausreden, das Stück als Hörspiel «notzuschlachten». Als sprechendes Symptom läßt sich der Stimmverlust deuten, der ihn im Sommer 1981 zum Arztbesuch zwang. Er litt unter permanenter Heiserkeit und fürchtete einen Tumor. Die Diagnose lautete: partielle Stimmbandlähmung. Dagegen sei nichts zu machen, sagte der Arzt, man müsse damit leben. Unseld vermittelte ihm zur Sicherheit noch einen Termin in der Frankfurter HNO-Klinik.

Im November lag dann doch der Text im Verlag vor. Die Zeit bis zu Goethes 150. Todestag im März 1982 war knapp. Trotzdem erhielt Walser drei Wochen lang keine Antwort. Als

Lektor Rudolf Rach ihm schließlich erklärte, warum das Stück kein Stück sei, konnte er nicht widersprechen, drängte aber auf Verwertung. Wenn es bei Suhrkamp kein Interesse gebe, dann werde er es einem anderen Verlag anbieten.[22] Die Drohung wirkte. Zwei Tage später machte er schon Vorschläge für die Titelillustration. Die Produktion kam in Gang, doch sie fand nicht seinen Gefallen: Format und Zeilenumbruch paßten nicht. Das sehe ja aus «wie ein Hopfengarten nach dem Taifun», schimpfte er. Auch wenn er daran nichts mehr ändern konnte, wollte er es wenigstens gesagt haben.[23]

Für die Wiener Inszenierung mußte er im überbordenden Material kräftig streichen, um das Stück überhaupt bühnenfähig zu machen. Die Proben unter Regisseur Karl Fruchtmann gingen nicht so voran wie erwünscht. Nach der Premiere hielt Unseld seine Eindrücke fest: «den Eckermann spielte Rudolf Wessely, Goethe Paul Hoffmann. Man kann zusammenfassen: die Inszenierung ist mißglückt, gelinder Publikumserfolg, Beifall für Wessely und Hoffmann, aber die Aufführung ist ein Signal. Man kann dieses Stück spielen und man kann es wesentlich besser spielen. Unverständlich der schwache Regisseur, der alles mit sich machen ließ (…). Peinlich der von Walser gewünschte ‹flügelschlagende› Goethe.»[24]

Ähnlich schwierig war die Situation im Bonner Theater, wo das Stück im März 1983 herauskommen sollte. Der Regisseur sagte ab, der zweite Koregisseur, der auch für die Goethe-Rolle vorgesehen war, ebenfalls. Also übernahm Walser selbst zusammen mit Schauspieldirektor Peter Eschberg die Regie und war fast den ganzen Februar in Bonn. Frisch und Unseld wollten ihn davon abbringen: Das könne nur schiefgehen. Aber Walser wollte die Inszenierung seines Stückes retten und fühlte sich darüber hinaus dem Theater, Eschberg und den Schauspielern verpflichtet. Emotionale Anhänglichkeit gehört zu seinen prägenden Eigenschaften. Nein zu sagen und jemandem etwas abzuschlagen ist für ihn immer wieder eine herkulische Aufgabe. So war es

ihm zum Beispiel schwergefallen, sein Konto bei der Commerz-
bank aufzugeben, das er einem Mann zuliebe eingerichtet hatte, der dort arbeitete. Erst als der Bekannte nach zehn Jahren zu
einer anderen Bank wechselte, schaffte Walser es zu kündigen,
kam sich aber ziemlich mies dabei vor.

Also Bonn. Im griechischen Restaurant «Akropolis» traf er regelmäßig die Autoren Franz Xaver Kroetz und Hartmut Lange,
die in anderen Projekten dort zu tun hatten. Im Unterschied zu
früheren Inszenierungen mit Käutner, Kirchner, Kortner oder
Palitzsch stand Walser nun selbst in der Verantwortung, hielt
aber an seiner Haltung fest, es gebe keine besondere Meinungs-
kompetenz des Autors gegenüber dem eigenen Stück. Doch erst
jetzt, in der direkten Arbeit, ging ihm auf, was Schauspieler zu
leisten haben. Er bewunderte sie für die Kraft, mit der sie diese
andauernde Spannung bewältigten.[25]

Ehrendoktor und Ehrenbürger. «Liebeserklärungen». Johnsons Tod.

Vielleicht war es eine Art Wiedergutmachung, daß Walser am
30. Januar 1983 in der Universität Konstanz die Ehrendoktorwürde erhielt. Mitte der siebziger Jahre, in der Zeit finanzieller
Enge, hatte er vergeblich versucht, hier eine Anstellung zu finden. Eine Vorlesung über Thomas Mann lag etwas länger, der
Sympathisantenskandal um die Gedichte von Peter-Paul Zahl
rund fünf Jahre zurück. Nun mußte man ihn überreden, den Ehrentitel anzunehmen. Wenigstens hatte er die Doktorrede schon
fertig: noch einmal «Goethes Anziehungskraft». Unseld, der als
getreuer Verleger zum Festakt im Auditorium Maximum anreiste, notierte: «Ein großes Fest für die Universität. (...) Ein großer Tag auch für Martin Walser.»[26] In Wasserburg wollte man
sich jetzt ebenfalls mit dem berühmten Schriftsteller schmücken,
den man als Sozialisten nicht länger fürchten mußte und der sich

immer tiefer in die Heimatregion hineingeschrieben hatte. 1984 wurde er dort zum Ehrenbürger ernannt.

Die öffentliche Wertschätzung, die er nun erfuhr, läßt sich auch am gewandelten Verhältnis zu Marcel Reich-Ranicki able- sen. Der hielt im März 1981 die Laudatio zur Verleihung der Heine-Plakette – eine Würdigung allerdings, die Walser mit den Worten kommentierte, er werde wohl lernen müssen, so etwas als Lob zu begreifen. Reich-Ranicki befaßte sich ausführlich mit Autoreneitelkeit – ein Thema, mit dem er sich auskennt – und porträtierte Walser als einen Lobessüchtigen. Sein Werk, al- le Dramen und fast alle Romane, faßte er nach alter Gewohn- heit als «offenbar permanente und unheilbare Krise» zusammen, die aber doch zum bemerkenswerten Aufstieg geführt habe: «Er scheitert, und sein Ruhm wächst.»[27] So gelobt zu werden ist nun wahrlich keine Freude.

Walser fürchtete erneut das Schlimmste, als Reich-Ranicki sei- ne Besprechung der «Liebeserklärungen» im Oktober 1983 zum Aufmacher der Buchmessen-Beilage der *F.A.Z.* machte. Im Ju- li, als Habermas zu einem Abendessen in Starnberg einlud, lag Reich-Ranicki sehr an Walsers Teilnahme, weil er mit ihm über die Aufsatzsammlung reden wollte. Unseld übermittelte die Bot- schaft: «Gestern traf ich bei Franz Josef Schneider Frau Reich- Ranicki. Sie flüsterte mir zu: Wird Martin Walser kommen? Mar- cel habe ihr gesagt, er sei ihm der Wichtigste. Ich gebe Dir das nur ohne Kommentar weiter.»[28]

Anfang September schickte Walser Grüße aus Kalifornien. Bis Dezember blieb er als Gastprofessor in Berkeley. Noch einmal stand Kafka auf dem Programm. Und er genoß es, auch einmal nichts zu tun als herumzusitzen und am Abend das Kaminfeu- er zu entfachen. Vom Fenster seines Domizils in der Contra Co- sta Avenue blickte er über den Lichterglanz San Franciscos und über die Bay, und er schloß eine Lebensfreundschaft mit kalifor- nischem Rotwein: Merlot und Cabernet Sauvignon aus Napa oder Sonoma.[29] In seinen Grüßen an Reich-Ranicki ist schon die

Atmosphäre des Romans «Brandung» zu spüren: Nirgends komme man sich so alt vor wie im jugenddurchbrausten Kalifornien, nirgends aber auch so verjüngt und wunderbar weit entfernt von der Bundesrepublik.[30]

Doch es gab kein Entkommen. Reich-Ranicki ließ seine Rezension nach Berkeley schicken, wohl im Glauben, man könne sie für eine Liebeserklärung halten. Zutreffend beschrieb er Walsers Vorträge als intensive öffentliche Monologe, beschrieb seine Annäherungen an die Dichter als Hymnen eines naiv Bewundernden und zeichnete eine Entwicklung nach, die er beim «Kniefall» vor Goethe enden ließ. Wie ein Geschenk lieferte er gleich noch einen Verkaufsslogan dazu: «Die Leser der ‹Liebeserklärungen› Martin Walsers haben mehr von Literatur. Und also vom Leben.»[31]

Walser fühlte sich zu einer Antwort verpflichtet, weil er in jeder Zeile Reich-Ranickis das Bedürfnis, freundlich zu sein, spürte. Er sei alles andere als zufrieden damit, teilte er ihm auf englisch mit, weil er hoffte, in der Fremdsprache Distanz zu gewinnen. Einen Kritiker bei dieser Anstrengung zu beobachten sei eine gleichermaßen berührende wie schmerzliche Erfahrung.[32] Deutlicher wurde er in einem Brief an Unseld. Da schrieb er: «Auf die R-R-Kritik hätte ich, dem Motto des Hauses folgend, nicht geantwortet, wenn er mir nicht selbst die Sache hätte nachschicken lassen und wenn ich verschiedenen früheren Andeutungen nicht hätte entnehmen müssen, daß er diese Kritik sehr wichtig nehmen werde. Ich wäre froh gewesen, wenn ich diese Kritik nie hätte zur Kenntnis nehmen müssen. Besonders hier, wo ich das Glück der Entfernung wirklich jeden Tag auf der Haut spüre, hätte ich gern auf den alten Peitschenton verzichtet.»[33]

Unseld aber war sehr zufrieden mit der Kritik und glücklich über ihre Plazierung, hing doch die erste Seite der *F.A.Z.*-Beilage zum Plakat vergrößert überall auf der Buchmesse. 8190 verkaufte Exemplare der «Liebeserklärungen» meldete er im November über den Atlantik nach Kalifornien.[34] Walser fühlte sich dort wieder so aufgehoben, daß er bleiben wollte. Er suchte nach einer

Möglichkeit, durch Haustausch für ein Jahr mit Käthe dort zu wohnen. Die Idee für «Brandung» nahm Gestalt an. Als «California Fragment» kündigte er Unseld ein 200-Seiten-Manuskript bis November 1984 an. Helmut Halm würde wieder die Hauptrolle spielen: «Die nötige Dramatik scheint vorhanden.»[35] Auch «Meßmers Gedanken» projektierte er in Berkeley, und noch ein Buch mit US-Stoff, das «Die Bayreuth-Novelle» heißen sollte. Doch von Januar bis März 1984 standen Lesereisen nach Frankreich, Belgien, England und in die Schweiz bevor. Da konnte aus dem Kalifornienjahr nichts werden.

Zurück in Nußdorf, erhielt er am 13. März 1984 die Nachricht vom Tod Uwe Johnsons. Er war in der Nacht vom 23. auf den 24. Februar in seinem Haus in Sheerness-on-Sea gestorben, doch erst neunzehn Tage danach aufgefunden worden. Walser rechnete zurück: Am 23. Februar war er zu einer Lesung in Bern gewesen. Er hatte am Nachmittag, ganz entgegen seinen Gewohnheiten, viel Kuchen gegessen und dazu am Abend reichlich Wein getrunken. In der Nacht litt er unter inneren Säurestürmen, blieb schlaflos und fühlte sich sterbenselend. Vielleicht war das der Augenblick, als Johnson beim Versuch, eine dritte Flasche Wein zu entkorken, mit einer geplatzten Halsschlagader zusammenbrach.

Unseld reiste sofort nach Sheerness, um die Hinterlassenschaft zu regeln. Johnson hatte ihn im November 1983 während einer gemeinsamen Zugfahrt in seinen «letzten Willen» eingeweiht. Merkwürdig: Trotz des Zerwürfnisses und obwohl er es nicht mehr ertragen konnte, ihm zu begegnen, hatte er Martin Walser als Testamentsvollstrecker benannt. In Sheerness hing ein Foto Walsers an der Wand. Es zeigte ihn Ende der fünfziger Jahre in Strickjacke im Kreis der Familie, die sich zum Essen um einen Tisch mit Resopalplatte und Metallbeinen versammelte. Käthe schöpfte Nudeln auf die Teller, die Töchter Franziska und Johanna, noch sehr klein, saßen brav vor ihren Tellern. Für Johnson muß dies ein familiäres Sehnsuchtsbild gewesen sein und eine Erinnerung an die gute, alte Zeit, in der ihre Freundschaft begann. Zu Käthe Walser hatte Johnson noch zuletzt am Telephon gesagt: «Der Martin ist mein einziger Freund.» Walser, rückblickend: «Der Uwe hat gewußt, daß er sich mehr auf mich als ich mich auf ihn verlassen konnte.»

Die Testamentsvollstreckung lehnte er ab. Er wollte sich nicht in diese Wahnwelt hineinziehen lassen. Johnson hatte sich von seiner Frau getrennt, weil er glaubte, sie sei Agentin des tschechischen Geheimdienstes gewesen. Er bestritt die Vaterschaft für die gemeinsame Tochter, obwohl sie ihm, wie Walser fand, wie aus dem Gesicht geschnitten ähnelte. Nun hätte er Johnsons Willen, Frau und Tochter zu enterben, vollziehen sollen. Es war klug, da nicht mitzumachen und sich aus dem anschließenden Rechtsstreit zwischen Unseld und Elisabeth Johnson herauszuhalten.

Elisabeth Johnson kam kurz darauf zu Besuch nach Nußdorf. Sie mußte darüber sprechen, was sie erlebt hatte. Walser saß mit ihr im Wohnzimmer, Käthe und die Kinder waren beim Einkaufen. Im Foyer winselte kläglich der Hund, die Zunge war blau angelaufen, das Tier röchelte und zitterte am ganzen Leib, es starb an diesem Nachmittag. Walser, aufgewühlt von diesem kreatürlichen Ereignis, hatte keine Ohren für die Besucherin, die vom Tod seines alten Freundes berichten wollte.

Im Roman «Brandung», der im Jahr 1984 entstand, zeichnete er in der Figur des Dozenten Rainer Mersjohann ein Johnson-Porträt. Mit Helmut Halm erinnert er sich seiner als eines blonden Riesen mit «Kerzensamtpoetenblick»[36], der aber nun, beim Wiedersehen nach vielen Jahren, unförmig geworden ist, kahlköpfig und aufgeschwemmt. Der frühere Freund ist in dieser Gestalt kaum noch wiederzuerkennen. An Mersjohann beobachtet Halm das Entgleiten in den Alkohol, schildert einstige Zwistigkeiten, läßt ihn abrupt das Auto verlassen und in der Nacht verschwinden, so wie Walser es mit Johnson immer wieder erlebt hatte. Er gesteht, diesen «Kerl» zu lieben, «diesen unausstehlichen, vor dem man sich nicht genug in acht nehmen konnte»[37], und er trauert um die verpaßte Gelegenheit einer Freundschaft.

Selbst Johnsons Ehedesaster, diese «ununterbrochene Schwurgerichtshauptverhandlung»[38], ist im Roman aufgehoben, bis hin zum Detail, daß er behauptete, die Tochter – im Roman sind es zwei Söhne – sei nicht von ihm.

«Das Recht war immer auf seiner Seite», schreibt Walser über Mersjohann/Johnson. «Und je deutlicher er sah, daß es nichts nützte, im Recht zu sein, desto starrer forderte er es ein.»[39] Die Schreibkrise, der Selbstmord am Ende, gewissermaßen über dem leeren Papier, sind eine direkte literarische Antwort auf Johnsons Tod und die Tragödie seines Lebens. Ein hinterlassenes Manuskript Mersjohanns heißt «California Fragment» – das war der Arbeitstitel von «Brandung». Man kann diesen lebensfrohen, jugendprallen Amerika-Roman auch als Requiem für den toten Freund lesen. Vielleicht war es Walser jetzt erst möglich, einen Amerika-Roman zu schreiben und damit Johnsons literarisches Revier der «Jahrestage» zu übernehmen. Pläne dafür hatte er seit 1976, aber erst jetzt realisierte er sie.

Gemessen am Erfolg, vor allem am ökonomischen Erfolg, hatte er Johnson weit hinter sich gelassen. Während Johnson nach zehnjähriger Schreibkrise dem Verlag zunächst nur Schulden – aber auch die Rechte an seinem Werk – hinterließ, lag Walsers Konto in einem satten, sechsstelligen Plus. Das «Fliehende Pferd» verkaufte sich bis Juni 1984 als Taschenbuch und broschiert jeweils rund 150 000mal und lief weiter. Die aus der Kindheit stammenden Verarmungsängste hielten sich trotzdem hartnäckig. Von Büchern wie «Schwanenhaus» und «Lord Liszt» könne er kein Jahr leben, brauche aber fast ein Jahr, um sie zu schreiben, klagte er. Seine Pension als Mitglied der Künstlersozialkasse betrüge derzeit rund 1500 Mark, deshalb baue er das Haus weiter aus, um es im Notfall zu vermieten und doch darin wohnen bleiben zu können.[40] Das Bedürfnis, die Zukunft abzusichern, mag auch dadurch gewachsen sein, daß er im Mai 1984 zum zweiten Mal Großvater wurde. Mit Unseld feilschte er hartnäckig um bessere Bedingungen. Er wollte 15 Prozent Eigenan-

396 XII KLASSIKER. 1980–1985

teil herausschlagen, wie es in seinen Verträgen erst ab einer Auflage von 100 000 vorgesehen war. Aber wann erreichte er die schon? Er glaubte, andere Autoren bekämen günstigere Sätze als er, ein Benachteiligungsgefühl, das Unseld verärgerte.

Meßmers Empfinden. Reich-Ranicki im Garten. Bootsfahrt und «Brandung».

Lektorin Elisabeth Borchers war hingerissen. Sie hatte schon viele Manuskripte Walsers mit mehr oder weniger Begeisterung gelesen, zuletzt die «Liebeserklärungen» hoch geschätzt. Nun lag ganz entgegen seinen sonstigen Schreibgewohnheiten ein dünnes Bündel vor ihr. Sie dachte, das könne sie in zwei Stunden lesen, ihn anschließend anrufen, und die Sache wäre erledigt. Aber dann blieb sie an den ersten Seiten hängen, mußte jeden Satz, jeden kleinen Abschnitt dreimal, viermal lesen, und als sie anrief, sagte sie nur: «Weißt du überhaupt, was du da geschrieben hast?» Sie war überwältigt. «Das war mein großes Walser-Erlebnis», meint sie. Walser sagt: «‹Meßmers Gedanken› sind das Autobiographischste, was ich publiziert habe. Es war aber unmöglich ohne den Namen Meßmer.»[41]

Eine Autobiographie ist dieses Buch nicht in dem Sinne, daß da einer sein Leben erzählt. Aber es gibt Einblick in seine Empfindungsweise. Es versammelt Gedanken und Stimmungen aus allen Winkeln der Person. «Seelenverhältnisse» nannte er das. Die Notate sind komprimierte Erfahrungen, intime Mitteilungen, in denen der Autor sich fast unverhüllt zeigt. «Mich verändert alles, ich verändere nichts», schrieb er. Sein Interesse konzentrierte sich auf das eigene Bewußtsein. Hier spielt sich alles ab. Die ganze Welt ist Bewußtsein, ist Bewegung, ist Sprache, aber sie geht nicht in der Sprache auf. Deshalb entsteht Dichtung, deshalb muß man schreiben, so wie man auch atmen muß. Das Schreiben ist für Walser eine Lebensfunktion. Eine Schreibkrise kann es folglich nur im Todesfall geben. Er schreibt einfach immer weiter. Das geht so: «Man empfindet, schreibt es hin, überprüft, ob es das ist, was man empfand. Dann korrigiert man, was durch das Hinschreiben anders geworden ist, als man wollte. Durch das Korrigieren ist das, was durch das Schreiben entstanden ist, vernichtet, ohne daß dadurch die ursprüngliche Empfindung faßbar geworden wäre. Man muß von vorne anfangen. Ohne die Absicht, einer bestimmten Empfindung gerecht zu werden.»[42]

Handwerklich entfaltete Walser im «Meßmer» den Ehrgeiz, so kurz und prägnant wie möglich zu formulieren und am besten mit einem Satz auszukommen. Die Sätze, die blieben, destillierte er aus mehrseitigen Notizbucheintragungen heraus, so daß eine Art Lyrik in Prosa entstand. Angesiedelt ist der «Meßmer» in Amerika. Die Figur erhielt auch einen Kurzauftritt in der «Brandung»: Da ist Meßmer ein Gastprofessor, der zwei Jahre vor Helmut Halm in Berkeley lehrte und dort ein «Büchlein» hinterließ, mit dessen Lektüre Halm sich schwertut.[43] Walser plante zunächst sogar, das «Meßmer»-Manuskript in «Brandung» zu integrieren, bis er einsah, daß das nicht funktionierte. Aber die beiden Bücher sollten in einem Jahr herauskommen – «Meßmer» als Stimmungsvorreiter im Frühjahr, die «Brandung» im Herbst.[44] Und gleich fürchtete er, der Verlag könne sich für das kleine Buch nicht heftig genug einsetzen, um die ganze Werbekraft für den Roman aufzusparen.

Ein besonderes Fest gab es im August 1985, als die dramatisierte Version vom «Fliehenden Pferd» im Meersburger Sommer-Theater aufgeführt wurde. Unseld charterte für den 24. August 1985 ein Schiff, um über den Bodensee nach Konstanz zu schippern und abends von dort aus direkt nach Meersburg zu fahren. Schon am Tag zuvor traf er bei Walser ein und fand im Garten Marcel Reich-Ranicki vor, der gebräunt, ausgeruht und nach Neuigkeiten hungernd im Liegestuhl lag. Vehement überging er die Frage, ob er die «Brandung» rezensieren werde.[45] Ein Kritiker läßt sich eben keine Auskünfte entlocken! Worüber sie ansonsten geredet haben? Vielleicht über Helmut Kohl und Ronald Reagan, die sich auf dem Soldatenfriedhof in Bitburg über den Gräbern von SS-Männern die Hand gereicht hatten. Walsers Haltung dazu: «Wenn man so demonstrativ so etwas Kriegsabschließendes macht, ist doch klar, daß auch einem Sowjet-General die Hand gereicht werden muß. Nur ein amerikanischer und ein deutscher General, das ist das Waffenbündnis für den nächsten Krieg. Das Ganze war aber eine Heuchelklamotte.»[46]

Am Vormittag des 24. traf auch die frühere Freundin Corinne Pulver in Nußdorf ein. Sie wollte einen Film über Reich-Ranicki drehen und dazu auch die Gelegenheit der Bootsfahrt nutzen. Es gelang ihr, Walser zu überreden, sich auf ein Streitgespräch mit seinem Lieblingskontrahenten einzulassen, und so saßen Autor und Kritiker einander auf der Terrasse im Licht der Fernsehscheinwerfer gegenüber zum Schaukampf vor laufender Kamera.[47] Daß Walser anschließend vertraulich plaudernd mit ihr durch den Garten ging, genoß Corinne Pulver ebenso wie die erstaunten Blicke Reich-Ranickis. Um so betrüblicher, daß sie nicht zum Mittagessen eingeladen wurde.

Um 15 Uhr dann Abfahrt des «Seehasen» vom Meersburger Hafen. Unseld begrüßte die Gäste, die auf seiner Liste standen: Adolf Muschg und seine Frau, Joachim Fest mit Frau und Sohn Alexander, die Professoren Jauss und Fuhrmann mit ihren Frauen, Regisseur Ulrich Khuon und Frau, Intendant Jörg Amann, die Übersetzerin Maria Carlsson. Außerdem Käthe Walser und Tochter Theresia, Hilde Unseld, Lektorin Elisabeth Borchers, Unselds unverzichtbare, alles organisierende Sekretärin Burgel Zeeh und Corinne Pulver mit ihrem Fernsehteam. In der Seemitte stoppte das Schiff. Es durfte, es mußte gebadet werden. Unseld, der geübte Schwimmer, allen voran und weit hinaus. «Locker, familiär» sei es zugegangen, notierte er zufrieden und resümierte geschäftsmännisch: «letztlich doch eine gute Veranstaltung über freundliche und freundschaftliche Beziehungen»[48]. Die Theateraufführung am Abend war da nur noch der Ausklang nach dem Ausflug. Das Stück habe sich «als ernsthafte Komödie bewährt», aber «die Aufführungsqualität ließ doch sehr zu wünschen übrig». Walsers hatte die Theaterfassung eigens für Meersburg geschrieben. Denn hier gehörte das Stück hin.

«Brandung», im Herbst erschienen, ist eine Variation auf die im «Fliehenden Pferd» angeschlagenen Motive: die Konfrontation mit dem Jungsein, dem Lebenwollen, dem Ausbrechen aus dem Gewohnten. Was dort der Herausforderer Klaus Buch verkörperte, übernimmt hier das Land Kalifornien mit seinem Jugendlichkeitsandrang und mit der Studentin Fran, die den Dozenten Helmut Halm so sehr aus dem erotischen Gleichgewicht bringt. In «Brandung» zieht Walser eine Summe seiner Amerika-Erfahrungen und schafft einen glanzvollen Höhepunkt der Einsilber-Romane. Was danach kommt, der lange aufgeschobene Roman «Jagd», ist noch eine Gottlieb-Zürn-Variante als erotische Donquichotterie, aber es ist zu spüren, daß Walser da nichts Neues mehr aus dieser Konstellation herausholen kann.

Kein Buch zuvor hat Walser so durchgeplant wie «Brandung». Schon als er begann, war ihm klar, er würde auf dreizehn, maximal fünfzehn Kapitel kommen. Dabei liegt es ihm nicht, eine Handlung zu entwerfen und im Schreiben dann nur noch auszuführen. Die Sprache muß die Führung übernehmen. Er will sich überraschen lassen, wohin es ihn trägt, sonst wäre ihm das Schreiben langweilig. «Organisierte Spontaneität»[49] nennt er sein Verfahren, in Stimmungen voranzuschreiten und nicht in Handlung. «Brandung» kam ihm da fast schon überorganisiert vor.[50] Sein Ideal war eine Literatur, die auf organische Weise wächst, ohne daß man ihre Gemachtheit bemerkt. Alles Künstliche, Artifizielle, Gewollte mißfiel ihm. Das zeigt sich auch an den Manuskripten, die er Unseld empfahl. Aus Gedichten des Lyrikers Wulf Kirsten traf er eine Auswahl für Suhrkamp. «Das ist noch einmal ein Dichter, dem die Sprache gedeiht», schrieb er begeistert an Unseld. «Freue Dich über diesen Reichtum. Sorge für ihn. Er hat für uns alle gespart.»[51]

XIII DER HORIZONT DER NATION.
1986–1990

Gegenmacht und Geschichtsgefühl.
Deutsche Fragen. Dachzimmer.

Wenn Visionen Wirklichkeit werden, sind sie kaum wiederzuerkennen. Als im Dezember 1985 die IG Medien als Zusammenschluß der IG Druck & Papier mit der Gewerkschaft Kunst entstand, hatte das nicht allzuviel mit der einst von Martin Walser entworfenen IG Kultur zu tun. Der Schriftstellerverband in der IG Druck & Papier rettete sich mit knapper Not ins Ziel der nächsten Vereinigung. Sozialpolitisch war der Verband durchaus erfolgreich, aber er war hoffnungslos zerstritten. Die politischen Gegensätze zwischen westlichen DDR-Kritikern, DKPlern und Ausgebürgerten aus der DDR, die im VS aufeinanderprallten, ließen sich nicht versöhnen. Unter der Präsidentschaft von Bernt Engelmann, der den entspannungspolitischen Dialog mit DDR-Funktionären und Vertretern des offiziellen Polen suchte, aber das Gespräch mit Dissidenten und der polnischen Solidarność vernachlässigte, verschärfte sich der Streit. Grass, unverdrossen engagiert, wollte Walser ermuntern, gegen Engelmann für den VS-Vorsitz zu kandidieren. Das sei «die letzte Möglichkeit, uns den Schriftstellerverband zu erhalten»[1]. Einem Verband zu präsidieren, mit Funktionären zu verhandeln und Gremienarbeit zu leisten wäre aber kaum Walsers Berufung gewesen. Doch er, wer sonst, hielt die Gründungsrede der IG Medien. Ein visionärer Hauch der IG Kultur verschönerte den schnöden Verwaltungsakt.

Im Januar 1984 hatte in Deutschland mit der Etablierung des Privatfernsehens ein neues Medienzeitalter begonnen. Noch war völlig unklar, wie sich dadurch das Geschäft der Meinungsproduktion verändern würde. Walser hielt die Öffentlichkeit für das «Nervensystem der Demokratie» und sah es mit Skepsis, daß Öffentlichkeit nun verstärkt durch Privatinteressen geleitet würde. Aufzuhalten war dieser Prozeß aber nicht. Also blieb nur die Hoffnung, mit der IG Medien eine Gegenmacht zu etablieren, die irgendwann einmal möglichst alle Beschäftigte des «Ausdrucksgewerbes» organisieren müßte. 1970 hatte Walser vor allem ökonomisch und sozial argumentiert. Damals galt der Glaube, Demokratie durch Sozialisierungen zu erzwingen. Jetzt argumentierte er politisch und moralisch. Nicht mehr der Kapitalismus war der Gegner, sondern Macht ganz allgemein. «Daß Macht nur mißbrauchbar ist, wurde im Lauf der Jahre meine wichtigste Erfahrung», sagte er. Er habe noch niemanden getroffen, der durch Machtbesitz nicht entstellt worden wäre. Die Gewerkschaft betrachtete er recht idealistisch als «Vereinigung der Ohnmächtigen». Das war die Bedingung, unter der er sich engagierte. Denn: «Nur der Ohnmächtige ist an Demokratie unter allen Umständen interessiert.»[2]

Damit bezog er eine Position jenseits des Ost-West-Gegensatzes, der im VS so verheerend wirkte. Seine Kritik der Macht war auf DDR und Bundesrepublik gleichermaßen anwendbar. Aus den Streitigkeiten im VS hielt er sich heraus: Was dort ablaufe, sei eben «das deutsche Problem», damit müsse man leben. So abgedroschen er die Parolen der DKP-Vertreter als westdeutscher DDR-Filiale empfand, warb er doch dafür, dem Osten eigene Entwicklungsmöglichkeiten zuzubilligen. «Wenn wir ihn [den Osten] aber nur als etwas behandeln, das abgeschafft werden muß, dann haben wir diese deutsche Aufgabe verfehlt.»[3] Das Plädoyer für Selbstbestimmung und Zweistaatlichkeit war der Grundton all seiner Deutschlandäußerungen, die sich von nun an häuften. Er litt unter der Teilung und wollte sie überwinden, er plädierte aber nicht für «Wiedervereinigung» und schon gar nicht dafür, die DDR westlicherseits zu übernehmen.

Im Mai 1986 nahm er zusammen mit Stefan Heym an einer

Konferenz über «die deutsche Frage und Europa» in Stockholm teil. Sehr erregt, mit hoher Stimme deklamierend, legte er seine Thesen dar: Die Teilung sei das Ergebnis einer Strafaktion der Alliierten, einer berechtigten Strafe wohlgemerkt. Doch Strafe diene der Resozialisierung und müsse deshalb irgendwann beendet werden. Die deutsche Geschichte dürfe nicht im Katastrophenprodukt der Teilung enden. Fortzusetzen sei die Politik der Annäherung durch Koexistenz. Seine Utopie: eine Föderation der deutschen Staaten.

Im «Sonntagsgespräch» mit Wolfgang Herles im ZDF erklärte er wenig später, er spreche lediglich von seinen eigenen «inneren Zuständen». Wenn er darauf beharrte, seine Stimmungslage zur Sprache bringen zu dürfen, stand damit keine konkrete Politik zur Debatte. Alles Wiedervereinigungshafte wäre «abstrakt und putschistisch und gefährlich». Aber es müsse doch erlaubt sein, das Gefühl nationaler Zusammengehörigkeit auszudrücken, das auf historischen, kulturellen und sprachlichen Gründen beruhe. Mit Begriffen wie «Kulturnation» oder «Geschichtsnation», die das Nationale bewahrten, aber die Zusammengehörigkeit der beiden deutschen Hälften aufgaben, wollte er sich nicht vertrösten lassen. Den in Ost und West gleichermaßen üblichen Eifer, sich als Musterschüler der jeweiligen Welthälfte aufzuspielen, empfand er als Heuchelei. Er weigerte sich, so zu tun, als gäbe es das gar nicht mehr, das Gefühl, ein Deutscher zu sein. «Für mich hat die DDR keine nationale Identität und die Bundesrepublik auch nicht», sagte er.[4]

Wie könnte man sich als Deutscher zur deutschen Geschichte verhalten, wenn die Nation als Bezugsrahmen gemeinsamer Verantwortung außer Kraft gesetzt wäre? Ein positiver Patriotismus war geradezu die Bedingung, um über Auschwitz sprechen zu können. Die DDR hatte es sich leicht gemacht und war aus der Vergangenheitsverantwortung ausgestiegen. Die Faschisten wohnten in der Bundesrepublik – und fertig. Die Bundesrepublik dagegen ließ ihren Antifaschismus in einen im Kalten Krieg gestählten Antikommunismus münden, der mit der Gleichung links = rechts den Kampf gegen die Diktaturen Osteuropas als Vergangenheitsbewältigungsprogramm ausgab. So diente die Teilung in Ost und West dazu, sich aus der Geschichte davonzustehlen. Gleichzeitig aber herrschte die Ansicht vor, daß nur die Teilung ein friedliches Deutschland ohne Nationalstaatsallüren garantiere. Demnach wäre die Mauer tatsächlich eine Art antifaschistischer Schutzwall gewesen – ein Bollwerk gegen die Rückkehr der Geschichte. Grass hielt bis in die neunziger Jahre an dieser Position fest und begründete damit seine Zweifel am neuen deutschen Einheitsstaat.

Walser hielt diese Argumentation für unerträglich. Der Faschismus war für ihn erledigt, Rückfallgefahr nicht gegeben. Sein Satz von 1979: «Seit Auschwitz ist noch kein Tag vergangen» hatte dennoch Bestand. Deshalb mußte er weiter nach Erklärungen suchen, um mit diesem Faktum leben zu können – er als Deutscher. Immer wieder kehrte er zum Ersten Weltkrieg zurück, den er mit Golo Mann als «Mutterkatastrophe des Jahrhunderts» bezeichnete, und nannte die Demütigung und ökonomische Fesselung durch den Versailler Vertrag als eine wichtige Bedingung für den Aufstieg Hitlers und die Fanatisierung Deutschlands. Er bestand auf einer historischen Herleitung, weil er die Schuld, die er als Deutscher zu tragen hat, anders gar nicht aushalten könnte.[5] Es muß gute historische Gründe geben für den Aufstieg der Nationalsozialisten, und nicht nur die Anklage: Die Deutschen sind eben so.

Eine sublime Lust, durchs verminte Gelände zu marschieren, ist ihm allerdings nicht abzusprechen. Schon 1981 hatte er einige Unruhe ausgelöst, als er die Nazi-Ikone Schlageter als «Bauernbuben» und «Katholiken» bezeichnete, um ihn dem heroisierenden Nazipropagandabild zu entwinden. Demonstrativ sympathisierte er mit Heideggers umstrittener Rektoratsrede von 1933 und erklärte: «Wir sind nicht nur Partei. Die Dialektik, nach der wir uns bewegen, läßt uns offenbar mehr Stationen passieren, als im Schema von Links und Rechts jeweils Platz haben.»[6] Und ein Begriff wie «Vaterland», den zu benutzen er sich nicht scheute, war während der Kohl-Ära ein Signalwort mit Bekenntnischarakter. Mag sein, daß er es nur satt hatte, sein Vokabular von politischen Opportunitäten bestimmen zu lassen. Doch er unterschätzte die Wirkung seiner Bekenntnisse. Als er Ende September der Zeitung *Die Welt* ein langes Interview gab, wurde das erneut als gezielte Regelverletzung verstanden. Die *Welt* warb mit einer ganzseitigen Anzeige, auf der Walser mit Mütze zu sehen war und mit dem Satz zitiert wurde: «Ich werde mich nicht an diese deutsche Teilung gewöhnen.» Dabei war das Deutschlandthema in diesem Interview eher nebensächlich. Grass rügte dies als Verstoß gegen den Springer-Boykott, den Walser im Jahr 1967 doch selbst formuliert hatte. Lange her, lange vorbei. Walser kannte und schätzte den *Welt*-Redakteur Paul Reitze, und es war ihm selbstverständlich, dessen Gesprächswunsch nachzukommen. Zuneigung für eine Person war ihm allemal wichtiger als politisches Lagerdenken. Darauf zu beharren ist aber auch ein politisches Credo.

Die Aufregung, die er mit seinem «Geschichtsgefühl»[7] auslöste, ist heute nur noch schwer nachzuvollziehen. Es scheint so, als habe er wie ein Seismograph erste Erschütterungen im betonierten deutsch-deutschen Gefüge gespürt, als noch niemand etwas wahrhaben wollte. Er, ein Virtuose der Anpassung, wurde zum Avantgardisten, weil er auf sich wandelnde Verhältnisse schon reagierte, wenn andere noch nichts bemerkten. Er glaubt, ein Problem mit dem sogenannten «Zeitgeist» zu haben. Tatsächlich aber pflegt er mit ihm so intimen Umgang, daß er schon Jahre vor allen anderen mit ihm verkehrt und sich längst wieder anderswo aufhält, wenn eine Position Gemeingut geworden ist. Das sieht dann so aus, als läge er quer zur herrschenden Stimmung. In Wirklichkeit ist er ein Stimmungs-Avantgardist. Zunächst spürt er, daß er sich im abgesteckten Meinungsspektrum nicht mehr unterbringen kann. Das nötigt ihn, andere Ausdrucksweisen zu erproben. Seine Wandlungsfähigkeit hat nichts mit Opportunismus zu tun. Den Dissens nimmt er in Kauf, auch wenn er darunter zu leiden hat. In der deutschen Frage stand er Mitte der achtziger Jahre ziemlich allein. Hohn schlug ihm aus *F.A.Z.* und *konkret* gleichermaßen entgegen. So ähnlich waren diese beiden Blätter sich sonst nie, höhnte er zurück. Immerhin hatte Gorbatschow in Moskau bereits Reformen in Angriff genommen. Die Verhältnisse gerieten weltweit in Bewegung. Um so verbissener aber wurde in Deutschland der Status quo verteidigt. In der Deutschlandfrage waren Linke und Rechte gleichermaßen konservativ.

Dennoch warf ihm Günter Gaus in seiner Porträtreihe «Zur Person» vor, er habe seinen Frieden mit der bundesrepublikanischen Gesellschaft gemacht. Walser saß ihm im karierten, violetten Jackett gegenüber, blies den Rauch einer Zigarre ins Studiodunkel und gestand, ein Widerstreben gegen diese Diagnose zu empfinden. Er wirkte nervös, wie ein Angeklagter, der sich verteidigen soll. Ob er sich auf der Transitstrecke von gesellschaftlichen zu nationalen Fragen befinde? Diesen Gegensatz akzeptierte er nicht. Eine Gesellschaft könne nicht Gesellschaft bleiben, ohne Nation zu sein. Das Zukünftige lasse sich nicht bestimmen und festlegen. Sicher sei er sich nur darin, daß «die Welt nicht in dem Sinne sozialistisch und kapitalistisch bleiben» wird. Und: «Das religiöse, missionarische Vokabular wird abnehmen.» Mit dem ersten Teil seiner Diagnose lag er, wie sich 1989 zeigen würde, richtig. Daß jedoch das missionarische Vokabular seit dem Ende des Kalten Krieges abgenommen hätte, läßt sich leider nicht bestätigen. In *konkret* wurde er damals zum «ideellen Gesamtillusionisten»[8] erklärt. Und die *F.A.Z.* interpretierte seine Äußerungen als Bewerbung um die unbesetzte Position des nationalen Mahners, nun, da Böll tot sei und Grass sich nach Kalkutta zurückgezogen habe.[9]

Auch Marcel Reich-Ranicki machte sich über «unseren alten Freund Walser» und seinen Deutschlandkummer lustig. Die

Trends kommen und gehen, schrieb er und rieb ihm mal wieder seinen «damaligen Flirt mit dem Kommunismus» unter die Nase.[10] Ungehörig sei es, wenn Walser sich immer noch darüber beschwere, von der Kritik aus politischen Gründen schlecht behandelt worden zu sein. In Wirklichkeit habe er doch einfach nur schlechte Bücher geschrieben. Genau wie Grass im übrigen, der nach langer Zeit «mit läppischem und schlechthin unlesbarem Zeug» aufgewartet habe. Reich-Ranicki meinte «Die Rättin».

Im Suhrkamp Verlag machte damals eine Geschichte die Runde, die sich bei Unseld in der Klettenbergstraße zugetragen haben soll. Vor versammelten Autoren wurde ein Film über Frisch gezeigt. Auch Reich-Ranicki war eingeladen, kam aber zu spät und entschuldigte sich damit, er habe Grass' neues Buch lesen müssen, das läppisch sei und unerträglich. Frisch erwiderte: «Herr Reich-Ranicki, Sie sind ein Arschloch.» Reich-Ranicki sei ganz still geworden, habe nichts gesagt, sei auch nicht gegangen. Er habe die verbale Ohrfeige akzeptiert. Erleichtert wurde diese Anekdote im Verlag kolportiert. Es war also möglich, dem mächtigen Kritiker Paroli zu bieten. Frisch zumindest konnte es sich erlauben.

Walser hätte diese Art der Auseinandersetzung nicht gelegen. Er hätte sich lieber davongestohlen, um unbehelligt zu bleiben. Wieso lassen die einen denn nicht in Ruhe, rief er aus. Immer wieder, in jedem zweiten Interview an die «schlimme Kritik» Reich-Ranickis über «Jenseits der Liebe» erinnert zu werden, empfand er als sadistische Lust der Interviewer. Nach einem Fernsehgespräch mit Martin Lüdke, in dem es um Reich-Ranicki ging, bat er, auf die betreffende Passage zu verzichten: «Ich kann mich vor laufender Kamera diesem Trauma gegenüber nicht vernünftig oder gar locker und geistreich verhalten. Also raus damit.»[11]

Zu Hause in Nußdorf wurde gebaut. Das Haus wurde aufgestockt. Unter der Dachschräge entstand ein neues, großzügiges Arbeitszimmer, das über eine schmale, steile Treppe zu erreichen ist. Basis und Überbau: Dieser Raum, ausgestattet mit einer warmen Holzdecke, ist als innerfamiliärer Rückzugsort ein geschütztes Refugium. Auf dem Weg nach oben hängt ein schwerer alter Spiegel. Walser hat ihn von einer Leserin geschenkt bekommen, die eines Tages anrief und meinte, den müsse er haben. Er versucht immer, daran vorbeizukommen, ohne hinzuschauen.

Das alte Arbeitszimmer neben dem Wohnbereich war ihm nach achtzehn Jahren abgewetzt und verbraucht vorgekommen. Da hätte er keine Zeile mehr schreiben können.[12] Seither benutzt er es als Büroraum für Posterledigung und Kommunikation, wo nach und nach die Technik Einzug hielt: Faxgerät und Computer. Weil der Hausaufbau teurer wurde als geplant, mußte Unselds Sekretärin Burgel Zeeh nochmals 20 000 Mark überweisen. Geld war kein Problem mehr. Sein Autorenkonto, auf das alle Honorare eingingen, lag in einem satten Plus. Von dort wurde ihm monatlich eine Pauschale überwiesen. Bei außerordentlichem Finanzbedarf mußte er dann um zusätzliche Überweisungen bitten. Der Verlag war zugleich eine Art Bank. Das hatte den Vorteil, daß sich Gewinne und Verluste über die Jahre besser ausgleichen ließen. Für Unseld diente dieses Prinzip aber auch dazu, seine Autoren stärker an den Verlag zu binden.

Das Gespräch zwischen Unseld und Walser kam in diesen Jahren fast zum Erliegen. Wenn Unseld in Nußdorf zu Besuch kam, dann saßen sie sich jetzt wortlos am Schachbrett gegenüber. Sie retteten sich ins Ritual; das Spiel hielt eine Verbindung aufrecht, die spürbar kriselte. Unseld bedauerte, daß Walser seinen 60. Geburtstag nicht feiern wollte und sich auch dagegen wehrte, ihn in Anzeigen zu erwähnen. Den 24. März 1987 verbrachte Walser in Sarn. Man traf sich in Chur. Unseld überreichte ihm als Geschenk eine protzige Rolex-Uhr und fuhr gleich wieder ab. Von diesem peinlichen Moment, dieser oberflächlichen Geste erzählt Walser, wenn er erklären will, wie das Verhältnis zu Unseld sich veränderte. Hätte er den Verlag schon 1974 verlassen sollen? Merkt man nicht rechtzeitig, wann etwas zu Ende geht?

Spione der Einheit. Dialog mit der RAF.
Über Deutschland reden. Gast der CSU.

Im Roman «Dorle und Wolf» erhielt Walsers Deutschlandgefühl
eine literarische Form. Der aus der DDR stammende Wolf Zieger, verheiratet mit der oberschwäbischen Dorle, Sekretärin im
Verteidigungsministerium, arbeitet als Spion im Dienst der DDR
an der deutschen Einheit. Weil er darunter leidet, wie die deutschen Staaten sich bösartig gegeneinanderstellen, «informiert» er
die eine Seite über die andere. Landesverrat will er das nicht nennen. «Welches Land verriete man denn da?» fragt er. «Deutschland nicht ...»[13] Die innere Zerrissenheit der Walser-Helden, die
nie das sein können, was sie sein wollen, findet in dieser Figur
eine politische Ausprägung. Nun ist die Zerrissenheit ein äußerer
Zustand, der so stark ist, daß für Wolf alle Menschen in Deutschland wie «Halbierte» erscheinen.

Das Deutschlandthema wäre so gesehen nur eine weitere Variation der alten Walser-Melodie der Abhängigkeiten. Das «Verbergungs-Entblößungs-Spiel» wird für Wolf zu einer existentiel-
len Notwendigkeit: Der Spion ist ein Meister der Tarnung. Er
verlängert die Reihe der Berufe, die vom Vertreter über den Fahrer zum Makler reicht. Allerdings bekommt dieser Wolf Zieger
zuviel symbolisches Gepäck aufgeladen, um sich neben anderen,
lebendigeren Romanhelden aus der Walser-Welt behaupten zu
können. Selbst die ewige Hin- und Hergerissenheit zwischen einer starken, solidarischen Ehefrau und einer Geliebten als Versuchung und Herausforderung wird in diesem Roman politisch
begründet: Im Bett von Sylvia empfängt Wolf die Dokumente,
nach denen er verlangt.

Schon im Januar 1982 interessierte Walser sich für diesen
Stoff, als am Oberlandesgericht Düsseldorf ein Spionagefall verhandelt wurde. Der Prozeß war öffentlich, er konnte also als Zu-
schauer teilnehmen und verwertete Details dieses Falles für seinen Roman. Keine Agentenstory schwebte ihm vor, er wollte das

Genre nutzen, um einen deutsch-deutschen Eheroman zu schreiben. Dem Spion galt seine volle Sympathie. Er machte aus ihm einen Märtyrer der deutschen Geschichte und ließ ihn vor Gericht sagen: «Ihm ist nicht an weiterer Verteufelung und Geheimdienstelei gelegen. Er will, wenn das verbrecherisch ist, gestraft werden. Aber wenn das, was er wollte und tat, verbrecherisch ist, dann ist das wirkliche Verbrechen das, was ihn zum Verbrecher macht, die Teilung und ihre Fortsetzung und Verschärfung mit gar allen Mitteln.»[14] «Dorle und Wolf» ist wohl der meinungshaltigste aller Walser-Romane und deshalb – auch nach seinen eigenen Kriterien – einer der schwächsten.

Das Buch erhielt von *F.A.Z.* bis *Süddeutsche* so schlechte Kritiken, daß Walser im Mai 1987 «schwierige Zeiten» gekommen sah.[15] In Lesungen konnte er sein Selbstvertrauen wieder aufbauen, wenn er merkte, sich mit dem Text in einem Saal behaupten zu können. 31 000 verkaufte Exemplare bis Anfang Juni waren eher enttäuschend; die Erstauflage betrug 50 000 Stück. Einer der wenigen Verteidiger des Buches war Joseph von Westphalen, der in der Schweizer *Weltwoche* über politische Gründe für die Ablehnung des Romans im Feuilleton spekulierte. Walser werde abgestraft, weil man glaube, der Linke von einst sei zur Feier seines 60. Geburtstages nach rechts abgedriftet und träume jetzt die Träume eines Reaktionärs.[16] Daß er 1987 mit dem Großen Bundesverdienstkreuz ausgezeichnet wurde, mag diesen Eindruck verstärkt haben. Ließ der Machtkritiker sich nun von den Mächtigen hofieren? Als der *Stern* ihn fragte, ob er zum Harmoniedichter der Kohl-Ära geworden sei, gab er zu, im «Daseinsbejahungsdienst» zu arbeiten, weil er «Scheußlichkeiten» immer weniger ertrage.[17] War er also zum Schönfärber und Legitimierer geworden?

Wie wenig er ins gängige Links-Rechts-Schema paßte, belegen seine politischen Aktivitäten. Obwohl er vom Unterschriftenwesen nicht mehr viel hielt, unterschrieb er einen offenen Brief an den ehemaligen Bundespräsidenten Walter Scheel, der als neutrales Mitglied im Aufsichtsrat der Hattinger Stahlhütte die

Schließung des dortigen Werkes und den Wegfall von 4000 Arbeitsplätzen verhindern helfen sollte. Walser hatte sich mit dem Thema Arbeitslosigkeit bereits in dem Theaterstück «Die Ohrfeige» befaßt, das im Dezember 1986 in Darmstadt uraufgeführt wurde. Und als die IG Metall ihre Kampagne für die 35-Stunden-Woche startete, steuerte er ein Statement für eine Broschüre bei. Er wußte, daß er leicht reden hatte: ein Schriftsteller, der das Schreiben braucht wie die Luft zum Atmen, hat ein besonderes Verhältnis zur Arbeit. Er vergaß deshalb aber nicht, daß es industrielle Arbeitsverhältnisse gibt, in denen es nur recht und billig ist, mit möglichst wenig Zeitaufwand durchzukommen.[18]

Für die letzte Ausgabe des *kürbiskern* im Herbst 1987 steuerte er drei Buchstaben bei – wohl der kürzeste Beitrag seines Lebens: «R. I. P.» – Requiescat in pace. Das Kapitel *kürbiskern* hatte er schon lange abgeschlossen. Seine parteipolitische Sympathie galt seit Beginn der achtziger Jahre den Grünen. In der normierten Parteienlandschaft, in der es zwischen den Großen keine entscheidenden Unterschiede gab, empfand er ihren Einzug in den Bundestag als belebendes Element. Die Grünen waren im Politikgeschäft die Machtlosen, also weniger deformiert als die sogenannten Etablierten. Walser erfreute sich am Anblick der Grünen-Parlamentarierinnen, weil er feststellte, daß die einander viel weniger ähnlich sahen als die Männer von CSU bis SPD.[19] An der Universität in Berkeley hatte er einmal einen Auftritt von Petra Kelly und Gert Bastian miterlebt. Da entdeckte er eine Mischung aus deutscher Besorgtheit und amerikanischer Frische, die ihn beeindruckte.[20]

1985 sagte er in einem Interview über die Grünen: «Ich finde, das ist das Beste, was man von der Bundesrepublik sagen kann. Ein Teil der Sehnsüchte und Wunschvorstellungen der sechziger Jahre beginnen jetzt doch, eine politische Form zu finden. Wo kann man das in der westlichen Welt noch sagen? Vielleicht ist in keinem Land die Notwendigkeit so groß, weil es nirgends so gefährdet und zivilisatorisch verkorkst ist wie hier. Aber jetzt, seit es die Grünen gibt, mache ich abends das Fernsehen an, um einen Menschen im Parlament ohne Krawatte zu sehen. Das hat doch Erlösungsandeutung in sich. Ich muß auch nicht immer einverstanden sein mit dem, was die Grünen sagen. Daß die Generation diese öde, total verwaltete Parteienlandschaft durchbrochen hat, finde ich wirklich hinreißend. Das ist begeisternd. Damit brauchen wir nicht mehr über die DKP zu sprechen.»[21]

Im Oktober 1987 machte er selbst Politik mit den Grünen. Zusammen mit Antje Vollmer und dem Theologen Ernst Käsemann startete er eine Initiative, um den gesellschaftlichen Dialog mit RAF-Häftlingen in Gang zu bringen. Mit einem offenen Brief[22] wandten sie sich an die Häftlinge einerseits, an Justizminister Hans Engelhard und Generalbundesanwalt Kurt Rebmann andererseits. Tenor des Briefes: Die, die Anfang der siebziger Jahre der Gesellschaft den Krieg erklärten, wurden nicht als Terroristen geboren. Der Faschismusverdacht, mit dem sie die Bundesrepublik belegten, ist nicht länger aufrechtzuerhalten – ebensowenig wie der Mythos einer staatsumstürzenden Totalbedrohung durch die RAF. Es folgte ein echter Walser-Satz: «In dem Konflikt zwischen Befürwortern und Gegnern dieser Gesellschaft darf es nicht mehr um das Rechthaben gehen.» Die Briefautoren schlugen vierteljährliche «Diskussionsnachmittage» mit den RAF-Häftlingen vor. Als Gesprächsteilnehmer wären wohl die Unterzeichner des Briefes in Frage gekommen, unter ihnen Konstantin Wecker, Wolf Biermann, Horst-Eberhard Richter, Hans Magnus Enzensberger, Inge Aicher-Scholl und René Böll. In der Bundestagsfraktion der Grünen wurde die Initiative am 13. Oktober 1987 diskutiert. Walser war dazu ebenso eingeladen wie die RAF-Aussteigerin Astrid Proll und der Verleger KD Wolff.

Generalbundesanwalt Rebmann lehnte den Vorschlag ab. Justizminister Engelhard signalisierte vorsichtige Gesprächsbereitschaft und lud im Februar 1988 Vollmer, Walser und Käsemann zum Gespräch nach Bonn. Viereinhalb Stunden habe es gedauert, «schwierig» sei es gewesen, wurde aber doch als «positiv» eingeschätzt, hieß es in politischem Verlautbarungsstil in der *taz*. Die Bemühungen scheiterten spätestens dann, als die RAF im August 1988 das Angebot des «linkshumanistischen Lagers» – da wurde Walser also von der RAF einsortiert – ablehnte, weil es nur dazu diene, den Widerstand zu brechen.[23] Ein Jahr später, als die RAF-Häftlinge sich im Hungerstreik befanden, beteiligte Walser sich noch einmal an einem Aufruf zum Dialog.[24]

Merkwürdigerweise spielte dieses Engagement in der öffentlichen Wahrnehmung keine Rolle. Gesehen wurde nur noch der Nationalempfinder, der Einheitsphantast, der Deutschlandherbeiredner, und das erst recht, als er am 30. Oktober 1988 in den Münchner Kammerspielen in der Reihe «Reden über unser Land» auftrat. Was er dort sagte, fügte den deutschlandpolitischen Positionen, die er seit 1978 vorgetragen hatte, nichts Neues hinzu, ja er zitierte sogar aus seiner damals in Bergen-Enkheim gehaltenen Rede. Doch erst jetzt machte er damit Skandal. Warum? Lag es daran, daß das Ende der DDR schon spürbar war? Daß die Konsequenzen einer sich verändernden Weltordnung aber noch abgewehrt wurden, weil es immer unbequem ist, ein Gebäude zu verlassen, in dem man sich eingerichtet hat? «Seit Gorbatschow im Amt ist, ist die Welt weniger scharf geteilt», sagte Walser in München. Er sah den Tag nahen, an dem die Perestroika auch die DDR erreichen werde. Sein Einspruch gegen die Teilung, der zehn Jahre zuvor noch ganz und gar abstrakt und utopisch wirkte, bekam nun eine Brisanz, in der das Reizwort vom «Strafprodukt» der zwei Staaten, die nicht zum Endzustand der Geschichte erklärt werden dürfen, beunruhigend wirkte. Geradezu prophetisch für den Verlauf der Einheit ist seine Einschätzung der westlichen Stimmungslage: «Der BRD-Erfolgsmensch will seine hart erarbeiteten Standards – auch die demokratischen – nicht auf jetziges Magdeburg zurückschrauben. Das versteht man.»[25]

Vorausgegangen war zudem der sogenannte Historikerstreit, den der Geschichtswissenschaftler Ernst Nolte 1986 auslöste, als er in einem Essay in der *F.A.Z.* die Unvergänglichkeit der deutschen Vergangenheit beklagte und Auschwitz als «Hitlers ‹asiatische› Tat» bezeichnete. Der «Klassenmord» der Bolschewiki sei dem «Rassenmord» der Nazis ebenso vorausgegangen wie Stalins GULAGs den Konzentrationslagern.[26] Jürgen Habermas trat in der hitzigen Debatte als entschiedener Gegner Noltes auf, um die These von der historischen Einmaligkeit des nationalsozialistischen Massenmordes zu verteidigen.[27] Habermas ging zwar als Sieger aus der in den Feuilletons in aller Breite ausgetragenen Auseinandersetzung hervor – doch nur in der Frage der Einmaligkeit von Auschwitz. Noltes Totalitarismustheorie, die Faschismus und Kommunismus als totalitäre Diktaturen des 20. Jahrhunderts einander anähnelte, setzte sich nach 1989 und dem Zerfall des Sozialismus mehr und mehr durch. Nachdem keine linke Utopie mehr zu verteidigen war, erschien auch der Streit über den Unterschied zwischen zwei konträren Massenmordsystemen als eher scholastische Frage. 1986 war ja aus Angst vor der Gleichsetzung schon das Vergleichen verboten, als ob ein systematischer Vergleich nicht auch dazu geeignet sein könnte, Unterschiede herauszuarbeiten. Die notwendige Abwehr von Noltes relativierender Gleichsetzung trug in der Verteidigung der Unvergleichbarkeit des Holocaust gelegentlich auch religiöse Züge.

Die Öffentlichkeit war also im Oktober 1988 in hohem Maße sensibilisiert, und Walser bezog sich auch direkt auf den Historikerstreit, wenn er erklärte, Habermas und Hillgruber – ein konservativer Nolte-Verteidiger – hätten meinungsmäßig bequem in ihm Platz.[28] Habermas' «Verfassungspatriotismus» an Stelle nationaler Gefühle war für Walser ein abschreckendes Verwaltungswort. Er wollte das klingende Wort «Deutschland», aufgeladen mit Heimat und Kindheitserinnerung, «retten für weiteren Gebrauch»[29]. Dafür knüpfte er an der progressiven Tradition des Nationalgedankens an, an die Nationalbewegung von 1848, die revolutionär, weil demokratisch war. Aber wer 1988 «Deutschland» sagte, war verdächtig, ein Nationalist oder wenigstens ein Reaktionär zu sein.

Die Theorie des Mangels, die Walsers Schreiben und sein religiöses Empfinden begründet, kommt auch im Nationalen zur Geltung. Deutschland ist das, was fehlt. Nur deshalb ist es so wichtig. Politisch hatte er der Teilung nichts entgegenzusetzen. Aber er entwarf in seiner Rede das später im Kindheitsroman «Ein springender Brunnen» ausgeführte Szenario, Vergangenheit möglichst unverstellt von späterem Wissen erzählerisch zu rekonstruieren. «Vergangenheit von heute aus gesehen – kann es etwas Überflüssigeres geben?»[30] fragte er und warb für seine subjektive Geschichtsauffassung. Wie etwas gewesen ist, kann nur das eigene Gedächtnis beantworten und nicht die kollektiv aufbereitete Erinnerung mit ihren Gedenkprogrammen.

Gerade darin aber widersprach ihm mit Jurek Becker vehement ein Schriftsteller, der als Kind im Ghetto und im KZ überlebt hatte: «Ich habe nicht so kuschelige Kindheitserinnerungen wie Walser, sollte das der Grund sein, warum Deutschland eher seinesgleichen gehört als meinesgleichen?» Beckers zornige Erwiderung erschien unter dem Titel «Gedächtnis verloren – Verstand verloren» in der *Zeit*.[31] Er erboste sich über Walsers Art, «seinen Wunsch nach Wiedervereinigung wie ein Naturereignis» zu behandeln. Das kam ihm so vor wie die Prinzessin im Märchen, die mit dem Fuß aufstampft und ruft: «Ich will es eben!» Becker, der 1977 aus der DDR nach West-Berlin übergesiedelt war, konnte sich zwar eine europäische Zukunft vorstellen, in der die Grenzen völlig anders verlaufen werden, hielt die Wiedervereinigungsforderung aber für ungeeignet, diesen Tag näherzubringen. «Wenn er [der Tag] kommen sollte, dann werden nicht diejenigen, die jetzt nach Einheit rufen, recht behalten haben: es wird dann etwas geschehen sein, das heute unmöglich ist.» Becker glaubte, Walser damit zu widersprechen. Dabei hatte der in diesem Punkt exakt dieselbe Position vertreten und in seiner Münchner Rede Hans Magnus Enzensberger aus dem Jahr 1966 zitiert, der damals zur Einheitsfrage schrieb: «Das Notwendige scheint mit dem Unmöglichen identisch» zu sein.[32]

Schwerer wog Beckers Empörung gegen Walsers Polemik, der Antifaschismus diene vor allem dazu, das eigene Gewissen zu veredeln, und verewige durch inflationäre Faschismuswarnungen, was er zu bekämpfen vorgebe. Becker konnte nicht fassen, wie Walser es fertigbrachte, die Teilung Deutschlands als «Interesse des Auslandes» zu bezeichnen. «Daß er kein Ohr dafür hat, wie ‹Interesse des Auslandes› klingt! Und daß er keinen der Faschismusreste wahrnimmt, von denen ich mich umzingelt fühle! In Gerichten, in Schulen, auf Behörden, auf der Straße, bei der Polizei, bei den Demonstranten. Ich behaupte ja nicht, daß eine faschistische Machtergreifung vor der Tür steht. Aber die Sache zum Schnee von gestern zu erklären, dazu gehört doch eine starke, schönfärberische Energie.»[33] Die Einwände trafen, weil sie Walser auf der Gefühlsebene antworteten und seinem auf die Kindheitserfahrung zurückgehenden Deutschlandbild eigene, völlig andere Erfahrungen entgegensetzten. Beckers biographisch begründetes Bedrohungsgefühl läßt sich nicht widerlegen. Ginge es um Literatur, wäre es nicht so schwer zuzugeben, daß jeder Leser auf Grund seiner Erfahrungen den gleichen Text anders liest und daß es eine «richtige» Lesart nicht geben kann. Auch die Geschichte ist ein «Text», dessen Lesarten nicht weniger subjektiv sind. Doch dieser Text ist immer umkämpft. Denn wer darüber bestimmt, was war, bestimmt auch darüber, was ist.

Darin werden auch die Grenzen von Walsers Geschichtsauffassung deutlich. Seine Betonung des subjektiven Erlebens und des Alltäglichen setzt aufgeklärtes Wissen als Rahmen des Verstehens voraus. Erst dann, wenn es bereits Kenntnisse über die strukturelle Funktionsweise der nationalsozialistischen Politik und Gesellschaft gibt, leistet das Erzählen des Alltags einen Beitrag zum genaueren Verständnis. Walser reagierte mit seinem Geschichtsverständnis auf das in den siebziger und achtziger Jahren Geleistete. Seine Deutschlandrede markiert den Übergang zu den neunziger Jahren, in denen die Alltagsgeschichtsschreibung mit literarischen Familiengeschichten und Zeitzeugeninterviews mehr und mehr dominierte. Wieder einmal war er seiner Zeit um ein paar Jahre voraus.

Im Schlagabtausch zwischen Becker und Walser waren die Rollen klar verteilt: Becker sprach für das linksliberale, bürgerliche Spektrum, Walser galt endgültig als «rechts», weil «Nation» gar nicht anders denkbar schien. Und dann nahm er auch noch eine Einladung zur Klausurtagung der CSU nach Wildbad Kreuth an! Den Herren von der bayrischen Volkspartei hatte seine Deutschlandrede offenbar gut gefallen. In der *taz* rechtfertigte er sich für diesen Auftritt. Er habe mit politischen Praktikern diskutieren wollen. Es habe Auseinandersetzungen um seine Polemik gegen die Adenauerzeit und «blödsinnige Wörter wie ‹Wiedervereinigung›» gegeben, sei aber ein entspannter, angenehmer Nachmittag gewesen. Er habe die Gelegenheit genutzt, mit Theo Waigel über die RAF-Gesprächs-Initiative zu reden. Vereinnahmung fürchte er nicht, er sei auch in Moskau nicht vereinnahmt worden, als er 1971 den sowjetischen Schriftstellerkongreß besuchte.[34]

Doch so leicht konnte er dem Vorwurf nicht entkommen, die Seiten gewechselt zu haben. Das Lagerdenken beherrschte den Diskurs. Jahrelang mußte er sich dafür rechtfertigen, bei der CSU Gast gewesen zu sein und – was viel schlimmer war – sich dort auch noch wohl gefühlt und bis tief in die Nacht hinein Schafkopf gespielt zu haben. So etwas tut man doch nicht: Kartenspielen mit dem Feind! Dabei blieb Walser bloß seinem Credo treu, sich von Sympathien leiten zu lassen, und Theo Waigel, der aus seiner Gegend kam, war ihm eben sympathisch.[35] Vielleicht spielte daneben auch der Tod von Franz Josef Strauß ein paar Monate zuvor eine Rolle. Walser war am Tag der Beerdigung in München. Auf der Straße erlebte er weinende Menschen. Das war fast wie bei Stalins Tod in Moskau. Das Gefühl, Strauß unrecht getan zu haben, quälte ihn. So gefährlich, wie er ihn damals erlebte, als er «Die Alternative» herausgab, war Strauß wohl doch nicht gewesen.

Jenninger-Rede. Am Pranger
der Fernsehgesellschaft. «Jagd».

Selbst in Amerika wurde Walser im November 1988 auf Schritt und Tritt mit der deutschen Geschichte konfrontiert. In die Zeit der Reise, die von Los Angeles nach San Diego und von dort aus weiter nach San Francisco führte, fiel der 50. Jahrestag der Reichspogromnacht und in den USA der Beginn einer Monumentalserie über den Zweiten Weltkrieg, «War and Remembrance», inklusive detailgetreuer Nachbildung der Konzentrationslager. «Die deutsche Schande», wie Walser sich ausdrückte[36], war allgegenwärtig. Am 9. November besuchte er in Berkeley eine Aufführung der «Ermittlung» von Peter Weiss, die ihn beeindruckte, weil hier ausschließlich sprachliche Mittel eingesetzt wurden. Nur in der Sprache kann Gedächtnis aktiviert werden. Bilder wirken dagegen kolonialistisch ins Bewußtsein hinein und besetzen es. Deshalb reagierte Walser allergisch auf die Hollywoodbebilderung der Nazigreuel und war froh, durch einen Grippevirus zur vorzeitigen Abreise gezwungen zu werden. Schon damals gestand er, nicht hinschauen zu können. Er hatte das Gefühl, der amerikanischen Fernsehgesellschaft nicht gewachsen zu sein. «Bin ich zu empfindlich?» fragte er. «Ist es nicht anmaßend, unserer Schande ausweichen zu wollen?»[37] Er fühlte sich als Deutscher persönlich an den Pranger gestellt, verwickelt in die Geschichte, aus der es kein Entkommen gab. Nichts anderes bedeutet es, wenn er von «unserer Schande» sprach.

Am 10. November hielt Bundestagspräsident Jenninger eine Gedenkrede, die ihm so gründlich mißriet, daß darüber auch in der amerikanischen Presse berichtet wurde. Um den Aufstieg des Nationalsozialismus zu erklären, versenkte Jenninger sich so tief in die vorurteilsbeladene Psyche des Durchschnittsdeutschen, daß seine Einfühlung klang, als meine er selbst es so: «Hatten die Juden sich nicht in der Vergangenheit eine Rolle angemaßt, die ihnen nicht zukam? Mußten sie nicht endlich einmal

Einschränkungen in Kauf nehmen?»[38] Jenninger klagte an. Er beschuldigte das deutsche Volk und fragte, ob nicht alle wollten, was Hitler predigte. Doch seine Worte klangen wie eine Rechtfertigung. Sein indirektes Sprechen war für die Zuhörer nicht als zitierte innere Rede erkennbar. Rund fünfzig Abgeordnete verließen aus Protest den Plenarsaal. Jenninger trat wenige Stunden danach zurück. Dabei hatte er nichts Falsches gesagt, er hatte nur einen ungewöhnlichen Text gesprochen, vielleicht etwas zu ehrlich, um in die weihevolle Gedenkstundenerwartung zu passen. Der Jenninger-Skandal zeigte, wie rigide die Regeln des korrekten Sprechens in bezug auf die deutsche Vergangenheit ausgelegt wurden. Dieses Öffentlichkeitsklima hatte Walser nach seiner Deutschland-Rede ähnlich zu spüren bekommen, so daß er nun mit Jenninger sympathisierte und es blamabel fand, wie mit ihm umgegangen wurde. «Das ist ein Beleg dafür, daß es öffentlich bis jetzt auf jeden Fall noch nicht gelungen ist, und ich glaube, auch nicht gelingen kann, für Schuld eine Mediensprache zu finden.»[39]

Auch in der von Lea Rosh moderierten Talkshow «Freitagnacht», wo er am 24. Februar 1989 zu Gast war, konnte er sich davon überzeugen, was erlaubt war und was nicht. Zum deutschdeutschen Dialog trafen Gäste aus Ost und West aufeinander: Heiner Müller, Ruth Berghaus, Irene Runge und Frank Beyer aus der DDR, Günter Gaus, Otto Sander und Klaus Wagenbach aus der Bundesrepublik, dazu der Schweizer Komponist Rolf Liebermann. Für Walser war die Rolle des Prügelknaben vorgesehen. Lea Rosh nahm extra ihre Brille ab, um ihn nachdrücklich zu fragen, warum es nicht bei der Teilung bleiben solle. Sie war ganz sicher, daß sich daran auf «unabsehbare Zeit» nichts ändern würde. Wagenbach beklagte sich über Walsers Stammtischreden. Gaus, in seiner nationalen Gefühlslage Walser durchaus nah, mahnte, daß es bei Gefühlsbekundungen nicht bleiben dürfe: Was dann, wenn gesagt ist, daß man unter der Teilung leidet? Dann fängt das Politische doch erst an! Heiner Müller schwieg. Die Teilnehmer aus dem Osten staunten stumm über die westlichen Talk-Gewohnheiten. Nur Irene Runge erklärte, Walsers Position nicht nachvollziehen zu können. Die Teilung sei nun mal eine Realität. Im Studio des Norddeutschen Rundfunks hatte sich eine Avantgarde der Aufklärung versammelt, um dem Stammtischredner, Gefühlsschwadroneur und ehemaligen Linken Martin Walser gehörig die Meinung zu geigen. Er wurde in die rechte Ecke gedrückt, und da saß er auch auf dem Sofa der Talkrunde: ganz rechts im Eck. Am liebsten hätte er sich im Polster verkrochen.

Für Walser war der Abend eine einzige Peinlichkeit. Das folgende Wochenende verbrachte er in Paris, ohne das Hotelzimmer zu verlassen. Er mußte den Verlauf der Talkshow immer wieder in Gedanken nachvollziehen und aufschreiben, was ihm widerfahren war. Es gelang ihm nicht, seinem Auftritt nachträglich mehr Glanz zu verleihen. Aber das Erzählen machte ihn zum Herrn des Geschehens, obwohl er auch auf dem Papier der Verlierer blieb. Im Element der Sprache war er der Dirigent; seine Widersacher und er selbst wurden zu Figuren. Am Sonntagabend war er dann so weit, essen gehen zu können.[40]

Es gehört zu den Seltsamkeiten der hiesigen Debattenkultur, Schriftstellern eine herausragende Rolle als Sprechern zuzuweisen, sie aber vor allem mit ihren politischen Statements und kaum mit ihrem literarischen Werk zur Kenntnis zu nehmen. Das liegt daran, daß Romane, wenn sie etwas taugen, zu komplex sind, um sich auf einfache politische Botschaften verkürzen zu lassen. Ein Roman ist eine Vieldeutigkeitsentfaltung, während die Politik zur Simplifizierung neigt. Erst im Skandal kann das literarische Werk zur Botschaft verkürzt werden – so wie es Walser 2002 mit «Tod eines Kritikers» geschah. Einen kleinen Vorgeschmack darauf gab es im Juli 1989, als der Tatort «Armer Nanosh» ausgestrahlt wurde, für den Walser zusammen mit Asta Scheib das Drehbuch schrieb. Der Film erzählt von dem Kaufhausleiter Nanosh Steinberger, der von Zigeunern abstammt.

Als Kind wurde er von einem Hamburger Kaufmann adoptiert und damit vor der Deportation durch die Nazis gerettet. Weil er unter Mordverdacht gerät, wird seine Herkunft zum Thema – Gelegenheit für die Autoren Walser und Scheib, sich kritisch mit Vorurteilen gegen die Zigeuner auseinanderzusetzen. Der Mörder ist schließlich ein deutscher Spießer – gespielt von Walsers Schwiegersohn Edgar Selge.

Der Vorsitzende des Zentralrats der Sinti und Roma, Romani Rose, protestierte gegen den Film, den er rassistisch, herabsetzend und beleidigend fand. «Auf der Grundlage eines Kriminalfilms Vergangenheit aufzuarbeiten» hielt er für einen Skandal.[41] Damit entfachte er eine wochenlange Debatte darüber, was erlaubt ist und was nicht, zum Entsetzen Walsers, über den es in den Zeitungen hieß, er sei «völlig fassungslos». An einer Podiumsdiskussion des NDR wollte er nicht teilnehmen – ebensowenig wie Romani Rose. Regisseur Stanislav Barabas aber sprach dort einen Satz, der die deutschen Verhältnisse treffend beschrieb: «Normalität haben wir, wenn ich den Zigeuner auch als Mörder darstellen darf. Das ist nämlich heute völlig unmöglich.»[42]

Literarisch war Walser damals mit dem Roman «Jagd» präsent, der im September 1988 erschien. Gottlieb Zürn, der empfindlichste aller Walser-Helden, erhält seinen zweiten Auftritt. Er ist beruflich gescheitert, die Ehe kriselt. Seine Frau Anna hat das Immobiliengeschäft übernommen und ist aus dem gemeinsamen Schlafzimmer ausgezogen. Gottlieb Zürn sitzt am Schreibtisch oder liegt im Liegestuhl, ein Manager der Möglichkeiten, der dem Handeln das Räsonieren vorzieht. Der Denkende hat alle Möglichkeiten für sich. Der Handelnde müßte sich für eine entscheiden. Erotisch aber sucht er nach neuen Herausforderungen, reist nach München und stürzt sich in Abenteuer. «Jagd» ist ein Roman der Stagnation. Er folgt einem Bedürfnis nach Veränderung, ohne zu wissen, wohin das führen könnte. Wenn Walsers Werk bis zu diesem Zeitpunkt eine Chronik der Empfindungsgeschichte der Bundesrepublik war, dann steht «Jagd» konsequent am Ende. Es deutet sich an, daß nun etwas Neues kommen muß: literarisch, biographisch, vor allem aber politisch-historisch. Westdeutschland würde es bald nicht mehr geben – sowenig wie die DDR. Mit der Figur des Gottlieb Zürn variierte Walser das Motiv des Wegfahrens und der Heimkehr. Das ist seine Lebensmelodie. Heimat – und vielleicht meint Walser nichts anderes, wenn er «Deutschland» sagt – ist ein ambivalenter Begriff, zu dem eben auch der Aufbruch gehört. Walser ist ein Reisender. Das heißt: Er hält es zu Hause so wenig aus wie unterwegs. Das gilt für alle Lebensbereiche: Liebe, Politik, Beruf.

Auch für seine Absetzbewegungen vom Suhrkamp Verlag gibt es objektive und subjektive Gründe. Wo Heimat ist, muß auch Aufbruch sein. Dieses Bedürfnis wuchs, je schwieriger das Verhältnis zu Siegfried Unseld wurde. Der saß im Mai 1988 ratlos in seinem Arbeitszimmer, nachdem Gottfried Honnefelder, Geschäftsführer des Insel Verlages und Walser-Vertrauter, «Walser-Bericht» erstattet hatte: Report einer ausgedehnten Klage über mangelnde Zuwendung und das Gefühl einer abgenutzten Freundschaft. Der konsternierte Unseld schrieb einen langen Brief: «Du gabst mir das Manuskript ‹Jagd› und ich ließ alles fallen und las es von der ersten bis zur letzten Zeile und manche Seiten habe ich wiederholt gelesen. Du sagtest, ich hätte zwei freundliche Sätze gesagt und dann 30 Minuten Kritik geübt. Ja, ist beim Stande unserer Beziehung Kritik Anerkennung eines Wertes? Warum war mir meine Insistenz bei zwei, drei Punkten gerade bei diesem Manuskript so wichtig? Ich meine, das Schicksal eines Buches, das ich literarisch ernst nehme, hinge an solchen Stellen und konnte es da nicht wirklich meine einzige Aufgabe sein, den Versuch zu machen, Dich zu überzeugen? (...) Lieber Martin, ich glaube, Du schätzt die Situation einfach nicht richtig ein. Alle Dich betreffenden Mitarbeiter des Verlages schätzen Dich und Deine Arbeiten als wichtigste Priorität des Verlages. Und was den Verleger betrifft, so habe ich den Eindruck, Du projizierst da etwas auf mich, was andere Ursachen hat. Wieso sollte ich vom ‹Misanthropen vom Bodensee› gesprochen haben? Das ist nicht mein Vokabular, so stellt es sich mir nicht dar. Und sollte ich das Dir gegenüber geäußert haben, so war ich in diesem Augenblick wohl kaum zurechnungsfähig. Den Drang zum Schachspiel sollten wir uns nicht vorwerfen. Ich habe unzählige Male erlebt und dabei Käthe als Zeugin, daß nicht ich es war, der so rasch und so lang das Spiel wollte. – Doch das kann kein Punkt sein. Natürlich spüre auch ich, daß da irgend etwas zwischen uns steht, Unausgesprochenes, aber dies ist privat und persönlich und sollte unsere Beziehung Autor/Verleger nicht wesentlich betreffen. (...) Lieber Martin, es mag in der Geschichte einer langen Beziehung Ermüdungspunkte geben, ich kann nur sagen, ich empfinde sie von meiner Seite aus nicht. Laß' uns doch in der Sache Deiner Bücher zusammenstehen und doch auch so etwas im Geiste früherer Beziehung weiter kommunizieren.»[43]

Solche Beschwörungen konnten aber an Walsers Gefühl nichts ändern. Sein kleines monologisches Drama «Nero läßt grüßen» gab er, nachdem er monatelang aus dem Verlag nichts gehört hatte, an die Egginger Edition Isele, damit der Text zur Meersburger Uraufführung im Juni 1989 gedruckt vorliege. Schon mit dem Stück «Die Ohrfeige» hatte er Mitte der achtziger Jahre ähnlich hinhaltende Reaktionen aus Frankfurt bekommen. Um so gründlicher bereitete man dort die seltenen Walser-Besuche vor. So notierte Burgel Zeeh am 17. Mai 1989, als Walser auf Einladung Marcel Reich-Ranickis im Frankfurter Jüdischen Gemeindehaus las, für ihren Chef: «Martin Walser kommt am Donnerstag, 18. Mai, um 13 h in den Verlag. Arbeit mit Frau Borchers. (...) Um 17.30 h verläßt er – am liebsten mit Ihnen und Ulla – mit Elisabeth Borchers den Verlag, um zu R.-R. zum Tee zu fahren. Das sei, so R.-R., üblich, daß die Autoren, die abends in seiner Reihe lesen, vorher zu ihm nach Hause kommen.»[44]

Verteidigung der Einheit. Nach Dresden.
Deutscher Frühling im Herbst.

Zu ihrem 40. Jahrestag kämpfte die DDR um ihre Existenz. Noch
sah es so aus, als ginge es lediglich um die Frage der Reformen
und um die Macht des vergreisten Politbüros. Doch Ungarn hatte
bereits mit dem Abbau der Grenzanlagen begonnen, der Massen-
exodus in den Westen war nicht mehr zu stoppen. Am 7. Oktober
1989 reiste Michail Gorbatschow in die DDR, küßte Erich Honecker und sagte seinen berühmtesten Satz: «Wer zu spät kommt,
den bestraft das Leben.» In der *F.A.Z.* erschien zu diesem Ereignis eine Umfrage unter Schriftstellern, die Auskunft über ihre Erwartungen an den Gorbatschow-Besuch geben sollten. Walsers
Antwort klang wenig zuversichtlich: Solange die Parteien aus der
«unseligen Teilung» nur Wahlkampfstimmungen produzierten
und Intellektuelle die Aufhebung der Teilung als Nationalismus
verteufelten, «können wir von Gorbatschow rein gar nichts erwarten». Dabei ließ er keine Gelegenheit aus, Gorbatschow dafür zu
feiern, daß er sich darangemacht hatte, den staatsförmigen Marxismus abzuschaffen und damit die Geschichte wieder in Bewegung
zu bringen. Jetzt war es an den Westdeutschen zu zeigen, was sie
wollten und daß sie mehr zu bieten hätten als das bequeme Rich-
teramt über die Verstrickung der Ostdeutschen in ihre Diktatur.
Die Ostdeutschen bekundeten ihren Willen bei den anschwellenden Leipziger Montagsdemonstrationen.

Walser bezog die Position, die er auch in den folgenden Jahren beibehalten würde: «Solange wir als Richter, als Wiederver-
einiger, als die Besseren auftreten, so lange setzen wir ja die Teilung der Deutschen in solche und solche fort.»[45] Er gehörte
nicht zu denen, die die Ostdeutschen zur raschen Wiedervereinigung drängten. «Wir sind nicht ihre Befreier», schrieb er. «Wir
haben abzuwarten, wie sie mit ihrem jetzt vierzig gewordenen
DDR-Staat umgehen.»[46] Glücklicherweise hatte er Gelegenheit,
die Ereignisse vor Ort mitzuerleben. Die Reise nach Dresden,

die er Anfang Oktober 1989 zusammen mit seiner Frau antrat, war lange geplant. Im Dezember 1988 hatte er eine ganze Kiste mit biographischen Materialien eines in Wiesbaden verstorbenen Verwaltungsjuristen erhalten, der aus Dresden stammte. Walser erkannte in dieser Hinterlassenschaft den Stoff für einen Roman und entwickelte daraus die Figur des Alfred Dorn und den Roman «Die Verteidigung der Kindheit». Jetzt wollte er dessen Heimatstadt kennenlernen. Der Suhrkamp Verlag erledigte die Formalitäten. Im August ging dort ein Telex aus der DDR ein, das von Christoph Links, damals Mitarbeiter im Aufbau-Verlag, unterzeichnet war: «sehr geehrter herr dr. unseld, die dresden-reise von martin walser wird selbstverständlich vom aufbauverlag betreut. ein brief mit allen notwendigen details ist bereits an ihn unterwegs.»[47]

Im Lesesaal der Sächsischen Landesbibliothek in Dresden lagen im Oktober 1989 für ihn bereit: zwei zeitgenössische Biographien über Heinrich von Brühl, Stadtpläne von Dresden aus den Jahren 1929 bis 1945, Adreßbücher, um spezielle Orte zu bestimmen, und ein Buch von Ruth Seydewitz über den Wiederaufbau Dresdens: «Wenn die Madonna reden könnte». Während der Recherchen stieß er auch auf die Tagebücher des Romanisten, des jüdischen Gelehrten Victor Klemperer, die er Unseld nachdrücklich zur Veröffentlichung empfahl: «Es wäre schon ein größeres Projekt für einen Verlag. Aber faszinierend. Falls es gemacht werden sollte (zirka 40 Jahre Tagebuch) müßte man mit der Witwe Hadwig einen vorsorglichen Kontakt aufnehmen.»[48] Der Suhrkamp Verlag erkundigte sich in Sachsen und erhielt die Auskunft, die Tagebücher würden bereits im Aufbau-Verlag ediert. Man war zu spät gekommen.

Die Arbeit im Lesesaal und die historischen Recherchen wurden zur Nebensache in der revolutionären Stimmung der überbordenden Gegenwart. Als im Theater nach einer Aufführung von Heiner Müllers «Anatomie Titus Fall of Rome» die Schauspieler an den Bühnenrand traten und eine Petition verlasen, riß ihn die Begeisterung des Publikums mit. Alle standen auf und applaudierten lange, als es hieß: «Wir haben die Pflicht, das Wort Sozialismus so zu definieren, daß dieser Begriff wieder ein annehmbares Lebensideal für unser Volk wird.» Die alten, verlorenen Träume vom demokratischen Sozialismus aus den siebziger Jahren schienen plötzlich lebendig zu werden.

Kein Wunder, daß er sich in Dresden und in dieses Sachsen im Ausnahmezustand verliebte. Die DDR war immerhin ein Refugium, das beispielsweise einen Dichter wie Wulf Kirsten möglich machte. Bei Kirstens Gedichten geriet er ins Schwärmen. Da fand er den «hiesigen Ton» unverstellter Erdverbundenheit, wie er ihn im Westen immer seltener vernahm. Sprache war darin nicht durch Meinung verstellt. Sie «schleppte Sachen heran», um sie vor dem Vergessen zu bewahren.[49] Da sei etwas «gespart» worden, hatte er in seiner Deutschlandrede gesagt. Die DDR beglückte als eine noch nicht kapitalistisch beschleunigte Welt, in der auch die Sprache noch nicht zum Teil der Warenzirkulation geworden ist. Walser nannte das «deutsch», weil er kein anderes Wort für diese Geschichtstöne fand. Aber er leitete daraus nicht ab, die DDR als Museum der Ursprünglichkeit bewahren zu wollen. Er war Beobachter und überließ die weitere Entwicklung ganz und gar den unmittelbar Beteiligten. Für denkbar und wünschbar hielt er aber doch ein föderales Gebilde, eine Deutsche Bundesrepublik, DBR, als Ergebnis der miteinander ins Gespräch geratenden Länder.

Auf der Heimfahrt, Mitte Oktober, hörten sie in Radebeul noch einen Vortrag über das einst in der Region herrschende Geschlecht der Wettiner. Käthe fühlte sich nicht wohl. Sie hofften, an der Grenze schnell durchzukommen. Doch der junge Beamte, der sie dort erwartete, nahm seine Pflichten ernst, schob Spiegel unters Auto, kniete und federte auf dem Rücksitz herum und zog das ganze quälende Ritual durch, als habe er nichts von den Veränderungen im Land mitbekommen und müsse beweisen, welche Macht diese Grenze immer noch besitze.

Als am 9. November 1989 die Mauer fiel, bezeichnete Walser das als «das schönste Politische, das mir in meinem Leben beschieden war». Und er betonte immer wieder – denn so hatte er es erlebt –, daß diese sanfte Revolution in erster Linie eine «sächsische Leistung» war.[50] Doch im Unterschied zu manch anderen verlor er auch in der Stunde der Begeisterung nicht den Kopf und den Blick für den politischen Alltag. In einem offenen Brief an den baden-württembergischen Landtag protestierte er gegen die Novellierung eines neuen Schulgesetzes, weil er fürchtete, das könne den Waldorfschulen schaden. Eine seiner Töchter hatte die Waldorfschule besucht. Er kannte also den Unterschied und wußte, daß es sich lohnt, dieses Schulsystem zu verteidigen. Daneben gehörte er mit Simon Wiesenthal, Günter Grass und Kurt Biedenkopf in diesen Novembertagen zu den Unterzeichnern eines «Göttinger Appells» der «Gesellschaft für bedrohte Völker», der zu rascher Hilfe für Christen und Yeziden aus der Türkei aufrief, die wegen ihrer Religion verfolgt würden. Seine aktuelle Deutschlandbegeisterung hielt ihn also nicht davon ab, sich auch für Belange jenseits der Grenzen zu interessieren.

Kein Verständnis brachte er für linke Schriftstellerkollegen auf, die jetzt den Zusammenbruch der DDR und den Untergang des Sozialismus beklagten, die aber nie in gewerkschaftlichen Zusammenhängen auftraten. Am Gewerkschaftsengagement erwies sich für ihn, ob jemand sich nur links gebärdete oder tatsächlich dafür einsetzte, das «Mögliche an sozialer Gerechtigkeit zu erkämpfen»[51]. Je weniger er von politischem Positionsgerangel hielt, um so fester blieb der Gewerkschaftsgedanke die letzte Möglichkeit für «öffentliches Verhalten». Wenn DGB-Chef Ernst Breit Intellektuelle zu Gesprächsrunden einlud, ging er hin. Das war seine Art der gesellschaftlichen Mitwirkung.

In der deutschen Frage recht gehabt zu haben erfüllte ihn mit stiller Genugtuung, mehr nicht. Er neigte nicht zum Triumphalismus. Die Deutschlanddebatten gingen ja weiter und mit ihnen das Gefühl, alle gesagten Sätze durch andere, bessere ersetzen zu wollen. Das «Volk», das die Menschen in der DDR zu sein beteuerten, sah Walser als eine progressive Qualität, als ein Bekenntnis, das sich gegen die Fremdbestimmung durch Staat und Partei richtete. Das Volk, sagte er, habe sich «genauer ausgedrückt als die Intellektuellen». Diese Gegenüberstellung war ihm wichtiger als der Übergang vom demokratischen Schlachtruf der Demonstranten «Wir sind das Volk!» zur Einheitsbekundung «Wir sind *ein* Volk!» – wohl deshalb, weil er gegen die Tendenz zur deutschen Einheit nichts einzuwenden hatte und weil er die Rehabilitierung des Wortes begrüßte. «Volk» und «Intellektuelle» bildeten einen Gegensatz – einen Gegensatz allerdings, der gewissermaßen quer durch ihn selbst verlief. Er zählte sich zum «Volk» und nicht zu den «Intellektuellen», weil er nicht mit besserem Wissen und überlegener Moral ausgestattet sein wollte. Alle Arten von Besserwisserei und westlicher Bevormundung waren ihm zuwider. Er beharrte darauf, daß das Fernsehen ein Medium der Information sei und nicht eine Instanz der Rechtsprechung. Er setzte auf den klärenden Prozeß der Geschichte. Auf Utopie zu verzichten hieß, den Dingen ihren Lauf zu lassen.

In der sich fortsetzenden Rechts-Links-Arithmetik war ihm sein Platz auf der rechten Seite damit sicher. Das erwies sich im Gleichtakt von Beschimpfungen und Ehrenbekundungen. Der *Spiegel* bezeichnete ihn im Februar 1990 als «Besinnungstäter» und bescheinigte ihm «gesamtdeutsches Wüten»[52]. Die Bayerische Akademie der Schönen Künste verlieh ihm im Mai 1990 ihren Großen Preis. Ebenfalls im Mai: Auszeichnung mit der Carl-Zuckmayer-Medaille. Im Juni folgte der Ricarda-Huch-Preis in Darmstadt in Höhe von 10 000 Mark. Er spendete das Geld für den Wiederaufbau der Dresdner Frauenkirche.

XIV IM BANN DER GESCHICHTE.
1990–1996

«Die Verteidigung der Kindheit».
Öffentlichkeit und Gewissen. Reise ins Innere.

Am 28. August 1990 um zwölf Uhr mittags, exakt in der Stunde von Goethes Geburt, heirateten Siegfried Unseld und Ulla Berkéwicz. Martin Walser machte den Trauzeugen, ein Freundschaftsdienst, den er ohne große Begeisterung leistete. Frauen hatten in der frühen «Männerfreundschaft» stets eine große Rolle gespielt. Doch die Ehe stand niemals in Frage. Käthe Walser und Hilde Unseld, die geduldigen, duldenden und starken Frauen an der Seite ihrer Männer – das war doch eine Selbstverständlichkeit! Auch in Walsers Romanen sind die Ehefrauen stets die Elemente der Verläßlichkeit und der Stärke. In «Jenseits der Liebe» kann man es als verstecktes Kompliment an Hilde Unseld lesen, wenn Franz Horn die Gattin seines Chefs «für ihr tapferes Ausharren an der Seite ihres Mannes» bewundert. «Ohne sie wäre ihr Mann überhaupt nicht zu rechtfertigen», heißt es dort.[1] Im Theaterstück «Kaschmir in Parching» mußte Unseld 1995 dann den Satz ertragen: «Ich hasse jeden, der sich scheiden läßt.» Gemildert wurde dieses Bekenntnis allerdings durch den ironischen Zusatz: «Und dieser Haß wird erst aufhören, wenn ich geschieden bin.»[2]

Wenige Monate nach der Hochzeit ereignete sich der Bruch zwischen Unseld und seinem Sohn Joachim, der bis dahin als Kronprinz im Verlag galt und darauf wartete, die Geschäfte zu übernehmen. 1988 hatte Unseld ihn zum gleichberechtigten Verleger gemacht, jetzt drängte er ihn aus dem Verlag. Walser versuchte vergeblich zu vermitteln. Schon 1973 hatte er vorausahnend an Unseld geschrieben: «Vielleicht befreit Dich Joachim bald. Es ist übrigens nicht nötig, daß es zwischen Euch zum Krieg kommt.»[3] Aber Unseld wollte sich nicht befreien lassen und konnte die Macht nicht abtreten. Sein Vorsatz, sich mit 65 aus dem Verlag zurückzuziehen, war nun hinfällig; seine junge Frau mag ihn in der Gewißheit bekräftigt haben, noch genug Jugendlichkeit und Energie zu besitzen. Als Walser 1994 vorsichtig anfragte, ob Unseld ein «Treffen mit JU im Juli in Nußdorf» wünsche, bekam er keine Antwort: Ob das auch eine Antwort sei?[4]

Nach außen hielt Walser die Treue. Als in der *Zeit* eine Suhrkamp-Verlagsgeschichte zum vierzigjährigen Bestehen als Unseld-Eitelkeit bespöttelt wurde, sprang er dem Verleger sofort bei und verteidigte dessen Eitelkeit als erlaubt und aus der Sache begründet. Intern aber zeigte er sich verärgert, weil er in diesem Jubiläumsbändchen nicht gebührend gewürdigt werde und nur eine «Statistenrolle» spiele. Unseld zählte ihm vor, er sei auf sechs Fotos zu sehen – ebensooft wie Frisch und Johnson. Walser meinte, es komme nicht auf die Anzahl der Bilder an, sondern auf die Schwerpunktsetzung: «So ist es auch bei mir nicht Eitelkeit, sondern sozusagen gekränkter Stolz, wenn ich sehe, daß dem Verlag, wenn ich mich recht erinnere, der ‹Körper des Kutschers› für 1960 wichtiger ist als ‹Halbzeit› usw. Lassen wir's. Ich hätte von mir aus nicht davon angefangen.»[5]

Man kann solches Gezerre als unerträgliche Kleinlichkeit abtun. Es funktionierte aber auch als Ventil für grundsätzlichere Mißhelligkeiten. Das Geltungsbedürfnis, das sich hier zeigte, ist eine Variante des Zukurzgekommenseingefühls, das Walser offenbar nie ganz loswurde. Die Erfahrungen des Außenseitertums, wie er sie in den Siebzigern mit der Rollenzuschreibung als «Kommunist», seit Mitte der Achtziger als «Nationalist» machen mußte, hatten ihn manche Freundschaft gekostet. Von Unseld verlangte er bedingungslose Zustimmungsbereitschaft. Das sollte sich auch im Finanziellen ausdrücken. Unseld wollte, um seine Wertschätzung auszudrücken, für «Die Verteidigung der Kindheit» ein Honorar von 400 000 Mark garantieren, was

430 XIV IM BANN DER GESCHICHTE. 1990–1996

50 000 gebundenen Exemplaren und rund 100 000 Taschenbüchern entsprochen hätte. «Ich habe ein solches Angebot noch nie einem Autor gemacht», teilte er mit.[6] Walser reagierte ungnädig. Auf solche Verkaufszahlen sei er doch immer gekommen, er verstünde nicht, warum nun hier so ein Geräusch gemacht werde. Doch ganz ohne Risiko war das Angebot für Unseld keineswegs. «Brandung» hatte diese Vorgaben eingelöst. «Dorle und Wolf» und «Jagd» waren zuletzt aber hinter diesen hohen Erwartungen zurückgeblieben.

Rund zwei Jahre hatte Walser an dem Roman «Die Verteidigung der Kindheit» gearbeitet, rund ein Jahr recherchiert, bevor er zu schreiben begann. Dieses Buch markiert den Beginn eines neuen Werkabschnitts, der sich mit «Finks Krieg» und «Der Lebenslauf der Liebe» fortsetzen wird – Romane, die vorliegendem Material als literarische Biographien nachgeschrieben sind. Damit verschiebt sich auch die Erzählperspektive. Nun ist der Erzähler weit genug von seinem Helden entfernt, um auch mal zwanzig Jahre in die Zukunft vorausblicken zu können.

Briefe und Fotografien der Figur, aus der im Roman Alfred Dorn werden würde, waren Walser von zwei Frauen – eine davon arbeitete bei der Telephonseelsorge – im Dezember 1988 ins Haus gebracht worden. Es seien noch Kartons voller Papiere in Wiesbaden. Sie würden alles verbrennen, sagten die Frauen, wenn sich nicht ein Schriftsteller dafür interessiere. Walser interessierte sich. Er ließ sich vom Juristendeutsch des Verwaltungsmenschen faszinieren, vom Sächsischen und von sächsischer Geschichte und von diesem Leben, das von einer Dresdner Kindheit im «Dritten Reich» und in der DDR zum Jurastudium ins West-Berlin der fünfziger Jahre und schließlich bis nach Wiesbaden ins «Landesamt für Wiedergutmachung und verwaltete Vermögen» führte. Ein Jahr lang zu recherchieren, um sich rein rezeptiv eine Figur anzuverwandeln, das war für den Schreibgewohnten eine Drill- und Disziplinübung, «schlimmer als Militär»[7]. Bei den Nachforschungen unterstützte ihn ein Arbeitskollege Alfred Dorns aus der Wiesbadener Ministerialverwaltung: Rudolf Wirtz. Er wurde nebenbei gleich zur nächsten Romanfigur: Stefan Fink in «Finks Krieg».

Alfred Dorn ist – im Unterschied zu den Zürns, zu Halm, Horn und Kristlein – nicht so leicht mit dem Autor verwechselbar. Dabei spricht auch er originären Walser-Text, etwa den Satz: «Wenn man von etwas nicht auch das Gegenteil sagt, sagt man nur die Hälfte.»[8] Und an Mimosenhaftigkeit steht er seinen Vorläufern nicht nach. Aber er ist kein Anpassungsspezialist mehr, sondern – und darin entspricht er Walsers Stimmung der Zeit – ein Held der Beharrlichkeit, ein hartnäckiger Einzelkämpfer, einer, der sich durch nichts und niemanden von seinen Eigenarten abbringen läßt und dadurch zum Außenseiter wird. Walser hätte sich kaum für dieses deutsch-deutsche Schicksal eines Muttersöhnchens interessiert, wenn er nicht eine «tiefe Verbundenheit», ja eine «Leidensverwandtschaft» mit ihm empfunden hätte.[9] Er und seine Mutter waren nach dem frühen Tod des Vaters ein ähnliches Paar wie Alfred und seine Mutter. Er erkannte sich wieder in dieser zärtlichen Abhängigkeit, doch bei den Walsers in Wasserburg hatte es dafür keinerlei Ausdrucksmöglichkeit gegeben. Das holte er jetzt im Roman nach.

Auch in seinem Sensorium für Geschichte ist er diesem Alfred Dorn verwandt. Kein Verlust ist Alfred so schmerzlich spürbar wie der Vergangenheitsverlust, und das um so mehr, als er die eigene Heimat verliert: Das alte Dresden geht im Bombenhagel unter – und mit ihm die Kindheit und alle Fotoalben und Erinnerungsstücke. Dresden verschwindet ein zweites Mal im Wiederaufbauprogramm und schließlich, nachdem Alfred in den Westen gegangen ist, hinter der Mauer. Er erlebt sein Dasein als eine «unendliche Verschwindenskapazität»[10], so daß er alles sammeln und bewahren muß, um aus dem, was ihm von der Kindheit bleibt, ein Museum zu machen. Ganz anders als Alfred empfindet sein jüdischer Kommilitone George Weiler, dessen Eltern in Auschwitz ermordet wurden. Er will über die Vergangenheit nicht sprechen und ist «an nichts mehr als an Gegenwart interessiert»[11]. Alfreds Geschichtsbegeisterung wird dadurch als Privileg deutlich. Man muß sich den intimen Umgang mit der Vergangenheit auch leisten können. Das erinnert an die Kontroverse um Walsers Deutschlandrede ein paar Jahre zuvor, als Jurek Becker ihm entgegnete, keine so «kuschligen» Kindheitserinnerungen zu besitzen. Das Bedürfnis, die Kindheit vor dem Verschwinden zu retten, nimmt bei Alfred Dorn skurrile Züge an. Bei Walser führte dieses Bedürfnis zum Kindheitsroman «Ein springender Brunnen», der in den Notizbüchern bereits Konturen gewann.

Mit ihrem begeisterten und verzweifelten Geschichtsbezug stand ihm eine Figur zur Verfügung, die im Umgang mit der Vergangenheit ganz und gar aktuell tendierte. In der Auseinandersetzung mit dem Nationalsozialismus hatte – nach der Phase der Umerziehung und Verdrängung in den fünfziger Jahren und der durch den Auschwitzprozeß eingeleiteten Phase der Rechtsprechung in den sechziger Jahren – die Phase der Historisierung begonnen. Walser war wieder einmal schneller als der Zeitgeist. Im Herbst 1997 löste ein Vortrag von W. G. Sebald die sogenannte Luftkriegsdebatte aus. Es ging um die Frage, warum in der deutschen Literatur nach 1945 so selten von der Zerstörung deutscher Städte die Rede war. Doch Deutsche als Opfer alliierter Angriffe zu zeigen hätte damals bedeutet, ihre Rolle als Täter zu relativieren oder doch zumindest unter den Verdacht zu geraten, dies tun zu wollen. Erst jetzt, nach dem Epochenbruch von 1989, schien es möglich, das eine zu beschreiben, ohne das andere zu verschweigen. «Die Verteidigung der Kindheit» ist ein Beispiel für diesen Wandel. Walser nahm ihn wahr, Jahre bevor das Thema zum Feuilletonknüller wurde.

Dabei wollte er keinen historischen oder politischen Roman schreiben, sondern bloß die Geschichte von Alfred Dorn erzählen. Es ging ihm um dieses eine konkrete Leben. Dresden und die sächsische Geschichte, der 17. Juni und der Mauerbau sind nur wichtig, weil sie sich in Alfred Dorn brechen. Dessen Trauer um die zerstörte Heimatstadt wird allenfalls darin zum Exempel, daß das Trauern zugelassen und erlaubt sein muß. Als «Opfer» würde Alfred sich nicht bezeichnen, weil er sich nicht politisch empfindet. Aber in ihm kommt Walsers Hoffnung zum Ausdruck, mit der Trauer ziehe «ein Ton in die Geschichte [ein], der ihre Trostlosigkeit mindert»[12]. Diese Trauer hat nichts mit Revanchismus zu tun. Sie hilft, mit einem Verlust fertig zu werden.

«Die Verteidigung der Kindheit» ist eine Liebeserklärung an Dresden. Es ist nicht verwunderlich, daß Walser im Februar 1994 die Ehrendoktorwürde der Technischen Universität erhielt, der Hochschule, an der einst Victor Klemperer unterrichtete. Mit Klemperer und der deutsch-jüdischen Geschichte hat es im Roman seine eigene Bewandtnis. Zu Alfred Dorns Kindheit gehört die Mahnung seines Vaters: «Juden gegenüber sei vorsichtig», und die Erinnerung daran, wie er an einer Gruppe Schnee schippender jüdischer Zwangsarbeiter vorbeiging, die sich zum Verschnaufen auf ihre Schaufeln stützten. Da sagte Alfred «unwillkürlich: He, Jude! Der Angesprochene fing sofort heftig zu schaufeln an. Das hatte Alfred nicht gewollt. Er rannte weg». Falls die Geschichte, die von der Alltagswirksamkeit des Faschismus erzählt, noch eine Pointe braucht, dann geht sie so: «Nach dem Krieg sah Alfred das Bild des Mannes, zu dem er He, Jude! gesagt hatte, in den Zeitungen. Er hieß Victor Klemperer und war wieder Professor für Romanistik an der Technischen Universität Dresden.»[13]

Über die Scham, die er empfindet, kann Alfred Dorn nicht reden. Er weiß, daß er in seiner Funktion als amtlicher Wiedergutmachungsbeauftragter, der jüdische Entschädigungsanträge zu prüfen hat, nichts anderes produziert als eine «Wiedergutmachungsillusion». Sein Gewissen ist im Amtsdeutsch nicht unterzubringen. Das Gewissen, schrieb Walser in einem Aufsatz, ist «das Antiöffentliche schlechthin. Nicht rechtfertigungspflichtig»[14]. In der Literatur ist es möglich, diesem «Antiöffentlichen» eine Öffentlichkeit zu geben. Das ist sein Thema für die neunziger Jahre bis hin zur Friedenspreisrede in der Paulskirche – dem großen, groß gescheiterten Versuch, das nichtöffentliche, persönliche Gewissen öffentlich zu machen, also ein literarisches Verfahren in einer politischen Rede anzuwenden. Schon 1994, in der Dankrede zur Verleihung des Dolf-Sternberger-Preises für öffentliche Rede, polemisierte er gegen den «Tugendterror der Political Correctness» und geißelte alle Versuche der «Formalisierung und Standardisierung der Sprache für das, was aus dem Gewissen stammt»[15]. Was in der Paulskirchenrede unter dem Schlagwort «Instrumentalisierung von Auschwitz» Skandal machte, formulierte er hier so: «Über Auschwitz kann es doch gar nicht zwei Meinungen geben. Aber man kann *eine* Art, auf die Frage nach Auschwitz zu antworten, so ritualisieren, daß jede andere Art zu antworten zur Blasphemie erklärt werden kann.»[16]

Walsers Einwände gegen das Gedenken, das wird hier deutlich, handeln von Sprachregelungen und von Religion. Gegen die öffentliche «Tabuzüchtung im Dienst der Aufklärung»[17] setzt er das persönliche Gewissen als Raum der Aufrichtigkeit und Freiheit. Er kommt allerdings nicht umhin, über dieses Gewissen zu sprechen, denn nur dann – als Formuliertes, als Mitgeteiltes – ist es ein Gewissen. Walser als öffentlicher Redner ist immer ein Beichtender, der bekennt, wie es in ihm zugeht. Er hat damit die Religion der Kindheit säkularisiert. Die Öffentlichkeit hat die Stelle Gottes eingenommen. Vorteil: Über Glaubenssätze läßt sich in dieser Religion diskutieren. Nachteil: Die Öffentlichkeit ist weniger diskret als das Ohr des Priesters.

Die Wendung ins Innere begründete Walser 1990 in dem Essay «Vormittag eines Schriftstellers», der eine ähnliche Schlüsselfunktion einnimmt wie zehn Jahre zuvor der «Händedruck mit Gespenstern». Damals ließ Walser die deutschen Gespenster «Volk» und «Nation» herein, die freundlich winkend das Haus des Bewußtseins umlagerten. Jetzt räumte er mit dem «Meinungspack» auf, das in allen Ecken herumlungerte, um endlich

Herr im eigenen Haus zu werden. Mein Bewußtsein gehört mir! – gilt jetzt als Maxime. Peter Handke, auf dessen «Nachmittag eines Schriftstellers» er sich bezieht, ist der Verbündete dieser erstrebten Haltung, die er so umreißt: «Dieses rechthabenmüssende Erwiderungsgespräch abbrechen. Meinungen meiden. Keine Beweisführung, keine Theorie, bloß kein Diskurs, nur eine persönliche Notwendigkeit, in der die Frage mitflüstern darf, ob es anderen auch so gehe. Entkommen, das wär's.»[18]

Walser verabschiedete sich in diesem Text von jedem Utopiebedarf, setzt sich vom politischen Meinungskampf ebenso ab wie vom religiös strukturierten Intellektuellentum. Mit dem Ende der Blockkonfrontation hoffte er auf das Ende der «Lagerevangelien», die in Ost und West dienstbeflissene Glaubenssätze und Zugehörigkeitsbekenntnisse produziert hatten. Jetzt schien Freiheit des Denkens möglich, Ungebundenheit, Offenheit. Der «Meinung» setzte er die «Poesie» entgegen, dem Objektivitätsgestus das subjektive Empfinden, dem Eindimensionalen das Vieldeutige, dem Überzeugenwollen das Selbstgespräch. Das Feuilleton bezeichnete er als «Kirchenraum der kapitalistischen Welt», in dem Intellektuelle als eher peinliche Missionare agieren. Intellektuelle – das kennt man schon – sind immer die anderen. Er aber ist vor allem: er selbst. Öffentlichkeit konnte er nun nicht mehr – wie noch Mitte der achtziger Jahre – zum «Nervensystem der Demokratie» veredeln. Jetzt sah er darin bloß noch ein Unterhaltungsprinzip. Es ist nicht verwunderlich, daß er mit dieser Meinung über Meinungen im Feuilleton auf wenig Gegenliebe stieß. Von hier aus läßt sich sein öffentliches Agieren in den neunziger Jahren als vergeblicher Versuch begreifen, «sich zum Verstummen zu bringen». Er möchte statt Meinungen Stimmungen vortragen und Gewissensforschung betreiben. Aber was sich öffentlich ereignet, erscheint immer als Meinung.

Das ist das Mißverständnis zwischen Walser und der Öffentlichkeit. Entkommen kann ihr nur, wer schweigt. Aber Schweigen kommt für ihn nicht in Frage. Er muß sich wehren gegen jede Abhängigkeit. Die Abhängigkeit von der Öffentlichkeit ist die schlimmste, die lebenswichtigste für einen Schriftsteller. Wolfgang Hildesheimer wählte den anderen Weg und zog sich ganz und gar zurück ins Schweigen. Walser, darauf angesprochen, schloß diese Möglichkeit für sich aus: «Er [Hildesheimer] glaubt nicht mehr an ein Weiterexistieren der Menschheit. Da ich aber nie für die Menschheit, sondern immer aus eigener Notwendigkeit, (...) aus eigener Daseinsschwäche geschrieben habe, kann ich wohl nicht aufhören. (...) Außerdem habe ich das Schreiben als Handwerk immer ernst genommen. (...) Industriell gesagt: Mein Auftragsbuch ist voll.»[19]

1991 war Walser jedoch mit der Öffentlichkeit einig wie selten zuvor und selten danach. «Die Verteidigung der Kindheit» erhielt hervorragende Kritiken, wurde als Roman zur deutschen Einheit gefeiert und verkaufte sich bis zum Jahresende über 100 000mal. Er absolvierte wie üblich eine ausgedehnte Lesereise mit über vierzig Auftritten. Der Putschversuch in Moskau mit der Entführung Gorbatschows beunruhigte ihn allerdings so sehr, daß er die Reise ohne Gorbatschows Rückkehr nicht angetreten hätte. Gorbatschow war der Garant für eine glücklich verlaufende Geschichte.

Seine Freundin Ruth Klüger schickte ihm das Manuskript ihrer Erinnerungen, in denen sie von ihrer Wiener Kindheit, der Deportation nach Theresienstadt und Auschwitz, der Nachkriegszeit mit dem Semester in Regensburg und der Freundschaft zu Walser und von der Emigration nach New York berichtete. Walser pries Unseld den «ausgezeichnet geschriebenen» Text an, der zunächst den Titel «Aussageverweigerung» trug, und empfahl ihn seiner Aufmerksamkeit.[20] Ohne Erfolg. Unseld fand, der Text bleibe zu sehr im Privaten. Ruth Klügers bedeutendes Buch erschien unter dem Titel «weiter leben» im Göttinger Wallstein Verlag.

Meinungsüberdruß, Monotheismus, Terror.
Mediensatire I: «Ohne Einander».

Die ungünstigen Meinungen über Meinungen hielten Walser nicht davon ab, weiter an der Meinungsfront tätig zu sein. Es ist Koketterie, wenn er das als Schwäche abtun wollte. Zum Jahrestag der Fatwa gegen Salman Rushdie, gegen den der iranische Ajatollah Chomeini ein Todesurteil wegen «Gotteslästerung» verhängt hatte, schrieb er zum Auftakt einer ganzen Serie offener Briefe – unter anderem von Ilse Aichinger, Andrzej Szczypiorski und Norman Mailer – im Februar 1992 in der *taz:* «Gesten und Meinungen – mehr haben wir nicht. Die monotheistische Religion hat immer Täter, Mörder also und Folterer. Die monotheistische Religion hat immer die Wahrheit. Aber diese Wahrheit braucht zu ihrer Erhaltung und Propagierung offenbar den Terror.»[21] Die Meinung geriet in dieser Gegenüberstellung auf die Seite des Guten, des Ohnmächtigen. Die Unbestimmtheit des Meinens war eine Qualität, die der Gewalt der wahrheitsbesitzenden Machthaber entgegenstand.

«Monotheismus» entwickelte sich in den neunziger Jahren zu einem häufig benutzten Kampfbegriff Walsers. Damit konnte er islamischen Fundamentalismus, christlich-abendländisches Missionarstum und marxismusfrommen Dogmatismus in einem Begriff zusammenfassen. Monotheismus ist ein auf das Bewußtsein, aufs Innere zielender Gegenbegriff zum politisch definierten Totalitarismus. Monotheismus, schrieb er an Rushdie, «ist der letzte Feind des Friedens. Daß man sich einer Art, die Welt zu erklären, anschließen soll, führt zum Terror. Wir können nicht darauf verzichten, diesen Terror mit Meinungen und Gesten zu beantworten». Walsers Geste bestand darin, Rushdie jederzeit bei sich zu Hause Unterkunft anzubieten. Seine Meinung bestand darin, den Fundamentalismus mit Toleranz zu bekämpfen. Damals wurde die Frage diskutiert, ob die Frankfurter Buchmesse iranische Verlage aus Protest gegen die Fatwa ausschließen solle. Walser hielt alle Arten von Boykott für kontraproduktiv: «Ich würde die Fundamentalisten immer zu jeder Buchmesse dieser Welt einladen. Mir kommt es vor, als nütze dem Fundamentalismus nichts so sehr wie die Einschließung und Ausgrenzung. Festung zu sein, Belagerungszustand, überhaupt Kriegsartiges, muß ihm nützen. Ich würde immer und überall das Gespräch mit Fundamentalisten suchen.» Aus demselben Grund war er auch für das Engagement von Sony, IBM und Siemens im Iran. Das, so meinte er, könne dem «Monotheismus» gefährlicher werden als «alle unsere Meinungen und Gesten».

Ähnlich argumentierte er zwei Jahre später, als eine fundamentalistische muslimische Gruppe gegen die Schriftstellerin Taslima Nasrin in ihrer Heimat Bangladesch ein Todesurteil verhängte, weil ihr Roman «Schande» blasphemisch sei. Walser, von der *taz* um einen offenen Brief an Nasrin gebeten, wandte sich statt dessen an Bundesaußenminister Klaus Kinkel: Die Regierung solle der bedrohten Autorin Asyl anbieten. Es sei an der Zeit, daß die europäischen Außenminister gemeinsam auf den Terror «fanatischer Monotheisten» antworteten.[22] Tatsächlich reagierte der Minister. Er bestellte den Botschafter Bangladeschs ein, offizieller Protest erfolgte. Das ist nicht viel, zeigt aber doch, daß Intellektuelle – und Walser agierte als Intellektueller, auch wenn er so tat, als sei er bloß ein Privatmann – mit klug plazierten öffentlichen Stellungnahmen etwas bewirken können.

Meinungsabstinenz läßt sich ihm auch weiterhin nicht bescheinigen. Vielmehr werden seine Äußerungen in der Presse mit besonderer Inbrunst ausgebreitet, als bereite es den Redakteuren gesteigertes Vergnügen, ihn damit zu quälen. Während der andauernden Stasi-Debatte um Brandenburgs Ministerpräsidenten Manfred Stolpe wurde er mit der Meinung zitiert, Stolpe müsse der nächste Bundeskanzler werden, weil er wie kein anderer die deutsche Geschichte der vergangenen Jahrzehnte repräsentiere. Die Meldung, er habe den Gründungsaufruf des «Komitees für Gerechtigkeit» neben Gregor Gysi, Tamara Danz, Stefan

Heym und Peter-Michael Diestel unterschrieben, dementierte er allerdings energisch. Er habe Gysi vielmehr geantwortet: «Es tut mir leid, daß ich die Komitee-Idee nicht nur für nicht gut, sondern ernsthaft für ungut halte.»[23] Kein Dementi gab es gegenüber Meldungen, daß er die Ravensburger Bürgerinitiative «Ausländer – na klar!» unterstütze, die 1992 in Reaktion auf einen Skinheadüberfall auf die Jugendherberge und ein Messerattentat auf einen Angolaner entstand. Das war sein Beitrag als Bürger gegen den aufflammenden Ausländerhaß.

1992 wurden bundesweit vierzehn Menschen durch rechtsradikale Gewalttäter umgebracht, 452 wurden verletzt. In Rostock-Lichtenhagen griff ein aufgebrachter Mob das Wohnheim vietnamesischer Asylbewerber an und steckte es in Brand. Im November 1992 wurden in Mölln zwei Häuser angezündet, in denen seit Jahren türkische Familien wohnten. Drei Menschen starben. Im Mai 1993 kamen bei einem Brandanschlag auf das Haus einer türkischen Familie in Solingen fünf Bewohner ums Leben. Im ganzen Land gab es Lichterketten und Demonstrationen gegen Ausländerfeindlichkeit, auf seiten der Politik dagegen das beschämende Bemühen, das Asylrecht durch eine Grundgesetzänderung einzuschränken und damit dem Terror von rechts nachträgliche Legitimität zu verschaffen.

Walser ließ sich auch dadurch nicht provozieren, die Rolle des Beobachters aufzugeben. Er wollte sich von den aktuellen Unzumutbarkeiten nicht mehr wie einst, zu Zeiten des Vietnamkrieges, zu einem «bescheidenen Manuskriptchen» drängen lassen.[24] Getragen vom tiefen Bedürfnis, daß die Einheit gelingen möge, mühte er sich darum, die Bedeutung der begleitenden «Scheußlichkeiten» als gering zu erachten. In den Skinheads sah er keine rechtsradikale Gefahr, sondern fehlgeleitete Jugendliche, die auf den spezifischen deutschen Mangel an nationaler Normalität reagierten. «Es ist die Schuld der Epoche», sagte er auf die Frage nach den von Skinheads zur Schau gestellten Aufnähern mit der Aufschrift «Ich bin stolz, ein Deutscher zu sein». «Man wollte diesem Verband [Deutschland], der so viel Unheil angerichtet und keine Existenz mehr unter den Anständigen hatte, nicht angehören. Daraus ist natürlich ein Mangel entstanden und den bringen die Jugendlichen zum Ausdruck. Die übertreiben jetzt den Mangel, den wir produziert haben.»[25] Walser nahm die «Skinheadbuben», wie er sie freundlich nannte, in ihrem Nationalbedürfnis ernst. In ihrem faschistischen Mummenschanz mit Fahnenschwenken und Uniformkostümierung sah er dagegen nur eine Reaktion auf das vierzigjährige Lippengebet des DDR-Antifaschismus: Jetzt taten die Jugendlichen das, was zuvor das Verbotenste gewesen war.[26]

Diese entdramatisierende Haltung behielt er durch die neunziger Jahre konsequent bei. Erregt, wütend reagierte er auf alle Stimmen, die vor einer neuen rechten Gefahr warnten, und nahm es in Kauf, für einen Schönfärber und Deutschlandverklärer oder einen «Brückenbauer zur Neuen Rechten» gehalten zu werden.[27] In seinem gesamtdeutschen Harmoniebedürfnis konnte er es nicht ertragen, wenn von gegenwärtigen Mißständen auf die Wiederkehr der Geschichte geschlossen wurde: Es gibt kein deutsches Gen für Rassismus. Aber es existierte eine Bedrohung, die er einfach nicht wahrhaben wollte.

Der Bericht im ARD-«Kulturreport», den Tilman Jens über den «deutschen Dichter und seine Stammtischparolen» drehte, war allerdings ein Musterbeispiel der Demagogie. Aus dem Zusammenhang gelöste Zitate wurden mit Bildern rechtsradikaler Gewaltakte unterlegt. Ein Satz aus «Heimatlob», den Walser in Betrachtung des Bodensees geschrieben hatte, diente zum Beleg für seinen politischen Opportunismus: «Wie schön wäre es, wenn man sich allem anpassen könnte. Auf nichts eigenem bestehen. Nichts Bestimmtes sein. Das wäre Harmonie.»[28] Dabei bemerkten die TV-Autoren noch nicht einmal, wie wenig dieser Satz zu Intoleranz und Rechtsradikalismus paßt. Er ist geradezu das Gegenteil von Fremdenhaß.

Siegfried Unseld protestierte bei ARD-Intendant Jobst Plog

gegen den Beitrag und seine Machart. Walser schrieb eine Erwiderung im *Spiegel*. Da erklärte er noch einmal seine nationale «Mangel»-Theorie, die er mit Hinweisen auf die demütigende soziale Aussichtslosigkeit nach dem Zusammenbruch des Sozialismus ergänzte. Auch seine Kritik an den Medien, die mit ihrem Zoom auf jedes rechte Requisit dazu beitrügen, den Zulauf zu den Skinheads zu vergrößern, führte er noch einmal aus. Und er wiederholte die Forderung nach Dialog, wie er sie ganz ähnlich im Brief an Rushdie in bezug auf den islamischen Fundamentalismus erhoben hatte: «Ich halte nichts von Dämonisierung. Man muß die Kinder annehmen, auch wenn sie sich ins Unerträgliche entwickelt haben.»[29] Schulen, Gewerkschaften und Kirchen wollte er vertrauen, nicht den Medienaufklärern, die «leere Waggons» über die «öffentlichen Meinungsschienen rumpeln» ließen.[30]

Ohne Tilman Jens und den «Kulturreport» beim Namen zu nennen, schrieb er an diese Adresse: «Es gibt welche, wie ich selbst erfahren habe, die benutzen ungeniert die in übleren Zeiten entwickelten Verleumdungstechniken, um ihnen Unangenehme zu erledigen, und das im Dienst so hehrer Wörter wie Aufklärung, Demokratie, Universalismus, Utopie. Könnte das daher kommen, daß Überzeugte auch davon überzeugt sind, daß sie alles dürfen?»[31] Als wolle er das linke gute Gewissen so richtig in Wallung versetzen, lobte er nach Kräften Helmut Kohls «historisches Geschick» in der deutschen Einigung. Zum Verteidiger Kohls avancierte er auch bei einem Abendessen, zu dem der Kanzler einige Schriftsteller einlud. Als einer der Kollegen Kohls Verhältnis zur deutschen Sprache kritisierte, genierte Walser sich dafür so sehr, daß er sofort anfing, von Kohls Sprache zu schwärmen. Er habe sich angebiedert, wurde ihm später vorgehalten.

Es half also nichts: Walser war wieder einmal mitten ins Meinungsgelände geraten, wo er gar nicht hinwollte. Er ließ sich provozieren und provozierte zurück. Dabei ahnte er, daß Schweigen die elegantere Lösung wäre. Welch stille Schönheit konnte er produzieren, wenn es darum ging, Schweigen zu begründen! Als Tilman Spengler, Feuilletonchef der Zeitung *Die Woche*, ihn um Mitarbeit bat, lehnte er das ab und schickte statt dessen ein Gedicht. Nur so ließ sich formulieren, was nicht in eine Meinung paßte:

Abends wenn es hell wird,
wenn auf den Zähnen Vorsicht wächst,
Wildwasser vor Höflichkeit lispelt,
dann sind wir dran mit den Sprachen
voll von den Lauten des Schweigens.

Wer möchte nicht summend sein,
honigherzig, weltgewandt,
überirdisch kompatibel.
Und mir wachsen Zweige
aus dem vom besseren Wissen
verschlossenen Mund.

Stünde ein Wort am Ufer und überlegte
wohin es, falls das Wasser steigt,
schwimme, hieße das Wort vielleicht
BALD.[32]

Zwei gegensätzliche Seiten Martin Walsers kommen in diesen Versen zur Sprache: der weltgewandte Charmeur, der in Gesellschaft erblüht und erst im Disput über sich hinauswächst – und der Zweifler, der das Gefühl hat, was er zu sagen hätte, bliebe besser ungesagt, weil er sich damit doch nur Ärger einhandeln wird.

Verbergen und Entblößen, und am besten beides zugleich: darum geht es auch in dem Roman «Ohne Einander». Er packt das Dilemma der Öffentlichkeit und des Veröffentlichens von der objektiven und von der subjektiven Seite aus an, als Satire der Medienwelt und als Protokoll des Dramas persönlichster Empfindungen. Mit Sylvio Kern kommt Walser in der langen Reihe der Berufstätigkeiten seiner Romanhelden auf den Schriftsteller als ihren «Kern» zurück, für den doch alle Verkäufer, Makler und Privatgelehrten nur Stellvertreter sind. Schon Anselm Kristlein wurde zum Autor in eigener Sache. Und Gottlieb Zürn konnte nur mühsam verbergen, eigentlich ein Schreibender zu sein. Mit Sylvio Kern rückte Walser noch näher an sich heran. Nun zeigte er sich in der Maske der Maskenlosigkeit. Dieser ältere Herr, der etwas zuviel Rotwein trinkt, entsagt der äußeren Welt, so gut er kann, und ist damit beschäftigt, sie in seinen Romanen, der «Feigling»-Trilogie, zu verschönern, um sie für sich erträglich zu machen. Einen «weißen Schatten» soll sie werfen. Deshalb schreibt er. Und selbst dann, wenn sie nicht wirklich verbesserbar ist, ist er im Schreiben nicht länger leidendes Objekt des Geschehens, sondern Subjekt: der Autor. Das heißt nicht, daß er deshalb besonders gut wegkäme. Auch seine Frau Ellen, die gewissermaßen die journalistische, die medienzugewandte Seite Walsers vertritt, hat zu leiden. Sie arbeitet bei einem großen Magazin und scheitert damit, einen Artikel über den Film «Hitlerjunge Salomon» zu schreiben. Etwas Philosemitisches soll es sein, um einen anderen Artikel im aktuellen Heft, der in den Verdacht des Antisemitismus geraten könnte, abzufedern. Einmal mehr ist der Umgang mit der deutschen Vergangenheit der Knotenpunkt, an dem sich die Moral der Öffentlichkeit in ihrer geschäftsmäßig ausgewogenen Korrektheitsbalance offenbart.

Walser betrachtet die ihm nahen Figuren einschließlich des Schriftstellers Sylvio ohne Schonung und darf deshalb auch die exemplarischen Gestalten des Gewerbes – den Kritiker, den Verleger und den Zeitschriftenherausgeber – mit Sarkasmus behandeln. Der Kritiker Willi André König – ein Vorläufer des «Erlkönig» in «Tod eines Kritikers» – sieht zwar mit ewigem Dreitagebart und Pferdeschwanz Reich-Ranicki kein bißchen ähnlich. Die Art, wie er der deutschen Gegenwartsliteratur im allgemeinen ihre Langweiligkeit attestiert und Sylvio Kern im besonderen als «ermüdend umständlichen Plauderer» bezeichnet, zielt jedoch erkennbar auf das reale Vorbild. Reich-Ranicki nahm es mit Humor. Er spielte mit und bestätigte das Bild, das Walser von ihm entwarf. In der Kritik, die er zu «Ohne Einander» schrieb, nannte er Walser «Deutschlands gescheiteste Plaudertasche»[33], gerade so, als habe er aus dem Roman zitiert oder sei selbst daraus entsprungen.

Auf die Pointe der Mediensatire ging Reich-Ranicki nicht ein. Denn es ist der Literaturkritiker, der in der Redaktionskonferenz mit seinem Artikelvorschlag den Herausgeber verängstigt, damit in Antisemitismusverdacht zu geraten. Willi André König kann sich erst durchsetzen, als er an seine jüdische Abstammung erinnert: Seine Großmutter habe Hilde Wasserfall geheißen. Walser spielt ein riskantes Spiel. Wie ein Derwisch das Feuer, umtanzt er das Thema Antisemitismus und probiert, wie weit er gehen kann, ohne sich zu verbrennen. Es mache ihm nichts aus, als Kommunist, Sadist oder Bestialist verunglimpft zu werden, läßt er den Zeitschriftenherausgeber sagen. «Nur in den trivialsten und uninteressantesten Verdacht, den des Antisemitismus nämlich, wolle er nicht geraten.»[34]

Als Walser das Manuskript im Januar 1993 im Verlag ablieferte, rief es dort eher gedämpfte Reaktionen hervor und einige Besorgnis, die «im engeren Sinn betroffenen» Figuren könnten empfindlich reagieren. Lektor Rainer Weiss, der sich nun verstärkt mit Walser befaßte, wurde beim Lesen das Gefühl nicht los, der Autor habe überall kleine Rechnungen offen. Er machte kein Geheimnis daraus, das Buch nicht sonderlich zu mögen. Seine langjährige Lektorin Elisabeth Borchers fand mehr Gefallen an dieser «herrlichen Suada». In ihrer verlagsinternen Beurteilung schrieb sie: «Selbst diese Gift-Exzesse, diese nicht zu überlesenden Bösartigkeiten (als bestehe des Autors ganzes Leben einzig aus Bösartigkeiten) könnte man – statt sich dagegen zu wehren – als eine Kunst der Bösartigkeit verstehen; wie andere poetisch oder meditativ oder humorvoll schreiben, so spezialisiert sich Walser auf Ranküne, auf den Racheakt.»[35] Wenn das Publikum bejuble, wie Reich-Ranicki im «Literarischen Quartett» seine Pfeile verschießt, dann dürfe es bei Walser zu ähnlichem Genuß kommen, wenn er's ihm heimzahlt. Soll der Autor sich doch wehren, so gut er kann. Anerkennend bemerkte sie: «Was Walser hier vollbringt, ist allerdings nicht zu schlagen: den ‹Erl-könig› unter Antisemitismusverdacht zu stellen, bis dieser seine Großmutter Hilde Wasserfall zitiert, das ist schonungslos, eine Inszenierung, wie sie erst jetzt, heute, möglich geworden ist: raus aus der Ecke der verschämten Deutschen und hinein in die Bedürfnisse eines Autors. Gut denn.» Als hätte sie damals schon geahnt, was noch folgen würde, prophezeite sie: «Im übrigen, das wird nicht das letzte Gefecht sein, das sich die beiden liefern.» Doch zugleich bemängelte sie, «daß Walser so wenig wie nur möglich von Frauen versteht». Was Ellen sage und denke, während sie sich auf der Schreibtischkante von einem geifernden Kollegen mißbrauchen läßt, das stimme ebensowenig wie die Figur der Tochter Silvi und ihre Reaktionen am Uferstrand.[36] Es war schließlich der Walser-Vertraute Gottfried Honnefelder, der ihn in Nußdorf besuchte, um mit ihm noch einmal über Sujet und Figurenkonstellation zu sprechen.

Ende Mai begann der Vorabdruck in der *F.A.Z.* Bedenken wegen der Kritiker-Figur oder Antisemitismusverdächten gab es nicht. «Ohne Einander» wurde der zweite große Erfolg inner-halb weniger Jahre. Mit knapp 100 000 verkauften Exemplaren bis zum Jahresende gelang Walser erneut ein Bestseller. Eine Auf-stellung des Verlages listete Ende Juli 1993 die Top ten in abso-luten Auflagen seiner Bücher auf: «Das fliehende Pferd» führte mit 751 000 Exemplaren mit weitem Abstand, gefolgt von «Bran-dung» mit 292 000 und «Verteidigung der Kindheit» mit 286 000. Auf den Plätzen: «Ehen in Philippsburg» (258 000), «Schwanen-haus» (204 000), «Einhorn» (192 000), «Seelenarbeit» (185 000), «Halbzeit» (174 000), «Jenseits der Liebe» (145 000) und «Jagd» (105 000). Nicht berücksichtigt sind dabei Buchclublizenzen mit teilweise hoher Auflage und die Taschenbuchausgaben von «Ehen in Philippsburg», «Halbzeit» und «Einhorn» in anderen Verlagen.

Trotz des Verkaufserfolgs blieb Walser empfindlich genug, die verlagsinterne Begeisterungszurückhaltung zu spüren. Wenn die Beziehung zwischen Autor und Verlag sich tatsächlich mit einer Ehe vergleichen läßt, dann war es eine Ehe, die in die Jahre gekommen war, eine Beziehung, die Walser schon seit einiger Zeit nicht mehr monogam führte. Verleger Klaus Isele hatte ihm vorgeschlagen, einen Sammelband mit Gedichten und verstreuten Aufsätzen zu publizieren. Der Scheffelbund in Karlsruhe würde das Buch zur Jahresgabe für seine Mitglieder machen, so daß eine ordentliche Auflage zu erwarten wäre. «Zauber und Gegenzauber» hieß dieser Band, der 1995 erschien. Die Edition Isele war für Walser als Verlag aus der Bodenseeregion interessant. Und er hatte damit ein Druckmittel gegenüber dem Suhrkamp Verlag. Für Isele war es eine Ehre und ein Reputationsgewinn, einen berühmten Autor mit kleineren Nebenwerken veröffentlichen zu können. Zuletzt hatte er «Nero läßt grüßen» herausgebracht.

Unseld gefiel diese Nebenbeziehung gar nicht. «Der Schmerz wäre geringer, wenn Du mir sagen könntest, daß mit diesem ‹Freigang› für längere Zeit es sein Bewenden hätte. Und bitte gib Isele nur nicht-exklusive Rechte», klagte er[37], und Walser ärgerte sich. Schließlich hatte er sich nicht aus freien Stücken zum «Freigang» entschlossen. «Wenn Du, was mich betrifft, Schmerzpunkte notierst – immer so, als sei ich schlechthin der Veranlasser, Du schlechthin der, dem sie zugefügt werden –, dann solltest Du jedesmal auch noch überprüfen, ob Du bei der Veranlassung selber mitgewirkt hast. Du bzw. der Verlag», schrieb er zurück. «Seit 30 Jahren publiziere ich Verse. Sicher keine Gedichte. Aber wieviel Verse werden heute als Gedichte ausgegeben. In diesen 30 Jahren hat NIE jemand vom Verlag gesagt: Könnte man die sammeln? Herr Isele hat das gesagt. Und jetzt klagst Du. Ist das begründet? Vielleicht hätte ich ja lieber im Suhrkamp Verlag veröffentlicht. Bei ‹Nero› war es dasselbe. Ich habe ihn Euch (Du warst dabei!!) vorgelesen. Kein Wort, daß man das drucken könnte. Also Isele. Zum Glück gibt es Isele. Mein Schmerzpunkt: daß

Ihr *nichts sagt*, aber dann meine Handlungsfreiheit einschränkt. Überleg das, bitte! Und laß mich wissen, ob ich mich verständlich gemacht habe.»[38] Unseld salutierte: «Du hast Dich verständlich gemacht. Mein Brief sollte keine Vorwürfe mehr enthalten haben.»[39]

Ein Reisetag. Herzrhythmusstörungen. Deutschlandgespräch mit Trauerweide.

Der 29. April 1994 war ein frühlingshaft warmer, sonniger Tag. Walser betrat um 7.46 Uhr den Bahnhof in Brüssel, pünktlich wie immer, der Zug nach Köln fuhr um 7.52 Uhr. Nie kam er selbstverschuldet zu spät. Sein ganzes Leben lang, so kam es ihm vor, war er ununterbrochen unterwegs, ohne den mutterbedingten Pünktlichkeitszwang jemals loszuwerden. Am Tag zuvor hatte er in Amsterdam den Reisepaß im Hotel vergessen, und der Zug nach Brüssel war stundenlang auf offener Strecke stehengeblieben, was eine gewisse Nervosität und Unheilserwartung in ihm produziert hatte. Aber der Stillstand hatte auch eine Erkenntnis reifen lassen, der er jahrzehntelang hinterhergereist war: «Es ist doch völlig gleichgültig, wo du bist.» – Acht Jahre später würde Michael Landolf, der Erzähler im Roman «Tod eines Kritikers», genau diese Erlebnisse mitteilen. Walser konnte auf dieses Material zurückgreifen, weil er den Verlauf dieses Tages protokollierte, um herauszufinden, wie das Berichterstatten das Erleben verändert.[40]

Im Zug las er in den Zeitungen von den Ereignissen in Ruanda und in Bosnien, gequält vom Gefühl, den Kriegen ebensowenig unbeteiligt zuschauen zu können, wie es ihm unmöglich wäre, nach Sarajevo zu reisen, um dort wie Susan Sontag ein Theaterstück von Beckett zu inszenieren. Er bewunderte diese Aktionsfähigkeit, die er nicht besaß, und blickte in die idyllische Landschaft, die vor dem Fenster vorbeizog. Um 12.30 Uhr traf er in Schloß Ernich in der Nähe von Bonn ein, in der Residenz des französischen Botschafters, der ihn zum «Officier de l'ordre des arts et des lettres» ernannte. Im Garten standen die Gäste in losen Grüppchen beisammen, unter ihnen auch der befreundete Schriftsteller Hans Bender, der aus Köln gekommen war. Walser hielt eine kleine Rede über Pascal. Im Zug hatte er das Manuskript noch einmal überarbeitet, jetzt aber in der Aufregung zur unredigierten Fassung gegriffen. Dann, nach einem Blick auf die Armbanduhr, rascher Aufbruch, weil er um 16.00 Uhr für ein Interview in Bonn im Studio des Fernsehsenders n-tv sein mußte. Thema: Die Medien. Den Text konnte er auswendig. «Es geht seit einiger Zeit in Deutschland nicht mehr darum, was ein Autor schreibt und publiziert, sondern nur noch darum, wie er auf die tabuhaft normierten Denk- und Sprachschablonen reagiert, die man ihm so oft als möglich vorlegt. (...) In Deutschland muß zur Zeit andauernd öffentlich nachgemessen werden, wo einer auf der Links-Rechts-Skala gerade steht. Und das wird mit einem konfessionellen Eifer betrieben, der einen an frühere katholisch-evangelische Feindseligkeiten erinnert.»[41] Er nahm sich vor, dies sollte sein letztes Interview für lange Zeit sein. Den Vorsatz faßte er immer wieder. Durchhalten konnte er ihn nie.

Abends fuhr er weiter nach Aachen, wo er den Kongreß des Schriftstellerverbandes besuchte. Acht Jahre hatte er an keiner VS-Versammlung mehr teilgenommen. Jetzt, nachdem der Verband die Vereinigung mit seinem DDR-Pendant unter schmerzhaften Debatten vollzogen hatte, empfand er das Klima als kleine Erlösung: nicht mehr so rechthaberisch, weniger polemisch, weniger ideologisch als früher. Er fühlte sich im Kollegenkreis auch deshalb wohl, weil nach abendlichem Umtrunk die Autoren Peter Renz und Imre Török einen Casinobesuch anregten. Was für eine wundervolle Idee. Walser versorgte die weniger gut gerüsteten Kollegen mit Krawatten und lieh einem Feuilletonchef ein weißes Hemd.[42] Auf dem Kongreß selbst meldete er sich nur einmal zu Wort, um zu sagen, warum er sich nicht zu

Wort melde. Nach so vielen Jahren stehe ihm das Mitdiskutieren gar nicht zu.

Die ständigen Reisen, die Termine und nicht zuletzt die anhaltenden Auseinandersetzungen um seine deutschlandpolitischen Äußerungen: dieser Lebensstil konnte nicht gesund sein. Außerdem mußte er sich in zwölfmonatigen Exerzitien mit Rechts-, Politik-, Kirchen- und Medienfragen vertraut machen, die er für seinen nächsten Roman benötigte. Diesem Buch, das zunächst den Arbeitstitel «Die Mißhandlung», dann «Sein Kampf» trug, lag erneut ein realer Fall zugrunde: die Entlassung des für Kirchenfragen zuständigen Ministerialrats in der hessischen Staatskanzlei, Rudolf Wirtz, und dessen erbitterter Kampf um Rehabilitierung. Es ist, als habe sich die Verbissenheit dieser Michael-Kohlhaas-Figur auf den Autor übertragen, während er das in fünfzig Aktenordnern gesammelte Protokoll des Kriegszuges eines gekränkten Beamten gegen das Land Hessen durcharbeitete. Oder war es umgekehrt so, daß er mit dieser Figur einen Stellvertreter gefunden hatte, mit dem er seinen eigenen Kampf gegen die Windmühlen der Medienöffentlichkeit durchleiden und darstellen konnte? Bis ins Körperliche hinein teilte er mit Fink und Fink mit ihm die witternde Gekränktheitsbereitschaft, die aufbrausende Empfindlichkeit, die Dauererregung des ungerecht Behandelten.

Walser litt unter Herzattacken, die ihn zwangen, einen Arzt aufzusuchen. Zweimal mußte er sich einer Dilatation am Herzen unterziehen, beim zweiten Mal wurde ihm ein Stent eingesetzt, um die Infarktgefahr zu verringern. Ein Treffen mit Lektor Rainer Weiss sagte er ab, weil er sich nicht wohl fühlte. Am Telephon klang er bedrückt und reizbar. Zu einem morgendlichen Interview für die *F.A.Z.* in einem Hotelfoyer erschien er unausgeschlafen und mißgelaunt und griff sich nach den ersten Fragen («Warum sind Sie politisch immer so umstritten?» – «Das frag ich Sie!») ans Herz. Den Cognac, den der herbeigerufene Kellner brachte, habe er wie eine Medizin zu sich genommen, berichtete sein Gesprächspartner Gustav Seibt Jahre später.[43] Walser beschwerte sich über den unqualifizierten Verriß, den Seibt über das erste Buch der Tochter Alissa geschrieben habe, eine Kritik, die in ihrer Prüderie in einer Tradition stehe mit dem Verriß, den Friedrich Sieburg 1960 über «Halbzeit» schrieb. Sieburg und dann Reich-Ranicki: Die *F.A.Z.* hatte Walser die tiefsten Wunden geschlagen. Das mußte erst einmal gesagt werden, bevor das Interview erneut beginnen und sogar noch einen freundlichen Verlauf nehmen konnte. Beim Mittagessen bewarf er den Mann von der *F.A.Z.* neckisch mit der Serviette, so vertraulich ging es dann zu.

Es ist erstaunlich zu sehen, wie die eigenen Kämpfe und Verwundungen sich in den Büchern der Töchter fortsetzten. «Alissa schreibt mit ihren Erzählungen ‹Ehen in Philippsburg› weiter», sagt der Vater. Und es kommt mit ihren Texten zu ähnlichen Fehlschlüssen auf die verborgene Wirklichkeit. In «Geschenkt», dem Text, mit dem sie 1992 den Bachmann-Preis gewann, telephoniert die Erzählerin mit ihrem Vater. Sie berichtet ihm, wie sie von dem Geld, das er ihr zum Geburtstag schenkte, einen Callboy kaufte, während der Vater mit einem drahtlosen Telephon durch Wohnung und Garten streift. Die autobiographische Fiktion wirkte so stark, daß auch geübte Leser darauf hereinfielen: Ihr habt ja gar kein schnurloses Telephon, soll Arnold Stadler, zu Besuch in Nußdorf, überrascht ausgerufen haben. Johanna betreibt die Verbergungs-Entblößungs-Manöver ihres Vaters in einer auch für ihn selbst atemraubenden Konsequenz weiter und versucht wie er, die Zumutungen des Daseins durch die Schönheit des Ausdrucks zu besiegen. Und in den Stücken von Theresia, sagt Walser, sei über jede Familie alles enthalten. Die Töchterliteratur bezeichnet er stolz als «Fortsetzung der biologischen Dialektik, die durch mich und meine Frau hervorgebracht wurde».

Neben diesen doch mehr als biologischen Triumphen verblaßten äußere Anerkennungen, und wurden doch genossen. Im Sommer 1994 überreichte Baden-Württembergs Ministerpräsident Erwin Teufel das Große Bundesverdienstkreuz mit Stern. Die Zeremonie fand im Schloß Maurach am Bodensee statt und war extra auf den Juli gelegt worden, damit Unseld, der in diesen Wochen seine jährliche Abspeckkur in Überlingen absolvierte, dabeisein konnte. «Wer Walser liest, der atmet Bodenseeluft», sagte der Ministerpräsident, als sei auch die Literatur ein Kuraufenthalt. Fotos halten den Augenblick fest, in dem er dem Dichter das Kreuz anheftet. Walser lächelt mit gespitzten Lippen. Man kann in seinem Gesicht sehen, wie der Stolz auf die Anerkennung und die Scham darüber, stolz darauf zu sein, miteinander streiten. Vielleicht fürchtete er auch bloß, daß ihm am nächsten Tag irgend jemand vorhalten würde, er wolle sich zum Nationaldichter des vereinigten Deutschlands hochheiligen lassen.

Brauchbar war er aber schon für die Regierenden in seinem verzweifelten Bedürfnis, schlechte Nachrichten durch Erklärungen zu mildern und unschädlich zu machen. Intellektuelle, die verkündeten, daß alles falsch läuft, konnte er nicht mehr ertragen. «Das hält mein Kreislauf nicht aus», gestand er, als er in Dresden zum Ehrendoktor ernannt wurde.[44] Daß der Einigungsprozeß mißlinge, daß die Deutschen ausländerfeindlich seien, daß der Rechtsextremismus die Demokratie gefährde: alles bloß Schwarzmalerei. Der Kapitalismus der Bundesrepublik war doch immerhin sozial gezähmt und hatte gerade deshalb eine solche Anziehungskraft entwickelt. Konnte man den Ländern Sachsen und Thüringen nicht mit selbem Recht wie die ökonomische Verelendung ein Silicon-Valley-Schicksal prophezeien? In Dresden wird man Walsers Trostrede gerne gehört haben.

Als Schwarzmaler konnte auch gemeint sein: Günter Grass. Grass wurde nicht müde, die kapitalistische Kolonisierung des Ostens zu kritisieren und darauf zu beharren, daß eine Konföderation zweier Staaten, aus der sich etwas Neues entwickelt hätte, besser gewesen wäre als der schnelle Anschluß der DDR. Im September 1994 trafen Grass und Walser im Studio des Norddeutschen Rundfunks zum Gespräch über Deutschland zusammen.[45] Die Sendung nahm einen seltsamen Verlauf, denn eigentlich redete immer nur einer, Grass. Er prangerte die barbarische Praxis der Abschiebung Asylsuchender an, forderte ein neues Einwanderungsrecht und Wahlrecht für in Deutschland lebende Ausländer und machte sich für eine neue Verfassung stark, so wie es das Grundgesetz im Vereinigungsfall vorsehe. Walser, in klagendem Tonfall, versuchte vergeblich, zu Wort zu kommen. «Nein, nein, nein», rief er immer wieder aus und versuchte händeringend, den «lieben Günter» zu beschwichtigen. Eine neue Verfassung sei doch nicht nötig, die bestehende habe sich bewährt. Daß die Abschiebungen in Deutschland laut Grass «tägliche, barbarische Praxis» seien, die «schreckliche Erinnerungen wachriefen», dem müsse er einfach widersprechen. Doch er hatte Grass' geballter Überzeugungskraft nicht viel mehr entgegenzusetzen als sein Bedürfnis nach einem gelingenden Deutschland. Er wollte sich die Freude über die Wiedervereinigung, die Grass schon längst verloren hatte, nicht kaputtmachen lassen.

Walser präsentierte sich als zutiefst Verwundeter, dem «die Linke» so übel mitgespielt hat, daß er nun trotzig Positionen der Rechten verteidigte. Gegen Grass' ökonomische Rationalität setzte er sein patriotisches Gefühl. Es war fatal und politisch naiv, wie weit er, getrieben durch Grass' Anklagen, in seinem Legitimierungsdrang zu gehen bereit war. Nichts, aber auch gar nichts, wollte er auf Kohls politisches Geschick und auf die Politik der Treuhand kommen lassen. Wie sonst als mit einem radikalen kapitalistischen Konzept wären die Betriebe im Osten konkurrenzfähig zu machen? Verzweifelt verteidigte er das fragwürdige Wirken der Treuhand mit dem Argument, wenn nicht sofort gehandelt worden wäre, wäre das Kapital über uns hinweg nach Polen abgewandert. «Ach Martin!» rief da Günter Grass kopfschüttelnd aus. «Jetzt muß ich mich doch an dich in den siebziger Jahren erinnern. Wohin ist deine Einschätzung des Kapitalismus als Raubtier verflogen?»

Ziemlich hilflos versuchte Walser, Grass' wütende Treuhand-Kritik mit Erfahrungen zu beantworten, die er in Magdeburg gemacht hatte. Da ging er vom Bahnhof zum Hotel, dreißig Minuten zu Fuß, den Rollkoffer hinter sich herziehend, durch eine zerfallene DDR-Stadtlandschaft. Dann das Hotel in einem Gebäude mit blitzenden Firmenschildern. Rechtsanwälte, Zahnärzte und so weiter. Ähnlich die frisch renovierte, westlich wirkende Buchhandlung, in der er abends las. Solche «kapitalistisch plombierten Zähne in DDR-Umgebung» lobte er als den richtigen Weg. Es würde aufwärtsgehen. Eine neue Spaltung des Landes konnte er nicht entdecken.

Am Ende dieses eigentümlichen Dialogversuches stand ein merkwürdiger Streit über den Begriff «Aufklärung». Walser zeigte sich genervt vom inflationären Gebrauch des Wortes. «Aufklärung», erklärte er barsch, das sei doch 18. Jahrhundert, bürgerliche Frühzeit, Entstehung von Öffentlichkeit und Toleranz. Das sei geleistet und ein für allemal gelaufen. Grass hielt dagegen: Nichts ist jemals endgültig erreicht. Nichts ist gelaufen, nichts überwunden. Nicht die Aufklärung, nicht Auschwitz. Alles bedarf fortgesetzter Aufmerksamkeit und Kritik. Walsers «Geschichtsgefühl» hatte bis dahin immer auf der Offenheit der Geschichte bestanden. Seine Zweifel an der Teilung Deutschlands beruhten auf der Gewißheit, daß es keinen Endzustand der Geschichte gibt. Nun verteidigte er gegen Grass das Erreichte als etwas, das nicht mehr zu verlieren sei. Das ist nur scheinbar ein Gegensatz. Denn Walser war immer auch ein hegelianischer Fortschrittsoptimist und wollte daran glauben, daß die Vernunft sich im historischen Prozeß durchsetzt. Auch literarisch vertrat er stets das Prinzip, jede Geschichte möglichst gut enden zu lassen. Er ist alles andere als ein Utopist, aber doch ganz sicher, daß die Zukunft besser sein wird als die Vergangenheit. Rückfälle in barbarische Zeiten können also ausgeschlossen werden.

Am Ende revidierte Grass sein hartes Urteil, auf der Einheit liege kein Segen. «Noch kein Segen», sagte er da. Walser war glücklich über diese Wendung. Er hatte selbst gemerkt, daß Grass «politisch muskulöser» war. Er bewunderte ihn für seine dreißig Jahre währende Unanfechtbarkeit, wo er selbst von einer Anfechtung

in die nächste stolperte. Zu Grass hatte er Vertrauen, obwohl der
«des öfteren, nach mir befragt, den Blick zum Himmel gerichtet
und geseufzt» hat. Die Sympathie überdauerte die politischen Mei-
nungsunterschiede. Das war für Walser «eine Sache von Haut und
Haar und Sprachgebrauch. Weil ich ihn mag. Und wenn ich jemanden mag, ist es mir völlig egal, was er sagt und denkt»[46]. Auch
die literarischen Unterschiede zwischen dem kalkuliert schreibenden, politischen Autor Grass und dem ins Ungewisse aufbrechen-
den Ich-Forscher Walser konnten diese empfundene Nähe nicht
stören. Walser hatte Grass' Roman «Ein weites Feld» nicht gelesen, als Marcel Reich-Ranicki das Buch auf dem Cover des *Spiegel* demonstrativ verriß und in einem offenen Brief an Grass seine
Trauer über den seiner Ansicht nach mißlungenen Roman ausbreitete. Er konnte also nur die Geste beurteilen und hielt Reich-Ranicki immerhin zugute, sein Bedauern, das Buch nicht gut finden
zu können, sei echt: «Von mir aus könnte er daraus eine Gewohnheit machen, solch einer Melancholie nachzugehen. Jede Rezension eine Ranickische Trauerweide über dem Grab eines Buches.
Die Literaturlandschaft als herrlicher Friedhof, auf dem es ungeheuer still ist. Wo möchte man lieber liegen als da?»[47]

Tugendterror, Gerechtigkeitsfuror, Kränkungen.
«Finks Krieg».

Rainer Weiss, Programmchef bei Suhrkamp, kam Anfang Mai
1995 in seiner Funktion als Walsers Lektor zu Besuch nach Nußdorf. Er wurde Zeuge eines Telephonats mit Reich-Ranicki. Der
wollte Walser für 1996 zu einer Lesung aus dem neuen Roman
ins Jüdische Gemeindezentrum nach Frankfurt einladen. Den ge-
wagten Titel «Sein Kampf» goutierte er überraschenderweise,
ganz im Gegensatz zu Weiss. Aber Walser wollte von Einwänden
nichts wissen. Er steckte mitten in der Arbeit, und es war abzuse-
hen, daß der Roman, in dem viele Personen aus der hessischen

Landespolitik vorkommen, einigen Wirbel verursachen würde. Gelassen versuchte er es hinzunehmen, daß sein gerade publiziertes neues Stück «Kaschmir in Parching» – Teil drei der «Deutschen Chronik» – bei den Theatern auf wenig Interesse stieß.

Die «Szenen aus der Gegenwart», wie das Stück im Untertitel heißt, handeln von den üblichen Ehe- und Geliebtenverwicklungen, vom Wahlkampf in der Provinz, vor allem aber von der Macht der NS-Vergangenheit. Dabei werden dem Bürgermeisterkandidaten in Parching die Untaten des Großvaters zum Verhängnis, der in der Reichspogromnacht einem Rabbiner den Bart angezündet haben soll. Sein Konkurrent macht das zum Wahlkampfthema, «instrumentalisiert» also die deutsche Vergangenheit zu «gegenwärtigen Zwecken» – wie Walser 1998 in der Paulskirchenrede formulieren würde –, und bringt ihn damit in Schwierigkeiten. Dann taucht jedoch ein mysteriöser Fremder auf, ein Dichter und Zauberkünstler, der für den derart in Not geratenen Kandidaten eintritt. Was er sagt, hat moralisches Gewicht, denn die Stadtgesellschaft hält den Fremden für einen Juden, und jeder will sich möglichst gut mit ihm stellen. Ihren Reiz bezieht diese Komödie daraus, daß alle Wahlkampfmanöver tatsächlich nur taktische Winkelzüge im erotischen Hin und Her zwischen den sich kreuzweise betrügenden Paaren sind. Darf eine Frau ihren Mann verlassen, wenn der gerade eine Wahl verloren hat? Kann die Geliebte sich mit einem Sieger liieren, ohne als Opportunistin zu erscheinen?

Die Motivation für diese Wahlkampf-Kabbale um die deutsche Vergangenheit bezog Walser aus dem Stück «Die schöne Fremde» von Klaus Pohl, das er in München sah. Weil er entsetzt war über das Bild der fremdenfeindlichen Deutschen, das da gezeichnet wurde, antwortete er mit einer eigenen Version: Dieses Land und seine Bewohner sind so gut und so schlecht wie andere Völker auch. Das Stück vermittelt jedoch den ungünstigen Eindruck, Walser habe es nur geschrieben, um seine hinlänglich bekannten Ansichten über das reglementierte Vergangenheitsbewältigungssprechen noch einmal in Dialogform zu erhitzen und im Schutz verschiedener Rollen zuzuspitzen. Erst zwei Jahre später fand «Kaschmir in Parching» eine Uraufführungsbühne am Staatstheater Karlsruhe.

Im September 1995 bekam Unseld den neuen Roman zu lesen. Nun war auch der Titel gefunden: «Finks Krieg». Das läßt sich schlecht sprechen, monierte der Verleger und schlug vor: «Auf der Goldwaage». Oder: «Ums Leben kämpfen». Er war nicht gerade ein Meister packender Überschriften. Walser bot die Variante «Die Entzweiung» an, mit der Finks Zustand der Zerrissenheit betont worden wäre. Das Buch schildert minutiös, wie Finks Kampf um Recht und Gerechtigkeit allmählich ins bloße Rechthaben umschlägt und dabei immer stärker pathologische Züge annimmt. Fink, der über sich teils in Ich-Form, teils in der dritten Person als «der Beamte Fink» spricht, ist sich in seinem tobenden Wahn selbst zuwider, aber er kann nicht anders. Walser erzählt die Tragödie einer Bewußtseinsspaltung. «Die Entzweiung» wäre kein schlechter Titel gewesen. Aber er kehrte zu «Finks Krieg» zurück. Unseld fand die Lektüre «nicht schwierig, aber auch nicht leicht». Er entdeckte «wundervolle Passagen, aber insgesamt natürlich ein schwer zu ertragendes Schicksal». Das klingt so, als habe er sich durch diesen entsetzlichen Leidensweg des gedemütigten Beamten durchkämpfen müssen. Telephonisch gratulierte er. Er habe «einen vollendeten Roman von Martin Walser» gelesen. Walser sofort: Das ist doch wohl eine Einschränkung aus deinem Munde.[48]

Unselds Bedenken lagen weniger im Literarischen als auf der diplomatischen Ebene. Die Frotzeleien gegen die *F.A.Z.*, die Fink permanent als «Edelmistblatt» bezeichnet, hielt er für antiquiert, Äußerungen über «die Alkoholproblematik» des einstigen hessischen Ministerpräsidenten für unpassend, und die Art, wie über Ignatz Bubis, den Vorsitzenden des Jüdischen Zentralrats, gesprochen wurde, mißfiel ihm zutiefst. Schließlich waren Ulla Berkéwicz und er mit Bubis und dessen Frau befreundet. «Ich weiß, daß das kein Argument für Dich ist, aber ich möchte Dich doch herzlich bitten, dies mit in Erwägung zu ziehen», beschwor er seinen Autor. «Er hat eine große und bedeutende Stellung in der Bundesrepublik, und es ist von großer politischer Bedeutung, daß gerade ein Mann wie Bubis diese Stellung einnimmt. Wir wollen doch alle, gerade im Punkt der Versöhnung zwischen Deutschen und Juden, jegliche Störung vermeiden.» Dabei hatte Walser ein eher zurückhaltendes und gar nicht unfreundliches Bild von Ignatz Bubis gezeichnet. Doch Unseld ging in seiner Vorsicht so weit, noch den Fink-Satz «Herr Bubis, ein netter Mann, klar» verdächtig zu finden, denn gemeint sei damit doch wohl genau das Gegenteil. Die Episode über Bubis' Gewohnheit, dem Kirchenbeauftragten Fink stets zu Weihnachten drei Flaschen Champagner zukommen zu lassen, und zwar den besten, hätte er am liebsten gestrichen, weil sie als Anspielung verstanden werden könnte.[49] Walser kam ihm entgegen. Zwar blieb die Champagner-Szene stehen, dafür entfiel eine andere Bubis-Passage. Aber es ärgerte ihn, daß das Gelände der Political Correctness bis in den Verlag und bis in die Literatur hineinreichte. Er entkam den Korrektheitspostulaten nicht, noch nicht einmal in einem Roman. Vergeblich berief er sich darauf, es handle sich um Rollenprosa. Nicht der Autor rede, sondern seine Figuren.

Unseld ließ das nicht gelten. Schließlich ist es der Autor, der seine Figuren reden läßt. Seine Befürchtung, die *F.A.Z.* werde einen Roman nicht vorabdrucken, in dem sie als «Edelmistblatt» vorkommt, bewahrheitete sich nicht. Vielmehr kündigte die *F.A.Z.* das Buch auf Seite 1 an, als habe sie gerade ein Staatsgeheimnis enthüllt: «Das Vorhandensein eines solchen Werkes war bis vor wenigen Wochen unbekannt, der Titel war nicht im Frühjahrsprogramm des Suhrkamp Verlages aufgeführt.»[50] Im Feuilleton stellte Frank Schirrmacher «Finks Krieg» vor. «Wie oft haben wir den Roman unserer Zeit und unserer Verhältnisse gefordert», heißt es da. «Wie oft wurde in der Literaturkritik ein Realismus gewünscht, der dem Leser die Augen öffnet und ihn nicht nur zum Raum-, sondern auch zum Zeitgenossen des Autors macht. Walser ist das gelungen.» Und weiter: «Seit Koeppens ‹Treibhaus› 1953 erschienen ist, hat es ein besseres Buch über das leise Verhältnis von Macht und Wahn nicht gegeben.»[51] Ein paar Tage später offenbarte sich der Herausgeber der *Märkischen Allgemeinen Zeitung*, Alexander Gauland, der bis 1991 die Hessische Staatskanzlei geleitet hatte. «Ich war Tronkenburg», schrieb Gauland in der *F.A.Z.* und versuchte, verärgert darüber, als «Prototyp der Unterdrückung» dargestellt worden zu sein, den Roman politisch zu diskreditieren.[52] Im *Spiegel* gab er sich humorvoller: «Da sitzt man nun auf einem Eckbänkchen der Weltliteratur und wundert sich ein bißchen.»[53] Hessens ehemaliger Ministerpräsident Walter Wallmann, ebenfalls wenig schmeichelhaft gezeichnet, polemisierte hinter den Kulissen der *F.A.Z.* gegen den Vorabdruck. Auch die katholische Bischofskonferenz wollte sich mit dem «Fall Walser» befassen.

Schirrmacher war es gelungen, die Erwartungen und Ängste dadurch anzuheizen, daß er einen «Schlüsselroman» ankündigte. Walser wehrte sich gegen diese Einordnung, weil damit eine Nebensache – das Milieu der hessischen Verwaltungselite – zur Hauptsache würde, während die Hauptsache – der Kampf gegen Machtausübung und Abhängigkeit, Walsers ewiges Thema – ins Hintertreffen geriete. Der Roman würde so von literarischer Allgemeinheit auf die Ebene der Tagespolitik abstürzen. Doch genau das geschah. Das Buch verkaufte sich in den ersten Wochen rund 40 000mal und erreichte die unteren Regionen der Bestsellerliste. Doch als die Schlüsselromanneugier befriedigt war, gingen die Verkaufszahlen schlagartig zurück. Bald war klar: «Finks Krieg» entwickelte sich zum Flop. Und schon flackerten in Walser die alten Existenzängste wieder auf, irrational, doch unüberwindlich. Wenigstens hatte er verbesserte Konditionen durchgesetzt: 14 Prozent Tantiemen bis zum 50. Tausend, darüber hinaus dann 15 Prozent. Doch jetzt warf er dem Verlag vor, sich für den Roman nicht heftig genug eingesetzt zu haben. Die Werbeausgaben waren hoch, das gab er zu, aber man habe dabei nicht die richtigen Schwerpunkte gesetzt. Der Steidl-Verlag zeige mit Grass, wie man das richtig mache. Überall in den Buchhandlungen gab es Dekomaterial für Grass. Für ihn, Walser, gab es nichts. Da mußte er sich durchaus überlegen, wie es beim nächsten Roman weitergehen würde. Konnte er bei einem Verlag bleiben, der ihn schlechter behandelte, als Grass bei Steidl behandelt wurde? Also. Bitte.

Die Lesetour, die er im April begann und im Herbst wiederaufnahm, konnte am schlechten Verkauf nichts ändern. In Frankfurt trat er zusammen mit Gastgeber Marcel Reich-Ranicki in der Jüdischen Gemeinde auf. Nach der Lesung signierten sie nebeneinandersitzend. Weil Reich-Ranickis eigene Bücher wohl nicht in ausreichender Zahl vorhanden waren, setzte der Kritiker seine Unterschrift eben in «Finks Krieg». Was soll's. Was wäre der Autor ohne seinen Kritiker! Walser, eingedenk der Relationen, schrieb seinen Namen ganz klein in den Bauch des ausladenden R. Da saß er wie Jonas im Bauch des Walfischs.

Die Nachbarschaft auf dem Podium hinderte Reich-Ranicki keineswegs, den Roman im «Literarischen Quartett» schlecht zu finden. Unseld, mit Autor und Kritiker befreundet, versuchte zu trösten: «Ich bin der Überzeugung, und meine Mitarbeiter unterstützen dies, daß die Diskussion durchaus für das Buch förderlich war. Es waren eindeutig drei Stimmen gegen eine, und Marcel Reich-Ranicki war so schlecht wie noch nie. Freilich, sein Versuch, Dich als Essayisten zu definieren und als Erzähler abzumelden, ist grotesk und unverschämt. Irgendwo hat er ja auch gesagt, er wolle sich an Schirrmacher für dessen ‹Lobhudelei› rächen. So sind Kritiker.» Und er fügte hinzu: «Wir werben weiter; ich schicke Dir die Anzeigen.»[54]

Zu «Finks Krieg» kam eine Flut von Leserbriefen. Es waren Leser, wie er sie zuvor noch nicht gehabt hatte: Bundeswehroffiziere, Industrieleute, Treuhandmitarbeiter und Angestellte aus anderen Behörden und Verwaltungen. Das Wiedererkennungspotential der Figur Fink war groß. Eine Leserin schrieb: «Ich bin

Finks Schwester», ein französischer Lehrer behauptete, er sei seit sieben Jahren Fink. Walser wünschte sich zu seinem 70. Geburtstag, einen Band mit Leserbriefen unter dem Titel «Der Leser hat das Wort» herauszubringen. Er hätte gerne öffentlich gemacht, wie seine Bücher gelesen werden, denn er fand es großartig, wenn er das Gefühl bekam, die Leser hätten seine Romane selbst schreiben können und ihm die Niederschrift nur überlassen, um daraus dann in ihrem Kopf ihr eigenes Buch zu formen.[55] Er fühlte sich dadurch aufgenommen in eine große Erfahrungsgemeinschaft. Deshalb schrieb er doch – um zu entdecken, daß er mit seinem Denken und Fühlen nicht alleine war. Verwirklicht wurde der Briefband nicht.

Die andere Seite der Öffentlichkeit bekam er dann wieder zu spüren, als er Ende November in München die Laudatio auf Victor Klemperer[56] hielt, der posthum mit dem Geschwister-Scholl-Preis ausgezeichnet wurde. Da geriet er erneut in Konflikt mit den Gesetzen des richtigen Gedenkens. Klemperer ist zu widersprüchlich, als daß man es leicht haben könnte mit ihm. Walser näherte sich als Leser, emphatisch wie immer, wenn er über einen Schreibenden sprach. Klemperer wurde ihm zu einer Symbolfigur deutsch-jüdischer Symbiose, ja, zur «idealen Menschenfigur für den deutschen Erinnerungskonflikt»[57]. Als Sohn eines Rabbiners, getauft und doch jüdisch geblieben, verteidigte er das Deutschland Goethes gegen die Nazis, die er schlichtweg für «undeutsch» hielt. Aber erst die Nazis machten aus ihm, der vom «Willen zum Deutschsein» angetrieben war, den Juden. Den Stern tragen zu müssen war für ihn das Zeichen, aus dem Deutschtum ausgestoßen zu sein. In Klemperer verfolgten die Deutschen nicht das Fremde, sondern sich selbst. Klemperers Tagebücher legen davon Zeugnis ab.

Walser kämpfte auch in dieser Rede gegen ein Geschichtsbild an, wonach das deutsch-jüdische Zusammenleben zwangsläufig und unausweichlich in Auschwitz enden mußte. Klemperer ist sein Zeuge dafür, daß 1933 ohne 1918 nicht möglich gewesen wäre: ohne die «Mutterkatastrophe» des Ersten Weltkriegs keine Machtergreifung durch die Nazis. Walsers Wunschdenken, das deutsch-jüdische Zusammenleben hätte sich auch anders entwickeln können, soll einen Möglichkeitsraum für eine gelingende Geschichte öffnen. Das Schreckliche an der Geschichte ist ja, daß sie ein für allemal feststeht. Daß man sie nicht so gut enden lassen kann wie einen Roman. Man kann nur sagen: Ein anderer Verlauf wäre unter etwas glücklicheren Umständen möglich gewesen. Diese Sehnsucht treibt ihn um. Weil er nicht zurückkann, um die Geschichte anders, besser verlaufen zu lassen, kommt er nicht los davon. Aber die Möglichkeit einer Alternative, auch wenn sie verpaßt wurde, ist die Bedingung dafür, daß es wenigstens in der Zukunft ein besseres Ende geben kann.

Die Rede in München führte zum Bruch mit Jürgen Habermas. Ein Neffe Klemperers habe ihn dort freundschaftlich umarmt, Habermas aber habe auf der abendlichen Festveranstaltung demonstrativ an ihm vorbeigeblickt. Er warf Walser vor, zu einseitig Klemperers Deutschtumssehnsucht herausgearbeitet, ihn aber nicht gebührend als Opfer des Naziterrors gewürdigt zu haben. Auch in der Presse gab es kritische Reaktionen; das praktizierte Wunschdenken wurde ihm als «Schönschreibung der deutsch-jüdischen Geschichte» ausgelegt. Sogar der auf Auschwitz bezogene Topos vom «Wegschauen», der später in der Paulskirchenrede von zentraler Bedeutung sein sollte, kam in einer Glosse in der *Süddeutschen Zeitung* schon ins Spiel.[58] Das Themenfeld der Paulskirchenrede war geebnet. Die medialen Reizworte waren herausdestilliert. Walser mußte sie nur noch kombinieren und zur Anwendung bringen. Den Zwiespalt, in dem er sich befand, formulierte er 1996 in seiner Laudatio auf Joachim Fest: «Wenn ich etwas begreife, dann ist es die Abneigung, sich mit den Scheußlichkeiten der deutschen Geschichte im 20. Jahrhundert zu beschäftigen. Wenn ich etwas begreife, dann ist der Zwang, sich mit den Scheußlichkeiten der deutschen Geschichte in diesem Jahrhundert zu beschäftigen.»[59]

XV HINSCHAUEN. WEGSCHAUEN.
1997–1998

Geburtstagsfeier. Freundschaften.
Die Vereinbarung. Abstieg vom Zauberberg.

Ob ein Dichter zum Klassiker wird, entscheiden die Leser. Eine
Werkausgabe in blauem Leinen mit goldenen Buchstaben auf
den Buchrücken und den eingeprägten Initialen «MW» ändert
daran strenggenommen nichts. Aber schön ist es schon, wenn
die Bücher sich sichtbar zum Werk addieren – und wenn sie
dann noch so aussehen wie die heiligen George-Gedichte aus früher Jugend. Burgel Zeeh brachte die zwölf Bände, die Unseld
zum 70. Geburtstag seines Autors produzieren ließ, als Botin ihres Herrn nach Nußdorf. Von der Tür aus rief Walser nach Käthe. Gemeinsam packten sie die Kassette aus. Staunend trat er
vor und zurück, ehe er sie an einen vorbereiteten Platz ins Regal stellte, in Augenhöhe, um jederzeit bequem hinsehen zu können. Vor dem Schlafengehen, sagte er, wolle er noch eine Weile
allein bleiben damit. «Die Ausgabe ist in jeder Hinsicht schön»,
schrieb er an Unseld. «Und daß sie ernster aussieht als ich, freut
mich, der Verlag zeigt da wirklich, was er vermag.»[1]
  Die Freunde und Kollegen aus der Region gratulierten mit
dem Band «He Patron!», einer Sammlung von Erinnerungen,
Würdigungen, Danksagungen. Von Katharina und Peter Adler über Josef W. Janker und Hermann Kinder bis hin zu Peter
Renz und den Malern André Ficus und Bruno Epple reichte die
Liste der Gratulanten. In den Feuilletons folgten Würdigungen
und Interviews in aller Breite. Während der Leipziger Buchmesse gab es eine Festveranstaltung zu seinen Ehren. Der Ostber-
liner Publizist Friedrich Dieckmann würdigte ihn als einen Au-

tor, der sich um die deutsche Einheit verdient gemacht hatte. Im Osten des Landes waren die politischen Vorbehalte gegen ihn grundsätzlich geringer, schon deshalb, weil er den Ostdeutschen ohne Dünkel begegnete. Hier wußte man es zu schätzen, daß er schon in den achtziger Jahren gesagt hatte: «Leipzig ist mein.»

Auch im Fernsehen wurde er mit einem großen Porträt gefeiert. Martina Zöllner, Redakteurin des Süddeutschen Rundfunks, besuchte ihn in Nußdorf und brachte einen ganzen Korb voller Videobänder mit: gesammelte Fernsehauftritte aus vierzig Jahren. Gemeinsam saßen sie auf der Terrasse, Walser in Betrachtung seiner selbst als jüngerer und als junger Mann, neben ihm die junge Journalistin, etwa in dem Alter, in dem er damals war. Ein reizvolles Szenario. Staunend nahm er zur Kenntnis, wie er einmal aufgeregt als politischer Impresario, ein andermal sanft säuselnd als moralischer Kanzelredner sprach: Dieser Mann dort auf dem Bildschirm war ihm fremd. Gütig und nachsichtig gab er sich jetzt, ein freundlicher älterer Herr, charmant und listig, der seine frühere Erscheinung großmütig duldet, sich aber doch ein bißchen für die einstigen Erregungsgrade schämt. Nicht unbedingt die Meinungen, aber die Gefühlstemperatur hatte sich verändert – wie ja überhaupt das Gefühl zur bestimmenden Größe geworden war. Dem Fernsehporträt ist aber noch etwas anders anzusehen, nämlich die Anziehungskraft, die zwischen ihm und der um 34 Jahre jüngeren Gesprächspartnerin wirkte. Das Interview fand seine Fortsetzung in einer Bar und endete mit einer fast schon intimen Szene auf der Terrasse: Walser brachte Martina Zöllner die vier heftig gemusterten Hemden, die er in den Filmausschnitten bei Auftritten in Kiel, Helsinki, Berkeley und anderswo trug, und legte sie ihr vor wie Bekenntnisse – Jagdtrophäen aus der Vergangenheit. Man ahnt, daß diese Szene nicht nur die Schlußpointe eines Filmes war, sondern zugleich auch der Beginn einer neuen Freundschaft. Mit Martina Zöllner konnte er in den kommenden Jahren alles, was ihm problematisch wurde, besprechen.

464   XV HINSCHAUEN. WEGSCHAUEN. 1997–1998

Die Suche nach einem alten Buch begründete eine weitere Freundschaft. Weil er sich für den «Ring» des Heinrich Wittenwiler interessierte, eines am Bodensee ansässigen alemannischen Satirikers des späten 14. Jahrhunderts, geriet er durch Vermittlung des ihm freundschaftlich verbundenen Schweizer Nationalrats Ernst Mühlemann an Heribert Tenschert, den Sammler und Antiquar, der in seiner «Bibermühle» bei Stein am Rhein eine wahre Wunderwelt bibliophiler Kostbarkeiten zusammenträgt. Als Tenschert von Walsers Suche erfuhr, lud er ihn und seine Frau zum Essen ein, zeigte seine Schätze und beeindruckte mit seinen Kenntnissen. Selbstverständlich besaß er auch das einzige Exemplar des «Ring». Diese Bekanntschaft wurde nach den Freundschaftsmöglichkeiten mit Johnson und Unseld zur dritten großen Freundschaftsgelegenheit in Walsers Leben. Diese, die dritte, wollte er nicht vergeben. Tenschert war weder Schriftstellerkonkurrent noch Verlegerchef. Hier konnte eine Beziehung entstehen, von der keiner der beiden etwas erwarten mußte. Tenschert versorgte Walser richtiggehend mit Büchern und Informationen, die er benötigte. Im Gegenzug schenkte Walser Originale seiner handschriftlichen Manuskripte – etwa die Paulskirchenrede, die im Sommer 1998 entstand. Der beiderseitige Nutzen war aber eher ein Nebeneffekt der Freundschaft als ihr Grund. Bis heute treffen sie sich fast jede Woche, mal in der Bibermühle, mal in Nußdorf. Alle paar Tage ruft Walser an. Tenschert übernahm die verwaiste Stelle des Vertrauten, die Unseld einmal besetzt hatte.

Walser stand zum 70. Geburtstag auf dem Höhepunkt der öffentlichen Anerkennung als Dichter des neuen Deutschlands. In Karlsruhe wurde termingerecht «Kaschmir in Parching» uraufgeführt, rief allerdings eher Ratlosigkeit hervor. Außenminister Kinkel ließ verlauten, er wünsche sich, auf Auslandsreisen in Zukunft von Erich Loest und Martin Walser begleitet zu werden.[2] Walser hätte in diesem Figurenensemble den westdeutschen Teil des gesamtdeutschen Gewissens zu repräsentieren gehabt. Daß er sich auf weniger staatstragenden Wegen durchaus für außenpolitische

Probleme engagierte, bewies er im Dezember 1996 mit einem offenen Brief an Bundeskanzler Kohl, in dem er sich für den verhafteten iranischen Autor Faradsch Sarkuhi und für «kritischen Dialog» mit der Regierung in Teheran einsetzte. Und im Juni 1997 schickte er einen Geburtstagsgruß an Salman Rushdie, an dessen Schicksal sich zeige, «was Machtausübung heute noch leisten kann»[3].

Von Rolf Hochhuth wurde Walser in typisch Hochhuthscher Ideenexplosionshaftigkeit gleich noch als neuer Intendant des Berliner Ensembles vorgeschlagen. Das hätte ihm in fortgeschrittenem Alter ganz neue Karrieremöglichkeiten eröffnet. Gefragt hatte Hochhuth ihn nicht, bevor er seine groteske Idee öffentlich machte. Natürlich wollte er auch bei Walsers Geburtstagsfeier dabeisein. Anfang März, als sein Stück «1914» von einem Tourneetheater in Überlingen aufgeführt wurde, kam er nach Nußdorf zu Besuch und war dann auch auf der Einladungsliste für die eher private Feier im kleinen Kreis. Neben der Familie mit den vier Töchtern waren die alten Freunde aus Tübingen und Stuttgart zum Festessen geladen: Peter und Katharina Adler, Helmut und Irmgard Jedele, Hans Gottschalk. Dazu die Schriftsteller-Kollegen Peter Bichsel, Arnold Stadler, Adolf Muschg, Gerhard Falkner, Thomas Hürlimann und Peter Hamm mit Marianne Koch. Auch Jürgen Habermas und *F.A.Z.*-Herausgeber Frank Schirrmacher standen auf der Liste als Repräsentanten intellektueller und öffentlicher Macht. Habermas sagte ab, Schirrmacher kam. Mit Erwin Teufel kündigte sich der baden-württembergische Ministerpräsident an, der auch sonst, wenn er in Überlingen weilte, gelegentlich mal kurz hereinschaute. Walser schrieb ihm zwei Jahre später, zum 60. Geburtstag, die Verse:

Seine Schürze ist grün
und das ist keine politische Farbe
er ist der Gärtner des Landes
er kennt den Boden und pflegt ihn
auf Gedeih und gegen Verderb.

Sosehr er Machtausübung aller Art verabscheute, so angenehm waren ihm Mächtige, die er mögen konnte. Die waren fast ausnahmslos in Süddeutschland zu Haus.

Zu Schirrmacher faßte er Vertrauen, seit der sich in der *F.A.Z.* für «Finks Krieg» eingesetzt hatte. Seinerseits zögerte er nicht, Schirrmacher beizuspringen, als der *Spiegel* dessen angebliche Promotionsschummelei aufbauschte und versuchte, ein Skandälchen daraus zu zimmern. Da schrieb er einen zornigen Leserbrief, der zur Abrechnung mit der Medienbranche geriet: «Man muß die SPIEGEL-Redaktion loben: aus einem solchen Nichts an Inhalt, Information, Substanz eine solche Brutalattacke gegen einen Intellektuellen zu schmieden! Alle Achtung! Jetzt können wir wirklich ruhig schlafen. Der SPIEGEL kann jetzt jede Person kaputtmachen, er braucht keine Fakten, der bloße Wille genügt. Da wird zusammenzitiert, was nicht zusammengehört. Klatschquatsch und zweckdienlich bestellte Sorgentöne akademischer Sittenwächter. Gemixt nach Art des Feuilleton-Pfaffentums, das Finger nur dazu hat, auf andere zu zeigen. (...) Da sehen wir wieder, was wir an so einem Medium haben. Einen Baum pflanzen kann es nicht, aber doch kaputtmachen, was es will.»[4] Man mag es als Ironie der Geschichte begreifen, daß Walser mit Schirrmacher dem Mann, der ein paar Jahre später seine Machtmöglichkeit so gnadenlos an ihm demonstrieren sollte, als einem Opfer öffentlicher Meinungsmacht zur Seite stand.

Schwiegersohn Edgar Selge und Tochter Franziska schenkten zum Geburtstag eine geschwungene schwedische Welle aus hellem Holz, auf der man mehr liegt als sitzt und ein Schreibpult über die Knie legen kann. Walser litt seit der Arbeit an «Finks Krieg» unter Rückenschmerzen und konnte nicht mehr gerade sitzen. Die Schmerzen zwangen ihn dazu, den Alltag und das Schreiben umzuorganisieren. Die nächsten Bücher entstanden in Schräglage, in einer Art Astronautensitz. Dafür schaffte er sich einen NASA-Spezialstift an, der auch aufwärts gerichtet funktioniert. Er veränderte sein Körperprogramm, ging morgens eine

Stunde schwimmen, immer am Ufer entlang, um zu sehen, wie weit er kommt, an der Birke vorbei, am Bootssteg des Zahnarztes, bis zum Strandbad und wieder zurück. Danach eine Stunde Übungen mit einer selbstkomponierten Mischung aus Gymnastik und Yoga. Arbeitsbeginn gegen elf Uhr, bis etwa halb zwei, dann Mittagessen und Mitteilung an die Familie, wie er vorangekommen ist. Anschließend strammer Spaziergang mit dem Hund und eine zweite Arbeitsschicht von vier bis gegen acht. Alkohol möglichst erst nach Sonnenuntergang.

Die Geburtstagsgesellschaft versammelte sich im Wasserburger «Walserhof». Der Neffe, Joseph Walser, kochte: Maultaschensuppe, verschiedene Bodenseefische auf warmem Gemüse, gefüllte Kalbsbrust mit Spätzle. Den Wein hatte Walser ausgesucht: 1990er Meersburger Chorherrenhalde und einen 93er Châteauneuf-du-Pape aus biologischem Anbau. Zwischen den Gängen gab es Ansprachen von Ministerpräsident Teufel und von Unseld, der natürlich auch an das legendäre Wasserburger Treffen erinnerte, als die edition suhrkamp gegründet wurde. Nach einer 45 Jahre währenden Zusammenarbeit gab er eine behutsame Standortbestimmung ab: «Auch deine sogenannte politische Entwicklung ist nun deutlich abzulesen. Ich nehme an, jeder der hier Anwesenden ist im Vorfeld zu diesem Geburtstag gefragt worden, auf welcher Seite Martin Walser stehe, links oder rechts? Ich habe dem Fragenden gesagt, meine Antwort sei wenig ergiebig, sie bestünde nur aus sechs Worten: er steht immer auf *seiner* Seite! Nicht ich habe übrigens diesen Satz formuliert, sondern Goethe über Goethe.»[5]

Walser war beglückt über den Verlauf des Festes. Überschwenglich dankte er Unseld für die Rede und erkundigte sich kurz darauf zärtlich-besorgt nach seinem Befinden. «Daß Du, nicht nur auf mich, sorgenvoll gewirkt hast, habe ich Dir dort nicht sagen können. Falls es etwas gibt, was ich tun könnte, sag es mir», schrieb er am nächsten Tag nach Frankfurt. Von einem wichtigen Entschluß, den er am Geburtstag faßte, setzte er den Verlag wenig später in Kenntnis: «Übrigens, ich habe am 24. März 1997 die Auskunftei geschlossen. Kein Interview mehr nieniemehr. Der Verlag kann also ein Nein speichern und das dann immer abrufen.»[6] Der Vorsatz hielt auch dieses Mal nicht lange. In der Zeitschrift *Neue deutsche Literatur* erschien knapp ein Jahr später das angeblich «letzte Interview», gefolgt von einem listigen «Meta-Interview» im *Spiegel*, in dem er erklärte, warum er keine Interviews mehr gebe, und damit die Erklärung auch schon gebrochen hatte. Er sei leider immer viel zu höflich gewesen und habe sich deshalb «instinktiv bemüht, dem Fragesteller das Gefühl zu geben, seine Fragen seien toll, wichtig, fabelhaft. Eine Gegenfrage wäre mir unhöflich vorgekommen. So schwach bin ich. Beziehungsweise war ich»[7]. Der Wunsch, sich dem Meinungsgewerbe zu entziehen, kam gegen das dringende Bedürfnis, mitzuspielen und im Gespräch zu sein, nicht an.

Ernster als solch spielerisches Geplänkel war ein anderer Vorsatz, den er für das Jahr 1997 faßte: Er wollte mit Unseld eine Vereinbarung über die Rechte an seinem Werk für die Zeit nach ihrem Tod treffen. Er wollte wissen, wer in Zukunft das Sagen über seine Bücher hätte. Was für eine Frage! Unseld konnte den bloßen Gedanken ans Aufhören nicht ertragen. Nach seinem Sohn Joachim hatte auch der als Nachfolger gehandelte Gottfried Honnefelder den Verlag verlassen – und er würde nicht der letzte sein. Für Walser war das ein schmerzlicher Verlust. Honnefelder war nicht nur Tennispartner, sondern auch Vertrauter im Verlag. Mit dessen Weggang vergrößerte sich Walsers Unzugehörigkeitsgefühl.

Eher scherzhaft, als äußerste Denkunmöglichkeit, pflegte Unseld «von dem Fall, daß ich einmal tot bin» zu sprechen. Zu rechnen war damit nicht; Nachfolgeregelungen also überflüssig. So mußte ihn Walsers Drängen verstören, der für diesen undenkbaren Fall die Möglichkeit eingeräumt bekommen wollte, die Rechte an seinen Büchern zurückzufordern. «Mir wäre sehr daran gelegen, daß wir die ‹Vereinbarung› bald regeln. Ich muß endlich meine Folgen ordnen. Zu lange habe ich vertrauensselig achtlos dahingelebt. Im September wird das Testament gemacht, dafür müßte die ‹Vereinbarung› parat sein. So viel Nachdenken KANN das nicht kosten, sonst hätte ich mich noch krasser getäuscht als ich dachte», schrieb er am 30. Juli.[8] Unseld brauchte Bedenkzeit und bat vierzehn Tage später um Verständnis für seine Zögerlichkeit. Es gehe um sehr viel. Ein Präjudiz würde damit geschaffen. In der Tat: Es ist das größte Kapital des Suhrkamp Verlages, Gesamtwerke über den Tod der Autoren hinaus zu betreuen – von Brecht und Hesse angefangen bis zu Frisch und Johnson. Könnte Unseld einen Martin Walser also einfach ziehen lassen?

Die Lösung, die er fand, war juristischer Natur. Er ergänzte die «Vereinbarung» in drei Punkten, zu denen ihm sein Rechtsanwalt riet. Walser akzeptierte das als «brauchbare Fassung». Als er das Papier unterschrieb, empfand er «eine Art Beruhigung», weil eben immer «mehr passiert, als man für möglich hält»[9]. Bloß übersah er dabei, daß die Einschränkungsklauseln ihm im Grunde genommen ein Ausscheiden gegen den Willen des Verlages unmöglich machten. Eine Fünfjahresfrist wurde vereinbart, in der er neue Texte zuerst dem Suhrkamp Verlag anbieten sollte. Nur für den Fall, daß Texte abgelehnt, er also nicht mehr gewollt wäre, könnte er die Rechte für sein Gesamtwerk kündigen. Unseld fand diese Lösung fair: «Der Verlag kann dann zeigen, wie er nach meinem Ausscheiden mit Deinem Werk umzugehen denkt.»[10]

Die «Vereinbarung» ist einem Ehevertrag vergleichbar, der die juristischen Modalitäten einer Scheidung festlegt. Darüber nachzudenken bedeutet, am ewigen Fortbestand der Beziehung zu zweifeln. Walsers Wunsch, die Situation «nach Unseld» zu regeln, entstand aus dem Gefühl, im Verlag nicht mehr heimisch zu sein. Dort kursierte das Gerücht, Walser sei gegen die Übernahme des Jüdischen Verlages gewesen, die Unseld Anfang der neunziger Jahre auf Bitten von Ignatz Bubis betrieb.[11] Das Gerücht entbehrte jeder Grundlage. 1962 war er aus naiv-ökonomischen Gründen gegen den Erwerb des Insel Verlages gewesen. Inzwischen war die Distanz zwischen Walser und Unseld allerdings viel zu groß, als daß er sich in solche Überlegungen eingemischt hätte. Außerdem war Walser es, der sich darum bemüht hatte, Ruth Klüger und Victor Klemperer im Suhrkamp Verlag unterzubringen.

Bei einem Buchhändlerabend in der Klettenbergstraße war es 1991 zum offenen Streit mit der jungen Verlegergattin Ulla Berkéwicz gekommen. Da saßen die Könige des Buchhandels, sämtliche Hugendubels Deutschlands, um den ovalen Tisch im Erdgeschoß. «Die Verteidigung der Kindheit» wurde den Vertretern vorgestellt. Unklar war nur noch der Preis, zu dem das Buch in den Handel kommen sollte. Unseld plädierte dafür, es lieber ein paar Mark billiger zu machen, Honnefelder war für den höheren Preis, Walser war es gleichgültig. Aus purer Streitlust jedoch widersprach er Unseld. Die Argumente wogten hin und her, der Streit eskalierte. Angeblich äffte Walser Unseld nach[12], Berkéwicz glaubte, ihrem Mann beispringen zu müssen. So erzählt Walser die Geschichte. Da habe sie dann ihre kleine Faust ins Licht gehalten und erklärt, so könne sie mit ihrem Mann nicht umspringen lassen. Walser: Siegfried könne sich doch wohl selbst verteidigen! Was mische sie sich da ein! Geschrei. Am Abend ging der Streit weiter.

Die «Vereinbarung» war noch frisch, als im Dezember 1997 der Ernstfall eintrat. Auslöser war ein unter dem Pseudonym Jens Walther erschienener Schlüsselroman mit dem Titel «Abstieg vom Zauberberg», eine Kolportageschmonzette um Siegfried Unseld, seinen Sohn Joachim und Ulla Berkéwicz. In diesem Buch, in dem das Geschehen des Literaturbetriebs auf Betthöhe ausgebreitet wurde, hatte auch Martin Walser eine kleine Rolle als Verlegerfreund und Bestsellerautor Stefan Bach. Detailliert wird eine Lesung Bachs im Haus des Verlegers geschildert und ein Zusammentreffen mit dem Kritiker Muller-Marceau, hinter dem unschwer Marcel Reich-Ranicki zu erraten ist.

Was da erzählt wird, ist einigermaßen läppisch, und doch geriet Walser vollkommen außer sich, als er auf das Buch aufmerksam wurde. Diese Szenen, da war er sicher, konnten nur mit intimer Kenntnis geschrieben worden sein. Jemand aus der Klettenbergstraße mußte Informationen beigesteuert haben. Das konnte Ulla Berkéwicz gewesen sein. Er fühlte sich verraten, als Gast, als Autor und als Freund vertrieben. Am Telephon schimpfte er derb auf Unseld ein, bezichtigte ihn der Lüge, als der beteuerte, nicht zu wissen, wer der Verfasser dieses Romans sei, verhöhnte ihn, als er behauptete, nur wenige Seiten des Pamphlets gelesen zu haben. Unseld, geschockt, beschwor ihn, wieder zu sich zu kommen. Er habe die Walser betreffenden Stellen durch seinen Rechtsanwalt prüfen lassen, nichts daran sei justitiabel. Aber darum ging es auch gar nicht. Walsers Erregung war ein Mißtrauensvotum gegen Ulla Berkéwicz. Unseld verstand das sehr genau.

Das Mißtrauen war nicht mehr aus der Welt zu schaffen. Drei Monate später schrieb Unseld: «Ich war der Meinung, und habe Dir dies in meinem Brief geschrieben, daß Du aus einem erregten Moment heraus handeltest und daß Du Deine vollkommen unsinnige Anschuldigung nicht aufrechterhältst. Ich kann Dir nur noch einmal sagen, Du unterliegst einer Obsession oder gar einem Wahn, mehr kann ich dazu gar nicht sagen. Meine Empörung wird anhalten, bis Du es einsiehst und die Anschuldigung zurücknimmst.»[13] Walser erwiderte, er wolle niemanden beschuldigen. Unselds Haus aber würde er nicht mehr betreten, bis der Fall geklärt sei: «Aus Deinem Haus sind Mitteilungen über mich (und Dich) hinaus gekommen, Du hast – und ich glaube Dir das gern – keine Ahnung, wie das vor sich gegangen sein soll. Solange wir nicht wissen, wie das vor sich geht, müssen wir, muß zumindest ich, vorsichtig sein. Ich will nicht bei jedem Wort und jeder Geste fürchten müssen, daß das in einem Buch gegen mich verwendet wird.»[14] Selbst Burgel Zeeh fürchtete nun, zwischen die Fronten zu geraten. Walser tröstete sie mit einem Seitenhieb auf ihren in Ulm geborenen Chef: «Daß man von Schwaben verlassen wird, weiß ich aus Erfahrung. Von Alemannen aber nicht, liebe Burgel. Die bleiben bei einem bis zum Schluß.»[15] In die Klettenbergstraße aber kam Walser nie wieder.

«Ein springender Brunnen».
Gedächtnis und Erinnerung. Geborgene Kindheit.

Nach einer Aussprache im April, mit der Unseld glaubte, die alte Beziehung wiederhergestellt zu haben, verlagerte sich der unbeschwichtigte Groll auf die geschäftliche Ebene. Zwischen ihnen herrschten Ärgernis und Empfindlichkeit. Ausgerechnet in diesen Monaten bereitete der Verlag das Erscheinen des Romans «Ein springender Brunnen» vor. Walser verlangte höheres Honorar, weil er sich einen ökonomischen Mißerfolg wie mit «Finks Krieg» nicht noch einmal leisten wollte. Von den 100 000 gedruckten «Fink»-Exemplaren stapelten sich noch über 50 000 im Lager. Weil er die Schuld daran dem Verlag gab, verlangte er nun verbesserte Konditionen, gewissermaßen als Entschädigung. Aber Unseld war nicht bereit zu verhandeln. 14 Prozent bis zum 50. Tausend, darüber hinaus 15 Prozent – das ist das höchste der Gebote, schrieb er. «Und außer Dir hat kein Autor diesen Honorarsatz. Ich wollte Dir das nur sagen.»[16]

Walser war pikiert: «Dein Ton, in dem Du mir die Prozente hinsagst, läßt an Deutlichkeit nichts zu wünschen übrig. Ich hätte ein Gespräch vorgezogen.» Er drohte, die Taschenbuchrechte an einen anderen Verlag zu vergeben, um wenigstens damit mehr zu verdienen: «Wenn man 25 Jahre auf ein Buch zugelebt hat und ein paar Jahre daran gearbeitet hat, hat man ein anderes Verhältnis dazu als ein Massenverlag, bei dem man eine Nummer unter anderen sein muß. Das bitte ich zu verstehen.»[17] Dies waren bittere Sätze, die Unseld empörten. Hatte er nicht immer alles getan, seinen Autoren ein persönlicher Gesprächspartner und Freund zu sein? Er fühlte sich in seiner Verlegerehre gekränkt:

«Wie kein Zweiter hast Du an diesem ‹Massenverlag› Anteil genommen, ihn mit herangebildet, (...) und nun: ein Massenverlag. (...) Lieber Martin, das ist eine furchtbare Einstellung. Ich spüre ja seit langem Deine Mißstimmung gegenüber der Arbeit, die hier geleistet wird.»[18] Schließlich einigten sie sich auf einen Kompromiß: Walser erhielt fürs Taschenbuch ab dem 50. Tausend 8 Prozent statt 7 Prozent. Doch mit den Honoraren wuchs auch die Verletzbarkeit.

«Ein springender Brunnen» ist einer der schönsten und vielleicht der wichtigste Roman Walsers. Sein ruhiger, poetischer Ton paßt gar nicht zu der Gereiztheit, die Walser in diesen Jahren nach außen hin zeigte. Der Titel ist dem Nachtlied aus Nietzsches «Zarathustra» entnommen: «Nacht ist es: nun reden lauter alle springenden Brunnen. Und auch meine Seele ist ein springender Brunnen.» Nietzsche, der Vertraute aus früher Jugendzeit, war seit Jahren sein bevorzugter Nachtautor, der in dieser Eigenschaft Kierkegaard abgelöst hatte. Nachts, ab halb elf, wollte er nur noch lesen, was ihm guttat. Lektüre als Seelenbalsam. Lesen als vertrauensvolles Hineinspringen in den Strom der Sprache. Den «unkommandierbaren Reichtum der Sprache» nannte Walser das, was er bei Nietzsche fand. «Ein springender Brunnen» ist sein Versuch, sich der Sprache als Erinnerungsmedium anzuvertrauen und zugleich davon zu erzählen, wie die sprachliche Ausdrucksfähigkeit sich entwickelte. Denn der Roman über seine Kindheit im «Dritten Reich» ist auch eine Erzählung über die Genese des Schriftstellers. Die Sprache ist das Medium dieses Vergegenwärtigungsversuches und der Gegenstand der Erinnerung. Sie ist Erzähltes und Erzählendes zugleich.

Walser will nichts zeigen und nichts beweisen, nur das eine: daß er nichts zeigen und nichts beweisen will. Die Vergangenheit erscheint wie etwas Geträumtes – sie zu befragen und zu interpretieren würde sie zerstören, weil es ihr Bedeutungen aufnötigen würde, die sie damals, als sie geschah, noch nicht haben konnte. Das Erzählen ist eine Bewegung zurück in die Vergangenheit, die den später angeschwemmten Ballast der Geschichte wieder loszuwerden versucht. Walser will den historischen Augenblick ohne die ganze Geschichte; er will Vergangenheit ohne Vergänglichkeit. «Man kann nicht leben und gleichzeitig etwas darüber wissen», schreibt er. Also muß er, um die Vergangenheit zurückzugewinnen, in den Zustand des Nichtwissens zurück. Aber er weiß sehr wohl, daß jeder spätere Rückblick unvermeidlich eine Erfindung ist und jede Autobiographie eine Konstruktion. Vergangenheit ist nicht mehr zu haben. Der Versuch, sie literarisch zu rekonstruieren, entspricht der Quadratur des Kreises. Möglich ist das nur als Traum. Der Roman wird folglich zu einem «Traumhausbau»[19]. Der titelgebende springende Brunnen beschreibt diese Schwierigkeit. Springbrunnen sind Symbole einer sich selbst speisenden Harmonie, und doch wird ihre Wasserfontäne durch ein verborgenes System von Pumpen und Schläuchen erzeugt. Was so aussieht, als ereigne es sich spielerisch und ganz von selbst, ist Resultat eines ausgetüftelten Mechanismus.[20]

Um das Dilemma zu lösen, macht Walser eine feine Unterscheidung zwischen Gedächtnis und Erinnerung. Das Gedächtnis ist das faktische Speichermedium, das Ereignisse in chronologischer Folge abrufbar bereithält und zu bewerten vermag. Mit dieser intellektuellen Instanz will er literarisch nichts zu tun haben. Es gelingt ihm nicht, in dieser Weise über seine Vergangenheit zu verfügen. Erinnerung kommt dagegen eher aus der Empfindung. Sie stellt sich ein, unkommandierbar wie die Sprache der Poesie und also mit ihr verschwistert. Sie kommt von selbst, oder sie kommt nicht, weil sie sich nicht herbeibefehlen läßt. Sie ist ein aktives Träumen. Sinnlos also, darüber zu klagen, wie spät dieser Kindheitsroman sich einstellte. Er sprach von einem «interesselosen Interesse»[21] an der Vergangenheit – in Anlehnung an Immanuel Kants «interesselosem Wohlgefallen» in der Betrachtung des Schönen. Denn auch darum geht es ja bei Walser: um Schönheitsproduktion.

Damit aber betritt er das Feld der Moral. Darf eine Kindheit im Faschismus «schön», ja, sogar «glücklich» gewesen sein? Darf sie so dargestellt werden? In seiner Sehnsucht nach der untergegangenen Kindheitswelt entkam Walser nicht immer der Sentimentalität. «Nichts fehlt mir so sehr wie diese Kindheit», erklärte er. «Also motiviert mich nichts so sehr wie dieser Mangel. Ich kann nicht mehr dieser Kulturillusion verfallen, daß es eine wiedergefundene Zeit gibt. Das Kind, das mir da entgegenkommt, das ich ernähre, ist die reine Fiktion.»[22] Für diesen Roman hätte auch der Titel «Die Verteidigung der Kindheit» gut gepaßt, aber der war ja schon vergeben. Alfred Dorn, der verzweifelte Archivar einer verlorenen Kindheit in Dresden, war das schiere Gegenteil des absichtslosen Erinnerns, das Walser im «Springenden Brunnen» praktizierte.

Jede Erinnerung verändert sich im Laufe eines Lebens. Die gegenwärtige Stimmung wirkt auf sie ein. Auch Walser treiben gegenwärtige Interessen um, denn mit der demonstrativen Absichtslosigkeit seines Erzählens will er natürlich doch etwas beweisen: Der zunehmenden Normiertheit im Umgang mit der NS-Vergangenheit setzt er seine unnormierte Version der Geschichte entgegen, dem öffentlichen Gedächtnis die persönliche Erinnerung. Für ihn ist die Vergangenheit weder bewältigt noch bewältigbar. Sie ist, wie sie ist. Ob uns das paßt oder nicht. Er wendet sich gegen das verbreitete Verfahren, die Geschichte als Fundus zu benutzen, aus dem man sich nach Bedarf bedienen kann. Das Ergebnis eines solchen Verfahrens wäre, wie es im Roman polemisch heißt, «eine komplett erschlossene, durchleuchtete, gereinigte, genehmigte, total gegenwartsgeeignete Vergangenheit. Ethisch, politisch durchkorrigiert. Vorexerziert von unseren Gescheitesten, Einwandfreisten, den Besten. Was auch immer unsere Vergangenheit gewesen sein mag, wir haben uns von allem befreit, was in ihr so war, wie wir es jetzt nicht mehr möchten. Vielleicht könnte man sagen: Wir haben uns emanzipiert. Dann lebt unsere Vergangenheit in uns als eine überwundene. Als bewältigte. Wir müssen gut wegkommen. Aber nicht so lügen, daß wir es selber merken.»[23] Mit diesem Gegenbild zu seinem eigenen literarischen Schreiben grenzt er sich von der medialen Öffentlichkeit als Arbeitsbereich der «Intellektuellen» ab. Solange er als Romanautor auftritt, hat das eine gewisse Plausibilität. Doch bei anderen Gelegenheiten tritt er selbst als öffentlich sprechender Intellektueller auf. Spätestens in der Paulskirche wird dieser Widerspruch sich nicht überspielen lassen.

Der Roman, der sich dem Erinnern anvertraut, verzichtet darauf, eine gute antifaschistische Haltung auszustellen. Er nimmt das Risiko der Ehrlichkeit auf sich, um die Kindheit vor dem retrospektiven Zugriff der zeitgenössischen Moralisten zu retten. Gewalt, Ausgrenzung und Verfolgung werden keineswegs verschwiegen. Aber nur das gerät in den Blick, was in der Wasserburger Dorfwelt erlebbar war. Ein Zirkusclown, der Scherze über Nazis gemacht hat, wird im Dorf zusammengeschlagen. Aus dem Radioapparat in der Gaststube dröhnt das Geschrei des «Führers». Die «Dachauer» in ihren gestreiften Anzügen tauchen aus der Erinnerung auf und daneben die Mutter, die «Pscht!» macht und ein seltsames Gesicht. Daraus läßt sich sicher nicht die Geschichte des «Dritten Reiches» rekonstruieren. Ein Beitrag zur oberschwäbischen Mentalitätsgeschichte und eine detaillierte Inventur des dörflichen Alltags im «Dritten Reich» ist der «Springende Brunnen» aber schon. Man erfährt, wie sich die Naziherrschaft in einem Dorf am Bodensee in die bestehenden Verhältnisse einfügte. Man begreift, daß ein Kind trotzdem glücklich sein konnte.

Der Roman, von der Kritik gerühmt, wurde ein sensationeller Erfolg. Bis Ende 1998 verkaufte er sich rund 170 000mal, bis Ende 1999 knapp 200 000mal – mehr als jeder andere Walser-Roman in so kurzer Zeit. In der Bestsellerliste kam er auf die höheren Ränge. Als das Buch im September von Platz vier auf Platz sechs abrutschte, rief Walser besorgt im Verlag an: Er stehe nach einem Blick auf die Bestsellerliste unter Schock! Ob denn keine Werbung mehr gemacht werde? Er hatte den Eindruck, die Anzeigen seien im September deutlich zurückgefahren worden. Da müsse man sich über den Absturz nicht wundern!

Auch Reich-Ranickis «Literarisches Quartett» befaßte sich mit dem «Springenden Brunnen».[24] Diese Fernseh-Diskussion zeigte, wie riskant es für Walser war, sich ungeschminkten Erinnerungen zu überlassen und die Vergangenheit eben nicht ins moralisch Unbedenkliche umzufälschen. «Heikel» fand Gastkritiker Andreas Isenschmid, daß in dieser Kindheitsgeschichte im deutschen Faschismus das Wort Auschwitz nicht vorkomme, weil Walser sich weigere, «so etwas wie Vergangenheitsbewältigung hinzuzutun, ja auch nur Scham zu zeigen über die damalige Zeit». Isenschmid störte sich besonders an einer Szene am Ende des Romans, in der Johann – das jugendliche Alter ego Walsers – kurz nach Kriegsende dem Jungen wiederbegegnet, der ein paar Jahre zuvor ziemlich brutal aus der Hitlerjugend verbannt worden war. Dieser Wolfgang, Sohn einer jüdischen Mutter, berichtet ihm nun von der Gefahr, in der er und seine Familie lebten, und Johann erkennt erst in diesem Moment, wie vollkommen ahnungslos er die ganze Zeit über gewesen ist.

Die Begegnung ist ihm peinlich. Er würde gerne über das damals Vorgefallene sprechen, verstummt aber vor Scham. Wolfgangs Erzählung empfindet er als Vorwurf, weil er all das nicht gewußt hat. Wie soll er sich nun denen gegenüber verhalten, die so viel Angst haben mußten? Er will leben und keine Angst haben. Doch Angst, findet er, steckt an. Wie kann er Wolfgangs Mutter in Zukunft begegnen? «Wie grüßen, wie hin- oder wegschauen?»[25] Die Szene beschreibt den Walserschen Sündenfall. Ein Riß tut sich auf, der die Welt in zwei Teile zerreißt. Die Dorfgemeinschaft zerfällt in Wissende und Unwissende, in Täter und Opfer, und Johann erkennt, daß er auf die Seite der Täter gehört. Walsers Lebenswerk läßt sich auch als Versuch begreifen, diese Trennung zu überwinden. In plakativer Deutlichkeit gibt er der jüdischen Familie in seinem Roman den Namen «Landsmann». Er will zurück ins Paradies. Er möchte die ausgegrenzten, ermordeten und verjagten Juden zurückholen in die große, nationale Dorfgemeinschaft. Aber hinter Auschwitz kann man nicht mehr zurück. Man kann nur erzählen, wie es vorher war.

Das Bedürfnis «wegzuschauen», an dieser zentralen Romanstelle eingesetzt, ist ein Resultat der Scham. Das Bewußtsein, schuldig geworden zu sein, drückt sich darin aus, wird aber nicht rational bearbeitet, sondern emotional vorgeführt. Walser zeichnet Johann in dieser Szene als «ziemlich miesen, engen, unsensiblen Kerl», wie Isenschmid zu Recht bemerkte. Isenschmids Schlußfolgerung ist jedoch erstaunlich: «Diese Ehrlichkeit des Buches habe ich als antijüdisch empfunden.» Reich-Ranicki übertrumpfte dieses Statement mühelos. «Widerlich» finde er diese Stelle, er habe sie eigentlich gar nicht erwähnen wollen. «Ja», bestätigte er aber zugleich, «es ist die zentrale Stelle», und fügte hinzu: «Daß der Junge das 45 so empfunden hat, kein Wort gegen Walser. Daß er aber jetzt diese Stelle in den ‹Aspekten› im ZDF aus dem ganzen Roman hervorhebt und stolz vorliest, wie er das fabelhaft geschrieben hat. Das ist die Stelle, auf die er stolz ist. Das mißfällt mir arg.»

Seltsam: Walser sollte also ausgerechnet die zentrale Stelle nicht vorlesen dürfen? Welche Logik liegt dieser Forderung zugrunde? Sollte man nicht eher dankbar dafür sein, wenn ein Autor, anstatt sich moralisch zu veredeln, zeigt, wie der Schmerz der Erkenntnis und, daraus resultierend, das Bedürfnis zu verdrängen unmittelbar nach dem Krieg einsetzten? Indem er diese Mechanismen zeigt, setzt er sich doch gerade kritisch damit auseinander. Reich-Ranicki spulte aber seine übliche Litanei ab: Walser könne nicht erzählen und keine Charaktere schaffen. Ob Sydney oder Schweinfurt – alles einerlei. Daß die Jüdin negativ gezeichnet werde, mit hervorquellenden Augen und schweren Lippen – unschön, aber geschenkt. Wie die Menschen im Dorf plötzlich SA-Uniformen tragen und Fahnen schwenken – nichts als Klischees und anderswo schon besser gelesen. Ganz und gar daneben lag er mit der Behauptung, Walser habe schon in «Ehen in Philippsburg» eine Gesellschaft ohne Vergangenheit entworfen, in der niemand in der SA, der HJ oder im BDM war, und hole «erst jetzt (...) nach so vielen Jahren die Vergangenheit nach». Da hat Reich-Ranicki schon «Halbzeit» nicht richtig gelesen und die folgenden Werke großzügig übersehen. Immerhin: Hellmuth Karasek erinnerte ihn daran.

Auf Reich-Ranickis Fernsehauftritt angesprochen, sagte Walser wenig später in einem Interview: «Ich ertrage Auseinandersetzung auf meiner Ebene. Aber ich merke nichts mehr als die Verdammungs- und Verletzungsabsicht. Niemand kann von mir verlangen, daß ich das genieße. Da macht's bei mir zu, da sag' ich, laß mich doch bitte in Ruh. Seine Fernsehsendung empfinde ich als Machtausübung. Machtausübung gegenüber bin ich wie jeder Mensch empfindlich. In unserem Verhältnis ist er der Täter, und ich bin das Opfer.» Und als sei das noch nicht genug, als müsse er sich selbst übertrumpfen und die ultimative Provokation bieten, schob er noch hinterher: «Jeder Autor, den er so behandelt, könnte zu ihm sagen: Herr Reich-Ranicki, in unserem Verhältnis bin ich der Jude.»[26]

Fußballfeldgroßer Alptraum. Friedenspreisrede. Gewissen und Öffentlichkeit.

Auch in seiner Ablehnung des in Berlin geplanten «Mahnmals für die ermordeten Juden in Europa» schreckte er nicht vor provozierend drastischen Formulierungen zurück. Taktisches Sprechen liegt ihm nicht. Diplomatie war nie seine Sache. Wenn er, der Meinungsverächter, sich einer Meinung nicht enthalten kann, dann haut er sie mit ungebremster Wucht in die Öffentlichkeit.

Die Debatte um das Mahnmal dauerte schon knapp zehn Jahre an. Sie spitzte sich im Jahr 1998 zu, weil nun, nach einem gescheiterten ersten Wettbewerb, im zweiten Versuch alles auf den Entwurf von Peter Eisenman und Richard Serra zulief: ein «Weizenfeld» oder «Labyrinth» aus 4000 Betonstelen. Dieses Modell, das den zuvor prämierten und als «Grabplatte» verspotteten Entwurf der Berliner Künstlerin Christine Jackob-Marks ablöste, schien mehrheitsfähig und wurde auch von Bundeskanzler Kohl befürwortet. Nun wurde Kohl, für den symbolische Vergangenheitspolitik von Bitburg bis Verdun so wichtig war, abgewählt und mit Gerhard Schröder ein Gegenwartspragmatiker zum Bundeskanzler, der sich ein Mahnmal wünschte, zu dem «die Leute gerne hingehen». Schröders Bekenntnis zur «Normalität» der neuen, «im guten Sinne deutschen» Berliner Republik bildete den Kontext zu Walsers Paulskirchenrede. Die «Normalität», die sich auch im Umgang mit der Vergangenheit zu erweisen hätte, war einer der Schlüsselbegriffe der Zeit.

Die Formulierung «fußballfeldgroßer Alptraum» fürs Berliner Mahnmal sparte Walser sich für die Friedenspreisrede auf. Doch schon in den Wochen zuvor polemisierte er heftig. Er kenne weltweit keine einzige Stadt, in der es «ein Denkmal gibt für Schande». Mitten in der Hauptstadt, neben dem Brandenburger Tor, sei das geradezu «monströs». Welcher Irrtum zu glauben, «der Schwere der Taten quantitativ entsprechen zu können». Statt zum Gedenken anzuregen, würde das Mahnmal «ununterbrochen Schändungen» provozieren und bloß als «Arbeitsbeschaffungsmaßnahme für Wächter» dienen.[27] Dem furchtbaren Tatbestand des Holocaust könne man nicht durch «eine Veräußerlichung» entsprechen. Die Größe würde nicht zum Maßstab für das Gewissen werden, sondern bloß «Gegenempfindungen» wecken.[28] Die Argumente waren hinreichend bekannt. Entscheidend war für Walser aber etwas anderes: Die Auseinandersetzung mit den Verbrechen der Deutschen im Nationalsozialismus ist eine Gewissensfrage. Das Gewissen aber, das hatte er oft genug betont, ist eine persönliche, nicht veräußerbare Größe. Es läßt sich nicht vormundschaftlich bewirtschaften und gehört nicht in den Raum der Öffentlichkeit, weil es dort nur zeremoniell behandelt werden kann, also zum «Lippenbekenntnis», zum «Ritual» verflacht. Das Mahnmal stellte die Extremform solcher Veräußerlichungsbestrebungen dar.

Fünf Jahre später äußerte er sich vorsichtiger. Da sah er ein, daß auch Rituale von Bedeutung sein können, und gestand ein, zu sehr von sich selbst und den eigenen Bedürfnissen ausgegangen zu sein. Im Oktober 2003 lernte er Eisenman in Berlin kennen; Eisenman wollte sich mit ihm treffen, weil er Walsers Einwände gegen das Mahnmal als Herausforderung empfunden hatte. Wer weiß, ob der Bundestag sich ohne die Zuspitzung durch Walsers Paulskirchenrede zu einem Entschluß durchgerungen hätte. Erst die Debatte, die er damit entfesselte, zwang zur politischen Klärung. Dialektik der Geschichte: Walsers Ablehnung könnte zum Bau des Mahnmals beigetragen haben.

Mit Eisenman verstand er sich so prächtig, daß er den Architekten zum Abschied auf die Stirn küßte. So versöhnt, konnte er auch das Mahnmal in milderem Licht betrachten. Die öffentliche Stimmung schlug 2003 in die andere Richtung um. Während die ersten Betonstelen aufgestellt wurden, bröckelte die Befürworterfront. Fast schien es so, als stehe außer der Initiatorin Lea Rosh und dem Kuratorium niemand mehr ohne Einschränkungen dahinter. Als öffentlich bekannt wurde, daß ausgerechnet die Degussa, eine Tochter der IG Farben, die Substanz liefere, mit der die Stelen vor Graffiti geschützt werden, wollte das Kuratorium den Weiterbau aussetzen. Eine bizarre Debatte um die moralische Reinheit der Bausubstanz begann, die aus dem Gedenken eine Farce zu machen drohte. 1998 aber war die Situation noch völlig anders. Wer damals das Mahnmal ablehnte, geriet in Verdacht, damit auch die Erinnerung an den Holocaust abwehren zu wollen.

Der vom Börsenverein des Deutschen Buchhandels verliehene Friedenspreis wurde Walser als dem Autor der deutschen Einheit verliehen, «dessen literarisches Werk die deutschen Wirklichkeiten der zweiten Jahrhunderthälfte beschreibend, kommentierend und eingreifend begleitet hat», wie es in der Jurybegründung hieß. Er habe «den Deutschen das eigene Land und der Welt Deutschland erklärt und wieder nahegebracht». Da war zu erwarten, daß auch die feierliche Zeremonie am 11. Oktober 1998 in der Frankfurter Paulskirche zu einem Akt der Deutschlanderkundung werden würde. Laudator Frank Schirrmacher, den Walser sich auf Rat und Vermittlung Unselds ausgesucht hatte, konzentrierte sich in seiner Einführung ganz auf Walsers Verhältnis zur Geschichte. Er gab eine Gebrauchsanweisung, die geeignet gewesen wäre, viele der folgenden Mißverständnisse auszuräumen. Doch in der Aufregung um die Rede schien sich niemand mehr daran zu erinnern. Wie Walser, um die eigene Familiengeschichte erzählen zu können, die öffentlichen Schlagworte zertrümmern muß, wie er die Schlagworte bekämpft, um selbst frei sprechen zu lernen, welches Risiko er damit eingeht, wenn er sich, um die Schlagworte zu zerstören, auch selbst öffentlich der Zerstörung aussetzt, das beschrieb Schirrmacher so genau, daß man seine Laudatio wie einen vorgeschalteten Kommentar zur folgenden Rede und Debatte lesen kann.

Die Repräsentanten des Staates und der Kultur saßen in der ersten Reihe: Bundespräsident Roman Herzog lächelte freundlich und brach am Schluß, als Walser ihn direkt ansprach und um die Freilassung des Spions Rainer Rupp bat, in ein herzliches Lachen aus. Walser kam darauf zu sprechen, weil er in «Dorle und Wolf» einen ähnlich gelagerten Fall literarisch verarbeitet hatte, so daß er nun eine Autorenverantwortung gegenüber der Wirklichkeit verspürte. Im Jahr acht der deutschen Einheit war es vollends absurd geworden, DDR-Spione ihre Strafe absitzen zu lassen, während einstige Spione der Bundesrepublik für gute Arbeit belobigt wurden, bloß weil sie auf der historisch siegreichen Seite verraten hatten. Mit seinem Engagement für Rainer Rupp knüpfte Walser an seinen langjährigen Einsatz für schreibende Häftlinge und an die Initiative für RAF-Gefangene in den achtziger Jahren an. «Ein inniger Händedruck von Herzog ließ ihn sehr nachdenklich die Paulskirche verlassen», meldeten die Presseagenturen.[29]

Gekommen waren auch die Unionspolitiker Wolfgang Schäuble, Volker Rühe, Theo Waigel und Erwin Teufel und als Vertreter der neuen, rot-grünen Regierung der designierte Kulturstaatsminister Michael Naumann. Während der mehrfach von spontanem Applaus unterbrochenen Rede schwenkten die Fernsehkameras immer wieder auf Unseld und auf Käthe Walser, die ihren Mann an diesem Tag begleitete, und auf den Vorsitzenden des Zentralrats der Juden, Ignatz Bubis, der sichtbar in sich zusammensackte. Er blieb als einziger sitzen, als die 1200 Zuhörer sich am Ende von ihren Plätzen erhoben, um Walser stehend ihren Beifall zu bekunden.

Es war eine allerhöchste nationale Weihestunde. Der Dichter im schwarzen Anzug sprach vor marmorgetäfelter Wand und imposanten Blumengebinden. Daß er mit seinem weißen, quer über den Kopf gekämmten Haar ein wenig dem alten Goethe ähnelte, mag an der Repräsentationswucht des Ortes gelegen haben, der mehr an eine Aussegnungshalle erinnert denn an eine Stätte lebendiger Demokratie. Er wußte, daß man hier Predigten erwartet, Reden an die Nation mit bundespräsidialem Charakter und moralischem Großhabitus. Vielleicht daher das immer dringlichere Pathos, die laut und beschwörend werdende Stimme, die deutliche Erregung. Grass hatte hier im Jahr zuvor für Aufregung gesorgt, als er in seiner Laudatio auf den Preisträger Yasar Kemal die Asyl- und Ausländerpolitik der Bundesregierung kritisierte. Walser wehrte sich gegen den Erwartungsdruck, nun auch so eine Rede halten zu müssen. Da schloß sich der Bogen zu seinem ersten Auftritt als preisgekrönter Schriftsteller, der im Sommer 1957, ausgezeichnet mit dem Hesse-Preis, sich dagegen wehrte, als gesellschaftskritischer Autor eingestuft zu werden. Für die Paulskirche hatte er zunächst vorgehabt, über Arbeitslosigkeit zu sprechen und damit ein aktuelles Thema aufzugreifen, wie das in Friedenspreisreden guter Brauch ist. Aber nach zweiwöchigen Versuchen merkte er, daß es ihm, der in seinem Leben kaum einen Tag nicht gearbeitet hat, schlecht anstünde, darüber zu sprechen. Wo keine Erfahrung ist, kann die Sprache nicht gedeihen.

Walsers Abneigung gegen eine abrufbare gesellschaftskritische Haltung hat im Lauf der Jahrzehnte manche Wandlung erfahren. Verlorengegangen ist sie ihm nie. Jetzt gestand er eine Sehnsucht nach dem Schönen, die er an diesem Ort und zu diesem Anlaß für unerlaubt hielt. Aber gerade das Unerlaubte wollte er ja. Also wurde aus der Sonntagsrede dann doch eine kritische Rede, indem er den Gestus des Kritischwerdens kritisierte.

Gegen äußerliche «Kritik» setzt Walser das Gewissen. Das Gewissen ist internalisierte Kritik. Es ist die Instanz, die über das eigene Handeln befindet. Kritik ist eine öffentlich zu verhandelnde Sache, das Gewissen steht für sich selbst. Kritik geschieht im Namen der Vernunft, das Gewissen ist zugleich auch eine Angelegenheit des Empfindens. Es ist der Raum persönlicher Verantwortung und damit der Gegenbegriff zur vormundschaftlich tendierenden «Öffentlichkeit». Das Gewissen äußert sich im Selbstgespräch. Aber was passiert, wenn man öffentlich darüber spricht? Walser konnte ja trotz aller Rhetorik nicht verhindern, eine öffentliche Rede zu halten und seinem Gewissen damit genau das anzutun, wovor er es zu schützen vorgab. Die Paulskirchenrede ist der paradoxe Versuch, eine Gewissensöffentlichkeit herzustellen. Der Begriff der «Schande», den Walser benutzte, um sein Empfinden gegenüber «unserer geschichtlichen Last» zu fassen, belegt das. Dieser Begriff irritierte viele der späteren Kritiker der Rede, weil er weniger das deutsche Verbrechen als den deutschen Reputationsverlust beklage. Doch wie wäre das eine vom anderen zu trennen? Im Begriff der Schande laufen persönliches Empfinden und öffentliches Sprechen zusammen.

An zentraler Stelle zitierte Walser aus Heinrich von Kleists «Prinz von Homburg» als Beispiel für den Umgang mit Schuld und Verantwortung.[30] Rund vierzig Jahre zuvor hatte er dieselbe Passage schon in «Halbzeit» zitiert.[31] Sie ist für ihn von fundamentaler Bedeutung. Der Prinz wurde zum Tode verurteilt, doch der Kurfürst als Gerichtsherr begnadigt ihn. Seine Begründung: «Die höchste Achtung, wie Dir wohl bekannt,/Trag ich im Innersten für sein Gefühl/Wenn er den Spruch für ungerecht kann halten/Kassier' ich den Artikel; er ist frei.» Der Angeklagte wird also selbst zum Richter. Sein Gewissen ist die entscheidende Instanz. Er ist so frei, daß er sich nur selbst verurteilen kann. Genau das tut er auch: Der Prinz von Homburg lehnt das Angebot des Kurfürsten ab und nimmt die Schuld auf sich. Der Kurfürst begnadigt ihn erneut. Die Übernahme der Schuld wird damit zur Bedingung seiner Freiheit – einer Freiheit allerdings, die der Prinz dazu nutzt, sich bedingungslos in den Dienst Preußens zu stellen: «In Staub mit allen Feinden Brandenburgs!»

Diesen Fortgang des Dramas hat Walser in der Paulskirche nicht erzählt. Ihm ging es allein um die Pointe, daß das Gefühl, schuldig zu sein, sich nicht befehlen läßt. Eine Gewissensentscheidung ist eben keine Einladung zum billigen Freispruch, sondern propagiert die ernsthafte Selbstprüfung und Übernahme der Schuld. Kleists Plädoyer für Toleranz begründet, warum Gewissen nicht delegierbar ist und Gewissensfragen nicht stellvertretend für andere zu beantworten sind. Das ist Walsers Empfehlung auch für den Umgang mit der deutschen Schuld. Bekenntnisse, die nicht selbst empfunden und angenommen werden, sind wertlos.

Walser trat wie immer als Beichtender vor das Auditorium. Deshalb darf man seine Rede nicht als normativen Text lesen. Sie schreibt nichts vor, sondern ergründet das eigene Empfinden. Der Vorgang des «Wegschauens» will ja keinen Maßstab setzen, sondern ist das Geständnis einer Schwäche. Schon in seiner Auschwitzrede von 1979 hatte er die Neigung zum Wegschauen gebeichtet, damals allerdings mit dem Zusatz, er müsse sich zwingen hinzusehen, um nicht zu «verwildern». «Wir alle sind in Versuchung, uns gegen Auschwitz zu wehren. Wir schauen hin und gleich wieder weg. Leben kann man mit solchen Bildern nicht. Opfer und Täter stehen immer noch auf zwei Seiten. (…) Es gibt zu unseren Lebzeiten kein Verhältnis zu Auschwitz», hieß es damals.[32] Seither benutzte er den Topos des «Wegschauens» kontinuierlich, zuletzt auch im «Springenden Brunnen». Nicht immer ist Auschwitz damit verknüpft, aber immer geht es um Augenblicke der Scham und der Schande. Das «Wegschauen» bezeichnet die Nahtstelle zwischen persönlichem Gewissen und objektiver Schuld. Es signalisiert die eigene Sensibilität und Wut gegenüber einer dickhäutigen Medienwelt. Wer abgestumpft ist gegenüber der Schuld, muß auch nicht wegschauen. Das «Wegschauen» ist der Schutzmechanismus eines Verletzlichen.

Alfred Dorn in der «Verteidigung der Kindheit» erlebt einen solchen Augenblick der Scham beim Besuch eines Museums, wo er mit Correggios «Madonna des heiligen Georg» konfrontiert wird. «Von der schaute Alfred, sobald er hingeschaut hatte, gleich wieder weg. Wegen der so genau gemalten Geschlechtsteilchen gleich mehrerer nackter Knaben.»[33] Ganz allgemein und gewissermaßen leer tauchte der Begriff 1994 in der Auseinandersetzung mit dem Bildmedium Fernsehen auf: «Bilder wirken auf mich schnell verheerend. Vor allem mein eigenes. (...) Die abendliche Fernsehaktualität begleitet ihren Text regelmäßig mit Bildern, die mich zum Wegschauen zwingen. Den Text und den Ton ertrage ich. Vielleicht bin ich dem Bild einfach nicht gewachsen und gehöre so zu einer aussterbenden Gattung.»[34] Das erinnert daran, wie Walser in früher Jugend Kinofilme als Überwältigungen erlebte: Schon damals war er der Kraft der Bilder nicht gewachsen und empfand eine Obszönität des leeren Gaffens, die ihn hilflos machte. Deshalb ist aus ihm einer geworden, der sich dem Medium Sprache anvertraut.

Auch darum ging es in der Paulskirchenrede: Sie ist ein Plädoyer für das sprachliche Erinnern und gegen die Bebilderung. Das Geständnis des «Wegschauens» bezieht sich ja nicht auf die deutsche Vergangenheit, sondern auf ihre mediale, bildhafte Präsenz. Das Medium Fernsehen war Ziel seiner Kritik, wenn er davon sprach, «in den Medien sei auch eine Routine des Beschuldigens entstanden. Von den schlimmsten Filmsequenzen aus Konzentrationslagern habe ich bestimmt schon zwanzigmal weggeschaut. Kein ernstzunehmender Mensch leugnet Auschwitz; kein noch zurechnungsfähiger Mensch deutelt an der Grauenhaftigkeit von Auschwitz herum; wenn mir aber jeden Tag in den Medien diese Vergangenheit vorgehalten wird, merke ich, daß sich etwas in mir gegen die Dauerrepräsentation unserer Schande wehrt. Anstatt dankbar zu sein für die unaufhörliche Präsentation unserer Schande, fange ich an wegzuschauen»[35]. Ins Religiöse gewendet, könnte man seine Haltung als «Bilderverbot» im Umgang mit dem Holocaust bezeichnen. Wer daraus einen Schlußstrich konstruieren will, der müßte dann auch behaupten, Gläubige, die es ablehnen, ihren Gott abzubilden, wollten ihn damit leugnen. Bilder gehören für Walser zur äußerlichen Erinnerung, der er sein «interesseloses Interesse» an der Vergangenheit entgegensetzt, wie er es im «Springenden Brunnen» vorführte. Allerdings muß er sich fragen lassen, warum er Bilder als eine andere Möglichkeit des Erinnerns, die eben nicht seine ist, so heftig bekämpft. Warum können beide Formen nicht nebeneinander existieren?

In der Debatte, die seine Rede auslöste, ist immer wieder vorwurfsvoll auf ihre absichtliche Vieldeutigkeit hingewiesen worden. Walser hat jedoch auf seinem Recht beharrt, als Schriftsteller «literarisch» – und das heißt: vielschichtig – zu sprechen. In der Tat wäre es eine absurde Vorstellung, von ihm zu verlangen, für die Dauer seiner Rede ein anderes Handwerk zu betreiben. Wenn man eine konsensuale Bundespräsidentenrede gewünscht hätte, hätte man eben den Bundespräsidenten sprechen lassen sollen. Er fühlte sich auch nicht «mißverstanden» – eine Kompromißformel vieler Verteidiger, die ihn vor böswilligen Deutungen schützen wollten. So wie er in der Literatur jedem Leser das Recht zubilligt, sein eigenes Buch zu lesen, so sollte es auch in diesem Fall gelten. Deshalb widersprach er nicht einmal den rechten Schlußstrichpropagandisten, die ihm in der *Nationalzeitung* oder der *Jungen Freiheit* zujubelten. Wer das Gewissen von öffentlicher Normierung befreien will, muß Beifall von der falschen Seite ertragen.

Es wurde ihm auch vorgehalten, über die «Instrumentalisierung von Auschwitz zu gegenwärtigen Zwecken» gesprochen zu haben, ohne aber diese Zwecke zu benennen. Meinte er damit etwa die Ansprüche ehemaliger Zwangsarbeiter, um deren Entschädigung ein unwürdiges Gefeilsche zwischen deutscher Industrie und amerikanischen Anwälten betrieben wurde? Diesem Mißverständnis, dem Ignatz Bubis erlag, mußte er dann aber doch entgegentreten. Nichts davon steht in der Rede. Vielmehr betonte Walser, es handle sich stets um gute, «ehrenwerte» Zwecke. Aber eben doch: «Instrumentalisierung». Drei konkrete Fälle zählte er auf, die vielleicht nur deshalb so oft übersehen wurden, weil «Instrumentalisierung» ein viel zu großes Wort für die persönliche Gekränktheit ist, die sich darin verbirgt. Beispiel eins: «Jemand findet die Art, wie wir die Folgen der deutschen Teilung überwinden wollen, nicht gut und sagt, so ermöglichten wir ein neues Auschwitz.» Damit war Grass gemeint. Der Intellektuelle – Beispiel zwei –, der Walsers Klemperer-Rede von 1995 als «Verharmlosung von Auschwitz» begriff, war Jürgen Habermas. Der «smarte Intellektuelle» schließlich – Beispiel drei –, der «in seinem Gesicht einen Ernst hißt, der in diesem Gesicht wie eine Fremdsprache wirkt», das war Andreas Isenschmid, als er im «Literarischen Quartett» den «Springenden Brunnen» kritisierte, weil Auschwitz darin nicht vorkomme.

Drei Beispiele also aus dem Reservoir jüngster Verärgerungen. Drei Beispiele in eigener Sache. Dagegen mobilisierte Walser den wuchtigen Satz: «Auschwitz eignet sich nicht dafür, Drohroutine zu werden, jederzeit einsetzbares Einschüchterungsmittel oder Moralkeule oder auch nur Pflichtübung.»[36] Der Satz läßt an Deutlichkeit nichts zu wünschen übrig. Nicht Walser macht Auschwitz zur «Moralkeule», vielmehr versucht er, das Gedenken vor der alltäglichen medialen Vernutzung zu retten. Wenn man Walser etwas vorwerfen kann, dann die Eitelkeit, mit

der er die Auseinandersetzung auf der Klaviatur erlittener Kränkungen führte. Er präsentierte sich selbst als Opfer der «Instru-
mentalisierungen». Doch er hat das durchaus gemerkt und vorsichtig, um Verständnis werbend, gefragt: «Ist nicht jeder eine
Anstalt zur Lizenzierung der unvereinbarsten Widersprüche?
(...) Nicht jeder ein von Eitelkeiten dirigierter Gewissenskämp-
fer? Oder verallgemeinere ich mich jetzt schon zu sehr, um eigener Schwäche Gesellschaft zu verschaffen?»[37]

«Geistiger Brandstifter». Walser und Bubis.
Tausend Briefe. Miteinander.

Ignatz Bubis ist es zu verdanken, daß aus der Rede eine Debatte wurde, die in ihrer Bedeutung und Heftigkeit dem Historikerstreit der achtziger Jahre zu vergleichen ist. Am Tag danach ging
die Meldung durch die Medien, der Vorsitzende des Zentralrats
der Juden habe Martin Walser als «geistigen Brandstifter» bezeichnet. Ein ungeheuerlicher Vorwurf. Damit war auch das Beifall klat-
schende Auditorium in der Paulskirche bis hinauf zum Bundespräsidenten angeklagt: Hatte denn niemand außer Bubis erkannt,
daß es «Leute wie der DVU-Vorsitzende Gerhard Frey und Ex-
Republikaner-Chef Franz Schönhuber auch nicht anders sagen»
würden?[38] Nur Ralph Giordano war sofort zur Stelle und erklärte,
Walsers Rede habe in ihm «lähmendes Erstaunen verursacht»[39].

Mit Bubis' harschem Angriff stand das Verhältnis zwischen
jüdischen und nichtjüdischen Deutschen zur Debatte. Die Medienkritik der Rede geriet damit in den Hintergrund. Walser
empfand Bubis' Attacke als «Heraustreten aus dem Dialog zwischen Menschen» und beteuerte, «einen solchen Vorwurf nicht
für möglich gehalten» zu haben.[40] Wie riskant seine Rede war,
muß ihm aber klar gewesen sein, schließlich sprach er nach eigenem Bekunden wieder einmal «vor Kühnheit zitternd» und kal-
kulierte das Provokationspotential von Begriffen wie «Moralkeu-

le» und «Instrumentalisierung» durchaus. Immer wieder erzählt er, wie er unmittelbar nach der Rede von Michel Friedman, einem Stellvertreter des Zentralratsvorsitzenden Bubis, umarmt und beglückwünscht worden sei. Walser fuhr im Gefühl großer Zustimmung nach Hause und folgte nicht mehr der Einladung Frank Schirrmachers für den Abend. Dort hätte er Bubis und Reich-Ranicki treffen können, und vielleicht, so meint er, hätte sich alles anders entwickelt, wenn es dort zu einem klärenden Gespräch gekommen wäre.

Schwierig war die Situation für Unseld, der zwischen zwei Freunden vermitteln mußte. Er und Ulla Berkéwicz hatten die Rede schon zuvor gelesen und für gut befunden. Nun versuchte er, Bubis ein weniger hartes Urteil nahezulegen. Unseld verstand sehr wohl, daß Bubis in seiner Funktion als Repräsentant des deutschen Judentums auf den Begriff der «Instrumentalisierung» reagieren mußte, hielt aber den Vorwurf der «geistigen Brandstiftung» für «unangemessen». «Lieber Ignatz», schrieb er, «ich bin zutiefst betroffen. Ich kenne Martin Walser seit 50 Jahren, ich weiß, daß Martin Walser in Verstand und Herz an die Symbiose des Deutsch-Jüdischen glaubt.»[41] Doch Bubis ließ sich nicht belehren. In der *Welt* erklärte er, sich vor allem an den Begriffen «Instrumentalisierung» und «Moralkeule» gestört zu haben. Walser habe, bezogen auf den Holocaust, von einer «Reizüberflutung» gesprochen. «Aber haben Sie je vernommen, daß er sich über Gewalt in der Werbung oder in Krimis aufregt? Nein, er will einfach, daß das Thema Holocaust im Orkus der Geschichte versinkt, daß nicht mehr darüber gesprochen wird. Das kann man von den Opfern aber nicht verlangen. Hätten Walsers Vorfahren dafür gesorgt, daß die Juden am Leben bleiben können, gäbe es heute keine Gespräche über sie, die der Gefahr ausgesetzt sind, irgendwie ‹instrumentalisiert› zu werden.» Wie ein Priester verteidigte Bubis die Erinnerung als etwas Unumstößliches und Unveränderbares. Seine Worte machten deutlich, daß der Streit um das Erinnern ein Religionsstreit ist: «Die Vergangenheit ist, wie sie ist. Daran gibt es nichts zu deuteln. Im Talmud heißt es: ‹Jede Zukunft hat eine Vergangenheit.› Und wie die Zukunft mit dieser deutschen Vergangenheit auszusehen hat, steht fest.»[42] Wer also, wie Walser, die Art und Weise des Erinnerns in Frage stellte, wurde zwangsläufig zum Ketzer.

Walser rief aus Erlangen im Verlag an. Dort las er im Audimax der Uni vor tausend Zuhörern aus dem «Springenden Brunnen». Die Stimmung war gut, berichtete er, bat aber darum, Bubis mitzuteilen, daß er nicht von «Reizüberflutung» gesprochen habe. Das sei ein Wort aus dem Management-Business, das er niemals in Zusammenhang mit dem Holocaust verwenden würde.[43] Auch eine Lesung im Leipziger Rathaus, eine Woche später, wurde zu einem beifallumrauschten Erfolg. Über eine Stunde mußte er signieren, und doch war das Publikum nicht ganz zufrieden. Unseld machte einführend deutlich, wie «unfaßlich» und «absurd» er den Vorwurf der «geistigen Brandstiftung» finde. Walser äußerte sich nicht dazu. Er hatte die Veranstalter gebeten, seiner angegriffenen Gesundheit zuliebe auf die Publikumsdiskussion zu verzichten. Die Mikrophone standen vorwurfsvoll im Saal und mutierten zum Zeichen für einen unausgetragenen Dialog.[44]

Die Stimmung bei Walsers öffentlichen Auftritten kippte allmählich. Befürworter und Gegner gingen in Stellung. Lautstarke Demonstranten wurden zu einer Begleiterscheinung seiner Lesungen. Im Berliner Ensemble, wo er die Berlin-Brandenburgischen Buchwochen eröffnete, regnete es Flugblätter von der Empore, auf denen mitgeteilt wurde, Walser habe sich endgültig als «rechtsextremistischer Intellektueller» geoutet.[45] Er galt nun als Repräsentant der schweigenden Mehrheit, der aussprach, was viele nur hinter vorgehaltener Hand zu sagen wagten: daß es doch mit Auschwitz allmählich sein Bewenden haben müsse. «Die Mehrheit hat den Ort der Geschichte zugeordnet und erwartet getrost das Verblassen der Erinnerung», schrieb Günter Gaus in der *Süddeutschen*.[46] Hermann Gremliza, der Mann fürs Grobe, formulierte derb und jenseits jeder Textgrundlage: «Von Ausch-witz nichts mehr hören zu müssen. So lautet die Verheißung, und Martin Walser ist ihr Prophet.»[47] Da die von Frank Schirr-macher geführte *F.A.Z.* Walsers treueste Verbündete war, schien die Öffentlichkeit sich noch einmal übersichtlich in rechts und links, in reaktionäre Geschichtsharmonisierer und erinnerungs-tapfere Antifaschisten sortieren zu lassen. Ideologische Fronten, die Walser doch überwinden wollte, erneuerten sich.

Die Intellektuellen sortierten sich in die Lager der Walser-Be-fürworter (Peter Schneider, Monika Maron) oder der Gegner (Friedrich Schorlemmer, Henryk M. Broder). Tatsächlich schien es, als habe Walser «zwei Reden» gehalten, wie Monika Maron bemerkte. Je nachdem, ob man seinen Text mit der Hermeneu-tik des Verdachts oder des Wohlwollens las, kam man zu gegen-sätzlichen Resultaten. Marcel Reich-Ranicki übte sich nacheinan-der in beiden Lesarten. Anfang Dezember schaltete er sich noch begütigend und geradezu humorvoll in den Streit ein («Ich ha-be für sie alle Verständnis, ja Sympathie, und sie tun mir alle leid.»[48]) und nahm Walser vor dem Vorwurf, das Wegschauen zu empfehlen, in Schutz. In seiner ein paar Monate später erschie-nenen Autobiographie «Mein Leben» sprach er ohne zu zögern von «Walsers Schlußstrich» und erklärte: «Sein trotziges Bekennt-nis zum Wegschauen vom nationalsozialistischen Verbrechen war, ob er es wollte oder nicht, ein Aufruf zur Nachahmung sei-nes Verhaltens.» Walsers Rede habe ihn «tief getroffen und ver-letzt», behauptete er jetzt.[49] Wieder einmal, wie zwischen 1976 und 1978, hatte Reich-Ranicki in kurzer Zeit einen atemrauben-den Meinungswechsel absolviert. Gegen diese Umschwünge ist Walser geradezu ein Garant der Verläßlichkeit.

Der jüdische Publizist Rafael Seligmann war einer der we-nigen, der nicht in besorgtes Mahnen verfiel, sondern Freude demonstrierte: Endlich werde gestritten über die Erinnerungs-rituale der deutschen Betroffenheitskultur, und das könne nur gut sein.[50] Klaus von Dohnanyi verteidigte Walser mit dem problematischen Gedankenspiel, wie die Juden gehandelt hätten, wenn nicht sie von den Nazis verfolgt worden wären: Ob sie dann nicht auch zu Tätern hätten werden können? Diese Argumentation wirkte eher kontraproduktiv und stärkte den Antisemitismusverdacht, den Walsers Gegner hegten und pflegten. Walsers Reaktionen im Gespräch mit Rudolf Augstein im *Spiegel*, wo er Augsteins Erinnerungen an eine heroische, antifaschistische Kindheit ungläubigst bestaunte, trugen auch nicht gerade zum besseren Verständnis bei.[51] Für dieses Gespräch flog Walser nach Nizza, von wo er mit einem Hubschrauber zu Augsteins Domizil nach St. Tropez gebracht wurde. So staatsmännisch reiste er nur dies eine Mal in seinem Leben. Anderthalb Tage blieb er zu Besuch, badend, redend, trinkend, sich wundernd. Es war die letzte Begegnung mit Augstein.

Die Kontrahenten Bubis und Walser aber blieben in Deckung und in Distanz zueinander. Walser konnte sich ein Treffen nicht vorstellen: «Ich kann Herrn Bubis nicht zumuten, daß er mit einem ‹geistigen Brandstifter› redet. Solange er zu diesem Ausdruck steht, werde ich wohl auf eine nähere Bekanntschaft verzichten müssen.»[52] Bubis bekräftigte seine Vorwürfe in seiner Rede zum 60. Jahrestag der Reichspogromnacht am 9. November 1998 und behauptete erneut, Walser habe «eindeutig» «für eine Kultur des Wegschauens und Wegdenkens, die im Nationalsozialismus mehr als üblich war», plädiert.[53] Bundespräsident Herzog versuchte zu vermitteln und zu mildern, indem er nach Präsidentenart beiden ein bißchen recht gab. Er verteidigte einerseits die staatliche Pflicht, öffentlich zu gedenken, warnte aber zugleich davor, Worte wie «Auschwitz» und «Holocaust» leichtfertig zu benutzen und damit «das Entsetzen in billige Münze umzuwechseln»[54].

Walser stellte sich Ende November in Duisburg erstmals öffentlich der Diskussion, wo er – lange geplant – die Universitätstage eröffnen sollte. Der Vorstoß kritischer Studenten, ihn wieder auszuladen, war gescheitert, und so kam er nun mit einer gehörigen Wut im Bauch. Das Audimax war geschmückt mit Spruchbändern, die vor dem Vergessen warnten, den «Rassismus der Mitte» anprangerten und verkündeten: «Deutschland denken heißt Auschwitz denken». In gereizter Atmosphäre, vor einem überwiegend wohlwollenden Publikum, wurde er vom Rektor der Universität und von der Oberbürgermeisterin der Stadt wie ein Held willkommen geheißen, als stünde mindestens die Meinungsfreiheit auf dem Spiel. Walser buchstabierte den lautstark demonstrierenden Studenten seine Rede Satz für Satz durch, als müsse er Analphabeten das Lesen beibringen. Was heißt Scham? Was bedeutet Schande? Wovon zeugt die Schande, wenn nicht von Verbrechen? Es war eine Deutschstunde der besonderen Art. Als er, seine Schriftstellererfahrung resümierend, zornig ausrief: «Deutsch ist Glückssache», schrie eine Studentin: «Das ist Zynismus!» Er meinte die Sprache. Sie meinte die Nation. So redete man aneinander vorbei.[55]

Eine offizielle «Klarstellung» in Sachen Antisemitismus, die der israelische Botschafter Avi Primor von ihm erbat, lehnte Walser ab. Solange Bubis an seiner «absurden Behauptung» festhalte, sah er keine Möglichkeit, in den «Bereich der gesitteten Rede» zurückzugelangen.[56] Es ist ein mittleres Wunder, daß es glückte, Walser und Bubis in der Redaktion der *F.A.Z.* zum Gespräch zusammenzubringen. Wie zum Duell traten sie an, ein Showdown in Begleitung zweier für beide Seiten vertrauensvoller Adjutanten: Frank Schirrmacher als Moderator und Salomon Korn als Schlichter. Wie Feldherren ihre Bataillone aufmarschieren lassen, so versuchten die Kontrahenten zuerst einmal, mit ihrer Anhängerschaft zu punkten: Bubis erzählte von «mehr als einer halben Million junger Menschen», mit denen er in den letzten Jahren diskutiert habe. Walser erwähnte immer wieder die mehr als tausend Briefe, die er auf seine Rede hin erhalten habe und die überwiegend zustimmend seien. Diese Briefe hatten für ihn enorme Bedeutung. Sie kamen aus allen Bevölkerungsgruppen, von Verfolgten des Naziregimes, von Juden, von Jugendlichen, und nur zu kleinen Teilen vom «Bodensatz der Ewiggestrigen». Die «Majorität meiner Briefe ist zu Herzen gehend und von mir geprüft», sagte er. Diese Briefe stellten gewissermaßen das Volk dar. Sie nahmen ihn auf und bargen ihn und vermittelten den so sehr erwünschten Eindruck deutsch-jüdischer Zusammengehörigkeit. Er legte deshalb großen Wert darauf, einen Teil der Briefe in den Dokumentationsband über die Debatte aufzunehmen, den Schirrmacher im Jahr 1999 herausgab. Sehr zum Verdruß von Unseld übrigens, der nur das sammeln wollte, was öffentlich vorlag.

Bubis eröffnete das Gespräch mit einer Entschärfung seines Brandstifter-Vorwurfes. Er war eher versöhnlich gestimmt, Walser unverhohlen aggressiv. Er wollte sich von Bubis nicht beeindrucken lassen, der zunächst lange über seine Biographie sprach: über den Vater, der in Treblinka ermordet wurde, über das eigene Überleben und über seine Schwierigkeiten, «hinzusehen» und die Gedenkorte Auschwitz oder Bergen-Belsen zu besuchen. Welch unglaubliche Taktlosigkeit, als Walser, auf sein Werk und seine langjährige Auseinandersetzung mit Auschwitz verweisend, zu diesem Mann sagte: «Und, Herr Bubis, das muß ich Ihnen sagen, ich war in diesem Feld beschäftigt, da waren Sie noch mit ganz anderen Dingen beschäftigt. Sie haben sich diesen Problemen später zugewendet (...) als ich.»[57] Walser spielte damit auf Bubis' Tätigkeit als Frankfurter Immobilienmakler an, die schon Rainer Werner Fassbinder in seinem Stück «Der Müll, die Stadt und der Tod» thematisiert hatte. Bubis erwiderte: «Ich hätte nicht leben können. Ich hätte nicht weiterleben können, wenn ich mich damit früher beschäftigt hätte.» Und Walser: «Und ich mußte, um weiterleben zu können, mich damit beschäftigen.»

Unvereinbar stehen sich die Erinnerungen des Auschwitz-Überlebenden und des Schuldgeplagten gegenüber. Diese Unvereinbarkeit, die Endgültigkeit, in der Täter und Opfer in Deutschland einander gegenüberstehen, ist es, die Walsers Aggressivität auslöste. In der Paulskirche hatte er sich grimmig gegen «die In-

Bei einer Lesung im Münchner Theater in der Leopoldstraße, März 1978.

Die Familie Walser mit den Töchtern Alissa, Johanna und Franziska, 1964 in Friedrichshafen.

Mit Uwe Johnson.

Bei der Verleihung des
Gerhart-Hauptmann-Preises
1962, mit Erwin Piscator
(rechts).

Mit Fritz Kortner bei der Probe zu Walsers Theaterstück
«Die Zimmerschlacht», Münchner Kammerspiele, 1967.

Protestveranstaltung gegen
den Vietnam-Krieg, in der
Mitte Erich Fried.

Vor dem Tennis mit Reinhard Baumgart und Siegfried Unseld, 1969.

Mit Elias Canetti im Londoner Goethe-Institut.

Familie Walser mit Hund Timon vor dem Haus in Nußdorf, 1973.

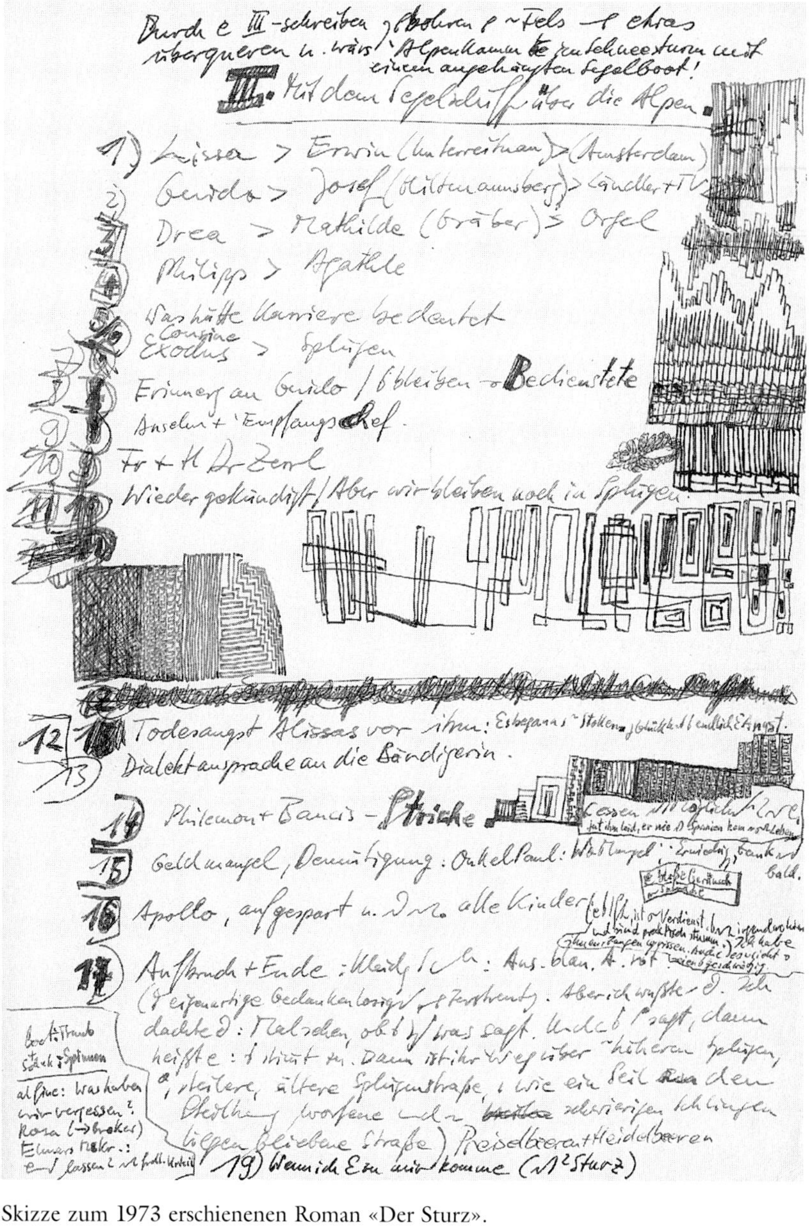

Skizze zum 1973 erschienenen Roman «Der Sturz».

Mit Andy Warhol.

Trinidad, 1972.

West Virginia, 1976. Mit Tochter Theresia, im Ford Mercury Marquis.

Frankfurter Poetikvorlesung, 1980.

Zu Robert Walsers 100. Geburtstag in Zürich, mit Adolf Muschg (Mitte) und Peter Weiss.

Mit Ruth Klüger auf dem Göttinger Germanistikkongress.

Käthe, Johanna, Alissa, Franziska und Theresia Walser, 1980.

Mit Schwiegersohn Edgar Selge bei den Aufnahmen zu «Nero läßt grüßen».

Mit Hans Mayer, Anfang der achtziger Jahre.

Mit Günter Grass, Anfang der achtziger Jahre.

Mit Jürgen Habermas, Anfang der achtziger Jahre.

Die Suhrkamp-Allstars, von links nach rechts: Peter Weiss, Max Frisch, Siegfried Unseld, Martin Walser und Uwe Johnson, Mai 1983.

Bei den Dreharbeiten zur Verfilmung des Romans «Das Einhorn» mit Peter Vogel als Anselm Kristlein.

Schach in Venedig, an Unselds 65. Geburtstag, 1989.

Zu Besuch in Leipzig bei Reclam-Verleger Hans Marquardt, 1981.

Auf dem «Blauen Wunder» in Dresden, 1989.

Manuskriptseite der Paulskirchenrede.

Beim Gespräch mit Ignatz Bubis in der Frankfurter Redaktion der *F.A.Z.*, 1998.

Im Arbeitszimmer in Nußdorf, circa 2000.

Mit Rudolf Augstein in St. Tropez, Herbst 1998.

Mit Heribert Tenschert, 2003.

Als Träger des Ordens
«Pour le mérite».

Im Jahr 2004.

tellektuellen» gerichtet, die «eine Sekunde lang der Illusion verfallen, sie hätten sich, weil sie wieder im grausamen Erinnerungs-
dienst gearbeitet haben, ein wenig entschuldigt, seien für einen
Augenblick sogar näher bei den Opfern als bei den Tätern. Ich
habe es nie für möglich gehalten, die Seite der Beschuldigten zu
verlassen»[58]. Ebendiese Gewissensaufrichtigkeit führt dann in einer paradoxen Wendung zur Aggression gegen Bubis – als ob
er für das Auseinanderfallen der Deutschen in Opfer und Täter
verantwortlich wäre. Das wird auch an einer anderen Stelle deutlich, als das Gespräch sich um die neuesten Brutalitäten gegen
Ausländer und Asylanten drehte. Walser hatte schon in der Paulskirche bekundet, daß er die Berichte über Würstchenbuden, die
am Rand der Pogrome in Rostock-Lichtenhagen aufgestellt worden seien, nicht glauben wollte. Er machte auch hier «die Intellektuellen» und «die Medien» dafür verantwortlich, diese Bilder
zu verbreiten, wehrte sich also gewissermaßen gegen die Boten
anstelle der Botschaft. Nun sagte er zu Bubis: «Ich glaube, ich
habe Sie im Fernsehen gesehen in Lichtenhagen bei Rostock.
Jetzt frage ich Sie, als was waren Sie dort?» Bubis: «Das will ich
Ihnen sagen.» Walser: «Denn ich sah Ihr empörtes, ergriffenes
Gesicht im Fernsehen, begleitet vom Schein der brennenden
Häuser, das war sehr heroisch.» Bubis beteuerte, er habe sich dafür eingesetzt, wegen der Ereignisse nicht die ganze Stadt zu ver-
dammen. Er habe auf die Differenz hingewiesen zwischen dem
Mob, der hier agierte, und der staatlich organisierten Kriminali-
tät der Nazizeit. Dazu Walser: «Ja, aber verstehen Sie, wenn Sie
auftauchen, dann ist das sofort zurückgebunden an 1933.»[59]

Im Grunde bestritt er damit Bubis das Recht, sich zu gegenwärtigen Problemen im vereinigten Deutschland zu äußern,
weil Bubis qua Person und qua Amt den Kurzschluß Heute =
Gestern provozieren könnte. Das nennt Walser «Instrumentalisierung». Und deshalb wehrte Bubis sich instinktiv durchaus zu
Recht gegen die Konsequenzen aus diesem Begriff. Nimmt man
Walsers Kritik ernst, fiele jede nichtliterarische, nichtpersönliche

Vergegenwärtigung von Auschwitz unter das Verdikt der Instrumentalisierung. Eine politische, öffentliche Auseinandersetzung wäre nicht mehr möglich. Deshalb mußte Bubis auch das bloße Ritual verteidigen und den produktiven Kern von Walsers Kritik an den zum «Lippengebet» verkommenen Gedenkübungen zurückweisen.

Walser sah das Problem und nahm die Wucht des Gedankens zurück, indem er sein Plädoyer für Gewissensfreiheit mit dem entscheidenden, wenn auch beiläufig eingeschobenen Satz ergänzte: «Ich habe vielleicht zu wenig deutlich gemacht, daß es öffentliche Erinnerungspflege geben soll.»[60] In der Paulskirche hatte er diesen wichtigen Hinweis, der Bubis vielleicht beruhigt hätte, versäumt – vielleicht weil er die Rede als Ergänzung zum «Springenden Brunnen» empfand und weil er dachte, er könne sein Werk mit in Rechnung stellen. 1979, in dem Essay «Händedruck mit Gespenstern», hatte er den Gedanken ausgeführt. Bubis kam auf diesen Text zu sprechen, zitierte ihn aber verhängnisvoll falsch. Walser habe damals gesagt: «Wir werden uns nicht nationalen Fragen zuwenden können, wenn wir Auschwitz nicht verdrängen.» Tatsächlich hatte Walser aber gesagt: «Wenn wir Auschwitz bewältigen könnten, könnten wir uns wieder nationalen Aufgaben zuwenden. Aber ich muß zugeben, eine rein weltliche, eine liberale, eine vom Religiösen, eine überhaupt von allem Ich-Überschreitenden fliehende Gesellschaft kann Auschwitz nur verdrängen. Wo das Ich das Höchste ist, kann man Schuld nur verdrängen. Aufnehmen, behalten und tragen kann man nur miteinander.»

Wie dieses «Miteinander», das doch wohl nur öffentlich möglich ist, sich mit dem persönlichen Gewissen der Paulskirchenrede verträgt, wie diese sich ergänzenden Gegensätze zusammenzudenken sind, darüber wäre zu sprechen gewesen. Statt dessen aber erschöpfte sich das Gespräch in Vorwürfen, Widerlegungen und zaghaften Annäherungsbemühungen. Mehr war wohl nicht zu leisten. Und als Bubis am Ende den «geistigen Brandstifter» feierlich zurückzog, grantelte Walser: «Das brauchen Sie nicht.

Ich bin keine Instanz, vor der man was zurücknimmt. Ich bin kein Offizier aus dem Casino. Ich brauche das nicht.»[61]

Die beiden begegneten sich danach nie wieder. Das Scheitern ihres Gesprächs steht unaufgelöst im Raum. Der deutsche Dichter und der Repräsentant des deutschen Judentums, beide Vertreter einer Generation, konnten zueinander nicht finden. Dabei waren diese beiden Männer in ihrem kindlichen Trotz, in ihrem Beharrungsvermögen und in ihrer Rechthaberenergie sich ähnlicher, als sie glauben mochten. Aber sie standen auf den gegenüberliegenden Seiten des tiefen Grabens, den der Holocaust quer durch die deutsche Geschichte gezogen hat. Diesen Graben nicht überwinden zu können ist Walsers Unglück. Man könnte auch sagen: Es ist die Energiequelle seiner unerschöpflichen Produktivität. Sie treibt ihn an zu immer neuen Versuchen und neuen Anläufen des Erzählens. Aber eben auch zu aggressiven Ausfällen wie im Gespräch mit Bubis.

XVI LIEBESERKLÄRUNGEN. 1999–2002

Reiterstandbild. Indizien, Verdächte, Mißverständnisse. Nichts als Sprache.

«Ich brauch' kein Mahnmal», sagte Walser, wenn mal wieder seine Meinung zum Holocaust-Mahnmal in Berlin eingeholt wurde.[1] Nun aber sah er sich in seiner Heimatstadt mit einem Reiterstandbild konfrontiert, das unverkennbar ihn darstellte. Hoch über einem Brunnen sitzt er zu Ross, umgeben von wasserspeienden Dämonen. Überlingen schmückt sich mit seinem berühmten Dichter. In der Ausführung des Bildhauers Peter Lenk blickt er unter buschigen, steinernen Augenbrauen allerdings ziemlich grimmig in die Gegend. Auf dem Kopf trägt er eine Mütze mit Ohrenklappen, an den Füßen Schlittschuhe. Dieser Reiter über den Bodensee ist auch für den Fall gewappnet, daß sein Pferd den Ritt übers Eis verweigert. Das Pferd sieht müde aus, kaum geeignet, größere Gefahren zu bestehen. Auch der Reiter hat nichts Dichterfürstenhaftes an sich. Er ist kein Vorzeigeheld, sondern eine Figur, die ihren öffentlichen Ausritt nur widerwillig absolviert. Geduckt, mißmutig, fast ein wenig ängstlich hockt er auf seinem Gaul, als wäre er viel lieber anderswo, vielleicht draußen auf dem See, wo sich weniger Blicke auf ihn richten würden.

Martin Walser weigert sich beharrlich, diesem Bildnis seiner selbst gegenüberzutreten. Seit das Denkmal im Juni 1999 errichtet wurde, ist er nicht mehr nach Überlingen gefahren und hat sogar den Friseur gewechselt, um diesen Weg nicht mehr einschlagen zu müssen. Die Peinlichkeit, dem eigenen Denkmal zu begegnen, wäre zu groß. «Warum hat man mich nicht gefragt, bevor man das gemacht hat», beschwert er sich. Der Stadtrat hätte anrufen können, das wäre doch das mindeste gewesen. Aber er bekam keine Chance zu verhindern, daß ausgerechnet er, der Denkmalskeptiker, zum ersten lebenden deutschen Schriftsteller wurde, dessen Denkmal einen öffentlichen Platz schmückt.

Dabei hätte diese Ehrung ihn doch auch stärken können. Er brauchte jede Form von Zuspruch. Die Angriffe, die er seit der Paulskirchenrede auf sich zog, verunsicherten ihn. Nervös kämpfte er gegen das Bild des rechtslastigen, antisemitismusverdächtigen Nationalisten an, das in Teilen der Öffentlichkeit gezeichnet wurde. Die Atmosphäre lud zur Denunziation ein. Einer, der unter Verdacht steht, muß mit Indizien überführt werden. Jedes seiner Worte wurde von jetzt an abgeklopft, ob da etwas hohl töne und sich gegen ihn verwenden lasse. Journalisten verwandelten sich in Staatsanwälte, die aus seinen Worten immer neue Beweise fragwürdiger Gesinnung herausmeißelten. Der Berliner *Tagesspiegel* behauptete, Walser habe während einer Lesung in Berlin-Treptow zu Demonstrationen gegen das Holocaust-Mahnmal aufgerufen.[2] Walser dementierte, worauf der *Tagesspiegel* zugab, die Äußerung ein wenig «zugespitzt» zu haben. Günter Amendt veröffentlichte in der Schweizer *Wochenzeitung* einen offenen Brief an Ignatz Bubis, in dem er von einer Begegnung mit Walser im Sommer 1978 in der Hamburger *konkret*-Redaktion berichtete. Walser habe sich damals ins Gespräch über Bob Dylan mit der Frage eingemischt, was an diesem «herumzigeunernden Israeliten» eigentlich so besonders sei. Er, Amendt, habe ihm darauf vorsichtig vorgehalten, ein Antisemit zu sein, was Walser angeblich «lachend und selbstgefällig» mit der Bemerkung quittierte, das habe ihm Habermas am Rande eines Kongresses in Chicago auch schon vorgeworfen.[3]

Jetzt, zwanzig Jahre danach und durch und durch verdächtig, konnte Walser nicht mit dem Lachen reagieren, das der banalen Anekdote angemessen wäre. Die Macht des Verdachts ließ eine entspannte Reaktion nicht mehr zu. Aufgeregt rief er im Verlag an: All das habe er nie gesagt, und er sei auch nie mit Habermas in Chicago gewesen. Und «Israelit», das sei Goebbels-Jargon, nie hätte er so etwas sagen können. Er wollte Strafantrag wegen Verleumdung stellen und verlangte eine öffentliche Entschuldigung Amendts. Doch auch innerhalb des Verlages fühlte er sich nicht mehr genügend unterstützt, ja regelrecht ausgegrenzt. Eine von Gert Ueding im Insel Verlag herausgegebene Anthologie mit politischen Reden von Luther bis in die Gegenwart führte ihm das mit schmerzlicher Deutlichkeit vor Augen: Er war in dieser Sammlung nicht vertreten, woraus er den Schluß zog, für seinen Verlag keine Rolle mehr zu spielen. Nur die *F.A.Z.* stand in dieser Phase treu zu ihm. Frank Schirrmacher verwies die Walser-Kritiker auf Leben und Werk des Autors, die doch ausreichen müßten, um all die versammelten Verdächte zu entkräften: «Vielleicht erleben wir hier, daß Biographien nichts mehr bedeuten», diagnostizierte Schirrmacher. «Vielleicht werden wir gerade die leicht gelangweilten Zeugen des Zerfalls von so pathetischen Vorstellungen des neunzehnten Jahrhunderts wie Lebenswerk und Werkbiographie.»[4] Drei Jahre später, in der Bewertung des Romans «Tod eines Kritikers», sollten Werkzusammenhang und Biographie aber auch für ihn keine Rolle mehr spielen. Dann würde auch er das Lebenswerk Walsers dem Skandaleffekt opfern.

Zum Eklat kam es nach einer Lesung in Bergen-Enkheim, als sich die lokalen Kulturrepräsentanten und Freunde Walsers im Restaurant «Lindenschänke» versammelten. Tochter Alissa war aus Frankfurt gekommen, Arnold Stadler saß dabei, Elisabeth Borchers und Christoph Buchwald vertraten den Suhrkamp Verlag. Als Burgel Zeeh Grüße Unselds bestellte, zog Walser den Insel-Prospekt aus der Tasche, schlug die Ankündigung des Ueding-Bandes auf und fragte, warum er nicht unter den Beiträgern sei. Burgel Zeeh war der Ansicht, er habe im Gespräch mit Unseld selbst erklärt, nie wieder in einer Anthologie des Verlages vertreten sein zu wollen. Walser geriet außer sich. Wütend schlug er auf den Tisch. «Siegfried liest nicht mehr», beklagte er sich laut Burgel Zeeh, zeigte auf Elisabeth Borchers und rief: «Sie war mal (m)eine Lektorin, mein jetziger Lektor ist Programmdirektor, der

XVI LIEBESERKLÄRUNGEN. 1999–2002   503

hier» – er zeigte auf Christoph Buchwald – «ist Verlagsdirektor.» Mit der Drohung «ich verlasse diesen Verlag!» ergriff er seine Tasche und verschwand. Die Tischgesellschaft blieb stumm zurück.[5]

Unseld war entsetzt. Er verstand «die ganze Sache» nicht und meinte, «daß unsere bald 50jährige Beziehung dies nicht verdient hat»[6]. Dem konnte Walser nur beipflichten. «Ich habe vor kurzem, nachdem ich gesehen habe, daß ich im Band 1945–90 nicht enthalten bin, *da erst* habe ich gesagt, ich möchte in keiner Anthologie mehr vertreten sein. Da war aber der Ueding-Band doch schon längst fertig und ich nicht drin. Das hat mich an Burgels Aussage erbittert. (…) Und jetzt kommst Du genau so (…). Ich bitte Dich, das zurückzunehmen, oder mir zu sagen, der Band sei, als wir telephonierten, noch disponibel gewesen! Da war doch der Prospekt gedruckt usw. Und jetzt willst du, will mir Burgel unterjubeln, ich hätte mich selber entfernt aus dem Band. Dazu darf ich eine Stellungnahme erbitten! Sonst weiß ich nicht, wie ich in einem Verlag veröffentlichen kann, der mich so behandelt. (…) und Deine Begründung halte ich für aberwitzig. (…) Also unter ‹Politische Rede› passe ich nicht? Ist das Dein Ernst? Sag mir das nochmal, bitte!! Ich bin fast sicher: als Du noch ‹mein› Lektor warst, hättest Du es *zumindest* versucht. (…) unsere bald 50jährige Beziehung habe das nicht verdient. Das gebe ich Dir voll und ganz zurück. Das finde ich auch. Und wenn mir, was da passiert ist, nicht erklärt werden kann, dann gehöre ich nicht mehr in diesen Verlag.»[7]

Das «Mißverständnis», auf das Unseld sich berief, konnte mit seiner Entschuldigung noch einmal ausgeräumt werden. Walser tat die Sache vor allem gegenüber der geschätzten Burgel Zeeh leid, der er schrieb: «Ich hatte mich, wie Sie wissen, so viele Jahre nie zu beklagen, jetzt habe ich das Gefühl, es gäbe Anlässe. Liegt das an mir?»[8] Fast ängstlich kam Unseld Ende Juli zu einer Aussprache nach Nußdorf und war erleichtert, wie glimpflich der Besuch verlief – auch weil Käthe dabeisaß und ihren gelegentlich aufbrausenden Mann sanft beruhigte. Walser klagte wiederholt

504   XVI LIEBESERKLÄRUNGEN. 1999–2002

darüber, «keinen Lektor mehr» zu haben. Er wünschte sich, daß für ihn gekämpft werde, wenn wieder einmal in einer Zeitung behauptet wurde, er wolle einen Schlußstrich unter die deutsche Vergangenheit ziehen. «Der Verlag ist zuständig, wenn gesagt wird, ich hätte ‹Nie wieder Auschwitz› nicht gelernt», beschwerte er sich. «Aber der Verlag weiß es eben nicht. Kein Lektor. Niemand weiß, was ich seit 1964 geschrieben habe zu diesem Thema. (…) Nur damit Du verstehst, warum mein Verhältnis zum Verlag sich geändert hat. Zuerst die 2 Reden, jetzt das. Ich war nie überempfindlich. Aber jetzt darf ich empfindlich werden und bleiben. Und ohne Lektor will ich dort kein Buch mehr.»[9]

Die Ablösung von Rainer Weiss als dem für Walser zuständigen Lektor war ein letzter Versuch, die Verlagsbeziehung noch einmal zu stärken. Walser wollte nicht nur einen Lektor, der seine Manuskripte betreute – da hatte er nichts zu bemängeln –, sondern der «meine Sache soweit sie als Verlagssache gelten darf, andauernd vertritt»[10]. Er wollte jemanden, der mehr war als ein Lektor, einen Vertrauten, einen Freund. So ein Gesamtrepräsentant mit Herz und Verstand war früher einmal Unseld gewesen. Jetzt war er es nicht mehr. Darin lag das eigentliche Problem. Jede kleinste Mißachtung wurde deshalb zur großen Kränkung und zum neuerlichen Indiz der Ausgrenzung: Bei der Feier zum 50. Geburtstag des Verlages fühlte Walser sich nicht gebührend begrüßt. Im Herbst 2000 erschien eine Anzeige zum Jubiläum, auf der er nicht erwähnt wurde. Der Verkauf der Rechte an fremdsprachige Verlage stagnierte. Mit Übersetzungen ging es nicht voran. Walser galt als deutscher Autor, der in anderen Ländern nur schwer verkäuflich ist. Auch das machte ihm zu schaffen. Grass war ein Weltautor. Auch Walsers Romane waren in zahlreiche Sprachen übersetzt worden. Aber kannte man ihn im Ausland wirklich? Einen großen Erfolg konnte Unseld 2001 immerhin melden: Der «Springende Brunnen» werde in dreizehn Sprachen übersetzt. «Wir freuen uns darüber.»[11]

Was nutzte es Walser, von der Zeitschrift *GQ* 1999 zum

«Man of the Year» gekürt und mit einer Silbertrophäe geehrt zu werden? Dem Trendmagazin der reiferen männlichen Jugend imponierte gerade Walsers skandalgesättigte Medienpräsenz. Florian Illies attestierte dem «Balzac vom Bodensee», er wirke selbst mit seinen 72 Jahren noch zeitgenössisch. Walser aber sah sich als Opfer einer Öffentlichkeit, die keine Abweichungen aus dem Toleranzbereich des öffentlichen Meinens duldete. Wie streng mit Abweichlern umgegangen wurde, zeigte auch der Fall Peter Handke. Handke wagte es, während des Jugoslawienkrieges für Serbien Partei zu ergreifen und die Luftangriffe der NATO auf Belgrad zu kritisieren. Walser verhielt sich in dieser Frage vorsichtig. Er zog sich auf den Standpunkt zurück, nur das zu fordern, was er auch selbst handelnd vertreten könnte. Er konnte keinen Krieg befürworten, den doch andere führen mußten, und erklärte grundsätzlich jede Politik für falsch, die zum Krieg führt. Er störte sich erneut an der Rolle der Medien, die in ihrer Konzentration auf Nachrichten aus den Schützengräben kaum mehr die Reflexion darüber zuließen, ob vielleicht der ganze Krieg falsch sein könnte. Handke als einer der wenigen, der eine Gegenposition vertrat, wurde mit Häme überschüttet und lächerlich gemacht. Walser fand es erschreckend, wie eine Gegenmeinung niedergebügelt wurde. Daran las er eine Kriegsstimmung ab, in der die Political Correctness auf eine Art und Weise triumphierte, die «fast schon peinlich» war.[12]

Ähnlich argumentierte er auch im Deutschlandgespräch mit Günter Grass, das fast auf den Tag genau fünf Jahre nach ihrer ersten Kontroverse wieder im Studio des NDR stattfand. Dieses Mal tranken sie Rotwein statt Wasser. Das Gespräch verlief friedlicher und war von Grass auch als demonstrative Geste der Solidarität mit dem gescholtenen Paulskirchenredner gemeint. Walser sprach darüber, warum er die Rolle des mahnenden Intellektuellen nicht mehr spielen wollte und sich lieber aus dem Feld der Meinungsbekundungen zurückziehen würde. «Ich kann nur noch ausdrücken, was ich auch praktizieren könnte», sagte er zu

Grass. «Ich habe in verschiedenen Jahrzehnten mich auch provozieren lassen, bin nicht am Schreibtisch geblieben, habe Reden gehalten, fühlte mich provoziert, hatte aber immer das Gefühl, mich auf fremdem Terrain zu befinden. Ich würde nie etwas sagen zu Steuererhöhung und Lastenausgleich, weil ich es nicht praktizieren muß. Staatsangehörigkeitsrecht, Asyl und so weiter, da gibt es Praktiker, und da gibt es uns. Das letzte, was ich geäußert habe, war der Kosovo-Einsatz der NATO. Da habe ich gesagt, ich könnte keine Bombe werfen oder einmarschieren. Also kann ich es auch nicht von anderen verlangen.»[13]

Damit bezog er wieder einmal die Gegenposition zu Grass, der das militärische Eingreifen auf dem Balkan befürwortete. Wenn man so will, übernahm Walser in dieser Frage den Part des klassischen, pazifistisch orientierten «Linken». Doch seine Zustimmungszurückhaltung war weniger aus der Sache heraus begründet als das Resultat einer alles Politische umfassenden Meinungsskepsis. In letzter Konsequenz wäre sein Hinweis darauf, auch selbst tun zu müssen, wofür man öffentlich eintritt, die Selbstabdankung als Intellektueller. Wer so spricht, dürfte sich zu keiner politischen Frage mehr äußern. Er müßte das Prinzip der universalistischen Zuständigkeit ablehnen und Intellektuelle als Spezialisten fürs Allgemeine für überflüssig halten. Politik wäre dann allein eine Sache der Gremien und der Fachleute, Öffentlichkeit wäre das Ergebnis der Arbeit spezialisierter Medienarbeiter, Krieg eine Sache der Generäle. Intellektuelle als kritische Instanz hätten keine Funktion mehr, weil sie keine Fachleute und – außer als Schreibende – keine Praktiker sind.

Walser wollte für sich nur noch die Themen gelten lassen, die bis in den Roman vordringen können. Was ihn nicht so stark bedrängte, daß es literarisch bewältigt werden mußte, brauchte auch nicht in politischen «Sonntagsreden» abgehandelt zu werden. Die erklärte politische Abstinenz war sicher auch eine Reaktion auf die Paulskirchenrede. Gebranntes Kind scheut das Feuer. Das Risiko der öffentlichen Einmischung war zu hoch geworden. Vom fortgesetzten Rückzug auf sich selbst künden auch die Essays, die er im Jahr 1999 schrieb: «Über die Schüchternheit», «Über das Selbstgespräch» und schließlich «Sprache, sonst nichts». In diesen Texten verschärfte er seine Kritik am Zustand der Öffentlichkeit und suchte nach einer Begründung seines Denkens, das der Maxime folgte: «Ich habe nichts zu vertreten. Ich muß niemanden aufklären als mich selbst.»[14] Aufklärung, so erklärte er mit Bezug auf Immanuel Kant, war ursprünglich eher eine Aufforderung zu Selbsterforschung als die Belehrung anderer. Kant hielt einen Fürsten für aufgeklärt, der jedem freistellt, «sich in allem, was Gewissensangelegenheit ist, seiner eigenen Vernunft zu bedienen». Das ist eine Definition, wie sie auch der Kurfürst in Kleists «Prinz von Homburg» praktiziert. Für Walser steht sie gegen seine Erfahrungen mit einer Öffentlichkeit, in der Aufklärung bedeutet, andere zu belehren und selbst Bescheid zu wissen.

Er suchte nach einer anderen, philosophischen Art des Sprechens als Suchbewegung, das nichts mit dem Meinungsverkünden zu tun haben sollte. Er wollte radikal nur noch das zum Ausdruck bringen, was ganz und gar ihn selbst enthielt. Philosophie – die große Sehnsucht. Sätze, die er Anfang der siebziger Jahre formulierte – «Der Grundwiderspruch zwischen Kapital und Arbeit ist so ungelöst wie zuvor» –, konnte er nun nicht mehr akzeptieren. Nicht weil sie falsch geworden wären, sondern weil sie aus einer Haltung des Belehrens kamen, die ihm mißfiel. Anstelle des Meinens wollte er das bloße Dasein. Von der Erkenntnis wollte er zur Existenz. Von der Einsicht zum Ausdruck. Vom Wissen zum Wesen. Vom öffentlichen Reden zum Selbstgespräch. Vom Äußeren ins Innere. Vielleicht sogar vom Handeln zum Erleiden: entgegennehmen, nichts verändern, bloß dasein.[15]

Das klang fast schon nach buddhistischer Weisheitslehre, nach Sanftmut und Gelassenheit, an denen es ihm doch allzuoft mangelte: Der Mensch sehnt sich ja immer nach dem, was ihm fehlt. Verständlich ist diese Haltung nur als Gegenbewegung, als Selbstschutz. Er wollte sich zum Schweigen bringen, und wollte sich doch äußern. Aber er weigerte sich, die Spaltung in ein gutbehütetes Inneres, in dem man seine wahren Ansichten verbirgt, und in eine opportune öffentliche Rede zu akzeptieren. Sein und Scheinen sollten nicht länger auseinanderfallen. Nichts anderes hatte er ja auch in der Paulskirchenrede erprobt und die Erfahrung gemacht, daß die öffentlichen Gewissensbenoter sich über seine offengelegte Innenwelt beugten, um Bedenkliches aufzuspüren. Das aktualisierte frühe Erfahrungen des katholischen Knaben mit der Beichte und mit Schulaufsätzen, in denen das uneigentliche, möglichst folgenlose Sprechen als Lehrererwartungserfüllung eingeübt wurde.

«Sozialisation heißt, wir sollen geistig-seelisch stubenrein werden», schrieb er jetzt und sehnte sich nach einem Zustand jenseits von Gut und Böse und aller moralischer Vormundschaftlichkeit: «Dich im Dasein fortzuschreiben, ohne Bescheid zu wissen. Dich in der Sprache zu erleben, das genügt.»[16] Die Paten für diese Religion der Sprache waren Swedenborg, «weil er unser Inneres, Geist und Seele oder Wasauchimmer, so ganz und gar zum Ausdrucksursprung des Sprachlichen gemacht hat», und Kierkegaard, den er mit dem Satz zitierte: «Wir haben zuviel zu wissen gekriegt und fangen zu wenig damit an.» Die Imperative, die nun galten, hießen: «Meide alles Frontale. Lasse dich gehen. Es darf nichts direkt Wichtiges mehr vorkommen.»[17] Der Heilige der Befreiung aus dem «Ich-Gefängnis» des Rechthabenwollens ist der Konstanzer Mystiker Heinrich Seuse, dessen «non sum» – «ich bin nicht» – sanft ins Nirwana einer allumfassenden Gelassenheit hinüberführt.[18]

Die höchste Form des sprachlichen Ausdrucks, in der alles erscheinungshaft Beschränkte sich überschreiten läßt, ist das Gedicht. Geglückte Lyrik ist Transzendenz durch nichts als Sprache. Gedichte verlangen keine Zustimmung. Sie sind der natürliche Gegensatz zur Politikerrede, weil sie kein bißchen recht haben wollen.[19] Da fing er fast schon an zu summen, wenn er schrieb: «Wenn du Lyriker wärst, würdest du das, was zuletzt übrigblieb, das Nichts nennen. Jetzt spürst du, daß du auf einem guten Weg bist. Das Nichts. Die Sprache ist ganz und gar beschäftigt mit der Verwaltung des Nichts. Die Sprache ist nichts anderes als eine Verwaltung des Nichts.»[20] Vergleichbar ist damit nur die Musik als Element, «in dem uns Flügel wachsen»[21]. Musik ist das, was Sprache in ihren glücklichsten Momenten erreicht: reine Gegenwart. Sprache nimmt damit einen Rang ein, für den andere das Wort «Gott» einsetzen. Etwas, das größer ist als man selbst. Etwas, dem wir uns anvertrauen.

Walser, der stets von sich behauptet hat, kein Lyriker zu sein, versuchte dennoch, dem lyrischen Ausdruck näherzukommen. In der *Neuen Zürcher Zeitung* erschien zwischen 1998 und 2001 eine Serie von Gedichten mit dem Titel «Das geschundene Tier», Zeilen von höchster Verdichtung und mit dem Wunsch nach Ich-Auflösung:

Am liebsten wäre ich das Ufer
eines Meeres, das keinen Namen hat.[22]

Hätte das Meer einen Namen, es hieße Sprache. Sonst nichts. Aber dabei konnte es nicht bleiben.

Düsseldorf. Nichts als Liebe.
Nachlaß mit Notizbüchern.

Nein, er versuchte nicht, auf seine späten Tage ins Lyrikfach zu wechseln. Er zog sich nicht zurück in die Namenlosigkeit, sondern stürzte sich in die gesellschaftliche Wirklichkeit. Mit seinem nächsten Roman machte er die Probe aufs Exempel: Wäre es auch dann durchzuhalten, nichts besser wissen zu wollen als die Romanfiguren, wenn bei ihnen alles schiefläuft? Würde er seine Figuren durch alle Niederungen des Daseins tragen können, ohne sie besser machen zu wollen, als sie sind? «Der Lebenslauf der

Liebe» ist der Beleg, wie Walsers vorbehaltlose Menschenfreund-
schaft sich bewährt. Es gibt hierzulande keinen freundlicheren
Autor. Bis in die hintersten Winkel durchleuchtet er die Seele seiner Susi Gern, ohne sie jemals zu denunzieren. Ihre Daseinsnot,
ihre Ängste, ihre Leere werden ausgebreitet, und doch gewinnt
sie unmerklich an Größe und Statur. Wie ist das möglich?

Fünfzehn Jahre hatte er sich mit der Figur beschäftigt, bis sich
plötzlich so etwas «wie eine Kernschmelze» ereignete. «Ohne daß
ich das beabsichtigt hatte, bin ich Susi Gern geworden. Da wußte ich, daß ich den Stoff zu meiner Sache gemacht hatte, da habe
ich begonnen zu schreiben.»[23] So wie Flaubert Madame Bovary
war, wurde Walser zu Susi Gern. Daß er zum ersten Mal über einen ganzen Roman hinweg aus weiblicher Perspektive erzählte,
ist dabei weniger wichtig, als man vermuten könnte. Wichtig ist
das liebende Einverständnis mit seinen Gestalten. Das prägt Walsers Schreiben wie sonst nichts. Ohne dieses Grundgefühl wäre es
ihm unmöglich, sich jahrelang mit ihnen zu befassen.[24]

Liebe ist also nicht nur das Thema des Romans, sie ist auch
die Schreibbedingung. Und auch die Leser müssen sie entwickeln, um die mehr als 500 Seiten strapaziöser Daseinsbewäl-
tigung zu überstehen. «Es hat mir sehr gepaßt, endlich einmal
ganz und gar über Liebe zu schreiben», sagte Walser zu diesem
Buch. «Was ja keinesfalls eine Glückssträhne ohne Ende ist und
mit dem neuen Wort Happy zu bezeichnen, sondern was ein
furchtbares Schicksal ist. Liebe ist ja vor allem etwas, was man
nicht hat. Es ist nicht Besitz und Ausruhen und Sicherheit.»[25]
Für Susi Gern ist Liebe die Hoffnung darauf, durch einen anderen von sich selbst erlöst zu werden. Sie hofft auf Harmonie
und eine gerechte Balance des Liebens und Geliebtwerdens, die
nicht gelingen kann. Mit ihrer ungestillten Sehnsucht fügt sie
sich in die Reihe der Walser-Helden, die an einem Mangel leiden. Und Walser zeigte einmal mehr, daß all sein Schreiben mit
einem Mangel beginnt.

Im Winter 1999 lautete seine Adresse für drei Monate: Renaissance-Hotel Düsseldorf, Am nördlichen Zubringer 6. Hier, im Niemandsland zwischen Autobahnen und Baustellen, bezog er Quartier, um an dem Roman zu arbeiten, den er zunächst «Liebesleben» nannte. Wenn er auf Reisen ist, bevorzugt er ortlose Orte von höchster Neutralität. Nichts Aufdringliches, nichts Störendes gab es da, außer der aus allen Decken flutenden Musik, die er abzustellen bat. Im Hotelzimmer war er vom Umgebungslärm fugendicht abgeschottet. Kein Licht, kein Geräusch drangen herein. Das Essen war mäßig, dafür war die Weinkarte exzellent. Andere Gäste schien es nicht zu geben. Wenn er morgens zum Frühstück herunterkam, waren die Geschäftsleute schon wieder weg, und abends, wenn die Lobby sich füllte, saß er in seinem Zimmer und schrieb. Er hatte immer geglaubt, fürs Schreiben auf die häusliche Atmosphäre in Nußdorf und das eigene Arbeitszimmer angewiesen zu sein. Jetzt lernte er, daß es auch anders ging.

In Düsseldorf wollte er in den Stadtvierteln recherchieren, in denen der Roman spielte und wo seine Heldin wohnte. 1984 nahm sie Kontakt zu ihm auf, nachdem sie im Fernsehen eine von ihm gedrehte Reportage über eine Segelregatta auf dem Bodensee gesehen hatte. Die Bilder der nächtlichen Bootsfahrt hatte er mit dem letzten Schubert-Quintett unterlegt, geeignet, die Seele direkt aus dem Leib zu reißen, wenn noch eine drin ist. Seine Töchter hatten ihm die Schubert-Verwertung übelgenommen. «Susi Gern» und ihr Mann waren beeindruckt. Weil sie ihrem Mann eine Videokassette der Sendung zu Weihnachten schenken wollte, rief sie bei Walser an, der sie freundlich an das ZDF verwies. Doch das war nicht alles. «Susi» hatte eigene Schreibbemühungen hinter sich, verhedderte sich aber immer wieder beim Versuch, ihr Leben zu Papier zu bringen. Nun, wo sie mit Walser schon mal telephoniert hatte, dachte sie, dann könnte er doch auch ihre Biographie schreiben. Walser war von diesem Vorschlag nicht sonderlich begeistert.

Irgendwann muß er aber gemerkt haben, daß dieses Leben tatsächlich ein Stoff für ihn sein könnte. Vielleicht 1987, als sie

zum ersten Mal mit ihrem Porsche in Nußdorf vorfuhr und er
in ihr Exemplar von «Dorle und Wolf» eine Widmung schrieb:
«Zur Erinnerung an eine Juliwoche, in der Sie hier eine faszinierende Erzählerin waren». Gelesen hat sie das Buch nicht. Sie las
überhaupt nichts. «Dafür war sie einfach zu lebhaft», heißt es im
Roman über Susi Gern. «Schon dieses Umblättern! Eine Seite
nach der anderen. Wenn sie sich das vorstellte, dachte sie: Nee.
Sie hatte Tänzerin werden wollen.»[26]

In unregelmäßigen Abständen trafen sie sich seither. Sie schrieb
ihm lange Briefe und berichtete kontinuierlich vom Fortgang ihres Lebens: vom wirtschaftlichen Ruin ihres Mannes nach Börsen-
spekulationen; von dessen Erkrankung und dem langsamen, quä-
lenden Tod; von ihrer Verarmung und vom Umzug in eine kleine
Wohnung, in der sie sich früher mit ihren Liebhabern getroffen
hatte; von der Liebe zu ihrer behinderten Tochter; von ihrem
Sohn, der ins Rotlichtmilieu abdriftete, und vom Selbstmord der
Schwiegertochter, die von der Oberkasseler Brücke sprang; von
ihrer zweiten Ehe mit einem 38 Jahre jüngeren marokkanischen
Studenten und dem verzweifelten Bemühen, mit ihm glücklich
zu sein. All diese Ereignisse gingen in den «Lebenslauf der Liebe» ein, fast so, als habe Walser die Wirklichkeit nur mitstenogra-
phiert. Die Gefahr bei der Arbeit an diesem realistischen Gesell-
schaftsroman bestand darin, in einen Naturalismus zu verfallen,
der sich seinen Verlauf vom realen Geschehen diktieren läßt.

Walser wurde für «Susi Gern» zu einer Art Therapeut, dem
sie alles mitteilte, was ihr widerfuhr. Ihr Leben bekam dadurch
einen Sinn, daß sie schon während ihrer Erlebnisse daran dachte, wie sie ihm davon erzählen würde. Nichts geschah vergeblich, denn alles wurde Literatur. Walser erhielt einen Stoff, der
auch sein eigener war. Es ging um Liebes- und Eheverhältnis-
se, um ein exemplarisches Paar: Sie will ihn ganz, will nichts als
treu sein und lieben. Er kann sich nicht auf eine Frau beschränken, sucht sich von Anfang an Liebhaberinnen, schaut am Weih-
nachtsabend Pornofilme an und geht noch als sterbenskranker,

parkinsongeschüttelter, einnässender Prostatiker zu seinen Konkubinen. Das Ehe-Arrangement, nichts heimlich zu tun, ist für sie die Hölle. Die vereinbarte Offenheit ist eine Lüge. Sie will lieben, sonst nichts. Aus der Not und aus dem Bedürfnis nach einem Gleichgewicht sucht auch sie sich in Cafés oder per Annonce andere Männer. Das Glück, das sie findet, ist vergleichsweise bescheiden. «Unglücksglück» nennt sie das, denn ein anderes Glück gibt es nicht.

Walser erklärte diese Konstellation zum «fundamentalen Verhältnis der Geschlechter in unserer Kultur»[27]. Er war ja nicht nur Susi Gern, er war auch Edmund, dieser Ehemann und Spekulant, der immer unterwegs ist zu anderen Frauen und doch seiner «Schnucke» beteuert, daß keine ihr jemals das Wasser reichen könne. Während seiner Düsseldorfer Monate kam «Susi» regelmäßig zu ihm ins Hotel, um zu erzählen. Er ließ bei diesen Arbeitssitzungen immer ein Tonband mitlaufen. Wenn sie essen gingen, dann zum Italiener in Kaiserswerth oder ins Restaurant Baan Thai, das auch im Roman eine Rolle spielt. Susi Gern feiert dort die Hochzeit mit dem Marokkaner Khalil. Niemals sprachen sie über den Inhalt des entstehenden Buches. Sie erzählte, und Walser hatte alle Freiheit, daraus zu machen, was er wollte. Das war die unausgesprochene Vereinbarung.[28]

Wie sehr der Stoff auch sein eigener war, wird im letzten Teil über Susi Gerns zweite Ehe deutlich. Hier spielt die Altersdifferenz eine entscheidende Rolle. Mit der Figur der Susi Gern konnte er den eigenen Zweifeln und Fragen nachgehen: Was bringt einen jungen Menschen dazu, einen so viel älteren zu lieben? Wie wird der Ältere damit fertig, keinen Grund dafür finden zu können? Muß es nicht furchtbar für den Jüngeren sein, in so ein altes Gesicht zu schauen? Noch steht das Thema eher am Rand, und Susi Gern kommt zu anderen, unbrauchbaren Resultaten, wenn sie über chirurgische Maßnahmen nachdenkt. Für sie, die außer ihrer Schönheit wenig zu bieten zu haben glaubt, ist die Last des Altwerdens ungleich größer. In «Der Augenblick der

Liebe» aus dem Jahr 2004 setzt Walser sich dann ganz direkt und aus männlicher Perspektive mit den Erfahrungen der Liebe zu einer sehr viel jüngeren Frau auseinander.

Fast zwei Jahre schrieb er an dem Roman um Susi Gern, als im Herbst 2000 ein Buch der israelischen Autorin Zeruya Shalev mit dem Titel «Liebesleben» auf den Bestsellerlisten stand. Damit war der Titel für ihn unmöglich geworden. Er entschied sich zunächst für «Susi Gern», dann erst kam er auf die irritierende Genitivkonstruktion «Der Lebenslauf der Liebe». Am 11. Juli 2001 wurde das Buch ausgeliefert. Am 12. Juli bekam es denkbar günstige Werbung: Harald Schmidt verschenkte 100 Exemplare an die Gäste seiner Show. Schon im April hatte er live aus der Sendung heraus im Verlag angerufen und bei Burgel Zeeh die Bücher bestellt. Walser gratulierte ihr, wie gewitzt sie mit Schmidt fertig geworden sei. Der Verlag lud Harald Schmidt im Gegenzug zu einer nichtöffentlichen Walser-Lesung vor Buchhändlern in Düsseldorf ein.

Für «Susi Gern» ging mit dem «Lebenslauf der Liebe» ein Traum in Erfüllung. Jetzt wo ihr Leben zum Roman geworden war, würde sie für immer mit Martin Walser verbunden bleiben und ein kleines bißchen unsterblich sein, sie und ihre Tochter und die geliebten Kätzchen. Daß fremde Menschen Einblick in all die Peinlichkeiten ihres Ehe- und Liebeslebens erhielten, störte sie nicht. Doch sie ärgerte sich über alles, was Walser verändert hatte: Es stimmte ja gar nicht, daß ihre Tochter immerzu rheinisch redet, und ihr Mann hätte niemals Straußenlederschuhe getragen. Auch ihr Metzger habe sich beschwert, warum er nicht vorkomme. Und das nach all den Jahren! Alle ihre Freunde glaubten, daß sie als Bestsellerheldin keine Geldsorgen mehr habe. Das stärkte sie in ihrer Ansicht, am Umsatz beteiligt werden zu müssen. Schließlich war es ja ihr Leben, das da erzählt wurde. Zwei Mark von jedem verkauften Buch wären recht und billig. Walser hatte ihr im Lauf der Jahre ein paarmal einen Scheck gegeben, wenn sie in Not war. Sie hatte das als Vorschuß auf die anstehenden Honorare aufgefaßt. Er sah das begreiflicherweise anders. Er rechnete ihr vor, daß sich das Buch schlecht verkaufe, daß er es als Mißerfolg abbuchen müsse. Den letzten Brief, den sie zu Weihnachten 2001 von ihm erhielt, unterschrieb er distanziert «mit freundlichen Grüßen»[29].

Unseld enthielt sich aller Kritik. Daß er schon seit längerem nicht mehr dazu gekommen war, mit Walser zu sprechen, führte er auf seinen «miserablen gesundheitlichen Zustand» zurück: «Ich werde die Taubheit meiner Füße und Finger einfach nicht los.» Aber er mühte sich darum, seinem Autor das Gefühl zu vermitteln, im Verlag nach wie vor eine Heimat zu haben, und schilderte ihm, «wie sich meine Mitarbeiter in besonderer Weise um Dich und Deinen neuen Roman bemühen; wir hatten am vergangenen Wochenende eine Zwischenbesprechung mit den Vertretern und da wurde klar: Dein neuer Roman wird vom Buchhandel sehr gefördert werden»[30]. Im Herbst, als Walser das Buch auf der Frankfurter Buchmesse vorstellte, hatte Unseld nur noch wenig Zeit. Den Part der Einführung überließ er Günter Berg, der zu seinem Nachfolger werden sollte. Walser dankte und grüßte in Unselds Richtung, doch der Verlegerfreund wirkte auf ihn abwesend und wie versteinert. Während er noch signierte, fuhr Unseld mit einer Mitarbeiterin und mit Martina Zöllner voraus ins Lokal. Sie berichtete ihm später den Wortwechsel im Auto. Unseld demnach zu seiner Mitarbeiterin: «Wer sind Sie denn?» Sie: «Ich arbeite bei Ihnen.» Zu Martina Zöllner: «Und Sie?» – «Ich bin mit Martin Walser befreundet.» Er, abwinkend: «Das weiß ich.» Zum Fahrer: «Walser kommt in zehn Minuten, holen Sie mich also in vierzig Minuten wieder ab.» Das heißt, sagt Walser, er plante dreißig Minuten fürs Gespräch ein. Mehr war nicht mehr drin.

Als Zeichen der Trennung muß Unseld die Nachricht aufgenommen haben, Walser wolle seinen literarischen Nachlaß dem Antiquar Heribert Tenschert zur Betreuung übergeben. Walser vertraute dem Freund, den er «einen Fachmann durch und durch» nannte. Schließlich betreut Tenschert unter anderem auch das Rudolf-Borchardt-Archiv und ediert und finanziert dessen Werkausgabe in der Edition Tenschert im Hanser Verlag. Über ihn, der mit Borchardt einen geradezu «wesenssymbiotischen» Umgang pflegte, entdeckte Walser überhaupt erst diesen Dichter und Übersetzer, den er zuvor nie gelesen hatte, und schrieb einen langen Essay über Borchardts Briefwechsel mit Rudolf Alexander Schröder.[31] Dieses lebenslängliche, deutsch-jüdische Gespräch zwischen einem konservativen Juden und einem religiös tendierenden Autor, der zum NS-Mitläufer wurde, mußte ihn interessieren. Borchardt steht am Ende der Reihe, die mit dem Tübinger Professor Hans Rothfels begann und mit Victor Klemperer fortgesetzt wurde.

Walser war nie ein großer Sammler der eigenen Manuskripte. Er verwahrt sie achtlos, kaum wissend, was sich in seinen Schränken verbirgt. Von seinen Briefen machte er keine Kopien wie andere, nachruhmbesorgtere Autoren. «Nachlaß» ist ein Wort, das er «zum Kotzen» findet. Wirklich wichtig sind ihm die Notizbücher, mit denen er lebt und arbeitet, in denen sich die Stoffe seiner Romane ablagern und anreichern. Nur um diese Tag- und Nachthefte, aus denen auch die «Meßmer»-Bände destilliert sind, sorgt er sich. Sie stehen in Griffweite vom Schreibtisch im Regal aufgereiht: die Chronik eines Lebens. Wo sie einmal landen werden, mag er sich immer noch nicht vorstellen. Am liebsten wäre es ihm, sie blieben da, wo sie jetzt stehen: im Regal hinter seinem Schreibtisch.

Lesereise mit Polizeischutz. 8. Mai und Versailles. Gespräch mit dem Kanzler.

Kaum war der «Lebenslauf der Liebe» erschienen, drängte Unseld auf Fertigstellung von «Meßmers Reisen». Er hoffte, damit einen Titel zu Walsers 75. Geburtstag zu haben, aber Walser wollte sich auf keinen Termin festlegen. Er war mit einem anderen

Manuskript beschäftigt, von dem er aber noch nichts verlauten ließ: «Tod eines Kritikers». In den Notizbüchern führte er seit 25 Jahren das Projekt unter dem Kürzel «T.e.Kr.», seit Reich-Ranickis Verriß von «Jenseits der Liebe». Er brauchte diese Notizen für die Seelenhygiene: «Das sind selten ruhige, sachliche Eintragungen, sondern da geht es darum, Dinge, die mir zustoßen, für mich erträglich zu machen.»[32] Mittlerweile war er beim 46. Band der Notizbücher angelangt. Immer, wenn er einen vollgeschrieben hatte, legte er eine Registratur an und schrieb auf die letzte Seite alle Projekte, die es schon zu einem Titel gebracht hatten. So zog sich «T.e.Kr.» durch zweieinhalb Jahrzehnte. Schon 1996 erzählte er einem Reporter, für ein Buch, dessen Titel er nicht verraten wollte, bei der Münchner Kriminalpolizei recherchiert zu haben. «Sollte ich diesen Roman je schreiben, dann ist der ehemals weiße Fleck schon ausgefüllt. Das hat mit dem leisen Vorratswahnsinn zu tun, mit dem ich lebe. Wenn ich sterbe, dann liegen fast bis zur Gänze vorbereitete Projekte in der Schublade – unter anderem der inzwischen ermittelte Täter, nach dem Sie gefragt haben. Ich hoffe, daß eine meiner Töchter ein Erbarmen haben wird und dies oder das noch zu Ende bringt.»[33]

Die Lesereisen durch Deutschland, die für Walser zu jedem neuen Buch selbstverständlich dazugehören, verwandelten sich in wahre Spießrutenläufe. Er, der den Kontakt mit seinem Publikum braucht wie kaum ein anderer Autor, sah sich überall, wo er auftauchte, jugendlichen Demonstranten gegenüber, die ihn mit Transparenten und Sprechchören auf Auschwitz hinweisen zu müssen glaubten. Sie verteilten Flugblätter mit Zitaten aus der Paulskirchenrede und versuchten, ihn am Lesen zu hindern. Ausgerechnet der «Lebenslauf der Liebe», dieses Großmütigkeitsexerzitium, diese Schule der Duldsamkeit, wurde mit «Wehret den Anfängen»-Rufen traktiert. Manchmal war Polizeischutz erforderlich, damit das Publikum überhaupt in den Saal gelangen konnte. Ein Fernsehteam des Süddeutschen Rundfunks begleite-

518 XVI LIEBESERKLÄRUNGEN. 1999–2002

te ihn in diesen Monaten und dokumentierte die Auseinandersetzungen, die er zu bestehen hatte.[34]

Die jungen Leute, die allerorts gegen ihn demonstrierten, konnte Walser nicht unsympathisch finden. Wenn er jetzt in ihrem Alter wäre, wäre er wie sie, stellte er sich vor. Ihr Engagement, ihren Idealismus kannte er aus eigener Erfahrung. Und doch hätte er Ohrfeigen austeilen wollen, wenn sie ihn als Antisemiten bezeichneten. In Erfurt bot er den Demonstranten ein Gespräch an, schubste dann aber einen beiseite, der nicht mehr weichen wollte, nachdem er eine Anti-Walser-Resolution vorgetragen hatte. Der junge Mann schrie: «Fassen Sie mich nicht an. Mein Vater ist Staatsanwalt.» In Berlin versuchte er, Demonstranten ein Transparent mit der Aufschrift «Verwüstung jüdischer Friedhöfe – Antisemitismus ist deutsche Normalität» zu entringen, ließ plötzlich wieder von ihnen ab, ging auf die Bühne und trank hastig sein Rotweinglas leer. Als habe er sich damit neue Energie eingeflößt, warf er sich erneut in den Kampf, packte einen Demonstranten am Arm und kündigte an: «Ich werfe Sie jetzt raus.» Das Publikum applaudierte, als er endlich mit der Lesung beginnen konnte. In Bremen sah er sich einem Plakat gegenüber, auf dem er als SS-Mann abgebildet war. Hier verzichtete er auf Dialogversuche, dämpfte seine Kampfeslust und erprobte statt dessen die Wirkungskraft von «Dalai-Lama-Gestik»[35].

Es ist erstaunlich, daß Walser immer wieder so heftige Aversionen hervorruft. Trotz seines aufbrausenden Temperaments, das manchen erschreckt, ist er, lernt man ihn persönlich kennen, einer der freundlichsten und friedlichsten Menschen, die man sich denken kann. Er will niemanden bevormunden und zu seiner Denkweise zwingen, wird aber behandelt, als wäre er ein Gefolgschaft gebietender Dogmatiker. Dabei rechnet er sich im Zweifelsfall lieber den «Unrichtigen» zu, um nicht als Rechthaber aufzutreten. Er gehört zu den Zweiflern, die Mißtrauen gegen sich in ausreichendem Maße selbst zu mobilisieren vermögen. Als «Trickser der Sanftmut» titulierte ihn Heinrich Detering in der *F.A.Z.*, vier Tage bevor Frank Schirrmacher dort seinen schrillen Antisemitismus-Brandbrief zu «Tod eines Kritikers» publizierte. «Wer könnte diesem so umsichtig fragenden, spielerisch erwägenden, so liebenswürdig und selbstkritisch nachdenkenden Herrn etwas abschlagen?» fragte Detering und bereitete unwissentlich das Terrain für einen Angriff, dessen Heftigkeit alle bisherigen Walser-Debatten übertreffen sollte. «Immer gibt er nur zu bedenken, stellt er lediglich anheim, möchte er ‹die Vermutung nähren, daß› – kann man zarter auf seiner Meinung beharren?»[36]

Walser möchte zur Zustimmung verführen. Er weiß, daß sein Innenleben so wie jedes Innenleben «unvorzeigbar», ja, «untaufbar» ist, daß er «verwildern» würde, wenn er sich gehen ließe.[37] Doch er spricht darüber öffentlich. Es ist, als bringe er das Verdrängte, das Wilde, Ungezügelte zum Ausdruck, das in der öffentlichen Rede normalerweise nicht vorkommen darf. Er wird zu einem Sprecher des kollektiven Unbewußten, indem er den eigenen Empfindungen und Träumen lauscht. Ungeschönt. Ohne moralischen Zwischenfilter. Indem er sich selbst nachspürt, bekommt man auch als Zuhörer das Gefühl, deutlicher zu werden. Walser ist ein Differenzierungskünstler der Innenwelten. Weil er sich offenbart, ist er so leicht angreifbar.

Wer seine Lesungen unvoreingenommen besucht und dort keine politischen Kanzelreden erwartet, erlebt einen eher schüchternen, leise sprechenden, fast zerbrechlich wirkenden Mann, der zögerlich und räuspernd zu lesen beginnt, dann aber, als nähre und kräftige ihn der Strom der Worte und der Rotwein, der neben ihm steht, fester und sicherer wird. Wortbildner ist er nicht nur als Schreibender, sondern auch im Vortrag. Seine Sätze stützt und begleitet er mit Gesten. Er trägt die Sprache auf Händen, prüft die Worte mit den Fingern, modelliert ihren Sinn, tastet sie ab in der Luft und schmeckt ihnen nach mit dem Mund. Spricht er Worte aus, die ihm mißfallen, begleitet er sie mit flatternden Handbewegungen, als wolle er sie in Luft auflösen. Und wenn es ihm beim Reden langweilig wird, dann läßt er den Satz in einem plätschernden Geräusch verebben, um sich Dringlicherem zuzuwenden. Sprache ist das Element, in dem er lebt wie der Fisch im Wasser. Das kann man sehen und hören.

Am Abend des 11. September 2001 gastierte er vor einem verstörten Publikum in Bamberg. Konnte er nach dem Terroranschlag in New York aus einem Buch mit dem Titel «Lebenslauf der Liebe» lesen? Er erzählte vom 21. November 1963, als die Premiere seines Stückes «Überlebensgroß Herr Krott» wegen der Ermordung Kennedys verschoben wurde. Und jetzt pfuschte ihm Amerika schon wieder dazwischen! Er las trotzdem. Die Organisatorin bat ihn darum. Anschließend sagten zwei Zuhörer: Sie haben uns den Tag vergessen lassen. Eine schöne, tröstliche Erfahrung.

Einen Monat später unterschrieb er einen «Berliner Aufruf», den internationalen Terrorismus mit zivilisierten Mitteln zu bekämpfen. Die Politik des US-Präsidenten George W. Bush, die darauf beruhte, die Welt in Gut und Böse einzuteilen, bezeichnete er als hoffnungslos: «Auf diese Weise schafft es Osama bin Laden, daß die westliche Seite genauso daherredet wie er. John le Carré hat gerade treffend geschrieben, wer jetzt nicht den Ton der Gut-und-Böse-Rhetorik anschlage, der sei verdächtig, und das ist jetzt noch mehr der Fall als beim Golfkrieg. Ich fühle mich nicht auf der Seite von Menschen, die Krieg führen. Es muß politische Mittel geben. Sonst muß man sagen: Soll's doch ein anderer probieren, vielleicht könnte es ein anderer Präsident besser. Die vollmundige Zustimmung, zumal die in Deutschland gang und gäbe ist, tut mir schon ein bißchen weh.»[38] Daß Walser mit seiner Antikriegshaltung ein Bündnispartner für sie sein könnte, übersahen die Demonstranten an den Leseorten geflissentlich.

Die Erregung erhielt weitere Nahrung, als die SPD Walser für den 8. Mai 2002 zum öffentlichen Gespräch mit Bundeskanzler Gerhard Schröder in die Berliner Parteizentrale einlud. Das Thema am Jahrestag des Kriegsendes: «Nation. Patriotismus.

Demokratische Kultur.» Im Herbst standen Bundestagswahlen an, da ziemt es sich für einen Kanzler allemal, die Nähe zu Intellektuellen zu demonstrieren. Aber mußte das ausgerechnet Walser und ausgerechnet am 8. Mai sein? Wollte der Kanzler damit ein geschichtspolitisches Zeichen setzen? Der Zentralrat der Juden in Deutschland zeigte sich irritiert. Michel Friedman fragte: «Sollen mit dieser Veranstaltung rechtsnationale Wähler angesprochen werden?» Ein Berliner «Bündnis gegen Antisemitismus und Antizionismus» forderte die Absage des Termins und kündigte Demonstrationen vor dem SPD-Haus an, weil es befürchtete, Kanzler und Schriftsteller würden «Stolz auf unser Land» predigen und Deutschland zur «normalen Nation» erklären. Generalsekretär Franz Müntefering hatte diese Worte in seinem Einladungsschreiben benutzt.[39] Der Vizepräsident der Deutsch-Israelischen Gesellschaft, der SPD-Abgeordnete Reinhold Robbe, hielt zwar den Vorwurf des Antisemitismus für absurd, gebärdete sich aber als besorgter Pädagoge: Viel gefährlicher als ein Dialog sei es, Menschen wie Walser «mit seinen Thesen allein zu lassen»[40]. War da der Kanzler gar als Therapeut für einen gefährdeten Autor gefragt?

Walser wiederholte in der Rede «Über ein Geschichtsgefühl» seine seit den achtziger Jahren bekannten Thesen. Ganz in Schwarz gekleidet, saß er neben dem Kanzler vor einer Plakatwand mit der Aufschrift «Politik der Mitte». «Mein Geschichtsgefühl, Deutschland betreffend», sagte er, «ist der Bestand aller Erfahrungen, die ich mit Deutschland gemacht habe. Mit dieser Nation. Wenn es sich um etwas geologisch Erfaßbares handeln würde, könnte ich von der Mächtigkeit eines Vorkommens sprechen. Naturnahe Metaphern bieten sich an, weil Geschichte wie Natur ein Prozeß ist, der der Zeit unterworfen ist. Nation wird es einmal nicht mehr geben.»[41] Diese Haltung, die er immer vertreten hat, wird von denen, die ihn für einen Nationalisten halten, gerne übersehen. Nation ist ein historisches Vorkommen, sagt Walser. Daß die deutsche, die «verspätete» Nation sich so pathetisch gebärden mußte, um sich zu empfinden, gehört zu ihrer Verhängnisgeschichte. Von hier aus zog er eine Linie über den Wilhelminismus zum Ersten Weltkrieg und weiter: «Ohne diesen Krieg kein Versailles, ohne Versailles kein Hitler, ohne Hitler kein Weltkrieg zwei, ohne Weltkrieg zwei nichts von dem, was jetzt unser Bewußtsein oder unser Gefühl bestimmt, wenn wir an Deutschland denken. Das wichtigste Glied in der historischen Kette bleibt: ohne Versailles kein Hitler.»[42] Ein paar Absätze später, ergänzend: «Versailles ist nicht die einzige Ursache für 1933, Versailles entschuldigt nichts, aber erklärt einiges.»[43]

Das war vielleicht etwas vereinfacht, aber sicher nicht falsch. Und doch war er damit gleich wieder in der rechten Ecke gelandet. Der Historiker Hans Mommsen belehrte ihn in der *Zeit*, daß er mit der «undifferenzierten Verwendung von ‹Versailles› als Chiffre» sich «direkt an die Agitation der Rechtsparteien vor 1933 und nach 1945» anschließe.[44] Walser führte in einer zunächst ungedruckt gebliebenen Erwiderung[45] zu seiner Entlastung unverdächtige Zeitzeugen aus der Weimarer Republik an, die seine Ansicht bestätigten: Leo Trotzki und Carl von Ossietzky. Wieder einmal fragte er gewissermaßen gegen das Erlaubte an. Der Common sense, den Mommsen formulierte, besagt: Je unbedeutender der Friedensvertrag von Versailles für die weitere deutsche Entwicklung, um so reiner die deutsche Schuld. Walser wehrte sich gegen diese Logik. Ihm kam es darauf an, nach historischen Ursachen für Auschwitz fragen zu dürfen, ohne damit in den Verdacht zu geraten, die deutsche Schuld relativieren zu wollen. «Ich kann nicht damit leben, daß wir einfach so sind. Ich muß wissen, was für Bedingungen dafür notwendig waren.»

Schröder hatte keine Probleme mit Walsers Position, auch wenn ihm beim Stichwort «Nationalgefühl» eher die deutsche Fußballnationalmannschaft einfiel. Walsers Begriff der «Schicksalsgenossenschaft» lehnte er ab, weil er sich nur unter einer Genossenschaft etwas vorstellen könne. Nach dem Gespräch war Walser für zwei Stunden Schröders Gast, ehe er ins Hotel zurückkehrte. Dort traf er sich am nächsten Morgen mit Suhrkamp-Geschäftsführer Günter Berg und mit Hubert Spiegel, dem Literaturchef der *F.A.Z.*, der eine erste Fassung des Manuskripts «Tod eines Kritikers» erhielt, um einen Vorabdruck zu prüfen. Zunächst einmal publizierte die *F.A.Z.* Walsers Rede zum 8. Mai und stand demonstrativ an seiner Seite. Hubert Spiegel nahm ihn gegen den Herausgeber der *Zeit*, Michael Naumann, vor einer «öffentlichen Vorverurteilung» in Schutz. Naumann hatte schon am 8. Mai in der *Zeit* Walsers Rede zerpflückt – also noch bevor sie gehalten war. Kaum drei Wochen später erhob Frank Schirrmacher in der *F.A.Z.* schwerste Vorwürfe gegen Walsers neuen Roman, bevor der auch nur in Druckfahnen vorlag. Öffentliche Moralpostulate haben eine kurze Halbwertszeit.

Mediensatire II: «Tod eines Kritikers».
Das Antisemitismusurteil.

Anfang April hatte Walser die erste Hälfte des Manuskripts per E-Mail an Berg und an Unseld geschickt. Berg war unterwegs und druckte den Text in einem Baumarkt aus. Walser rief ihn auf dem Handy an: «Wie ist es?» Berg wußte nicht so recht, sagte, er müsse es erst noch gründlich lesen. Darauf Walser: «Ich erkläre Ihnen jetzt mal, was der Unterschied ist zwischen einem guten Verleger und Ihnen.» Er meinte Siegfried Unseld, denn der habe nach der Lektüre von «Tod eines Kritikers» sofort angerufen und gesagt: «Ein Meisterstück». Walser fühlte sich dadurch an vergangene, bessere Zeiten erinnert und schrieb ihm einen kurzen Brief: «Dir danke ich sehr für die Reaktion gestern: sie war so prompt und potent wie früher. Du hast mir Erinnerungen aktiviert. Dafür also meinen empfundenen Dank.»[46] Am 5. Mai meldete Unseld sich noch einmal, nachdem er die zweite Lieferung gelesen hatte. Er gestand, schlecht geschlafen zu haben, versprach aber: «Wir werden das machen, in die Vorschau nehmen, es in unserer Weise anbieten.» So erzählt es Martin Walser, der sicher ist, alles Weitere wäre nicht geschehen oder ganz anders verlaufen, wenn Unseld noch hätte agieren können. Aber Unseld erkrankte schwer und bekam von der Aufregung um das noch gar nicht publizierte Buch nichts mehr mit.

In «Tod eines Kritikers» gerät der Schriftsteller Hans Lach unter Mordverdacht. Er wird beschuldigt, den Fernseh-Groß-kritiker André Ehrl-König ermordet zu haben. Sein Kollege Michael Landolf recherchiert den Fall, weil er von Lachs Unschuld überzeugt ist. Schließlich taucht Ehrl-König wieder auf, wohlbehalten und gutgelaunt. Lach und Landolf, so stellt sich im letzten Teil der etwas verwirrenden Handlung heraus, sind in Wirklichkeit ein und dieselbe Person. Lach hat sich mit Landolf ein Alter ego geschaffen, um die eigene Geschichte zu erzählen – die Geschichte von Macht und Abhängigkeit im Literaturbetrieb aus der Perspektive des Autors.

Martin Walser ist bekannt als Vervielfältigungstalent. Er schreibt seine Romane, um sich darin zu verstecken. Es sind Vexierspiele, die ein Porträtbild nur erkennen lassen, wenn man lange genug aufs Ganze starrt. Hans Lach erklärt, warum er schreibt: «Weil er sich nicht traut, etwas von sich zu erzählen, erzählt er es so, als handle es sich um einen Bekannten. Dann wird der scharf verurteilt. Dann weiß er, was er zu erwarten gehabt hätte, wenn er gestanden hätte, daß es sich um ihn selber handle.» Walsers Figuren sind Handpuppen, denen er als Bauchredner seine Stimme leiht. Das hat zur Konsequenz, daß sie alle so klingen wie er selbst. Alle sind geprägt von seiner Empfindsamkeit, seiner Gefühlsdominanz, seiner Stimmungszugewandtheit. «Denken bringt mir nichts. Ich bin auf Erfahrung angewiesen», sagt Hans Lach. Er ist ein Autor, der hineinwill ins «schrille Schreibgeschehen», der seinen Erfolg nach Zugehörigkeit und Popularität bemißt und Bücher schreibt mit Titeln wie «Mädchen ohne Zehennägel»: So lautete auch der Titel eines geplanten Romans über Franz Horn, den Walser aber nie ausgeführt hat.[47] Wie nah

ihm Hans Lach ist, belegen auch einzelne Sätze aus dessen Buch
«Der Wunsch, Verbrecher zu sein», die sich unverändert ein Jahr
später in «Meßmers Reisen» wiederfinden. Lachs Notiz «Öffentlichkeit schmerzt, vergleichbar dem Sonnenbrand» beispielsweise verwandelt sich dann in eine Sentenz Meßmers.[48]

Lachs Antipode ist der Erzähler Michael Landolf, der sich mit
Kabbala, Alchemie und Rosenkreuzertum beschäftigt. Dessen
Held ist der Mystiker Heinrich Seuse. Er arbeitet an einem Buch
mit dem Titel «Von Seuse zu Nietzsche», das die «Ichwichtig-
keit» untersucht. Im Wissenschaftsjargon könnte man sagen: Es
geht um die Konstituierung des Subjekts, und das ist auch das
Thema von «Tod eines Kritikers». Was Landolf über Seuse und
die Sprache als Verwaltung des Nichts schreibt, ist aus Walsers
Essays bekannt. Als drittes Autorenbild kommt schließlich der
inhaftierte, unter Schizophrenie leidende Mani Mani dazu, der
die von Hölderlin zu Robert Walser reichende Linie der Identi-
tätsbedrohung und Ich-Gefährdung verkörpert. Für Mani Mani
gab es ein reales Vorbild, einen Autor, mit dem Walser fünfzehn
Jahre lang Briefe wechselte, ohne ihn schließlich am Selbstmord
hindern zu können. In «Tod eines Kritikers» setzte er ihm ein
Denkmal.[49] Doch vor allem gilt: «Erzähler und Erzählter sind
eins. Sowieso und immer. Und wenn der eine sich vermummen
muß, um sagen zu können, wie der andere sich schämt, dann ist
das nichts als das gewöhnliche Ermöglichungstheater, dessen jede menschliche Äußerung bedarf.»[50] Solche deutlichen Hinweise wären nicht erforderlich, um in der Trias Lach, Landolf und
Mani Mani ein vielfältiges, widerspruchsvolles Selbstporträt zu
erkennen.

Von den ersten Lesern – Siegfried Unseld, Günter Berg und
Lektor Thorsten Ahrend vom Suhrkamp Verlag sowie Hubert
Spiegel von der *F.A.Z.* – fühlte Walser sich ermuntert. Ein paar
Wochen zuvor hatte er der Zeitschrift *Bunte* noch nicht einmal
den Titel verraten wollen, weil er so skandalös sei.[51] Daß ein Vor-
abdruck in der Zeitung, die Marcel Reich-Ranicki eng verbun-

den ist, nicht ohne Komplikationen ablaufen würde, war ihm klar. Weil dort aber die letzten sechs Romane vorabgedruckt worden waren, darunter auch «Ohne Einander», worin Reich-Ranicki schon einmal parodiert wurde, folgte er einer verhängnisvollen Routine. Die *F.A.Z.* war, angefangen mit Friedrich Sieburgs «Halbzeit»-Verriß, seine Schicksalszeitung. Hier, im «Edelmistblatt», sollte deshalb auch der «Tod eines Kritikers» publiziert werden. Es wäre ihm eine Genugtuung gewesen.

Sieburgs Kritik aus dem Jahr 1960 begann mit dem Satz: «Als mir das Buch wie ein Neugeborenes ganz behutsam und mit einem fast religiös geflüsterten Kommentar, der mich zur Ehrfurcht aufrief, in die Arme gelegt wurde, trug der Bergahorn noch seine Blätter.» Es folgte die detaillierte Schilderung einer monatelangen Leidenszeit der Lektüre, die langsam verröchelte, als die Bäume ihr Laub abwarfen und die toten Blätter raschelten.[52] Da lag die Assoziation zu Goethes Erlkönig nahe, jener berühmten Ballade, in der ein Mann mit einem kranken Kind im Arm losreitet, um es zu retten, und die mit dem Satz endet: «In seinen Armen das Kind war tot.» Sieburg, nicht Reich-Ranicki, ist die Urgestalt der machtvollen Figur des Kritikers, der in «Ohne Einander» noch Willi André König hieß und nun zu André Ehrl-König mutierte.[53] Sieburg allerdings war kein Jude, sondern ein williger Mitläufer im «Dritten Reich». Auf ihn bezogen bekäme das Bild des «Erlkönig» eine ganz andre Bedeutung. Das ist insofern nicht unwesentlich, als Walser wenig später vorgeworfen wurde, schon die Wahl des Namens Ehrl-König sei ein «beschämender Skandal». So schrieb die Suhrkamp-Autorin Katharina Hacker in einem offenen Brief an Günter Berg: «Man muß nicht empfindlich, keinesfalls böswillig sein, um diese Namensgebung als einen widerwärtigen Antisemitismus zu begreifen. Man kann sie gar nicht anders begreifen – Erlkönig, der ein Kind verführt, um es zu töten.»[54] Man muß schon sehr viel Phantasie mitbringen, um sich zu dieser Behauptung zu versteigen.

Walser dachte tatsächlich, seine bitterböse Satire über den

Literaturbetrieb im Zeitalter des Fernsehens könnte Reich-Ranickis Eitelkeit schmeicheln. Er hielt es für möglich, daß «DER»
sich freue, «einmal so als Fresko an die größte Wand der Welt
projiziert zu werden»[55]. Er glaubte, keine «Abrechnung» und
schon gar keine «Exekution» geschrieben zu haben, wie Kritiker
ihm vorhielten, sondern auch eine versteckte Liebeserklärung.
«Ich würde niemals ein Buch schreiben, das einer Exekution gewidmet ist, weil ich ohne Liebe nicht schreiben kann», erklärte er. «Zwischen Kritiker und Autor gibt es natürlich eine sehr
vielstimmige, vielfältige, vielfarbige Liebe – und der Kritiker in
meinem Buch hat ein Verhältnis zu dem Schriftsteller, das ich
zumindest als ambivalent bezeichnen möchte. Dieser Autor, meine Hauptfigur, gibt sich zeitweise der Illusion hin, daß er der
engste Freund dieses Kritikers werden kann. Solche Wörter wie
Hass und Exekution würde ich nie schreiben – da wäre ich lieber Gefängniswärter geworden.»[56] Man sollte diesen Hinweis
ernst nehmen. Immerhin wollte Reich-Ranicki Walser gerne als
Gast in die allererste Sendung des «Literarischen Quartetts» im
März 1988 einladen.[57] Hätte Walser damals zugesagt und nicht
instinktiv die Mitwirkung am Fernsehzirkus abgelehnt, wäre die
Geschichte vielleicht anders verlaufen. Andererseits bearbeitete
er mit seinem Roman jahrzehntelange Demütigungen. Was sich
so lange angestaut hatte, mußte nun als Wut heraus. Das war
eine Notwendigkeit, ein therapeutischer Akt und dann erst, in
einem zweiten Schritt, literarischer Gestaltungswille. Als es voll-
bracht war, fühlte Walser sich «so unabhängig wie noch nie»[58]
und behauptete tapfer, über kein Buch so froh gewesen zu sein
wie über dieses.

Die Signale, die aus der *F.A.Z.* kamen, klangen zunächst
durchaus positiv, so als sei ein Vorabdruck machbar und auch
Marcel Reich-Ranicki vorsichtig beizubringen. Walser telephonierte mehrfach mit Hubert Spiegel, der um Geduld bat, aber
zuversichtlich war. Die Darstellungen des Geschehens dieser Wochen passen allerdings nicht ganz zusammen. Günter Berg er-

zählt, Hubert Spiegel sei während der Entscheidungsphase zu ihm zu einem Gartenfest gekommen. Nichts habe darauf hingedeutet, daß der Roman in der *F.A.Z.* unter Antisemitismus-Verdacht geraten könnte. Vielmehr sei ein gemeinsames Essen mit Reich-Ranicki geplant gewesen, zu dem, ein positiver Verlauf vorausgesetzt, Walser später hätte dazustoßen sollen. Hubert Spiegel gewichtete die Ereignisse wenig später in der *F.A.Z.* anders. Über sich selbst in der dritten Person schreibend, wies er die Behauptung zurück, «der Literaturchef dieser Zeitung habe Walser mehrfach versichert, ‹es gebe keine Bedenken›, Walsers Roman vorabzudrucken». Spiegel schrieb: «Tatsächlich hatte Walser sehr früh erfahren, welch erhebliche Bedenken es gab und wie daher in diesem Fall verfahren werden sollte. Noch bevor das Buch gelesen war, wurde der Schriftsteller gewarnt, daß ein Vorabdruck ohne Marcel Reich-Ranickis Einverständnis ausgeschlossen sei. (...) Obwohl Walser damals sagte, daß für ihn ein Vorabdruck unter dieser Bedingung völlig unvorstellbar sei, sandte er wenig später das Manuskript per E-Mail zur Lektüre. Die Gründe dieses erstaunlichen Vorgehens kennt nur Martin Walser selbst.»[59] Nicht erklärt ist damit der weite Weg von der Einverständnissuche bis zum Antisemitismusvorwurf.

Der Suhrkamp Verlag veröffentlichte postwendend eine «Klarstellung», in der es hieß: «Es gab mehrere Telephongespräche zwischen dem Verlag, dem Autor und Herrn Spiegel, in denen dieser immer wieder betonte, daß er – trotz des heiklen Themas! – dafür sei und es der Zeitung ‹gut anstünde›, auch diesen Roman vorab zu drucken. Er, Spiegel, müsse das bei einer passenden Gelegenheit mit Marcel Reich-Ranicki besprechen. Gravierende Bedenken seitens der *F.A.Z.*, seitens Hubert Spiegels, wurden zu keinem Zeitpunkt geäußert. Noch am 27. Mai bat Hubert Spiegel um einen weiteren Tag Bedenkzeit. Einen Tag darauf, dem 28. Mai, rief Herr Spiegel dann um 17.40 Uhr Günter Berg an, um ihm mitzuteilen, daß die *F.A.Z.* den neuen Roman von Martin Walser nicht vorab drucken werde. Gleichzeitig wurde mitgeteilt, daß Herr Schirrmacher schon am folgenden Tag über den Roman schreiben werde. – Eine Stunde später waren Textpassagen aus Frank Schirrmachers offenem Brief bereits auf *Spiegel-Online*.»[60]

Die Attacke, die *F.A.Z.*-Herausgeber Frank Schirrmacher am 29. Mai 2002 mit seinem offenen Brief an den «lieben Herrn Walser» führte, kam in ihrer Heftigkeit wie ein Blitz aus heiterem Himmel – auch für die Redakteure der *F.A.Z.*, in der Walser noch vier Tage zuvor gerühmt worden war. Mit allem hatte Walser gerechnet, aber nicht mit dem Vorwurf des Antisemitismus. Berg und Unseld hatten über dieses Thema noch gesprochen und überlegt, ob Vorwürfe in dieser Richtung zu erwarten wären, waren aber zum Ergebnis gekommen, daß keine Gefahr drohe. Walser hatte einen Kritiker als Machtinstanz parodiert. Mit keiner Silbe wird er als Jude angegriffen. Seine jüdische Herkunft ist nicht mehr als ein Gerücht im Literaturbetrieb. Wer Walser vorwarf, er hätte doch leicht auf diesen Aspekt verzichten können, verkennt, daß dieses Thema die deutsche Debattenkultur um- und antreibt wie kein anderes. Man kann keine Satire über die deutsche Öffentlichkeit schreiben und das wichtigste, brisanteste und heikelste Thema aus Sicherheitsgründen aussparen. Das Buch ist nicht antisemitisch, sondern handelt davon, wie Antisemitismus zum Medienthema wird. Es ist die literarische Variante der Paulskirchenrede. Was Walser damals «Instrumentalisierung von Auschwitz» nannte, führt er nun als grell gezeichnetes, burleskes Literaturbetriebskasperletheater vor. Und die Wirklichkeit richtete sich danach.

Schirrmacher verfuhr nach dem Prinzip der Machtausübung, wie er es in «Tod eines Kritikers» beschrieben fand. Da heißt es: «Wenn man einen ganz und gar treffen will, muß man im Stande sein, gegen ihn so extrem zu verfahren, daß er, auch wenn er sein Leben lang darüber nachdenken würde, auf nichts käme, was ihm die Härte des Vorgehens gegen ihn erklären könnte. Der Schlag, für den man kein Motiv findet, der sitzt. Das ist der reine Schlag.»[61] Und Schirrmachers Schlag saß. Er war in Präzision und Timing perfekt. Walser jetzt anzugreifen war günstig, denn mit seiner Rede zum 8. Mai war er wieder einmal Gegenstand öffentlicher Kontroversen. Über Antisemitismus wurde schon seit Monaten am Beispiel des FDP-Politikers Jürgen W. Möllemann gestritten, der wegen seiner proarabischen Haltung in der Kritik stand. Wieder einmal tobte die alte Debatte durchs Land, welche Konsequenzen aus der deutschen Geschichte für das Verhältnis zu Israel zu ziehen seien. Möllemann gerierte sich als wackerer Kämpfer, der seine Kritik an der israelischen Siedlungspolitik mit dem Gestus eines Tabubrechers vortrug: Es müsse doch endlich wieder möglich sein, das auch als Deutscher auszusprechen. Es gibt kein Tabu, hielten die Möllemann-Kritiker dagegen. Selbstverständlich sei es erlaubt, Israel zu kritisieren. Aber sie unterschlugen damit, auf wie heiklem historischem Gelände man sich bewegt, wenn es um das deutsch-jüdische Verhältnis geht.

Schirrmacher mußte nur noch die Kontakte zusammenstecken, um den Sprengsatz zu zünden. Keiner war dazu geeigneter als er, der Laudator des Friedenspreisträgers und sein Adjutant in der Walser-Bubis-Debatte gewesen war. Um so größer nun seine Glaubwürdigkeit, wenn er sich entsetzt abwandte und schrieb: «Es geht hier nicht um die Ermordung des Kritikers als Kritiker (…). Es geht um den Mord an einem Juden.»[62] Auch diesen unerhörten Vorwurf mußte er nur aus Walsers Roman abschreiben. «Das Thema war jetzt, daß Hans Lach einen Juden getötet hatte», heißt es da.[63] Walser schildert an dieser Stelle die Funktionsweise der Medien, die in ihrer Aufmerksamkeitskonkurrenz stets auf den größtmöglichen Skandal aus sind. Der größtmögliche Skandal aber ist der Antisemitismus. «Erst jetzt hatten die Medien ihr Saisonthema gefunden», heißt es im Roman, der als Farce vorwegnahm, was in der Wirklichkeit als Tragödie folgte. Erstaunlich, wie präzise die medialen Nachspieler sich an das Drehbuch hielten. Walser hätte sich über seine prognostische Präzision freuen können, wenn sie ihn nicht selbst getroffen hätte.

Schirrmacher behauptete, Walser bedrohe in Marcel Reich-Ranicki einen Überlebenden des Holocaust mit einer infamen Mordphantasie. Er wolle fiktiv nachholen, was den Nazis nicht gelungen war. Er bediene das Repertoire antisemitischer Klischees, wenn er seinem jüdischen Kritiker «Herabsetzungslust» und «Verneinungskraft» bescheinige. Daß André Ehrl-König gar nicht ermordet wird, machte die Sache nur noch schlimmer. Den Satz «Getötet zu werden paßt doch nicht zu André Ehrl-König» verstand Schirrmacher so, daß damit «das Getötetwerden oder Überleben zu einer Charaktereigenschaft» erklärt werde. Das sei angesichts der Tatsache, daß Reich-Ranicki der einzige Überlebende seiner Familie ist, «ungeheuerlich»: «Verstehen Sie, daß wir der hier verbrämt wiederkehrenden These, der ewige Jude sei unverletzlich, kein Forum bieten werden?» Schirrmacher, der «ein Dokument des Hasses» gelesen hatte, schloß seinen Brief mit der bedrohlichen Bemerkung: «Sie, lieber Herr Walser, haben oft genug gesagt, Sie wollten sich befreit fühlen. Ich glaube heute, Ihre Freiheit ist unsere Niederlage. Mit bestem Gruß.»[64]

Der Vorgang war ohne Beispiel. Schirrmachers Angriff richtete sich gegen ein Buch, das es noch gar nicht gab. Er nahm damit das Risiko in Kauf, daß nun über einen Text debattiert wurde, den außer ihm zunächst niemand kannte. Und er setzte sich über die guten Sitten des Literaturbetriebs hinweg, vertraulich überlassene und noch nicht autorisierte Manuskripte auch vertraulich zu behandeln. Er rechtfertigte diesen Schritt damit, er habe der Legendenbildung vorbeugen müssen, der Vorabdruck sei am Einspruch Reich-Ranickis gescheitert. Und außerdem habe nicht er die Regeln des Anstands verletzt, sondern Walser mit seinem Roman.[65] Berücksichtigt man jedoch die damalige Lage der *F.A.Z.*, die sich – wie die gesamte Medienbranche – in einer schweren wirtschaftlichen Krise befand, muß man auch diese hohe Moral ins Reich der Legendenbildung verweisen. Schirrmacher war kurz zuvor *F.A.Z.*-intern mit dem Versuch gescheitert, das gesamte Feuilleton nach Berlin zu verlagern. Die öffentliche Verkündigung des Umzugs mußte er auf Druck der Verlagsleitung zurücknehmen. Nach dieser strategischen Niederlage brauchte er dringend einen publizistischen Erfolg.

Ein angekündigter Skandal.
Der Wunsch, Verbrecher zu sein. Unselds Tod.

Schirrmachers Vorwürfe waren zunächst nicht nachprüfbar. Sie überrumpelten eine fassungslose Öffentlichkeit und setzten eine entsetzensbereite Kommentierungsmaschinerie in Gang, die wochenlang nicht mehr zur Ruhe kam. Selbst die Tagesschau machte den Fall Walser zur Spitzenmeldung, wichtiger als die Gefahr eines Nuklearkrieges zwischen Indien und Pakistan. Der Suhrkamp Verlag verschickte eilig das kaum redigierte Manuskript per E-Mail, das sich wie ein Virus in den Redaktionen vervielfältigte. Im Rekordtempo wurde gelesen und geurteilt. Der Furor, mit dem das geschah, erinnerte an frühzeitliche Stammesgesellschaften, die das Böse durch gemeinsam gemurmelte Beschwörungsformeln vertreiben zu können glaubten. Das «Besprechen» von Literatur erhielt eine urwüchsige, beängstigende Dimension. Ein Gespenst ging um in Deutschland: der Antisemitismus. «So leidenschaftlich geht die Suche nach verdächtigen Stellen mittlerweile voran, daß jeder, der keine Passage mit ‹antisemitischen Klischees› finden kann, sich selbst des Antisemitismus verdächtig macht», beschrieb Thomas Steinfeld in der *Süddeutschen Zeitung* die Atmosphäre.[66] Und Harry Nutt diagnostizierte in der *Frankfurter Rundschau* die «Aufführung einer deutschen Neurose»[67].

Der Skandal um «Tod eines Kritikers» ist die Geschichte einer Überwältigung und einer Hysterisierung der Öffentlichkeit. Das Manuskript war für all die professionellen Leser nicht mehr anders wahrnehmbar als unter der Frage: Ist es antisemitisch oder nicht? Schirrmacher hatte es geschafft, die Rezeptionsweise auf eine einzige Lesart einzuengen. Was für eine Leistung! Nachdem er zum Auftakt weniger eine Anklage vorgetragen als ein Urteil gesprochen hatte, beugten sich die Literaturexperten in kriminalistischer Akribie über das Manuskript, als wäre es eine Tatwaffe. Auch dieses Verfahren hat Walser im Roman bereits vorweggenommen. Ein Münchner Kriminalhauptkommissar, die Verlegergattin, der Erzähler Michael Landolf und andere zitieren immer wieder aus Hans Lachs «Der Wunsch, Verbrecher zu sein», um seine Schuld oder Unschuld zu beweisen, je nach Interessenlage. «Schriftsteller sind ununterbrochen damit beschäftigt, ihr Alibi zu notieren»[68] ist so ein beidseitig verwendbarer Lach-Satz. Und Michael Landolf resümiert: «Um die Schuld oder Unschuld eines Schriftstellers zu beweisen, braucht man doch keine Indizien, die Bücher genügen.»[69]

Mit Literaturkritik hatte die republikweite Spurensuche nichts zu tun, eher schon mit pornographischer Gier, in der man sich darauf beschränkt, die verdächtigen «Stellen» herauszupicken. «Geschmacklos» war noch das harmloseste Adjektiv, das in fast allen Rezensionen auftauchte. In früheren Jahrzehnten der Bundesrepublik sorgte sich die öffentliche Moral eher um das erotisch Statthafte und belegte Grenzüberschreitungen im Bereich des Sexuellen mit dem Vorwurf der Obszönität. Hatte nicht Friedrich Sieburg «Halbzeit» einst auch aus sittlich-moralischen Bedenken heraus abgelehnt?[70] Diese Stelle nimmt nun der Antisemitismus ein. Aus der sexuellen Prüderie der Adenauer-Zeit ist eine Prüderie des Gedenkens geworden. Walsers Erzählstrategie, die Kritikerfigur durchgängig zu sexualisieren, Ehrl-König während einer Party an der Nase einer Begleiterin herumkneten zu lassen, ihm eine Vorliebe für «Mädels» beziehungsweise «Mädelchen» und für Schwangere bis zum dritten Monat anzudichten, erscheint vor diesem Hintergrund konsequent. Ehrl-König betreibt das Handwerk der Kritik als eine Art sexueller Ekstase, so daß es in der Szene, für die Walser am heftigsten gescholten wurde, heißt, er «ejakuliere durch die Gosch'n». Geschmacklos? Mag sein. Aber muß Literatur immer vornehm und zurückhaltend sein? «Ich bin kein Damenkränzchen», sagt Martin Walser.

«Tod eines Kritikers» wurde durchgängig als Schlüsselroman gelesen. Das stimmt und stimmt nicht, wie bei all seinen Romanen. Sie reagieren auf Erfahrung. Sie nehmen Wirklichkeitsmaterial auf und verarbeiten es. Schon in «Ehen in Philippsburg» glaubte sich der Freund Helmut Jedele in einer Figur erkennen zu können, in «Halbzeit» Corinne Pulver. Und so weiter. Jetzt wurden Rainer Heiner Henkel als Walter Jens und Professor Wesendonk als Jürgen Habermas gedeutet. Auch Habermas selbst meinte, die Wesendonk-Figur auf sich beziehen zu müssen. Doch Walser wollte die realen Vorbilder nicht einfach porträtieren, er setzte sie zu neuen Figuren zusammen. Nicht die verschlüsselte Abbildung der Wirklichkeit ist sein Ziel, sondern ihre Umschrift: sie für sich erträglich zu machen. Dabei geht es vor allem um ihn selbst. «Selbstporträt als Kriminalroman» hieß eine kleine Erzählung aus dem Jahr 1978, die das Verhältnis zu Reich-Ranicki als Parabel darstellte. Daß «Tod eines Kritikers» vor allem ein komplexes Selbstporträt als Kriminalroman ist und in viel geringerem Maße eine Persiflage der Protagonisten des Literaturbetriebs, hat die Kritik in ihrer Fixiertheit auf den Skandal kaum bemerkt.

«Tod eines Kritikers» ist vielleicht Walsers dringlichstes, notwendigstes Buch. Geglückt ist es nicht, wenn man es an seinen eigenen Kategorien mißt. Gälte Hans Lachs späte Erkenntnis – «Das Höchste, was man erreichen kann, einem Feind sagen, daß man sich nicht mehr für ihn interessiere. Das Feld überlassen. Ausscheren.» –, dann wäre dieser Roman nicht geschrieben worden. Auch der Idealvorstellung Heinrich Seuses, daß Sprache erst dann ganz bei sich ist, wenn sie nichts transportieren muß, genügt «Tod eines Kritikers» unter allen Walser-Romanen am wenigsten. «Wenn ich recht haben muß, befinde ich mich sprachlich schon in einem depravierten Zustand, auf der falschen Frequenz», hatte er einmal in einem Interview gesagt.[71] So gesehen tönt «Tod eines Kritikers» ziemlich schrill auf einer falschen Frequenz. Daß er sich unbedingt ins Recht setzen mußte, ist auch stilistisch zu merken. Fast zwanghaft bildete er eine Manier der Ausschließlichkeit aus. Als genüge es nicht, Hans Lach sagen zu lassen: «Ich war haltlos», schreibt er: «Ich war nichts als haltlos.» Dieses «nichts als» zieht sich als penetrantes Stilmittel quer durch den Roman – eine Formelhaftigkeit des Ausdrucks, die Walser sich zuvor nie gestattet hat. Dennoch: «Tod eines Kritikers» ist reicher und vielfältiger und im Aufbau komplexer, als es die einseitige Lesart als Rache an Reich-Ranicki nahelegte.

Reich-Ranicki schwieg zunächst und wollte auch auf Nachfragen nichts sagen. Er war ja in diesem Kritiker-Autor-Verhältnis, in dem Walser sich erklärtermaßen als Opfer, ja sogar einmal als «Juden» und seinen Peiniger als Täter bezeichnete, Opfer der Satire geworden. Walser sah sich nun öffentlich als Täter angeklagt – was seine Wut noch steigerte: «Nun stehe ich als der böse Wüterich da, und der tut den Leuten leid. DER durfte mit meinem Lebensstoff dreißig Jahre umspringen, wie er wollte, da begehrte niemand auf.»[72] Nun wurde Walser vorgeworfen, die Seiten vertauscht zu haben, wenn er einen Juden als Täter und sich selbst als Opfer imaginierte. In seiner Fernsehsendung «Solo» äußerte Reich-Ranicki sich schließlich doch und verlas eine Erklärung in eigener Sache: Walsers «Mordphantasie» habe ihn und seine Frau «tief getroffen». Sie seien in ihrem langen Leben «mit der Absicht, uns zu ermorden, hinreichend konfrontiert worden. Wir sind schon leidgeprüft. Aber daß ein solches Buch von einem bekannten und anerkannten deutschen Schriftsteller im Jahr 2002 geschrieben werden kann, damit haben wir nicht gerechnet»[73]. Reich-Ranicki, der erfahrene Leser, verlor in seiner Getroffenheit die literarischen Maßstäbe. Indem er Walser «Mordabsichten» unterstellte, verwechselte er die Ebene der literarischen Satire mit der Wirklichkeit. Bei allem, was man gegen «Tod eines Kritikers» sagen kann: Eine reale Mordabsicht darf man dem Autor doch wohl nicht unterstellen.

In seiner Dankesrede zur Verleihung der Ehrendoktorwürde in München ging Reich-Ranicki wenig später noch weiter. Da wollte er Walsers Namen nicht einmal mehr in den Mund nehmen, sprach nur noch von dem «Mann vom Bodensee» und behauptete allen Ernstes, in «Tod eines Kritikers» werde nach «dem Vorbild des ‹Stürmers›» «gegen Juden gehetzt». «Der Autor vom Bodensee kann sich nicht damit abfinden, daß ich noch lebe und arbeite. Er kann sich ja ausrechnen, daß das nicht mehr lange dauern wird. Aber er ist auf grausame Weise ungeduldig.»[74] Angst habe er, sagte der wortgewaltige Kritiker, als müsse er tatsächlich um sein Leben fürchten, als sei Walsers Roman ein Indiz für einen neuen, blutigen Antisemitismus in Deutschland.

Schmerzhafter als alles andere war für Walser der offene Brief von Ruth Klüger, der zwar mit der Formel «in alter Freundschaft» unterzeichnet war, den er aber doch als Aufkündigung der Freundschaft empfand. Klüger stellte sich ganz auf die Seite von Schirrmacher und Reich-Ranicki. Sie fühlte sich «betroffen, gekränkt, beleidigt» von der Darstellung des Kritikers als «jüdisches Scheusal» und wollte Walser nicht glauben, daß er diese Figur nicht absichtsvoll als Juden gezeichnet hatte. Nicht die Mordabsicht empörte sie, sondern die Tatsache, daß schließlich alles nur ein Phantasma gewesen sein soll. Damit zeige Walser, daß die Deutschen in Wirklichkeit schuldlos seien: «Ich bitte euch, scheint der Text zu sagen, wir sind doch kein Mordgesindel. Lieber Martin, vor dem Hintergrund der deutschen Geschichte, die sich nun einmal nicht ausklammern läßt, ist die komische Wiederkehr des nur scheinbar ermordeten Juden noch schlimmer, als ein handfester Krimi mit Leiche gewesen wäre.»[75] Auch der jüdische Schriftsteller Elie Wiesel distanzierte sich von Walser. Er verfügte, daß die nächste Auflage seiner Erinnerungen «Die Nacht» ohne dessen Vorwort aus dem Jahr 1963 erscheinen sollte. Günter Grass gehörte dagegen zu den Verteidigern Walsers. Er konnte in keiner der inkriminierten Stellen des Romans und nirgendwo in Walsers Werk Antisemitismus entdecken.

Als das Buch Ende Juni erschien, war längst alles darüber geschrieben. Und doch brandete die Debatte noch einmal auf – angefeuert wiederum von der *F.A.Z.*, die das publizistische Unentschieden doch noch in einen Sieg verwandeln wollte. «Walser war beschädigt, aber der zentrale Antisemitismusvorwurf gegen ihn hatte vielfachen Widerspruch gefunden», wertete die *N.Z.Z.* das Zwischenergebnis aus schweizerischer Neutralität.[76] Für die *F.A.Z.* ließ sich nun Jan Philipp Reemtsma, Leiter des Hamburger Instituts für Sozialforschung, dazu hinreißen, Walser einen «antisemitischen Affektsturm» zuzuschreiben.[77] Damit ging er über Schirrmachers vergleichsweise vorsichtige Formulierung des «Spiels mit antisemitischen Klischees» weit hinaus. Reemtsmas mehr als eine Zeitungsseite füllende Beweisführung enthielt allerdings einen peinlichen Fehler, der ein deutliches Licht darauf wirft, wie die Verdachtproduktion funktionierte. Reemtsma rügte Walser unter anderem für die physiognomische Darstellung des Kritikers Ehrl-König mit «Wulstmund» und einer «so kräftigen wie feinen Nase». «Kräftige Nase muß sein», schrieb er, «aber wieso soll das eine antisemitische Karikatur sein, höre ich jemanden einwenden, da steht doch ‹feine Nase›? Ebendarum. Weil es auffällt, daß da etwas fehlt am Klischee, fällt es auf. Immer wenn Walser etwas verbergen will, zeigt er es überall herum.» Folgt man diesem Argumentationsgang, dann kann es auch nicht mehr stören, daß die «feine Nase» tatsächlich gar nicht Ehrl-König, sondern vielmehr Hans Lach gehört. Reemtsma hatte sich vertan, wie Joachim Günter in der *N.Z.Z.* bemerkte.[78] Oder war es nur eine weitere, besondere Perfidie Walsers, die feine Nase nicht dem Juden, sondern seinem Widersacher gegeben zu haben? Müßte es Reemtsma nicht ganz besonders verdächtig erscheinen, wenn im Roman überhaupt das Wort «Nase» vorkam?

Der Suhrkamp Verlag brauchte im Klima der aufbrandenden Empörung nach Schirrmachers Verdikt mehr als eine Woche, um sich zaghaft hinter seinen Autor zu stellen. Es war kein Geheimnis, daß es auch im Verlag heftige Einwände gegen das Buch gab und eine Fraktion, die gegen die Veröffentlichung kämpfte. Der todkranke Unseld konnte sich nicht mehr äußern. In seiner Abwesenheit setzten die Diadochenkämpfe ein. Berg als Geschäftsführer hatte gegen den Druck der Öffentlichkeit und Widerstand im Verlag – besonders von Programmleiter Rainer Weiss und Ulla Berkéwicz – seine Entscheidung durchzusetzen. Ulla Berkéwicz schrieb in der *Zeit* einen Artikel zum dritten Todestag von Ignatz Bubis, mit dem sie sich sichtbar von Walser distanzierte.[79] Wäre Unseld noch handlungsfähig gewesen, wäre dieser Text wohl kaum so geschrieben worden. Reich-Ranicki sprach sich öffentlich gegen die Publikation des umstrittenen Romans im Suhrkamp Verlag aus: In die Tradition von Walter Benjamin, Ernst Bloch, Theodor Adorno und Paul Celan passe dieses Buch nicht. Das war der Versuch der Exkommunizierung eines Dichters und sein Ausschluß aus der Gemeinde, aus der Tradition der Suhrkamp-Kultur, die über mehrere Jahrzehnte die bundesdeutsche Geistesgeschichte repräsentierte. Als Suhrkamp sich schließlich dazu durchrang, «den Roman in der von Martin Walser verantworteten Textform» zu publizieren, wie es in einer Presseerklärung distanzschaffend hieß, wollte Reich-Ranicki nicht dagegen protestieren, um den Verlag, dem er selbst verbunden ist, nicht in noch größere Schwierigkeiten zu bringen. Längst war aus dem «Fall Walser» auch ein «Fall Suhrkamp» geworden. Würde der Übergang in die Nach-Unseld-Ära gelingen?

Walser war lange Zeit nicht darüber informiert, wie es um Unseld stand. Schon ein paar Tage vor dem Schirrmacher-Artikel rief er besorgt an, wollte ihn sprechen, wissen, wo er sei. Am 29. Mai, geschockt von Schirrmachers offenem Brief, schickte er in aller Frühe ein Fax in den Verlag: «Lieber Siegfried, ich habe im Herbst 1998 nicht von Dir erwartet, daß Du Dich für mich erklärst, heute frage ich mich zumindest, was Du tun wirst. Es geht direkt um das Verlagsprojekt, um den Bruch der Regel, der wichtigsten, was die Veröffentlichung betrifft. In 50 Jahren nie passiert. Also, was jetzt? Herzlich grüßend, Dein Martin»[80]. Unseld erreichte er mit diesen Zeilen nicht mehr. Immer wieder versuchte er in den folgenden Monaten, telephonisch zu ihm vorzudringen. Jetzt hätte er ihn gebraucht wie nie zuvor. Doch nun konnte Unseld nicht mehr, und Ulla Berkéwicz stand schützend vor ihrem Mann, um jede Aufregung von ihm fernzuhalten. Sie berief sich dabei auf die behandelnden Ärzte.

Zwei Texte, die Walser im Juni als Reaktion auf die Antisemitismusvorwürfe in Fortsetzung von «Tod eines Kritikers» schrieb, um sich Luft zu machen, bot er bei Suhrkamp an. Günter Berg und Thorsten Ahrend lasen und empfahlen, diese «Wesendonkiade» besser in der Schublade zu belassen. Der erste, erzählerische Text trug den Titel «Excelsior» und schilderte einen Spaziergang Wesendonks und Lachs durch die Stadt, bei dem aber nur Wesendonk zu Wort kommt, der unentwegt auf Lach einhaut. Der zweite Text war eine Farce in Szenen und hieß «Die Glatze des Prometheus».

«Tod eines Kritikers» erschien Ende Juni ohne begleitende Werbung und ohne Klappentext. Es sah so aus, als ob der sterile Umschlag den giftigen Inhalt neutralisieren müßte. Der Verlag veröffentlichte das Buch gewissermaßen mit spitzen Fingern, um sich nicht schmutzig zu machen. In Wochenfrist hatte es Platz 1 der Bestsellerliste erobert. Skandale sind allemal gut für den Verkauf. Auf Lesereise ging Walser vorsichtshalber nicht. Er hätte das zu erwartende Geschrei nicht mehr ertragen. Als er für einen Auftritt im MDR-Lese-Café in Leipzig, der live im Rundfunk übertragen wurde, doch eine Ausnahme machte, blieben die üblichen, lautstarken Proteste nicht aus. Die Demonstranten verteilten sich strategisch im Publikum und riefen, man wolle einem Antisemiten nicht zuhören. Walser forderte die Störer auf, nach vorne zu kommen und ihm ins Gesicht zu sagen, daß er ein Antisemit sei. Dann könnten sie sich eine Ohrfeige gleich dazu abholen. Es dauerte eine halbe Stunde, bis die Lesung beginnen konnte.

Im September versuchte er erneut, zu Unseld vorzudringen. Er hätte ihn dringend gebraucht. Wie schwer der Freund erkrankt war, wußte er immer noch nicht. «Lieber Siegfried, jetzt muß ich Dir doch einfach schreiben. Ich möchte Dich gern besuchen. Es kann ja auch ein kurzer Besuch sein. Auf jeden Fall kein anstrengender. Ich würde Dich gern wieder einmal sehen, ein paar Worte wechseln. Ich würde mich sehr freuen, wenn Dir das recht wäre. Bitte, laß mich wissen, wie du darüber denkst. Für heute mit herzlichen Grüßen und guten Wünschen, auch von Käthe, Dein Martin»[81]. Weil er keine Antwort erhielt, versuchte er es über Ulla Berkéwicz und bat sie um ein Gespräch, denn er wußte, daß andere Autoren Unseld besucht hatten. «Ich finde, was seit einiger Zeit abläuft, unwürdig. Mir läge sehr daran, dafür Dein Verständnis zu finden. Das Wann und Wo könntest Du bestimmen, mir wäre alles recht. Ich glaube, zwischen uns könnte eine bessere Beziehung entstehen, sonst bäte ich nicht um ein Gespräch.»[82] Ulla Berkéwicz leitete den Brief an ihren Anwalt weiter. Walser erhielt Antwort vom behandelnden Arzt, der dringend von emotional bewegenden Kontakten abriet. Dann endlich, am 4. Oktober, klärte sie ihn über den lange Zeit lebensbedrohlichen Zustand ihres Mannes auf, dem es nun aber wieder etwas besser gehe. Ein Gespräch lehnte sie ab. Auch sie brauche jetzt erst einmal Ruhe, und Walser habe in Günter Berg «de jure» seinen Verleger und in Thorsten Ahrend einen wunderbaren Lektor. Sie erinnerte an das Zerwürfnis um den Schlüsselroman «Abstieg vom Zauberberg» und wie sehr Unseld damals unter Walsers Haltung gelitten habe. Walser schrieb erfreut zurück: «Ich bin froh, daß es Siegfried ein wenig besser geht! Wirklich! Was unser Gespräch betrifft: wann immer Du es für möglich hältst, laß es mich wissen. Mit herzlichen Gruß, Martin. P. S. Falls es denkbar ist, daß Siegfried durch eine Schachpartie an frühere Kräfte und überlegene Fähigkeiten erinnert wird, wäre ich sofort da.»[83]

Unseld starb am 26. Oktober 2002. Walser schrieb einen zärtlichen, warmherzigen Nachruf auf den langjährigen Freund, den intensiven Leser, den großen Verleger.[84] Noch einmal wurde die Freundschaft, die doch in den letzten Jahren kaum noch existierte, gegenwärtig. Alles Vergangene legte er in diesen Text, so daß die Freundschaft im Abschied zu leuchten begann und Unseld, der Tote, als Lebendigkeitsphänomen erstrahlte. Unseld wollte immer nur an seinen besten Augenblicken gemessen werden. Also maß Walser ihre Freundschaft an den Augenblicken der Zusammengehörigkeit, der Sorglosigkeit, des Glücks, die als etwas Gelungenes in der Erinnerung blieben. Aber der Tod machte auch die angestauten Versäumnisse spürbar, die nun endgültig geworden waren. Nichts ging mehr. Alle aufgeschobenen Gespräche waren endgültig verpaßt. Die Liebeserklärung kam zu spät.

Die Trauerfeier auf dem Frankfurter Hauptfriedhof besuchten rund 800 Gäste, unter ihnen auch Bundeskanzler Schröder. Die Suhrkamp-Kultur versammelte sich noch einmal über alle Widersprüche und Gräben hinweg. Scharfsichtige Beobachter lasen aus der Sitzordnung der Gäste einen symbolischen Sinn fürs Zeremonielle, wenn Walser und Reich-Ranicki etwa gleichrangig, aber in größtmöglichem Abstand voneinander plaziert wurden. Am Grab, so kolportierte die *Berliner Zeitung*, ging Walser «auf Ulla Berkéwicz zu, gab ihr kräftig die Hand, schien eine Umarmung zu erwarten, wie sie seine Umarmung zu erwarten schien, dann aber blieb es beim Händedruck, während Frau Walser und Frau Berkéwicz einander in die Arme fielen»[85]. Man könnte glauben, hier werde eine Staatsaktion geschildert. Aus der Intensität und Dauer eines Händedrucks und einer unterbliebenen Umarmung ließen sich diplomatische Verstimmungen herauslesen. Und so war es auch. Walsers Abschied vom Suhrkamp Verlag, seiner publizistischen Heimat für rund fünfzig Jahre, stand bevor.

Als ein paar Wochen später Rudolf Augstein starb, fragte Walser: «Zuerst er, dann er. Wer jetzt?» Der Tod rückt näher mit jedem Toten. Für sich und seine Frau Käthe hatte er schon vor ein paar Jahren einen Grabplatz auf dem Wasserburger Friedhof erworben, gleich neben dem Grab der Eltern. Mit dem Tod war zu rechnen, und so sind auch seine Nachrufe unsentimental, ganz auf den Menschen bezogen, auf das, was bleibt. In Augstein verlor er einen Freund, mit dem er seine Deutschlandgefühle teilte. Im *Spiegel* erzählte er, wie er ihn einmal, «als wir uns nicht mehr für nüchtern halten konnten», eine Treppe hinabtrug und hinüber zum Taxi: «Er war leicht. Mehr Vogel als Stein. So leicht, als bestünde er aus lauter Gedanken.»[86] Kann man einem Menschen Schöneres nachsagen? Etwas so schön zu sagen, wie es nicht ist – das ist, wie Walser immer wieder erklärt hat, seine Aufgabe als Schriftsteller. Er hatte ja sogar – davon war er überzeugt – Reich-Ranicki in der Figur des André Ehrl-König schöner, witziger, größer, souveräner gemacht, als er wirklich war. Bloß daß ihm das niemand abnehmen wollte.

XVII METAPHYSIK DER SPRACHE.
2002–2008

99 Flaschen Wein. Tendenz Asche.
Die Verwaltung des Nichts.

Es war ein Drecksjahr. Und er war froh, als das Drecksjahr endlich um war. Alles, was ihm 2002 zusetzte, nannte er «Dreck».
Das war seine Art, damit fertig zu werden. Zwischenzeitlich
glaubte er sogar einmal, Deutschland verlassen zu müssen, weil
er es nicht aushalten könnte, für den Antisemiten gehalten zu
werden, zu dem er in der Lesart Frank Schirrmachers geworden wäre. Ein heimatnahes Exil im österreichischen Vorarlberg
erschien ihm trostreich. Ein paar Monate später, als der Pulver-
dampf der Meinungsschlacht sich verzog und kontinuierlicher
Zuspruch von Leserinnen und Lesern ihn wieder aufrichtete, tat
er das als Panikreaktion ab. Eine Flucht wäre es gewesen, ein
Abhauen. Wenig heroisch.

Der Umschwung deutete sich schon auf der Frankfurter
Buchmesse im Oktober an. Walser wurde dort mit dem «Preis
der Kritik» ausgezeichnet, den der Verlag Hoffmann und Campe für besondere Verdienste um die Literaturvermittlung stifte-
te. Für seine «Liebeserklärungen» an die Literatur hatte er diesen Preis zweifellos verdient. Der «Tod eines Kritikers» setzte
dazu einen effektvollen Aktualitätsakzent. Zunächst verweigerte
Walser die Annahme. Die Angst vor einem öffentlichen Auftritt
auf der Messe war zu groß. Doch Verleger Rainer Moritz blieb
hartnäckig. Die Absage habe ihn «aufgewühlt», schrieb er. Walser ließ sich durch dieses eine Wort umstimmen, weil er da eine
freundliche Sympathie erspürte, die ihn wehrlos machte.

Die 99 Flaschen Rotwein, die als Preis ausgesetzt waren, gaben gleich wieder Anlaß zu neuer Häme. Hatte Reich-Ranicki

nicht erst kürzlich im *Focus* behauptet, Walser trinke zuviel, um mit diesem Hinweis «Tod eines Kritikers» zum Produkt alkoholbefeuerter Aggressivität zu degradieren? Mußte man den vierzehnprozentigen Gigondas nicht als subtilen Kommentar dazu verstehen? Auf diesem Niveau war der Streit inzwischen angekommen. Walser erklärte entspannt, er wolle den Weinvorrat mit vierzehn Professoren verschiedener Fakultäten teilen. Die waren dabei, den Skandal um den Roman wissenschaftlich aufzuarbeiten und einen Sammelband dazu vorzubereiten, zu dem auch der chinesische Übersetzer von «Tod eines Kritikers» einen Text beisteuerte. Sie alle würden die Stärkung brauchen können.

Beim Verlagsempfang im 53. Stock des Main-Towers ging er auf das abklingende Skandalgetöse kaum noch ein, befaßte sich statt dessen grundsätzlich mit der Literaturkritik. Das konnte nur den Berichterstattern als «Generalabrechnung»[1] erscheinen, die zuvor noch nichts von ihm gelesen hatten und nichts wußten von seiner Kritikabneigung. Dem kritischen Verfahren, Bücher zu beurteilen, stellt er sein aneignendes Lesen entgegen, ein Lesen als Selbstbegegnung, das keine Wertungen hervorbringt, sondern Entdeckungen macht. Den Objektivitätshabitus der Literaturkritik beantwortet er mit subjektiver, schöpferischer Lektüretätigkeit, in der «Lieben, Genießen, Verehren eine hochzeitliche Verbindung»[2] eingehen. Man muß lieben, worüber man schreibt.

Aber gerade diese Fähigkeit stand im Jahr 2002 auf dem Spiel. Wie sollte er sich aufs Lieben, Genießen und Verehren verlegen, während er unentwegt damit beschäftigt war, sich zu rechtfertigen wie ein Angeklagter? Als letzte, farcenhafte Wiederholung der Anklage muß man den Versuch der *F.A.Z.* werten, den ungarischen Schriftsteller Imre Kertész gegen Walser in Stellung zu bringen. Kertész erzählte in seinem «Roman eines Schicksallosen» auf beispiellose Weise vom Überleben des Holocaust. Im Herbst 2002 erhielt er den Literaturnobelpreis und wurde aus diesem Anlaß von der Sonntagszeitung der *F.A.Z.* interviewt.

Auf die Frage, ob er «Tod eines Kritikers» gelesen habe, sagte er: «Ich will über das Buch nicht reden, weil ich es nicht gelesen habe. Aber ich habe eine tiefe persönliche Verletzung vernommen aus den langen Passagen, die Walser in der ARD vorgelesen hat.» Nachfrage: «Also Sie fühlen sich persönlich verletzt durch das, was Sie da vernommen haben?» Kertész: «Ja.»[3] Die *F.A.Z.* meldete eilig den Befund, Kertész sei durch Walser zutiefst verletzt. Doch Kertész korrigierte zwei Tage später das Mißverständnis: «Ich habe den Roman nicht gelesen, aber einige Passagen verfolgt, die Walser selbst im Fernsehen vortrug. Da spürte ich eine tiefe Verletzung. Mein Gesprächspartner glaubte nun, ich sei der Verletzte, so wie etwa Ruth Klüger oder Robert Schindel sagten, sie fühlten sich durch den Roman verletzt. Ich aber meinte Walser, der von der Kritik an seinen Büchern tief verletzt war. Ihr Kollege fragte nach, und nun war ich es, der ihn mißverstand. Deshalb antwortete ich auf seine Frage, ob ich verletzt war, mit ‹ja›.»[4] So kam es, daß die *F.A.Z.*, die in seltener Einseitigkeit über Monate nur Meldungen versammelte, die gegen Walser sprachen, Kertész als dessen Fürsprecher publik machen mußte.

Walser zog nicht wie angedroht ins Ausland. Er versuchte, die eigene Arbeitsfähigkeit in der stillen Konzentration auf sich selbst zurückzugewinnen. Das war der richtige Zeitpunkt, um die lange aufgeschobene Fortsetzung von «Meßmers Gedanken» in Angriff zu nehmen: Selbstprüfung in Prosa. Er durchforstete seine Notizbücher, setzte sich den Denkbewegungen und Gefühlsaugenblicken der vergangenen Jahrzehnte aus, um herauszufinden, wie er sich verändert hatte. Hatte er sich verändert? War nicht vielmehr die Öffentlichkeit um ihn herum eine andere geworden? «Das waren noch Zeiten, als die Heuchler rechts waren», schrieb er jetzt, durchaus bedauernd. «Meßmers Reisen» sollte ein rückhaltlos offenes Buch werden. «Da steht alles drin», sagte er. «Mehr kann man nicht wissen über mich.» Aber das sagte er eigentlich über jedes seiner Bücher zu seiner Zeit.

In «Meßmers Reisen» findet man all die Themen, die ihn ein

Leben lang umgetrieben haben, in knapper Verdichtung wieder: Machtausübung und Abhängigkeiten aller Art, Kränkungen und Beleidigtsein, Geldverdienenmüssen und Schmerzempfindlichkeit, Liebe und Liebesmangel, Frauen, Ehe, Sexualität, Deutschland und das Leiden an der Vergangenheit und deutschen Schuld, die deutsche Teilung als Skandalon, die Öffentlichkeit und immer wieder und immer stärker die Sehnsucht, sich dem ganzen Betrieb ein für allemal zu entziehen. «Ohne Überzeugung leben», notierte er als Utopie oder auch als Selbstschutzanleitung. Wie ein Süchtiger, der von der Droge wegwill, verbot er sich das Meinen und das Rechthaben und kam doch nicht los davon. Nicht viel anders war es mit der sexuellen Attraktion der Frauen. Am liebsten hätte er jede einzelne in ihrer Unvergleichlichkeit geliebt. Grob diktierte er seinem Meßmer: «Das Geschlechtsteil der Frau ist das einzige, das nichts eingebüßt hat von seinem Reiz, seiner Gewalt.»[5] Aber dann galt bald auch wieder: «Nachher war er froh, daß er jetzt eine Zeitlang unbehelligt von dieser Biopflicht planen und denken konnte. Rasch, rasch etwas getan, bevor schon wieder aus den Marken des Leibes die Befehle zum dümmsten Dienst der Welt donnern.»[6]

Als Aphorismen sollte man diese Sätze nicht verstehen. Sie produzieren weniger Wahrheiten und kalendertaugliche Sprüche als Stimmungen. Sie zielen nicht auf Ewigkeit, sondern sind in der Zeit notiert. Und doch versucht Walser, sich einem idealen Schreiben anzunähern, das so unmittelbar sein müßte wie Musik. Natürlich ist das nie zu erreichen, weil jedes Wort voller Geschichte und Mitteilung steckt. Doch als Wunsch läßt es sich formulieren: eine Sprache, die nichts ist als Sprache, weil sie nichts transportieren muß. Sie soll Klang sein und ihre Bedeutung aus sich selbst heraus entwickeln. Wie in einer Komposition beziehen sich deshalb einzelne Sätze motivisch aufeinander. Sie antworten sich wie die Instrumente eines Orchesters. Einzeln können sie banal sein. Erst zusammen gelesen bekommen sie ihren Schwung. «Husum ist weit. Das hätte ich wissen müssen», lautet ein erster, harmloser Einsatz. Daraus folgt die Frage, die einen ganzen Abgrund öffnet: «Wie weit muß man fortfahren, um fort zu sein?» Und schließlich, dann doch ein wenig sentenzenhaft, als Trompetenton: «Die Welt ist eine Entfernungsmöglichkeit.»[7]

Das Ziel all dieser Bewegungen ist eindeutig: Es ist der Stillstand. «Mit geschlossenen Augen schau ich zum Fenster hinaus», heißt es am Ende.[8] Da wird die Reise zur Allegorie auf das Leben, die Müdigkeit nimmt zu. Das Alter stellt sich ein, und dem ist wenig Erfreuliches abzugewinnen. Das Alter ist «die Lüge schlechthin», der «Nachteil des Lebens», ist «Niederlage» und «Irrtum». So bleibt dem Dichter nichts anderes übrig, als das eigene Vergehen zu feiern. Was sich nicht vermeiden läßt, muß so lange besungen werden, bis es erträglich geworden ist. Also schwingt er sich lyrisch auf zur Feier der Existenz: «Es gibt keine Gründe gegen die Welt, was ist, hat recht». Der letzte Rechthaber ist unweigerlich der Tod. Meßmer spürt ihn schon: «Zum Gähnen benutzt der Tod meinen Mund.»[9] Er ahnt, wie das eigene Ende sein könnte: «Ein Andrang von allem und sofort. Eine Fülle zum Schluß. Wie nie zuvor. Den Schrei kultivieren, daß er sich anhört wie Gelächter. Belehrbar scheinen, das lohnt sich.»[10] Und er diagnostiziert kühl: «Tendenz Asche.»

«Meßmers Reisen» ist eine Prosa des Abschiednehmens, ein Buch über die Sehnsucht, sich zu entziehen und schließlich ganz einfach zu schweigen. Auch der Schriftsteller, dessen Wortstrom ein Leben lang nie versiegte, hat vielleicht eines Tages genug gesagt. Sprache zielt ja doch immer haarscharf neben die Wirklichkeit. Auch das ist eine unüberwindliche Erfahrung. Also dimmt er den Text allmählich herunter, schließt die Augen und gibt sich zur Abwechslung einmal altersleise und sehr mild.

Aber er wehrte sich vehement dagegen, «Meßmers Reisen» als Alterswerk zu bezeichnen. Wenn er in Kritiken auf diese Formulierung stieß, konnte er sich so heftig ärgern wie in jungen Jahren. Das Alter war etwas, das man hinnehmen muß, Strafe dafür, «nicht schon früher gestorben zu sein»[11]. Altersweisheit hielt er für eine sentimentale Erfindung zur Erträglichmachung des Lebens. Bei sich konnte er nichts Derartiges entdecken. Er erlebte das Alter als Last und versprach, in seinem nächsten Roman darüber Auskunft zu geben. «Der Augenblick der Liebe» hieß dieser Roman, an dem er 2003 schrieb.

Und doch fällt in «Meßmers Reisen» ein neuer, melancholischer Tonfall und die forcierte Abwendung vom Getriebe der Gesellschaft auf. Aus dem Abseits des Daseins, von einer Meta-Ebene des Existierens, ergibt sich wie nebenbei so etwas wie Kritik. Mit der Gesellschaftskritik des engagierten Intellektuellen der sechziger, siebziger Jahre hat das nichts zu tun. Aller Veränderungswille ist verlorengegangen. Die Dinge sind, wie sie sind. Gelassenheit hat als Tugend das Eingreifenwollen ersetzt. Mit Meßmer umkreiste Walser das In-der-Welt-Sein als inneren Gefühlszustand, als Sprache.

Die Sprache ist die große Kraft, auf die sich bauen läßt. Walser unterscheidet «Sprache» grundsätzlich vom Sprechen in «Vokabularen»[12]. Vokabulare drücken überliefertes, tradiertes Wissen aus und dulden keine andere Wahrheit neben sich. Kirchlich gesprochen handelt es sich dabei um Dogmatik, wissenschaftlich gesprochen um Theorie. Sprache dagegen ist unmittelbare, ursprüngliche Erfahrung. Sie ist eine schöpferische Kraft, weil viele Worte das, was sie bedeuten, erst erzeugen. Gott, Liebe, Leben, Geist, Seele, Dasein, Unendlichkeit, Ewigkeit, Einsamkeit gäbe es nicht ohne die Sprache, die sie hervorbringt. Das menschliche Grundbedürfnis: Wo nichts ist, soll etwas sein. Walser nennt Sprache in seinen späten Essays deshalb die «Verwaltung des Nichts». Die Aufsätze zu diesem Thema entwerfen eine Metaphysik der Sprache und eine Moral, die ganz und gar in der Ausdrucksfähigkeit aufgeht. Etwas so schön zu sagen, wie es nicht ist – mehr ist nicht zu erreichen. Etwas so genau zu sagen, daß für den Moment eine Wahrheitsempfindung entsteht: Das ist erlebbar als Glück.

Neben den Hausheiligen Hölderlin, Kierkegaard und Nietzsche nahmen auch Heidegger und Hegel Einfluß auf sein Denken. Sprache war ein Gedankenstrom, in dem es nicht mehr darum ging, bestimmte Positionen zu verteidigen. Walsers Hauptsatz entstammt der Dialektik: Nichts ist ohne sein Gegenteil wahr. Deshalb ist es auch nur die halbe Wahrheit, wenn er behauptete, dem Gefühl mehr zu vertrauen als dem Verstand, und scheinbar antiaufklärerische Sätze in Reichweite lagen: «Aber ich habe bemerkt, daß alles, was ich nur zu wissen bekommen habe, wenig Wirkung hatte auf mich, in mir.»[13] Sprache ist eben kein Wissen, sondern Erfahrung oder, wie Walser sagt, «die andauernde Hochzeit von Natur und Geschichte. Sie bietet die Wegzehrung für jede noch so dürftige Strecke. In den Wörtern ist immer alles enthalten, was uns fehlen kann. Die Sprache ist in jedem Augenblick so alt wie die ganze Menschheitsgeschichte. Man sieht es ihr nicht an. Was sie andauernd verliert, produziert sie andauernd. In uns»[14].

Das hieß aber keineswegs, daß er sich nicht mehr für aktuell Politisches interessiert hätte. Ein Abstinenzler wurde nicht aus ihm. Als im Februar 2003 neunzehn Künstler und Intellektuelle – unter ihnen Günter Grass, Volker Braun, Peter Sloterdijk und Marius Müller-Westernhagen – den Irak-Kurs der Bundesregierung unterstützten, gehörte auch Walser zu den Resolutionsunterzeichnern. Von Vietnam über den Balkan bis zum Irak ist die pazifistische Grundhaltung eine Konstante in seinem Leben. Da machte es ihm nichts aus, daß die Resolution von *Süddeutscher Zeitung* bis zur *Welt* süffisant kommentiert wurde. Schweigen die Intellektuellen, dann wird ihnen ihr Schweigen vorgehalten. Äußern sie sich, müssen sie sich sagen lassen, sie verstünden nichts von der Sache. Veröffentlichen sie eine Resolution, ernten sie Hohn und Spott, denn das ist ja nun wirklich das allerletzte. Dieses beliebte Gesellschaftsspiel im Feuilleton hat den Vorteil, sich endlos fortsetzen zu lassen. Walser lieferte noch einmal nach, als er während des VS-Kongresses in Wolfenbüttel den US-Präsidenten George W. Bush als «zweitklassigen Cowboy» bezeichnete.[15]

Ein paar Monate später wurde deutlicher, worum es ihm ging. Eine politische und moralische Vorherrschaft der USA dürfe es nicht geben, sagte er in einem Interview, «auch wenn jetzt noch so viele Intellektuelle versuchen, nur weil der Krieg jetzt sozusagen gewonnen zu sein scheint, ihm eine Rechtfertigung zu erschreiben». Solche legitimierende Tätigkeit empfand er als «lächerlichen Opportunismus». Denn dieser Krieg und George W. Bush als oberster Kriegsherr standen für all das, was er verachtete: Monotheismus, Universalismus, normatives Denken, Gerechtigkeitsanmaßung. «Es gibt keine moralische Hegemonie», sagte er, es dürfe sie nicht geben. Politisch gesprochen hieß das: «Ein Staat, und sei er noch so schön und noch so groß, darf sich nicht berechtigt fühlen einzugreifen, wo er glaubt, eingreifen zu müssen.»[16] John F. Kerry, der kurz darauf die politische Bühne betrat und zum Herausforderer Bushs wurde, imponierte Walser nicht nur wegen seiner auf Kennedy getrimmten Initialen. Kerry wurde einst als verdienter Vietnam-Veteran zu einem Gegner des Krieges in Indochina. So wie Kerry 1971 vor einem Ausschuß des Senats in Washington gegen den Krieg argumentierte, hätte Walser auch gerne gesprochen. Kerry hatte miterlebt, wie US-Soldaten in Vietnam mordeten, vergewaltigten, ihren Opfern Ohren und Gliedmaßen abschnitten, und berichtete diese Greueltaten dem Senat. «Bei uns war man bei Geringerem ein Kommunist», kommentierte Walser, als er diese Rede nun nachlas.

Auch als die Bilder der gefolterten irakischen Gefangenen um die Welt gingen, fühlte er sich an Vietnam erinnert: Damals war es das Bild einer vietnamesischen Frau, gegen deren Schläfe eine amerikanische Gewehrmündung gedrückt wird. Jetzt war es der Mann, der mit einer Kapuze über dem Kopf und Elektroden an den Händen auf einer Kiste stehen mußte. «Was das Bild meldet, hält keine Meinung aus», schrieb Walser im *Spiegel.* Der kindliche Wunsch, Gut und Böse zu trennen und selbst auf der richtigen Seite zu stehen, blamiert sich endgültig an solchen Bildern.

Ob er deshalb den Gedanken einbrachte, die «Abbildnerei» zu ächten, so daß «auch das Anschauen solcher Bilder zur Schande» wird? Es ist derselbe Gedanke wie in der Paulskirchenrede, doch bezogen auf einen anderen Gegenstand. Wieder plädiert Walser für das Wegschauen. Sein Urteil ist trotzdem eindeutig. An seiner pazifistischen Grundhaltung hält er unverrückbar fest: «Jedem Krieg die Zustimmung verweigern, keine Gründe finden, einen Krieg zu rechtfertigen, das müßte doch drin sein.»[17]

Hygienische Gewohnheiten. Angenehme Ortlosigkeit. Popstar. Verlagswechsel.

«Meßmers Reisen» erschien im Juli 2003 und wurde von der Kritik überwiegend freundlich aufgenommen. «Skandalfrei und brillant», urteilte der *Rheinische Merkur:* «Hier ist alles Sprachmelodie – die reinste Gedankenmusik.» Und die *N.Z.Z.* fand das Buch «stolz und resignierend, pathetisch und hellsichtig, illusionslos und voller unerfüllter Hoffnungen[18].» Einige Rezensenten wunderten sich über den selbstzweiflerischen Ton und diagnostizierten ein «Kontrastprogramm»[19] zu «Tod eines Kritikers» – als ob dort ein unbeschadetes, selbstbewußtes Ich sorglos vom Leder gezogen hätte. Sie bezeichneten den «Meßmer» als eine der schwärzesten Figuren Walsers[20] und entdeckten in dieser Prosa viel Weltschmerz, ja sogar Miesepetrigkeit[21], oder auch nur eine «melancholische Koketterie und schicke Lebensmüdigkeit»[22]. Das Antisemitismus-Thema spielte keine Rolle mehr. «Die Karawane zieht weiter. Zu neuen Karawalsereien. Als wäre nichts gewesen», staunte in der *Welt* Tilman Krause, der Walser «auf der Höhe seines Könnens» sah.[23] Tatsächlich hätte man glauben können, es habe nie einen Skandal gegeben, wenn da nicht wenigstens noch ein Satz zu finden gewesen wäre, der als Echo der Paulskirchenrede gerne zitiert wurde: «Wer sich gegen Schuld nicht wehrt, empfindet sie nicht.»[24]

Walser wagte nun wieder, einzelne Lesungen zu bestreiten, und machte einmal mehr die Erfahrung, daß das Publikum anders reagiert als professionelle Kritiker. Schon «Halbzeit» war einst von manchen als ironisch-heiter, von anderen als schlechtgelaunt beurteilt worden. Wenn er seinen Text mit mal lauter, mal leiser werdender Stimme zelebrierte, blieb auch das komische Potential dieser Daseinsgenauigkeitsstenogramme nicht verborgen. Als Vorleser überzeugt er mit seiner ganzen Person, mit der Intensität, mit der er seinen Text verkörpert, und seiner listigen, freundlich-abgeklärten Art, auf Fragen zu antworten. Da wurde auch gelacht – und nicht nur an der Stelle, an der es heißt: «Außer dem Auto kein Freund mehr. Seit der Hund tot ist.»[25] Der Melancholiker erwies sich als Lebenskünstler.

Doch auch fünf Jahre nach der Paulskirchenrede erschienen immer noch wackere Demonstranten zu den Walser-Lesungen. Vielleicht hielten sie deshalb so ausdauernd Wache, weil die deutsche Vergangenheit das letzte verbliebene Gebiet ihrer politischen Gewißheiten war. Sie beschränkten sich zumeist darauf, Flugblätter vor dem Eingang zu verteilen, und wenn doch einmal laute Proteste angekündigt wurden, wie im Oktober in Göttingen, sagte Walser seinen Auftritt ab. «Ich habe keine Lust, mit Parolen brüllenden Leuten in einen akustischen Wettbewerb zu treten», erklärte er seine neue Strategie.[26] In Frankfurt trommelten Studenten gegen die Scheiben und zeigten Plakate mit dem Schirrmacher-Zitat «Ihre Freiheit ist unsere Niederlage»: Was für eine seltsame Allianz zwischen antifaschistischen Aktivisten und der *F.A.Z.* Als bei einer Robert-Walser-Matinee in Zürich unter Geschrei ein Transparent mit der Aufschrift «Keine Plattform dem Antisemiten Martin Walser» entrollt wurde, reckte er die Faust und rief: «Freiheit!»[27] Und als in der *Süddeutschen Zeitung* Gustav Seibt auf eine mürrische «Meßmer»-Besprechung einen Artikel über das prekäre Verhältnis von Autoren und Kritikern folgen ließ, der mit einschlägigem Walser-Material gewürzt war, setzte Walser den Literaturchef Thomas Steinfeld über eine «letzen Endes im Hygienischen beheimatete Gewohnheit» in Kenntnis: «Ich vermeide Plätze, auf denen mir gerade Ungutes widerfuhr. Eine (hygienische) Zeit lang. Also jetzt gerade die SZ.»[28]

Daß er mit «Meßmers Reisen» – trotz «hygienischer» Bedenken – bei Suhrkamp blieb, hatte mit der Anhänglichkeit an den verlegerischen Geschäftsführer Günter Berg zu tun und mit der guten Arbeitsbeziehung, die zu Lektor Thorsten Ahrend bestand. Mit ihm hätte er gerne weitergearbeitet. Aber es wurde immer deutlicher, wie wenig Rückhalt im Verlag er besaß. Am 8. Oktober 2003 wurde die Paulskirche Schauplatz einer weihevollen Gedenkveranstaltung zum ersten Todestag Unselds. Walser war entsetzt: Der Siegfried hätte ein Jahr nach dem Tod von Peter Suhrkamp niemals so etwas inszeniert! Und dann noch in der Paulskirche! Diese Repräsentationswucht! Aber hätte man ihn nicht einladen müssen, dort als Redner aufzutreten? Wer hätte mehr über Unseld zu erzählen gehabt als er? Hätte man ihn gefragt, betont er, hätte er eine solche Einladung nicht angenommen. In der Tat: Wie hätte das gehen sollen, ausgerechnet in der Paulskirche, und bei einer Veranstaltung, die in einem hochpathetischen Auftritt von Ulla Unseld-Berkéwicz gipfelte? Louis Begley, Christoph Hein, Adolf Muschg, Cees Nooteboom und Jorge Semprun traten als Repräsentationsphalanx für die Suhrkamp-Kultur ans Rednerpult, eingebettet in Kurzauftritte jüngerer Autoren, die aus Briefen und Aufsätzen Unselds lasen. Walsers Abwesenheit wurde in der Presse durchaus bemerkt.

Das öffentliche Spekulieren um seine zukünftige verlegerische Heimat begann kurz darauf, als er in einem Interview erklärte, durch die «Erschütterungen des vergangenen Jahres» habe sich in ihm «ein Gefühl angenehmer Ortlosigkeit ausgebreitet, was das Daheimsein in einem Verlag angeht». Auf die Nachfrage, ob diese Ortlosigkeit durch den Tod Unselds ausgelöst worden sei, ergänzte er nebulös und zu Spekulationen einladend: «Das ist richtig. Dieser Tod wurde benutzt.»[29] Als Günter Berg nach internen Machtkämpfen zum Jahresende den Suhrkamp Verlag verließ und mit ihm Thorsten Ahrend kündigte, war klar, daß Walsers Zukunft nicht mehr in diesem Haus liegen würde. Ulla Unseld-Berkéwicz übernahm die Führung des Verlages.

Mindestens ebenso stark interessierte die Presse sich in diesen Monaten für eine ganz andere Geschichte. Martina Zöllner legte im September 2003 einen Roman mit dem Titel «Bleibtreu» vor. Sie erzählte darin von der Liebe der Produzentin Antonia Armbruster zu dem bekannten Philosophen Christian Bleibtreu, der älter ist als deren Vater. Die Zeitschrift *Literaturen* besprach das Buch unter der Überschrift «Ein Walser-Roman, möglicherweise»[30] auf einer Doppelseite zusammen mit «Meßmers Reisen» und eröffnete damit die Spekulationen, was denn daran der Wirklichkeit entspreche. Sehr zum Verdruß Walsers, der das Schlüsselromandilemma, das er mit seinen eigenen Büchern regelmäßig aufwarf, nun aus anderer Perspektive erlebte. Ein öffentliches Dechiffrierspiel hatten seine Romane «Finks Krieg» und «Tod eines Kritikers» ausgelöst. Er fand all diese Übungen, eine literarische Welt in die sogenannte Wirklichkeit zurückzubuchstabieren, einfach nur dumm – auch wenn er sie zumindest in «Tod eines Kritikers» auch befeuert hatte. Die Ähnlichkeit Ehrl-Königs mit Reich-Ranicki ließ sich nun wirklich nicht übersehen. Doch so selbstverständlich es ist, daß Autoren aus ihrer Lebenserfahrung schöpfen und nicht aus reiner Intuition, so banal ist es, den konkreten Anlaß ans Licht zu zerren.

Walser bemühte dafür einen Vergleich: Das wäre etwa so, als ob man sich nicht für die Statue eines Bildhauers interessieren würde, sondern für den, der dafür Modell stand. In einem Buch des Heidelberger Literaturwissenschaftlers Horst-Jürgen Gerigk, das er in diesem Winter aufmerksam las, strich er eine Stelle an, die diese Sicht prägnant zusammenfaßt: «Der künstlerische Ausdruck ist als Nachahmung des Wirklichen niemals dessen bloße Fixierung, sondern immer dessen Steigerung zur Idee. Wer das Urbild des Nachgeahmten in der Realität aufsucht, wird dadurch das Nachgeahmte gewiß nicht besser verstehen können. Das Porträt ist ein Musterbeispiel dafür, daß wir, auch ohne zu wissen, wer der Porträtierte ist, sehr wohl sehen, was an ihm zur Darstellung kommt. Im künstlerischen Ausdruck ist das Ausgedrückte selbst da. Wer das Ausgedrückte in der vorausliegenden Wirklichkeit sucht, wird das, was tatsächlich zur Darstellung gekommen ist, gerade aus den Augen verlieren.»[31]

Doch bei Martin Walser richtet sich die öffentliche Aufmerksamkeit nicht nur auf seine Literatur, sondern immer auch auf ihn selbst als Person. Wenn ihm gelegentlich vorgeworfen wird, er brauche die Öffentlichkeit und könne ohne sie nicht existieren, so gilt umgekehrt: Die Feuilleton-Öffentlichkeit braucht Martin Walser noch viel mehr. Kein anderer deutscher Schriftsteller weckt so viel Neugier auf sein Privatleben wie er. Wer verlangt schon nach Neuigkeiten über Grass oder Christa Wolf? Nur über Walser will man alles wissen. Das hat damit zu tun, daß er seinen literarischen Helden so sehr ähnelt und in seinen Romanen so viel über sich verrät. Gottlieb Zürn wohnt ja im selben Haus und sitzt auf derselben Terrasse. Weil man mit ihm so vertraut ist und ihn so genau zu kennen glaubt, will man es immer noch genauer wissen. Und möglichst ohne fiktionale Verhüllung.[32] Walser beharrt um so strenger darauf, Literatur und Leben zu trennen. Das eine ist nicht die Auskunftsdatei für das andere, sagt er, und so sprechen auch seine Frau und seine Töchter, wenn man sie nach der Verwandlung des Familienlebens in Literatur fragt. Die Leser, so seine Erfahrung, entdecken in seinen Büchern sich selbst und nicht den Autor.

Nun wurde er jedoch jenseits aller literarischen Kenntnis zu einem Boulevard-Thema, fast so, als gehöre er zu den Popstars der Saison. Dieter Bohlens Autobiographie und Stefan Effenbergs in Buchform gebrachtes Gesellschaftsrülpsen waren die Bestseller der Saison. Walser kaufte sich beide Bücher, beeindruckt von den «Selbstbewußtseinsorgien», die da gefeiert wurden. Diese «naturgegebene Selbstüberschätzung von Leuten, die stilistisch nicht auf der Höhe ihrer eigenen Wichtigkeit sein können», faszinierte ihn als Material. So eine Selbstüberschätzungsbiographie würde er, der sich ein Leben lang mit weniger gut gerüsteten Romanhelden umgab, auch einmal schreiben wollen. In der Presse machten Meldungen die Runde, Walser finde Bohlens Buch großartig, und schon gehörte er in dieselbe Gesellschaftsklasse. So geht das dann. Walsers Wohl und Wehe war auch für die *Bunte* ein Thema. Seine Verwandlung zum Pop-Phänomen läßt sich auch daran ablesen, daß ihn der seinerseits als «Kult-Interviewer» und «Popliterat» gehandelte Moritz von Uslar im Herbst 2003 als Gesprächspartner für seine sportive Interviewreihe «Hundert Fragen an ...» auswählte. Und als im Herbst 2004 der Literaturnobelpreis an Elfriede Jelinek vergeben wurde, stellte der *Spiegel* eigens einen Reporter ab, um ihm vom Gesicht abzulesen, wie er die Nachricht aufnehme.[33]

Von Skandalen bleibt am Ende nicht viel mehr übrig als ein Gerücht und eine Aura, die den Betreffenden umweht. Alles Inhaltliche verschwindet, bis nur noch das leere Interesse an der Privatexistenz des Prominenten übrigbleibt. Eine Skandalfigur besitzt Bekanntheit, ohne daß man sie kennt. Man muß sie noch nicht einmal zitieren, es reicht, sie zu nennen. Kaum ein Tag vergeht, an dem Walsers Name nicht bei irgendwelchen möglichen oder unmöglichen Gelegenheiten genannt wird. Erst die Walser-Nennung verleiht einem Thema die notwendige Würze oder, medientechnisch gesprochen: Quote und Aufmerksamkeit. Das Feld des Erotischen eignet sich besonders gut dazu, die Leerstelle des medialen Nichtwissens auszufüllen und bei Bedarf den nächsten Skandal zu entfachen, mit dem sich eine schöne Schlagzeile basteln läßt. Nach seinen Erfahrungen mit der Paulskirchenrede und «Tod eines Kritikers» reagierte Walser besonders sensibel darauf, nun auch noch in der sinnlosen Rubrik «Der alte Mann und das Mädchen» durchgehechelt zu werden. Auf Reisen schaltete er jetzt sein Handy ab, um den Nachstellungen der *Bild-Zeitung* zu entgehen. Da galten andere Kriterien als die der Literaturwissenschaft. Zöllners Buch habe er gelesen, es habe ihm wirklich

558 XVII METAPHYSIK DER SPRACHE. 2002–2008

gefallen, alles andere sei Blödsinn, verriet er dem *Stern*. «Ich bin jedenfalls nicht Christian Bleibtreu. Ist doch lächerlich.»[34]

Unterdessen wurde monatelang geraunt und gerätselt, in welchem Verlag der neue Roman erscheinen würde. Ginge Walser zu DuMont und Gottfried Honnefelder? Oder zum Wallstein Verlag, den ein anderer ehemaliger Unseld-Kronprinz, Thedel von Wallmoden, leitete und wo Thorsten Ahrend neuer Lektor wurde? Oder gemeinsam mit Günter Berg zu Hoffmann und Campe? Walser aber entschied sich schließlich für das Traditionshaus Rowohlt. Er hätte dort gerne schon früher mehr Taschenbücher publiziert als nur die «Ehen in Philippsburg» und den «Grund zur Freude». Aber das war nicht das entscheidende Argument. Wie immer entschied Walser aus dem Gefühl heraus: Keiner habe mit ihm, ohne etwas zu versprechen, so vielversprechend telephoniert wie Rowohlt-Verleger Alexander Fest.

Klar war damit aber nur, daß Walsers zukünftige Bücher bei Rowohlt erscheinen würden. Wie die «Vereinbarung» auszulegen wäre, die er 1997 mit Unseld getroffen hatte, darüber müssen die Rechtsanwälte befinden. Ginge es nach Walser, dann würde Rowohlt auch die Rechte am Gesamtwerk erhalten. Doch erst jetzt begriff er, daß Unselds Vertrag sehr viel vertrackter ist und den Weggang mit allen Büchern eben nicht so einfach erlaubt. «Wie konnte der Siegfried so etwas machen», sagte Walser – als hätte er das Papier damals nicht selbst unterschrieben. Er sehnte sich nach einem Verleger, der ihm als Autor die tröstliche Illusion der Einzigartigkeit vermittelte, so wie es Unseld am Anfang gelungen war. Doch diese atavistische Rolle ließ sich nicht mehr besetzen.

Die Gründe für seinen Weggang nach fast fünfzig Jahren faßte er im *Spiegel* in einem offenen Brief zusammen, in dem er sich von den Verlagsmitarbeitern verabschiedete. Er wandte sich an die «liebwerten Damen und werten Herren» in der Herstellung, im Vertrieb, in der Presseabteilung, im Lektorat. Die «Tempelportiers» der Führungsebene nahm er demonstrativ aus und dankte statt dessen den freundlichen Angestellten, bei denen er sich immer gut aufgehoben und umsorgt fühlen durfte. Auf dieser pragmatischen Ebene hatte er den Verlag als Heimat erlebt. Dessen «kulturelles Etikett» war ihm dagegen eher problematisch. «Sie alle wissen», schrieb er an die Verlagsmitarbeiter, «daß die sogenannte Suhrkamp-Kultur nie nur eine literarische war, sondern immer auch die Kultur einer bestimmten Denk- und Verhaltenstugend. Das soll so bleiben. Ich aber möchte nicht vorgedachten Ansprüchen entsprechen müssen, sondern die Welt auf meine Art ausdrücken, in einer sozusagen ungetauften Sprache.»[35]

Der Abschied war ein Emanzipationsakt, den er wie einen Kirchenaustritt vollzog. Der Freidenker wollte sich nicht länger in die Liturgie fügen. Zum Beleg erinnerte er an die drei Fälle, in denen er mit der «Zeitgeistfraktion» in Konflikt geraten war und damit auch suhrkampintern für Konflikte sorgte: Bei «Tod eines Kritikers» war der Verlag – ausgenommen Günter Berg und Thorsten Ahrend – vor dem Druck der öffentlichen Meinung in die Knie gegangen. Bei der Paulskirchenrede hatte Unseld ihn zwar verteidigt, mußte aber zu Bubis vermitteln. Die Laudatio auf Victor Klemperer hatte 1995 zum Bruch mit Jürgen Habermas geführt, dem obersten Repräsentanten der auf Aufklärung verpflichteten Suhrkamp-Kultur, der jetzt Mitglied des noch von Unseld eingesetzten Stiftungsrates war. Habermas gehörte zweifellos auch zu den «Tempelportiers» der heiligen Hallen der Suhrkamp-Kultur.

Dialektik der Liebe. Materialismus der Moral.
La Mettrie und die Träume.

«Der Augenblick der Liebe» ist ein Höhepunkt in Walsers Werk, ein gefühlsintensiver, leidenschaftlicher, philosophiebewegter, zärtlicher, zorniger und dicht komponierter Roman. Jeder Satz ist erfahrungsgesättigt, und doch gelingt die vollkommene Transformation in Literatur. Der Titel ist Hölderlins «Hyperion» entnommen[36], wo es heißt: «Was ist alles, was in Jahrtausenden die Menschen taten und dachten, gegen Einen Augenblick der Liebe? Es ist aber auch das Gelungenste, Göttlichschönste in der Natur! Dahin führen alle Stufen auf der Schwelle des Lebens. Daher kommen wir, dahin gehen wir.»[37]

Die Liebe in ihren unterschiedlichen, unvereinbaren Vorkommensweisen ist das Grundthema, das in vier Kapiteln wie in den vier Sätzen einer Symphonie durchgeführt wird. Gottlieb Zürn ist nun über sechzig Jahre alt. Das Immobiliengeschäft hat er ganz seiner Frau Anna überlassen. Er betätigt sich als bescheidener Privatgelehrter, der einige Aufsätze über den französischen Materialisten Julien Offray de La Mettrie geschrieben hat, einen skandalumwitterten Philosophen und Arzt des 18. Jahrhunderts. In seinem Haus am Bodensee bekommt Gottlieb Zürn Besuch von einer jungen amerikanischen Doktorandin, die über La Mettrie promoviert. Sofort, auf der heimischen Terrasse und im Beisein Annas, vernimmt er das Klirren erotischer Möglichkeiten, auch wenn er nicht begreifen kann, was Beate, die junge Besucherin, an einem Herrn in seinem fortgeschrittenen Alter reizen könnte.

«Kommen aber gehen», die Überschrift des ersten Kapitels, die noch einmal Hölderlin aufnimmt, war eine Zeitlang auch als Buchtitel im Gespräch. Präzise bezeichnet diese Formel das Bewegungsgesetz des Romans. Aus dem «Augenblick der Liebe» entwickelt Walser eine gewaltige Leidenschaftsweltreise. Der Augenblick der Begegnung wächst im zweiten, aus Beates Perspektive erzählten Kapitel zu einer Versuchung über den Atlantik hinweg an, zu einem Ausphantasieren von Nähe im Möglichkeitsgelände, einer alles Denken und Fühlen dominierenden Sehnsucht. Das, was Liebe genannt wird, ist in dieser Phase etwas, was noch nicht ist: die Utopie des nicht gelebten Lebens. Sie hat die stärkste Anziehungskraft. Das dritte Kapitel führt zu einem La-Mettrie-Kongreß nach Kalifornien, wo Gottlieb und

Beate sich nach Monaten des Telephonierens und Briefeschreibens endlich begegnen. Die aufgestauten Gefühle entladen sich heftig. Doch zugleich setzt die Gegenbewegung ein: die Sehnsucht zurück zu Anna, nach Hause, in die «wunderbare Wüste» des gemeinsamen Schweigens, in die jahrzehntealte Gemeinschaft mit ihren «verwitterten Inschriften im Ehegestein»[38].

Fluchtartig verläßt Gottlieb Zürn Beate und Amerika, um sich zu Anna zu retten. Sie ist die stärkste Figur in diesem Kraftfeld der Gefühle. «Der Augenblick der Liebe» ist vor allem eine Liebeserklärung an die Ehefrau, die allen Widrigkeiten trotzt wie der Fels in der Brandung. Aber kaum ist Gottlieb zu Hause, vermißt er Beate und will wieder zu ihr. Immer zieht es ihn dorthin, wo er gerade nicht ist. «Je heftiger du dich heimsehnst, desto größer ist, wenn du heimkommst, die Enttäuschung. Nichts entspricht einander so innig wie Sehnsucht und Enttäuschung», schreibt er.[39] Diese Bewegung ist das Grundmuster in Walsers Leben und ein durchgängiges Motiv seiner Literatur. In «Halbzeit» hatte er es 45 Jahre zuvor so formuliert: «Bei mir langt die Kälte nicht zum Gehen und die Wärme nicht zum Bleiben.» Zwischen Aufbrechenkönnen und Heimkehrendürfen lebt er die Dialektik der Liebe als fortgesetztes Experiment, den unlösbaren Widerspruch zwischen Kommen aber Gehen, Gehen aber Bleiben, in der Bewegung aufzuheben. «Aufheben» in der dreifachen, hegelianischen Bedeutung des Wortes: etwas, das heruntergefallen ist, einsammeln wie eine verlorene Münze; etwas, das man nicht verlieren will, bewahren wie einen kostbaren Brief; etwas, das man überwinden will, löschen wie einen unnützen Vertrag.

Die Entscheidung, die schließlich fällt, hätte Gottlieb Zürn nicht selbst treffen können. Beate entscheidet für ihn. Sie heiratet einen anderen. Glückliche Literatur, die solche Lösungen ermöglicht und damit der Geschichte vielleicht nicht das bestmögliche, aber doch überhaupt ein Ende abringt. Der Schluß entspricht der Eingangsszene in einer Symmetrie, die Walser in mehreren seiner Romane angestrebt hat, die aber nie zuvor so viel innere Notwendigkeit besitzt wie hier. Nun spricht Anna den Text der jungen Besucherin, nachdem Gottlieb ihr feierlich das «Sie» angeboten hat. Beide Frauen, beide Leidenschaften, beide Bedürfnisse werden damit übereinandergeblendet. Die Liebe ist aufgehoben und kann neu beginnen. Ähnlich endete schon das «Einhorn», als Anselm Kristlein seine Birga und die angebetete Orli zur imaginären Orga verschmolz – eine phantastische Lösung, die nur die Literatur erlaubt.

Mit dem immer schon erotisch vagabundierenden Helden Gottlieb Zürn schreibt Walser die Zürn-Romane «Schwanenhaus» und «Jagd» fort. Seinem Gottlieb war er ein drittes Buch schuldig. Zürn mußte mit der Liebe noch weiterkommen, als er es in «Jagd» geschafft hatte. Motivische Bezüge gibt es aber auch zum Amerikaroman «Brandung», in dem Helmut Halm durch eine junge Studentin herausgefordert wurde und sich gegen den amerikanischen Jugendlichkeitsandrang zur Wehr setzen mußte. Wie «Brandung» und «Meßmers Gedanken» stimmungsmäßig zusammengehörten, so bereitet «Meßmers Reisen» den «Augenblick der Liebe» vor: Die Abscheu vor dem Alter, Kalifornien als Handlungsort, die sexuelle Anziehungskraft der Frau – all das findet sich in beiden Büchern als zentrale, miteinander verknüpfte Motive. Die Altersdifferenz wurde schon im «Lebenslauf der Liebe» zum Thema. Der wichtigste Bezugspunkt ist jedoch «Das Einhorn». Damals versuchte Anselm Kristlein, ein Sachbuch über die Liebe zu schreiben, und scheiterte, weil es ihm nicht gelang, eine Sprache für seine Liebeserfahrungen zu finden. Im «Augenblick der Liebe» ist dieses Problem gelöst. Sprache ist nun nicht mehr ein Medium, das auf die Erfahrung folgt, um sie auszudrücken. Sie ist das Primäre. Erst in der Sprache sind Erfahrungen möglich. Auch die Liebe entsteht aus dem sprachlichen Element. Zunächst sind es nur Worte, die über den Atlantik hinweg Nähe produzieren. Und wenn Gottlieb und Beate dann endlich zueinander finden, sind sie immer noch damit beschäftigt, nach Benennungen und Worten zu suchen. Die Konfrontation des Sprachlichen mit unmittelbarem sexuellen Erleben entfaltet eine eigene Komik und bewahrt diese orgiastischen Passagen davor, ins Pornographische abzugleiten. Sprache ist befreiendes Element. Worte können aber auch fesseln, festlegen und beengen, wenn alle Ausdrucksmöglichkeiten schon vorgefertigt sind: «Unter Wörtern gehen wie unterm Joch. Jede Bewegung schmerzt, weil die Vokabularketten scheuern», klagt Gottlieb.[40] Vokabular ist etwas ganz anderes als Sprache.

Schon in «Tod eines Kritikers» gab es mit dem Mystiker Heinrich Seuse einen philosophischen Strang und einen allerdings unausgeführten Essay des Erzählers: «Von Seuse zu Nietzsche». Im «Augenblick der Liebe» steht die Philosophie La Mettries im Zentrum. Walsers Erzählen integriert mühelos Essayistisches, so wie seine Essays ganz und gar erzählerisch sind. Spielend leicht gelingt es ihm, Theorie erzählerisch aufzulösen. Gottlieb Zürns in den Roman integrierter Vortrag über La Mettrie, der knapp zwanzig Seiten umfaßt, ist ein Musterbeispiel seiner Essaykunst, die sich La Mettries Grundsätze zu eigen macht: Empfindung und Wahrnehmung sind die Quelle allen Urteilens. Genuß wird zur Denkbedingung, Lust zur Seinserfahrung, das Denken zu einem offenen Abenteuer ohne normative Vorgaben. Alle Erkenntnis beginnt mit der Erfahrung. Das bedeutet, daß man von sich selbst ausgehen muß, um einen Gegenstand sinnvoll zu behandeln. So lehrt es La Mettrie, so verfährt Walser. «Der Augenblick der Liebe» ist ein Großversuch in angewandter materialistischer Moral, der die Liebe als «Investition ins Leben» gilt.[41]

Gottlieb Zürns La-Mettrie-Vortrag steuert konsequent auf die Frage zu, wo sich eine Moral verankern läßt, wenn alles Empfinden ein Resultat der «Organisation» der Materie ist. Wo alles auf Genuß und Empfindung ausgerichtet ist, sind Schuldgefühle etwas völlig Nutzloses, das nur durch Erziehung hervorgerufen sein kann. Daß La Mettrie «die menschliche Gattung von Schuldgefühlen befreien wollte» – dafür feiert ihn Gottlieb Zürn. Und deshalb gerät er bei seinem Auftritt in Berkeley in die Kritik, weil er die Implikationen der Schuldfrage, wenn ein Deutscher sie im Ausland aufwirft, nicht bedacht hat. Ihm wird vorgeworfen, die Deutschen von historischer Schuld befreien zu wollen. Natürlich geht es hier nicht wirklich um die deutsche Vergangenheit. Es geht darum, wie darüber gesprochen werden darf: um Richtlinien erlaubter Rede. Auch Schuld ist wie die Liebe im sprachlichen Element aufgehoben. Walser macht daraus eine Satire, die in der ironischen, an Robert Walser geschulten Unterwerfung Gottlieb Zürns gipfelt: Ja, sagt er devot, er hätte es wissen müssen und bitte um Vergebung. Doch die Niederlage ist schmerzlich. Gottlieb Zürn betrinkt sich mit einer Flasche Whiskey, um die Demütigung wegzuspülen.

In La Mettrie entdeckte Walser über die Jahrhunderte hinweg einen Geistesverwandten, in dessen Schicksal er seine eigenen Erfahrungen unterbringen kann. Weil er mit einer Streitschrift die konservative Ärzteschaft angriff, mußte La Mettrie aus Frankreich fliehen. Im holländischen Exil schrieb er sein Hauptwerk, «L'homme machine», das mit «Der Mensch eine Maschine» nur unzureichend ins Deutsche übersetzbar ist. Das Buch wurde verboten, La Mettrie mußte erneut fliehen und fand bei Friedrich II. in Potsdam Aufnahme. Voltaire verspottete ihn als Friedrichs «Hofatheisten», Lessing beschimpft seine Lebensphilosophie als «Porneutik», und Diderot wollte diesen «verdorbenen Menschen» aus der Philosophenschaft ausschließen. Zürn/ Walser kommentiert das so: «Das gibt es ja bis heute, daß Intellektuelle, die es zu Ansehen, also Einfluß, also Macht gebracht haben, einen anderen Intellektuellen, der ihnen nicht liegt, aus der Branche ausschließen möchten. Das ist, auch unter säkularisierten Umständen: odium theologicum. Ein Eifer, der entsteht, wenn man sein eigenes, aufgeklärtes Normatives universalisieren will.»[42] Walser sieht sich in enger Schicksalsgemeinschaft mit La Mettrie. Sein Diderot heißt Habermas, sein Lessing Reich-Ranicki. Man könnte auch andere Namen einsetzen. Was er über La Mettrie schreibt, gilt auch für ihn selbst und für sein Agieren in der Öffentlichkeit: «Er fühlt sich erst wohl, wenn er das Gefühl hat, er sei zu weit gegangen. (...) Er lebt geradezu davon, das öffentlich zu bezeugen, was bisher jeder ausgeklammert hat.»[43]

Walser betreibt mit La Mettrie die Rehabilitierung, ja, die Wiederentdeckung materialistischen Denkens. Er entkräftet den Vorwurf, La Mettrie habe ein seelenloses, maschinenhaftes Menschenbild propagiert. Dessen Stoßrichtung gegen Theologie und Religion kann er nur als befreiend empfinden und wirft seinen eigenen Kampfbegriff «Monotheismus» mit ins Gefecht. Unter diesen Begriff ist auch Freuds Psychoanalyse zu zählen, eine Säkularform der strafenden Theologie. Walser hatte Freud instinktiv stets abgelehnt und deshalb um 1980 herum seinen ersten Streit mit Habermas gehabt.[44] Schon als Student zog ihn naturwissenschaftliches Denken stärker an als das technische Instrumentarium der Psychoanalyse. Jetzt zeigte er, wie modern La Mettrie gedacht hatte, bei dem schon spätere Einsichten der Genetik und der Neurochemie angelegt sind. Die Trennung von Körper und Seele ist für Walser das Grundübel des Christentums, das er mit seiner katholischen Erziehung durchlitt. Was man einmal getrennt hat, bekommt man hinterher nicht mehr zusammen. Doch mit einer Seele ohne Substanz ist nicht viel anzufangen. La Mettrie macht diese Trennung rückgängig. Walser ist mit ihm überzeugt: «Die Seele, das Ergebnis von allem, was wir sind, kann doch nicht aus einem anderen Stoff sein als der Körper.»[45]

Im «Augenblick der Liebe» spielen deshalb Träume eine wichtige Rolle, jedoch nicht als auszudeutende, verschlüsselte Botschaften des verdrängten Unterbewußtseins, sondern als unverfälschte, von keiner Moral zurechtgemachte Erzählungen. «Träume sind treue Überbringer der Ideen vom Tage», zitiert Walser La Mettrie.[46] Die Träume Beates, die sie mit ihrem amerikanischen Psychoanalytiker durchspricht, lesen sich wie spöttische Persiflagen auf Freuds starre Traumdeutungssymbolik. Da

gibt es einen Penis-Traum, einen Kot-Traum, einen Oral-Ejaku-
lationstraum, doch die Motive sind nicht durch Traumzensur
entstellt. Lächerlich zu glauben, ein Traum müßte aus «bürgerlichen Sowiesogründen Schamhaare in ein Bahnhofswäldchen
verwandeln»[47].

Gottlieb Zürn träumt in der Nacht vor Beates Besuch von einem jungen Mädchen, zu dem er sich hingezogen fühlt – unter den prüfenden Augen seiner Frau. Die Träume sind ein Refugium der Freiheit, wo es weder Schuldgefühle noch indirektes
Sprechen gibt. Gottlieb formuliert eine Befreiungsutopie, wenn
er sagt: «Eines Tages wird das Leben auf diese Träume hören.»[48]
Die Sprache, in der auch der Dichter sich bewegt, findet keine
so präzise Ausdruckskraft wie die Träume. Das Übersetzen oder
Interpretieren von Träumen erübrigt sich deshalb. Schon sie zu
erzählen heißt, sie zu glätten und zu verfälschen. «Träume sind
deutlich», sagt Walser. «Ich träume sowohl ganz direkt wie vollkommen phantastisch. Aber nie undeutlich. Die Zusammenfü-
gungskraft von Träumen ist das Wildeste, was es gibt.»[49]

Träume sprechen all das aus, was sich in Gesellschaft nur vorsichtig, umwegig, konventionell, rücksichtsvoll zeigen darf. Träume sprechen in Bildern, markieren also die Grenze der Sprache.
Sie bezeichnen den Bereich, den Walser in der «menschlichen
Wärmelehre» dem Verschwiegenen zuordnet. Deshalb heißt es
da: «Man kann Menschen besser beurteilen nach dem, was sie verschweigen, als nach dem, was sie sagen.»[50] Der Satz ist nicht un-
problematisch und läßt sich auch gegen Walser ausbeuten. Gerade
das hatten seine Gegner ihm doch immer unterstellt: daß er ver-
schweige, was er eigentlich meine. Dabei suchte er stets nach Ausdrucksmöglichkeiten für das «Verschwiegene», das man nicht mit
dem «Unbewußten» gleichsetzen sollte. Es geht auch nicht um
die Eruption von Verdrängtem wie bei Freud. Die Hartnäckigkeit
jedoch, mit der er immer wieder öffentlich darüber zu sprechen
versuchte, macht nicht zuletzt Walsers fortgesetztes Skandalpoten-
tial aus. Das ist weniger sein Problem als das einer Öffentlichkeit,

die auch dann auf Kontrolle besteht, wenn einer sich ganz ins eigene Innere zurückzieht, um über seine Entdeckungen dann aber öffentlich Bericht zu erstatten. So präzise über die eigenen Abgründe unterrichtet zu werden behagt nicht jedermann.

Walser beendet die «Menschliche Wärmelehre» mit einer Bemerkung, die diese Wildnis im Inneren, dieses Utopia der Freiheit, umkreist. «Das Verhältnis von Gesagtem und Ungesagtem ist nicht das von Lüge und Wahrheit. Das Verschwiegene ist nicht das Gegenteil des Gesagten. Das Verschwiegene ist nicht das Lichtscheue, Entlarvte, Ertappte, Überführte. Oder: wenn es das ist, dann ist es nicht nur das. Es ist auch und, hoffe ich, vor allem das Ununterwerfbare, das Fassungslose, das Übermütige, das Schwermütige, das Verzweifelte, das Verletzte, das Traumsüchtige, Weltflüchtige, Weltgierige, das auf keinen Nenner zu Bringende, das jeden Begriff Sprengende, das Lebensverfallene, also das Sehnsuchtskranke beziehungsweise das Eigentliche, also der Reichtum schlechthin. Heißt also der 6. Hauptsatz der menschlichen Wärmelehre: Das Verschwiegene ist der Reichtum, für den lebenslänglich nach einer Währung gesucht wird. Aber das kennt ja jeder. Oder?»[51] Zum Jahreswechsel 2004/05 schrieb Walser einen kurzen, poetischen Text mit dem Titel «So zu sagen». Er liest sich wie ein Motto zu diesem Werk, in dem die Leidenschaft, sich sprachlich auszudrücken, und die Sehnsucht, zu träumen und zu schweigen, gleichermaßen zum Ausdruck kommen. Lebensthema und gegenwärtige Stimmung fügen sich in diese Zeilen:

Könnte zuweilen der Schein von Dauer/ entstehen und aussehen wie Zahnschmelz/ im Licht. Brächten Wörter einen Schirm/ zustande, der sich am liebsten über Wunden/ wölbte und bei jedem Glück zerginge./ Als wäre mit etwas zu rechnen./ Aber die Gewißheit muß man meiden./ Besser wir taumeln, träumen, reden dahin.

79 plus, 55 minus. Angstblüte. Altersvorsorge.
Kunst und Leben. In Goethes Hand.

Mit 80 Jahren ist ein Mensch nicht mehr jung. Das heißt aber nicht
unbedingt, daß er dann auch schon alt ist – vorausgesetzt, man
ist wirklich immer nur so alt, wie man sich fühlt. Auf sich selbst
wende er das Wort ‹alt› nicht an[52], erklärte Walser, als er im März
2007 der Zahl mit der 8 entgegensah und in vielen Interviews aufgefordert wurde, dazu Stellung zu nehmen. Der runde Geburtstag drohte ihm wie eine Katastrophe. Feiern wollte er nicht, das
ist er von klein auf nicht anders gewohnt. Im katholischen Wasserburg sind die Namenstage wichtiger. An der Veranstaltung, die
der Rowohlt Verlag zu seinen Ehren am 24. März, während der
Buchmesse in Leipzig, ausrichtete, wollte er nur unter der Bedingung teilnehmen, daß das Wort «Geburtstag» dort nicht vorkomme. «79 plus» nannte der Verlag den Abend im Gewandhaus, den
Walser mit einer Lesung aus dem Roman «Der Sturz», aus dem
neuen Gedichtband «Das geschundene Tier» und einem spielerischen Gespräch mit dem Literaturkritiker Martin Lüdke bestritt.
   Wenn er nach dem schlimmsten Gedanken im Zusammenhang
mit dem Alter gefragt wurde, dann sagte er: «Daß es aufhören
könnte.» Und der schönste: «Daß einem etwas einfällt, was einem
früher nicht hätte einfallen können.»[53] Den 74jährigen Goethe,
mit dem er sich zu dieser Zeit beschäftigte, nannte er rücksichtsvoll den «älter gewordenen Goethe», als sei das Alter etwas, das
man verbergen oder wenigstens abmildern muß, damit es tolerabel
wird. Auch den sogenannten «Ruhestand» wollte er nicht gelten
lassen. Ein Lebensabschnitt, der so bezeichnet wird, ist nicht für
ihn gemacht. Er erlebe sich nur in Bewegung: «Es ist eine Bewe-
gungsnotwendigkeit in mir. Stillstand macht mich erlebnislos.»[54]
   Damit variiert er den Volksmund, für den Stillstand und Tod
gleichbedeutend sind. Sein Bewegungsdrang ist der pure Lebens-
wille. Den Tod rückt er weit von sich weg. Darüber könne man
nichts sagen, sagt er, schon deshalb nicht, weil es zu dem Wort

«Tod» wie auch zu «Gott» kein entsprechendes Verb gebe und damit eben auch keine eigene Erfahrungsmöglichkeit. Solche verblosen Worte bezeichnet er als «Verdächtlinge». Über den Tod zu reden, das wäre «Verwaltung des Nichts».

Übers Sterben aber kann man reden: «Das ist eine Handlung, die keinem erlassen wird.» Doch auch das Sterben ist für ihn kein großes literarisches Thema und ist es nie gewesen. Darüber zu schreiben würde für sein Gefühl «an Imitation grenzen»[55]. Nur in dem düsteren Roman «Der Sturz» gibt es eine Reihe tragischer Sterbefälle, und auch in «Angstblüte» aus dem Jahr 2006 bleibt Erewein, dem älteren Bruder der Hauptfigur Karl von Kahn, das Sterben nicht erspart. Erewein tötet sich selbst – so wie es einst auch Anselm Kristleins Freund Edgar im «Sturz» tat. Beide möchten auch in diesem Moment handelnde Subjekte sein, die über ihren Tod selbst bestimmen. Mehr ist dem Sterben auch literarisch nicht abzutrotzen. Erewein schreibt in seinem Abschiedsbrief den schönen Satz: «Es ist ein Segen, daß man an der eigenen Beerdigung nicht teilnehmen muß.»[56]

Doch die Todesmomente sind Ausnahmen einer grundsätzlich aufs Lebendige, aufs Rettende, aufs Erotische, aufs Überleben und Lieben ausgerichteten Schreibhaltung. Seinem Karl von Kahn gab Walser das Lebensmotto «bergauf beschleunigen» mit, was biographisch nichts anderes bedeutet, als im Alter noch einmal so richtig auf die Tube zu drücken. «Untergehen kann ich mir nicht leisten», sagt Karl von Kahn gerne. Der Titel «Angstblüte» bedeutet dasselbe: Mit diesem Begriff bezeichnen Biologen das Phänomen, wenn Fichten, die durch Nährstoffmangel, Dürre oder Kälte geschwächt sind, in ungewöhnlich kurzen Abständen mehrmals zur Blüte gelangen. Bei Karl von Kahn klingt das so: «Was ihm Angst einjagen soll, beflügelt ihn. Immer wenn er zusammenbrechen sollte, blüht er auf.»[57]

Walsers immer schon gewaltige Produktivität erfuhr noch einmal eine Steigerung. Seit er beim Rowohlt Verlag eine neue Heimat gefunden hat, ist kein Jahr ohne einen oder zwei neue Titel vergangen. Was da entstand, ist ein Alterswerk im doppelten Wortsinn: als Spätwerk und als explizite Auseinandersetzung mit diesem Lebensabschnitt. Sein Vorsatz: «Genauer zu sein, als je über das Alter geschrieben wurde.»[58] Aus dem «Augenblick der Liebe» wurde mit «Angstblüte» und dem im Frühjahr 2008 erschienenen Goethe-Roman «Ein liebender Mann» eine Trilogie des Liebens und Begehrens im Alter – und das heißt ja wohl des entschlossenen Festhaltens am Leben. In drei Variationen durchdringt und steigert Walser sein Thema der Liebe des «älter gewordenen» Mannes zu einer jungen, jüngeren und schließlich im Falle Goethes sehr viel jüngeren Frau. Goethe feierte ja schon seinen 74. Geburtstag, als er im Sommer 1823 in Marienbad um die 19jährige Ulrike von Levetzow warb und ihr, zum Entsetzen der Weimarer Gesellschaft, einen Heiratsantrag unterbreitete.

Das Alter wird sichtbar in der Altersdifferenz. Wo sonst könnte es deutlicher zu spüren sein? Und wie könnte man heftiger daran leiden als in der Vergeblichkeit des Wunsches, diese Differenz sei unbedeutend? Es ist ein zauberhafter Augenblick des Glücks, als es Goethe einmal gelingt, so zu tun, als wäre sie nichts. Doch das ist schon am letzten gemeinsamen Nachmittag mit Ulrike, als sie von Karlsbad aus den «steilen Weg zur Diana-Hütte» nehmen und er ihr flottes Tempo mitgeht, ja sie überholt und ihr einen halben Schritt voraus ist. Auch Goethe beschleunigt gerne bergauf und wird dabei wieder jung: «Sie waren, wie sie da bergauf stürmten, gleich alt.»[59] Und doch hält diese Gleichheit, wie jede schöne Illusion, nur für den Augenblick. Die Zeit läßt sich nicht täuschen.

Die nackte Zahl, die die reale Entfernung ausdrückt, ist für die Beteiligten von mehr als nur symbolischer Bedeutung, und Walser erhöhte den Einsatz von Buch zu Buch. Schon im Roman «Brandung», Mitte der achtziger Jahre, ging es los. Da war der Unterschied zwischen dem 55jährigen Helmut Halm und der College-Studentin Fran noch vergleichsweise moderat. In «Der Lebenslauf der Liebe» übernahm mit Susi Gern, die sich einen jungen Liebhaber suchte, ausnahmsweise eine Frau die Rolle der Älteren. Doch auch sie kam noch nicht auf die 40 Jahre, die Gottlieb Zürn und Beate Gutbrod im «Augenblick der Liebe» trennten. Über «Angstblüte» zu «Ein liebender Mann» steigerte Walser den Abstand schließlich auf 55 Jahre – eine Zahl, die selbst einen Menschen mit goetheschem Selbstbewußtsein nicht unbeeindruckt läßt.

Parallel zu dieser Dramatisierung der Differenz findet eine andere Bewegung statt: Das Geschehen rückt vom Bodensee über München bis Marienbad und Karlsbad aus unmittelbarer Nähe in räumliche Distanz und aus der Gegenwart in historische Ferne. Es ist, als wolle Walser die Situation in den Griff bekommen, indem er sie von sich wegrückt. Bei Gottlieb Zürn konnte man fast glauben, das sei er selbst. Karl von Kahn war schon weniger mit dem Autor zu verwechseln. Und Goethe? In Goethe erfüllt sich sein Verbergungs-Entblößungs-Spiel. Goethe ist ganz und gar unverdächtig. Und doch spricht, fühlt, denkt er wie eine Walser-Figur und nicht wie einer, der dem 18. Jahrhundert entstammt. «Ich identifiziere mich vollkommen mit ihm», sagte Walser. Zugleich aber – und das ist das Wunder dieses Buches – erhält dieser Goethe gerade dadurch seine enorme Vitalität und literarische Glaubwürdigkeit. Walser imitiert ihn nicht; er stattet ihn mit seinen Empfindungen aus.

Doch die Unüberwindlichkeit der Zahl bleibt bestehen. Sie ist «die Tragödie per se», für die er kein Happy-End finden kann – trotz seines Bemühens, aus jedem Romanstoff das beste, erträglichste Ende herauszuholen. Gegen die Unerbittlichkeit der Altersdifferenz – «eine Schranke vergleichbar dem Rassenunterschied, so wie zwischen dem schwarzen Othello und der weißen Desdemona»[60] – ist auch die Kunst als die große Verschönerin der Wirklichkeit machtlos.

Sicher ist es nur ein Zufall, und doch paßt es zu Walsers öffentlichem Wirken, daß er sogar mit diesen der eigenen Erfahrung des Älterwerdens abgetrotzten Romanen auf eine gesellschaftliche Großdebatte traf und wieder einmal in Konflikt mit der Zeitstimmung geriet. Das Alter war spätestens seit Frank Schirrmachers Bestsellererfolg «Das Methusalem-Komplott» zu einem Gegenstand besorgter Bevölkerungstheoretiker geworden, die den Kindermangel der Deutschen beklagten und düstere Zukunftsszenarien entwarfen: Bald würden die sogenannten «Senioren» die größte Bevölkerungsgruppe sein und die natürliche Alterspyramide auf den Kopf stellen – mit fatalen Folgen für Ökonomie und Sozialsysteme. Walser hielt solche Prophezeiungen für Unsinn. Es sei unmöglich, seriöse Prognosen abzugeben, wie die Welt in dreißig oder vierzig Jahren aussehen wird. Er hat genug Angstszenarien – ob Kalter Krieg, atomare Apokalypse oder Waldsterben – miterlebt, um deren historische Halbwertszeit einschätzen zu können. Tatsächlich ist die Überalterungsbedrohung ein paar Jahre später durch die Sorge um den Klimawandel schon wieder zurückgedrängt. Gegen solche medialen Konjunkturen resistent zu sein und eine erfreuliche Gelassenheit entwickelt zu haben gehört zu den Vorzügen der späteren Jahre. Das erlaubt es ihm, all die Statistiker, Soziologen, Journalisten und Politiker, die sich «über das Alter hergemacht haben», als «Alarmisten» zu bezeichnen. «Alles, was da passiert ist in den letzten zehn Jahren, ist grotesk. Die lieben wirklichen Alten wissen gar nicht, daß die Alarmisten das einfach für eine Saison brauchen und für irgendeinen Alarmisten-Radau.»[61] So sagte er es in Interviews, und ganz ähnlich sagt es auch Karl von Kahn in «Angstblüte». Walser gehört zu den Optimisten, die stets an die Selbstheilungskräfte der Menschheit glauben. Dazu zitiert er dann Hölderlins große Beschwörungsformel: Wo Gefahr ist, wächst das Rettende auch.

Dabei scheint es so, als habe er sich erst literarisch zu der Erkenntnis vorgearbeitet, selbst nicht mehr der Jüngste zu sein. Als sei ihm nicht ganz klar gewesen, daß er mittlerweile ja auch zu der sorgenvoll behandelten sozialen Klasse der Alten gehört. So verwunderlich wäre es nicht, falls ihm dieser Gedanke fremd vorkäme. Woran merkt einer, daß er alt ist, wenn er sich noch nicht alt fühlt? Und wie kann man sich wappnen? «Auf eine Bahnfahrt nach München kann man sich vorbereiten», sagte Walser. «Daß man einen Mantel anzieht, wenn es draußen kalt ist. Aber aufs Alter kann man sich nicht vorbereiten.»[62] Seine Lebensweise hat sich im Lauf der Jahrzehnte nicht grundsätzlich verändert. In den Sommermonaten schwimmt er nach wie vor täglich im See. Das Ausmaß seiner Lesereisen will nicht abnehmen, anderslautenden Beteuerungen zum Trotz. Die Zahl der Interviews, die er auf Reisen und zu Hause gibt, nimmt eher noch zu: Nein zu sagen gehört nicht zu seinen Talenten. An Produktivität übertrifft er die meisten jüngeren Autoren. Er liebt die öffentlichen Auftritte, den Kontakt zum Publikum, das stundenlange, geduldige Signieren. Er liebt die Frauen, den Wein und das Leben – und manchmal auch eine gute Zigarre. Er braucht das Unterwegssein, das Leben aus Koffern, in Zügen und in Hotels, die äußere Bewegung, die signalisiert, daß an Stillstand nicht zu denken ist. Man muß ihn gesehen haben, wie er auf Bahnsteigen seinen Rollkoffer hinter sich herzieht und die Treppen hinuntereilt, als absolviere er einen Hundertmeterlauf. Übermütig trällerte er im Zug sitzend einmal ein Liedchen von Johannes Heesters, rieb sich die Hände und sagte: «Uns Hundertjährige werdet ihr so schnell nicht los.»

Wie fern der Gedanke an das eigene Alter ihm lag, verrät auch die Tatsache, daß er im Frühjahr 2006 zur Bank ging, weil er etwas zur Altervorsorge tun wollte. Das erheiterte die Bankangestellten begreiflicherweise. Nicht jeder kommt damit erst mit 79 Jahren, als läge der Vorsorgezeitraum noch immer in einer ferneren Zukunft. Aber man bot ihm etwas Passendes an: ein Kapitalverzehr für den unvorstellbaren Fall, daß er einmal nicht mehr schreiben könnte. Walser hat sich auch dieser Problematik zunächst literarisch angenähert. «Angstblüte» ist nicht nur ein Roman über das Alter, sondern auch über Geld und die Sicherheit, die es bietet. Karl von Kahn, 70 Jahre alt, ist als Anlageberater in München beruflich damit befaßt, zum Wohle seiner durchweg nicht mehr jungen Kunden und zum eigenen Wohl aus viel Geld noch mehr Geld zu machen. Er betreibt die Geldvermehrung als eine Kunst, als elegantes Spiel, das einen Mehrwert produziert. Die angestrebte Verschönerung der Wirklichkeit durch die Kunst besteht in diesem Fall im Zinseffekt. Geld ist keine moralisch zu bewertende Sache, sondern etwas Schönes, denn es vermittelt Freiheit. Das ist die Botschaft, denkbar weit entfernt von früheren, antikapitalistischen Positionen. Walser arbeitete sich für diesen Roman gründlich in die Materie ein und befragte auch Münchner Banker über finanztechnische Abläufe. Daß er in den Zeitungen nicht nur das Feuilleton, sondern bevorzugt auch den Wirtschaftsteil liest, hatte er noch nie verschwiegen. Nun galt er als Experte für Ökonomisches und hatte sogar einen Auftritt in der *ARD*-Sendung «Börse im Ersten», kurz vor der «Tagesschau». Warum also das neuerworbene Wissen nicht auch auf die eigenen Vermögensverhältnisse anwenden?

Die gefühlte Notwendigkeit dazu ergab sich auch aus dem Abschied vom Suhrkamp Verlag, der zu den Zeiten Siegfried Unselds für seine Autoren wie eine Bank funktionierte. Walser hatte dort ein Konto, auf dem die Honorare verrechnet wurden – zinsfrei, versteht sich. Je nach Bedarf bezog er monatliche Überweisungen, der große Rest blieb beim Verlag stehen. Wäre alles so geblieben, hätte er sich um Altersvorsorge keine Gedanken machen müssen – aber eben auch nicht über Zins und Zinseszins nachdenken können. Jetzt hatte er den Eindruck, daß einige seiner Bücher dort verramscht würden, daß die Einnahmen zurückgingen und er sich auf andere Weise absichern sollte. Vielleicht ist die gesteigerte Produktivität dieser Jahre unter anderem auch so zu erklären. Bei Rowohlt mußte er vorwärts denken und Buch um Buch veröffentlichen, weil hinter ihm das in Jahrzehnten angesparte Werk wegzubrechen drohte. Da wirkt die alte, aus Kindertagen stammende mütterliche Angst vor der Verarmung immer noch nach.

Karl von Kahn ist ein Romanheld, der dieser Angst entgegenarbeitet. Er gehört in die lange Reihe der «einsilbigen» Walser-Helden: Halm, Zürn, Dorn, Kern und Gern. Doch als geadelter Einsilber hebt er sich von diesen Vorläufern ab. Mit ihm löst Walser sich von der kleinbürgerlichen Herkunft seiner Figuren. Die unterschiedlichen Abhängigkeitsverhältnisse, unter denen sie lebten und litten, sind mit Karl von Kahn überwunden. Er hat das Geld als Mittel zur Unabhängigkeit entdeckt. «Es gibt kein anderes Medium, das dich unabhängig macht von der Zustimmung anderer», behauptete Walser.[63] Doch in «Ein liebender Mann» führte er zwei Jahre später mit Goethe eine Figur ein, deren Unabhängigkeit auf ihrem Ruhm, ihrer Schaffenskraft und vielleicht auch ganz einfach darauf beruhte, schon zu Lebzeiten zu einem Denkmal geworden zu sein. Der Finanzadel Karl von Kahns ließ sich nur noch durch den Dichteradel Goethes steigern.

Seit dem «Fliehenden Pferd» ging Walser kein Roman mehr so leicht von der Hand wie «Ein liebender Mann». Er schrieb ihn in zwei Monaten im Sommer 2007, vom 29. Juni, fünf Uhr morgens, bis zum 29. August. Dabei hatte er im März noch einen ganz anderen Roman mit Anselm Kristlein und dem Titel «Das 13. Kapitel» angekündigt. Kristlein, der ja schon im «Einhorn» zum Schriftsteller wurde, hat den Bestseller «Sternenstaub» geschrieben, ruht sich nun aber auf dem Erfolg aus, während seine Frau an einem Roman arbeitet. Von dem Paar in dieser Situation, von der Ehe und ihrem «Unglücksglück» wollte er erzählen. Doch Goethe war stärker, und kaum war er damit fertig, drängte sich schon der nächste Stoff auf. «Muttersohn», ein umfangreicher Roman, der bis 2010 abgeschlossen sein soll, handelt von einer Frau, die glaubhaft versichert, zur Zeugung ihres Sohnes sei kein Mann nötig gewesen.

Goethe ist im Kosmos der Walser-Helden ein alter Bekannter. In dem Theaterstück «In Goethes Hand» aus dem Jahr 1982 stand aber noch Eckermann in seiner Abhängigkeit vom Dichterfürsten im Mittelpunkt. Da interessierte Walser sich für das klassische Verhältnis des Dieners zu seinem Herrn und behandelte den etwas senil wirkenden Goethe mit ironischer Distanz. Aber schon dort ging es um die Frage, wie Goethe angemessen darzustellen sei. Eckermann versammelte eine Runde von Künstlern um sich, die Goethe malen sollten. Die Frage, die er ihnen vorlegte: «Wie stellt man Goethe dar?», beantwortete er so schlicht wie unübertrefflich: «Schön!»[64] Mit «Ein liebender Mann» lieferte Walser nun das geforderte Goethe-Bild. Aber ganz so einfach ist es nicht. Sein Goethe ist nicht «schön», und schon gar nicht klassisch-marmorhaft. Er ist auch eitel, geschwätzig, eifersüchtig, schwach, in Illusionen verfangen, begehrend und weinerlich. Kurz gesagt: Er ist ein liebender Mann. Selten ist die Liebe in ihrer Leidenschaft, in ihrem Leidenspotential, in ihrer Unmöglichkeit und all ihrer Lächerlichkeit so zerreißend dargestellt worden. Für Goethe genügen nur die größten Gefühle. Walser liefert sie ihm.

Wenn er sich nun, 25 Jahre nach dem Eckermann-Stück, vom Diener ab- und dem Herrn zuwandte, konnte dieser Perspektivwechsel nur unter einer Bedingung gelingen: Goethe mußte als Abhängiger kenntlich werden. Nur so taugt er zum Walser-Helden. Er steckt allerdings nicht mehr in Machtverhältnissen fest, sondern in der Liebe. Wie Karl von Kahn setzt er als Liebender seine Unabhängigkeit aufs Spiel und verstrickt sich in seinen Selbsttäuschungen. Immerhin ist die Liebe die beste Art, von einem Menschen abhängig zu sein, denn sie wirkt sich belebend und bereichernd aus. Das Leiden, das sie mit sich bringt, läßt in beiden Fällen – in «Angstblüte» und in «Ein liebender Mann» – Kunst entstehen. Und in beiden Romanen zeigt Walser, wie diese Verwandlung vor sich geht.

Goethe begann nach der überstürzten Abreise aus Karlsbad noch in der Kutsche, die «Marienbader Elegie» zu schreiben. Walser hat sie in ganzer Länge in den Roman aufgenommen. Das Gedicht ist die Essenz des Erlittenen, verdichtete Erfahrung, Schmerzbewältigung. Walser läßt Goethe die Erfahrung machen: «Zum ersten Mal hilft es nicht, geschrieben zu haben. Nur Schreiben hilft.» Der Schmerz läßt sich nicht überwinden. Nur solange das Schreiben dauert, ist er auszuhalten. All die altersweise Entsagung, die Goethe nach außen hin darstellte: nichts als Theater. Walser begriff das als «fabelhafte Kulturkomödie». Goethe habe sich so gegeben, wie er glaubte, daß es von einem Menschen seiner Reputation erwartet wird. «In Wirklichkeit hörte er keine Sekunde auf zu leiden. Nichts bleibt so lebendig wie der Schmerz. Die Leidensausgeliefertheit hört nicht auf, solange jemand lebt.»[65]

Ulrike von Levetzow wollte er so darstellen, daß sie der Intensität der «Marienbader Elegie» entsprach. Das wenige, was man über das historische Vorbild weiß, genügte Walser nicht. Ulrike blieb zeitlebens unverheiratet und zurückhaltend. In hohem Alter, als Ehrenstiftsdame des Klosters zum Heiligen Grabe, behauptete sie, Goethe nur «wie einen Vater lieb» gehabt zu haben: «Keine Liebschaft war es nicht», schrieb sie in gezierter Prüderie, die dem späten 19. Jahrhundert eher angemessen war als ihrem jugendlichen Erleben. Für Walser ist klar: «Wenn das Ulrike war, dann war Goethe nicht ganz bei Trost. Das muß ein Mädchen sein, der zuliebe man die Marienbader Elegie schreiben muß, dieses irrsinnige, höchste Liebesgipfelgedicht der deutschen Sprache.»[66] Einmal in Fahrt, schrieb er gleich auch noch Briefe Goethes an Ulrike nach der Trennung, Briefe, die es nicht gibt, die es aber geben müßte, und setzte sie in den Roman. Das fiel ihm nicht schwer, denn er war ganz in diesem Goethe aufgegangen. Erst als er fertig war, erfuhr er, daß Ulrike auf dem Totenbett ein Bündel Papiere auf einer silbernen Platte habe verbrennen lassen. Die Asche wurde ihren Anweisungen gemäß in einer Kapsel verschlossen, in ihren Sarg gelegt und mit ihr begraben. Angeblich soll es sich dabei um Briefe Goethes gehandelt haben. Als «Letzte Nachricht» steht dieses Gerücht nun am Ende des Buches und beglaubigt diese große Goethe-Anverwandlung. Walser verdankte diesen Hinweis dem tschechischen Dolmetscher Jakob Raček, der ihn im September 2007 bei seinem Besuch in Marienbad und Karlsbad begleitete. Auf seiner Lesereise mit «Ein liebender Mann» ließ er keine Gelegenheit aus, ihm dafür zu danken.

Mit seiner Ulrike-Erfindung unternahm Walser etwas, was seinen Grundsätzen eigentlich widersprechen müßte. Stets wehrte er sich gegen Lesarten seiner Bücher, die hinter den Text zurückgehen wollen auf die Ebene der Erfahrungen, die dem Schreiben vorausgegangen sind. Solche Rückübersetzungen der Kunst ins gelebte Leben fand er stets überflüssig und dumm: Man interessiere sich ja auch nicht für das Modell eines Bildhauers, sondern für die Statue, die daraus hervorgeht. Seine Kafka-Dissertation von 1951 begann mit den Sätzen: «Je vollkommener die Dichtung ist, desto weniger verweist sie auf den Dichter. Bei der nicht vollkommenen Dichtung ist der Dichter zum Verständnis nötig; dann ist das Werk nicht unabhängig geworden von der Biographie.»[67] Doch nun ging er selbst hinter die «Marienbader Elegie» zurück und entwarf mit Ulrike den Anlaß dieser Verse. Auch wenn es sich dabei nur um eine literarische Fiktion handelt, wird deutlich, daß Kunst vor dem sichtbar gemachten Erlebnishintergrund neu und intensiver lesbar wird. Walser verwarf damit den asketischen Standpunkt seiner Dissertation.

«Angstblüte» handelt explizit vom Zusammenhang von «Kunst» und «Leben». Doch da sind die Verhältnisse ungleich komplizierter. Karl von Kahn ist ja kein Künstler, sondern ein Geldgeber. Von Kunst versteht er nichts. Abfällig spricht er von der «Kulturfraktion». Wenn die auf den Abendgesellschaften das Wort ergreift (und das tut sie oft), dann hat er Pause. Durch die verlockende Schönheit der sehr blonden, sehr großbrüstigen Schauspielerin Joni Jetter wird er jedoch dazu verführt, einen Film zu finanzieren, dessen Drehbuch er gar nicht kennt. Er, der Finanzexperte, verliert in seinem Liebeswahn den Überblick, während Joni Jetter eher berechnend vorgeht. Er ahnt nicht, daß es in dem Film um seine eigene Geschichte mit dieser Schauspielerin gehen wird, daß er der Kunst also nicht nur das Geld, sondern auch den Stoff, das Gefühl, das Erlebte liefert. Je lächerlicher er sich mit seinen Illusionen, seiner Liebe und der Heftigkeit seines Begehrens macht, um so belebter, interessanter, reichhaltiger wird das Drehbuch mit dem bezeichnenden Arbeitstitel «Das Othello-Projekt».

Ganz unbedarft und ohne mißtrauisch zu werden hört Karl von Kahn sich an, wie der Drehbuchautor mit dem seltsamen Namen Rudi-Rudij sein Verfahren erklärt: «Ich skizzier Ihnen das

Problem. Das Leben zieht, wenn es für die Kunst gebraucht wird, immer den kürzeren. Die Kunst macht, was ihr das Leben liefert, kaputt. Das ist die Verselbständigung der Kunst auf Kosten des Lebens. Das ist das Problem. Es ist wie beim Träumen. Die Menschen sind verführt, ihre Träume mißzuverstehen. Und die Künstler sind verführt, das Leben kaputt zu machen, wenn sie Kunst daraus machen. Theodor Rodrigo Strabanzer [der Regisseur] und ich sind Jünger des Paradoxons. Wir können das Schnitzel essen und es doch noch haben. Wir machen aus dem Leben Kunst, und es lebt noch. Als Kunst. In der Kunst. Verstehen Sie. Schluß mit dem Schwindel, Kunst und Leben seien Gegensätze. Quatsch und Schwindel war's. 's Beste, was dem Leben passieren kann, ist, daß es Kunst wird. (...) Das Leben ist gegen Entweder-Oder. Die Kunst muß das respektieren. Sie muß dem Leben folgen, so folgen, daß das Leben es aushält. Das Leben kann nur dann in Kunst übergehen, wenn es zu nichts gezwungen wird. Die Kunst ist eine Liebeserklärung an das Leben. So wird das Leben betört. So wird es Kunst.»[68] Von dieser Verwandlung von «Leben» in «Kunst» handelt «Angstblüte». Am Ende steht dann das fertige Filmdrehbuch als eingeschobenes Kapitel, so daß sich direkt nachprüfen läßt, was während dieser Transformation passierte. Und Karl von Kahn begreift erst in dem Moment, als er es zu lesen bekommt, welches Spiel mit ihm gespielt worden ist.

«Immer am Leben entlang» lautet das Motto des windigen Drehbuchautors, dessen Ansichten denen Walsers durchaus entsprechen. Er unterscheidet sich damit bewußt von Thomas Mann, der in «Tonio Kröger» behauptete, Kunst und Leben wären getrennte Bereiche: «Nichts lächerlicher als diese Gespräche in ‹Tonio Kröger›. Das ist genau das Gegenteil davon. Rudi-Rudij sagt: Das Leben wird durch Kunst ausgebeutet, und wenn es glückt, dann kommt das Leben in der Kunst zu sich selber. Das ist kein Gegensatz. Der Karl von Kahn ist da ganz naiv und sagt, er liebe das Nachgemachte. Und wird belehrt: Kunst macht nicht nach, Kunst macht.»[69]

«Angstblüte» setzt sich rücksichtslos über Konventionen hinweg – und ist vielleicht auch in dieser Hinsicht ein Alterswerk. Denn das Alter erlaubt eben auch, weniger Rücksicht nehmen zu müssen auf all das, «was sich ziemt». Auch auf Romankonventionen nahm Walser keine Rücksicht mehr. Er packte alles hinein, was ihm wichtig war, von einer liebevollen Mediensatire, die an «Tod eines Kritikers» erinnert, bis zu historischen Exkursen in die deutsche Geschichte unter Wilhelm II. Außer dem Filmdrehbuch sind auch Joni Jetter zugeschriebene Gedichte darin zu finden, essayistische Passagen, Traumsequenzen, Ausflüge in die Ökonomie und die Kunsttheorie. «Die Relativitätstheorie der Moral muß erst noch geschrieben werden», lautet ein zentraler Satz, der auch schon in den «Augenblick der Liebe» gepaßt hätte. Der Roman ist zwar nicht die Theorie, aber doch eine Erzählung von der Relativität der Moral. Karl von Kahn: «Im Alter nimmt Verschiedenes ab. Auch die Kraft moralisch zu sein. Oder sich so zu geben.»[70]

«Angstblüte» ist im Vergleich zu «Ein liebender Mann» der radikalere, waghalsigere, wildere, schamlosere, sexuell ausschweifendere Roman. Das brachte Walser bei einigen Kritikern und vor allem Kritikerinnen den Vorwurf der Erotomanie, ja der «Altersgeilheit» ein; Elke Heidenreich sprach gar von «ekelhafter Altmännerliteratur». Beim Goethe-Roman war von solchen Vorbehalten nichts mehr zu hören. Das liegt sicher nicht nur an manchen wie fürs Poesiealbum geschriebenen Sätzen, etwa: «Beim Küssen kommt es nicht auf die Münder, die Lippen an, sondern auf die Seelen.» Walser hatte sich in Goethes Hand begeben, und dieser Schutz half. Es machte ihm erkennbare Freude, einen Stoff gefunden zu haben, mit dem er auch diejenigen zur Zustimmung zwingen konnte, die ihn zuvor in die Schmuddelecke stellen wollten. Nur die Zeitschrift *Emma* hielt an liebgewonnenen Ressentiments fest und erklärte Walser für seine Goethe-Camouflage zum «Pascha des Monats»[71].

«Ein liebender Mann», von der Kritik nahezu einhellig gefeiert, verkaufte sich in wenigen Wochen über 150 000mal – eine

Grenze, die Walser selten so rasch überwunden hat. Auf der Bestsellerliste rückte er bis auf Platz 3 vor und ließ auch Jonathan Littells «Die Wohlgesinnten» hinter sich – ein Buch, das ihm in den Wochen zuvor Sorge bereitet hatte. Wie ein Bauer, der über das Wetter klagt, fürchtete er, Littell werde ihm das Geschäft verhageln. Wenn die Deutschen die Wahl haben zwischen einem SS-Mann und Goethe, wofür entscheiden sie sich dann? Doch Goethe behielt auch hier die Oberhand. Nur an einer jungen Frau, die ein Buch mit dem Titel «Feuchtgebiete» geschrieben hatte, kam er nicht vorbei.

Zur «Urlesung» im Weimarer Schloß reiste Bundespräsident Horst Köhler an. Er sprach zwar nicht an diesem Abend, sondern hörte nur zu. Doch auch damit gab er Autor und Buch seinen staatlichen Segen. Mit Goethe ging es direkt hinein in den nationalen Repräsentationshimmel. *Vanity Fair* brachte ein Bildnis Walsers im Goethe-Kostüm, mit weißem Anzug vor italienischer Landschaft. In der *Bild*-Zeitung schrieb Kolumnist Franz Josef Wagner einen offenen Brief: «Gott segne Sie für diesen Roman. Es ist das schönste und wahrste Buch über die Liebe.»[72] Sogar Elke Heidenreich lobte das Buch, das «der Liebe so nahe kommt, daß man weinen möchte»[73]. Fehlte eigentlich nur noch Papst Benedikt für die ultimative Weihe: Benedikt, der in einer von der Zeitschrift *Cicero* erstellten Liste der 500 wichtigsten Intellektuellen Deutschlands im Jahr 2007 Platz eins belegte, vor Walser auf Platz zwei, Günter Grass und Harald Schmidt.[74]

Das Ende der Genesungsphase. Poetische Existenz. Leben und Schreiben. Zustimmung und Geistesgegenwart.

Die Verschiebungen im Gefüge der Öffentlichkeit zeigten sich auch darin, daß die *F.A.Z.* den Roman «Ein liebender Mann» vorabdruckte – eine Nachricht, die für einiges Erstaunen in den Feuilletons sorgte. Wer hatte nun gewonnen im Streit um den «Tod eines Kritikers»? Gab Walser klein bei, indem er sich wieder dem Blatt zuwandte, das ihm Antisemitismus unterstellt hatte? Oder korrigierte die *F.A.Z.* auf diese Weise stillschweigend ihre damalige Position? So schlimm, ließ sich schlußfolgern, konnte das «Spiel mit antisemitischen Klischees», wie es 2002 geheißen hatte, also nicht gewesen sein, wenn der Autor ein paar Jahre später wieder vorabgedruckt wird. In der *Süddeutschen Zeitung* bezeichnete Ijoma Mangold diesen Vorgang als «frivol», weil der Antisemitismusvorwurf damit in den Rang eines bloßen «Geschmacksurteils» zurückgestutzt worden sei, «bei dem es naturgemäß geboten ist, irgendwann zur Tagesordnung überzugehen»[75]. Walser gab dieser Einschätzung unfreiwillig recht, indem er erklärte, er sei zu dem Schluß gekommen, daß «ein Kritiker sein Urteil nicht revidieren muß, das er irgendwann über mich gefällt hat. Es genügt, wenn er einem ganz anderen Buch genauso extrem gerecht wird, wie er früher extrem ungerecht gewesen ist.» Gegenüber Journalisten äußerte er sich so vorsichtig wie ein Politiker, der sich nicht festnageln lassen will: «Der Rowohlt Verlag hat mit meinem Einverständnis den Roman der *F.A.Z.* zum Vorabdruck angeboten, Schirrmacher hat positiv reagiert.» Man kann das als großzügige Versöhnungsbereitschaft auslegen. Und doch läßt sich der Vorwurf des Antisemitismus eben nicht als ganz normale «Beurteilung» abtun, die durch ein folgendes, positives Urteil aufgewogen werden könnte. Denn dieser Vorwurf zielt nicht nur auf ein Buch, sondern darüber hinaus auf die Person. Und das läßt sich nicht durch die Würdigung eines anderen Buches aus der Welt schaffen.

Die *F.A.Z.* richtete zum Vorabdruck auf ihrer Internet-Seite einen sogenannten «Reading-Room» ein, mit Expertenbeiträgen, allerlei Wissenswertem zu Goethe und seiner Zeit, kurzen Video-Interviewschnipseln und Leserfragen, die Walser per Handy, vom Flughafen aus, beantwortete: der Autor ganz volksnah und immer unterwegs. Dazu gab es eine Liste mit den *F.A.Z.*-Rezensionen zu seinen Büchern der letzten zehn Jahre. Doch seltsam: die zum «Tod eines Kritikers» war nicht darunter. Auch in anderen Beiträgen zum Autor und zum Roman: keine Spur davon. Es war, als hätte es den «Tod eines Kritikers» nie gegeben. Da bleibt eine Leerstelle zurück, wo vor ein paar Jahren die allerheftigste Erregung loderte. Das Verschweigen ist der Preis, den beide, *F.A.Z.* und Walser, offenbar zahlen mußten.

Die Wiederannäherung begann im Herbst 2006, mit dem Tod des einstigen *F.A.Z.*-Herausgebers Joachim Fest. Walser und Schirrmacher sprachen auf der Trauerfeier in der Frankfurter Paulskirche, die *F.A.Z.* druckte beide Reden im Feuilleton ab. Walser nutzte die Gelegenheit, mit Fest und dessen Erinnerungsbuch «Ich nicht» den Blick auf den Alltag im Nationalsozialismus zu richten, auf diejenigen zumal, die wie Fests Vater bewiesen, daß es möglich war, «nein» zu sagen. Da sprach, das konnte keinem *F.A.Z.*-Leser verborgen bleiben, kein Schlußstrich-Apologet und kein Antisemit, sondern einer, für den galt, was er über Joachim Fest sagte: «Die Energie für die ungeheure Genauigkeit, mit der er ein Leben lang unseren Zivilisationsbruch beschreibt, kann nur aus dem von 1933 bis 1945 erlebten Leiden stammen.»[76] Drei Tage später rühmte die *F.A.Z.* Walsers Rede noch einmal ausdrücklich: «Welche Genauigkeit legt er in jedes Wort, welch große Melodie, durch den alemannischen Dialekt gefördert, verbindet sie alle!»[77]

Zu seinem 80. Geburtstag brachte die *F.A.Z.* dann eine ganze Seite mit Tagebucheintragungen Walsers, die quer durch die Jahrzehnte jeweils am 24. März entstanden sind und die belegen, wie wenig er stets dazu neigte, Geburtstagen Beachtung zu schenken. Überall in den Medien gab es ausführliche Würdigungen. Im *ZDF* lief die Verfilmung des Romans «Ohne einander», mit Franziska Walser in einer Hauptrolle. In Überlingen eröffnete die Ausstellung «Martin Walser und die Kunst», eine Ausstellung des Münchner Literaturhauses zu Leben und Werk wurde in Salem gezeigt. Walser war wieder aufgenommen; selbst die Paulskirchenrede von 1998 gehörte auf einmal zum Konsens. Zumindest wurde Walser angerechnet, damit «etwas bewegt»[78] zu haben. «Zehn Jahre nach der Rede in der Paulskirche wissen wir, daß Walser auch hierin zu früh recht hatte», schrieb wenig später der Philosoph Peter Sloterdijk. «Und das Publikum von damals, das nach der Rede lange einmütig stehend applaudierte, wußte es *in situ* auch. Mit diesem Applaus war man sich selbst ein paar Minuten lang zehn Jahre voraus und gab seine Zustimmung zu der soeben erlebten rhetorisch glanzvollen Antizipation einer möglichen deutschen Normalisierung.»[79] Eckhard Fuhr bewunderte in der *Welt*, wie «neben der skandalumtosten öffentlichen Figur Walser der Schriftsteller Walser in stoischer Produktivität das Universum seiner Figuren weiter entfalten konnte»[80]. Und der Schriftstellerkollege Uwe Timm konstatierte in der *Zeit*: «Wie seine literarischen Arbeiten als große Alltagschronik des Bewußtseins zu lesen sind, so sind seine politischen Artikel und Reden auch in ihren Provokationen eine Chronik der politischen Stimmung der vergangenen fünf Jahrzehnte.»[81] Im Ausland setzte ebenfalls ein Umschwung ein, begleitet von einem Interesse gerade an dem essayistischen und politischen Autor. So entstand in Frankreich eine Dissertation über den Skeptizismus Walsers.[82] Und in den USA ist ein Buch über Walsers Geschichtsverständnis erschienen, das erstmals auch seine Essays zu diesem Thema – von «Unser Auschwitz» bis «Über das Selbstgespräch» – in englischer Übersetzung bekannt macht.[83]

Auch Walser konnte in dieser Atmosphäre endlich sagen, was er bedauerte: daß er nach den Reaktionen auf die Paulskirchenrede nicht in der Lage gewesen war, das Versöhnungsangebot von Ignatz Bubis anzunehmen. «Mein größtes Versagen», sagte er, «hat stattgefunden im Gespräch mit Ignatz Bubis, Salomon Korn und Frank Schirrmacher im Haus der *F.A.Z.* Ich war vom Skandal, vom Tumult und von der Heftigkeit der Vorwürfe und von der unglaublich unzureichenden Berichterstattung in den Medien so verkrampft, so erbittert, so verbohrt, daß ich auf Bubis' Angebot, den Brandstifter-Vorwurf zurückzunehmen, völlig borniert reagiert habe. Ich hätte die Hände ausstrecken sollen und danken sollen für dieses friedenstiftende Angebot. Und dann – und das war das Schlimmste – wollte ich auch noch angeben und mich brüsten, daß ich mich schon länger als Bubis mit dem deutsch-jüdischen Problem beschäftige. Von heute aus gesehen tut mit das leid. Tut mir sogar weh.»[84]

Ein ähnliches öffentliches Bedauern derjenigen, die ihn so lange hartnäckig mißverstanden hatten und ihn gar zu einem Antisemiten machen wollten, ist nicht bekannt. Symptomatisch für festgefahrene Vorurteile sind Erfahrungen, die Walser mit dem *Spiegel* machte. Im Herbst 2007 erschien dort ein Interview mit Saul Friedländer, dem Friedenspreisträger des Deutschen Buchhandels, der dort unter anderem sagte, es sei ihm «heute egal, was Martin Walser denkt»[85]. Die ihn befragenden *Spiegel*-Redakteure erwiderten darauf: «Walser steht für viele, die einen Schlußstrich fordern, ein Ende der Auseinandersetzung mit dem Holocaust.»

Walser reagierte ein paar Wochen später auf diesen Einwurf. Das hatte damit zu tun, daß einer der beiden Fragesteller der stellvertretende Chefredakteur Martin Doerry war. Doerry hat das Buch «Mein verwundetes Herz» herausgegeben, Briefe seiner jüdischen Großmutter, die nach Auschwitz deportiert und dort ermordet worden war. Walser hat über dieses Buch einen Artikel geschrieben, in dem er empfahl, es zur Schullektüre zu machen.[86] Jetzt teilte er Doerry mit, wie unverständlich es ihm sei, wenn der weiter behaupte, er stehe «für viele, die einen Schlußstrich fordern». Der Briefwechsel, der sich daraus ergab, wurde im Februar 2008 im *Spiegel* publiziert.[87] Walser konnte den Eindruck haben, «daß der Redakteur mich ein bißchen besser verstand als vorher»[88]. Doch eine Woche später legte der *Spiegel* nach und veröffentlichte einen Essay von Salomon Korn über Walser und die Paulskirchenrede, der sich so las, als wäre er 1998 geschrieben worden – als hätte Korn nichts von dem zur Kenntnis genommen, was Walser seither zur Verdeutlichung seiner Auffassung geschrieben hat.

Walser erstaunte und verletzte das. Es war also möglich, einen

Briefwechsel zu publizieren, und eine Woche später hatte es den Anschein, als hätte es keinerlei Annäherungs- und Verstehensprozeß gegeben. Doch auch Salomon Korns Aufsatz führte nicht zu Konsequenzen, sondern wurde als das wahrgenommen, was er war: als dritter Aufguß alter Vorbehalte. Die Ressentiments, die Walser wie kein anderer auf sich zog, weil er es gewagt hatte, die ritualisierte deutsche Schuldrhetorik für entbehrlich zu halten, hatten sich endgültig verbraucht. Mediale Erregung ließ sich damit nicht mehr inszenieren.

Peter Sloterdijk sah im Jahr 2007 die Phase der deutschen «Normalisierung» abgeschlossen: Deutschland, das nach 1945 schuldkompensatorisch zu einem «Standort der Hypermoral» geworden sei, müsse nicht länger besser sein als andere Nationen. Der «psychopolitische Status des Landes» sei im Lauf des letzten Jahrzehnts «unverkennbar in einen neuen Aggregatzustand eingetreten»[89]. Deshalb hielt er aufwühlende Skandalisierungen, die von Botho Strauß' Essay «Anschwellender Bocksgesang» (1993) über Walsers Paulskirchenrede bis zu Günter Grass' Waffen-SS-Geständnis im Sommer 2006 reichten, in Zukunft für eher unwahrscheinlich. Daß mit Joseph Ratzinger ein Deutscher Papst werden konnte, sei der stärkste Ausdruck dieser Normalisierung, die «ein Licht wirft auf die sechzigjährige Arbeit der Deutschen an sich selbst». Es sei demnach auch kein Zufall, daß die Erregungen der «Genesungsphase» sich gerade an denen entzündeten, die wie Grass und Walser zuvor «als die sichersten deutschen Integritätsgaranten» galten.

Sloterdijks Diagnose bestätigte sich bereits im Sommer 2007, als im Bundesarchiv Aktenvermerke der NSDAP-Zentraldatei gefunden wurden, die auf eine NSDAP-Mitgliedschaft von Martin Walser, von Siegfried Lenz und von Dieter Hildebrandt hinwiesen. Demnach hatte Walser, Martin, geboren am 24. März 1927 in Wasserburg am Bodensee, am 30. Januar 1944 den Parteieintritt beantragt, der am 20. April 1944 vollzogen wurde. Walser, der gerade ganz und gar in der Arbeit am Goethe-Roman steckte, äußerte sich nur knapp: Er habe von der Parteimitgliedschaft nichts gewußt, nie einen Aufnahmeantrag gestellt und nie ein Mitgliedsbuch erhalten. Vermutlich habe der Standortführer von Wasserburg, der ein fanatischer Nazi gewesen sei, ihn und andere seines Jahrgangs ohne ihr Wissen gemeldet. Dieter Hildebrandt argumentierte ähnlich.

Die letzte große Erregung um Walser hatte die Feuilletons 2005 ergriffen, als die Dissertation von Matthias N. Lorenz erschien, der Walsers Werk systematisch nach «antisemitischen Klischees» durchforstete[90] und eine schier endlose Fundliste zusammenstellte. Dieses Buch gehört zu den kuriosen Hervorbringungen der deutschen «Übergangsphase». Es ist ein Dokument der literarischen Antisemitismusforschung als einer Spielart der politisch korrekten Schuldbewältigung. Antisemitismus ist eines der wenigen verbliebenen Felder der politischen Moral, in denen gut und böse, richtig und falsch noch klar zu unterscheiden sind. Wer einen Antisemiten entlarvt, erwirbt sich Verdienste ums vergangenheitsbewältigende Gemeinwesen und erzielt zuverlässige Beachtung in einer Öffentlichkeit, die als «Ökonomie der Aufmerksamkeit» funktioniert. So erklärt sich – sieht man einmal von berechtigten Alarmsignalen bei beunruhigenden rechtsradikalen, judenfeindlichen Gesellschaftstendenzen ab – ein alarmistischer Anti-Antisemitismus, der, was er zu bekämpfen vorgibt, erst konstruiert, um seine eigene Dringlichkeit zu untermauern. Mit Sloterdijk läßt sich das als ein «Rückfall im Dienste der Genesung» deuten. Denn was bleibt von Literatur übrig, wenn sie unter der Prämisse des Verdachts gelesen wird? Nichts. Literaturwissenschaftler verwandeln sich in pedantische Sprachinquisitoren. Wie den Hexenjägern der katholischen Kirche kann ihnen alles zum Indiz werden: die Anwesenheit von Juden, die Abwesenheit von Juden, die Schönheit oder Hässlichkeit von Juden, Menschen, die mit Geld zu tun haben, egal ob jüdisch oder nicht, und natürlich alle Figuren, deren Nase erwähnt wird oder die an andere, zuvor als «antisemitisch» definierte Klischees erinnern.

Man stelle sich vor, der NSDAP-Akten-Hinweis wäre da schon aufgetaucht: Die Aufregung hätte sich ins Unermeßliche gesteigert. Doch jetzt diskutierten vorzugsweise Historiker die Frage, ob es gegen Kriegsende tatsächlich Gruppen-Zuführungen von Jugendlichen der Jahrgänge 1926/27 ohne deren Wissen gegeben hatte, sei es schulklassenweise oder über die HJ. Die Experten waren sich uneinig. Wer es für ganz und gar unmöglich hielt, unterstellte der Nazi-Bürokratie dann allerdings ein gesetzmäßiges und rationales Funktionieren bis zum Ende. Näherliegend ist daher die Vermutung, daß geltungssüchtige Nazi-Führer sich nicht darum kümmerten, ob die Betreffenden ordnungsgemäß unterschrieben oder nicht und ob sie davon überhaupt erfuhren. Hauptsache, die Quote stimmte. Die auf Walsers Aktenkarte vermerkten Daten – der Jahrestag der «Machtergreifung» und «Führers Geburtstag» – stützen seinen Verdacht, es habe sich um einen offiziellen Beitrag zum nationalsozialistischen Feiertagskalender gehandelt.

Der Aktenfund erhärtete allenfalls die nicht mehr ganz frische Erkenntnis, daß die um 1927 Geborenen ihre Jugend im Nationalsozialismus verbracht hatten. Zum großen Skandal reichte das im Jahr 2007 nicht mehr aus. Allzu offensichtlich handelte es sich um den Versuch, ein moralisch ähnlich aufgeladenes Thema zu finden, wie es das SS-Bekenntnis von Günter Grass im Jahr zuvor gewesen war. Damals, als Grass «von den Überspitzungen seines eigenen Moralismus eingeholt wurde, dessen zuweilen hohlen Klang wahrzunehmen man sich plötzlich in nachträglicher Entrüstung erlaubte»[91], gehörte Walser zu den wenigen, die ihn verteidigten, so wie Grass auch ihn in den Jahren zuvor verteidigt hatte: «Ich hielt das Ganze für eine Orgie der Selbstgefälligkeit. Für mich war sie ein Beweis dafür, daß unsere sogenannte Vergangenheitsbewältigung ein sehr unzureichendes Unternehmen war. Sie war festgefahren in Urteils- und Vorurteilsroutine. Nach meiner Ansicht hätte Grass diesen Punkt sehr viel früher gesagt, wenn wir wirklich eine freiheitliche Meinungslandschaft gewesen wären. Weil wir – wie Salomon Korn gesagt hat – diesen ‹Jargon der Betroffenheit› haben, konnte Grass nicht früher etwas so Unwichtiges wie diese kurze jugendliche Zugehörigkeit zu einem grausamen Verband zugeben.»[92] Walser kann für diese Einschätzung in Anspruch nehmen, daß Grass in den fünfziger Jahren offenbar sehr wohl darüber gesprochen hat. Noch Anfang der sechziger Jahre erzählte er Klaus Wagenbach davon, als der an einer Grass-Monographie arbeitete, also durchaus mit öffentlicher Resonanz zu rechnen war. Erst danach schwieg er über dieses Thema, weil dann, so Wagenbach, «vermehrt glaubensstarke Linkshaber auftraten, die von den Älteren eben jene lupenreinen Biografien verlangten, die sie selbst noch gar nicht haben konnten»[93]. Andererseits – und auch darauf wies Wagenbach hin – begriff die deutsche Öffentlichkeit die mörderische Rolle der SS erst in den Sechzigern, ausgehend vom Frankfurter Auschwitz-Prozeß. Erst jetzt wäre es für Grass also wirklich riskant geworden, sich zu dieser Jugendverstrickung zu bekennen.

Walser knüpfte mit seiner Grass-Verteidigung an die öffentlichkeitskritische Argumentation in seiner Paulskirchenrede an, ohne damit erneutes Entsetzen auszulösen. Man hatte jetzt begriffen, worum es ihm ging. Im Sommer 2007 trafen sich Grass und Walser dann zu einem großen Gespräch mit der Wochenzeitung *Die Zeit*. Da saßen sie beim Cidre unterm Nussbaum in Grass' Garten und tauschten Zärtlichkeiten aus. Grass: «Ich liebe ihn.» Walser: «Du hast wirklich toll ausgesehen, und das tust du auch heute noch.» Die liebenden Männer schlossen sich zusammen in ihrer gemeinsamen Erfahrung, «Objekt einer Hatz in der Öffentlichkeit» (Grass) gewesen zu sein.

Zum veränderten Walser-Bild in der Öffentlichkeit trug der Gedichtband «Das geschundene Tier», der zum 80. Geburtstag erschien, ebenso bei wie die beiden Tagebuchbände aus den Jahren 1951 bis 1962 und 1963 bis 1973. Ein wenig übertrieben sei der Titel «Das geschundene Tier» schon, gab Walser zu. «Ich hab immer wieder vier, fünf Zeilen notiert, überarbeitet und dres-

siert. Mit der Zeit haben sie von selber diese komische Bezeichnung erhalten. Das hat mir imponiert, die Vorstellung, ich sei ein
geschundenes Tier.»[94] Die so entstandenen lyrischen Stimmungs-
bilder bezeichnete er als «Balladen», weil sie so viel inneres Geschehen vermitteln, daß sie einer äußeren Handlung nicht bedür-
fen, um erzählerisch zu sein. Sie entstanden in den Jahren nach
1998 als Antwort auf die Bedrängnis, in die er geraten war. Er
kehrte damit zu den Ursprüngen seiner schriftlichen Ausdrucks-
versuche in früher Jugend zurück, als nur das Gedichteschreiben
ihm das Leben erträglich machte. Er sei kein Lyriker, betont er
immer wieder, und doch sind Gedichte ihm das Höchste.

Im Selbstporträt als «geschundenes Tier» gelang es ihm, den
konkreten Anlaß, die Verletzungen, den Groll, die Isolation, hinter sich zu lassen. Immer wieder ist von Wahrheit und Lüge die
Rede, vom Gestehen, das häßlich macht, von Lächerlichkeit, sogar von Folter. Es geht um das Verhältnis der Innenwelt zur Au-
ßenwelt, um die eigene Positionierung in der Öffentlichkeit. Was
kann man von sich verraten, ohne sich lächerlich zu machen?
Was darf man sagen, ohne dafür gerügt zu werden? Und andererseits: Was muß unbedingt heraus, der eigenen Seelenhygiene
zuliebe und ohne Rücksicht auf Verluste? Das Themenfeld oder
Stimmungsgebiet, das hier zu Sprache wird, reicht von der Paulskirchenrede bis zu «Ein liebender Mann». Auch Walsers Goethe
reibt sich ja an einer Gesellschaft, die sein Empfinden skandali-
siert. Man kann diese lyrische Seelenarbeit durchaus als «Gebete
ohne ein Jenseits, also von jener Sorte, die uns durch den Alltag
hilft»[95], verstehen. Die zerbrechlichen, durchscheinenden Illustrationen von Alissa Walser bestärkten diesen Eindruck. Sie führen aus der Enge heraus ins Offene; geduckte Figuren richten
sich auf und schöpfen neue Kraft.

«Leben und Schreiben» nannte Walser seine veröffentlichten
Tagebücher, ein Begriffspaar, das weniger als Gegensatz denn als
Einheit zu begreifen ist. Was wäre ein Schriftstellerleben ohne
das Schreiben. Und was wäre das Schreiben wert, wenn es nicht

aufs Ganze zielte, wenn es dabei nicht ums Leben ginge. Kurze, destillierte Passagen aus den Tagebüchern hatte er bereits in «Meßmers Gedanken» und «Meßmers Reisen» der fiktiven Figur Meßmer zugeschrieben. Doch auch in den Tagebüchern kann man nicht sicher sein, daß es sich bei jedem «Ich», das da zu sprechen beginnt, tatsächlich um den Autor handelt. Oft leiht er literarischen Figuren die Stimme, um an ihnen Positionen und Reaktionsweisen auszuprobieren. «Je näher ich mir kommen will, desto mehr muß ich mich in einer Figur verbergen. (...) Ich habe diesen Drang, mich zu verwandeln – in eine Figur, in eine Szene, in einen Text.»[96]

Das multiple «Ich», das so entsteht, ist kein geschlossenes, heroisches Subjekt, sondern ein zweifelndes Ego, das in viele Identitäten zerfällt. Im «Gallistl» hatte Walser einst das unteilbare «Individuum» durch das «Dividuum», das Teilbare, ersetzt. Dieses Auseinanderfallen der Person in eine Vielfalt von Figuren, Stimmen und Stimmungen, ist in den Tagebüchern zu beobachten. Das macht ihre Modernität aus. Das Interesse am Gesellschaftlichen keimt in einem sich bedroht fühlenden Ich. Stets ist das Selbstbewußtsein eine soziale Relation. Da herrscht ein enormer Selbstbehauptungs- und Rechtfertigungszwang, schließlich weiß das Ich jederzeit, daß es im Grunde nicht zu rechtfertigen ist. Das Sehen und Gesehenwerden als Subjektwerdung in den Augen der anderen – das ist mit Sartre eine existentielle Grunderfahrung. Es ist zugleich eine Bedingung der Liebe, die sich noch im Anfangssatz von «Ein liebender Mann» wiederfindet: «Bis er sie sah, hatte sie ihn schon gesehen. Als sein Blick sie erreichte, war ihr Blick schon auf ihn gerichtet.»

Leben und Schreiben ereignen sich in Walsers Tagebüchern auf ganz besondere Weise. Da wird nicht ein Rohstoff Leben festgehalten, um Protokoll zu führen über die Ereignisse. Das Geschriebene hat sich schon vom Erlebten gelöst – als ein besonderer Existenzzustand, eine eigene Textgattung. Was da entsteht, ist bereits Literatur. Es taugt nicht als Chronik des Alltags und schon gar nicht als Chronik der äußeren, der politischen Geschichte, von der nur ein paar dürre Daten übrigbleiben. «Schreiben als Lebensart» nannte Walser dieses Schreiben, das keine Absichten verfolgt, weil es unwillkürlich geschieht. So unterschied er das «Hingeschriebene» vom «Aufgeschriebenen» und dem protokollarisch «Mitgeschriebenen».[97] Und doch ist auch das «Mitgeschriebene» – etwa die Notizen vom Frankfurter Auschwitz-Prozeß – eine eindrucksvolle Lektüre.

Während Walser Roman um Roman an seinem «Alterswerk» schrieb, zeigte er sich in den frühen Tagebüchern zugleich als junger Mann, der sich mit aller Kraft als Schriftsteller entwarf. Die Lust an der Sprache trieb ihn an. Die Formulierungskraft durfte die Führung übernehmen, so daß er selbst gelegentlich überrascht zu sein schien über das, was da auf dem Papier entstand. «Wie weit Leben und Literatur sind – und wie eng die Politik», staunte Arno Widmann in der *Frankfurter Rundschau*.[98] Andere Rezensenten, die in ihrer Erwartungshaltung enttäuscht wurden, beklagten dagegen einen «Mangel an Privatem»: Der «Mensch Walser» werde gar nicht kenntlich. Was für ein Fehlurteil! Sichtbar wird eine poetische Existenz in ihrem nie nachlassenden Bewegungsdrang.

«Ein Schriftsteller ist jemand, der, was er erlebt, erst erlebt, wenn er sich beweist, daß er es auch schreiben kann. Erst dadurch wird es SEIN Erlebnis, SEINE Erfahrung.»[99] Walser charakterisierte mit diesem Satz, der durchaus auch auf ihn selbst anwendbar ist, den Konstanzer Arzt, Schriftsteller, Maler und promovierten Theologen Andreas Beck. Beck, im Hauptberuf Chef des Instituts für Röntgendiagnostik und Nuklearmedizin am Klinikum Konstanz, hat nebenbei etliche Romane geschrieben, die es Walser erlaubten, den «Lebensroman des Andreas Beck» anhand dieser Bücher nachzuerzählen. Er folgte dem Studenten nach Spanien und Portugal und zeigte sich fasziniert von diesem «katholisch bestimmten Erlebnisvermögen»[100]. In Beck entdeckte er einen, der auf der «Suche nach einem Glauben war, der es mit seiner

Theologie aufnehmen konnte»[101], und ließ sich dadurch zu einem «Einverständnis mit meinem Immer-noch-katholisch-Sein» provozieren: «Ich bin als Andreas-Beck-Leser immer wieder mal froh darüber, daß ich nicht ausgetreten bin wie Heinrich Böll. Der sei, heißt es, ausgetreten, aber immer noch hineingegangen. Ich komme kaum noch hinein, kann aber nicht austreten.»[102]

Während er Becks Kindheit und Schulzeit in dem Schwarzwalddorf Hornbach beschrieb, bewunderte er die Begeisterungsfähigkeit des Schülers und seine «Verehrungsbegabung»[103]. Wie eine Figur von Robert Walser wurde Beck vom Mathelehrer malträtiert, zur Null gemacht, «nihilisiert», und verlor doch trotzdem nicht seine grundsätzliche Zustimmungsfähigkeit. «Ich habe den Eindruck», schrieb Walser, «er verteidige den Glauben, der sich in seiner Kindheit in ihm gebildet hat. Er verteidigt ihn gegen Belehrung und Aufklärung, gegen Besserwisserei jeder Art.» Darin verglich er ihn gar mit Proust und mit Goethe: «Weil er so beeindruckbar war, kann er diese Kinderseligkeit nicht dieser oder jener Erwachsenheit opfern. Das ist anderen auch schon so gegangen. Daraus sind Literaturwerke wie ‹Auf der Suche nach der verlorenen Zeit› oder ‹Dichtung und Wahrheit› entstanden.»[104]

Walsers Beck-Essay, der in die lange Reihe seiner «Liebeserklärungen» gehört, wurde außerhalb der Heimatregion wenig beachtet. Dabei führt er ins Zentrum seiner eigenen, katholisch grundierten Verehrungsbegabung. Nur als Verehrender kann er Literatur und schreibende Menschen darstellen, als ein liebender Mann. Sein erstes Wort, vermutet der Schriftstellerkollege und Freund Arnold Stadler, muß «Ja» gewesen sein. Denn das Schreiben setzt ein «Ja-Sagen, ein Glück über den ersten Augenblick der Liebe» voraus. Zugleich aber ist da auch die Sensibilität für das Mangelhafte und die schmerzhafte Irritation, «nicht ganz mit der Welt übereinzustimmen».[105] Walser hat sich im Lauf seines Lebens immer wieder von dieser Tendenz, ja zu sagen, ablenken lassen – so sehr, daß viele ihn für einen gesellschaftskritischen, skeptisch-negierenden Autor hielten. Das liegt daran, daß das Kritischsein mehr gilt und größere Aufmerksamkeit erzielt als die Zustimmung. Der Kritiker der deutschen Haltung zum Vietnamkrieg, der Leidende an der deutschen Teilung und schließlich der Kritiker der ritualisierten deutschen Schuldrhetorik ist deshalb im öffentlichen Walser-Bild allemal präsenter als der Liebhaber von Kafka oder Kierkegaard oder Andreas Beck. Doch seit den späten siebziger Jahren, als Walser eine Zeitlang selbst an seine gesellschaftskritische Potenz glaubte, hat er seine Zustimmungsfähigkeit immer weiter verschärft. «Er ist auch einsam im Rühmen», schreibt Stadler. «Das ist ein verlorengeglaubtes Genre. In einer Zeit, da Kritik mit Niedermachen oder Auseinandersetzen und -nehmen gleichgesetzt scheint, hat er es rehabilitiert: das Rühmen.»[106]

Sein Zustimmungsbedürfnis geht allerdings manchmal seltsame Wege. Da verteidigte er einmal den Schweizer Nationalisten Christoph Blocher und behauptete, der sei «nicht rechts, er ist richtig. Ich halte ihn für ein Monument der Richtigkeit.»[107] Oder er ohrfeigte auf der Frankfurter Buchmesse zärtlich-zustimmend den TV-Moderator Thomas Gottschalk, nannte ihn «göttlicher Bub»[108] und bekannte, «Wetten, daß …?» sei die einzige Sendung, die er sich noch anschaue. «Der Größte überhaupt» aber ist für ihn Hape Kerkeling, ein Positivist und Meister der Liebenswürdigkeit gegenüber seinen Figuren. Walser liebt ihn dafür, daß er «nie kulturkritisch wird», lobt sein Jakobsweg-Pilgerbuch «Ich bin dann mal weg» als «reinen Überraschungstext» und sagt: «Es spricht für uns, daß wir ihn haben.»[109] Auch gegenüber Boulevardzeitungen hat er keine Berührungsängste und gibt Auskunft, wenn er etwas über die Liebe oder das Alter sagen soll. Er wehrt sich gegen die Dünkelhaftigkeit von Intellektuellen, die sich für etwas Besseres halten als das sogenannte Volk. Er will Menschen nicht aufgrund ihrer Meinungen beurteilen, die er für Äußerlichkeiten hält, sondern wegen ihrer Ausstrahlung. So hält er es auch mit Papst Benedikt, von dem er sich ebenfalls beeindruckt zeigt. Das geht, weil er den «Meinungen» das «Wesen» eines Menschen gegenüberstellt und es ihm deshalb erspart bleibt, auch politisch mit ihnen übereinstimmen zu müssen. «Mit Meinungen kann man Recht haben oder Unrecht haben. Das Wesen dagegen erscheint und ist dann glaubwürdig oder unglaubwürdig.»[110]

Er sei noch nicht fertig mit diesem Thema, sagte Walser, als er im Februar 2008 an der Berliner Humboldt-Universität einen Vortrag über «Kritik oder Zustimmung oder Geistesgegenwart» hielt. Ein paar Studenten störten die Veranstaltung und verteilten Flugblätter, auf denen Walser zur «persona non grata» erklärt wurde. Sie hielten immer noch an der irrigen Ansicht fest, er habe 1998 in der Paulskirche für das «Wegschauen» und den «Schlußstrich» plädiert, wollten aber nicht mit ihm darüber diskutieren, als er sie einlud, zu ihm nach vorne zu kommen. Sein Vortrag enthielt dann die passende Erwiderung: «Kritikopportunismus, das ist Zeitgeist. Man kritisiert, wie es sich gerade gehört.» In einem Vortrag über «Erfahrungen mit dem Zeitgeist», den er im Juli 2008 vor der Bayerischen Akademie der Schönen Künste in München hielt, führte er dieses Thema weiter aus. Wenn das Kritischsein zur rituellen Geste, zur demonstrativen Selbstdarstellung verkommt, was ist es dann wert? Ist die Affirmation dann nicht die eigenständigere, freiere Haltung? Mag sein, daß das nur in der Literatur funktioniert, aber da funktioniert es ganz bestimmt. Walsers Werk beweist das.

Auch Zustimmung kann, wenn sie nur kraftvoll genug vorgetragen wird, die Dinge verändern: zum Besseren. Sie ist ja nicht mit Kritiklosigkeit zu verwechseln, sondern führt zu etwas, was Walser «Geistesgegenwart» nennt: einer spielerischen Einmischung und dem Bewußtsein, das die eigenen Sichtweisen relativ sind. Darin sieht er seine Aufgabe als Schriftsteller: die Welt schöner machen, als sie in Wirklichkeit ist. Ohne Geistesgegenwart geht das nicht.

BIOGRAPHIE UND LEBEN.
Zehn Sätze als Nachwort.

Eine Biographie erfaßt Lebensgeschichte als chronologische Folge von Ereignissen. Sie protokolliert in jedem ausgewählten Augenblick, was überliefert ist. Die Lebenslinien, die so entstehen, setzen sich aus einzelnen Punkten zusammen. Der Porträtierte erscheint immer wieder aus anderer Perspektive und in anderen Zusammenhängen. Aber wie ist er wirklich? Wann entspricht er sich? Wann «stimmt» das entstehende Bild oder die Stimmung?

Die lineare Anordnung könnte das Mißverständnis hervorrufen, es gebe einen Ausgangspunkt und ein Ziel, das früher oder später erreicht, vielleicht aber auch verfehlt wird. Doch Lebensgeschichte ist anders organisiert. Sie kennt keine privilegierten Entwicklungsstufen. Der Alte ist nicht wahrhaftiger als der Junge, nur weil er mehr Erfahrung aufgeschichtet hat. Der Jugendliche ist nicht empfindsamer als der Alte, nur weil er weniger Narben trägt. Ein exaktes Porträt müßte alle Einzelbilder übereinanderprojizieren. Die entstehende Unschärfe ergäbe die größtmögliche Genauigkeit.

Ein solches Unschärfebild läßt die Konstanten schärfer hervortreten. Es zeigt Martin Walser als einen Schriftsteller, der seine unbändige Produktivität aus dem Dissens mit dem öffentlichen Meinen bezieht und zeitlebens in die deutschen Zustände verwickelt ist. Man erkennt einen engagierten Autor, der dem Engagement mißtraut, einen Gesellschaftskritiker, der sich die Lizenz zur Kritik verweigert, einen politischen Autor, der sich gar zu gern als unpolitisch bezeichnet, einen heimatverwurzelten Weltbürger, der sich schwer verorten läßt. Ein Unschärfebild.

Eine Biographie ist eine Erzählung. Sie behandelt Leben als Text und als Szenenfolge. Sie findet auf, fügt zusammen, hebt einzelne Aspekte hervor, zieht Entwicklungslinien nach, baut Spannungsbögen, setzt Pointen. Sie deutet Geheimnisse an, ohne sie auszusprechen. Sie betreibt keine Psychoanalyse und keine Besserwisserei. Bedeutungen ergeben sich aus dem Geschehen, nicht aus der Interpretation. Eine Biographie übt die Kunst der Zurückhaltung.

Eine Biographie ist angewandte Lebensphilologie. Philologie aber eben nicht als mutwilliges Ausdeuten des Textes, sondern so, wie Nietzsche sie entwarf: «Unter Philologie soll hier, in einem sehr allgemeinen Sinne, die Kunst, gut zu lesen, verstanden werden – Tatsachen ablesen können, *ohne* sie durch Interpretation zu fälschen, *ohne* im Verlangen nach Verständnis die Vorsicht, die Geduld, die Feinheit zu verlieren.» Das läßt sich auf Leben und Werk gleichermaßen anwenden.

Martin Walser beantwortet Fragen nach seinem (Privat-)Leben zumeist mit Verweisen auf seine Literatur. Seine Bücher drücken sein Leben ganz und gar aus. Nicht faktisch, aber atmosphärisch. Mag sein, daß er selbst jeweils Modell stand für seine literarischen Helden, von Anselm Kristlein bis zu Gottlieb Zürn. Trotzdem wäre es falsch, ihn darin entdecken zu wollen. Nicht er steckt in den Figuren, die Figuren ankern in ihm. Sie dienen ihm dazu, sich selbst zu entwerfen. Sie sind keine Spiegelbilder, sondern Detailvergrößerungen. Aber auch die Leser erkennen sich in ihnen. Wäre es nicht so, gäbe es kein Gespräch zwischen dem Autor und seinen Lesern.

Eine Biographie kann unmöglich alles erzählen. Sie muß sich auf einzelne, winzige Momente beschränken und auswählen, was vorgeblich wichtig ist. Das tägliche Frühstück, der Spaziergang am See, der Wind, der in den Bäumen rauscht, die Schulnoten der Töchter, der Geschmack des von der Frau zubereiteten Mittagessens, der glitzernde Schnee unter den Skiern, der Rauch einer Zigarre, das abendliche Fernsehprogramm, das Tanken, das Einkaufen, der Hund: All das kommt zwar vor, nimmt aber nicht den Rang ein, den es im Leben besitzt. Zum Gegenstand des Erzählens wird statt dessen das Besondere, das aus dem Alltag herausragt. Im Leben darf es Stillstand geben. In der Biographie nicht.

Ein Leben wird zur Biographie, wenn es auf ein allgemeines Interesse stößt. Wodurch wird dieses Interesse geweckt? Bei einem Künstler durch die Tatsache, daß er mit seinem Werk eine Antwort sucht auf die historische Formation, in der er sich bewegt. Im Werk wird seine Zeit kenntlich, aber auch, daß er sich nicht damit abfinden will. Das unterscheidet ihn von anderen, die nicht so vernehmbar reagieren. Eine Künstlerbiographie handelt von der Differenz zwischen Kunst und Leben. Sie beschreibt ein Spannungsverhältnis, teilt aber das Bedürfnis, das Leben durch Kunst zu verschönern.

Die kürzeste Biographie formulierte Martin Heidegger über Aristoteles: «Er wurde geboren, dachte und starb.» In größtmöglicher Arroganz mißachtete Heidegger das gelebte Leben. Er interessierte sich für Aristoteles' Denken, aber nicht dafür, aus welchen Umständen dieses Denken entstand. Ein Philosoph darf sich vielleicht so beschränken. Ein Biograph kann das nicht. Er will nicht nur die fertigen Resultate zeigen, sondern sucht auch die ungewissen Träume, die Wünsche, Sehnsüchte und Handlungsversuche, die dorthin führten. Dafür gibt es keine Quellen und keine Informanten. Eine Biographie schwimmt notgedrungen auf der Oberfläche, wo einzelne Strudel auf verborgene Tiefen hinweisen.

Martin Walser zitiert Goethe mit dem Satz: «Wer mich nicht liebt, der darf mich auch nicht beurteilen.» Das klingt arrogant, dient aber durchaus der Wahrheitsfindung.

DANK

Ich danke Martin Walser für die wunderbare Zusammenarbeit, für vielfältige Gespräche und den erteilten Vertrauensvorschuß, Käthe Walser für die Gastfreundschaft im Sommer 2003.

Alexander Fest für Ermunterung, Kritik und Rat.

Barbara Oetter, ohne die nichts so wäre, wie es ist.

Peter Hocke für kritische Lektüre.

Meinem Lektor Frank Wegner, der auch den Bildteil besorgte.

Der «Stiftung Kulturfonds», die die Arbeit mit einem vierwöchigen Stipendium im Künstlerhaus Lukas in Ahrenshoop unterstützte.

Für Gespräche, Informationen und Hilfe aller Art danke ich außerdem: Thorsten Ahrend, Rolf Aurich, Günter Berg, Elisabeth Borchers, Günter de Bruyn, Jan Bürger, Eberhard Fahlke, Marianne Frisch, Peter Hamm, Friedrich Hitzer, Klaus Isele, Andreas Isenschmid, Ulrike Kloepfer, Achim Lotz und Anne Scheidhauer, Christoph Müller, Lothar Müller, Walter Obschlager, Inge Poppe-Wühr, Patricia Preuß, Petra Satow-Rauschenbach, Wolfgang Schopf, Jürgen Schutte, Heribert Tenschert und Ulla Vogel.

LITERATURVERZEICHNIS

1. Werke Martin Walser

a) Werkausgabe
Martin Walser: Werke in zwölf Bänden, herausgegeben von Helmuth Kiesel, unter Mitwirkung von Frank Barsch. Suhrkamp Verlag, Frankfurt/Main 1997.

Zitate bezeichnen mit Buchstabensiglen den Titel des Werks, mit römischen Ziffern den jeweiligen Band der Werkausgabe, anschließend die Seitenzahl.

Romane, Erzählungen und andere Prosa

Flz	Ein Flugzeug über dem Haus 1955	SA	Seelenarbeit 1979
EiP	Ehen in Philippsburg 1957	SH	Das Schwanenhaus 1980
HZ	Halbzeit 1960	BLL	Brief an Lord Liszt 1982
LG	Lügengeschichten 1964	MG	Meßmers Gedanken 1985
EH	Das Einhorn 1966	Bra	Brandung 1985
Fct	Fiction 1970	DuW	Dorle und Wolf 1987
GK	Die Gallistl'sche Krankheit 1972	Jgd	Jagd 1988
Stz	Der Sturz 1973	VdK	Verteidigung der Kindheit 1991
JdL	Jenseits der Liebe 1976	OE	Ohne Einander 1993
EfP	Ein fliehendes Pferd 1978	FK	Finks Krieg 1996

Theaterstücke

Abst	Der Abstecher 1961	WuK	Aus dem Wortschatz unserer Kämpfe 1969
Sofa	Das Sofa 1961/1992		
EuA	Eiche und Angora 1962	Sau	Das Sauspiel 1975
ÜHK	Überlebensgroß Herr Krott 1964	IGH	In Goethes Hand 1982

DSS	Der Schwarze Schwan 1964	EfPT	Ein fliehendes Pferd
ZS	Die Zimmerschlacht 1967		(Theaterfassung)
			1986
Wsh	Wir werden schon noch handeln	Ohr	Die Ohrfeige 1984
	1967	Nero	Nero läßt grüßen
			1986
Ksp	Ein Kinderspiel 1970	KiP	Kaschmir in Parching
			1995

b) außerhalb der Werkausgabe

GzF Der Grund zur Freude, 99 Sprüche zur Erbauung des Bewußtseins. Eremitenpresse, Düsseldorf 1978

ZuG Zauber und Gegenzauber. Aufsätze und Gedichte. Edition Isele,
Eggingen 1995

GS Geburtstagsschrei. Edition Isele, Eggingen 1997

EsB Ein springender Brunnen. Roman. Suhrkamp Verlag, Frankfurt/
Main 1998

IvQ Ich vertraue. Querfeldein. Reden und Aufsätze. Suhrkamp Verlag, Frankfurt/Main 2000

LL Der Lebenslauf der Liebe. Roman. Suhrkamp Verlag, Frankfurt/
Main 2001

AWK Aus dem Wortschatz unserer Kämpfe. Prosa, Aufsätze, Gedichte. Suhrkamp Verlag, Frankfurt/Main 2002

TeK Tod eines Kritikers. Roman. Suhrkamp Verlag, Frankfurt/Main
2002

MR Meßmers Reisen. Suhrkamp Verlag, Frankfurt/Main 2003

AdL Der Augenblick der Liebe. Roman. Rowohlt Verlag, Reinbek
2004

VdN Die Verwaltung des Nichts. Reden und Aufsätze. Rowohlt Verlag, Reinbek 2004

WdS Woher diese Schönheit. Über Kunst, über Künstler, über Bilder.
Edition Isele, Eggingen 2004

LuS 1 Leben und Schreiben. Tagebücher 1951–1962. Rowohlt Verlag,
Reinbek 2005

AB Angstblüte. Roman. Rowohlt Verlag, Reinbek 2006

LAB Der Lebensroman des Andreas Beck. Edition Isele, Eggingen
2006

GT Das geschundene Tier. Neununddreißig Balladen. Mit Zeichnungen von Alissa Walser. Rowohlt Verlag, Reinbek 2007

LuS 2 Leben und Schreiben. Tagebücher 1963–1973. Rowohlt Verlag,
Reinbek 2007

WB	Winterblume. Über Bücher von 1951–2005. Herausgegeben von Martin Zingg. Edition Isele, Eggingen 2007
LM	Ein liebender Mann. Roman. Rowohlt Verlag, Reinbek 2008

Alle weiteren Veröffentlichungen in Zeitungen und Zeitschriften, Hörspiele und Gedichte werden in den Anmerkungen bibliographiert.

c) Interviews

Auskunft	Auskunft. 22 Gespräche aus 28 Jahren. Herausgegeben von Klaus Siblewski. suhrkamp taschenbuch 1871, Frankfurt/Main 1991
Wunschpotential	Ich habe ein Wunschpotential. Gespräche mit Martin Walser. Herausgegeben von Rainer Weiss. suhrkamp taschenbuch 2975, Frankfurt/Main 1998
Günter Grass, Martin Walser:	Ein Gespräch über Deutschland. NDR 1994. Hörkassette, Edition Isele, Eggingen 1995
Günter Grass, Martin Walser:	Zweites Gespräch über Deutschland. NDR 1999. Hörkassette, Edition Isele, Eggingen 1999

Alle anderen Gespräche werden in den Anmerkungen bibliographiert.

2. Quellen (Archive und Briefbände)

AdK	Archiv der Akademie der Künste, Berlin
ASS	Arno Schmidt-Stiftung, Bargfeld
DLA	Deutsches Literaturarchiv Marbach
JoA	Johnson-Archiv, Frankfurt/Main
JUB	Uwe Johnson, Siegfried Unseld: Der Briefwechsel. Herausgegeben von Eberhard Fahlke und Raimund Fellinger. Suhrkamp Verlag, Frankfurt/Main 1999
LSR	Literaturarchiv Sulzbach-Rosenberg
MFA	Max Frisch-Archiv, Zürich
PFH	Privatarchiv Frieder Hitzer, Wolfratshausen
PSS	Archiv der Peter Suhrkamp Stiftung an der Johann Wolfgang Goethe-Universität Frankfurt/Main
RiBr	Hans Werner Richter: Briefe. Herausgegeben von Sabine Cofalla. Hanser Verlag, München, Wien 1997
SVA	Suhrkamp Verlags-Archiv, Frankfurt/Main

3. Sonstige Literatur

Anz, Thomas: Beschreibungen eines Kampfes. Martin Walsers literarische Psychopathologie, in: Text und Kritik Heft 41/42, Neufassung, 3. Auflage, München 2000

Arnold, Heinz Ludwig (Hg.): Martin Walser. Edition Text & Kritik 42/43, München 1974

Arnold, Heinz Ludwig (Hg.): Martin Walser. Edition Text & Kritik 42/43, Neufassung, 3. Auflage, München 2000

Baumgart, Reinhard: Damals. Ein Leben in Deutschland 1929–2003. Hanser, München, Wien 2004

Beckermann, Thomas: Über Martin Walser. edition suhrkamp 407, Frankfurt/Main 1970

Berg, Günter, Raimund Fellinger und Rainer Weiss (Hg.): 50 Jahre Siegfried Unseld im Suhrkamp Verlag 1952–2002. Suhrkamp, Frankfurt/Main 2002

Bobrowski, Johannes: Gesammelte Werke in sechs Bänden, Erster Band © Copyright 1998 Deutsche Verlagsanstalt, München, in der Verlagsgruppe Random House GmbH

Bogdal, Klaus-Michael: «Nach Gott haben wir nichts Wichtigeres mehr gehabt als die Öffentlichkeit.» Selbstinszenierungen eines deutschen Schriftstellers, in: Text und Kritik Heft 42/43, Neufassung, 3. Auflage, München 2000

Bögeholz, Hartwig: Die Deutschen nach dem Krieg. Eine Chronik. Rowohlt Verlag, Reinbek 1995

Borchmeyer, Dieter: Martin Walser und die Öffentlichkeit. Von einem neuerdings erhobenen unvornehmen Ton im Umgang mit einem Schriftsteller. edition suhrkamp, Frankfurt/Main 2001

Borchmeyer, Dieter, und Kiesel, Helmuth (Hg.): Der Ernstfall. Martin Walsers «Tod eines Kritikers». Hoffmann und Campe, Hamburg 2003

Corino, Karl, und Albertsen, Elisabeth (Hg.): Nach zwanzig Seiten waren alle Helden tot. Erste Schreibversuche deutscher Schriftsteller. Marion von Schröder, Düsseldorf 1995

Duve, Freimut, Böll, Heinrich, und Staeck, Klaus: Briefe zur Verteidigung der Republik. Rowohlt (rororo aktuell), Reinbek 1977

Eggenschwiler, Georg: Vom Schreiben schreiben. Selbstthematisierung in den frühen Romanen Martin Walsers. Peter Lang, Europäischer Verlag der Wissenschaften, Bern 2000

Emmerich, Wolfgang: Kleine Literaturgeschichte der DDR. Gustav Kiepenheuer, Leipzig 1996

Fetz, Gerald A.: Martin Walser. J. B. Metzler, Stuttgart, Weimar 1997

Frisch, Max, und Johnson, Uwe: Der Briefwechsel. 1964–1983. Herausgegeben von Eberhard Fahlke. Suhrkamp, Frankfurt/Main 1999

Gaulon, Aleth: Les manifestations de scepticisme dans les textes non-fictionnels (1952–2002) de Martin Walser. Toulouse, Dezember 2007.

Gerigk, Horst-Jürgen: Unterwegs zur Interpretation. Guido Pressler, Hürtgenwald 1989

Grass, Günter: Werkausgabe. Herausgegeben von Volker Neuhaus und Daniela Hermes. Band 14–16, Essays und Reden. Steidl, Göttingen 1997

Grunenberg, Antonia: Von Vagabunden und Bio-Mythen. Die Suche nach den wahren Biographien, in: Kursbuch 148, Die Rückkehr der Biographien. Rowohlt · Berlin, Berlin 2002

Hanuschek, Sven: Elias Canetti. Hanser, München, Wien 2005

Harig, Ludwig: Wer mit den Wölfen heult, wird Wolf. Roman. Hanser, München, Wien 1996

Heller, Georg: Endlich Schluß damit? «Deutsche» und «Juden» – Erfahrungen. Mit einem Vorwort von Martin Walser. Edition Isele, Eggingen 2002

Hieber, Jochen (Hg.): Lieber Marcel. Briefe an Reich-Ranicki. DVA, Stuttgart, München 2000

Hoben, Josef (Hg.): He, Patron! Martin Walser zum Siebzigsten. de Scriptum Verlag, Uhldingen 1997

Hoffmeister, Donna L.: Vertrauter Alltag, gemischte Gefühle. Gespräche mit Schriftstellern über Arbeit in der Literatur. Bouvier, Bonn 1989

Hölderlin, Friedrich: Sämtliche Gedichte und Hyperion. Insel, Frankfurt/Main 1999

Janker, Josef W.: Meine Freunde die Kollegen. Erinnerungen. Herausgegeben von Gisela Linder. Robert Gessler, Friedrichshafen 1994

Johnson, Uwe: Begleitumstände. Frankfurter Vorlesungen. edition suhrkamp, Frankfurt/Main 1980

Johnson, Uwe, und Unseld, Siegfried: Der Briefwechsel. Herausgegeben von Eberhard Fahlke und Raimund Fellinger. Suhrkamp, Frankfurt/Main 1999

Jürgs, Michael: Bürger Grass. Biographie eines deutschen Dichters. C. Bertelsmann, München 2002

Just, Gottfried: Reflexionen. Zur deutschen Literatur der sechziger Jahre. Günter Neske, Pfullingen 1972

Kant, Hermann: Abspann. Erinnerungen. Aufbau, Berlin 1991

Karasek, Hellmuth: Karambolagen. Begegnungen mit Zeitgenossen. Ullstein, München 2002

Karasek, Hellmuth: Auf der Flucht. Erinnerungen. Ullstein, Berlin 2004

Die Katze Erinnerung. Uwe Johnson. Eine Chronik in Briefen und Bildern. Zusammengestellt von Eberhard Fahlke. Suhrkamp, Frankfurt/Main 1994

Kleine Geschichte der edition suhrkamp. Redaktion Raimund Fellinger, Mitarbeit Wolfgang Schopf. Suhrkamp, Frankfurt/Main 2003

Klüger, Ruth: weiter leben. Eine Jugend. Wallstein, Göttingen 1992

Klotz, Johannes, und Wiegel, Gerd (Hg.): Geistige Brandstiftung. Die neue Sprache der Berliner Republik. Aufbau, Berlin 2001

Koelbl, Herlinde: Im Schreiben zu Haus. Wie Schriftsteller zu Werke gehen. Photographien und Gespräche. Knesebeck, München 1998

Kovach, Thomas: The Burden of the Past: Martin Walser and Modern German Identity. Camden House, 2008.

Lau, Jörg: Hans Magnus Enzensberger. Ein öffentliches Leben. Alexander Fest, Berlin 1999

Lettau, Reinhard (Hg.): Die Gruppe '47. Bericht, Kritik, Polemik. Ein Handbuch. Luchterhand, Neuwied, Berlin 1967

Lorenz, Matthias N.: Auschwitz drängt uns auf einen Fleck. Judendarstellung und Auschwitzdiskurs bei Martin Walser. Metzler Verlag, Stuttgart und Weimar 2005.

Michalzik, Peter: Unseld. Eine Biographie. Blessing, München 2002

Moser, Tilman: Romane als Krankengeschichten. Über Handke, Meckel und Martin Walser. edition suhrkamp, Frankfurt/Main 1985

Müller, Hans-Joachim (Hg.): Butzbacher Autoren- und Künstlerinterviews. Gesellschaft Hessischer Literaturfreunde, Darmstadt 1992

Naumann, Michael (Hg.): «Es muß doch in diesem Lande wieder möglich sein …» Der neue Antisemitismus-Streit. Ullstein, München 2002

Neumann, Bernd: Uwe Johnson. Biographie. Europäische Verlagsanstalt, Hamburg 1996

Nossack, Hans Erich: Die Tagebücher 1943–1977. Suhrkamp, Frankfurt/Main 1997

Oldenburg, Ralf: Martin Walser. Bis zum nächsten Wort. Eine Biographie in Szenen. Dirk Lehrach Verlag, Düsseldorf 2003

Osterle, Heinz D.: Bilder von Amerika. Gespräche mit deutschen Schriftstellern. Englisch-Amerikanische Studien (EAST), Münster 1987

Ott, Ulrich, und Pfäfflin, Friedrich: Protest! Literatur um 1968. Marbacher Kataloge 51, Marbach 1998

Ott, Ulrich, und Pfäfflin, Friedrich: Konstellationen. Literatur um 1955. Marbacher Kataloge 48, Marbach 1995

Patzak, Peter: Filme. Europaverlag, Wien 1983

Peitsch, Helmut: ‹Antipoden› im ‹Gewissen der Nation›? Günter Grass' und Martin Walsers ‹deutsche Fragen›, in: Helmut Scheuer (Hg.): Dichter und ihre Nation. Suhrkamp, Frankfurt/Main 1993

Preuß, Joachim Werner: Martin Walser. Colloquium, Berlin 1972

Prümm, Karl: Vergangenheit ohne Bilder? In: Produktivität des Gegensätzlichen, Studien zur Literatur des 19. und 20. Jahrhunderts. Festschrift für Horst Denkler zum 65. Geburtstag. Max Niemeyer, Tübingen 2000

Pulver, Corinne: Karriere oder Die Liebe ist ein seltsam Ding. F. A. Herbig, München 1999

Raddatz, Fritz J.: Unruhestifter. Erinnerungen. Propyläen, München 2003

Reich-Ranicki, Marcel: Martin Walser. Aufsätze. Ammann, Zürich 1994

Reich-Ranicki, Marcel: Mein Leben. Deutsche Verlags-Anstalt, Stuttgart 1999

Reinhard, Stephan: Alfred Andersch. Eine Biographie. Diogenes, Zürich 1996

Reinhold, Ursula: Tendenzen und Autoren. Dietz, Berlin 1982

Renz, Peter (Hg.): Der Ravensburger Kreis. Eine literarische Gesellschaft in Deutschland. Edition Isele, Eggingen 1999

Richter, Hans Werner: Im Etablissement der Schmetterlinge. Einundzwanzig Porträts aus der Gruppe 47. Hanser, München, Wien 1986

Richter, Hans Werner: Briefe. Herausgegeben von Sabine Cofalla. Hanser, München, Wien 1997

Rohloff, Joachim: Ich bin das Volk. Martin Walser, Auschwitz und die Berliner Republik. KVV konkret, Hamburg 1999

Schirrmacher, Frank (Hg.): Die Walser-Bubis-Debatte. Eine Dokumentation. Suhrkamp, Frankfurt/Main 1999

Schlenstedt, Silvia (Hg.): Briefe an Hermlin 1946–1984. Aufbau, Berlin, Weimar 1985

Schnell, Ralf: Die Literatur der Bundesrepublik. Autoren, Geschichte, Literaturbetrieb. J. B. Metzler, Stuttgart 1986

Schutte, Jürgen mit Elisabeth Unger und Irmtraud Gemballa: Dichter und Richter. Die Gruppe 47 und die deutsche Nachkriegsliteratur. Akademie der Künste, Ausstellungskatalog, Berlin 1988

Schwarz, Wilhelm Johannes: Der Erzähler Martin Walser. Francke, Bern 1971

Siblewski, Klaus (Hg.): Martin Walser. Suhrkamp, Frankfurt/Main 1981

Siegfried Unseld zum Gedenken. Paulskirche, Frankfurt/Main 8. Oktober 2003. Privatdruck, Suhrkamp und Insel Verlag, Dezember 2003

Sloterdijk, Peter: Theorie der Nachkriegszeiten. Bemerkungen zu den deutsch-französischen Beziehungen seit 1945. Suhrkamp, Frankfurt/Main 2008.

Suhrkamp, Peter: Briefe an die Autoren. Herausgegeben von Siegfried Unseld. Suhrkamp, Frankfurt/Main 1961

Der Verleger und seine Autoren. Siegfried Unseld zum siebzigsten Geburtstag. Suhrkamp, Frankfurt/Main 1994

Vesper, Bernward: Die Reise. Roman. März, Frankfurt/Main 1977

Waine, Anthony: Martin Walser. The development as Dramatist. Bouvier, Bonn 1978

Waine, Anthony: Martin Walser. Beck, München 1980

Walser, Alissa: Dies ist nicht meine ganze Geschichte. Rowohlt Verlag, Reinbek 1994

Walser, Johanna: Versuch, da zu sein. Prosa. S. Fischer, Frankfurt/Main 1998

Walther, Jens: Abstieg vom Zauberberg. Roman. Eichborn, Frankfurt/Main 1997

Walther, Joachim: Sicherungsbereich Literatur. Schriftsteller und Staatssicherheit in der Deutschen Demokratischen Republik. Ch. Links Verlag, Berlin 1996

Werner, Wolfgang: Vom Waisenhaus ins Zuchthaus. Suhrkamp, Frankfurt/Main 1969

Wiesel, Elie: Die Nacht zu begraben. Bechtle, München, Esslingen 1963

Zimmermann, Hans Dieter: Literaturbetrieb Ost/West. Die Spaltung der deutschen Literatur von 1948 bis 1998. W. Kohlhammer, Stuttgart 2000

Rezensionen und Essays über einzelne Werke Martin Walsers werden in den Anmerkungen bibliographiert.

ANMERKUNGEN

Vorwort

1 Gespräch mit Anton Kaes, *The German Quarterly* 3/1984, in: Auskunft, S. 157
2 Gespräch mit Daniel Lenz und Eric Pütz, *NDL* 1/1998, in: Wunschpotential, S. 135; MG, VIII, S. 492
3 Gespräch mit Sibylle Prantl, *Cosmopolitan* 10/1986, in: Auskunft, S. 200
4 Bra, V, S. 417
5 Die menschliche Wärmelehre, VdN, S. 160
6 ebd., S. 164
7 Frank Schirrmacher, Von Ruhm ohne Ehre. *F.A.Z.*, 17. Juni 1999
8 Aufgeschriebene Zeit, VdN, S. 128
9 Die menschliche Wärmelehre, VdN, S. 167

I Heimat. 1927–1945

1 Von Wasserburg an, VIII, S. 464
2 EsB, S. 44f., S. 59, Amerikareise, XI, S. 816
3 Im Gespräch mit Heinz D. Osterle, Osterle, 1987
4 Hans Magnus Enzensberger: Ein sanfter Wüterich. *Die Zeit*, September 1961, auch in: ders., Einzelheiten. edition suhrkamp, Frankfurt/Main 1962
5 Gespräch mit Karl-Josef Kuschel, *Publik Forum*, 19. April 1985, in: Auskunft, S. 169
6 Waine 1980, S. 37
7 Gespräch mit Karl-Josef Kuschel, *Publik Forum*, 19. April 1985, in: Auskunft, S. 170
8 EsB, S. 250
9 MR, S. 14
10 Bra, V, S. 407
11 EsB, S. 146
12 Gespräch mit Klaus Konjetzky, *Weimarer Beiträge* 7/1975, S. 73

13 Über freie und unfreie Rede, XI, S. 1048
14 Gespräch mit Karl-Josef Kuschel, *Publik Forum*, 19. April 1985, in: Auskunft, S. 170f.
15 vgl. dazu «Aus den Notizen betreffend G.», XI, S. 974ff.
16 Gespräch mit Daniel Lenz und Erich Pütz, *NDL* 1/1998, in: Wunschpotential, S. 131
17 So schildert es Walser 1998 im Gespräch mit Rudolf Augstein, *Spiegel* 45/1998
18 Gespräch mit Paul F. Reitze, *Die Welt*, 29./30. September 1986, in: Auskunft, S. 217
19 Gespräch mit Rudolf Augstein, *Spiegel* 45/1998
20 Über Deutschland reden, XI, S. 896
21 Gespräch mit Daniel Lenz und Erich Pütz, *NDL* 1/1998, in: Wunschpotential, S. 131
22 EsB, S. 253ff.
23 Gespräch mit Daniel Lenz und Erich Pütz, *NDL* 1/1998, in: Wunschpotential, S. 131
24 Reise ins Innere, XI, S. 1062
25 SH, IV, S. 279f.
26 Waine 1980, S. 8
27 ebd., S. 11
28 So erzählte es der Schulfreund Hans-Peter Schabert am 6. Mai 1997, anläßlich einer Lesung Martin Walsers in einer Erlanger Buchhandlung. Manuskriptabschrift: PSS
29 Über freie und unfreie Rede, XI, S. 1049
30 Über die neueste Stimmung im Westen, XI, S. 309
31 Waine 1980, S. 12
32 Über freie und unfreie Rede, XI, S. 1048
33 ebd.
34 Mein Schiller, XII, S. 379ff.
35 Hölderlin auf dem Dachboden, XII, S. 167f.
36 Müller 1992, S. 66
37 Gespräch mit Gudrun Boch, Radio Bremen, 24. März 2002
38 Aus dem Lebenslauf eines Lesers, XII, S. 691
39 EsB, S. 301
40 EsB, S. 305
41 EsB, S. 333f.
42 Gespräch mit Gudrun Boch, Radio Bremen, 24. März 2002
43 Ein unveröffentlichter Bericht Walsers über die frühen Kinoerfahrungen in PSS, Juni 1995
44 Gespräch mit Niklas Frank und Joachim Köhler, *Stern*, 12. März 1987, in: Auskunft, S. 251

45 Über freie und unfreie Rede, XI, S. 1048
46 Gespräch mit Wilhelm Johannes Schwarz, Schwarz 1971
47 Geburtstag einer Oase, XI, S. 1040
48 Gespräch mit Rudolf Augstein, *Spiegel* 45/1998
49 EsB, S. 338ff.
50 Waine 1980, S. 13
51 Gespräch mit Stephan Sattler, *Focus*, 27. November 1995, in: Wunsch-
    potential, S. 61
52 Gespräch mit Martin Hielscher, Wunschpotential, S. 172
53 Aus dem Lebenslauf eines Lesers, XII, S. 692f.

II Lehrjahre. 1946–1953

1   Gespräch mit Peter Roos. Peter Roos: Genius Loci, Pfullingen 1978, in:
    Auskunft, S. 49f.
2   Gespräch mit Rudolf Augstein, *Spiegel* 45/1998
3   Gespräch mit Peter Roos, a. a. O., in: Auskunft, S. 45ff.
4   Gespräch, *Die Welt*, 6. Oktober 1998
5   Gespräch mit Stephan Sattler, *Focus*, 17. März 1997, in: Wunschpoten-
    tial, S. 80
6   Ruth Klüger, weiter leben, S. 208
7   ebd., S. 212
8   Archivmaterial Martin Walser
9   Ruth Klüger, weiter leben, S. 212
10 Gespräch mit Stephan Sattler, *Focus*, 17. März 1997, in: Wunschpoten-
    tial, S. 80
11 Gespräch mit Gudrun Boch, Radio Bremen, 24. März 2002
12 Gespräch mit Peter Roos, a. a. O., in: Auskunft, S. 47
13 Gespräch mit Peter Roos, a. a. O., in: Auskunft, S. 46
14 ebd., S. 47
15 ebd., S. 68f.
16 ebd., S. 61
17 vgl. Das menschliche Ermessen. Sieben Versuche, VdN, S. 38
18 Die Stimmung, das Wissen, die Sprache, XII, S. 771
19 Textauszug in: Auskunft, S. 56
20 Katharina Adler, Der Neutöner, in: Josef Hoben (Hg.): He, Patron!,
    S. 7ff.
21 Der Rennfahrer, *Mainzer Allgemeine*, 22. Oktober 1949
22 Gespräch mit Peter Roos, a. a. O., in: Auskunft, S. 61
23 ebd., S. 59
24 Waine 1980, S. 15

25 Gespräch mit Peter Roos, a. a. O., in: Auskunft, S. 50
26 Geburtstag einer Oase, XI, S. 1042
27 ebd., S. 1041
28 Gespräch mit Klaus Siblewski, in: *Allmende* 15 (1995), Nr. 46/47, S. 241
29 Gespräch mit Peter Roos, a. a. O., in: Auskunft, S. 62
30 *Esslinger Zeitung*, 10. Februar 1950
31 *Kocher- und Jagstbote*, 3. Juli 1950
32 Gespräch mit Daniel Lenz und Eric Pütz, a. a. O., in: Wunschpotential, S. 134
33 Archivmaterial Martin Walser
34 epd Kirche und Rundfunk, 13. Februar 1950
35 Archivmaterial Martin Walser
36 Gespräch mit Monika Totten, *Basis* 10 (1980), in: Auskunft, S. 96
37 Gespräch mit Klaus Siblewski, in: *Allmende* 15 (1995), Nr. 46/47, S. 239–254
38 Gespräch mit Peter Roos, a. a. O., in: Auskunft, S. 52f.
39 ebd., S. 54
40 vgl. dazu das Gespräch von Peter Roos mit Siegfried Unseld, in: JUB, S. 1159
41 Wolfgang Weyrauch an Walter Jens, 29. Mai 1951, Rowohlt Verlagsarchiv
42 Gespräch mit Peter Roos, a. a. O., in: Auskunft, S. 64
43 Gespräch mit Martin Hielscher, in: Wunschpotential, S. 157
44 Gespräch mit Peter Roos, a. a. O., in: Auskunft, S. 53
45 Beschreibung einer Form, XII, S. 28
46 ebd., S. 61
47 ebd., S. 40
48 Gespräch mit Heinz Ludwig Arnold (1972), zitiert nach: Waine 1980, S. 18f.
49 Kafkas Stil und Sterben, XII, S. 732
50 Gespräch mit Peter Roos, a. a. O., in: Auskunft, S. 54
51 Kafka und kein Ende, *Die Literatur* 2, 1. April 1952
52 Beschreibung einer Form, XII, S. 9
53 Über Franz Kafka, «Briefe an Milena», Archivmaterial Martin Walser
54 Kafkas Stil und Sterben, XII, S. 735ff.
55 *Der Funkkurier* 16, 12.–18. April 1953

III Das kann ich besser. 1951–1955

1 Die Dummen, X, S. 12
2 Geburtstag einer Oase, XI, S. 1039
3 *Die Literatur*, 15. Mai 1952
4 *Der Funkkurier* 20, 19. April 1952
5 Gespräch mit Klaus Siblewski, in: *Allmende* 15 (1995), Nr. 46/47, S. 239–254
6 An Gottfried Benn, 9. Februar 1954, Gottfried Benn Nachlaß, DLA
7 Gespräch mit Klaus Siblewski, a. a. O.
8 Gespräch mit Gudrun Boch, Radio Bremen, 24. März 2002
9 *Der Funkkurier* 18, 27. April – 3. Mai 1952
10 Peter Adler: Streiten, lernen, schreiben – schöne Zeit, in: Josef Hoben (Hg.): He Patron!, S. 11
11 zitiert nach Waine 1980, S. 27f.
12 *Der Heimkehrer*, Januar 1953, S. 5
13 *Der Heimkehrer*, Mai 1954, S. 2
14 Peter Adler: Streiten, lernen, schreiben – schöne Zeit, a. a. O., S. 12
15 Waine 1980, S. 28
16 Hildesheimer-Archiv, AdK, Signatur 1068
17 zitiert nach Waine 1980, S. 36
18 an Arno Schmidt, 26. März 1952, ASS
19 an Arno Schmidt, 9. Mai 1952, ASS
20 Eine schriftliche Fassung des Funk-Porträts erschien 1953 in der Zeitschrift *Aufklärung*.
21 Arno Schmidt an Martin Walser, August 1952, ASS
22 Veröffentlicht in der *F.A.Z.*, 26. Oktober 2002, S. 37
23 Gespräch mit Sibylle Brantl, *Cosmopolitan* 10 (1986), in: Auskunft, S. 194
24 an Arno Schmidt, 16. Dezember 1952, ASS
25 Hans Werner Richter, Schmetterlinge, S. 250. Auch in: RiBr, S. 156
26 Gespräch mit Klaus Siblewski, in: *Allmende* 15 (1995), Nr. 46/47, S. 247f.
27 Gespräch mit Stephan Sattler, *Focus*, 17. März 1997, in: Wunschpotential, S. 80f.
28 Gespräch mit Anton Kaes, a. a. O., in: Auskunft, S. 142
29 Gespräch mit Gudrun Boch, Radio Bremen, 24. März 2002
30 Vor dem Schreiben, *Konturen* 1 (1952/53), Nr. 4, S. 1–4
31 Arno Schmidt an Martin Walser, 27. November 1953, ASS
32 Hans Werner Richter: Courage? *Die Literatur* 1 (1952), Nr. 1, 15. März 1952, S. 1
33 *Die Literatur* 1 (1952), Nr. 4, 1. Mai 1952, S. 6
34 Hans Werner Richter, Schmetterlinge, S. 256

35   an Arno Schmidt, 10. April 1953, ASS
36   Arno Schmidt an Martin Walser, 18. Mai 1953, ASS
37   an Hans Werner Richter, 5. April 1953, RiBr, S. 156
38   Hans Werner Richter, Schmetterlinge, S. 250
39   Ein Kapitel dieses unveröffentlichten Manuskripts ist abgedruckt in: Corino/Albertsen 1995, S. 306ff.
40   Karl Korn: Literarische Werkstattproben. Zur Tagung der Gruppe 47 in Mainz. *F.A.Z.*, 26. April 1953
41   HZ, II, S. 86
42   an Wolfgang Weyrauch, 9. Mai 1953, Archivmaterial Martin Walser
43   an Friedrich Podszus, 5. Juni 1953, Archivmaterial Martin Walser
44   Einseitige Erfahrungen für H. M. Ledig-Rowohlt, GS, S. 13
45   Peter Suhrkamp an Martin Walser, 2. Juli 1953, Archivmaterial Martin Walser
46   Siegfried Unseld an Martin Walser, 25. August 1953, Archivmaterial Martin Walser
47   an Siegfried Unseld, 28. August 1953, PSS
48   HZ, II, S. 358
49   Gespräch mit Moritz von Uslar, *Süddeutsche Zeitung, Magazin*, November 2003
50   an Siegfried Unseld, 28. August 1953, PSS
51   an Siegfried Unseld, 13. Juli 1954, PSS
52   an Arno Schmidt, 22. August 1953, ASS
53   an Arno Schmidt, 8. September 1953, ASS
54   in: Waine 1980, S. 38. Zu hören ist Walsers Einführung auf der Hörkassette: Martin Walser, Kantaten, aggressive Lieder und frühe Hörspiele, Edition Isele
55   «Draußen» ist nicht in die Werkausgabe aufgenommen. Es ist auf der Hörkassette «Kantaten» etc. zu finden.
56   *Mannheimer Morgen*, 13. November 1953
57   an Walter Höllerer, 5. Mai 1954, LSR
58   an Walter Höllerer, 18. Oktober 1954, LSR
59   *Frankfurter Hefte* 1954, S. 828ff.
60   Joachim Moras an Martin Walser, 17. März 1955, DLA
61   In Heft 1 des *Augenblick* erschien Walsers Erzählung «Gefahrenvoller Aufenthalt» unter dem Titel «Beschreibung meiner Lage»; in Heft 3 folgte die kleine Erzählung «Die großen Autos und ich».
62   Alfred Andersch an Martin Walser, 16. März 1955, Andersch-Nachlaß, DLA
63   So erinnert sich Fritz Eberhard, in: Waine 1980, S. 16
64   Gespräch mit Klaus Siblewski, in: *Allmende* 15 (1995), Nr. 46/47, S. 239–254

65 *Der Funkkurier* 24, 8.–14. Juni 1953
66 an Helmut Heißenbüttel, 7. Juni 1955, Heißenbüttel-Nachlaß, AdK

IV Erste Erfolge. 1954–1958

1   an Siegfried Unseld, 11. März 1954, PSS
2   an Siegfried Unseld, 13. Juli 1954, PSS
3   an Siegfried Unseld, 11. März 1954, PSS
4   Gespräch mit Donna L. Hoffmeister, Hoffmeister 1989, S. 169
5   vgl. Konstellationen, S. 184 und 193f.
6   an Siegfried Unseld, 23. Januar 1955, PSS
7   an Siegfried Unseld, 13. Juli 1954, PSS
8   an Siegfried Unseld, 23. Januar 1955, PSS
9   an Arno Schmidt, 23. November 1953, ASS
10 Arno Schmidt an Martin Walser, 27. November 1953, ASS
11 an Hans Werner Richter, 7. Dezember 1953, RiBr, S. 163
12 Hans Werner Richter, Schmetterlinge, S. 251f.
13 *Die Welt*, 21. Oktober 1953
14 Gespräch mit Anton Kaes, a. a. O., in: Auskunft, S. 142
15 Hans Werner Richter, Schmetterlinge, S. 251
16 *Der Kurier*, 16. Mai 1955
17 Peter Suhrkamp an Martin Walser, 16. Juni 1955, PSS
18 an Siegfried Unseld, 18. Juni 1955, PSS
19 Peter Suhrkamp an Martin Walser, 29. Juni 1955, PSS
20 an Peter Suhrkamp, 5. August 1955, PSS
21 an Peter Suhrkamp, 23. September 1955, PSS
22 an Siegfried Unseld, 23. August 1955, PSS
23 Gespräch mit Anton Kaes, a. a. O., in: Auskunft, S. 144
24 Arno Schmidt an Martin Walser, 1. Januar 1956, ASS
25 an Arno Schmidt, 3. Januar 1956, ASS
26 an Siegfried Unseld, 12. Oktober 1955, PSS
27 Peter Suhrkamp an Martin Walser, 18. Mai 1956, PSS
28 an Peter Suhrkamp, 22. Mai 1956, PSS
29 vgl. RiBr, S. 208
30 an Siegfried Unseld, 14. August 1956, PSS
31 Corinne Pulver, Karriere, S. 104f.
32 ebd., S. 162
33 Hans Magnus Enzensberger, Ein sanfter Wüterich, *Die Zeit*, September 1961
34 JUB, S. 1159
35 Corinne Pulver, Karriere, S. 183

36 an Siegfried Unseld, 15. Februar 1957, PSS
37 an Siegfried Unseld, 17. Januar 1957, PSS
38 Exposé zur Sendung, Manuskript, Archivmaterial Martin Walser
39 Sendeprotokoll, Archivmaterial Martin Walser
40 *Schlesische Rundschau*, 25. Februar 1957
41 *Ost-West-Kurier*, 23. Februar 1957
42 *Der Schlesier*, Nr. 8, Februar 1957
43 an Siegfried Unseld, 25. März 1957, PSS
44 an Joachim Moras, 8. April 1957, DLA
45 an Siegfried Unseld, o. D., PSS
46 an Siegfried Unseld, 27. April 1957, PSS
47 an Siegfried Unseld, 7. Mai 1957, PSS
48 SH, IV, S. 409f.
49 Gespräch mit Michael Hübl, *Badische Neueste Nachrichten*, 18. März
     1997, in: Wunschpotential, S. 90
50 Die *F.A.Z.* dokumentierte die Rede am 4. Juli 1957.
51 Der Schriftsteller und die Gesellschaft, XI, S. 8
52 an Siegfried Unseld, 23. Januar 1955, PSS
53 an Siegfried Unseld, 25. März 1956, PSS
54 EiP, I, S. 310
55 an Peter Suhrkamp, 27. August 1957, PSS
56 an Siegfried Unseld, o. D. [vermutlich 27. August 1957], PSS
57 Peter Suhrkamp an Martin Walser, 30. August 1957, PSS
58 Nachruf auf Peter Suhrkamp, XI, S. 16
59 an Siegfried Unseld, o. D. [September 1957], PSS
60 an Peter Suhrkamp, 14. Oktober 1957, PSS
61 Karl Korn, *F.A.Z.*, 5. Oktober 1957
62 Paul Hühnerfeld, *Die Zeit*, 19. Dezember 1957
63 ebd.
64 *Tagesspiegel*, 15. Dezember 1957
65 *Süddeutsche Zeitung*, 12. Dezember 1957
66 an Max Bense, o. D. [1958], Nachlaß Max Bense, DLA
67 an Siegfried Unseld, o. D. [September 1957], PSS
68 so im Brief an Siegfried Unseld, o. D. [September 1957], PSS
69 Imitation oder Realismus, XI, S. 142
70 EiP, I, S. 8
71 an Siegfried Unseld, 1. Oktober 1958, PSS
72 an Siegfried Unseld, 4. Dezember 1957, PSS
73 Bögeholz, Chronik, S. 228

ANMERKUNGEN 617

V Halbzeit. 1957–1960

1 Leseerfahrungen mit Marcel Proust, XII, S. 151
2 ebd., S. 166
3 Deutsche Gedanken über französisches Glück, ZuG, S. 88
4 Leseerfahrungen mit Marcel Proust, XI, S. 153
5 Nossack, Tagebücher, S. 441
6 in: Stephan Reinhardt, Alfred Andersch, S. 265
7 an Siegfried Unseld, 28. Oktober 1957, PSS
8 an Siegfried Unseld, 26. Mai 1957, PSS
9 an Walter Höllerer, 4. Dezember 1957, LSR
10 in: «Dichten und Trachten», 1958, Folge 11, S. 91
11 Siegfried Unseld an Martin Walser, 7. Dezember 1957, PSS
12 Gespräch mit Michael P. Olson, *New German Review* 4, 1988, in: Auskunft, S. 237
13 an Siegfried Unseld, 17. Juli 1958, PSS
14 Die Amerikareise, XI, S. 838
15 ebd., XI, S. 829f.
16 Gespräch mit Martin Hielscher, in: Wunschpotential, S. 172
17 EH, III, S. 116
18 Wernher van Braun an Martin Walser, 8. August 1958, Archivmaterial Martin Walser
19 Gespräch mit Monika Totten, a. a. O., in: Auskunft, S. 99
20 Von der Reise zurück, XI, S. 11, und Amerikareise, XI, S. 838
21 an Siegfried Unseld, 6. Oktober 1958, PSS
22 an Siegfried Unseld, o. D. [November 1958], PSS
23 an Joachim Moras, 24. Dezember 1958, DLA
24 an Siegfried Unseld, o. D. [November 1958], PSS
25 Gespräch mit Sven Michaelsen und Michael Stoessinger, *Stern*, 6. März 1997, in: Wunschpotential, S. 99
26 an Siegfried Unseld, 17. Juli 1958, PSS
27 an Siegfried Unseld, 27. November 1959, PSS
28 EiP, I, S. 240ff.
29 EH, II, S. 338ff.
30 SH, IV, S. 248
31 MR, S. 172
32 an Siegfried Unseld, 2. Mai 1959, PSS
33 an Siegfried Unseld, 8. Juli 1959, PSS
34 an Hans Werner Richter, 15. Oktober 1959, RiBr, S. 295
35 an Siegfried Unseld, o. D. [Mai/Juni 1959], PSS
36 an Uwe Johnson, 2. Mai 1962, JoA
37 an Siegfried Unseld, 23. November 1959, PSS

38 Günter Grass, Ohrenbeichte, Brief an ein unbeschriebenes Blatt, in: *Sprache im technischen Zeitalter*, Februar 1962

39 Mit Marx- und Engelszungen, *Süddeutsche Zeitung*, 26./27. September 1957

40 Das Prinzip Hoffnung. Über Natur, Tod und Religion bei Ernst Bloch. BR, 8. Juli 1960

41 Gespräch mit Detlef Berentzen, *Tagesspiegel*, 4. Mai 1993

42 an Walter Boehlich, 28. Juli 1959, PSS

43 an Walter Boehlich, 4. August 1959, PSS

44 an Joachim Moras, 26. Dezember 1959, DLA

45 HZ, II, S. 60

46 HZ, II, S. 153

47 HZ, II, S. 620

48 etwa von Jost Nolte in der *Welt*, 15. Oktober 1960

49 an Siegfried Unseld, 13. Januar 1960, PSS

50 so Walser im Gespräch mit Martin Krumbholz, *taz*, 11. September 1993

51 Siegfried Unseld an Martin Walser, 28. September 1960, PSS

52 an Siegfried Unseld, 2. Oktober 1960, PSS

53 Gespräch mit Paul F. Reitze, *Die Welt*, 29./30. September 1986, in: Auskunft, S. 213

54 Friedrich Sieburg, Toter Elefant auf einem Handkarren, *F.A.Z.*, 3. Dezember 1960, in: Beckermann 1970, S. 33ff.

55 Marcel Reich-Ranicki, Martin Walser, S. 31

56 Wilfried Berghahn, Sehnsucht nach Widerstand, *Frankfurter Hefte*, Februar 1961, in: Beckermann 1970, S. 49

57 Rudolf Hartung, Schaum in der Klarsicht-Tube, *Der Monat*, 1960, Heft 147, S. 65ff.

58 HZ, II, S. 80f., S. 573ff.

59 an Siegfried Unseld, 25. März 1957, PSS

60 SH, IV, S. 401

61 Peter Hamm: Auf der Suche nach der verlorenen Halbzeit, in: *Das Schönste* 8/1962, S. 60

VI Theater und Politik. 1960–1964

1 an Max Frisch, o. D. [etwa 1. November 1960], DLA

2 an Hans Werner Richter, o. D. [Oktober 1960], RiBr, S. 320

3 Hans Werner Richter an Martin Walser, 23. Oktober 1960, ebd.

4 Siegfried Unseld an Uwe Johnson, 7. März 1961, JUB, S. 120

5 zitiert nach Bögeholz, Chronik, S. 259

6   Günter Grass: Wer könnte uns das Wasser reichen?, in: Werke Band 14, S. 33ff.

7   vgl. Josef W. Janker, Meine Freunde die Kollegen, S. 184ff.

8   vgl. RiBr, S. 344

9   ebd.

10 Fritz J. Raddatz, Unruhestifter, S. 233

11 Gespräch mit Ludwig Mennel, *Literatur Revue*, September/Oktober 1962

12 Das Fremdwort der Saison, XI, S. 27

13 *konkret* 7 (1961), Nr. 17, S. 8

14 Gespräch mit Ludwig Mennel, *Literatur Revue*, September/Oktober 1962

15 Gespräch mit Rudolf Augstein, *Spiegel* 45/1998. Auch in *Spiegel* 46/2002

16 *konkret* 7 (1961), Nr. 17, S. 8

17 Schriftsteller wenden sich an die UNO. *Süddeutsche Zeitung*, 27. September 1961

18 vgl. Bögeholz, Chronik, S. 264ff.

19 Was Schriftsteller tun können. *Süddeutsche Zeitung*, 26. August 1961

20 an Stephan Hermlin, 19. September 1961, in: Briefe an Hermlin, hg. von Silvia Schlenstedt, S. 79f.

21 ZuG, S. 21ff.

22 Ein deutsches Mosaik, XI, S. 62ff.

23 *Comentarii*, 3/1964, S. 14

24 Vom erwarteten Theater, XI, S. 48

25 Internationale der Überlebenden, *Die Zeit*, 10. August 1962, S. 9

26 Gespräch mit Horst Bienek, 1962, in: Auskunft, S. 18

27 Gespräch mit Ludwig Mennel, *Literatur Revue*, September/Oktober 1962

28 an Siegfried Unseld, 13. Januar 1962, SVA

29 an Siegfried Unseld, 11. Februar 1961, SVA

30 an Siegfried Unseld, 24. Juni 1961, SVA

31 Gespräch mit Ludwig Mennel, *Literatur Revue*, September/Oktober 1962

32 Martin Walser im Programmheft des Schillertheaters zur Uraufführung von «Eiche und Angora», 23. September 1962, in: Beckermann 1970, S. 100

33 Vom erwarteten Theater, XI, S. 46

34 *Stuttgarter Zeitung*, 25. September 1962, in: Beckermann 1970, S. 97

35 so Johannes Jacobi in der *Zeit*, 5. Oktober 1962, ebd., S. 103

36 an Siegfried Unseld, 18. Juli 1962, SVA

37 an Siegfried Unseld, o. D. [September 1962], SVA
38 Uwe Johnson an Martin Walser, 4. August 1962, JoA
39 an Uwe Johnson, 6. September 1962, JoA
40 Uwe Johnson an Siegfried Unseld, 29. September 1962, JUB, S. 238
41 vgl. Kleine Geschichte der edition suhrkamp, S. 17ff.
42 an Siegfried Unseld, 6. Oktober 1962, SVA
43 an Siegfried Unseld, o. D. [Dezember 1964], SVA
44 an Siegfried Unseld, 20. November 1962, SVA
45 an Siegfried Unseld, o. D. [Juni/Juli 1963], SVA
46 Uwe Johnson an Siegfried Unseld, 10. Dezember 1962, JUB, S. 237
47 zitiert nach: Die Katze Erinnerung, S. 127
48 Uwe Johnson an Martin Walser, 3. November 1961, JoA
49 an Uwe Johnson, 9. November 1962, JoA
50 Ja und Aber, XI, S. 50
51 Notstandsgesetze? Nein. Flugblatt von *konkret*, November 1962
52 an Uwe Johnson, 18. Dezember 1962, JoA
53 Josef W. Janker, Meine Freunde die Kollegen, S. 119
54 an Siegfried Unseld, 3. November 1962, SVA
55 an Siegfried Unseld, 9. Mai 1963, SVA
56 Ein Versuch des Autors, den Verleger zu loben, XI, S. 791
57 Siegfried Unseld an Martin Walser, 10. Januar 1963, SVA
58 ebd.
59 Thomas Beckermann, Epilog auf eine Romanform, in: Siblewski 1981, S. 102
60 an Uwe Johnson, 5. Mai 1972, JoA
61 an Uwe Johnson, 30. September 1963, JoA
62 Uwe Johnson an Martin Walser, 7. Oktober 1963, JoA
63 an Siegfried Unseld, 13. August 1963, SVA
64 Siegfried Unseld an Martin Walser, 14. August 1963, SVA
65 *F.A.Z.*, 2. Dezember 1963, in: Beckermann 1970, S. 108
66 *Theater heute*, April 1964, in: Beckermann 1970, S. 115f.
67 Hans Erich Nossack, Tagebücher, S. 678f.
68 an Karlheinz Braun, 7. September 1964, SVA
69 an Uwe Johnson, 18. Januar 1964, JoA
70 an Siegfried Unseld, o. D., SVA
71 an Max Frisch, o. D. [Anfang 1964], MFA
72 an Max Frisch, 4. Februar 1964, MFA
73 an Max Frisch, o. D. [Anfang 1964], MFA
74 an Karl Markus Michel, 24. Januar 1964, SVA
75 Max Frisch an Martin Walser, 9. Februar 1964, MFA
76 an Max Frisch, o. D. [Anfang 1964], MFA
77 Max Frisch an Martin Walser, 9. Februar 1964, MFA

78   zitiert nach Peter Michalzik, Unseld, S. 145

79   Max Frisch an Martin Walser, 19. April 1964, MFA

80   an Max Frisch, 23. April 1964, MFA

81   ebd.

82   Max Frisch an Martin Walser, 12. September 1964, MFA

VII Von Auschwitz bis Vietnam. 1963–1966

1   an Uwe Johnson, 16. Dezember 1963, JoA

2   Alleinstehender Dichter, XII, S. 183ff.

3   an Uwe Johnson, 28. Juli 1963, JoA

4   Brief an einen ganz jungen Autor, *Die Zeit*, 13. April 1962, XI, S. 33

5   ebd., S. 38

6   Hans Werner Richter an Marcel Reich-Ranicki, 5. Oktober 1961, RiBr, S. 370

7   an Hans Werner Richter, 26. September 1961, RiBr, S. 369

8   ebd., S. 378

9   Hans Werner Richter, Schmetterlinge, S. 252f.

10   an Hans Werner Richter, o. D., RiBr, S. 464

11   Hans Werner Richter an Martin Walser, 5. September 1963, RiBr, S. 475

12   Hellmuth Karasek, Auf der Flucht, S. 376

13   Sozialisieren wir die Gruppe 47!, *Die Zeit*, 3. Juli 1964. XI, S. 144

14   Hans Habe, Heftige Sätze, *Weltwoche*, 19. Juni 1964

15   Hans Werner Richter an Christian Mayer-Amery, 9. Juli 1964, RiBr, S. 507

16   Sozialisieren wir die Gruppe 47!, XI, S. 147

17   Gespräch mit Michael P. Olson, *New German Review* 4/1988, in: Auskunft, S. 240

18   Hans Werner Richter, Schmetterlinge, S. 254f.

19   Hans Werner Richter an Gustav Korlén, 19. Oktober 1964, RiBr, S. 533

20   Hans Werner Richter, Schmetterlinge, S. 256

21   an Hans Werner Richter, 27. September 1965, RiBr, S. 575

22   *Der Abend*, 9. Juli 1964

23   Bericht in *Hannoversche Allgemeine Zeitung*, 17. März 1964

24   Bögeholz, Chronik, S. 300

25   Vorwort zu Elie Wiesel, Die Nacht zu begraben, München, Esslingen, 1963

26   Unser Auschwitz, XI, S. 159

27   ebd., S. 162f.

28 Ruth Klüger, weiter leben, S. 215
29 Unser Auschwitz, XI, S. 167f.
30 ebd., XI, S. 168
31 an Fritz J. Raddatz, 21. Februar 1963, Piscator-Nachlaß, AdK
32 Unser Auschwitz, XI, S. 160
33 Gespräch mit Thomas Steinfeld, *F.A.Z.*, 29. Januar 2000
34 vgl. Beckermann 1970, S. 127
35 Hamlet als Autor, XI, S. 108ff.
36 Hellmuth Karasek, Martin Walser als Dramatiker, *Die Zeit*, 23. Oktober 1964
37 an Siegfried Unseld, o. D. [Ende August 1964], SVA
38 an Uwe Johnson, 2. Mai 1964, JoA
39 Uwe Johnson an Martin Walser, 16. Juni 1964, JoA
40 an Uwe Johnson, 20. Juni 1964, JoA
41 Uwe Johnson an Käthe Walser, 22. Oktober 1964, JoA
42 Ernst Wendt, Die realistische Fiktion, *Theater heute*, November 1964, in: Beckermann 1970, S. 123
43 Joachim Kaiser, Da ist nichts zu begreifen, *Süddeutsche Zeitung*, 19. Oktober 1964, in: Beckermann 1970, S. 129
44 Siegfried Unseld an Martin Walser, 19. Oktober 1964, SVA
45 Gespräch mit Wilhelm Johannes Schwarz, in: Schwarz 1971, S. 74
46 Johannes Bobrowski, Gesammelte Werke Bd. 1, Gedichte, S. 246
47 zitiert nach Bögeholz, Chronik, S. 322
48 zitiert nach Richter, Briefe, S. 570
49 *Die Andere Zeitung*, 5. Januar 1967
50 so der Titel seines Artikels in der Zeitschrift *Elan*, September 1965, XI, S. 173ff.
51 Gespräch mit Klaus Siblewski, *Allmende* 15 (1995), Nr. 46/47, S. 252f.
52 Gespräch mit Monika Totten, a. a. O., in: Auskunft, S. 105
53 Frieder Hitzer, Rückblick und Perspektive: Im 2. Jahrzehnt, *kürbiskern* 4/1975, S. 11
54 vgl. Peter Michalzik, Unseld, S. 146f., und Jörg Lau, Enzensberger, S. 210f.
55 Uwe Johnson an Martin Walser, 17. Januar 1966, v
56 an Uwe Johnson, 19. Januar 1966, JoA
57 an Siegfried Unseld, 27. Juli 1965, SVA
58 Uwe Johnson an Siegfried Unseld, 27. August 1965, JUB, S. 401
59 an Walter Boehlich, 30. September 1965, SVA
60 Brief Anselm Kristleins an seinen Verleger, III, S. 439
61 an Günter de Bruyn, 8. März 1965, DLA. Vgl. auch Günter de Bruyn, Vierzig Jahre, S. 111
62 an Uwe Johnson, 26. Dezember 1965, JoA

63 an Walter Ulbricht, 25. Januar 1966, Alfred Kurella-Archiv, AdK, Signatur 2267

64 Siegfried Wagner an Martin Walser, 16. Februar 1966, Peter Weiss-Archiv, AdK, Signatur 1626

65 Archiv des Schriftstellerverbandes, AdK, Signatur 521

66 Josef W. Janker, Meine Freunde die Kollegen, S. 116

67 Siegfried Unseld an Martin Walser, 28. Februar 1966, SVA

68 an Uwe Johnson, 24. Juni 1966, JoA

69 an Walter Boehlich, o. D. [August 1966], SVA

70 Reinhard Baumgart, Damals, S. 250

VIII Proteste. 1966–1968

1 Gespräch mit Heinz Saueressig, *Schwäbische Zeitung*, 14. Juni 1966

2 Prosa 66. Autoren über ihre Bücher. Donnerstag, 1. Dezember 1966, Deutschlandfunk

3 Gespräch mit Heinz Saueressig, *Schwäbische Zeitung*, 14. Juni 1966

4 Freiübungen, XI, S. 82

5 Marcel Reich-Ranicki, Keine Wörter für Liebe, in: Reich-Ranicki, Martin Walser, S. 45ff.

6 Urs Jenny, *Die Weltwoche*, 2. September 1966

7 Uwe Johnson an Martin Walser, 25. Juli 1966, JoA

8 an Uwe Johnson, 27. Juli 1966, JoA

9 Uwe Johnson an Siegfried Unseld, 28. Juli 1966, JUB, S. 443

10 zitiert nach Bernd Neumann, Uwe Johnson, S. 589

11 an Uwe Johnson, 18. September 1966, JoA

12 Hellmuth Karasek, Karambolagen, S. 85f.

13 Praktiker, Weltfremde und Vietnam, XI, S. 185

14 ebd., S. 179ff.

15 ebd., S. 184

16 Peter Hornung, Walsers Vietnam-Protest, *Allgemeine Sonntagszeitung*, 9. Oktober 1966

17 an Uwe Johnson, 20. April 1967, JoA

18 Uwe Johnson an Martin Walser, 17. Mai 1967, JoA

19 Warum wählen wir noch?, XI, S. 211ff.

20 Siegfried Unseld an Uwe Johnson, 18. Mai 1967, JUB, S. 490

21 an Siegfried Unseld, 22. März 1967, SVA

22 Albert Vigoleis Thelen an Georg Olms, 22. März 1967, in: *Spiegel* 40/2003

23 Engagement als Pflichtfach für Schriftsteller, XI, S. 190

24 EH, III, S. 86

25 A. Kirchheim (d. i. Hans Schwab-Felisch), Politik und Dichtung in der Pulvermühle, *Vorwärts*, 19. Oktober 1967. Zitiert nach Dichter und Richter, S. 310

26 Gespräch mit Michael P. Olson, a. a. O., in: Auskunft, S. 240

27 *Spiegel*, 16. Oktober 1967, in: Richter, Briefe, S. 693

28 vgl. RiBr, S. 659f.

29 Marcel Reich-Ranicki, Mein Leben, S. 464f.

30 Hans Werner Richter, Schmetterlinge, S. 258

31 an Uwe Johnson, 21. Dezember 1960, JoA

32 Reinhard Baumgart, Damals, S. 249

33 Engagement als Pflichtfach für Autoren, 1. Nachschrift, XI, S. 204. Vgl. zur *Spiegel*-Umfrage auch Jörg Lau, Enzensberger, S. 233f.

34 *kürbiskern* 4, Oktober 1967, S. 91f.

35 Wir werden schon noch handeln, IX, S. 377

36 an Hans Bender, 9. Juli 1968, LSR

37 Allgemeine Schmerzschleuder, ZuG, S. 46

38 «Beitrag zur atomaren Hi...», *Spiegel*, 18. März 1968, XI, S. 275f.

39 zitiert nach: Protest!, S. 380ff.

40 Gespräch mit Martin Krumbholz, *taz*, 11. September 1993

41 *Der Literat* 9/1967, S. 151f.

42 Eine Wirkung Fritz Kortners, *Stuttgarter Zeitung*, 11. Mai 1967, in: ZuG, S. 31

43 an Fritz Kortner, 24. Juli 1967, AdK, Kortner-Archiv, Signatur 524

44 Gespräch mit Willi Winckler, *Süddeutsche Zeitung*, 19./20. September 1998

45 Gespräch mit Rolf Becker und Hellmuth Karasek, *Spiegel* 41/1990, in: Auskunft, S. 264

46 *kürbiskern* 4/1967, S. 92

47 Stephan Hermlin an Hans Werner Richter, 20. August 1968, RiBr, S. 680

48 Hans Werner Richter an Walter Jens, 12. Oktober 1968, ebd., S. 687

49 an Hans Werner Richter, o. D. [31. Dezember 1968], ebd., S. 693

50 Siegfried Unseld an Martin Walser, 23. August 1968, SVA

51 nachgedruckt in *NDL* 16 (1968), Nr. 12, S. 180–184

52 GzF, Spruch 55

53 GzF, Spruch 51

54 *Stuttgarter Zeitung*, 23. September 1968, in: Protest!, S. 300f.

55 Hans Erich Nossack, Tagebücher, S. 948f.

56 Protest!, S. 305

57 vgl. Peter Michalzik, Unseld, S. 180

58 Hans Erich Nossack, Tagebücher, S. 952

59 Peter Michalzik, Unseld, S. 180

60 JUB, S. 523
61 an Siegfried Unseld, 4. Januar 1969, SVA
62 Gespräch mit Johannes Schwarz, Schwarz 1971, S. 68
63 an Siegfried Unseld, 5. Februar 1971, SVA
64 an Siegfried Unseld, 27. März 1968, SVA
65 an Siegfried Unseld, 1. Juni 1968, SVA
66 Siegfried Unseld an Martin Walser, 1. April 1968
67 Gespräch mit Anton Kaes, a. a. O., in: Auskunft, S. 140
68 Berichte aus der Klassengesellschaft, XI, S. 279
69 Vom Waisenhaus ins Zuchthaus. Ein Nachwort, XII, S. 322ff.

IX Kommunisten. 1969–1972

1   Zur neuen Taktik der US-Regierung, XI, 330
2   Uwe Johnson an Martin Walser, 19. Juli 1969, JoA
3   Uwe Johnson an Martin Walser, 9. September 1969, JoA
4   Uwe Johnson an Martin Walser, 3. Oktober 1969, JoA
5   Joseph Breitbach an Martin Walser, 25. Juli 1969, DLA
6   Gespräch mit Wilhelm Johannes Schwarz, Schwarz 1971, S. 77
7   Rede an eine Mehrheit, XI, S. 316ff.
8   *Pardon*, September 1969
9   Siegfried Unseld an Martin Walser, 9. September 1969, SVA
10 Jürgen Lodemann, Ruhr-Reportage, ohne Kommentar, in: Josef Hoben (Hg.), He Patron!, S. 131f.
11 suhrkamp information, 1. Heft, 1970
12 Hölderlin zu entsprechen, XII, S. 226
13 MG, VIII, 525
14 ebd., S. 237
15 ebd.
16 Über die neueste Stimmung im Westen, XI, S. 306
17 Bernward Vesper, Die Reise, S. 102
18 Protest!, S. 396
19 an Siegfried Unseld, 8. Mai 1970, SVA
20 Siegfried Unseld an Martin Walser, 13. Mai 1970, SVA
21 an Uwe Johnson, 16. Mai 1970, JoA
22 Uwe Johnson an Martin Walser, 20. Mai 1970, JoA
23 Protokoll PFH
24 Günter Grass an Martin Walser, 23. November 1970, Grass-Archiv, AdK, Signatur 4668–4671
25 Protokoll der Sitzung vom 31. Januar 1970 im DGB-Haus München, PFH

26 Protest!, S. 394

27 Reinhard Baumgart, Damals, S. 289f.

28 Gespräch mit Wilhelm Johannes Schwarz, Schwarz 1971, S. 68

29 Siegfried Unseld an Martin Walser, April 1971, SVA

30 an Uwe Johnson, 28. Dezember 1970, JoA

31 Uwe Johnson an Martin Walser, 6. Januar 1971, JoA

32 Januar 1970, SVA

33 an Peter Weiss, 29. Dezember 1970, Peter Weiss-Archiv, AdK, Signatur 1335

34 Peter Weiss an Martin Walser, 7. Januar 1971, ebd.

35 an Peter Weiss, 1. September 1971, ebd.

36 an Siegfried Unseld, April 1971, SVA

37 Reinhard Baumgart, Konfekt mit roten Schleifchen, *Süddeutsche Zeitung*, 24./25. April 1971

38 an Uwe Johnson, 28. April 1971, JoA

39 ebd.

40 ebd.

41 Thomas Beckermann an Carl O. Abrell, 25. Mai 1971, SVA

42 EH, III, S. 210

43 an Siegfried Unseld, 9. Juni 1971, SVA

44 Thomas Beckermann an Martin Walser, 13. Oktober 1971, SVA

45 Günter Grass, Abschußlisten, *Süddeutsche Zeitung*, 30. April 1971, in: ders., Werke 15, S. 121

46 Deutsche Schußrichtungen. Zur Entlassung Heinar Kipphardts, *Die Zeit*, 28. Mai 1971, XI, S. 368ff.

47 *Nürnberger Nachrichten*, 14. Juni 1971, vgl. GzF, Nr. 35

48 Gespräch mit Rolf Becker und Hellmuth Karasek, *Spiegel* 41/1990, in: Auskunft, S. 263

49 Gespräch mit Monika Totten, a. a. O., in: Auskunft, S. 99

50 Gespräch mit Rolf Becker und Hellmuth Karasek, a. a. O., in: Auskunft, S. 264

51 an Siegfried Unseld, 5. Juni 1971, SVA

52 Hermann Kant, Abspann, S. 187

53 Notiz Uwe Johnson, 17. August 1971, JoA

54 *Darmstädter Echo*, 7. August 1971

55 ebd.

56 Wie es ist und worauf es ankommt, XI, S. 377f.

57 ebd., S. 380

58 Heimatbedingungen, XI, S. 384f.

59 Worin die Studenten irrten. Hans G. Helms' Untersuchung über Marxismus und Bundesrepublik, *Süddeutsche Zeitung*, 13. Mai 1970

60 Gespräch mit Anton Kaes, *The German Quarterly* 3/1984, in: Auskunft, S. 151
61 Wie geht es Ihnen, Juri Trifonow, XI, S. 521
62 an Thomas Beckermann, 30. Oktober 1971, SVA
63 GK, VIII, S. 420
64 an Siegfried Unseld, o. D. [September 1971], SVA
65 GK, VIII, 421
66 Uwe Johnson an Martin Walser, 13. März 1972, JoA
67 GK, VIII, 404
68 Max Frisch an Martin Walser, 21. Juni 1972, MFA
69 an Max Frisch, 23. Juni 1972

X   Lösungen. 1971–1975

1   Siegfried Unseld an Martin Walser, 26. Oktober 1971, SVA
2   an Siegfried Unseld, o. D. [Oktober 1971], SVA
3   GzF, Strophe 33
4   Siegfried Unseld an Martin Walser, 26. Oktober 1971, SVA
5   an Siegfried Unseld, 30. Oktober 1971, SVA
6   Uwe Johnson an Martin Walser, o. D. [Oktober 1971], JoA
7   GzF, Strophe 10
8   Wahlgedanken, XI, S. 426ff.
9   an Siegfried Unseld, 23. Oktober 1972, SVA
10 an Frieder Hitzer, 1. Oktober 1972, in: Protest!, S. 393
11 an Siegfried Unseld, 5. Juni 1972, SVA
12 Siegfried Unseld an Martin Walser, 13. Juni 1972, SVA
13 an Siegfried Unseld, 18. Juli 1972, SVA
14 ebd.
15 ebd.
16 Uwe Johnson an Siegfried Unseld, 22. Juli 1972, JUB, S. 749ff.
17 Heimatbedingungen, XI, S. 390
18 Uwe Johnson an Martin Walser, 10. März 1972, JoA
19 Uwe Johnson, 12seitiges Typoskript, o. D., JoA
20 an Uwe Johnson, 23. April 1974, JoA
21 Uwe Johnson an Martin Walser, 8. Mai 1974, JoA
22 an Siegfried Unseld, 21. August 1974
23 an Siegfried Unseld, 19. September 1974
24 o. D. [1. April 1974], SVA
25 Siegfried Unseld an Uwe Johnson, 28. Januar 1974, JUB, S. 815
26 an Elisabeth Johnson, 17. Oktober 1974, JoA

27 Variationen eines Würgegriffs: Bericht über Trinidad und Tobago, XI, S. 444ff.

28 Uwe Johnson, Notizblatt, o. D., JoA

29 Zitiert nach Sven Hanuschek, Elias Canetti, S. 568f.

30 Klappentextentwurf, SVA

31 Gespräch mit Herlinde Koelbl, Koelbl 1997, S. 92

32 an Walter Jens, Jens-Archiv, AdK

33 an Siegfried Unseld, 11. Juli 1973, SVA

34 an Uwe Johnson, 25. März 1973, JoA

35 veröffentlicht als Sonderdruck zu *Text + Kritik*, Heft 41/42, «Martin Walser»

36 Gespräch mit Moritz von Uslar, *Süddeutsche Zeitung*, Magazin, November 2003

37 Siegfried Unseld an Martin Walser, 22. [?] September 1973, SVA

38 an Siegfried Unseld, 28. September 1973, SVA

39 ebd.

40 an Siegfried Unseld, 12. Dezember 1973, SVA

41 Versuch, ein Gefühl zu verstehen, *Tintenfisch* 1975, S. 29

42 GzF, Strophe 52

43 vgl. Sturz, III, S. 593ff.

44 Hinweis auf einen alten Hut, XI, S. 494ff.

45 Uwe Johnson an Alexander Solschenizyn, 13. Februar 1974, JoA

46 *Süddeutsche Zeitung*, 15. Februar 1974

47 *Frankfurter Rundschau*, 14. Februar 1974

48 Günter Grass an Martin Walser, 5. September 1975, Grass-Archiv, AdK, Signatur 4668–4671

49 Treten Sie zurück, Erich Honecker!, *Spiegel*, 13. Mai 1974, XI, S. 516ff.

50 *Süddeutsche Zeitung*, 14. Mai 1974

51 Über die Architektur einer Moral, XI, S. 508ff.

52 an Walter Jens, 18. Februar 1975, AdK, Jens-Archiv

53 Wie geht es Ihnen, Juri Trifonow, XI, S. 529

54 Gespräch mit Randolff Retzlaff, *die tat*, 9. Januar 1976, in: Martin Walser, Das Sauspiel, S. 409

55 ebd., S. 414

56 *Die Zeit*, 26. Dezember 1975, in: Martin Walser, Das Sauspiel, S. 421

57 *konkret*, Februar 1976, in: Martin Walser, Das Sauspiel, S. 434

58 Altmodischer Galilei, *Suhrkamp Literatur Zeitung*, Nr. 1/1975, S. 2

XI Einsilber. 1976–1981

1 Gespräch mit Peter Zeindler, *Basler Magazin*, 9. Mai 1981, in: Auskunft, S. 129

2 Gespräch mit Monika Totten, a. a. O., in: Auskunft, S. 111

3 Gespräch mit Peter Zeindler, a. a. O., in: Auskunft, S. 128

4 ebd., S. 129

5 an Alfred Andersch, 17. März 1976, DLA

6 an Siegfried Unseld, 14. März 1976, SVA

7 Siegfried Unseld an Martin Walser, 22. März 1976, SVA

8 Marcel Reich-Ranicki, Jenseits der Literatur, *F.A.Z.*, 27. März 1976, in: ders., Martin Walser, S. 69ff.

9 ebd.

10 an Marcel Reich-Ranicki, 13. August 1975, in: Jochen Hieber (Hg.), Lieber Marcel, S. 407

11 Gerhard Zwerenz an Martin Walser, 27. März 1976, Archivmaterial Martin Walser

12 Uwe Johnson an Marcel Reich-Ranicki, 10. Mai 1976, JoA

13 Wer oder was leistet Seelenarbeit? Unveröffentlichtes Typoskript, o. D., Archivmaterial Martin Walser

14 ebd.

15 an Siegfried Unseld, 16. August 1978

16 Gespräch mit Paul F. Reitze, *Die Welt*, 29./30. September 1986, in: Auskunft, S. 206

17 Gespräch mit Ulf Erdmann Ziegler, *taz*, 30. September 1985, in: Auskunft, S. 164

18 Über Päpste, XI, S. 548

19 ebd.

20 Bekenntnisse eines Touristen, XI, S. 583

21 an Siegfried Unseld, 31. Juli 1977, SVA

22 an Siegfried Unseld, 25. August 1977, SVA

23 Gespräch mit Michael André, *Düsseldorfer Nachrichten*, 3. Mai 1978

24 in: Peter Patzak, Filme, S. 84

25 Siegfried Unseld an Martin Walser, 7. November 1977, SVA

26 An die Sozialdemokratische Partei Deutschlands, XI, S. 560ff.

27 ebd.

28 *Südkurier*, 15. November 1977

29 Annemaries Geschichte, VIII, S. 245ff.

30 Marcel Reich-Ranicki, Walsers Glanzstück, *F.A.Z.*, 24. Januar 1978, in: Reich-Ranicki, Martin Walser, S. 79

31 Marcel Reich-Ranicki, Martin Walsers Rückkehr zu sich selbst, *F.A.Z.*, 4. März 1978, in: ebd., S. 90

32 ebd., S. 84

33 ebd., S. 91

34 zitiert nach: Dieter Bachmann, Die Lebensbitterkeit erträglich machen, *Weltwoche*, 15. März 1978

35 ebd.

36 an Marcel Reich-Ranicki, 2. Juni 1985, in: Jochen Hieber (Hg.), Lieber Marcel, S. 409

37 Selbstporträt als Kriminalroman, VIII, 284ff.

38 Marcel Reich-Ranicki, Deutsche Erzähler, in: *F.A.Z.*, 18. Oktober 2003

39 Matthias Spranger, Mein Gott Walser – eine Verlegenheitsnummer, in: Josef Hoben (Hg.), He Patron!, S. 185

40 vgl. Podiumsgespräch über Heimat, *Allmende* 17 (1997), Nr. 54/55, S. 22–53

41 Zweierlei Füß. Über Hochdeutsch und Dialekt, XI, S. 572

42 André Ficus, Ich fand ihn «mögig», in: Josef Hoben (Hg.), He Patron!, S. 50

43 Über den Unerbittlichkeitsstil, XII, S. 301

44 Naturnotiz, VIII, S. 455

45 Hermann Kinder, He Patron!, in: *Allmende* (1987), Nr. 16/17, S. 8ff.

46 Walter Kappacher, Der Blick, die Sätze, in: Josef Hoben (Hg.), He Patron!, S. 96

47 vgl. Klaus Isele, Am Anfang war der Ton. Unveröffentlichtes Typoskript. Klaus Isele ein besonderer Dank für Informationen zu diesem Kapitel

48 Verstellung überhaupt, VIII, S. 446

49 HB, S. 76

50 zitiert nach Klaus Isele, Am Anfang war der Ton. Unveröffentlichtes Typoskript

51 Versuch, im guten Ton Maria Müller-Gögler zu ehren, GS, S. 41

52 Martin Walser, Klappentextentwurf für «Das Schwanenhaus», SVA, o. D. [März 1980]

53 Gespräch mit Peter Zeindler, a. a. O., 9. Mai 1981, in: Auskunft, S. 131

54 SH, IV, S. 340

55 vgl. Uwe Johnson an Siegfried Unseld, 5. September 1978, JUB. Johnsons Protokoll ist dort jedoch nicht abgedruckt.

56 an Uwe Johnson, 13. August 1978, JoA

57 an Uwe Johnson, 15. August 1978, JoA

58 In der Werkausgabe ist die Rede irrtümlich auf den 30. August 1977 terminiert.

59 Über den Leser – soviel man in einem Festzelt darüber sagen soll, XI, S. 564ff. (In der Werkausgabe ist der Text fälschlicherweise auf das Jahr 1977 datiert.)

60 ebd., S. 571

61 Händedruck mit Gespenstern, XI, S. 619

62 ... bis die Welt in zwei Saucen zerfällt, *konkret*, 4/1979, S. 28

63 Händedruck mit Gespenstern, XI, S. 621

64 ebd., S. 627

65 Gespräch mit Rudolf Augstein, *Spiegel* 45/1998

66 Auschwitz und kein Ende, XI, S. 631

67 ebd., S. 634

68 ebd., S. 636

69 ebd.

70 Vorwort zu Gert Neumann, Elf Uhr, S. 12

71 Joachim Walther, Sicherungsbereich Literatur, S. 416

72 Gespräch zwischen Martin Walser und Jochen Kelter, *Allmende* 15 (1986), in: Auskunft, S. 218

73 Gespräch mit Ursula Reinhold, in: Reinhold 1992

XII Klassiker. 1980–1985

1 an Siegfried Unseld, 7. Juli 1981, SVA

2 JdL, IV, S. 38

3 an Uwe Johnson, 18. Mai 1981, JoA

4 an Uwe Johnson, o. D. [Ende Dezember 1982], JoA

5 BLL, IV, S. 194

6 ebd., S. 226f.

7 Uwe Johnson an Siegfried Unseld, 10. Juni 1982, JUB, S. 1020

8 Selbstbewußtsein und Ironie, XII, S. 527

9 ebd., S. 599

10 Ein schönes Leben. Über Bertolt Brecht, XII, S. 420

11 Gespräch mit Michael P. Olson, *New German Review* 4 (1988), in: Auskunft, S. 238

12 Gespräch mit Anton Kaes, *German Quarterly* 57/3 (1984), in: Auskunft, S. 152

13 MG, VIII, S. 517

14 Was ist ein Klassiker?, XII, S. 646

15 Freiligrath, XII, S. 436ff.

16 an Fritz J. Raddatz, 17. Juni 1983, DLA

17 Heines Tränen, XII, S. 405

18 ebd., S. 409

19 ebd., S. 416

20 Goethes Anziehungskraft, XII, S. 608

21 In Goethes Hand, IX, S. 689

22 an Siegfried Unseld, 4. November 1981, SVA
23 an Siegfried Unseld, 27. Januar 1982, SVA
24 Siegfried Unseld, Reisebericht, 18./19. Dezember 1982, SVA
25 vgl. *Theater heute*, 5/1983
26 Siegfried Unseld, Reisebericht, 30. Januar/1. Februar 1983, SVA
27 Marcel Reich-Ranicki, Das anatomische Wunder, *F.A.Z.*, 28. März 1981, in: ders., Martin Walser, S. 99
28 Siegfried Unseld an Martin Walser, 4. Juli 1983, SVA
29 Gespräch mit Anton Kaes, *German Quarterly* 57/3 (1984), in: Auskunft, S. 156f.
30 an Marcel Reich-Ranicki, 6. September 1983, in: Jochen Hieber (Hg.), Lieber Marcel, S. 408
31 Marcel Reich-Ranicki, Vom Stamme jener, welche lieben, wenn sie schreiben, *F.A.Z.*, 28. März 1981, in: ders., Martin Walser, S. 126
32 an Marcel Reich-Ranicki, 6. September 1983, in: Jochen Hieber (Hg.), Lieber Marcel, S. 408
33 an Siegfried Unseld, 19. November 1983, SVA
34 Siegfried Unseld an Martin Walser, 10. November 1983, SVA
35 an Siegfried Unseld, 19. November 1983, SVA
36 Bra, V, S. 384
37 ebd., S. 478
38 ebd., S. 636
39 ebd., S. 635
40 Gespräch mit Ulf Erdmann Ziegler, *taz*, 30. September 1985, in: Auskunft, S. 164f.
41 Gespräch mit Michael P. Olson, *New German Review* 4/1988, in: Auskunft, S. 244
42 MG, VIII, S. 530
43 Bra, V, S. 519f.
44 Gespräch mit Martin Lüdke, *Buchjournal* 6/1985, S. 10
45 Reisebericht Siegfried Unseld, 23. August 1985, SVA
46 Gespräch mit Niklas Frank und Joachim Köhler, *Stern*, 12. März 1987, in: Auskunft, S. 252
47 vgl. Corinne Pulver, Karriere, S. 327ff.
48 Reisebericht Siegfried Unseld, 24. August 1985, SVA
49 Gespräch mit Paul F. Reitze, *Die Welt*, 29./30. September 1986, in: Auskunft, S. 213
50 Müller 1992, S. 70
51 an Siegfried Unseld, 18. Mai 1986, SVA

ANMERKUNGEN 633

XIII Der Horizont der Nation. 1986–1990

1 Günter Grass an Martin Walser, 26. Februar 1986, AdK, Grass-Archiv, Signatur 4668–4671

2 Über Macht und Gegenmacht, XI, S. 803

3 ebd., S. 800f.

4 «Sonntagsgespräch» mit Wolfgang Herles, ZDF, 13. Juli 1986, in: Auskunft, S. 182ff.

5 Gespräch mit Jochen Kelter, *Allmende* 15/1986, in: Auskunft, S. 224f.

6 Schlageter. Eine deutsche Verlegenheit, XI, 679

7 Über Deutschland reden, XI, S. 914

8 Michael Kunitzsch, Fluchthilfe, *konkret* 11/1986, S. 101

9 Franz Josef Görtz, Martin Walsers Appetit, *F.A.Z.*, 4. November 1986

10 Marcel Reich-Ranicki, Deutsche Leiden, *F.A.Z.*, 17. Dezember 1986

11 an Martin Lüdke, 16. November 1986, SVA

12 Gespräch mit Herlinde Koelbl, Koelbl 1997, S. 92

13 DuW, V, S. 695

14 ebd., S. 768

15 an Siegfried Unseld, 29. Mai 1987, SVA

16 Joseph von Westphalen, Das ist nicht Literatur, das versteht ja jeder, *Weltwoche*, 14. Mai 1987

17 Gespräch mit Niklas Frank und Joachim Köhler, *Stern* 12/1987, in: Auskunft, S. 256

18 Zukunft, XI, S. 937

19 Polemik in vier Sätzen, XI, S. 743

20 Konservatives Genie, XI, S. 692

21 Gespräch mit Donna L. Hoffmeister, Hoffmeister 1989, S. 174

22 Die Gesellschaft muß den ersten Schritt tun, *taz*, 14. Oktober 1987

23 *taz*, 8. August 1988

24 *taz*, 10. April 1989

25 Über Deutschland reden, XI, S. 909

26 Ernst Nolte, Vergangenheit, die nicht vergehen will, *F.A.Z.*, 6. Juni 1986

27 Jürgen Habermas, Eine Art Schadensabwicklung, *Die Zeit*, 11. Juli 1986

28 Über Deutschland reden, XI, S. 904

29 ebd., S. 898

30 ebd., S. 897

31 *Die Zeit*, 17. November 1988

32 Über Deutschland reden, XI, S. 908

33 Jurek Becker, Gedächtnis verloren – Verstand verloren, *Die Zeit*, 17. November 1988

34 Gespräch mit Vera Gaserow, *taz*, 16. Januar 1989
35 Gespräch mit Erich Maletzke, *sh:z Magazin*, 9. Dezember 1995, in: Wunschpotential, S. 70
36 Reise ins Leben, *Die Welt*, 10. Dezember 1988, XI, S. 891
37 ebd., S. 892
38 Bögeholz, Chronik, S. 644
39 Gespräch mit Paul F. Reitze, *Die Welt*, 11. Juli 1990
40 Deutsche Sorgen II, XI, S. 997ff.
41 *taz*, 11. Juli 1989
42 *taz*, 22. Juli 1989
43 Siegfried Unseld an Martin Walser, 24. Mai 1988, SVA
44 Burgel Zeeh für Siegfried Unseld, 17. Mai 1989, SVA
45 6. Oktober 1989, XI, S. 916f.
46 Kurz in Dresden, XI, S. 919
47 Christoph Links an Siegfried Unseld, 22. August 1989, SVA
48 an Siegfried Unseld, 9. Januar 1990, SVA
49 Über Deutschland reden, XI, S. 912
50 Gespräch mit Heribert Vogt, *Rhein-Neckar-Zeitung*, 9. April 1997, in: Wunschpotential, S. 125
51 Gespräch mit Rolf Becker und Hellmuth Karasek, *Spiegel* 41/1990, in: Auskunft, S. 265
52 Willi Winkler, Der Besinnungstäter. *Spiegel* 9/1990

XIV Im Bann der Geschichte. 1990–1996

1 JdL, IV, S. 66
2 KiP, IX, S. 849
3 an Siegfried Unseld, 28. September 1973, SVA
4 Telephonnotiz, Burgel Zeeh, 31. Mai 1994, SVA
5 an Siegfried Unseld, 8. November 1990, SVA
6 Siegfried Unseld an Martin Walser, 28. Februar 1991, SVA
7 in: Joseph von Westphalen, Ein deutsches Muttersöhnchen, *Spiegel* 33/1991
8 VdK, VI, S. 501
9 Gespräch mit Christa Bernuth, *Die Zeit*, 9. August 1991
10 VdK, VI, S. 427
11 VdK, VI, S. 88
12 Antigone oder Die Unvernunft des Gewissens, XI, S. 943
13 VdK, VI, S. 303
14 Antigone oder Die Unvernunft des Gewissens, XI, S. 941
15 Über freie und unfreie Rede, XI, S. 1057

16 ebd.

17 ebd., S. 1061

18 Vormittag eines Schriftstellers, XI, S. 953

19 *Neue Hannoversche Presse*, 11. Februar 1987

20 an Siegfried Unseld, 10. August 1991, SVA

21 Brief an Rushdie, *taz*, 13. Februar 1992

22 Lieber Herr Kinkel, *taz*, 16. Juli 1994

23 SVA, 13. Juli 1992

24 Gespräch mit Detlef Berentzen, *Tagesspiegel*, 4. Mai 1993

25 ebd.

26 Gespräch mit Detlev Lücke und Jörg Magenau, *Freitag*, 2. Oktober 1992, in: Wunschpotential, S. 37

27 So geschehen auf einer Veranstaltung der Universität Hildesheim, vgl. *Frankfurter Rundschau*, 13. Februar 1997

28 Heimatlob mit Legende, VIII, S. 441

29 Deutsche Sorgen II, XI, S. 1002

30 ebd., S. 1008

31 ebd., S. 1007

32 Antwort auf eine Einladung zur Mitarbeit, ZuG, S. 192

33 Marcel Reich-Ranicki, Wer weniger liebt, ist überlegen, *F.A.Z.*, 31. Juli 1993, in: ders., Martin Walser, S. 129

34 OE, VII, S. 15

35 Gutachten Elisabeth Borchers, SVA, 13. Januar 1993

36 ebd.

37 Siegfried Unseld an Martin Walser, 14. Februar 1994, SVA

38 an Siegfried Unseld, 15. Februar 1994, SVA

39 Siegfried Unseld an Martin Walser, 18. Februar 1994, SVA

40 Reise ins Innere oder Wie man erfährt, was man erlebt hat, XI, S. 1062ff.

41 ebd., S. 1071

42 vgl. Imre Török, in: He Patron!, S. 200ff.

43 vgl. Gustav Seibt, Sind Sie noch bei Trost? Das frag' ich Siiie! in: *Süddeutsche Zeitung*, 6. September 2003

44 Stimmung 94, XI, S. 1029

45 Günter Grass, Martin Walser, Ein Gespräch über Deutschland. Hörkassette. Edition Isele 1995

46 Gespräch mit Volker Hage, *Spiegel*, 4. September 1995

47 Gespräch mit Sven Michaelsen, *Stern*, 26. Oktober 1995, in: Wunschpotential, S. 184

48 Notiz Siegfried Unseld, 14. September 1995, SVA

49 Siegfried Unseld an Martin Walser, 20. November 1995, SVA

50 *F.A.Z.*, 29. Februar 1996

51 ebd.
52 Alexander Gauland, Ich war Tronkenburg, *F.A.Z.*, 2. März 1996
53 *Spiegel* 12/1996
54 Siegfried Unseld an Martin Walser, 30. April 1996, SVA
55 Gespräch mit Hajo Steinert, Deutschlandfunk, März 1997
56 Das Prinzip Genauigkeit. Über Victor Klemperer, XI, S. 780ff.
57 Gespräch mit Stephan Sattler, *Focus* 48, 27. November 1995
58 «ltg», «Wunschdenken», *Süddeutsche Zeitung*, 29. November 1995
59 Die Geburt der Tragödie aus dem Geist des Gehorsams, XI, S. 1076

XV Hinschauen. Wegschauen. 1997–1998

1 an Siegfried Unseld, 18. März 1997, SVA
2 *taz*, 13. März 1997
3 Gruß an Salman Rushdie, *taz*, 19. Juni 1997
4 Leserbrief an den *Spiegel*, 8. Mai 1996, SVA
5 Siegfried Unseld, Geburtstagsansprache, 24. März 1997, SVA
6 6. April 1997, SVA
7 *Spiegel* 5/1998, S. 165
8 an Siegfried Unseld, 30. Juli 1997, SVA
9 an Siegfried Unseld, 11. September 1997, SVA
10 Siegfried Unseld an Martin Walser, 15. September 1997, SVA
11 vgl. Peter Michalzik, Unseld, S. 320
12 vgl. ebd.
13 Siegfried Unseld an Martin Walser, 20. März 1998, SVA
14 an Siegfried Unseld, 23. März 1998, SVA
15 an Burgel Zeeh, 24. März 1998, SVA
16 Siegfried Unseld an Martin Walser, 15. April 1998, SVA
17 an Siegfried Unseld, 16. April 1998, SVA
18 Siegfried Unseld an Martin Walser, 28. April 1998, SVA
19 EsB, S. 10
20 vgl. Karl Prümm, Vergangenheit ohne Bilder?, S. 271
21 EsB, S. 283
22 Gespräch mit Willi Winkler, *Süddeutsche Zeitung*, 19./20. September 1998
23 EsB, S. 282f.
24 ZDF, 14. August 1998
25 EsB, S. 401
26 Gespräch mit Willi Winkler, *Süddeutsche Zeitung*, 19./20. September 1998
27 *Rheinische Post*, 8. September 1998; *taz*, 8. September 1998

28 *Die Welt*, 6. Oktober 1998

29 dpa, 11. Oktober 1998, 15.09 Uhr

30 Erfahrungen beim Verfassen einer Sonntagsrede, IvQ, S. 38

31 HZ, II, S. 759

32 Auschwitz und kein Ende, XI, S. 632f.

33 VdK, VI, S. 137

34 Geburtstag einer Oase, XI, S. 1043

35 Erfahrungen beim Verfassen einer Sonntagsrede, IvQ, S. 33f.

36 ebd., S. 35f.

37 ebd., S. 38f.

38 dpa, 12. Oktober 1998

39 ebd.

40 dpa, 22. Oktober 1998

41 Siegfried Unseld an Ignatz Bubis, 13. Oktober 1998, in: Frank Schirr-macher (Hg.), Die Walser-Bubis-Debatte, S. 37

42 Ignatz Bubis: Walser will, daß der Holocaust verschwindet, *Die Welt*, 14. Oktober 1998

43 Telefonnotiz, Burgel Zeeh, 15. Oktober 1998, SVA

44 vgl. Siegfried Stadler: Unbenutzte Mikrofone, *F.A.Z.*, 24. Oktober 1998, in: Schirrmacher, a. a. O., S. 84f.

45 *taz*, 2. November 1998

46 Günter Gaus: Der normale Imperativ, *Süddeutsche Zeitung*, 12. Dezember 1998, in: Schirrmacher, a. a. O., S. 420

47 Hermann L. Gremliza: Schlamm drüber!, *konkret* 11/1998, S. 9

48 Marcel Reich-Ranicki: Das Beste, was wir sein können. Walser, Bubis, Dohnanyi und der Antisemitismus, *F.A.Z.*, 2. Dezember 1998, in: Schirrmacher, a. a. O., S. 321

49 Marcel Reich-Ranicki: Mein Leben, S. 549. Vgl. dazu auch: Dieter Borchmeyer, Martin Walser und die Öffentlichkeit, S. 42f.

50 Rafael Seligmann: Endlich streiten wir uns, *Die Welt*, 21. November 1998, in: Schirrmacher, a. a. O., S. 199

51 Rudolf Augstein/Martin Walser: Erinnerung kann man nicht befehlen, *Spiegel* 45/1998

52 Gespräch mit Ulrich Amling und Peter von Becker, *Tagesspiegel*, 25. Oktober 1998

53 Ignatz Bubis: Rede am 9. November 1998 in der Synagoge Rykestraße in Berlin, in: Schirrmacher, a. a. O., S. 111

54 Roman Herzog, Rede am 9. November 1998, ebd., S. 113f.

55 vgl. Frank Schirrmacher: Seelenarbeit, *F.A.Z.*, 28. November 1998, und Heribert Seifert, Deutsch ist Glückssache, *N.Z.Z.*, 28. November 1998, in: ebd., S. 249 und S. 268

56 Martin Walser an Avi Primor, *dpa*, 8. Dezember 1998

57 Ignatz Bubis, Salomon Korn, Frank Schirrmacher, Martin Walser: Wir
   brauchen eine neue Sprache für die Erinnerung, *F.A.Z.*, 14. Dezember
   1998, in: Schirrmacher, a. a. O., S. 442
58 Erfahrungen beim Verfassen einer Sonntagsrede, IvQ, S. 33
59 ebd., S. 451f.
60 ebd., S. 446
61 ebd., S. 464

XVI Liebeserklärungen. 1999–2002

1 Gespräch mit Thomas Groß und Stefan Koch, *Mannheimer Morgen*,
   15. April 1999
2 *Tagesspiegel*, 12. Juni 1999
3 Günter Amendt an Ignatz Bubis, 12. Januar 1999, *Die Wochenzeitung*,
   Zürich
4 Frank Schirrmacher, Von Ruhm ohne Ehre, *F.A.Z.*, 17. Juni 1999
5 Notiz Burgel Zeeh für Siegfried Unseld, 2. Juli 1999, SVA
6 Siegfried Unseld an Martin Walser, 2. Juli 1999, SVA
7 an Siegfried Unseld, 5. Juli 1999, SVA
8 an Burgel Zeeh, 17. Juli 1999, SVA
9 an Siegfried Unseld, 20. Oktober 1999, SVA
10 an Rainer Weiss, 13. November 1999, SVA
11 Siegfried Unseld an Martin Walser, 5. Dezember 2001, SVA
12 Gespräch mit Thomas Groß und Stefan Koch, *Mannheimer Morgen*,
   15. April 1999
13 Günter Grass/Martin Walser, Zweites Gespräch über Deutschland, Hörkassette, Edition Isele 1999
14 Über das Selbstgespräch, IvQ, S. 128
15 ebd., S. 137
16 Sprache, sonst nichts, ebd., S. 160
17 ebd., S. 162
18 Über die Schüchternheit, ebd., S. 113ff.
19 Über das Selbstgespräch, ebd., S. 148
20 Sprache, sonst nichts, ebd., S. 162
21 Über die Schüchternheit, ebd., S. 122
22 Das geschundene Tier (4), *N.Z.Z.*, 30./31. Oktober 1999
23 Gespräch mit Felix Schmidt, *Tagesspiegel*, 14. Juli 2001
24 Gespräch mit Elmar Krekeler und Uwe Wittstock, *Die Welt*, 14. Juli
   2001
25 Gespräch mit Rudolf von Bitter, Bayrischer Rundfunk, Juli 2001
26 LdL, S. 28

27 Gespräch mit Felix Schmidt, *Tagesspiegel*, 14. Juli 2001

28 Ulrich Stock, Ich war Walsers Susi, *Die Zeit*, 13. Juni 2002

29 ebd.

30 Siegfried Unseld an Martin Walser, 27. Juni 2001, SVA

31 Ein Lebenskunstwerk, *F.A.Z.*, 6. November 2001, in: VdN, S. 177ff.

32 Gespräch mit Roger Köppel und Julian Schütt, *Weltwoche* 40/2002

33 *Starnberger Neueste Nachrichten*, 1. Oktober 1996

34 Frank Hertweck, Martin Walser – Eine Deutschlandreise, SWR, 2002. Eine Reportage von Frank Hertweck über die Dreharbeiten in *Doppelpfeil* 02/2002

35 Gespräch mit Moritz von Uslar, *Süddeutsche Zeitung*, November 2003

36 Heinrich Detering, Deutsches Herz, *F.A.Z.*, 25. Mai 2002

37 vgl. Platonische Stimmbänder, *N.Z.Z.*, 23./24. Dezember 2000, in: VdN, S. 169ff.

38 Gespräch mit Thomas Groß, *Mannheimer Morgen*, 20. Dezember 2001

39 zitiert nach: *F.A.Z.*, 8. Mai 2002

40 zitiert nach: *Die Welt*, 8. Mai 2002

41 Über ein Geschichtsgefühl, VdN, S. 254f.

42 ebd., S. 256

43 ebd., S. 257

44 Hans Mommsen, Über ein Geschichtsgefühl, *Die Zeit*, 16. Mai 2002

45 Der Text erschien im September 2004 in *Focus* und zuletzt in VdN, S. 263ff.

46 an Siegfried Unseld, 8. April 2002, SVA

47 Gespräch mit Michael P. Olson, *New German Review* 4/1988, in: Auskunft, S. 248

48 TeK, S. 67; MR, S. 42

49 Gespräch mit Karim Saab, *Märkische Allgemeine*, 6. Juli 2002

50 ebd., S. 188

51 Gespräch mit Paul Sahner, *Bunte* 9/2002

52 Friedrich Sieburg, Toter Elefant auf einem Handkarren, *F.A.Z.*, 3. Dezember 1960

53 Gustav Seibt wies auf diese Herkunft der Erlkönig-Metapher hin, *Süddeutsche Zeitung*, 1. Juni 2002

54 Katharina Hacker, Offener Brief an Günter Berg, 6. Juni 2002, www.perlentaucher.de

55 Gespräch mit Roger Köppel und Julian Schütt, *Weltwoche* 40/2002

56 Gespräch mit Patrick Schwarz, *taz*, 30. Mai 2002

57 Gespräch mit Karim Saab, *Märkische Allgemeine*, 6. Juli 2002

58 Gespräch mit Roger Köppel und Julian Schütt, *Weltwoche* 40/2002

59 igl [d. i. Hubert Spiegel], Legendenbildung, *F.A.Z.*, 27. Juni 2002

60 Presseerklärung des Suhrkamp Verlages, *Süddeutsche Zeitung*, 28. Juni 2002

61 TeK, S. 85

62 Frank Schirrmacher, Tod eines Kritikers, *F.A.Z.*, 29. Mai 2002

63 TeK, S. 144f.

64 Frank Schirrmacher, Tod eines Kritikers, *F.A.Z.*, 29. Mai 2002

65 Frank Schirrmacher, Ich war so angewidert, *Spiegel* 23/2002

66 Thomas Steinfeld, Die Meute der Deuter, *Süddeutsche Zeitung*, 4. Juni 2002

67 Harry Nutt, Im Dunst des Antisemitismus, *Frankfurter Rundschau*, 31. Mai 2002

68 TeK, S. 27

69 ebd., S. 122

70 vgl. oben, Kap. V, S. 163f.

71 Gespräch mit Martin Krumbholz, *taz*, 11. September 1993

72 Gespräch mit Roger Köppel und Julian Schütt, *Weltwoche* 40/2002

73 Marcel Reich-Ranicki in «Solo», ZDF, 4. Juni 2002, abgedruckt in: *F.A.Z.*, 6. Juni 2002

74 Marcel Reich-Ranicki, Was ich empfinde, *F.A.Z.*, 12. Juli 2002

75 Ruth Klüger, Siehe doch Deutschland, *Frankfurter Rundschau*, 27. Juni 2002

76 Joachim Günter, Das Buch ist erschienen, die Debatte geht weiter, *N.Z.Z.*, 3. Juli 2002

77 Jan Philipp Reemtsma, Ein antisemitischer Affektsturm, *F.A.Z.*, 27. Juni 2002

78 Joachim Günter, Das Buch ist erschienen, die Debatte geht weiter, *N.Z.Z.*, 3. Juli 2002

79 Ulla Berkéwicz, Als Ignatz Bubis starb, *Die Zeit* 34/2002

80 an Siegfried Unseld, 29. Mai 2002, SVA

81 an Siegfried Unseld, 2. September 2002, SVA

82 an Ulla Berkéwicz, 19. September 2002, SVA

83 an Ulla Berkéwicz, 4. Oktober 2002, SVA

84 Nach Siegfrieds Tod, *Süddeutsche Zeitung*, 2./3. November 2002, in: VdN, S. 270ff.

85 Arno Widmann, Die Trauer der Diadochen, *Berliner Zeitung*, 4. November 2002

86 Rudolf, ein Nachschrei, *Spiegel* 46/2002

XVII Metaphysik der Sprache. 2002–2008

1 dpa, 12. Oktober 2002

2 Lesen und Schreiben oder Viel auf einmal, VdN, S. 118. In der Druckfassung des Essays ist die Formulierung abgemildert zu «Lieben und
Verstehen».

3 Johanna Adorján, Nils Minkmar, Liebe ist das Wichtigste. Gespräch mit
Imre Kertész, *FAS*, 13. Oktober 2002

4 Natürlich darf man Israel kritisieren. Gespräch mit Imre Kertész, *F.A.Z.*,
15. Oktober 2002

5 MR, S. 28

6 MR, S. 31f.

7 MR, S. 12

8 MR, S. 191

9 MR, S. 177

10 MR, S. 188

11 Gespräch mit Susanne Kunkel, *Welt am Sonntag*, 20. Juli 2003

12 Vokabular und Sprache, VdN, S. 67ff.

13 Die Stimmung, das Wissen, die Sprache, das Selbstbewußtsein, VdN,
S. 141

14 Mehrere Vorreden zur Verwaltung des Nichts, VdN, S. 28

15 *taz*, 31. März 2003

16 dpa, 27. Juli 2003

17 Der Bilderkrieg, *Spiegel* 21/2004

18 Roman Bucheli, Die Sehnsuchtswunde, *N.Z.Z.*, 5. August 2003

19 Gisela Hoyer, *Leipziger Volkszeitung*, 27. Juli 2003

20 Jörg Plath, Wehleidenschaft, *Tagesspiegel*, 29. Juli 2003

21 Martin Halter, Weltschmerz und Friedhofsfriede, *Stuttgarter Zeitung*,
29. Juli 2003

22 Iris Radisch, Das große Vergeblichkeitsschluchzen, *Die Zeit*, 7. August
2003

23 Tilman Krause, Selig vor Überdruß, *Die Welt*, 26. Juli 2003

24 MR, S. 48

25 MR, S. 166

26 dpa, 10. Oktober 2003

27 *N.Z.Z.*, 14. April 2003

28 an Thomas Steinfeld, 9. September 2003

29 Gespräch mit Roman Pliske, *Tagesspiegel*, 15. Oktober 2003

30 Robin Detje, Ein Walser-Roman, möglicherweise, *Literaturen* 11/2003,
S. 61

31 Horst-Jürgen Gerigk, Unterwegs zur Interpretation, S. 129

32 Peter Renz hat das Phänomen des Walserkennertums besonders schön

ausgearbeitet. Peter Renz: Der Walserkenner, in: Josef Hoben (Hg.), He Patron!, S. 155

33 Dirk Kurbjuweit, Schlangen und Gespenster, *Spiegel* 42/2004

34 Birgit Lahann, Die Indiskreten, *Stern*, 29. Dezember 2003

35 Offener Brief zum Abschied vom Suhrkamp Verlag, *Spiegel*, 1. März 2004, VdN, S. 281

36 Für diesen Hinweis danke ich Andreas Isenschmid.

37 Friedrich Hölderlin, Hyperion, S. 532

38 AdL, S. 11

39 ebd., S. 217

40 ebd., S. 88

41 ebd., S. 143

42 ebd. S. 124

43 ebd., S. 125

44 Gespräch mit Jörg Magenau, *Das Magazin*, April 2004, und *taz*, 10. Juli 2004

45 Gespräch mit Eckhard Fuhr, *Die Welt*, 12. Juli 2004

46 AdL, S. 86

47 Gespräch mit Jörg Magenau, a. a. O.

48 AdL, S. 130

49 Gespräch mit Jörg Magenau, a. a. O.

50 Die menschliche Wärmelehre, VdN, S. 160

51 ebd., S. 168

52 *Berliner Zeitung*, 19. März 2007

53 *Hamburger Abendblatt*, 16. März 2007

54 Gespräch mit Jobst-Ulrich Brand, *Focus*, 19. März 2007

55 Gespräch mit Martin Oehlen, *Kölner Stadtanzeiger*, 17. März 2007

56 AB, S. 163

57 AB, S. 414

58 *Westdeutsche Allgemeine Zeitung*, 21. März 2007

59 LM, S. 161

60 So äußerte Walser sich in vielen Interviews, z.B. im *Hamburger Abendblatt*, 16. März 2007

61 Gespräch mit Siegmund Kopitzki, *Südkurier*, 23. März 2007

62 ebd.

63 Gespräch mit Julia Schröder, *Stuttgarter Zeitung*, 28. August 2006

64 s. o., S. 388ff.

65 Gespräch mit Sven Michaelsen, *Die Welt*, 24. Februar 2008

66 ebd.

67 Beschreibung einer Form. XII, S. 9

68 AB, S. 329f.

69 Gespräch mit Julia Schröder, *Stuttgarter Zeitung*, 28. August 2006

ANMERKUNGEN 643

70 AB, S. 66

71 *Emma*, Mai/Juni 2008

72 *Bild*-Zeitung, 27. Februar 2008

73 http://readingroom.faz.net/walser/article.php?aid=32&bl=%2Fwalser
%2Farticle_list.php%3Ftxtgrp%3D7

74 http://www.cicero.de/97.php?item=1851&ress_id=4

75 *Süddeutsche Zeitung*, 2./3. Februar 2008

76 Anprall der Wahrheit, *F. A. Z.*, 23. September 2006

77 L.J., Mund auf, *F. A. Z.*, 26. September 2006

78 Martin Ebel, *Berliner Zeitung*, 24. März 2007

79 Peter Sloterdijk: Theorie der Nachkriegszeiten, S. 55f.

80 Eckhard Fuhr, *Die Welt*, 19. März 2007

81 Uwe Timm, *Die Zeit*, 22. März 2007

82 Aleth Gaulon: Les manifestations de scepticisme dans les textes non-fictionnels (1952–2002) de Martin Walser. Toulouse, Dezember 2007.

83 Thomas Kovach: The Burden of the Past: Martin Walser and Modern German Identity. Camden House, 2008

84 Gespräch mit Jeanette Stickler, *Hamburger Abendblatt*, 16. März 2007. Ähnlich äußerte Walser sich in diesen Wochen auch in anderen Interviews, u. a. in einem Video der *F. A. Z.*: http://readingroom.faz.net/ walser/autor_videos.php?vid=4

85 «Der Holocaust verschwindet nicht». *Spiegel* 41/2007

86 Martin Walser, Ums Leben schreiben, in: VdN, S. 231ff.

87 Wegschauen oder Hinschauen. Ein Briefwechsel mit Martin Walser. *Spiegel* 5/2008

88 Martin Walser, Über Erfahrungen mit dem Zeitgeist, Festrede zum 60jährigen Bestehen der Bayerischen Akademie der Schönen Künste, 2. Juli 2008. Manuskript

89 Peter Sloterdijk: Theorie der Nachkriegszeiten, a. a. O.

90 Matthias N. Lorenz: Auschwitz drängt uns auf einen Fleck. Judendarstellung und Auschwitzdiskurs bei Martin Walser. Metzler Verlag, Stuttgart und Weimar 2005. Zur Debatte um dieses Buch vgl. Jörg Magenau: Ein obsessives Projekt, *taz*, 23. September 2005

91 Peter Sloterdijk: Theorie der Nachkriegszeiten, a. a. O.

92 Gespräch mit Heribert Vogt, *Rhein-Neckar-Zeitung*, 17. März 2007

93 Klaus Wagenbach: Grass hat nichts verschwiegen, *Die Zeit*, 25. April 2007

94 Gespräch mit Lucie Machac und Oliver Meier, *Berner Zeitung*, 24. März 2007

95 Andrea Köhler, *N.Z.Z.*, 24. März 2007

96 Gespräch mit Lothar Schröder, *Rheinische Post*, 3. November 2007

97 LuS 2, S. 685ff.

98 *Frankfurter Rundschau*, 9. Oktober 2007

99 LAB, S. 88
100 ebd., S. 19
101 ebd., S. 26
102 ebd., S. 14
103 ebd., S. 34
104 ebd., S. 54f.
105 Arnold Stadler: Gratulation. Den Hauptschmerz aufschreiben, *Südkurier*, 23. Februar 2007
106 ebd.
107 Gespräch mit Julian Schütt, *Weltwoche* 37/2005.
108 Gespräch mit Jan Freitag, *Die Zeit*, 22. März 2007 (http://www.zeit.de/online/2007/12/interview-martin-walser)
109 *Frankfurter Rundschau*, 26. März 2007
110 Gespräch mit Radio Vatikan, 20. Mai 2005 (http://www.kath.net/detail.php?id=10528)

REGISTER

Abs, Hermann Josef 293
Adamov, Arthur 104
Adenauer, Konrad 18, 102, 124, 134, 136, 168f., 171f., 175f., 204, 274, 367, 417, 534
Adler, Katharina 56f., 85, 463, 466
Adler, Peter 56f., 61, 77ff., 80, 85, 97, 99, 106, 463, 466
Adorno, Theodor W. 98, 158, 256, 283, 323, 539
Ahrend, Thorsten 526, 540f., 555f., 559f.
Aicher-Scholl, Inge 77, 231, 412
Aichinger, Ilse 78, 88, 92, 138, 203, 438
Aitmatow, Tschingis 295
Albee, Edward 257
Aldrin, Edwin 271
Allende, Salvador 332
Amann, Jörg 399
Amendt, Günter 263, 502f.
Amery, Carl 171, 202, 333
Andersch, Alfred 49, 61, 76, 89, 96, 101ff., 117, 125, 138, 141, 167, 187, 333, 342, 345
Anouilh, Jean 104
Apfelstedt, Hartmut 37f.
Arendt, Hannah 211
Aristoteles 599
Armstrong, Neil 271
Augstein, Rudolf 173, 187f., 222, 234, 244, 256, 494, 542f.

Baader, Andreas 250, 281, 351
Bachmann, Ingeborg 94, 103, 136, 138, 141ff., 155, 186, 197, 206, 231, 252, 282, 286, 327
Bachmann, Josef 250
Bachmann, Kurt 307, 333

Baer, Richard 209
Bakunin, Michail 248
Balzac, Honoré de 134
Barabas, Stanislav 421
Barthes, Roland 186
Barzel, Rainer 254
Bastian, Gert 411
Baumgart, Hildegard 234, 251, 313
Baumgart, Reinhard 226, 234, 251, 271f., 279, 285f., 290f., 299, 313
Beck, Andreas 593ff.
Becker, Jurek 378, 415ff., 433
Becker, Jürgen 102, 249, 264, 279
Beckermann, Thomas 292
Beckett, Samuel 104, 109f., 181, 252, 354, 371, 448
Begley, Louis 555
Beig, Maria 362f.
Beißner, Friedrich 53, 54f., 66–69, 72, 87
Bender, Hans 90, 252, 449
Benjamin, Walter 539
Benn, Gottfried 75ff., 103
Bense, Max 76, 83, 86, 93, 101f., 134
Benseler, Frank 283
Berchtold, Hubert 362
Berg, Günter 516, 524, 526f., 529f., 539ff., 555, 559f.
Berghahn, Wilfried 164
Berghaus, Ruth 419
Berkéwicz, Ulla 423, 429f., 457, 471f., 491, 539–542, 555f.
Bernhard, Thomas 287, 311
Besson, Benno 229
Beumelburg, Werner 34
Beyer, Frank 419
Bichsel, Peter 261, 466

Biedenkopf, Kurt 427
Biermann, Wolf 231, 293, 298, 412
Bismarck, Otto von 55, 274
Blanchot, Maurice 186, 189
Bloch, Ernst 156ff., 224, 256, 334, 539
Blocher, Christoph 595
Bobrowski, Johannes 219
Boehlich, Walter 157, 162, 177, 185ff., 227, 234, 252, 264ff.
Boger, Wilhelm 211
Bohlen, Dieter 557f.
Bohrer, Karl-Heinz 245
Böll, Heinrich 76, 82, 88f., 92, 103, 117, 136, 167, 171, 174, 239, 256, 272, 282ff., 329, 332, 351, 382, 406
Böll, René 412
Borchardt, Rudolf 72, 517
Borchers, Elisabeth 293, 363, 397, 399, 423, 445f., 503
Born, Nicolas 367
Bosch, Manfred 362
Bossak, Jerzy 123
Brandt, Willy 167f., 170–173, 207, 242, 274, 284f., 331f.
Brasch, Thomas 378
Braun, Karlheinz 195, 266
Braun, Volker 551
Braun, Wernher von 147
Bräunig, Werner 231
Brecht, Bertolt 75, 174, 177f., 181, 192, 194, 215, 225f., 294, 322, 338, 377, 382, 384f., 470
Breit, Ernst 427
Breitbach, Joseph 273
Brenner, Hans Georg 91, 164
Breschnew, Leonid 260
Brinkmann, Rolf Dieter 254, 279
Bristowe, W. S. 317
Brod, Max 72f.
Broder, Henryk M. 493
Brühl, Heinrich von 425
Bruyn, Günter de 229
Bubis, Ignatz 457f., 470, 484, 489–492, 494–499, 502, 539, 560, 585
Büchner, Georg 52, 194, 386
Buchwald, Christoph 503f.
Burton, Richard 184

Bush, George W. 521, 551f.
Butor, Michel 186

Calvino, Italo 189
Camus, Albert 100
Canetti, Elias 315, 317ff.
Carlsson, Maria 222, 234, 399
Carné, Marcel 59
Carré, John le 521
Caruso, Enrico 318
Castro, Fidel 289
Celan, Paul 103, 539
Charms, Daniil 252
Chiang Kai-shek 21
Chomeini, Ruholla Musawi 438
Chruschtschow, Nikita 168, 174
Chrysostomos (Franziskanerpater) 31f.
Cohn-Bendit, Daniel 262f.
Correggio, Antonio Allegri da 487
Cortázar, Julio 252
cummings, e. e. 103

Danz, Tamara 439
Davis, Angela 297f., 330
Detering, Heinrich 519f.
Diamant, Dora 73f., 317
Dickens, Charles 323
Diderot, Denis 565
Dieckmann, Friedrich 463
Diestel, Peter-Michael 440
Döblin, Alfred 200
Doerry, Martin 586
Dohnanyi, Klaus von 234, 493
Domin, Hilde 255
Dörfler, Peter 31
Dorpat, Draginja 257
Dorst, Tankred 180, 222
Dostojewski, Fjodor Michajlowitsch 38, 49
Driesch, Hans 55
Dubček, Alexander 260
Dürrenmatt, Friedrich 76, 92, 105, 155, 180
Dufhues, Josef-Hermann 188f.
Dutschke, Rudi 250f., 259, 273
Duve, Freimut 234, 351
Dwinger, Edwin Erich 34
Dylan, Bob 254, 502

Eberhard, Fritz 60f., 65, 73, 80, 103ff., 109, 124
Eckermann, Johann Peter 375, 377, 384, 389f., 576f.
Effenberg, Stefan 557
Eggebrecht, Axel 171
Ehrenburg, Ilja 178f.
Eich, Günter 76, 90, 94, 111, 203, 248, 263f.
Eichmann, Adolf 210, 221
Einsiedel, Heinrich Graf von 80
Eisenman, Peter 480, 482
Eisenreich, Herbert 101f.
Elsner, Gisela 184
Engelhard, Hans 412
Engelmann, Bernt 401
Ensslin, Gudrun 250, 351
Enzensberger, Hans Magnus 25, 61, 103, 111, 118, 138, 152, 156, 162, 167f., 171, 185f., 197f., 202, 225ff., 241–244, 249, 252, 256, 260f., 264f., 278, 281, 322, 355, 361, 385, 412, 415
Epple, Bruno 363, 463
Erhard, Ludwig 204, 219f.
Eschberg, Peter 390
Eschenburg, Theodor 53
Everding, August 293
Exl, Anna 64

Falkner, Gerhard 466
Fanon, Frantz 225
Faroki, Harun 224
Fassbinder, Rainer Werner 496
Faulkner, William 103
Fellinger, Raimund 379
Fest, Alexander 399, 559
Fest, Joachim 399, 462, 584
Fichte, Johann Gottlieb 381
Ficus, André 358, 463
Fiedler, Leslie A. 254f., 278
Flaubert, Gustave 511
Fleischmann, Peter 275
Flick, Friedrich 158, 172, 274
Fontane, Theodor 53
Forte, Dieter 335
Foucault, Michel 225, 279
Frank, Peter 113
Franzen, Erich 141

Freiligrath, Ferdinand 384f., 389
Freud, Sigmund 56, 318, 566ff.
Frey, Gerhard 490
Fried, Erich 224, 231, 249, 252, 260, 294
Friedländer, Saul 586
Friedman, Michel 491, 522
Friedrich der Große 43, 565
Frisch, Marianne (geb. Oellers) 222, 314, 316
Frisch, Max 154f., 167, 180, 185, 195–200, 222, 227, 261, 264, 281, 302f., 313–316, 333, 345, 350, 365, 378f., 390, 407, 430, 470
Fröhlich, Hans-Jürgen 245
Fruchtmann, Karl 390
Fuhr, Eckhard 585
Fuhrmann, Manfred 399

Gass, Franz Ulrich 62
Gauland, Alexander 459
Gaulle, Charles de 191, 208
Gaus, Günter 406, 419, 492
Gehlen, Arnold 208f.
Geissler, Christian 222
George, Stefan 39, 43, 51, 463
Gerigk, Horst-Jürgen 556
Gerstenmaier, Eugen 208
Gessler, Robert 358f.
Ginsburg, Lew 295
Giordano, Ralph 490
Goebbels, Joseph 188, 293, 502
Goethe, Johann Wolfgang von 38, 59, 139, 145, 203, 288, 306, 326, 375, 377, 384, 388–391, 393, 461, 468, 484, 569, 571f., 576ff., 581ff., 587, 591, 594
Goetz, Rainald 382
Gollwitzer, Helmut 174
Gomringer, Eugen 102
Gomulka, Wladislaw 121–124, 260
Gorbatschow, Michail 406, 412, 424, 437
Gottschalk, Hans 59, 61f., 77, 103, 466
Gottschalk, Thomas 595
Grass, Günter 25, 111, 153, 156, 169–172, 174, 186f., 189, 197–200, 202, 207, 220, 225f., 228, 240ff.,

648 REGISTER

244, 248f., 251, 261, 279, 282, 284f.,
293f., 298f., 322, 328–333, 349, 361,
401, 404–407, 427, 452–455, 460,
484, 489, 505ff., 537, 551, 557, 582,
587, 589f.
Greene, Graham 103
Gremliza, Hermann L. 492
Grieshaber, HAP 286
Guardini, Romano 54
Guevara, Che 289
Guggenheimer, Walter Maria 89, 133
Guillaume, Günter 331
Günter, Joachim 538
Gustafsson, Lars 248
Gysi, Gregor 229, 439f.
Gysi, Klaus 136, 229

Habe, Hans 205
Habermas, Jürgen 185, 256, 264, 313,
322f., 369, 392, 414, 462, 466, 489,
502, 535, 560, 565f.
Hacker, Katharina 526
Hamm, Peter 131, 165, 169f., 201f.,
222f., 234, 313, 338, 361, 466
Hampton, Christopher 286
Handke, Peter 279, 309f., 378, 385,
436, 506
Hannsmann, Margarete 191
Hauptmann, Gerhart 329
Havemann, Robert 231
Harig, Ludwig 102
Hartung, Rudolf 142, 164
Hatheyer, Heidemarie 41
Hegel, Georg Wilhelm Friedrich 288,
551
Heidegger, Martin 55, 158, 404, 551,
599
Heidenreich, Elke 581f.
Heimeran, Ernst 63
Hein, Christoph 555
Heine, Heinrich 44, 46, 384, 386ff.
Heinemann, Gustav 138
Heißenbüttel, Helmut 61, 101f., 106,
117, 186, 194, 279
Helms, Hans G. 300
Henrichs, Benjamin 337f.
Henze, Hans Werner 61, 94
Herburger, Günter 329
Herles, Wolfgang 403

Hermlin, Stephan 101, 170, 176, 260
Herzog, Roman 483, 494
Hesse, Hermann 48, 128, 131, 185,
306, 470
Heym, Stefan 169, 231, 402, 439f.
Heyme, Hansgünter 293
Hilbig, Wolfgang 374
Hildebrandt, Dieter 587f.
Hildesheimer, Wolfgang 82, 94, 103,
112, 203, 248, 437
Hillgruber, Andreas 414
Hindenburg, Paul von 32
Hirschauer, Gerd 203
Hitler, Adolf 21, 32, 42, 221, 274, 404,
414, 418, 522
Hitzer, Frieder 223f., 273, 283, 285,
301, 307, 333
Ho Chi Minh 263
Höcherl, Hermann 189
Hochhuth, Rolf 180, 202, 214, 220,
231, 466
Höcker, Karl 211
Hoffmann, Paul 390
Hölderlin, Friedrich 39, 53, 55, 68ff.,
114, 157, 201, 276ff., 288f., 327, 526,
550, 561, 573
Höllerer, Walter 70, 101, 125, 142f.,
201, 203, 242
Holz, Hans Heinz 224
Horvath, Ödön von 318
Höß, Hedwig 211
Höß, Rudolf 211
Honecker, Erich 331f., 424
Honnefelder, Gottfried 422, 446, 469,
471, 559
Horkheimer, Max 98
Huber, Heinz 61, 82, 103
Huchel, Peter 90, 170, 316
Hüfner, Agnes 283
Hugenberg, Alfred 21
Hürlimann, Thomas 466

Illies, Florian 506
Imhoff, Hans 263
Inoue, Yasushi 287
Ionesco, Eugène 104
Isele, Klaus 447
Isenschmid, Andreas 478f., 489

Jackob-Marks, Christine 481
Janker, Josef W. 169f., 189, 233, 288, 361, 463
Jaspers, Karl 372f.
Jauss, Hans Robert 399
Jean Paul 45
Jedele, Helmut 59, 61, 77f., 82, 103–106, 134f., 180, 466, 535
Jedele, Irmgard 466
Jelinek, Elfriede 558
Jenninger, Philipp 418f.
Jens, Tilman 441f.
Jens, Walter 67f., 88, 174, 202f., 231, 256, 321, 333, 382, 535
Jewtuschenko, Jewgenij 189, 287
Johnson, Elisabeth 241, 314f., 318, 365, 395
Johnson, Lyndon B. 219
Johnson, Uwe 14, 25, 152–155, 165, 170, 172, 175, 180, 183–186, 188, 193, 197f., 200ff., 207, 217f., 222f., 226–231, 234, 235, 239ff., 245f., 264f., 272, 281, 282, 286ff., 291, 296, 302, 306, 310–316, 318, 321, 323, 327, 329, 342, 345, 361, 365f., 378–381, 391, 394ff., 430, 465, 470
Joyce, James 236, 254
Jünger, Ernst 103, 205
Jungk, Robert 231

Kádár, János 260
Kaduk, Oswald 211
Kafka, Franz 21, 49, 51, 53, 58, 66f., 69–74, 79, 82, 87, 89, 91, 94f., 97, 109, 113f., 134, 139, 142, 144, 160, 169, 201, 324, 340, 381, 392, 579, 595
Kaiser, Joachim 141, 203, 330
Kant, Hermann 169f., 224, 232, 295f.
Kant, Immanuel 475, 508
Kappacher, Walter 361
Karajan, Herbert von 63
Karasek, Hellmuth 182, 205, 217, 241f., 323, 337, 480
Karsunke, Yaak 223f., 249
Käsemann, Ernst 412
Kästner, Erich 138, 231

Käutner, Helmut 59, 182, 391
Kelly, Petra 411
Kemal, Yasar 484
Kennedy, John F. 168, 174, 194, 521
Kerkeling, Hape 595
Kerry, John F. 552
Kertész, Imre 546f.
Khuon, Ulrich 399
Kierkegaard, Sören 157, 381, 474, 509, 550, 595
Kiesinger, Kurt Georg 274
Kinder, Hermann 361f., 463
Kinkel, Klaus 439, 465
Kipphardt, Heinar 180, 221, 224, 281, 293f.
Kirchner, Alfred 289, 335, 391
Kirsten, Wulf 400, 426
Kissinger, Henry 143f.
Kleist, Heinrich von 485f., 508
Klemperer, Hadwig 425
Klemperer, Victor 72, 425, 434, 461f., 471, 517, 560
Klopstock, Friedrich Gottlieb 39
Kluckhohn, Paul 55
Klüger, Ruth 49–52, 54, 120, 212, 437, 471, 537, 546
Knaus, Albrecht 96
Koch, Marianne 313, 466
Koch, Thilo 299
Koeppen, Wolfgang 103, 272, 345, 378, 458
Kogon, Eugen 49
Kohl, Helmut 399, 405, 410, 442, 466, 481
Köhler, Horst 582
Kohout, Pavel 261
Kopernikus, Nikolaus 49
Korn, Salomon 495, 585f., 590
Kortner, Fritz 63, 258, 318, 391
Krahl, Hans-Jürgen 263
Krause, Tilman 553
Kroetz, Franz Xaver 286, 329, 391
Kröger, Theodor 64
Krüger, Michael 318
Krumbacher (Benefiziat) 31
Kuby, Erich 171f.
Kurella, Alfred 232
Kurras, Karl Heinz 250

Laden, Osama bin 521
La Mettrie, Julien Offray de 561,
564ff.
Lange, Hartmut 391
Lattmann, Dieter 282ff.
Ledig-Rowohlt, Heinrich-Maria 96,
244
Lenk, Peter 501
Lenz, Hermann 89
Lenz, Siegfried 138, 171, 248, 357, 587
Leonhardt, Rudolf Walter 239
Lessing, Gotthold Ephraim 565
Lettau, Reinhard 242, 249
Levetzow, Ulrike von 571, 578
Liebermann, Rolf 419
Links, Christoph 425
Littell, Jonathan 582
Lodemann, Jürgen 275
Loest, Erich 465
Lorenz, Matthias N. 588
Lüdke, Martin 407, 569
Luft, Friedrich 134
Luther, Martin 51, 334, 503

Mao Tse-tung 252f.
Macmillan, Harold 175
Mahler, Horst 282
Mailer, Norman 438
Malraux, André 167
Mangold, Ijoma 583
Mann, Golo 404
Mann, Thomas 58, 102f., 111, 141,
200, 205, 323, 326, 329, 348, 365,
381, 391, 580
Maron, Monika 374, 493
Marquardt, Hans 374
Marx, Karl 157, 287, 323, 386, 389
May, Karl 31, 139, 388
Meinecke, Thomas 382
Meinhof, Ulrike 234, 282
Mell, Max 59
Melville, Herman 170
Menz, Maria 362
Michel, Karl Markus 185, 196,
252
Mickel, Karl 224
Miller, Henry 236
Mitscherlich, Alexander 256
Möllemann, Jürgen W. 531

Molo, Walter von 138
Mommsen, Hans 523
Moras, Joachim 102, 125, 149, 158
Moravia, Alberto 103
Moritz, Rainer 545
Morriën, Adriaan 101
Mühlemann, Ernst 465
Mulka, Robert 211
Müller, Christoph 228f.
Müller, Heiner 419, 425
Müller-Gögler, Maria 362f.
Müller-Westernhagen, Marius 551
Münch, Walter 362
Müntefering, Franz 522
Münzer, Thomas 334
Muschg, Adolf 378, 399, 466,
555
Musil, Robert 169, 200

Nagel, Ivan 288
Nagy, Imre 131
Nasrin, Taslima 439
Naumann, Michael 484, 524
Neruda, Pablo 224, 332
Neumann, Alfred 223
Neumann, Gert 374f.
Neumann, Oskar 283
Neuss, Wolfgang 187
Nietzsche, Friedrich 38, 43, 368, 474,
526, 550f., 564, 598
Nizon, Paul 191, 318, 378
Nolte, Ernst 412ff.
Nooteboom, Cees 555
Nossack, Hans Erich 110, 140, 194,
196, 263ff.
Nutt, Harry 533

Oellers, Marianne → Marianne
Frisch
Ohnesorg, Benno 250
Opitz, Reinhard 273
Ossietzky, Carl von 187, 523

Palitzsch, Peter 193, 202, 217, 391
Pascal, Blaise 449
Patzak, Peter 350
Pfleghar, Michael 104f.
Pigge, Helmut 52
Pinochet Ugarte, Augusto 332

Plog, Jobst 441
Podszus, Friedrich 96
Poethen, Johannes 67
Pohl, Klaus 456
Primor, Avi 495
Proll, Astrid 412
Proust, Marcel 134, 139–143, 185,
    196, 200f., 236f., 254, 354, 594
Pulver, Corinne 117–120, 125, 222,
    399, 535
Pulver, Liselotte 117

Raček, Jakob 578
Rach, Rudolf 266, 390
Raddatz, Fritz J. 171, 214, 244, 386
Raspe, Jan-Carl 351
Ratzinger, Joseph (Papst Benedikt
    XVI.) 582, 587, 595
Reagan, Ronald 399
Rebmann, Kurt 412
Reemtsma, Jan Philipp 538
Rehn, Jens 103
Reichert, Klaus 266
Reich-Ranicki, Marcel 162f., 203, 239,
    249, 299, 343–346, 348, 353–356,
    392f., 397ff., 406f., 423, 444f., 451,
    455, 460, 471, 478ff., 491, 493,
    526–529, 532, 535ff., 539, 542f.,
    545, 556, 565
Reich-Ranicki, Theophila 392, 536
Reigel, Alf 52
Reitze, Paul 405
Renoir, Jean 59
Renz, Peter 449, 463
Richter, Hans Werner 49, 72, 88f.,
    91ff., 110, 112, 116f., 153, 167f.,
    171–174, 189, 202–207, 231, 242,
    244, 248ff., 260, 312
Richter, Horst-Eberhard 412
Riesman, David 144
Rilke, Rainer Maria 54, 67
Robbe, Reinhold 522
Robert, Marthe 74
Roehler, Klaus 184, 202, 207
Roehler, Oskar 184
Röhl, Klaus Rainer 234
Roosevelt, Eleanor 144
Rose, Romani 421
Rosegger, Peter 31

Rosenberg, Ludwig 202
Rosh, Lea 419, 482
Rothfels, Hans 71f., 517
Rühe, Volker 484
Rühm, Gerhard 191
Rühmann, Heinz 109
Rühmkorf, Peter 171, 186, 202, 249,
    346
Runge, Erika 268f., 283, 285
Runge, Irene 419f.
Rupp, Rainer 483
Rushdie, Salman 438, 442, 466
Rutenborn, Günter 63

Sacco, Nicola 21
Sander, Otto 419
Sarkuhi, Faradsch 466
Sartre, Jean-Paul 100, 105, 249, 592
Schabert, Hans-Peter 37f.
Schall, Ekkehard 214
Schäuble, Wolfgang 484
Scheel, Walter 410
Scheib, Asta 420f.
Schellemann, Carlo 222f., 285, 301
Schiller, Friedrich 38f., 45, 111, 288,
    384
Schilling, Otto-Erich 75
Schindel, Robert 546
Schirrmacher, Frank 18, 458ff., 466f.,
    483, 491, 493, 495f., 503, 520, 524,
    530–533, 537ff., 545, 554, 573, 584f.
Schiwkow, Todor 260
Schlageter, Leo 404
Schlegel, Friedrich 381
Schlegel-Schelling, Karoline 51
Schleifstein, Josef 283
Schleyer, Hanns Martin 351
Schmid, Anna (Großmutter, geb.
    Meßmer) 27, 340
Schmid, Anselm (Großonkel) 38f.
Schmid, Carlo 53
Schmid, Christoph von 31
Schmid, Georg 34
Schmid, Thaddäus (Großvater) 27
Schmidt, Alice 83–85, 87
Schmidt, Arno 82–87, 90, 93, 98, 102,
    110, 114, 117
Schmidt, Harald 515, 582
Schmidt, Helmut 378

652   REGISTER

Schneider, Franz Joseph 89, 392
Schneider, Peter 493
Schnitzler, Karl Eduard von 293
Schnurre, Wolfdietrich 76, 88, 121, 138, 171, 174
Schoeppe, Heinz 52ff., 56, 59
Schönhuber, Franz 490
Schorlemmer, Friedrich 493
Schröder, Gerhard 14, 481, 521, 523, 542
Schröder, Rudolf Alexander 517
Schuhler, Conrad 283
Schulz, Max Walter 170, 262
Schütt, Peter 283
Schwab-Felisch, Hans 131, 245
Schwarz, Jewgenij 229, 293
Schwenger, Hannes 286
Sebald, W. G. 433
Seghers, Anna 169f.
Seibt, Gustav 450f., 554
Selge, Edgar 421, 467
Seligmann, Rafael 493
Semprun, Jorge 555
Senghor, Léopold 263
Serra, Richard 480
Seuse, Heinrich 360f., 509, 526, 535, 564
Seydewitz, Ruth 425
Shalev, Zeruya 515
Sieburg, Friedrich 163f., 451, 526, 534
Siedler, Wolf Jobst 134
Simmel, Johannes Mario 386
Slim, Mongi 174
Sloterdijk, Peter 551, 585, 587f.
Solschenizyn, Alexander 295, 297, 327–330, 332f.
Sontag, Susan 448
Spengler, Tilman 443
Sperr, Hans-Joachim 222
Spiegel, Hubert 524, 526, 528f.
Spoo, Eckart 285
Spranger, Eduard 54
Springer, Axel 293
Stadelmann, Rudolf 55
Stadler, Arnold 451, 466, 503, 594f.
Staeck, Klaus 351
Steinfeld, Thomas 533, 554
Stifter, Adalbert 44
Stoiber, Edmund 14

Stolpe, Manfred 439
Strauß, Botho 587
Strauß, Franz Josef 137, 145, 158, 172f., 187, 208, 262, 293, 299, 417
Strittmatter, Erwin 170
Suhrkamp, Peter 96f., 108, 112–116, 131–133, 152, 185, 555
Swedenborg, Emanuel 509
Szczesny, Gerhard 116
Szczypiorski, Andrzej 438

Taylor, Liz 184
Tenschert, Heribert 465, 516f.
Teufel, Erwin 451f., 466, 468, 484
Thadden, Adolf von 262
Thelen, Albert Vigoleis 101, 246
Theodorakis, Mikis 335
Thomas, Dylan 103, 287
Thomas von Kempen 26
Thomas von Aquin 48
Timm, Uwe 285, 585
Török, Imre 449
Trauberg, Ursula (Pseudonym) 263, 267f., 270
Trenker, Luis 41, 155
Trifonow, Juri 333
Troll, Thaddäus 285
Trotzki, Leo 523
Tübke, Werner 375

Ueding, Gert 503f.
Ulbricht, Walter 103, 168, 176, 226, 230ff., 247, 260
Unseld, Hildegard 316, 399, 429
Unseld, Joachim 378, 429f., 469, 471
Unseld, Siegfried 67f., 93, 96ff., 107–110, 113–119, 121, 125f., 128, 130–134, 136, 141ff., 149f., 152–156, 162f., 165, 168, 176, 180ff., 184–187, 190–193, 195, 197f., 217f., 226f., 231, 233f., 241, 244f., 256, 261, 263–267, 270f., 274, 280ff., 286f., 292, 295, 305f., 308–314, 318, 321, 325f., 342ff., 347, 349f., 355, 357f., 365, 377f., 380, 389–400, 407f., 422f., 429ff., 441, 447f., 452, 457f., 460, 463, 465,

REGISTER 653

468–473, 483f., 491f., 496, 503ff.,
516f., 524ff., 530, 533, 539–542,
555, 559f., 575
Urban, Peter 266
Uslar, Moritz von 558

Vanzetti, Bartolomeo 21
Vesper, Bernward 279
Vogel, Georg Friedrich 211f.
Vogel, Hans-Jochen 116, 293
Vollmer, Antje 412
Voltaire 565

Wagenbach, Klaus 186, 207, 249, 419,
590
Wagner, Franz Josef 582
Wagner, Siegfried 232
Waigel, Theo 417, 484
Wallmann, Walter 459
Wallmoden, Thedel von 559
Walser, Alissa (Tochter) 162, 324, 357,
375, 451, 503, 591
Walser, Anselm Karl (Bruder) 23, 35,
47, 57
Walser, Augusta (Mutter) 22ff.,
27–30, 32f., 35f., 42, 44, 47, 53, 57,
60, 66, 85, 98, 119, 127, 135, 143,
230, 245, 432
Walser, Franziska (Tochter) 75, 86, 98,
119, 144, 337, 357, 365, 394, 467,
584
Walser, Johanna (Tochter) 126, 144,
148, 323, 357, 394, 451
Walser, Josef (Großvater) 22ff., 34,
56, 151
Walser, Josef (Bruder) 21, 23, 27, 35,
47, 57
Walser, Joseph (Neffe) 468
Walser, Käthe (geb. Neuner-Jehle,
Ehefrau) 44f., 51, 54, 56, 66, 75,
84ff., 97f., 104, 107, 119ff., 126, 143,
148, 162, 218, 227, 233ff., 245, 287,
315, 317, 324, 365, 394f., 399, 423,
425f., 429, 451, 463, 465, 484, 504,
541f., 557
Walser, Martin (Vater) 22f., 26, 28f.,
32, 34f., 47, 85, 95, 432
Walser, Robert 96, 200f., 326, 354,
360, 381, 526, 554, 565

Walser, Theresia (Tochter) 228, 324,
357, 399, 451
Wecker, Konstantin 412
Weill, Kurt 75
Weischedel, Wilhelm 55, 174
Weiser, Grethe 63
Weiß, Philipp 46
Weiss, Peter 150, 155f., 180, 186, 193,
202, 210, 214, 224, 231, 242f., 249,
253, 281f., 287ff., 291, 294, 329, 345,
349, 378, 418
Weiss, Rainer 445, 450, 455, 505,
539
Weizsäcker, Carl Friedrich von 333
Wentzlaff-Eggebert, Friedrich
Wilhelm 45f.
Werner, Wolfgang (Pseudonym) 269f.
Wesely, Rudolf 390
Wesker, Arnold 317
Westphalen, Joseph von 410
Weyrauch, Wolfgang 68, 76, 82, 96,
101, 112
Whitman, Walt 327
Widmann, Arno 593
Widmer, Urs 266
Wiesel, Elie 210, 537
Wiesenthal, Simon 427
Wilder, Thornton 144
Wilhelm II. 581
Williams, Tennessee 324
Winkler, Josef 358
Wirth, Franz Peter 61
Wirtz, Rudolf 432, 450
Wittenwiler, Heinrich 465
Wolf, Christa 335, 557
Wolf, Gerhard 335
Wolff, Helen 241
Wolff, KD 263, 412
Wollschläger, Hans 346
Wulff, Erich 263

Zahl, Peter Paul 352, 391
Zeeh, Burgel 399, 408, 423, 463,
472f., 503f., 515
Zöberlein, Hans 34
Zöllner, Martina 464, 516, 556, 558
Zürn, Ludwig 34f.
Zweig, Arnold 170
Zwerenz, Gerhard 171, 260, 345

654 **REGISTER**

BILDQUELLENVERZEICHNIS

Hugo Jehle, Stuttgart: 1, 24, 30, 31
Privatarchiv Martin Walser: 2–14, 16, 21, 22, 32, 35–41, 44, 45,
    48, 49, 50, 52, 59
F. C. Gundlach, Hamburg: 15
Foto: Südwestrundfunk/Hugo Jehle: 17
Heinz Koester, Erben: 18
Photo-Kühn, Baden-Baden: 19, 20
Foto: © Elisabeth Johnson: 23
Suhrkamp Archiv: 25, 26
Fritz Peyer, Hamburg: 27
Abendpost, Frankfurt: 28
© Isolde Ohlbaum: 29, 43
Münchner Kammerspiele: 33
Barbara Klemm, FAZ: 34, 47, 56
Foto: Reinhard Heisig, ©: Marketing und Kommunikation,
    Universität Frankfurt: 42
© Pressefoto Hans Grimm, München: 46
Mara Eggert, Frankfurt: 51
Helfried Strauß, Leipzig: 53
Werner Bern, Berlin: 54
Archiv Heribert Tenschert: 55
Rolf Schultes: 57
© Monika Zucht/Der Spiegel: 58
Martin Walser Archiv, Museum im Malhaus, Wasserburg: 60
Gudrun Bublitz, Stuttgart: 61